湖北省学术著作出版专项资金
Hubei Special Funds for Academic Publications

国家社会科学基金重点项目（2013）
国家社会科学基金一般项目（2009）
教育部高校古委会直接资助项目（2005）

辨伪研究书系

文献辨伪新探

司马朝军　主编

课题组成员：

徐道彬
胡治洪
陈福康
王献松
陈开林

WUHAN UNIVERSITY PRESS
武汉大学出版社

图书在版编目(CIP)数据

文献辨伪新探/司马朝军主编．—武汉：武汉大学出版社，2018.6(2024.3重印)

辨伪研究书系

ISBN 978-7-307-19970-5

Ⅰ.文…　Ⅱ.司…　Ⅲ.文献—辨伪—研究　Ⅳ.G256.22

中国版本图书馆 CIP 数据核字(2017)第 329640 号

责任编辑:朱凌云　　责任校对:李孟潇　　版式设计:马　佳

出版发行：**武汉大学出版社**　(430072　武昌　珞珈山)

(电子邮箱：cbs22@ whu.edu.cn　网址：www.wdp. com.cn)

印刷:武汉邮科印务有限公司

开本:787×1092　1/16　印张:29.5　字数:718 千字　插页:2

版次:2018 年 6 月第 1 版　2024 年 3 月第 2 次印刷

ISBN 978-7-307-19970-5　定价:80. 00 元

自　题

一自欧阳书读少，楼台雾失古疑风。
娲羲本是家兄妹，大禹原为一介虫。
喾舜无端遭抹杀，灵均有意被抽空。
诸君共约勘真伪，煮酒江滨论桀雄。

三皇五帝神圣事，太史何尝骗蠹鱼。
岂有文章惊海内，可怜骤雨到天除。
温公落职圆鸥梦，赵政中魔废故书。
扭转乾坤清雾障，通津启路仰刑余。

前　　言

本书分为甲、乙、丙、丁四编及附录。甲编为经部辨伪，包括五篇文章：

(一)《〈经学常识〉抄袭〈经学通诰〉举证》

此文作者为司马朝军教授。徐敬修《经学常识》大量抄袭叶德辉《经学通诰》，其两大秘诀为：一是将笔记体改为章节体，二是将文字叙述改为图表列示。尽管《经学常识》的作伪手法非常拙劣，但还是骗过了当时的很多人。后来因其书流传绝少，数十年来一直没有被人识破。随着二书的重新问世，笔者通过比勘破解了这一民国经学史上的公案。

(二)《〈尚书〉真伪问题之由来与重辨》

此文作者为胡治洪教授。先秦时期诸多典籍都曾引述《尚书》，由此表明《尚书》古已有之。秦朝禁毁《诗》、《书》，致使《尚书》失传二十余年。西汉时期重出的《尚书》有伏生今文本、孔安国整理并传注的孔壁古文本(孔传本)、河间献王征藏本、张霸“百两篇”以及单篇《泰誓》，至两汉之际又出现杜林古文本。伏生今文本通过欧阳和大小夏侯三家传授，在汉晋之世一直立于学官，地位显赫，但于永嘉乱中绝迹；河间献王征藏本于征藏者去世后也不知下落；张霸“百两篇”在当时就被核实为伪书；单篇《泰誓》起初被归入伏生今文本，后经诸儒与经传比勘，也认定其非本经；杜林古文本因贾逵、马融、郑玄等传注而流传久远，但至宋代仍归亡佚；唯有孔传本，虽在西晋末年也曾短暂消失，但不久便由梅赜献出而流传至今，弥足珍贵。但自南宋开始，梅赜所献孔传本却被斥为“伪书”，疑《书》者们认为该文本的风格“平缓卑弱，殊不类先汉以前之文”，并认为其传承脉络茫昧无稽，由此构成怀疑的前提；又以“吹毛索瘢”的方式寻找该文本的“破绽”，由此构成怀疑的证据；进而确指或泛指某人拼凑缀合古籍中的引《书》文句以作成伪书，由此构成怀疑的结论。然而梅赜所献孔传本的风格不足以成为怀疑的前提，其传承脉络并非茫昧无稽，所谓“作伪”的证据没有可信度，被指控的诸多“作伪者”一概没有作伪的必要和可能；梅赜所献孔传本就是孔子后人为避秦火而藏于旧宅壁中的百篇遗存，也就是孔子亲手删定的先圣教言和华夏古史。不过这一文本并非都是其所标系时代的成品，而当是西周至春秋早期的文化精英们根据传述或书写的上古史料编成的经典，这种成书方式根本不存在所谓“作伪”问题，而是轴心时代各大文明之经典产生的共同方式。

(三)《汉晋之间古文尚书流传情况补证》

此文作者为胡治洪教授。严可均《全上古三代秦汉三国六朝文》的《全汉文》、《全后汉文》、《全三国文》、《全晋文》中存在着引用《古文尚书》及其孔安国传的资料，这些资料表明《古文尚书》自西汉末年至西晋晚期一直绵延不绝，流传于世。本文依据《全汉文》、《全后汉文》、《全三国文》、《全晋文》中有关《古文尚书》的资料，对作者的《〈尚书〉真伪问题之由来与重辨》所梳理的《古文尚书》传承脉络予以补证，由此更加强有力地证明《古文尚书》自孔安国以迄梅赜四百年间续续不断，从而更加强有力地反驳了南宋以降疑《书》者们对于《古文尚书》传承脉络茫昧无稽的指控。

(四)《〈昏礼从宜〉辨伪》

此文作者为徐道彬教授。安徽省图书馆藏有《昏礼从宜》一册，著录为江永之作，有失其真。江永为清代考据学的关键人物、“皖派”学术的开创者，对其著述真伪的论定，不仅影响到人物思想的定位，也会牵涉到清代学术研究的诸多方面。文章从版本著录、文献内证和思想违异三方面，在考证该书真伪的同时，也对江永的学术地位和思想影响做了较为深入的探讨。

(五)《〈四书按稿〉非江永所作考论》

此文作者为徐道彬教授。《续修四库全书》第 166 册收《四书按稿》一部，原书系清抄稿本，编者将其书作者著录为“清江永撰”。原书稿藏于复旦大学图书馆，馆方确认其为清乾隆十五年抄本。首先由文体形式以观其伪，即从公私著录、结构章法、避讳、文体风格、治学风格上论其作伪；其次由思想内容以证其伪，即从文中引用人物的学术倾向上以考其伪、从语法辞气上以现其伪、从著述态度上以察其伪；最后对作伪动机的思考与推测，结合文体、避讳等事体，推测《四书按稿》是节录或掇拾《四书遇》之类的前说杂糅而成，是清末民初与周左季同时之人所编纂的一部《四书》讲读文稿。

乙编为子部辨伪，包括三篇文章：

(一)《〈子华子〉辨伪》

此文作者为王献松博士。论文分为三部分：第一部分主要回顾此前学者对《子华子》一书的研究概况，分南宋至清代和近百年以来两个时段，古代学者的研究主要集中在对《子华子》真伪争论上，近百年以来学者们开始关注该书的思想内容。第二、第三两部分主要从文献辨伪和思想研究两个方面展开。第二部分检讨古代学者在《子华子》辨伪工作中的缺陷和不足，并指出部分有价值的内容；通过辨证刘建国《〈子华子〉伪书辨正》一文，说明其中证明《子华子》为真书的证据并不可信；在前人辨伪基础上，结合一些新的发现，通过直接证据和辅助证据对《子华子》进行系统辨伪，以证明《子华子》确系伪书，且判定此书作伪于元丰三年(1080)至绍兴二十一年(1151)之间的 70 余年间。第三部分主要针对作伪者伪造部分的内容，从宇宙论、政治哲学和中医养生学说三个方面展开，宇宙论一节主要分析宇宙的概念、宇宙生成学说、宇宙运动及其动力，以及人与宇宙本源(道)的关系等，政治哲学一节主要从“祸乱起于欲善而违恶”的主张和“以道治国”及其图景两个方面阐述其无欲、无为的施政方针，中医养生学说一节主要从五行五脏说、养生贵在养气、医药理论三个方面进行论述。最后又综合书中的主要思想，结合前人对《子华子》典籍分类的观点，认为《子华子》在目录分类上应归属于道家类。

(二)《〈昼永编〉辨伪》

此文作者为司马朝军教授。《昼永编》二卷，旧本题明宋岳撰。宋岳自号东越承山子，余姚人。嘉靖二十年(1541)进士，曾任天雄兵宪。是书分上下二集，不分子目，收入《续修四库全书》子部杂家类。作者应傅璇琮先生之邀撰写此类提要稿，详考其书，始知大致抄录前人嘉言懿行之可为法则者，点窜数字，掩为己有，而一一讳其出处。此本为嘉靖甲子(1564)阎承光刊刻行世，当时吕时中、阎承光均撰序跋，极力推扬。然吕、阎二氏未得其实，皆为所蒙蔽。数百年来，其书之伪无人道破。结论：第一，剿袭成书。全书凡360条，其中有351条伪迹昭彰，占97. 5%，其作伪之法大致可以归结为：(一)全抄一书。(二)合二为一。另有9条阙疑待考，仅占2. 5%。第二，序跋失信。是书前有嘉靖甲子吕时中序，称“其书虽宏肆散见，旨趣不一，要多归之切身”。书后有嘉靖甲子阎承光跋，称叹翁之学术正大光明，宜其发于事业，章章赫奕，足以为人师表云云。其实，吕序阎跋亦未究其实，绝不可信。吕序又称“无一条不概于胸中，无一句不敛为已有”，似乎又不无微词。书前又有嘉靖壬戌宋岳自序，称有以省躬则录之，有以保生则录之，有关世教则录之，有裨见闻则录之，以效先儒随笔之义云尔。自序自欺欺人，掩耳盗铃，所谓先儒随笔之义岂能作为抄袭之遁词乎？第三，续修失考。此书实为一拙劣之伪书，不慎混入《续修四库全书》之中，未免鱼目混珠。今本实事求是之心，广搜证据，将其彻底证伪。

(三)《〈放生杀生现报录〉辨伪》

此文作者为徐道彬教授。《放生杀生现报录》与江锦波(江永嫡孙)、汪世重合编的《江慎修先生年谱》附刊在一起。它之所以能够广为学者所知，就因为其后所附的江永年谱是研治清代学术者必须经常翻阅的重要文献。而善恶报应作为中国人的基本信仰，又使得这本小书在民间颇为实用而广泛流传。尤其是佛教信奉者，更是经常征引。然而，对于该书的作者真伪问题，至今无人关注。徐道彬教授对此提出质疑，认为它是江永裔孙江谦所作而伪托，意欲借重其祖声誉，弘扬佛教事业。但在客观上，该书则严重地歪曲了江永的治学宗旨和学术精神，有损于醇正儒者的真实形象，也影响了世人对于乾嘉考证学者的看法。徐道彬教授从文献著录、原书内证、江谦家世和相关诗文角度进行辨析，将《放生杀生现报录》一书证伪。

丙编为史部辨伪，包括三篇文章：

(一)《〈里堂书品〉辨伪》

此文作者为司马朝军教授。国家图书馆藏抄本《里堂书品》，卷首目录题为“里堂焦氏书品”，下署“廷琥手录”。郑伟章先生在《文献家通考》以为该书是焦循的“题识”之作。

原书共十册，现存五册，故见于目录所记共449篇，但仅存五册167篇。卷端题为“里堂焦氏书品”，向来被视为焦循之作。近年扬州大学刘建臻教授试图将其证伪①，但只是在外围做了一些质疑，因不得辨伪之要领，未能最终将其彻底证伪。通过逐一详加对勘，发现《里堂书品》中的123篇完全袭自《四库全书总目》！刘建臻先生花费了不少功夫，证明它不是焦循之作，功不可没。经过笔者的考证，此书又由伪书变为了真书。《里堂书品》的这部分内容是《四库全书总目》的早期节抄本，其最大的特点就是改变了原书的体例，由提要体变为了随笔体。

(二)《〈钦定八旗通志·艺文志〉史源考》

此文作者为司马朝军教授。《钦定八旗通志·艺文志》的史源问题向来未有人提出，笔者在检索该书时发现许多条目竟然与《四库全书总目》高度吻合，《钦定八旗通志·艺文志》共著录96条，有34条袭自《四库全书总目》的同名提要，其中经部7种、史部13种、子部6种、集部8种。条目虽只占三分之一强，但字数却占了绝大部分。其作伪手法为：第一，删去版本著录，仅《章江集》保留了一条。第二，著录作者时删去时代。

(三)《〈草莽私乘〉真伪考》

此文作者为司马朝军教授、王献松博士。《草莽私乘》，自元迄清初，学者皆以为辑自陶宗仪，然《四库全书总目》始疑其为“好事者依托”。本文对全书20篇文章逐一考辨，断定此书确为陶宗仪抄辑。四库馆臣将其打入伪书之列，既受到文字狱的影响，也与清朝统治者的正统焦虑密切相关。

丁编为集部辨伪，包括两篇文章：

(一)《〈心史〉伪书说详辨》

此文作者为陈福康教授。陈教授首先代对方拉出一支队伍，指出最初伪书说者(徐乾学、阎若璩)心知非伪，而怀疑者(如全祖望、王豫、袁枚)却说不出什么道理；又揭露《续文献通考》与《四库全书总目》的荒谬，继而批评钱大昕、吴衡照、方东树、严元照、徐时栋、耿文光、胡玉缙、郑孝胥、徐乃昌等人的伪书说以及日人古贺精里的伪书说，指出王重民、柳诒徵、谢国桢的智者之失，又批评姚从吾、刘兆佑、林清科、傅斯年等台湾地区学者的伪书说，又对姜纬堂、鲁同群、杨玉峰、李敖、张中行、吴德铎伪书说一一予以辨析，并对伪书说的殿军汪荣祖、李佩伦提出异议，最后对杨讷、杨镰等人对所记安东归期的怀疑予以澄清。陈教授经过长期艰苦细致地考索，详细论证郑思肖《心史》一书不伪。其《井中奇书考》一书凝聚了数十年的心血，必将成为考据学史上大放异彩的奇书。

(二)《〈善余堂文集〉辨伪》

此文作者为徐道彬教授。《善余堂文集》为上海图书馆所藏，线装1册，首页署有“新安江永慎修著”七字，并钤有“上海图书馆藏”和“潘承弼藏书记”上下两方篆文朱色印。《善余堂文集》收入《清代诗文集汇编》第248册，据民国三十一年合众图书馆抄本，原书

---

① 刘建臻：《〈里堂书品〉辨伪》，《文献》2006年第1期。

板框高 198 毫米、宽 320 毫米。台湾中国文哲研究所于 2013 年出版了由林胜彩点校、钟彩钧校订的《善余堂文集》，原作者仍然署名为“清江永”。从文献著录来看，只有近时的《清人别集总目》和《清人诗文集总目提要》记录有“《善余堂文集》1 卷，民国三十一年据吴县潘氏所抄抄本”。而此前涉及江永的所有历史文献，包括戴震、程瑶田、金榜、刘大魁、姚鼐、江锦波(江永嫡孙)等同时人所记载江氏的年谱、行状、墓志铭等传记文和光绪《婺源县志》，都从未提到过《善余堂文集》。其次，无论是《清史稿·艺文志》及其续编和拾遗，还是《安徽文献书目》，也不曾见有此书。《善余堂文集》所收文章仅 25 余篇，分别是：《太极图说》、《性理论》、《西铭论》、《朱陆异同论》、《随笔札记》、《禘祭说》、《禘祭后说》、《附考群经补义禘祭》、《旅酬下为上坊刻文》、《评及门素衣麑裘文》、《答戴生东原书》、《答甥汪开岐书》、《答程慄也太史书》、《再答汪灿人先生书》、《项钝庵先生义行传》、《项竹贤公事实》、《文敷项公小传》、《岩溪项氏姑媳节烈合传》、《慎修江先生传》、《孝友堂记》、《潜德堂记》、《吴侯遗爱说》、《虹川风土记》、《耘经家塾记》，末尾《附戴东原撰寿序》一篇为文集附录。其中唯有《慎修江先生传》一文之末，署有“乾隆癸亥嘉平朔旦受业族子永百拜撰”，其他文章皆无署名和时间，有少数篇名与正文内容也不相切合。《太极图说》、《性理论》、《西铭论》和《朱陆异同论》文章篇幅短小，文字平白浅近，都是对宋、元、明以来性理学问题的介绍或概述，没有任何考证和辨析，这与江永“别有管见”的风格可谓风马牛不相及。《随笔札记》内容最为混杂，包括 11 则笔记及江氏与吴绂讨论《三礼》的杂录。《善余堂文集》并非全是江永的作品。潘承弼在《制言》中所选登的，可以说都是江永之作。

本书书末还附录了两篇文章：

(一)《〈纪晓岚家书〉辨伪》

此文作者为司马朝军教授。《纪晓岚家书》托名纪昀作，实则绝大多数篇目皆以《阅微草堂笔记》为蓝本进行作伪。其手法之低劣，令人喷饭。

(二)《〈明人小传〉辨伪》

此文作者为陈开林博士。《明人小传》抄本五册，每册首题书名，次行下标“槜李曹溶编辑”，钤国家图书馆藏书印。原书无序跋、无题识、无藏书人印记，经过详细比勘《明人小传》和《明诗综》传记部分，陈开林博士发现二书内容几乎完全相同，进而断定：《明人小传》的编辑者并非曹溶，而是乾隆时期的一无名氏，其姓名已不可考。

最后需要说明的是，本书是国家社科基金项目成果，也是课题组集体努力的结果，缘起详见本书后记，其知识产权属于所有参加者。因为是集体项目，成于众手，虽经我把关，略有删改润色，但在行文风格、论述方式等方面尽量保持不变。书中功劳归于大家，不当之处由我独自承担。

司马朝军

2017 年 12 月 8 日于海上文淙阁

目　　录

甲编　经部辨伪

一、《经学常识》抄袭《经学通诂》举证 …… 司马朝军(3)
二、《尚书》真伪问题之由来与重辨 …… 胡治洪(20)
三、汉晋之间《古文尚书》流传情况补证 …… 胡治洪(45)
四、《昏礼从宜》辨伪 …… 徐道彬(51)
五、《四书按稿》非江永所作考论 …… 徐道彬(58)

乙编　子部辨伪

一、《子华子》辨伪 …… 王献松(71)
二、《昼永编》辨伪 …… 司马朝军(115)
三、《放生杀生现报录》辨伪 …… 徐道彬(222)

丙编　史部辨伪

一、《里堂书品》辨伪 …… 司马朝军(233)
二、《钦定八旗通志·艺文志》史源考 …… 司马朝军(286)
三、《草莽私乘》真伪考 …… 司马朝军　王献松(318)

丁编　集部辨伪

一、《心史》伪书说详辨 …… 陈福康(339)
二、《善余堂文集》辨伪 …… 徐道彬(387)

附 录

一、《纪晓岚家书》辨伪 …………………………………………………… 司马朝军(397)
二、《明人小传》辨伪 ……………………………………………………… 陈开林(453)

后记 ………………………………………………………………………………… (461)

甲编　经部辨伪

一、《经学常识》抄袭《经学通诂》举证

司马朝军

《经学常识》，吴江徐敬修撰。该书卷首有《经学常识提要》一则，称："通经致用，非所期于今日学子，但其大要不可不知。本书关于群经之旨，摘其要者述之。至于经学家之著述，则自汉京以后迄于近世，其源流派别，皆为有统系之叙述，俾研究汉学者得备参考焉，不仅有裨常识而已。"

《经学通诂》是叶德辉撰写的一部经学著作，初稿成于 1907 年，1915 年以湖南教育会的名义正式出版。

通过比对两书，我们发现了徐敬修《经学常识》抄袭叶德辉《经学通诂》的两大秘诀：

（一）将笔记体改为章节体

叶德辉《经学通诂》原文曰：

六证

一、以经证经。如以《礼》证《易》，则有张惠言之《虞氏易礼》；以《春秋》证《易》，则有毛奇龄《春秋占筮书》；以《春秋》证《礼》，则有宋张大亨《春秋五礼例宗》；以《公羊》证《礼》，则有凌曙《公羊礼疏》、《公羊礼说》、陈奂《公羊逸礼考征》；以《穀梁》证《礼》，则有侯康《穀梁礼征》；以《礼》证《诗》，则有包世荣《毛诗礼征》；以《公羊》证《论语》，则有刘逢禄《论语述何》。昔人云："不通群经，不能治一经。"此解经第一要义也。

一、以史证经。司马迁受经于孔安国，言汉学者推为古文家，不尽然也。《史记》一书，《五帝本纪》、《夏本纪》、《殷本纪》、《周本纪》可以证《尚书》，春秋列国世家可以证《尚书》，亦可证《左传》；《孔子世家》、《仲尼弟子列传》可以证《论语》；《荀孟列传》可以证《孟子》。其余前汉诸人，其列传中引用经文多与今本殊异，近人缪祐孙有《两汉书引解考》，最为详洽，可以参观。《史》、《汉》以外，则《三国志》、

《南北史》不独经师遗说时有异同，即其授受源流亦足以资考索。至《国语》、《国策》、《逸周书》，本属经类，或与《春秋》相表里，或与《尚书》相贯通，虽纯驳不同，而参考必备。《四库全书》均入于史部杂史，非知三书源流也。

一、以子证经。诸子皆六艺之支流，其学多出于七十子。周秦两汉，九流分驰，清儒往往摭其书之遗言，以发明诸经之古学。今试举其书论之。如《京氏易传》(《隋书·经籍志》五行家《京易占》即此书也)为孟喜《易》义；焦赣《易林》(翟云升考定为崔篆撰)为京房《易》义；《韩诗外传》为《韩诗》义；班固《列女传》为《鲁诗》义；《韩非子》、《淮南子》为《春秋左氏》义；《白虎通德论》为《春秋》、《礼》义；《荀子》、蔡邕《独断》为《礼》义。此其彰明较著者。至《墨子》有古《尚书》，有百国《春秋》；《管子》有《周礼》遗法；《淮南子》有九师《易》义；是又在读者之善为沟通而无所用其比较矣。

一、以汉人文赋证经。王逸《离骚注》、《蔡中郎集》有《鲁诗义》。阮元辑《三家诗》、陈寿祺《三家诗遗说考》已详举靡遗。其他两汉书中诸人封事文赋，或释经有异义，或引经有异文，大概有清诸儒各治一经，无不贯彻源流，搜采遗失，其书见于前、续两《经解》中者，可以按目求之，即小有出入异同，亦无损其全书之例。乾嘉两朝江浙间诸经师不得不推为经苑之功臣矣。

一、以《说文解字》证经。许为古文学，而兼采众家之言，故其书同一引经，往往先后异字，解义亦各不同，陈瑑《说文引经考证》、吴玉搢《说文引经考》、柳荣宗《说文引经考异》，皆有专书，可取而细绎之也。

一、以汉碑证经。汉儒治经，最重师说，凡流传碑本，其引经与他本异者，皆家法之各殊。亡友皮锡瑞有《汉碑引经考》一书，疏证详明，真伟作也。

四知

一、当知源流。六经亡于秦，惟《易》得以占筮独存；其余或出口授，或出壁藏。传自何人，授之谁氏，检《史记·儒林传》、两汉《儒林传》、《汉书·艺文志》、《释典释文》诸书，便知其详。近人毕沅著有《通经表》、《传经表》，亦简要，便于检寻，以之寻《史》、《汉》、《志》、《传》、《释文》诸书，尤不至虚耗光阴，竭殚究之力。外此，则《三国志》列传、《南北史·儒林传》其间师承家法，承两汉之流风，取而读之，诸经之源流了然于心目矣。

一、当知存亡。自两汉以后，诸经注之或存或亡，当以《四库全书提要》、阮元《四库未收书目》为之主(经类)，上溯《汉书·艺文志》、《隋书·经籍志》、新旧《唐书志》、《宋史·艺文志》、晁公武《郡斋读书志》、《绍兴四库续编到阙书目》、陈振孙《直斋书录解题》、朱彝尊《经义考》、翁方纲《经义考补正》等书，按其部目，考其书之存亡。存者，择其精者，以供研求；亡者，搜其佚文，以存古谊。大要：汉学一派，皆萃于《皇清经解》、《续皇清经解》二书；宋学一派，皆萃于《通志堂经解》、《经苑》二书。古经解散佚为后人从他书所引辑出者，如孙堂《汉魏二十一家易注》、余萧客《古经解钩沉》、王谟《汉魏遗书钞》(经类)、马国翰《玉函山房辑佚书》(经类)，皆苦心搜辑，有功古人。博观而约取之，积蓄既深，根柢益厚。毋逞毛奇龄之口辩，毋蹈王夫之之冥思，毋染龚自珍、魏源之猖狂，无效王某(指王闿运——引者注)之杜撰。至廖平、康有为，虚诞陋儒，托经术以祸天下，此乃亡国之妖孽，更不必与之言学矣。夫不知经之存亡，即不能脚踏实地，辨别是非，自毛、王以下，皆坐斯害。其好为臆说以炫惑一时，正所以文其固陋之智也。

一、当知体例。何谓体例？曰注，曰疏。注之属：有传，有记，有笺，有注，有诂训，有解诂，有章句，有章指，有集解。传者，传通其义也（孔颖达《诗毛传正义》）。博释经义，传示后人也（又《春秋左传正义》）。传通其义，如《毛诗训诂传》是也；博释经义，传示后人，如《春秋左氏传》、《公羊传》、《穀梁传》是也。记者，共撰所闻，编而录之（《礼记》大题《正义》）。始出于七十子之徒，如《大戴礼记》、《小戴礼记》是也。一曰疏也（《说文·言部》），疏通也（《说文·疋部》），谓条录之也（《汉书·苏武传》数疏光过失注），许慎《说文解字》、《淮南鸿烈间诂》下题汉太尉祭酒许慎记是也。笺者，表识书也（《说文·竹部》）。表，明己意使可识也（《诗毛传笺正义》）。《诗》毛传、郑氏笺是也。训诂者，故言也（《说文·言部》）。《尔雅》、《释诂》、《释训》为毛传所从出。如《诗》毛传题“诂训传”是也。注者，注也。六书有注字，无注字。义取灌注之注（《说文·水部》）。注义于经下若水之注物（《仪礼郑氏注正义》）。一曰解书之名（《礼记·曲礼正义》）。注者，著也，书为之解决使其义著明也（《诗毛传郑氏笺正义》）如三礼郑氏注是也。解诂者，诂事也，言解其事意也（《后汉书·卢植传》三礼解诂章怀太子注）。如《公羊》何休解诂是也。章句者，章者，明也，句者，局也，局言者，联字以分疆明情者，总义以包体（《文心雕龙·章句》），如赵岐《孟子章句》是也。一曰章指，如宋本《孟子》赵注称章指是也（曲阜孔氏微波榭刻本有《章指》，系重刻宋本，明监毛本无）。集解者，集诸家之说，记其姓名，有不安者，颇为改易，如《论语》何晏集解是也。疏之属：有义疏，有正义。义疏者，引取众说，以示广闻（《论语皇侃义疏·自序》），如皇侃《论语义疏》是也。正义者，正前人之疏义，奉诏更裁定名曰正（黄承吉撰《刘孟淇〈左传旧疏考正〉序》），如孔颖达《易》、《书》、《诗》、《左传》、《礼记》正义是也。一曰义赞。《唐书·孔颖达传》称《五经正义》为《五经义赞》是也（《说文·疋部》），兼举众说，疏通证明（黄承吉撰《刘孟淇左传旧疏考正序》）。如贾公彦《周礼》、《仪礼》是也。然合言之曰义疏，分言之既可曰疏，又可曰义，如皇侃《论语》、《礼记》义疏，《梁书》本传但云论《论语》、《礼记义》是也。此皆就见存诸经注疏论列也（皇侃《礼记疏》，日本有唐卷子抄残本，故非逸书）。《春秋左传正义》孔序称沈文何为《左传义疏》，《经典释文》则云沈为《春秋义疏》，王元规续而成，沈所著及元规所续书乃名义略，又孔序称刘炫作《左氏传义疏》，《隋书》炫本传则云，炫著《论语》、《孝经》、《春秋》、《尚书》、《毛诗》述议，《隋书·经籍志》经部又云，述义志于孝经类，称王劭访得孔传送炫，炫因述其议疏。此“议疏”即“义疏”，犹之“述议”即“述义”，名虽殊，实则一也。至《周易》或题“兼义”者，阮文达《校勘记》云：“并正义而刻之，以别于单注本。”陈鳣《经籍跋文》云：“他经附每节后，独《周易》总附卷末，故题为‘兼义’，而不附音。”盖北宋刻经注疏皆分刻单行，至绍熙后始合刻并附释音，世传南宋九行本《十三经注疏》，即元明诸刻所从出也。单疏今有汪士锺所刻《仪礼》、陆心源所刻《尔雅》。试取二书观之，可知单疏旧式。若北宋单注，则仅存黎庶昌刻《古逸丛书》中之《尔雅郭注》，盖犹从孟蜀石经重刻，所谓蜀大字本也。大抵注不破经，疏不破注。注或迂曲，疏必繁称博引以明之。唐宋人诸经义疏多本六朝，而淹为己有。观邢昺《论语》大半袭用皇侃，刘文淇欲作《易》、《书》、《诗》、《礼》、《春秋》旧疏考正，仅成《左传》一种，其子毓崧成《周易旧疏考证》、《尚书旧疏考证》二种，搜赃鞫盗，使孔、贾诸人读之，亦俯首而服谳矣。

一、当知真伪。《子夏易传》伪于唐张弧(今《通志堂经解》中《子夏易传》乃宋人伪作，又并非张弧书矣)。《关朗易传》伪于宋阮逸。《子贡诗传》、《申公诗说》伪于明丰坊。《古文孝经》孔安国传伪于日本。此人人得知者也。《书》之《伪孔传》始于晋梅赜，宋朱子发其端，明梅鷟《古文尚书考异》、清阎若璩《古文尚书疏证》胪举证据，抉发靡遗，已成千秋定谳。毛奇龄作《古文尚书冤词》，割裂史文句读，曲为之护，殆所谓好恶拂人之性者。然有其举之亦不必废。梅赜虽工于作伪，犹见晋以前古书，故其精理名言，能使唐人为之屈服。前清光绪十二年，王文敏懿荣奏请复《古本尚书》，以孙星衍《今古文尚书注疏》，援《二十四史》附《旧唐书》、《五代史》之例，附入《十三经注疏》。事下礼部议，为户科给事中洪良品所驳。湖北学者多尊信伪古文，宜其有此封驳，要亦王自扰之也。《孟子》孙奭疏出于宋邵武士人之手。《朱子语录》云："蔡季通识其人。"《语录》又谓："其全不似疏体，不曾解出名物制度，只绕缠赵岐之说，至岐注好用古事为比，疏多不得其根据。"朱子所云，切中其失。宋时刻《十三经注疏》强以配入，其实不能肩随邢昺，又安能追踪孔、贾哉？故知一书之真伪，而后不至误入歧途，此固治经者所当分晓者矣。

五通

一、当通章句。《后汉书·徐防传》云："诗书礼乐，定自孔子。发明章句，始于子夏。"后人动轻人为章句之儒，不知章句为治经第一要义。《礼记·学记》："一年视离经辨志。"郑注："离经，断句绝也。辨志，谓别其心意所趣乡也。"疏："离经谓离析经理，使章句断绝也。"两汉经师以章句之学名者，西汉《易》有施雠、孟喜、梁邱贺章句；《尚书》有欧阳章句，大小夏侯章句；《春秋》有《公羊章句》、《穀梁章句》。见《汉书·艺文志》。《易》有京房章句，见《隋书·经籍志》；有费直章句，见《经典释文》引《七录》；东汉《易》有刘表章句，见《隋志》、《释文》；《尚书》有桓君太常大小章句，见《后汉·桓郁传》；《礼》有庆氏章句，见《后汉书·曹褒传》；有桥居学章句，见《后汉书·桥玄传》。盖章句不明，即无由通知大谊。今诸书虽已亡佚，略举例之易见者一二以明之。如《论语·述而》："子于是日哭则不歌。"《释文》云："旧以为别章，今宜合前章。""亡而为有"，《释文》云："此旧别为章，今宜与前章合。""先进德行"以下，疏云："郑氏以合前章，皇氏别为一章。"此分章之不同也。《八佾》："君子无所争，必也射乎？"《释文》云："郑读以'必也'绝句。""揖让而升"下，《释文》云："郑注《诗·宾之初筵》引此则云'下而饮'。"《公冶长》："吾党之小子狂简。"《释文》云："郑读至'小子'绝句。"《子罕》："子曰：'沽之哉！沽之哉！'"郑注："鲁读'沽之哉'，不重，今从古也。"(敦煌石室残卷子本)此分句之不同也。略举数事，可见汉人读经之法，各有师承。欲知其详，古人之书宜考《经典释文》，今人之书宜考翟均《周易章句证异》、吴廷华《仪礼章句》、翟灏《四书考异》、武亿《经读考异》。有此五书，章句之学事半功倍矣。

一、当通校雠。一夔已足，宣圣释疑；三豕渡河，子夏辨误。圣门治学如此，何况治经？夫一字之差，谬以千里。众家之异，归往一尊。刘向校书，所以考之中古；

郑玄注礼，所以存其故书。自后陆德明《经典释文》罗列群经之异字，岳珂《九经三传沿革例》参稽各本之善长，于是有清一代之儒兀兀穷年，人人同好，如顾炎武《九经误字》、齐召南《注疏考证》、阮文达《十三经注疏校勘记》，几于搜罗尽净矣。又有王引之《经义述闻》、俞樾《群经平议》，精于声音训诂之学，四通八达，几于推阐靡遗矣，然犹有未尽者，日本唐、宋旧本倍于乾嘉之时，敦煌石室秘藏腾于中外之口，其中关于经学者，如《左传》昭公二十七年传：“夫鄢将师矫子之命，以灭三族。三族，国之良也。”日本古抄卷子本如此，今我国各本下不重“三族”字，则文句不通矣。《书·顾命》：“率循大卞。”敦煌石室残叶作“率循大法”。明“卞”为“法”之残形。《伪孔传》云：“率群臣，循大法。”义本了然。自讹为“卞”，于是千言万语解之不适矣。略举二事，可知校雠之学尤治经者之所当用心。否则，西郊四郊，段玉裁、顾广圻讦讼不已；生谥死谥，何焯、方椝如辩争不休(王应麟《困学纪闻集证六》)。疑狱千秋，难期定识，岂非治经之大厄乎？

一、当通小学。古之小学，识字为先。洒扫应对，又其次也。《汉志》小学十家，自史籀以下，皆为字书。《志》云：“古者，八岁入小学，故《周官》保氏掌养国子，教之六书，谓象形、象事、象意、象声、转注、假借，造字之本也。”按：此六书，可总为文字、声音、训诂三类。形、事，文字也；声与假借，声音也；意与转注，训诂也。知篆隶之传变，则知文字之用宏；知假借之相资，则知声音之类广。至于训诂渊海，不外《尔雅》、《说文》。《尔雅》为《毛诗传》之根源，《说文》多古文学之遗说。今举字义之最浅近而易晓者言之。如《中庸》“仁者，人也；义者，宜也”，《孟子》“庠者，养也；校者，教也；序者，射也”，《易·乾卦》“乾，健也；坤，顺也；离，丽也；坎，陷也；震，动也；巽，入也；兑，悦也；艮，止也”，皆取字声之同以释其义。此训诂之本乎声出者也。《易》“乾元亨利贞”，《汉史晨飨孔庙后碑》作“长亨利贞”，以“长”代“元”；华山碑作“永亨利贞”，以“永”代“元”。《象传》百谷草木麗乎土。《说文·艸部》麗下引“百谷草木麗乎地”，以“地”代“土”。《书·尧典》“钦若昊天”，《史记·五帝本纪》引作“敬顺昊天”，以“敬”代“钦”，以“顺”代“若”。“平秩东作”，“平秩南讹”，“平秩西成”，引作“便程东作”，“便程南讹”，“便程西成”，以“便”代“平”，以“程”代“秩”，皆以训诂之字代经。此训诂之不本乎声出者也。若夫文字之别，有古篆，有隶书，今亦举其最简省而易晓者言之。如《论语·宪问》有荷蕢，《说文·草部》蕢下古文臾引《论语》作有荷臾。汉武梁祠画像标题作“何馈”，《书·大诰》“不敢替上帝命”，魏三体石经敢古作𢽼，篆作𠭥，隶作敢，替古作暜，篆作暜，隶作㬱。《左传》宣十有四年经曹伯寿卒，魏三体石经寿古作寿，篆作寿，隶作寿。古者，古文也。隶者，今文也。此文字之宜辨别也。声音者，以依声或同声之字互相通用，即六书之假借也。《说文·序》说假借云：“本无其字，依声托事，会长是也。”盖秦分郡县，始有令长。未有令长以前，则令为号令之令，长为长久之长。既有令长之后，则因其号令百姓，故借令以称之，欲其致治长久，故借长以称之。此一字为两字之用。如次弟之弟，即为兄弟之弟，夫妇之夫，即为丈夫之夫，所谓依声之假借也。同声字之假借，为读经之假借，与造字之假借微有不同。大都两字为一字之用。如《诗·关雎》“君子好逑”，《汉书·匡衡传》引作“君子好仇”，仇与逑两字一用也。《书·吕刑》“士制百姓于刑之中”，《后汉书·梁统传》引作“于刑之衷”，衷与中两字一用也。所谓同声之假借也。亦有因形误而沿用者。如《诗·邶风·绿衣》序笺绿当为“禒”，转作“绿”，字之误也。《礼·檀弓》：“自败于台鲐，始也。”注：败于台骀，晋襄四年秋也。“台”当为“壶”字之误也。《春秋传》作“狐骀”。又有因声误而沿用者。《诗·小雅》：“舟人之子，熊羆是裘。”笺云：“舟当作周，裘当作求，声相近故也。”《周颂·臣工之什·有瞽》：“应田县鼓。”笺曰：当作朄。朄，小鼓，在大鼓旁，声转字误，变而作田。《礼·曲礼》：“拾级聚足。”郑注：“‘拾’当为‘涉’，声之误也。”《礼运》：“蒉桴而土鼓。”郑注：“蒉，读凷，声之误也。”大抵小学为经学之关键，其事为至难。吾恒欲于《尔雅》、《说文》外得一简捷之书以示人，迄不可得。无已，则有阮文达《经籍纂诂》一书，再进之以刘淇《助字辨略》、王引之《经传释词》、段玉裁《说文解字注》，或有深入自得之一日乎？

一、当通大谊。班志云：“仲尼没而微言绝，七十子丧而大义乖。”微言已绝，不可复续。汉人有为之者，如《志》载春秋家有《左氏微》、《铎氏微》、《张氏微》、《虞氏微》是也。他经无微，取微言在《春秋》也。然其书久亡，去圣日远，无端倡为怪诞之论，托于《公羊》，如康有为其人，未有不祸国家、害风俗者，故吾不言微言，而言大义。大义虽乖，可以随时匡正。君不君，臣不臣，父不父，子不子，是之谓乖；君君、臣臣、父父、子子，是之谓不乖。汉昭帝有言：“公卿大臣当用经术，明于大谊者。”即此意也。《汉书·儒林传》：丁宽作《易说》三万言，训诂举大谊，是《易》有大义也。《志》叙《尚书》家云：“古文读应尔雅。”故解古今语而可知。张晏注：“尔，近也；雅，正也。”是《书》有大义也。又叙《诗》家云：“或取《春秋》，［采］杂说，咸非其本义，与不得已，鲁最为近之。”是《诗》有大义也。叙《礼》家云：“有夫妇、父子、君臣、上下，礼义有所错(同措)。”是《礼》有大义也。又叙《春秋》家云：“丘明论本事而作传，明夫子不以空言说经。”是《春秋》有大义也。吾今举诸经大义一略言之。《易·系辞》曰：“天尊地卑，乾坤定矣。卑高以陈，贵贱位矣。”《序卦》曰：“有天地然后有万物，有万物然后有男女，有男女然后有夫妇，有夫妇然后有父子，有父子然后有君臣，有君臣然后有上下，有上下然后礼义有所错。”此《易》之大义也。《尚书大传》引孔子曰：“《尧典》可以观美，《禹贡》可以观事，《咎繇》可以观治，《鸿范》可以观度，六誓可以观义，五诰可以观仁，《甫刑》可以观诫。”通斯七观，《书》之大义举矣。此《书》之大义也。《论语》：“子曰：《诗》可以兴，可以观，可以群，可以怨。迩之事父，远之事君，多识于鸟兽草木之名。”此《诗》之大义也。《大戴礼记》：“哀公问孔子曰：民之所由生，礼为大。非礼无以节事天地之神明也，非礼无以辨君臣上下长幼之位也，非礼无以别男女父子兄弟之亲、昏姻疏数之交也。君子以之为尊敬然，然后以其所能教百姓。”此《礼》之大义也。孟子曰：“世衰道微，邪说暴行有作，臣弑其君者有之，子弑其父者有之，孔子惧，作《春秋》。《春秋》，天子之事也。”孔子曰：“知我者其惟《春秋》乎？罪我者其惟《春秋》乎？”此《春秋》之大义也。非独此也。读《十翼》而后明《易》之大义，读《论》、《孟》、《左传》而后明《书》之大义，读《大小序》而后明《诗》之大义，读大戴、小戴《礼记》而后明《周官》、《仪礼》之大义，读《孝经》、《论》、《孟》而后知《春秋》之大义，读《大戴礼》曾子十篇而后明《孝经》之大义。大义明而后六经如日月之昭垂，治经之能事毕矣。

一、当通政事。孔子之诏伯鱼曰：“不学诗，无以言；不学礼，无以立。”此为过庭时训也。又曰："诵诗三百，授之以政，不达；使于四方，不能专对。虽多，亦奚以为？"此为及门人训也。六经而无实用，则圣人为空作矣。《汉书·孔光传》："博士选有三科，高第为尚书，次为(列)[刺]史，其不(道)[通]政事，以次补诸侯太傅。"《萧望之传》："昭帝时，选博士，通政事，补郡国守相。"汉世崇经，即本此意。《礼·经解》引孔子曰："入其国，其教可知也：温柔敦厚，《诗》教也；疏通知远，《书》教也；广博易良，《乐》教也；洁静精微，《易》教也；恭俭庄敬，《礼》教也；属辞比事，《春秋》教也。"此六经有用之效也。战国时，七雄并争，诸子异学，遭秦灭籍，六经晦盲。汉兴，高祖敬太牢祀孔，叔[孙]通采古礼，酌秦法，定朝仪。(此据《史记》本传文。后汉曹褒论云："叔孙通采礼经，适物观，救崩弊。")孝文时，乐人窦公献周官太宗伯大司乐章。汉世礼乐之兴，即由于此。其后，董仲舒以《春秋》决狱，王式以三百五篇诗当谏书，平当以经明，《禹贡》使行河，兒宽通《尚书》，以古法议决疑大狱，载在《史》、《汉》纪传，成为美谈。至何休以《春秋》驳汉事四百余条，既非见诸施行，不过逞其辨难。王莽、王安石伪托《周礼》，惑古殃民。此其人于经术本无所知，仅乃拾其鳞爪皮毛，为饰奸文过之计，其不能以一二人之私慝玷及圣经明矣。至于诸子之学，亦未尝不可治世。如曹参以黄老家言治汉，武侯以申、韩之法治蜀，要知天下初定，与民休息，不得不以清静代纷更，天下已乱，与民更始，不得不以刑法救宽厚，其效在一时，不如经术之垂久。宋越普谓以半部《论语》佐太祖，以半部《论语》佐太宗，后世不信其人与言，比于汉京儒吏之设施，未见其全为夸诞也。

十戒

一、当戒僭妄。扬雄以《太玄》拟《易》，以《法言》拟《论语》；王通以《中说》拟《论语》，以《元经》拟《春秋》，文辞虽工，阳虎之似也，僭也。宋薛瑄《书古文训》袭取《汗简》，伪造古文。宋俞庭椿之《周礼复古编》、元丘葵之《周礼补亡》、明舒芬之《周礼定本》，窜乱五官，妄补《冬官》。宋王柏之《书疑》、《诗疑》，割裂经文，悍然非圣，言论虽辨，少正之雄也，妄也。不仅此也。王充《论衡》问孔、刺孟，刘知幾《史通》疑古惑经，或据寻常文则悬论孔经，或凭传疑古书妄讥圣作。王书虽为蔡邕鸿宝，刘书亦为徐坚推崇，要其信口雌黄，不免鸿文无范。至于明代，季本(如《易学四同》、《易学别录》、《春秋私考》)、丰坊(如《古易世学》、《易辨》、《古书世学》、《鲁诗世学》、《春秋世学》)之作，动矜秘本，妄改古经。沧海横流，无异秦火，斯诚经籍之大厄矣。

一、当戒武断。朱子以《论语》放郑声一语，遂疑郑、卫皆淫诗；方苞以王安石行新法，遂疑《周官》有莽制，其意在厚风俗，正人心，而不觉其言之流于偏宕，况学问远不如朱子、方苞者乎？汉世《左传》家说以刘为尧后(《后汉书·贾逵传》)，《公羊》家说以为汉制作，此乃依托谶纬，冀本经之立学官，语虽无稽，尚非有心武断。梅颐《伪尚书孔传》，名言奥义，初不悖乎圣人，犹之《诗序》出于汉人，不妨归之于子夏。《尔雅》续于东汉，仍可系之于周公，此亦不得以武断而废之也。

一、当戒杜撰。郭公夏五，存鲁史之旧文。不知而作，信君子之盖辟。杜撰之害，吾于前已痛言之。纪文达云毛奇龄好异叛经。阎若璩讥汪琬周姥制礼。两人皆有清儒家巨子，其学问之鸿博，人犹得乘其隙漏而攻之，何况近人如王某、廖平、康有为！其人一味自欺欺人，而欲以臆造之空谈求胜于往哲，其能以一人之手掩天下人之目乎？是亦徒耗心方而已矣。

一、当戒割判。《汉章帝纪》建初八年诏曰："五经割判，去圣弥远；章句疑词，乖离难正。恐先师微言将遂废绝，非所以重稽古，求道真也。"是则割判经句，汉之中叶已倡其风。自后晋梅赜割补《伪孔传尚书》，而齐姚方兴于大航头得《舜典》"粤若稽古"以下二十八字，类太康中书，乃表上之。事未施行，方兴以罪致戮。至隋开皇初，购求遗典，始得之。北宋余焘请移《洪范》"王省惟岁"以下八十七字于"四五纪"一节，为台谏所弹。历朝改经之事，准驳胥听之朝廷。然其说一倡，贤如朱子，犹不免蹈其弊，如取程子之意，以补《大学》，移改《礼记》之篇章，借胡宏之说，以刊《孝经》，删定唐人之经注。书虽传于后世，事不厌于人心。迨于元代，胡一中谓《洪范》经传次第紊乱，而《定正洪范》出矣。邱葵谓冬官一职散在五官，而《周官补亡》行矣。此其弊，则并僭妄、武断、杜撰三者而有之。有清乾嘉诸儒，如江声《尚书集注音疏》、孙星衍《尚书今古文注疏》，摭拾《史》、《汉》、诸经注疏引《秦誓》之文，以补马、郑《太誓》，弊正相等，不必讳言。他如卢文弨、戴震、严可均诸人校注古书，往往援据《史》、《汉》、《文选注》、唐宋人类书，改补本书旧文，尤不足以昭信守。吾尝言："有清一代之儒学，扶微理坠，诚有复古之功；而信古与自信甚深，亦颇滋人口实，学者取其长而去其短，斯善矣。"

一、当戒空疏。宋儒说经，明理切事，诚为有功于六经；惟其高语精微，空谈性理，为之者固以圣人之徒自命，学之者将以语录之作配天。不知性与天道，不可得闻，言语高贤，岂能阻人以不巍富美诚，以罕书仁命，余力学文，《论语》开宗教人，惟在"学而时习"一语。圣人一生自勉，惟以"学而不厌"为归。学则非性理，亦非空谈穷理尽性以至于命。此何时乎？吾于宋人说经之书，专取其切于人事者列之，所以救空疏之病也。朱学大行且五六百年，朱非不求实学者，后人安得以宋儒借口乎？

一、当戒破碎。桓谭有云(《汉书·艺文志》引谭《新论》)："秦近君能说《尧典》篇目两字之说至十余万言，但说'曰若稽古'三万言。"班固《汉书·艺文志》云："博学者又不思多闻阙疑之义，而务碎逃难，便词巧说，破坏形体，五字之文，至于二三万言，后进弥以驰逐，故幼童而守一艺，自首而后能言，安其所习，毁所不见，终以自蔽，此学者之大患也。"又《儒林传》赞云："自武帝设科射策，劝以官禄，迄于元始，百有余年，传业者寖盛，支叶繁滋，一经说至百余万言，大师众至千余人，盖禄利之路然也。"《后汉书·桓郁传》云："初，荣受朱普学章句四十万言，浮词繁长，多过其实。及荣入授显宗，减为二十三万言。郁复删省定，成十二万言。"可见说经破碎，自汉已然。其为禄利之心，与唐人尚诗赋、宋以后重制艺，设科虽异，流弊则同。岂有一代经师蹈此陋习之理？然而《皇清经解》前后两编，所收犹不免有此失者，岂非习尚已久，骤不能变革乎？

一、当戒穿凿。越宾解《易》"箕子"为"荄滋"，本传谓其"持论巧慧"。郑玄解《尚书·顾命》执瑁，古月似同，从误作同，训为酒杯，解"凭几洮颒面"为"澣水"，虞翻讥其违失事因。是穿凿之病，两汉相同，正不必为之深讳。宋王安石《字说》以"坡"为"土之皮"、"诗"为"寺人之言"。杨简《慈湖诗传》解"聊乐我员"，以"员"为姓，解"天子葵之"为向日之葵。元陶宗仪《国风尊经》多袭王氏《字说》之谬。小学久废，更不足以责宋人。至乾嘉诸老，好以钟鼎彝器字解经。如钱大昕、段玉裁、王筠、桂馥、孙星衍、阮元诸人，皆有信古太过之病。近世吴大澂尤酷好之。吴作《字说》，据兮仲钟及“追敦前文人”铭词，谓“前文人”即《书·大诰》“前宁人”，并诋郑注以“宁王”为“武王”之失。《字说》尤好据金石文字纠驳《说文》，以似真非真之文，据半信半疑之字，遽然推翻旧说，自认新知，较之兰台贿改漆书，其勇于自信，不恤人言，有其过之矣。夫金石之学，萌芽于汉人。许慎《说文序》言：“郡图往往于山川出彝鼎，其铭皆前代之古文。”《汉书·艺文志》春秋家有《奏事》二十篇本，注云：“秦时大臣奏事及刻石名山文也。”虽然，传世信今，金不如石。鸿都石经之万人共睹，胜于宣和博古之一人宝藏。存其学以为泽古之一端，未始不自成一子。若据以说经解字，则纷纷赝鼎又谁为之辨别乎？

一、当戒傅会。汉人以灾异神谕说《易》，傅会也；以《参同契》说《易》，亦傅会；六朝人以老庄说《易》，傅会也；宋陈抟以图书说《易》，邵子以《皇极》数理说《易》，亦傅会；汉人以五行灾异说《洪范》，傅会也；宋儒以河洛说《洪范》，亦傅会；汉人以四始五际说《诗》，傅会也；以《春秋》杂说说《诗》，亦傅会；宋人以叶韵说《诗》，傅会也；以妙悟说诗，亦傅会；汉儒以明堂阴阳说礼，傅会也；以封禅群祀说礼，亦傅会；汉人以“新周”、“故宋”、“王鲁”为汉制作说《春秋》，傅会也；以年月日时例说《春秋》，亦傅会。故学无论汉宋，惟求其实。汉无论古文、今文，宋无论为朱为陆，惟求其是。执一偏之见，挟求胜之心，正理不足，乃不得已，而以傅会出之，此古今学者之大病也。

一、当戒攘窃。有清一代，考据之学，引书必注明出处；引旧人说，必标举姓名。此可师可法者也。诸家说经一派，以校勘与疏证二者为多，而注家甚少，即有之，大都采集前人旧注，加以发明，未有掩取群言，据为己有者也。自戴望注《论语》，摹仿汉人。王某笺《礼》补《诗》，抹杀前人训诂，开著书简易之路，成末流蔑古之风。盗憎主人，祸及学术，加以自造新义，炫骇俗儒，一经流传，使人如饮狂药。吾虽乡人，不能为之曲护矣。

一、当戒党伐。刘歆有言：“保残守阙，挟恐见破之私意，而无从善服义之公心，或怀妒嫉，不考情实，雷同相从，随声是非。”此党同伐异之见所由来也。夫博学原须明辨，离经亦在辨志，五经然否，讨论不厌其详。假如郑玄之《箴膏肓》、《起废疾》、《发墨守》，虽操戈何休之室，当之者将俯首而无异词。又如玄驳许慎《五经异义》，虽残篇断简，不见全文，然大敌相当，输攻墨守，自非后人一知半解所能鉴其津涯。盖玄为东汉通经之儒，学无常师，故不主张门户。《魏志·王肃传》云：“肃善贾、马之学，而不好郑氏。集《圣证论》以讥短玄。孙叔然授学郑玄之门人，驳而释之。”《旧唐书·元行传》云：“子雍规玄数十百件，守郑学者，时有中郎马昭，上书以为肃谬诏王学之辈，占答以闻。又遣博士张融案经论诘，融等召集，分别推处理之是非，具《圣证论》。”是时郑学大行，故肃嫉之，务废其学。今《圣证论》已佚，残文偶见于《礼》、《诗》疏为多，孙叔然、马昭、张融等驳释推处之文亦多具载。肃穷无经引，即据所注伪造《家语》以实之，或引贾逵旧说，多玄不取，是肃之于郑学全出党伐之私。吾友皮锡瑞有《圣证论疏证》一书，可取以一参校也。其后隋刘炫作《左传杜预规过》，以纠杜注之非，孔疏复左杜而右刘，不辨杜注强经就传之失，是则安其所习，繇所不见班固之所深讥(《艺文志》)，沉溺研习，颓守旧文，陈元之所非是(元本传)。况乃因门户而水火，因水火而储胥。在野则为笔舌之争，在朝则为朋党之祸。有今古文之争立，遂以开新莽篡汉之机。有几、复社之呼号，遂以授马、阮亡明之券。有清末造，康有为假托《公羊》，比附时政，以致新旧相轧，邪说朋兴，亡国咎征，至今为梗。今之倡明正学，有所折衷，读者勿以为犹有异同之见也。

而《经学常识》第四章《治经之方法》则"大胆抄袭"为：

第一节 古人治经之方法：

昔之经生家，其治经也，往往不再治他学，故有皓首穷一经，原原本本，用功至深者。至其治经之方法，则有所谓证、知、通、戒四种，兹分述于下：

(一)何谓证？古人解经，最重考据，是以有不通群经，不能治一经之语；至其证经之法，则又可分为数种：

1. 以经证经。如张惠言之《虞氏易礼》，则以《礼》证《易》；毛奇龄之《春秋占筮书》，则以《春秋》证《易》；包世荣之《毛诗礼征》，则以《礼》证《诗》；刘逢禄之《论语述何》，则以《公羊》证《论语》。以上所述，皆以经证经也。①

2. 以史证经。《史记》中之《五帝本纪》、《夏本纪》、《殷本纪》、《周本纪》可以证《尚书》，《春秋列国世家》可以证《尚书》，亦可证《左传》；《孔子世家》、《仲尼弟子列传》可以证《论语》；《荀孟列传》可以证《孟子》；近人缪祐孙有《两汉书引经考》，言之最详。

3. 以子证经。诸子乃六艺之支流，其学皆出于七十子：如《韩诗外传》为《韩诗》义；班固《列女传》为《鲁诗》义；《韩非子》、《淮南子》为《春秋》、《左氏》义；《白虎通德论》为《春秋》、《礼》义：《荀子》、蔡邕《独断》为《礼》义。此皆彰明较著者，其他则在读者之善为沟通耳。②

4. 以汉人文赋证经。如王逸《离骚注》，《蔡中郎集》有《鲁诗义》。

5. 以《说文解字》证经。许为古文学，而兼采众家之言，故其引经也，往往先后异字，解义亦各不同，陈瑑《说文引经考证》、吴玉搢《说文引经考》、柳荣宗《说文引经考异》，言之甚详。

6. 以汉碑证经。汉儒治经，最重师说，凡流传碑本，其引经与他本异者，皆家法之不同也。近人皮锡瑞有《汉碑引经考》一书，疏证颇为详明。

(二)何谓知？六经亡于秦火，惟《易》得存；其余或出自壁藏，或出自口授；其间师承家法，源流派别，书本今古，学者皆不可不知，兹分远之：

1. 当知源流。欲知经学之源流，当读两汉《儒林传》、《汉书·艺文志》、《经典释文》诸书；而《三国志》列传、《南北史·儒林传》亦不可不读。近人毕沅著《通经表》、《传经表》，颇简要，便于检寻，以之寻《史》、《汉》、《志》、《传》、《释文》诸书，尤不至虚耗光阴。

---

① 《经学常识》，《民国时期经学丛书》第一辑第四册，文听阁图书公司 2008 年版，第 153 页。

② 《经学常识》，《民国时期经学丛书》第一辑第四册，文听阁图书公司 2008 年版，第 154 页。

2. 知存亡。自两汉以后，经注之或存或亡，学者不可不知；《四库全书提要》及阮元《四库未收书目》中之经类书籍，则颇可以备查考；而朱彝尊之《经义考》，翁方纲之《经义考补》，学者亦可按其部目，以考其书之存亡。

3. 当知体例。何谓体例？曰注，曰疏。注之属有传，有记，有笺，有注，有诂训，有解诂，有章句，有章指，有集解；疏之属有义疏，有正义。大抵注不破经，疏不破注；注或迂曲，疏必繁称博引以明之。①

4. 当知真伪。如《书》之《伪孔传》，始于晋梅赜；而《子夏易传》，伪于唐张弧(通志堂经解以《子夏易传》为宋人伪作)等是也。

(三)何谓通？凡治经者，不可不通经文之句读，经文之大义，以及字音字义，背当彻底贯通者也。而通之要点，则有五端：

1. 当通章句。世人以为章句之儒，乃含轻视之意。不知通章句，为治经之第一义。按章句始于子夏：而西汉《易》有施、孟、梁邱章句；《尚书》有欧阳章句，大小夏侯章句；《春秋》有《公羊章句》、《穀梁章句》等。盖通章句，则能通其大谊矣。

2. 当通校雠。刘向校书，考之中古；郑玄注礼，存其故书；陆德明《经典释文》，罗列群经之异字；岳珂《九经三传沿革例》，参稽各本之善长；他如顾炎武之《九经误字》，齐召南之《注疏考证》，阮元之《十三经注疏校勘记》，几于搜罗尽净；而王引之之《经义述闻》、俞樾之《群经平议》，亦几推阐靡遗，然犹有未尽者，日本唐、宋旧本，倍于乾嘉之时，敦煌石室秘藏，腾于中外之口，其中关于经学者，如《左传》昭公二十七年传："夫鄢将师矫子之命，以减三族，三族国之良也。"日本古抄卷子本如此，而我国各本下不重"三族"字，则文句不通矣。由此可知校雠之学，治经者之所当用心也。

3. 当通小学。古者，八岁入小学，故《周官》保氏掌养国子，教之六书，而治经学者，尤不可不明小学，盖小学为经学关键；凡治经者，如阮元之《经籍纂诂》，刘淇《助字辨略》，王引之《经传释词》，段玉裁《说文解字注》，皆不可不一读也。

4. 当通大谊。班志云："仲尼没而微言绝，七十子丧而大义乖。"微言已绝，不可复续。汉人有为之者，然其书久亡。《汉书·儒林传》："丁宽作《易说》三万言，训故举大谊。"是《易》有大义也。其他如《书》、《诗》、《礼》、《春秋》等经，亦莫不有大义也。大义明而后六经如日月之昭垂，治经之能事毕矣。②

5. 当通政事。孔子曰："诵诗三百，授之以政；不达使于四方，不能专对，虽多亦奚以为。"盖经学者，治世之学，当有实用也。董仲舒以《春秋》决狱，王式以三百五篇诗当谏书，而赵普谓"以半部《论语》治天下"，其言虽夸，然可知经术之作以治世，确乎不可易也。

(四)何谓戒？治经有当戒者数事，兹分述之：

1. 当戒僭妄。扬雄以《太玄》拟《易》，以《法言》拟《论语》；王通以《中说》拟《论语》，以《元经》拟《春秋》，其他如伪造《古文尚书》，如妄补《冬官记》，皆可谓之僭妄。

---

① 《经学常识》，《民国时期经学丛书》第一辑第四册，文听阁图书公司2008年版，第156页。

② 《经学常识》，《民国时期经学丛书》第一辑第四册，文听阁图书公司2008年版，第158页。

2. 当戒武断。朱子以《论语》"放郑声"一语，遂疑郑、卫皆淫诗；方苞以王安石行新法，遂疑《周官》有莽制，此皆武断之意也。

3. 当戒杜撰。凡笺解经文，切不可臆测杜撰。以毛奇龄、阎若璩之为有清儒家巨子，纪晓岚尚以好异叛经目之。

4. 当戒割判。《汉·章帝纪》建初八年诏曰："五经割判，去圣弥远，章句疑词，乖离难正，恐先师微言将遂废绝，非所以重稽古，求道真也。"是则割判经句，汉之中叶已倡其风矣。

5. 当戒空疏。宋儒说经，其明理切事者，诚有功于六经；而高语精微，空谈性理，则犯空疏之病矣。

6. 当戒破碎。汉儒说经，浮词繁冗，往往过乎其实，盖说经破碎，自汉已然。

7. 当戒穿凿。如王安石《字说》以"坡"为"土之皮"，"诗"为"寺人之言"，此即穿凿之病也。清乾嘉时好以钟鼎彝器字解经，此虽由于信古太过，然犯穿凿之病，则不可讳也。①

8. 当戒傅会。汉人以灾异说《易》，傅会也；其后以《参同契》说《易》，以老庄说《易》，以图书说《易》，以《皇极数理》说《易》，皆傅会也。②

9. 当戒攘窃。考据之学，引书必注明出处；引旧人说，必标姓名，若掩取群书，据为己有，则直攘窃。③

10. 当戒党伐。东汉通经之儒，学无常师，故不主张门户；自此以后，门户之见渐起，党同伐异，代有所闻，在朝则为朋党之祸，在野则为笔舌之争，学者所当深戒也。

第二节 今后吾人治经之方法

吾人处此中西学术交互之时代，既不能如古人之皓首穷一经；而研究经学，又不能不旁及其他各种学术；古人谓"不通群经不能治一经"，今之治经学一门，不得不兼治其他学术，正与之相同耳。故今后吾人之治经学也，不能与古人同日语：如无谓之考订（如穿凿傅会），家派之拘泥（如党同伐异），皆不足以助长学术之进步；吾人应具远大之目光，以科学之方法而研求之，则庶几其可。至其方法，则如上节所述以外，吾人所尤当注意者，则约有所端：

一、当知经书之真伪。不知书之真伪，最易走入迷途。所以研究经学，必先知书之为真为伪。如《尚书》五十八篇中，三十三篇为今文，自汉时流传至今；其二十五篇，则晋梅赜所假造者。其他如《子贡诗传》，则出明丰坊之手，如孔安国《尚书传》，《郑注孝经》，《孟子》孙奭疏，均为伪书，学者不可不知也。④

一、当知经学之派别。明经学之派别，而后治经学乃可得其纲领，否则家派不明，书籍之研求，亦将无从采择。如两汉有今古文之分：今文家言，多以经术饰吏治，又详于礼制，喜言灾异五行；古文家言，详于训诂，穷声音文字之原，各有偏长

① 《经学常识》，《民国时期经学丛书》第一辑第四册，文听阁图书公司2008年版，第161页。
② 《经学常识》，《民国时期经学丛书》第一辑第四册，文听阁图书公司2008年版，第161页。
③ 《经学常识》，《民国时期经学丛书》第一辑第四册，文听阁图书公司2008年版，第161页。
④ 《经学常识》，《民国时期经学丛书》第一辑第四册，文听阁图书公司2008年版，第162页。

也。南北朝时：北儒学崇实际，喜以汉儒之训说经，或直质寡文；南儒学尚浮夸，多以魏晋之注说经，故新义日出。唐人作义疏，黜北学而崇南学，故汉训多亡。宋、明说经者，喜空言义理，不遵古训；或以史事说经，或以义理说经。清儒说经，崇尚汉学，**吴中学派**掇拾故籍，训诂昭明；**徽州学派**详于名物典章，复好深思，心知其意；**常州学派**宣究微言大义，或推经致用。学者于此，苟能知其源委，则其究经也，必有真实之心得；否则迷离惝恍，令人莫知所从也。①

一、当知群经之性质。经书之性质：有关于科学(理化博物)者，有关于史学者，有关于政治学者，有关于社会学者，有关于伦理学者，有关于哲学者，有关于数学者，有关于文学者。至各种经书，虽无显著之可分，然如《春秋》则偏于史学，《易经》则偏于哲学，《礼经》则偏于社会学及伦理学，其他各经，亦各有所偏长，是在学者之善为研究耳。

一、当研究小学。治经学者，当参考古训，诚以古经非古训不明也。故研究经学，非兼研究小学不可。研究小学时所当注意者盖有三端：一为当通音韵，二为当明训诂，三为辨别形体。学者苟能于此三者加以工夫，则治经时之困难可以减少许多也。②

一、当知校勘之学。校勘一事，为整理国故最要之条件，且最合科学之方法。盖古经传至今日，遭兵火虫鱼之劫，其间脱误及损坏之处必多，非加以校勘，无以补其缺点。古来学者多有研究及此。然以代王念孙、王引之、卢文弨、孙星衍、顾广圻、孙诒让、俞樾诸人为最完密谨严，合科学之方法。孙诒让《札迻序》云："大抵以旧刊精校为据依，而究其微旨，通其大例，精研博考，不参成见。其谌正文字讹舛，或求之于本书，或旁证之他籍，及援引之类书，而以声类通转为之錧键。"能明乎此，则校勘之学思过半矣。③

经过比较之后，我们不难发现，二者文字大体相同，只是略为颠倒次序而已！

(二)将文字叙述改为图表列示

叶德辉《经学通诰》卷一《经学流派》原文为：

西汉经学派(举其有书传于今者)

今文

伏生(《尚书大传》)

董仲舒(《春秋繁露》)

按：伏、董之书均出后人辑本，然在唐以前，较近二人辑佚书稍为完整，故特存

① 《经学常识》，《民国时期经学丛书》第一辑第四册，文听阁图书公司 2008 年版，第 163 页。
② 《经学常识》，《民国时期经学丛书》第一辑第四册，文听阁图书公司 2008 年版，第 164 页。
③ 《经学常识》，《民国时期经学丛书》第一辑第四册，文听阁图书公司 2008 年版，第 165 页。

此二家云。

古文

河间献王(《毛诗》、《周礼》)

东汉经学派

今文

何休(《公羊》)

古文

许慎(《说文》、《五经异义》)

按：《说文》兼采今文说，要其学则古文也。《五经异义》虽出后人辑本，然四库已经著录，故取以备考云。

通学

郑玄(《毛诗笺》、《周礼注》、《仪礼注》、《郑氏佚书》)

按：两汉经师皆分门户，至郑氏而集大成。有清一代，为许、郑之学者，以江浙为最盛。刘逢禄、龚自珍、魏源、宋翔凤倡为今文之学，摭拾西汉残缺之文，欲与许、郑争席。至康有为、廖平之徒，肆邪说经学晦盲，而清社亦因之而屋焉。追原祸始，至今于龚、魏犹有余痛。昔人谓明季钟惺、谭友夏为亡国诗妖，如康、廖者，亦亡国之文妖已矣。

北宋经学派

周敦颐(《太极图说》、《通书》)

程颐(《易传》)

按：北宋经义，以精研性理，阐明人事为宗。观此二家之书，可知其时经学大概。虽以王安石之别创新义，苏轼之偶涉义理，不过见深见浅，识解不同，要于性理人事二者不甚相出入。苏氏之学具《两苏经解全书》。王氏之学有《三经新义》，今仅存《周官新义》。为其学者，有龚原《周易新讲义》、陆佃《尔雅新义》、《埤雅》等书，是亦可备参考也已。

南宋经学派

朱子(《易本义》、《诗集传》、《仪礼经传通解》、《四书集注》、《朱子全书》、《朱子遗书》)

按：南宋经学，以朱子为大宗。三传而为王应麟，四传而为黄震，遂开有清顾、惠二氏之学，流衍至于乾嘉，号为汉学。毛奇龄逞其雄辩，时值开辟，名为宗汉，实以攻朱。风气初开，无足深较。乃纪文达、戴震之徒，于其学所从出，而反唇以相讥，则亦数典忘祖之甚矣。朱子五经，《易》复古本，《尚书》辟伪孔，《诗》采三家，《礼》通古今，《春秋》虽无成书，所撰《通鉴纲目》，意在上续获麟，《尚书》又有蔡沈《集传》，《乐》有蔡元定《律吕新书》，是六经通学，郑氏以后，惟朱子一人。同时虽有金溪之陆九渊、永嘉之叶适、陈傅良与之异同，而有吕祖谦、张栻并轸而驰，羽翼既张，流派益远。故自元、明迄于有清，即以其一家之书列之学官，令以取士。盖一学派之成立，必其人有绝大精力，贯彻始终。后人立异，与之为难，虽暂晦而复明，如寒暑之相嬗，诚以学问为天下之公器，固非一二人之力所能扩张，亦非一二人之力所能推倒。吾生平颇尚汉学，而独崇朱子。然非曾文正、陈澧调人之说，所谓汉宋兼采者，则以朱子自有真实之处，在学者之探求，不在口说之争辨耳。

清经学北派

博野

颜元

李塨(《周易传注》、《诗经传注》、《李氏学乐录》)

按：习斋之学，一传而为李塨。塨又受学于毛奇龄，此南学合北学之始。再传而为程廷祚，则又以南人而为北学。然如所著《晚书订疑》、《禘祫辨误》二书，绝不附和毛氏《古文尚书冤词》及《郊社禘祫问》之说，是则冰寒青胜，派同而学不同。至所著《春秋识小录》已入乾嘉考据一派，其殆学成之日乎？博野之学初不行于南方，后二百余年，江宁戴望本其先世家学，著《颜氏学记》一书表扬之。望晚年又从陈奂受《毛诗》，从宋翔凤受《公羊》，所注《论语》即发明《公羊》之义，是又转入南学今文派矣。

曲阜

孔广森(《顨轩所著书》)

孔广林(《孔丛伯遗书》)

按：广森受学于戴东原震，震为江慎修永高第，是当列于婺源派之再传，然北方为汉学者，纪文达昀无传书，独孔氏一家为之，至马国翰而极盛，故特列为一派，以张汉帜云。

清经学南派

昆山

顾炎武(《亭林遗书》、《音学五书》、《日知录》)

徐乾学(炎武甥，《读礼通考》)

潘耒(炎武弟子，刻《亭林遗书》)

按：炎武之学，出一于朱子，而实事求是，遂开东南汉学之先。论有清一代儒宗，当以炎武与元和惠周惕为不祧之祖。江藩《汉学师承记》退炎武与黄宗羲居于卷末，是诚所谓蚍蜉撼大树者矣。

元和

惠周惕(《诗说》)

士奇(周惕子，《易说》、《礼说》、《春秋说》)

栋(士奇子，《易例》、《周易述》、《易汉学》、《易大义》、《易微言》、《周易本义辨证》、《古文尚书考》、《明堂大道录》、《禘说》、《左传补注》、《九经古义》)

按：惠氏三世治经，至栋而益盛。吴中汉学，实惠氏一家开之，故周惕与顾炎武不独化被三吴，泽及桑梓，即天下后世亦当推为有清两巨师。栋之弟子，一为江藩，著《周易述补》、《尔雅小笺》，一为余萧客，著《古经解钩沈》，皆于汉学一派有功后学者也。

婺源

江永(《周礼疑义举要》、《仪礼释例》、《仪礼释宫增注》、《礼记训义择言》、《深衣考误》、《礼书纲目》、《律吕新义[论]》、《律吕阐微》、《春秋地理考实》、《乡党

图考》、《群经补义》)

戴震(永弟子　《戴氏遗书》)

段玉裁(震弟子　《经韵楼全书》、《说文解字注》)

龚自珍(玉裁外孙　《尚书泰誓答问》、《春秋决事比》)

龚橙(自珍子　《诗本谊》)

按：江氏之学，出于朱子。戴震乃操入室之戈。再传而为段玉裁，犹是古文学一派。三传而为龚自珍，又转入今文学一派。此无他，师承之严重不如汉京，故学者但随风气为转移，遂不惜背师而驰，自乱统系。南北朝以后，不得有儒林。今之修史者，乃犹袭用其名称，可谓大谬也已。

常州(一曰阳湖派)

庄存与(《周官记》、《周官说》、《周官说补》、《春秋证辞》)

述祖(存与从子，《尚书校逸》、《尚书说》、《毛诗考证》、《周颂口义》、《夏小正考释》、《五经小学述》、《说文古籀疏证》)

刘逢禄(述祖弟子，《尚书今古文集解》、《公羊何氏释例》、《公羊何氏解诂笺》、《发墨守评》、《箴膏肓评》、《[穀梁]废疾申何》)

龚自珍(逢禄弟子，婺源三传，书见前)

魏源(逢禄弟子，《书古微》、《诗古微》)

孙星衍(《周易集解》、《尚书今古文马郑注》、《尚书今古文注疏》、《明堂考》、《魏三体石经考》、《孔子集语》)

张惠言(《茗柯全书》、《仪礼图》)

成孙(惠言子，《说文谐声谱》)

按：常州之学，本分二派：一为今文学派，庄氏一家开之，传至龚、魏，横流极矣，然其学通天人之故，接西京之传，盖得董、贾之精微，而非如龚、魏之流于狂易。江藩《汉学师承记》不列其名与书，殆有彼哉之意乎？一为古文学派，孙星衍卓然名师，为古学之劲旅，当时与洪亮吉齐名乡里，洪所著《左传诂》远不如孙之精深，盖洪后以史学地理名家，精神别有专用也。张惠言精研《易》、《礼》，实惠氏之旁支。昆山、元和以外，其学派未有过于阳湖者也。

仪征

阮元(《皇清经解》、《诗书古训》、《车制图解》、《仪礼石经校勘记》、《曾子注释》、《十三经注疏校勘记》、《经籍纂诂》)

仪征主持汉学，全在经解一书。节钺所至之处，于广州则创学海堂，于浙江则建诂经书院，两省承学之士，百年以来犹沿其余风。湘省汉学兴起最迟，然创湘水校经堂者，则仪征弟子、巡抚吴荣光也。瞽宗之祀，仪征其为先河乎？长沙王先谦续编《经解》一书，推衍宗风，网罗散佚，仪征嫡派，终在湖湘。新学既兴，南风不兢矣。

高邮

王念孙(《读书杂志》、《广雅疏证》)

引之(念孙子，《经义述闻》、《经传释词》)

按：高邮自创一派，专以形声训诂校勘古书，于是千古沉晦不可解之文词，循其例，无不涣然冰释。后来俞樾踵其后，为《群经平议》，为《诸子平议》，为《古书疑义举例》，而后四部书之讹文脱简重门洞开，可谓“周、孔之扫夫，刘、班之嫡子”。曾文正《圣哲画像记》推为集小学之大成，盖犹等夷之见矣。

南雷

黄宗羲(《易学象数论》、《深衣考》、《孟子师说》)

按：南雷得蕺山之传，其理学为阳明一派，然为全祖望所私淑，又万斯大兄弟受业之师。浙中经学之风，故当以宗羲为鼻祖。

四明

万斯大(《万氏经学五书》)

斯同(斯大弟 《石经考》)

按：四明之学，为浙中汉学之先声。非毛奇龄逞其口辨，一味叫嚣之比也。少时兄弟师事南雷，得闻蕺山之绪论。平日持论，以为“非通诸经，不能通一经；非悟传注之失，则不能通经；非以经释经，则亦无由悟传注之失”。至理名言，诚实事求是之义。当时并无汉学名帜，而治经之一法，遂为一代宗风，不可谓非豪杰之士矣。

桐城

方苞(《望溪全集》)

刘大櫆(苞弟子，不传经)

姚鼐(大櫆弟子，《左传补注》、《公羊补注》、《榖梁补注》、《国语补注》、《九经说》)

按：桐城方氏说经诸书，源出北宋；再传为姚鼐，以参合义理、考据、词章为宗。桐城之学，至此一变，曾文正全师之矣。

东塾

陈澧(《东塾读书记》、《汉儒通义》)

按：澧为仪征再传弟子，然近世所谓汉宋兼采一派者，至澧而始定其名，故别为派，殿于后云。

今按：《经学通诰》的上述文字，被《经学常识》改为图表。

(三)结　　论

综上可知，《经学常识》大量抄袭了《经学通诰》的有关内容。叶德辉其人殊不足道，且死于非命，但其学源自吴派，学风甚正，不可因人而废言。尽管《经学常识》的作伪手法非常拙劣，但还是骗过了当时的很多人。后来因其书流传绝少，数十年来一直没有被人识破。笔者在查阅林庆彰先生编辑的《民国时期经学丛书》时，无意间发现《经学常识》与《经学通诰》高度相似，幸好手头有张晶萍教授点校的《经学通诰》(收入郭齐勇先生主编的《儒家文化研究》第二辑，三联书店 2008 年版)，于是逐一比对，小心求证，此案遂定。

还要说明的是，《经学常识》只是《国学常识》之一种，其他各种是否存在抄袭问题，有待逐一求证。近年随着国学热持续升温，《国学常识》也被大量翻印，且网上反应甚佳，可见其欺骗力之强大。今不惮烦琐，为之一一辨明，望学人毋再为此等伪书所欺骗耳。

二、《尚书》真伪问题之由来与重辨

胡治洪

《尚书》主要记载了唐虞以迄春秋时代圣王贤臣以仁德为核心的政治理念、政治言教及其政治实践①，并广涉天文历法、舆地形势、疆域划分、物产贡赋、宗教礼仪、人伦规范、家国制度、律令典刑、职官序列、礼器用物、王朝谱系、历史事件等多方面内容，对中华民族的人生观、价值观、政治观、社会观、历史观、自然观、宗教观发生了巨大的作用，成为中华民族精神命脉和文化传统的重要来源。但《尚书》的真伪却一直是个问题；特别是经清初考据家乃至民国早期“古史辨派”的“辨伪”和“疑古”，《尚书》(特指梅赜所献孔传本，又特指其中的古文二十五篇)为“伪书”的观点竟俨然成为定谳，也成为学界的主流意见，影响至巨，故极有必要对这一问题重新予以辨析。

(一)从先秦典籍引述可证《尚书》古已有之

《尚书》在先秦时期径称“书”，故《庄子·天下》基于先秦诸子的共认而归结道：“《诗》以道志，《书》以道事，《礼》以道行，《乐》以道和，《易》以道阴阳，《春秋》以道名分。”②《庄子·天运》又假托孔子谓老聃曰：“丘治《诗》、《书》、《礼》、《乐》、《易》、《春秋》六经，自以为久矣。”③都只称“书”而不称“尚书”。④ 将先秦之“书”称为“尚书”，

① 《尚书》也记载了一些失德君王和臣工的事迹，如太康(《夏书·五子之歌》)、桀(《商书·汤誓》、《商书·仲虺之诰》、《商书·汤诰》)、太甲(《商书·太甲》上中下)、纣(《商书·西伯戡黎》、《商书·微子》、《周书·泰誓》上中下、《周书·牧誓》)、羲和(《夏书·胤征》)等，但对这些失德者都持批评甚至斥责态度，从另一方面凸显了《尚书》的仁德政治主旨。

② (清)王先谦:《庄子集解·天下》,《诸子集成》第三册，中华书局1954年版，第216页。

③ (清)王先谦:《庄子集解·天运》,《诸子集成》第三册，中华书局1954年版，第95页。

④ 《墨子·明鬼下》有“故尚书夏书，其次商周之书”语，但此所谓“尚书”乃是泛称而非专名，并不表明先秦时期已有“尚书”一名。参见屈万里《尚书集释》，联经出版事业公司1983年版，“概说”第5页；刘起釪《尚书学史》(订补本)，中华书局1996年版，第7页。

大概始于西汉早期，或以为即由伏生定其名，孔安国《尚书序》曰："济南伏生，年过九十，失其本经，口以传授，裁二十余篇。以其上古之书，谓之《尚书》。"孔颖达疏曰："既言'以其上古之书'，今先云'以其'，则伏生意之所加，则知'尚'字乃伏生所加也。"①司马迁《史记》已屡称《尚书》之名，且云"言《尚书》自济南伏生"②，可为上说提供最为切近的文献根据。至于为何将"书"改称为"尚书"，除孔安国所谓"以其上古之书，谓之《尚书》"外，另有王充曰"《尚书》者，以为上古帝王之书，或以为上所为下所书"③，刘熙曰"《尚书》，尚，上也，以尧为上而书始其时事也"④，马融曰"上古有虞氏之书，故曰《尚书》"，郑玄曰"尚者上也，尊而重之，若天书然，故曰《尚书》"，王肃曰"上所言，史所书，故曰《尚书》"⑤，乃至孔颖达曰"尚者，上也，言此上代以来之书，故曰《尚书》"⑥。综合诸家解释，不外是说，《尚书》是远古流传下来的、由唐虞夏商周历代史官所记述的关于二帝三王伦理政治实践的非常重要的经典，亦即孔颖达《尚书正义序》所谓"人君辞诰之典，右史记言之策"⑦，当然这些解释都有推想的成分。

据记载，《尚书》原有三千多篇，由孔子删定为百篇。孔安国《尚书序》曰："先君孔子，生于周末，睹史籍之烦文，惧览之者不一，遂乃定礼乐，明旧章，删诗为三百篇，约史记而修《春秋》，赞《易》道以黜八索，述职方以除九丘；讨论坟典，断自唐虞，以下讫于周，芟夷烦乱，翦截浮辞，举其宏纲，撮其机要，足以垂世立教，典谟训诰誓命之文，凡百篇。"⑧《汉书·艺文志》也说"故《书》之所起远矣，至孔子纂焉，上断于尧，下讫于秦，凡百篇，而为之序，言其作意"。郑玄《书论》依《尚书纬》云："孔子求书，得黄帝玄孙帝魁之书，迄于秦穆公，凡三千二百四十篇。断远取近，定可以为世法者百二十篇，以百二篇为《尚书》，十八篇为《中候》。"⑨《史记·伯夷列传》司马贞《索隐》的说法大致同于郑玄，其曰："又《书纬》称孔子求得黄帝玄孙帝魁之书，迄秦穆公，凡三千三百三十篇，乃删以一百篇为《尚书》，十八篇为《中候》。"这些说法多少含有传说性，但也与《史记·孔子世家》所谓"孔子之时，周室微而礼乐废，诗书缺。追迹三代之礼，序书传，上纪唐虞之际，下至秦缪，编次其事"的记载基本相符。孔颖达《尚书正义》中保存了百篇题目，其为《虞书》之《尧典》、《舜典》、《汩作》、《九共》九篇、《槀饫》、《大禹谟》、《皋陶谟》、《益稷》；《夏书》之《禹贡》、《甘誓》、《五子之歌》、《胤征》、《帝告》、《釐沃》、《汤征》、《汝鸠》、《汝方》；《商书》之《汤誓》、《夏社》、《疑至》、《臣扈》、《典宝》、《仲虺之诰》、《汤诰》、《明居》、《伊训》、《肆命》、《徂后》、《太甲上》、《太甲中》、《太甲下》、《咸有一德》、《沃丁》、《咸乂》四篇、《伊陟》、《原命》、《仲丁》、《河亶甲》、《祖乙》、《盘庚上》、《盘庚中》、《盘庚下》、《说命上》、《说命中》、《说命下》、《高宗肜

---

① 《十三经注疏·尚书正义》，中华书局1980年版，第115页。
② 《史记·儒林列传》。
③ （汉）王充：《论衡·正说》，《诸子集成》第七册，中华书局1954年版，第273页。
④ （汉）刘熙：《释名·释典艺》，中华书局1985年版，第100页。
⑤ 马、郑、王说均见《十三经注疏·尚书正义》，中华书局1980年版，第115页。
⑥ 《十三经注疏·尚书正义》，中华书局1980年版，第113页。
⑦ 《十三经注疏·尚书正义》，中华书局1980年版，第110页。
⑧ 《十三经注疏·尚书正义》，中华书局1980年版，第114页。
⑨ 《十三经注疏·尚书正义》，中华书局1980年版，第115页。

日》、《高宗之训》、《西伯戡黎》、《微子》；《周书》之《泰誓上》、《泰誓中》、《泰誓下》、《牧誓》、《武成》、《洪范》、《分器》、《旅獒》、《旅巢命》、《金縢》、《大诰》、《微子之命》、《归禾》、《嘉禾》、《康诰》、《酒诰》、《梓材》、《召诰》、《洛诰》、《多士》、《无逸》、《君奭》、《蔡仲之命》、《成王政》、《将蒲姑》、《多方》、《立政》、《周官》、《贿肃慎之命》、《亳姑》、《君陈》、《顾命》、《康王之诰》、《毕命》、《君牙》、《冏命》、《吕刑》、《文侯之命》、《费誓》、《秦誓》①，这或许就是孔子所删定的百篇之目。

无论先儒的说法有多少推想成分或传说因素，先秦时期实有《尚书》却是毫无疑问的，这是西汉以降所有《尚书》学者的共识，这种共识的根据就在于先秦诸多典籍曾频繁引述《尚书》。笔者曾从《论语》、《左传》、《礼记》、《孟子》、《墨子》、《荀子》、《吕氏春秋》等典籍中钩稽引《书》文句凡八十余条，涉及《虞书》之《尧典》、《舜典》、《大禹谟》、《益稷》，《夏书》之《甘誓》、《五子之歌》、《胤征》，《商书》之《仲虺之诰》、《汤诰》、《伊训》、《太甲上》、《太甲中》、《咸有一德》、《盘庚上》、《盘庚中》、《说命上》、《说命中》、《说命下》，《周书》之《泰誓上》、《泰誓中》、《泰誓下》、《牧誓》、《武成》、《洪范》、《康诰》、《洛诰》、《无逸》、《君奭》、《蔡仲之命》、《君陈》、《君牙》、《吕刑》、《秦誓》诸篇，文繁不录。对于先秦典籍引《书》情况做出相当周详研究的有今人陈梦家和刘起釪。陈梦家《尚书通论》第一章《先秦引书篇》列举《论语》、《孟子》、《左传》、《国语》、《墨子》、《礼记》、《荀子》、《韩非子》、《吕氏春秋》九种典籍所引《尚书》凡 168 条。② 刘起釪《尚书学史》第二章《〈尚书〉在先秦时的流传情况》不仅以文字表述先秦典籍对《尚书》的征引，而且制作“先秦文籍十八种引用汉今文十五篇情况表”、“先秦文籍三种引用古文逸十六篇中四篇情况表”、“先秦文籍九种引用《书序》百篇中七篇情况表”、“先秦文籍十六种中引用逸《书》逸篇情况表”、“先秦文籍引用《尚书》篇数次数总表”、“《尚书》存佚各篇先秦引用情况总表”，条列《诗》、《论语》、《国语》、《左传》、《墨子》、《孟子》、《荀子》、《管子》、《庄子》、《韩非子》、《战国策》、《周礼》、《礼记》、《大戴礼记》、《孝经》、《公羊传》、《穀梁传》、《尸子》、《吕氏春秋》、《逸周书》20 种典籍所引《尚书》传世以及后佚之诸多篇章的文句凡 335 条。③ 如果说上述证据都只局限于文献的范

① 其中正文亡佚之《汩作》、《九共》九篇、《槀饫》附目于《舜典》篇末，《帝告》、《釐沃》、《汤征》、《汝鸠》、《汝方》附目于《胤征》篇末，《夏社》、《疑至》、《臣扈》、《典宝》附目于《汤誓》篇末，《明居》附目于《汤诰》篇末，《肆命》、《徂后》附目于《伊训》篇末，《沃丁》、《咸乂》四篇、《伊陟》、《原命》、《仲丁》、《河亶甲》、《祖乙》附目于《咸有一德》篇末，《高宗之训》附目于《高宗肜日》篇首小序，《分器》附目于《洪范》篇末，《旅巢命》附目于《旅獒》篇末，《归禾》、《嘉禾》附目于《微子之命》篇末，《成王政》、《将蒲姑》附目于《蔡仲之命》篇末，《贿肃慎之命》、《亳姑》附目于《周官》篇末，凡亡佚四十二篇。

② 见陈梦家《尚书通论》(增订本)，中华书局 1985 年版，第 11～35 页。需要指出的是，在这 168 条中，有 111 条被陈氏指为“不见于今本的逸《书》”，而实际上这些条文大多见于今本《尚书》，只不过属于《古文尚书》范围。陈氏局限于“《古文尚书》伪作”说，故对今本《尚书》中的古文篇章视若无睹，这是很不恰当的。

③ 另一统计约有 359 条。见刘起釪《尚书学史》(订补本)，中华书局 1986 年版，第 11～61 页。刘氏对先秦典籍引《书》情况的研究可谓细致入微，但他所制情况表的名称却或有不通之处，如“先秦文籍十八种引用汉今文十五篇情况表”，若从字面理解，显属时序颠倒。体察刘氏本意，乃是说汉今文十五篇在先秦时已存在，并为其时文籍所征引，如此，则表名或可作“先秦文籍十八种引用入汉以后成为今文的十五篇情况表”。

围，那么《郭店楚墓竹简》和《上海博物馆藏战国楚竹书(一)》所收两篇《缁衣》以及前者所收的《成之闻之》，则以先秦实物形式提供了当时典籍征引《尚书》之最为坚实的证据。①郭店简《缁衣》征引《尚书》凡九条，依次为“《尹诰》云‘惟伊尹及汤咸有一德’”，“《君牙》云‘日傛雨，小民惟曰悁；晋冬耆沧，小民亦惟曰悁’”，“《吕刑》云‘一人有庆，万民赖之’”，“《君陈》云‘未见圣，如其弗克见，我既见，我弗迪圣’”，“《吕刑》云‘非用臸，制以刑，惟作五虐之刑曰法’”，“《康诰》云‘敬明乃罚’”，“《吕刑》云‘播刑之迪’”，“《君奭》云‘昔在上帝，割绅观文王德，其集大命于厥身’”，“《君陈》云‘出入自尔师虞，庶言同’”。② 上博简《缁衣》征引《尚书》的条数、篇目及次序都与郭店简相同，唯文字略有差异，故不烦赘述。③ 郭店简《成之闻之》篇征引《尚书》三条：“《君奭》曰‘唯冒丕单称德’”，“《君奭》曰‘襄我二人，毋有合才音’”，“《康诰》曰‘不还大暊，文王作罚，刑兹亡惥’”。④ 凡此均更加确凿无疑地表明《尚书》存在于先秦时期。

(二)《尚书》真伪问题的由来

《尚书》之所以发生真伪问题，起因于嬴秦禁书。秦始皇三十四年(前213)，丞相李斯奏请“史官非秦记皆烧之。非博士官所职，天下敢有藏诗、书、百家语者，悉诣守尉杂烧之。有敢偶语诗书者弃市。以古非今者族。吏见知不举者与同罪。令下三十日不烧，黥为城旦”，秦始皇“制曰‘可’”！⑤ 可以想见，在专制暴政的权力几乎覆盖整个疆域的秦帝国，这项政策必然导致《尚书》在公开场合迅速绝迹，其大部分当被焚毁，虽然肯定会有一些藏匿，但这些藏匿文本也会因人世的无常以及自然的消磨而亡佚大半。不过，从李斯所谓“非博士官所职”云云推断，当时民间私学之诗、书、百家语虽然被禁，但朝廷职官还是合法地保存着包括《尚书》在内的所有典籍的。⑥ 更具毁灭性的灾难来自“楚人一炬”，

---

① 郭店简的入葬年代公认为在战国中期偏晚，约公元前300年，其写定时间当更早，参见庞朴《古墓新知——漫读郭店楚简》，《新华文摘》1998年第12期；上博简经测定为战国晚期作品，参见马承源《前言：战国楚竹书的发现保护和整理》，《上海博物馆藏战国楚竹书(一)》，上海古籍出版社2001年版，“前言”第2页。

② 《郭店楚墓竹简》，文物出版社1998年版，第129~137页。在今本《尚书》中，《尹诰》题为“咸有一德”，该句本文为“惟尹躬暨汤咸有一德”；《君牙》本文为“夏暑雨，小民惟曰怨咨。冬祁寒，小民亦惟曰怨咨”；《吕刑》三条本文依次为“一人有庆，兆民赖之”，“苗民弗用灵，制以刑，惟作五虐之刑曰法”，“非时伯夷播刑之迪”；《君陈》两条本文依次为“凡人未见圣，若不克见。既见圣，亦不克由圣”，“出入自尔师虞，庶言同则绎”；《康诰》本文与引文同；《君奭》本文为“在昔上帝，割申劝宁王之德，其集大命于厥躬”。

③ 参见《上海博物馆藏战国楚竹书(一)》，上海古籍出版社2001年版，第169~213页。

④ 《郭店楚墓竹简》，文物出版社1998年版，第167~170页。《君奭》前一条引文与本文同，后一条本文为“襄我二人，汝有合哉”；《康诰》本文为“乃其速由文王作罚，刑兹无赦，不率大戛”。

⑤ 《史记·秦始皇本纪》。

⑥ 王充《论衡·正说》曰“(丞相李斯)谓诸生之言惑乱黔首，乃令吏官尽烧五经，有敢藏诸书百家语者刑，唯博士官乃得有之”，见《诸子集成》第七册，中华书局1954年版，第270页。

史载：秦子婴元年(前206)，“项羽引兵西屠咸阳，杀秦降王子婴，烧秦宫室，火三月不灭”①，在这场浩劫中，本来作为“内部保存本”，当然也应该是完整的定本，尚有重新行世之希望的官藏《尚书》，也就“可怜焦土”了！

咸阳大火之后，先是楚汉相争，及至汉朝初建，又有藩乱边患，兵连祸结，救死不暇，直至惠帝四年(前191)，才始顾及文化政策，下《除挟书律》②，此时距嬴秦禁书已22年，典籍之损耗可知，但民间藏匿或据经师记诵而笔录的《尚书》毕竟又陆续出现。最先重新传授《尚书》的是济南伏生，据《史记》载：“秦时焚书，伏生壁藏之。其后兵大起，流亡。汉定，伏生求其书，亡数十篇，独得二十九篇，即以教于齐鲁之间”，“孝文帝时，欲求能治《尚书》者，天下无有，乃闻伏生能治，欲召之。是时伏生年九十余，老，不能行，于是乃诏太常使掌故朝错(按即晁错)往受之”。③ 但孔安国《尚书序》的说法有所不同，其曰：“汉室龙兴，开设学校，旁求儒雅，以阐大猷。济南伏生，年过九十，失其本经，口以传授，裁二十余篇。”《史记》与孔《序》的共同点在于都肯定伏生最先重新传授《尚书》，但前者以为伏生有壁藏残存之书，后者则认定伏生根本无书而仅凭口授。以孔安国相对于司马迁的年辈及其《尚书》研究的功底而言，当信孔《序》之说较之《史记》更为确切。④ 晁错用当时文字将伏生口授的《尚书》记录下来，这就是后世所谓“今文《尚书》”。据卫宏《诏定古文尚书序》云：“(伏生)年九十余，不能正言，言不可晓，使其女传言教(晁)错。齐人语多与颍川异，错所不知者凡十二三，略以其意属读而已也。”⑤可见晁错本的质量不高，故后来也就未见流传，而伏生之学乃是通过传授给张生和欧阳生以渐至盛大。⑥

今文《尚书》形成之后民间发现的另一种重要的《尚书》文本，是孔子旧宅藏本。孔安国《尚书序》说：“至鲁共王好治宫室，坏孔子旧宅，以广其居，于壁中得先人所藏古文虞夏商周之《书》及《传》、《论语》、《孝经》，皆科斗文字。”《汉书·艺文志》亦载：“武帝末，鲁共王坏孔子宅，欲以广其宫，而得《古文尚书》及《礼记》、《论语》、《孝经》凡数十

---

① 《史记·项羽本纪》。另见《史记·秦始皇本纪》“诸侯兵至，项籍为从长，杀子婴及秦诸公子宗族。遂屠咸阳，烧其宫室”。今按：火烧阿房宫缺少考古证据。

② 《汉书·惠帝纪》。

③ 《史记·儒林列传》。另见《史记·袁盎晁错列传》、《汉书·儒林传》、《汉书·艺文志》、《汉书·袁盎晁错传》。按《汉书·儒林传》记载伏生得书情况与《史记·儒林列传》同，显然是抄袭前人成说。

④ 《史记·孔子世家》“安国为今皇帝博士”，《汉书·匡张孔马传》“安国、延年皆以治《尚书》为武帝博士”，以孔安国的博士身份，即可证其《尚书》研究的功底。《史记·儒林列传》“伏生教济南张生及欧阳生，欧阳生教千乘兒宽。兒宽既通《尚书》，以文学应郡举，诣博士受业，受业孔安国”，《汉书·儒林传》“孔氏有《古文尚书》，孔安国以今文字读之，因以起其家，逸《书》得十余篇，盖《尚书》兹多于是矣。遭巫蛊，未立于学官。安国为谏大夫，授都尉朝，而司马迁亦从安国问故。迁书载《尧典》、《禹贡》、《洪范》、《微子》、《金縢》诸篇，多古文说”，这两条材料则不仅可证孔安国《尚书》研究的功底，而且表明其为司马迁、兒宽等的师辈。或以为孔安国《尚书序》为后人伪作，但从该《序》所述伏生授书情况不同于《史》、《汉》记载这一点可得一反证：若孔《序》确为后人伪作，则作伪者不难见到《史》、《汉》记载从而与之保持一致；今孔《序》说法与《史》、《汉》记载并不一致，则恰可理解为其乃孔安国依据见闻之实录。

⑤ 《史记·袁盎晁错列传》张守节《正义》引。伏生及其女为齐人，晁错为颍川人。

⑥ 参见《汉书·儒林传》。

篇，皆古字也。”①鲁共王将这些古籍都交给孔子后裔孔安国，安国参照伏生所传今文《尚书》，对《古文尚书》进行解读，用汉隶写定古文，即所谓“隶古定”②，一共整理出五十八篇，其中与今文《尚书》相同者凡二十八篇，其为：《虞书》之《尧典》、《皋陶谟》，《夏书》之《禹贡》、《甘誓》，《商书》之《汤誓》、《盘庚》、《高宗肜日》、《西伯戡黎》、《微子》，《周书》之《牧誓》、《洪范》、《金縢》、《大诰》、《康诰》、《酒诰》、《梓材》、《召诰》、《洛诰》、《多士》、《无逸》、《君奭》、《多方》、《立政》、《顾命》、《吕刑》、《文侯之命》、《费誓》、《秦誓》；又有五篇在今文《尚书》中被归并于其他篇章，其为：《舜典》被归并于《尧典》，《益稷》被归并于《皋陶谟》，《盘庚》三篇被归并为一篇，《康王之诰》被归并于《顾命》，这样，实际上《古文尚书》有三十三篇与今文《尚书》相同；另为《古文尚书》独有的篇章凡二十有五，其为：《虞书》之《大禹谟》，《夏书》之《五子之歌》、《胤征》，《商书》之《仲虺之诰》、《汤诰》、《伊训》、《太甲上》、《太甲中》、《太甲下》、《咸有一德》、《说命上》、《说命中》、《说命下》，《周书》之《泰誓上》、《泰誓中》、《泰誓下》、《武成》、《旅獒》、《微子之命》、《蔡仲之命》、《周官》、《君陈》、《毕命》、《君牙》、《冏命》。③ 还有一些实在无法辨识的简文，大概就是孔子删定百篇之书的其余四十二篇

① 颜师古注曰：“《家语》云孔腾字子襄，畏秦法峻急，藏《尚书》、《孝经》、《论语》于夫子旧堂壁中，而《汉记·尹敏传》云孔鲋所藏。二说不同，未知孰是。”据《史记·孔子世家》，孔鲋和子襄为兄弟，均为孔子八世孙，孔鲋“为陈王涉博士，死于陈下”，子襄“尝为孝惠皇帝博士，迁为长沙太守”。鲁共王得古书事另见《汉书·景十三王传》。

② 《尚书序》孔颖达疏“言‘隶古’者，正谓就古文体而从隶定之”，又曰“谓用隶书写古文”，《史记·儒林列传》称“孔氏有《古文尚书》，而安国以今文读之”，《汉书·儒林传》亦称“孔氏有《古文尚书》，孔安国以今文字读之”，可知孔安国整理的《古文尚书》已经转换成当时的文字了，但世人因其原本乃是古文，故仍习称之为“《古文尚书》”。

③ 关于今文《尚书》和《古文尚书》的篇数，历来颇多淆乱。《史记·儒林列传》称伏生所传今文《尚书》有二十九篇，《汉书·儒林传》及《艺文志》均同此说，但《汉志》著录今文《经》却作二十九卷。《史记·儒林列传》泛说《古文尚书》比伏生二十九篇“滋多”十余篇，刘歆《让太常博士书》确称孔壁古文“书十六篇”，《汉书·艺文志》既说《古文尚书》“以考(今文)二十九篇，得多十六篇”，但又著录“《尚书》古文经四十六卷，为五十七篇”。凡此种种，不一而足，导致后来信从《古文尚书》者想方设法弥纶缀合，曲为之说捉襟见肘；而疑诋《古文尚书》者则以此作为伪书的重要证据。其实，按照孔安国《尚书序》的陈述，今文《尚书》、《古文尚书》的篇数清清楚楚，其曰《古文尚书》“增多伏生二十五篇。伏生又以《舜典》合于《尧典》，《益稷》合于《皋陶谟》，《盘庚》三篇合为一，《康王之诰》合于《顾命》，复出此篇，并序，凡五十九篇……书序，序所以为作者之意，昭然义见，宜相附近，故引之各冠其篇首，定五十八篇”，即是说，《古文尚书》实为五十八篇，加上百篇小序合成一篇，总计五十九篇，现将百篇小序分别冠于各篇之首，复为五十八篇，五十八篇中有二十五篇是《古文尚书》独有的，另有五篇在《古文尚书》中独立成篇而在今文《尚书》中是并入他篇的，这样，今文《尚书》就只能是二十八篇。关于今文《尚书》二十八篇之说，还有两条材料可资证明，其一是汉武帝时太常孔臧致孔安国书云“唯闻《尚书》二十八篇，取象二十八宿，何图乃有百篇”(见《史记·儒林列传》司马贞《索隐》引)，这反映了今文《尚书》形成之后至《古文尚书》面世之前当时人们对于《尚书》篇数的认识就是根据今文《尚书》二十八篇而来的；其二是王充《论衡·正说》曰“伏生已出山中，景帝遣晁错往从受《尚书》二十余篇。……至孝宣皇帝之时，河内女子发老屋，得逸《易》、《礼》、《尚书》各一篇奏之。宣帝下示博士，然后《易》、《礼》、《尚书》各益一篇，而《尚书》二十九篇始定矣”(见《诸子集成》第七册，中华书局1954年版，第269页)，这表明在“益一篇”之前，伏生所传今文《尚书》只有二十八篇。当然，考虑到《尚书》流传的复杂情况，或许不应将其他说法全都指为无稽，也有可能是根据不同文本而对篇数做出的统计。孔颖达对今文《尚书》、《古文尚书》的篇数有比较清晰的梳理，参见《十三经注疏·尚书正义》孔颖达疏，中华书局1980年版，第116、118页。

了。孔安国将"隶古定"的五十八篇和无法辨识的文简全部呈交朝廷收藏，朝廷诏令安国为五十八篇作传，但到传成之时，恰逢巫蛊之祸，孔《传》也就压下来了。①

当时重出于民间的《尚书》文本，主要还有河间献王征藏本和张霸"百两篇"。《汉书·景十三王传》载："河间献王德以孝景前二年立，修学好古，实事求是。从民得善书，必为好写与之，留其真，加金帛赐以招之。繇是四方道术之人不远千里，或有先祖旧书，多奉以奏献王者，故得书多，与汉朝等。……献王所得书皆古文先秦旧书，《周官》、《尚书》、《礼》、《礼记》、《孟子》、《老子》之属，皆经传说记，七十子之徒所论。"由于河间献王"经术通明，积德累行，天下雄俊众儒皆归之"，引起武帝猜忌，史载："孝武帝时，献王朝，被服造次必于仁义。问以五策，献王辄对无穷。孝武帝艴然难之，谓献王曰：'汤以七十里，文王百里，王其勉之。'"河间献王"知其意"，由此自污避祸，"归即纵酒听乐，因以终"②，其所征藏的"古文先秦旧书"再也未闻下落，想必不久便风流云散了。至于张霸"百两篇"，当时就辨明为伪书，《汉书·儒林传》载："世所传'百两篇'者，出东莱张霸，分析合二十九篇以为数十，又采《左氏传》、《书叙》为作首尾，凡百二篇。篇或数简，文意浅陋。成帝时求其古文者，霸以能为'百两'征，以中书校之，非是。"另外还可一提的是民间所出单篇《泰誓》，刘向《别录》云"武帝末，民有得《泰誓》书于壁内者，献之。与博士使读说之，数月皆起，传以教人"③，刘歆《让太常博士书》亦曰"《泰誓》后得，博士集而读之"④。这篇《泰誓》被归入伏生二十八篇之中⑤，成为与古文《泰誓》并存的今文《泰誓》，一度颇有影响，刘向、刘歆、马融、郑玄、王肃等汉魏大儒都曾对之下过功夫，但后来发现先秦典籍所引《泰誓》文句，单篇《泰誓》中往往不见，由此认定其"非本经"而贬之。⑥ 因此，自嬴秦禁书至汉惠解禁之后重现于世间且为当时和后世所肯认的

---

① 参见孔安国《尚书序》。

② 《史记·五宗世家》裴骃《集解》引《汉名臣奏》。

③ 《十三经注疏·尚书正义》孔颖达疏引，中华书局1980年版，第115页。

④ 《汉书·楚元王传》附刘歆传。

⑤ 王充《论衡·正说》谓"至孝宣皇帝之时，河内女子发老屋，得逸《易》、《礼》、《尚书》各一篇奏之。宣帝下示博士，然后《易》、《礼》、《尚书》各益一篇，而《尚书》二十九篇始定矣"，此"益一篇"而使今文篇数达于二十九者，即单篇《泰誓》。孔颖达也说"则《泰誓》非伏生所传。而言二十九篇者，以司马迁在武帝之世见《泰誓》出而得行，入于伏生所传内，故为史总之，并云伏生所出，不复曲别分析"。王、孔二说皆肯定单篇《泰誓》入于伏生二十八篇之中，但在该篇出现的时间上又有宣帝、武帝之歧异。孔颖达以司马迁《史记·儒林列传》已记今文为二十九篇，且刘向亦云武帝末民有得《泰誓》者，故坚称单篇《泰誓》出于武帝时，"不得云宣帝时始出也"；不过他又为王说转圜道"或者尔时重得之，故于后亦据而言之"（所引孔说均见《十三经注疏·尚书正义》孔颖达疏，中华书局1980年版，第115页），可备一说。

⑥ 《泰誓上》孔颖达疏引马融《书序》曰："《泰誓》后得，案其文似若浅露。又云：'八百诸侯，不召自来，不期同时，不谋同辞。'及'火复于上，至于王屋，流为雕，至五，以穀俱来。'举火神怪，得无在子所不语中乎？又《春秋》引《泰誓》曰：'民之所欲，天必从之。'《国语》引《泰誓》曰：'朕梦协朕卜，袭于休祥，戎商必克。'《孟子》引《泰誓》曰：'我武惟扬，侵于之疆，取彼凶残，我伐用张，于汤有光。'《孙卿》引《泰誓》曰：'独夫受。'《礼记》引《泰誓》曰：'予克受，非予武，惟朕文考无罪。受克予，非朕文考有罪，惟予小子无良。'今文《泰誓》皆无此语。吾见书传多矣，所引《泰誓》而不在《泰誓》者甚多，弗复悉记，略举五事以明之亦可知矣。"又引王肃曰："《泰誓》近得，非其本经。"见《十三经注疏·尚书正义》，中华书局1980年版，第180页。

《尚书》文本，就只有伏生所传今文《尚书》和孔安国整理的《古文尚书》。如果说孔子删定的《尚书》原有一百篇，那么伏生所传今文《尚书》和孔安国整理的《古文尚书》就都是残缺本，不过这两种文本的真实性却是无可置疑的。

不幸的是，这两种历劫重出的《尚书》文本，此后的命运都不是很好。比较而言，今文《尚书》的遭际一度幸运得多。据《汉书·儒林传》记载，伏生所传今文《尚书》衍生出欧阳和大、小夏侯三个系统，这三个系统都是“徒众尤盛，知名者也”。大、小夏侯《尚书》于宣帝甘露三年(前51)立为博士，史有明书。① 欧阳《尚书》则“至曾孙高子阳为博士”②，其时或即武帝建元五年(前136)③。尽管欧阳《尚书》立为博士的时间尚属推论，但无论如何，欧阳和大、小夏侯三家《尚书》于西汉时期全都立为博士是没有问题的，故《后汉书·儒林列传》载：“前书(按指《汉书》)云：济南伏生传《尚书》，授济南张生及千乘欧阳生，欧阳生授同郡兒宽，宽授欧阳生之子，世世相传，至曾孙欧阳高，为《尚书》欧阳氏学；张生授夏侯都尉，都尉授族子始昌，始昌传族子胜，为大夏侯氏学；胜传从兄子建，建别为小夏侯氏学。三家皆立博士。”东汉中兴之后，继立五经博士，《尚书》仍立欧阳和大、小夏侯三家。④ 汉末丧乱，三国纷争，天下未定，不遑遵古。⑤ 及至中原安辑，曹魏继统，明帝太和四年(230)即下诏提倡经学，崇尚典谟。⑥ 齐王芳及高贵乡公髦都讲习《尚书》，君臣之间诏奏论说，所引无非今文。⑦ 西晋踵武曹魏，今文显为官学，观其时朝廷文书可知。⑧ 然未几八王乱起，复继以永嘉之乱，“京华荡覆，渠阁文籍，靡有孑遗”，

---

① 《汉书·宣帝纪》甘露三年“诏诸儒讲五经同异，太子太傅萧望之等平奏其议，上亲称制临决焉。乃立梁丘《易》、大小夏侯《尚书》、穀梁《春秋》博士”。

② 《汉书·儒林传》。

③ 《汉书·百官公卿表》和《武帝纪》均载武帝建元五年(前136)初置五经博士。设以伏生于惠帝四年(前191)下《除挟书律》即始授《尚书》，时欧阳生以十八岁亲受之，复按十八年出生一代，则至重孙欧阳高十八岁时恰在武帝建元五年前后，已有资格立为博士了。欧阳《尚书》立为博士早于大、小夏侯《尚书》的证据有：刘歆《让太常博士书》云“往者博士《书》有欧阳，《春秋》公羊，《易》则施、孟，然孝宣皇帝犹复广立穀梁《春秋》，梁丘《易》，大、小夏侯《尚书》”，见《汉书·楚元王传》附刘歆传；《汉书·儒林传》载“初，《书》唯有欧阳，《礼》后，《易》杨，《春秋》公羊而已。至孝宣世，复立大小夏侯《尚书》，大小戴《礼》，施、孟、梁丘《易》，穀梁《春秋》”。

④ 《后汉书·儒林列传》“及光武中兴，爱好经术，未及下车，而先访儒雅，采求阙文，补缀漏逸。……于是立五经博士，各以家法教授，《易》有施、孟、梁丘、京氏，《尚书》欧阳、大小夏侯，《诗》齐、鲁、韩，《礼》大小戴，《春秋》严、颜，凡十四博士，太常差次总领焉”。

⑤ 建安二十五年(220)魏王曹操遗令“天下尚未安定，未得遵古也”，见《三国志·魏书·武帝纪》。

⑥ 《三国志·魏书·明帝纪》。

⑦ 《三国志·魏书·三少帝纪》载正始五年(244)五月癸巳齐王芳“讲《尚书》经通”；正始八年(247)秋七月，何晏上奏引“舜戒禹曰邻哉邻哉”，见《虞书·益稷》，“周公戒成王曰其朋其朋”，见《周书·洛诰》，“一人有庆兆民赖之”，见《周书·吕刑》，皆今文；嘉平六年(254)高贵乡公髦诏引“安民则惠，黎民怀之”，见《虞书·皋陶谟》，亦今文；甘露元年(256)夏四月丙辰高贵乡公髦与博士庾峻讨论《尚书》，所涉篇章为《虞书·尧典》，还是今文。

⑧ 例如《晋书·郑冲列传》载晋武帝诏引《尚书》“天秩有礼，五服五章哉”，见今文《虞书·皋陶谟》；《晋书·庾旉列传》载旉与博士太叔广、刘暾、缪蔚、郭颐、秦秀、傅珍等上武帝表引《尚书》“帝尧克明俊德，以亲九族”，见今文《虞书·尧典》。

“欧阳、大小夏侯《尚书》并亡”①，传续四五百年的今文《尚书》也就从此绝迹，后人只能从《古文尚书》相同于今文《尚书》的三十三篇窥其大概了。

如果说今文《尚书》虽然最终不免于亡佚的命运，但毕竟曾经拥有显赫的地位，那么《古文尚书》则几乎从未真正获得过这种声华。孔安国将“隶古定”的《尚书》五十八篇“悉上送官”之后，由于有经无传，不能立于学官②，只能“藏之书府”而已。待他“研精覃思，博考经籍，采摭群言，以立训传”，从而具备了将《古文尚书》立于学官的条件时，却又恰逢巫蛊之祸，“经籍道息”，以至孔传《古文尚书》“用不复以闻”，此后便主要在民间传授③。“藏之书府”的《古文尚书》曾被作为校勘本使用，汉成帝时，刘向奉诏领校中秘书，曾经“以中古文校欧阳、大小夏侯三家经文，《酒诰》脱简一，《召诰》脱简二。率简二十五字者，脱亦二十五字，简二十二字者，脱亦二十二字，文字异者七百有余，脱字数十”④，刘向用来校勘欧阳和大小夏侯《尚书》的“中古文”，当即孔安国所上《古文尚书》；而其时用来判定张霸“百两篇”之真伪的“中书”，亦当为孔氏书。至哀帝朝，刘歆承父业续校中祕书，因特别爱好古文《春秋左氏传》，遂欲凭借宗室身份以及权臣王莽的势力立之于学官，连带也褒举了《毛诗》、逸《礼》、《古文尚书》等古文经典。刘歆的企图激起今文五经博士以及崇尚今文的大臣们的强烈抵拒⑤，刘歆遂致书严厉批评他们“不思废绝之阙，苟因陋就寡，分文析字，烦言碎辞”，“犹欲保残守缺，挟恐见破之私意，而无从善服义之公心，或怀妒嫉，不考情实，雷同相从，随声是非”，“深闭固距，而不肯试，猥以不诵绝之，欲以杜塞余道，绝灭微学”，“专己守残，党同门，妒道真，违明诏，失圣意”云云，于是“诸儒皆怨恨”，大司空师丹怒而参奏刘歆“改乱旧章，非毁先帝所立”，所谓“非毁先帝所立”，即指欲立古文博士以否定武帝以降的今文博士制度，而所谓“改乱旧章”，则当指欲立有经无传的《古文尚书》从而破坏有经有传方能立于学官的成规。虽然刘歆因“贵幸”而不仅没有被治罪，而且他所喜好的《春秋左氏传》以及《毛诗》、逸《礼》、《古文尚书》确于平帝年间赖王莽之力而增设博士，但因王莽之奸伪篡逆为天下后世所不齿，刘歆亦因依附王莽而每为人所不直，故《古文尚书》此次立于学官非但没有增加荣耀，反而成为遭受后世怀疑或攻讦的口实。⑥

东汉恢复前朝学官制度，立今文十四博士，《尚书》仍然是欧阳和大小夏侯三家，不

---

① 《隋书·经籍志》。

② 汉代经学立于学官的必要条件就是有经有传，关于这一点，可参见张岩《审核古文〈尚书〉案》，中华书局2006年版，第13~14页。另见刘起釪《尚书学史》(订补本)，中华书局1996年版，第69页。

③ 以上引文均见孔安国《尚书序》。孔传《古文尚书》传授脉络，参见《汉书·儒林传》、《后汉书·儒林列传》、《后汉书·贾逵列传》及《尚书正义·尧典》孔颖达疏。

④ 《汉书·艺文志》。

⑤ 当时朝廷所立的学官具有很大的含金量，《汉书·儒林传》曰：“自武帝立五经博士，开弟子员，设科射策，劝以官禄，讫于元始，百有余年，传业者浸盛，支叶蕃滋，一经说至百余万言，大师众至千余人，盖禄利之路然也。”《汉书·夏侯胜传》载：“胜每讲授，常谓诸生曰：‘士病不明经术；经术苟明，其取青紫如俛拾地芥耳。’”故已经得立的今文诸经学官，深恐古文诸经侵害既得利益，遂不免与之形同冰炭。

⑥ 以上引文以及有关刘歆事迹，见《汉书·楚元王传》附刘歆传。关于平帝年间增设《春秋左氏传》、《毛诗》、逸《礼》、《古文尚书》博士之事，见《汉书·儒林传》及《汉书·王莽传上》。

过章帝时"又诏高才生受《古文尚书》、毛《诗》、穀梁、左氏《春秋》，虽不立学官，然皆擢高第为讲郎，给事近署，所以网罗遗逸，博存众家"①，这是对西汉今古文之争所做的折衷，虽然古文诸经仍不一定拥有官禄，或即使拥有官禄也一定视今文诸经等而下之，但毕竟使古文诸经取得了朝廷承认的学术地位。在这种情势下，《古文尚书》便在社会上传衍开来，文本也就不一而足。史载，孔安国以其书"授都尉朝。……都尉朝授胶东庸生。庸生授清河胡常少子，以明《穀梁春秋》为博士、部刺史，又传《左氏》。常授虢徐敖，敖为右扶风掾，又传《毛诗》，授王璜、平陵涂恽子真。子真授河南桑钦君长"②；又载孔氏后人"自安国以下，世传《古文尚书》"，递至章帝年间的孔僖，其子季彦犹"守其家业，门徒数百人"③，这两条学脉所传承的文本当即孔安国因武帝末年巫蛊之祸而未能献上的孔传《古文尚书》。另一种重要文本是杜林于新莽之末流寓西州时所得漆书《古文尚书》一卷，杜林以此文本传授卫宏、徐巡，嘱曰"林流离兵乱，常恐斯经将绝，何意东海卫子、济南徐生复能传之，是道竟不坠于地也。古文虽不合时务，然愿诸生无悔所学"，因此"宏、巡益重之，于是古文遂行"④，嗣后"林同郡贾逵为之作训，马融作传，郑玄注解，由是《古文尚书》遂显于世"。⑤ 马融、郑玄的传注至唐代尚存，陆德明以之比较孔传本，指出"马、郑所注并伏生所诵，非古文也"⑥，魏徵等也说马、郑注本"唯二十九篇，又杂以今文，非孔旧本"⑦，由此可以推知杜林本至少在篇数方面同于今文而异于古文。不过孔颖达也在比较之后指出，郑注本在词语方面往往同于古文而异于今文，"夏侯等书'宅嵎夷'为'宅嵎铁'，'昧谷'曰'柳谷'，'心腹肾肠'曰'忧肾阳'，'劓刵劅剠'云'膑宫劓割头庶剠'，是郑注不同也"⑧，这又表明杜林本也是今古文的折衷，是一种既与欧阳和大小夏侯三家本以及孔传本都有关联但又不全同于这两个系统的独特文本。而由杜林本衍生的"马氏《尚书》"、"《尚书》郑氏"等文本⑨，也当与祖本有所变异，否则不会出现卷数的差别，也不会导致后来王肃"善贾、马之学而不好郑氏"的取向分歧。⑩ 考虑到东汉时期经典淆乱的程度⑪，当时号称"《古文尚书》"的文本很有可能还不止于上述几种。所有这些

---

① 《后汉书·儒林列传》。《后汉书·贾逵列传》亦记此事，系于章帝建初八年(83)。

② 《汉书·儒林传》。

③ 《后汉书·儒林列传》。

④ 《后汉书·杜林列传》。

⑤ 《后汉书·儒林列传》。

⑥ 陆德明：《经典释文》，中华书局1983年版，第8页。

⑦ 《隋书·经籍志》。按"二十九篇"者，伏生二十八篇加后出《泰誓》一篇也。

⑧ 《十三经注疏·尚书正义》孔颖达疏，中华书局1980年版，第118页。

⑨ 见《晋书·儒林列传·董景道》、《晋书·荀崧列传》、《晋书·刘元海载记》。"马氏《尚书》"当即《隋书·经籍志》著录的"《尚书》十一卷马融注"，"《尚书》郑氏"则应该是同书著录的"《尚书》九卷郑玄注"。这两种文本当然是从东汉流传到晋代乃至隋唐的。

⑩ 引文见《三国志·魏书·王朗传》附王肃传。

⑪ 《后汉书·儒林列传》载"自是游学增盛，至三万余生。然章句渐疏，而多以浮华相尚，儒者之风盖衰矣。党人既诛，其高名善士多坐流废，后遂至忿争，更相言告。亦有私行金货，定兰台漆书经字，以合其私文"，以至灵帝不得已"乃诏诸儒正定五经，刊于石碑"。《后汉书·郑玄列传》亦曰"及东京，学者亦各名家，而守文之徒，滞固所禀，异端纷纭，互相诡激，遂令经有数家，家有数说"。《后汉书·蔡邕列传》也说明了灵帝刊立石经的缘由乃因"经籍去圣久远，文字多谬，俗儒穿凿，疑误后学"。

文本肯定都是孔传《古文尚书》的直接或间接变种，但因其时孔传本并未受到特别推重，故不免被诸多文本所遮蔽，如杜林本就比孔传本更加行时，因此，时人甚至一些重要学者见不到孔传本，也就可以理解了。①

《古文尚书》多本歧出的局面至西晋末基本结束，其时“帝京寡弱，狡寇凭陵，遂令神器劫迁，宗社颠覆，数十万众并垂饵于豺狼，三十六王咸陨身于锋刃，祸难之极，振古未闻”②，“粉忠贞于戎手，聚搢绅于京观。先王井赋，乃眷维桑。旧都宫室，咸成茂草”！③ 于是“渠阁文籍，靡有孑遗”④，“众家之书并灭亡”⑤。毫无疑问，中华文化在当时又经历了一次严重劫难，不过众书并亡、靡有孑遗的说法却是有所夸张，当时逃脱中原战乱的官绅士民总会带出一些典籍，而远离兵燹的东南地区当然更多地保存了图书，所以东晋荀崧才说“江扬二州，先渐声教，学士遗文，于今为盛”⑥。正因此，晋室南渡甫安，豫章内史梅赜便奏上孔传《古文尚书》⑦，这个文本

---

① 东汉赵岐、郑玄乃至于西晋杜预都未见到孔传本，因而赵岐《孟子注》称《大禹谟》、《仲虺之诰》、《伊训》、《说命》、《泰誓》、《武成》、《君牙》等篇为“《尚书》逸篇”（见《十三经注疏·孟子注疏》，中华书局1980年版，第2675、2681、2701、2712、2714、2733、2735、2736、2738页），郑玄《礼记注》称《咸有一德》、《说命》、《君陈》等篇“今亡”（见《十三经注疏·礼记正义》，中华书局1980年版，第1521、1620、1648页），杜预《左传注》称《大禹谟》、《五子之歌》、《胤征》、《太甲》、《泰誓》、《武成》、《蔡仲之命》等篇为“逸书”（见《十三经注疏·春秋左传正义》，中华书局1980年版，第1937、1958、1971、1986、1991、2016、2020、2059、2082、2162页）。

② 《晋书·八王列传》。

③ 《晋书·刘曜载记》。

④ 《隋书·经籍志》。

⑤ 陆德明：《经典释文》，中华书局1983年版，第8页。

⑥ 《晋书·荀崧列传》。

⑦ 关于梅赜献《书》的记载，见《经典释文》“江左中兴，元帝时，豫章内史梅赜（字仲真，汝南人）奏上孔传《古文尚书》”，《尚书正义·尧典》孔颖达疏“汝南梅赜，字仲真，又为豫章内史，遂于前晋奏上其书而施行焉”，《尚书正义·舜典》孔颖达疏“昔东晋之初，豫章内史梅赜上孔氏传”，《春秋左传正义·襄公三十一年》孔颖达疏“及江东晋元帝时，其豫章内史梅赜始献孔安国所注《古文尚书》”，《隋书·经籍志》“至东晋，豫章内史梅赜始得安国之传，奏之”。又，《经典释文》、《尚书正义》孔颖达疏及《隋志》均称梅赜所献孔传《古文尚书》缺《舜典》一篇。陆德明说“乃取王肃注《尧典》，从‘慎徽五典’以下，分为《舜典》篇以续之”，而指齐明帝建武中姚方兴所献《舜典》为“采马、王之注”而伪造，“遂不行用”。但孔颖达及《隋志》都肯定所缺《舜典》乃姚方兴得而献之，不过二者之说又有差异，孔颖达说因姚氏以罪致戮，其书当时并未献上，迟至隋开皇初年才又购求得之（见《尚书正义·尧典》、《舜典》孔颖达疏）；《隋志》则说姚书当时就“始列国学”。扬榷言之，梅赜所献孔传本缺《舜典》一篇当无疑问，但如何补足、何时补足，则三说无从轩轾，总之，迄于唐初，孔传本五十八篇业已完整无缺。还需说明的是，孔颖达和《隋志》都提到姚氏所献《舜典》多二十八字一事。孔颖达说姚氏得“孔氏传古文《舜典》”，其中“曰若稽古帝舜”等十二字“孔氏传本无”，又说“此下更有‘浚哲文明，温恭允塞，玄德升闻，乃命以位’”，这十六字并前十二字，“此二十八字异”（见《尚书正义·舜典》孔颖达疏）；《隋志》则说姚氏所献《舜典》“比马、郑所注多二十八字”。姚氏所献《舜典》多二十八字或亦无疑，但按孔颖达之说则殊不可通，因为既说姚氏所得就是“孔氏传古文《舜典》”，何以又说“孔氏传本无”十二字乃至“二十八字异呢”？孔氏传本身如何能构成对比关系呢？且孔颖达已明言“东晋之初，豫章内史梅赜上孔氏传，犹阙《舜典》”（见同上），如此姚氏所献《舜典》又从何处去找对比文本呢？相比之下，《隋志》的说法更为合理，据之可知姚氏所献《舜典》乃比当时还在流传的马融、郑玄《尚书》注本的《舜典》多出二十八字，可从。

也于元帝年间立为博士①；而马融、郑玄、王肃所注《尚书》亦稍稍出焉②。嗣后人世沧桑，历劫重出的汉魏《尚书》文本绝大多数又亡佚了③，唯有孔传《古文尚书》保存至今，使后人有幸赖以一窥圣哲的懿范和先民的史迹。然而，这部弥足珍贵的伟大经典却又遭到苛刻的怀疑，甚至被钉上了“伪”字标签！

（三）南宋以降疑《书》思潮大略

从东晋梅赜奏上孔传《古文尚书》，迄于北宋末年，八百多年间并无人对这部经典提出疑问，特别是唐初孔颖达奉敕依据梅赜之书撰《尚书正义》之后，其书更是成为官方定本颁行天下，为士庶所尊信。④ 最先对孔传《古文尚书》表示怀疑者，大概是两宋之际的吴棫（字才老），《宋史·艺文志》书类载“吴棫《裨传》十三卷”，《四库全书总目》称此书对《古文尚书》“始稍稍掊击”⑤，阎若璩《尚书古文疏证》也说“疑古文自吴才老始”⑥。接下来对《古文尚书》提出疑问的大家是朱熹，他认为“孔《书》至东晋方出，前此诸儒皆不曾见，可疑之甚”，“孔壁《尚书》，汉武帝时方出，又不行于世，至东晋时方显，故扬雄、

① 《晋书·荀崧列传》载东晋元帝时“方修学校，简省博士，置《周易》王氏、《尚书》郑氏、《古文尚书》孔氏、《毛诗》郑氏、《周官礼记》郑氏、《春秋左传》杜氏服氏、《论语》、《孝经》郑氏博士各一人，凡九人”。

② 《隋书·经籍志》著录“《尚书》十一卷，马融注。《尚书》九卷，郑玄注。《尚书》十一卷，王肃注”。

③ 《旧唐书·经籍志》和《新唐书·艺文志》著录开元盛世朝廷藏书，其中汉魏《尚书》文本尚有“《古文尚书》十三卷孔安国传，又十卷马融注，又九卷郑玄注，又十卷王肃注”（旧唐志），“《古文尚书》孔安国传十三卷，王肃注十卷”，“马融传十卷”，“郑玄注《古文尚书》九卷”（新唐志）。其后经安史之乱、黄巢之乱、昭宗播迁、五代乱离乃至靖康之难，至《宋史·艺文志》便仅存“《尚书》十二卷汉孔安国传”一种了，另有“伏胜《大传》三卷郑玄注”，乃是经解类著述，而非《尚书》经传。《元史》无艺文或经籍之志，钱大昕补《元史艺文志》也只见元人注解之作；《明史·艺文志》格于体例，不录前人著述，皆不论。《四库全书总目·经部·书类》著录的汉魏《尚书》文本也只有“《尚书正义》二十卷，旧本题汉孔安国传”、“《尚书大传》四卷补遗一卷，旧本题汉伏胜撰”，基本上同于《宋志》。而《清史稿·艺文志》列入“汉欧阳生《尚书章句》一卷”、“汉夏侯建《尚书章句》一卷”、“汉马融《尚书传》四卷”、“魏王肃《尚书注》二卷”、“汉张霸《百两篇》一卷”、“汉郑玄《尚书注》九卷”等，实乃马国翰、王谟、袁钧辑佚而得，恰恰反映这些古籍均已亡佚。

④ 《四库全书总目》之《尚书正义》提要曰“其书至晋豫章内史梅赜始奏于朝，唐贞观十六年孔颖达等为之疏”；又《书纂言》提要曰“《古文尚书》自贞观敕作《正义》以后，终唐世无异说”，又《古文尚书疏证》提要亦曰“唐以来虽疑经惑古如刘知幾之流，亦以《尚书》一家列之《史通》，未言古文之伪”，见《四库全书总目》，中华书局1965年版，第89、96、101页。

⑤ 见《四库全书总目·书纂言》提要，中华书局1965年版，第96页。

⑥ 阎若璩述吴棫言曰：“伏生传于既耄之时，而安国为隶古又特定其所可知者，而一篇之中、一简之内，其不可知者盖不无矣。乃欲以是尽求作书之本意与夫本末先后之义，其亦可谓难矣。而安国所增多之书，今书目具在，皆文从字顺，非若伏生之书屈曲聱牙，至有不可读者夫？四代之书，作者不一，乃至二人之手而遂定为二体乎？其亦难言矣。”但阎氏并未说明此段引述见于何处，倒是于下文慨叹“其不传也，惜哉”！见阎若璩《尚书古文疏证》，上海古籍出版社1987年版，第1109、1113～1114、1115页。

赵岐、杜预诸儒悉不曾见"，这是对孔传《古文尚书》的来历表示怀疑；他又认为"孔壁所出《尚书》，如《禹谟》、《五子之歌》、《胤征》、《泰誓》、《武成》、《冏命》、《微子之命》、《蔡仲之命》、《君牙》等篇皆平易，伏生所传皆难读。如何伏生偏记得难底，至于易底全记不得？此不可晓"，这是对《古文尚书》的风格表示怀疑；他还疑及《书》小序以及孔序和孔传，说"某看得《书》小序不是孔子自作，只是周秦间低手人作"，"《书》序恐不是孔安国做，汉文粗枝大叶，今《书》序细腻，只似六朝时文字"，"《尚书》决非孔安国所注，盖文字困善，不是西汉人文章"；由此他得出结论："某尝疑孔安国书是假书"，"《尚书》孔安国传，此恐是魏晋间人所作，托安国为名"，甚至说"孔安国《尚书》序，只是唐人文字！"①实际上，朱子不仅致疑于《古文尚书》，而且并今文诸篇，如《尧典》、《舜典》、《盘庚》、《金縢》、《大诰》、《康诰》、《酒诰》、《梓材》、《吕刑》等亦表不信②，他也察觉如此疑经大为不妥，故又教诫弟子"《书》中可疑诸篇，若一齐不信，恐倒了六经"！③在分释《尚书》诸篇时，他对绝大多数古文篇章都作了正面阐论，未再哓哓于疑信问题。不过，以朱子在元、明以降的巨大影响，他的疑《书》言论还是开启了后世《尚书》辨伪的思想闸门和方法路径。④

宋末以迄明代，改窜攻诋《尚书》之甚者有王柏《书疑》、吴澄《书纂言》及梅鷟《尚书考异》和《尚书谱》。王柏为朱子三传后学，其著"排斥汉儒不已，并集矢于经文"，"并全经而移易补缀"⑤；吴澄"本朱子之说，相继抉摘"，直斥古文为"晋世晚出之书"，一概排除于其著之外⑥；梅鷟"因宋吴棫、朱子及元吴澄之说"，乃"谓孔安国序并增多之二十五篇悉杂取传记中语以成文"，并"谓二十五篇为皇甫谧所作"，甚至"谓孔壁之十六篇出于孔安国所为"，其著以后世地名见于孔传指证《古文尚书》晚出，一定程度上为清人阎若璩以考据方法证伪《古文尚书》指点了法门。⑦ 阎氏《尚书古文疏证》集前代疑《书》成果之大

---

① 上引朱熹言论均见《朱子语类》卷七十八。

② 朱子曰："《尧典》一篇自说尧一代为治之次序，至让于舜方止，今却说是让于舜后方作。《舜典》亦是见一代政事之终始，却说'历试诸艰'，是为要受让时作也。至后诸篇皆然。"又说："书亦多可疑者，如《康诰》、《酒诰》二篇，必是武王时书，人只被作洛事在前惑之。……《梓材》一篇又不知何处录得来，此与他人言皆不领。"又说："《金縢》亦有非人情者……《盘庚》更没道理……《吕刑》一篇，如何穆王说得散漫"，"《大诰》一篇不可晓"。见《朱子语类》卷七十八、卷七十九。

③ 见《朱子语类》卷七十九。

④ 略举一例：阎若璩之子阎咏《尚书古文疏证后序》记载："家大人征君先生著《尚书古文疏证》若干卷，爱之者争相缮写，以为得未曾有；而怪且非之者亦复不少。征君意不自安，曰：吾为此书，不过从朱子引而伸之，触类而长之耳，初何敢显背紫阳以蹈大不韪之罪！因命咏取《语类》四十七条、《大全集》六条，汇次成编，名《朱子古文书疑》，就京师刻以行世。告咏曰：夫破人之惑，若难与争于笃信之时，待其有所疑焉，然后从而攻之可也，此欧公语也。欧公又言：孔子者，万世取信一人而已！余则谓朱子者，孔子后取信一人而已！今取朱子之所疑告天下，天下人闻之，自不必尽笃其信，所谓有所疑，然后出吾《疏证》以相示，庶其有悟乎？"见阎若璩《尚书古文疏证》，上海古籍出版社 1987 年版，第 7 页。

⑤ 参见《四库全书总目》之《书疑》提要，中华书局 1965 年版，第 106~107 页。

⑥ 参见《四库全书总目》之《书纂言》及《尚书古文疏证》提要，中华书局 1965 年版，第 96、101 页。

⑦ 参见《四库全书总目》之《尚书考异》及《尚书谱》提要，中华书局 1965 年版，第 99、109 页。

成而凌厉其上①，列举一百二十八条②，从篇数、篇名、篇次、来历、天象、历法、舆地、祀事、名讳、礼仪、制度、刑法、史实、比勘、训诂、体例等多方面，全面攻讦《古文尚书》的所谓"矛盾"，认为"此篇已亡而复出相距三百年，中间儒者如班固、郑康成皆未之见，而直至梅赜始得而献之，可疑之甚"③，基于这一前提以及"旁搜曲引，吹毛索瘢"式的举证，从而谳定《古文尚书》是"不古不今、非伏非孔"的"晚出于魏晋间之书"④。阎氏的结论其实并未迥超先前疑《书》者，如朱子在五百多年前就曾作出大致相同的推测，但由于阎氏的考证功夫表现得更加充分和细密，因而大受时流赞赏。黄宗羲为阎氏著作序曰："余读之终卷，见其取材富，折衷当。……中间辨析三代以上之时日、礼仪、地理、刑法、官制、名讳、祀事、句读、字义，因《尚书》以证他经史者，皆足以祛后儒之蔽，如此方可谓之穷经！……仁人之言，有功于后世大矣！"⑤可谓推崇备至。是后程廷祚《晚书订疑》、惠栋《古文尚书考》、江声《尚书集注音疏》、王鸣盛《尚书后案》、戴震《尚书义考》、崔述《古文尚书辨伪》、孙星衍《尚书古今文注疏》、丁晏《尚书余论》、皮锡瑞《经学通论》等，纷纷风从阎说，推波助澜。而以纪昀为首的馆臣更是将阎说贯彻于官修《四库全书总目》之中，一方面高度评价阎著"引经据古，一一陈其矛盾之故，古文之伪乃大明。……反复厘剔，以祛千古之大疑，考证之学则固未之或先矣"⑥，另一方面对不合阎氏之说而尊信《古文尚书》者，如前代的陈第、朱朝瑛、杨文彩以及当朝的毛奇龄、孙承泽、陆陇其、徐世沐、顾昺、杨方达、顾栋高、郭兆奎、江昱等一概予以驳诘批评甚至嘲讽抨击⑦，由此将阎氏疑《书》之论实际上抬高到官学地位，俨然作为评判准则，这在很大程度上引导或助长了有清一代疑《书》乃至疑古的学风世风。

在这种风气下，晚清又突起一位疑古狂人康有为。康氏汲汲于经世，必欲借孔子以自重，而古文经典所见之孔子洵为"述而不作"的文献学家或历史学家，不符康氏用意；唯今文经典(特别是《春秋公羊传》)中的孔子乃是以"微言大义"为万世立法的政治家或改革家，这才投合康氏的心志，于是康氏极力标举今文经学而强烈否定古文经学。既要否定古文经学，当然莫如直斥历史上最早公开争立古文经学并首先向今文博士发起挑战的刘歆，

---

① 关于阎氏此著名称，其子阎咏《尚书古文疏证后序》释曰："至征君所以名其书之义，实尝与闻，盖读《汉书·儒林传》孟喜得《易》家候、阴阳、灾变书，诈言师田生枕喜膝，独传喜，诸儒以此耀之同门，梁邱贺疏通证明之。颜师古注疏通犹言分别也；证明，明其伪也。摘取此二字；首曰'尚书'，尊经也；次曰'古文'，传疑也。"见阎若璩《尚书古文疏证》，上海古籍出版社 1987 年版，第 8 页。故此著当称《尚书古文疏证》，而不当如《四库全书总目》称之为"古文尚书疏证"。

② 一百二十八条中，存目阙文者十二条，目文俱阙者十七条，凡阙二十九条，实有九十九条。所阙者乃清乾隆十年(1745)春西堂初刻本原阙。

③ 见阎若璩《尚书古文疏证》，上海古籍出版社 1987 年版，第 61 页。

④ 见阎若璩《尚书古文疏证》，上海古籍出版社 1987 年版，第 195 页。阎氏在别处又说《古文尚书》"抑魏晋之间假托者耶"，"伪作古文者，生于魏晋间"，见同书第 134、329 页。

⑤ 见阎若璩《尚书古文疏证》，上海古籍出版社 1987 年版，第 3~4 页。

⑥ 见《四库全书总目·古文尚书疏证》提要，中华书局 1965 年版，第 101~102 页。

⑦ 参见《四库全书总目》之《尚书疏衍》、《读尚书略记》、《书绎》、《古文尚书冤词》、《尚书集解》、《古文尚书考》、《尚书惜阴录》、《书经札记》、《尚书通典略》、《尚书质疑》、《心园书经知新》、《尚书私学》诸书提要，中华书局 1965 年版，第 100、113、102、113、114、116、117、118 页。

康氏袭取廖平《辟刘篇》成果，撰成《新学伪经考》，对刘歆进行了全面诋毁①(但从另一方面看却又简直是对刘歆作了无限抬高)。按康氏的说法，刘歆"挟校书之权，藉王莽之力"，"遍伪诸经，旁及天文、图谶、钟律、月令、兵法，莫不伪窜；作为《尔雅》、八体六技之书以及钟鼎，以辅其古文之体"，据说刘歆伪造的古文经典包括费氏《易》、古文《书》、《毛诗》、《周官》、《逸礼》、左氏《春秋传》、《尔雅》、《论语》、《孝经》乃至《乐经》，并且"歆既伪撰，又自注之"②，如此则煌煌《十三经》，连经带传竟然大半出于刘歆一人之手！犹有甚者，康氏说刘歆为了蒙蔽天下后世，还篡改《史记》，编造《汉书》，炮制古文经典传授源流及其师承授受者姓名，假造前代鼎彝"或埋藏郊野而使人掘出，或深瘗山谷而欺给后世"，借其铭文以证古文其来有自③，诸如此类，实在将公羊家"非常异义可怪之论"发挥得登峰造极！对于当时及后世信从古文的学者，康氏一概指为受到刘歆收买或迷惑④，却不知刘歆何以具有如此巨大而深远的影响力。对于后世尊奉古文经典的状况，康氏也都以愚昧视之，斥之曰"自魏晋至唐，言术艺之士皆征于歆，蝤淫既久，开口即是，孰能推见至隐，窥其瑕衅乎？此所以范围二千年，莫有发难者也"⑤；鄙之为"千载邈邈，群盲同暗室，众口争昼日，实无见者，岂不哀哉"⑥，不啻说自西京以降两千年来中国的学术、思想、文化完全笼罩于刘歆学说之中，实在匪夷所思！

专就《古文尚书》来说，康氏据其"《汉书》为歆所作"的奇谈，悍然否认《汉书·艺文志》、《景十三王传》、《楚元王传》的记载，将鲁共王坏孔子旧宅得古书之说指为刘歆的杜撰，而一口咬定《古文尚书》是刘歆依托先秦以及秦汉典籍中所引古书文句而伪造。⑦ 至于《古文尚书》的流传过程，康氏同样悍然否认《汉书·儒林传》的记述，而将孔安国以下的传授谱系也指为刘歆的虚构，并认为刘歆以后其书为杜林、马融、郑玄所继承，至魏晋之世遂与王肃伪造的另一种《古文尚书》并行，迨及永嘉之乱，刘歆之书湮没，而东晋元帝时梅赜奏上的则是王肃之书了。⑧ 相比先前的疑《书》者，康氏的"新意"在于提出了"伪中之伪"说，即刘歆首先作伪，王肃再次作伪。关于王肃作伪的说法，朱彝尊、阎若璩、惠栋、江声、王鸣盛、刘台拱、丁晏等早已言及，并非康氏

---

① 康氏不仅攻诋刘歆遍伪诸经，作伪乱道，而且还直接非毁其人品，如说王莽征采民间百二十女与膳馐百二十品的荒淫行为乃"歆伪说以媚莽者也"，以至"隋之宫人万计，唐宗之宫女三千，纵恣无厌，怨旷充塞，皆歆作俑之罪也"！又杜撰刘歆与乃父刘向的对立曰"夫向之《陈外家封事》也折王氏，而歆以宗室子佐莽篡汉；向之尊述六经也守孔学，而歆以世儒业而抑儒篡孔；向之持守《鲁诗》也奉元王，而歆以作伪经而诬父悖祖"，从而质问："其为臣、为弟、为子，果何如也！"凡此皆捕风捉影而夸大其词之说。见康有为《新学伪经考》，中国戏剧出版社 1999 年版，第 72、185 页。

② 见康有为《新学伪经考》，中国戏剧出版社 1999 年版，第 26、35、41、44、50、55、61、68 页。

③ 见康有为《新学伪经考》，中国戏剧出版社 1999 年版，第 1、19、23、25、54、56、61、62、63、66、69、75 页。

④ 见康有为《新学伪经考》，中国戏剧出版社 1999 年版，第 19、50、62、68、76~85、88、91 页。

⑤ 见康有为《新学伪经考》，中国戏剧出版社 1999 年版，第 68 页。

⑥ 见康有为《新学伪经考》，中国戏剧出版社 1999 年版，第 54 页。

⑦ 康氏说"共王坏壁"乃是刘歆"肆其乌有之辞"，又说"十六篇皆歆所偷窃伪造至明也"，参见氏著《新学伪经考》，中国戏剧出版社 1999 年版，第 23~26、69 页。

⑧ 见康有为《新学伪经考》，中国戏剧出版社 1999 年版，第 25、61~62、97~98、106 页。

的发明；而可推为康氏力倡的刘歆作伪说①，由于建立在否定《汉书》的基础上，故根本没有可信度而不值得认真对待②。其实，整部《新学伪经考》充斥着悖谬和荒诞言论，但这部既妄且悍的著作却被当时引领世风的新进人物如梁启超誉为“思想界之一大飓风”，在这种示范和怂恿下，更加猖狂的言论势必出现，如胡适将《尚书》指为“儒家造出的‘托古改制’的书”③，进而断定“在东周以前的历史，是没有一字可以信的”④，倡言“现在先把古史缩短二三千年”⑤，疾呼“宁疑古而失之，不可信古而失之”⑥；以及受到胡适影响的顾颉刚将《古文尚书》视为伪书的标本，将由《尚书》衍发的帝系、王制、道统、经学视为伪史的中心，并基于这些观点提出极具破坏力的“层累地造成的中国古史”说⑦，

---

① 关于刘歆伪造《古文尚书》的说法，刘逢禄、廖平在康有为之前就已提出，但影响远没有康氏之大。

② 不过钱穆还是认真对待了康氏此著，在其1930年发表的《刘向歆父子年谱》中列举二十八条反驳了康氏的谬说。

③ 胡适说：“唐、虞、夏、商的事实，今所根据，止有一部《尚书》。但《尚书》是否可作史料，正难决定。梅赜伪古文，固不用说。即二十八篇之‘真古文’，依我看来，也没有信史的价值……岂可用作史料？我以为《尚书》或是儒家造出的‘托古改制’的书，或是古代歌功颂德的官书。无论如何，没有史料的价值。”见《胡适全集》第5卷，安徽教育出版社2007年版，第213页。

④ 胡适说：“在东周以前的历史，是没有一字可以信的。以后呢？大部分也是不可靠的。……我们总要有疑古的态度才好。”见《胡适文集》第12册，北京大学出版社1998年版，第92~93页。

⑤ 见胡适《致顾颉刚函(1921年1月28日)》，载《古史辨》第1册，上海古籍出版社1982年版，第22页。

⑥ 见胡适《自述古史观书》，载《古史辨》第1册，上海古籍出版社1982年版，第23页。类似的话语胡适曾反复说过，如“宁可疑而错，不可信而错”(《胡适文集》第3册，人民文学出版社1998年版，第357页)，“宁可疑而过，不可信而过”(《胡适日记全编》第3册，安徽教育出版社2001年版，第406页)。今按：胡适后来放弃了疑古，转而信古，而顾颉刚一条道走到黑，死不改悔。

⑦ 顾颉刚于1916年考入北京大学中国哲学门，次年胡适从美国回国，进入北大教授中国哲学史，顾氏遂成为胡适的学生，受胡适课上课下、有心无心的影响而走上疑古辨伪的道路(参见胡适《介绍几部新出的史学书》，《顾颉刚学记》，三联书店2002年版，第1~7页；顾颉刚《自序》，《古史辨》第1册，上海古籍出版社1982年版，第36页)。顾氏不少疑古言论简直就是胡适之说的翻版或注解，如胡适说“现在先把古史缩短二三千年”，顾氏就说“中国号称有四千年(有的说五千年)的历史，大家从《纲鉴》上得来的知识，一闭目就有一个完备的三皇五帝的统系，三皇五帝又各有各的事实，这里边真不知藏污纳垢到怎样！若能仔细的同他考一考，教他们涣然消逝这个观念，从四千年的历史跌到二千年的历史，这真是一大改造呢”(《告拟作〈伪书考〉跋文书》，《古史辨》第1册，上海古籍出版社1982年版，第12~13页)，“把伪史和依据了伪书而成立的伪史除去，实在只有二千余年，只算得打了一个‘对折’”(《自序》，《古史辨》第1册，上海古籍出版社1982年版，第43页)；胡适说“在东周以前的历史，是没有一字可以信的”，“以现在中国考古学的程度来看，我们对于东周以前的中国古史，只可存一个怀疑的态度”(《胡适全集》第5卷，安徽教育出版社2007年版，第213页)，“东周以前，无可信的材料，宁可阙疑，不可妄谈‘邃古’”(《胡适文存》三集卷七，亚东图书馆1930年版，第974页)，顾氏就说“照我们现在的观察，东周以上只好说无史”(《致王伯祥函》，《古史辨》第1册，上海古籍出版社1982年版，第35页)，“我们的古史……在东周以前，简直渺茫极了”(《中国古代史略》，原载于1943年1月《学术季刊》第1卷第1期，见《顾颉刚古史论文集》第2册，中华书局1993年版，第477页)；胡适说“打倒一切成见，为中国学术谋解放”(《胡适遗稿及秘藏书信》第17册，黄山书社1994年版，第484页)，顾氏就说“打破民族出于一元的观念，打破地域向来一统的观念，打破古史人化的观念，打破古代为黄金世界的观念”

就真可谓是“悬崖转石，非达于地不止”了！此后学界大多信从阎、顾之说，将“伪古文尚书”这一讼词视为铁定之论，作为《尚书》研究的出发点，据此揉捏史料，曲意解说，纠缠

（接上注）（《答刘胡两先生书》，《古史辨》第1册，上海古籍出版社1982年版，第99～102页）。有学者指出“王国维‘古史新证’诸作发表以前，中国学术界的内部意见，一直受到晚清今文家说影响，人们对《史记》等旧籍的信心，正在普遍动摇之中。胡适在《中国哲学史大纲卷上导言》发表的疑古论述，正是此种观点的典型流露”（陈以爱《胡适对王国维“古史新证”的回应》，《历史研究》2008年第6期），理出了胡适疑古史观与晚清今文家说主要就是康有为《新学伪经考》之间的关系；而顾氏的疑古事业秉承胡适的提撕，当然也就与康氏的谬说一脉相承，顾氏在《古史辨》第1册《自序》中也坦承了这一点。虽然顾氏在1929年以后与胡适逐渐疏远，但胡适对他的影响却是深刻而长远的（参见许冠三《顾颉刚：始于疑终于信》，见《顾颉刚学记》，三联书店2002年版，第94～95页）。在前辈带动下，顾氏“胆子更大了”（胡适语，见所著《介绍几部新出的史学书》），甫过而立之年就提出判决式的否定整个中国上古史的“层累地造成的中国古史”说（见《与钱玄同先生论古史书》，首发于1923年5月6日《努力周报》副刊《读书杂志》），被胡适盛赞为“替中国史学界开了一个新纪元了”（见所著《介绍几部新出的史学书》），顾氏从此名重史林。“层累说”以辨析伪书、伪人、伪事、伪史为手段，以追求“深澈猛烈的真实”相标榜，由之生发的要害是以“四设准”（关于上古的史料，以民族言，多元说可信，一元说不可信；以疆域言，商代“邦畿千里”之类说法可信，《禹贡》九州说不可信；以神性与人性的比例言，神性愈多愈可信，人性愈多愈不可信；以美化程度言，说上古并不美善快乐可信，反之不可信。参见《答刘胡两先生书》，《古史辨》第1册），否定“四偶像”（作为种族偶像的三皇五帝系统，作为政治偶像的王制，作为伦理思想偶像的道统，作为学术文化偶像的经学。参见《顾序》，《古史辨》第4册），以期达到“四打破”（打破民族出于一元的观念，打破地域向来一统的观念，打破古史人化的观念，打破古代为黄金世界的观念），从而实现“三要使”（要使古人只成为古人而不成为现代的领导者，要使古史只成为古史而不成为现代的伦理教条，要使古书只成为古书而不成为现代的煌煌法典。参见《顾序》，《古史辨》第4册）。如果顾氏的目的真正实现，中华民族将不知根源何在，身存何地，心系何所，魂归何处？如果说为了真实而一切在所不计，那么顾氏的“层累说”和“四设准”就一定真实吗？事实上，顾氏在1930年代就因考证方法的局限性而感叹他所追求的真实是可望而不可即的神山（参见《顾序》，《古史辨》第4册），直至晚年，他都自认作为其古史辨伪之核心的《尚书》考证“研究愈深，问题愈多，方面亦愈广”（转引自刘起钎《顾颉刚先生卓越的〈尚书〉研究》，见《顾颉刚学记》，三联书店2002年版，第163页），不啻承认其“层累说”和“四设准”并不那么真实。如此则顾氏诸说既未能提供真实的古史，又瓦解了中华民族对于本有传统的信心，除了耸动群伦、淆乱人心，还有什么意义？有学者通过分析胡适、顾颉刚古史研究的得失，认为囿于证据的实证方法终究不可能把握上古史的真实，故而“可靠资料越稀少，时间跨度越长，历史编纂对于理论、概念的依赖程度就越高”，“上古史重建工作必须冲破‘材料’及‘证据’的限制，建立在相关理论或富有阐释力的‘假设’之上”（李扬眉《“疑古”学说“破坏”意义的再估量——“东周以上无史”论平议》，《文史哲》2006年第5期），这就以历史理智和历史想象弥补了胡、顾们所片面执着的历史真实。其实，在古史研究中还应注入“了解之同情”和“温情与敬意”，亦即历史情感，以此抑制妄悍情绪，对古史多尊重而不要轻蔑，多阙疑而不要妄断，多扬弃而不要否定，多维护而不要破坏，因为那是中华民族的根基所在，一旦毁坏了这个根基，中华民族将分崩离析，漂泊无依，只会使亲痛仇快！当然，顾氏欲以历史真实消解传统信仰的作为仅仅属于认识问题，完全不能曲解为动机问题，强硬的理据就是九一八之后他转而研究中国舆地沿革、边疆史地及民族历史，以对抗日寇为吞并中国疆土而炮制的谬论，还编印抗日通俗读物，由此表明他是一位民族主义者和爱国主义者。另外，顾氏提出的极具破坏力的“层累说”乃是八百年疑古风气，特别是姚际恒、阎若璩、崔述、康有为、胡适、钱玄同等人影响的结果。对“层累说”的必要批评也不意味着对顾氏全部学术成就的否定，其《尚书》文献学、民俗学特别是历史地理学方面的不少创获实为弥足珍贵的学术遗产。

绞绕，臆见纷纭，不仅未能澄清《尚书》学史的问题，反而在这一领域制造了更多迷误！①

（四）《尚书》真伪辨正

夷考南宋以来疑《书》者们的思维逻辑，基本上具有相同的三个步骤，其一是认为《古文尚书》的风格"文从字顺，非若伏生之书屈曲聱牙"，"平缓卑弱，殊不类先汉以前之文"②，并且认为其传承脉络茫昧无稽，由此构成怀疑的前提；其二是从《尚书》内外"吹毛索瘢"式地寻找"破绽"，由此构成怀疑的证据；其三是确指或泛指某人拼凑缀合古籍中的引《书》文句以作成伪书，由此构成怀疑的结论。但《古文尚书》的风格宜不宜作为怀疑的根据？其传承脉络是不是茫昧无稽？其中的所谓"破绽"能不能构成作伪证据？被指控的作伪者有没有作伪的必要和可能？这些都是大可商榷的。

首先，对于文章风格的认知往往带有较大的主观性，如吴棫等认为《古文尚书》"文从字顺"、"平缓卑弱"，而孔颖达却认为"其辞富而备，其义弘而雅，故复而不厌，久而愈亮"③，所见迥然相异；因此，这种主观感觉是不宜作为疑《书》根据的。其实，那些嫌怪《古文尚书》"文从字顺"的人，又有什么证据表明他们真正读通了这二十五篇呢？不要说吴棫、吴澄、梅鷟、阎若璩等，即便朱子也承认《大禹谟》"后面则不可知"、"其详不可考"，《仲虺之诰》"多不可晓，固难理会"，以至终生"于《书》既无解"，就连弟子请他标点《尚书》，他也以"《书》亦难点"一语辞之。④ 由此还引发一个疑问：南宋（特别是元、明）以降的疑《书》者们基本或根本无从看到伏生今文本，他们凭什么判断《尚书》今古文的风格差异？如果他们是基于梅赜所献五十八篇中相当于今文的二十八篇（亦即三十三篇）作出这一判断，那就恰恰表明梅赜所献书并非某人包办伪造，而是对原始文献的照实传录。最后还要指出，疑《书》者们根据他们判定的文章风格而认为《古文尚书》"殊不类先汉以前之文"，可以导致一个严重的悖谬：由于他们又认为《古文尚书》乃是捋撦先秦文献拼凑成文⑤，而捋撦先秦文献拼凑成文与不类先汉以前之文两说是不相容的——若《古文尚

① 例见刘起釪《尚书学史》（订补本）、陈梦家《尚书通论》（增订本）。刘著所收有关《尚书》的史料甚为丰富，对某些问题的评论也还允当（如谓清末今文学派诬刘歆伪造古文之说出于武断，又如谓陈梦家以东晋孔安国为《古文尚书》作者之说不能成立），不过在论述《古文尚书》情况时却存在诸多偏谬；陈著也有资料搜集之功，尤其是参照西周金文研究《尚书》颇有独到之处，但总体上误说更多，在此均不遑一一指陈，日后或另为文辨析。

② 前为吴棫之说，转引自阎若璩《尚书古文疏证》，上海古籍出版社 1987 年版，第 1114 页，吴澄、梅鷟等亦曾引述此说；后为吴澄之说，转引自陈梦家《尚书通论》，中华书局 1985 年版，第 106 页。

③ 孔颖达《尚书正义序》，见《十三经注疏·尚书正义》，中华书局 1980 年版，第 110 页。

④ 见《朱子语类》卷七十八、七十九。

⑤ 如吴澄说《古文尚书》"无一字无所本"，"凡传记所引书语，诸家指为逸书者，收拾无遗"（转引自屈万里《尚书集释》，"概说"，联经出版事业公司 1983 年版，第 23、24 页）；梅鷟"谓孔安国序并增多之二十五篇悉杂取传记中语以成文"（见《四库全书总目·尚书考异》，中华书局 1965 年版，第 99 页）；阎若璩指"虞廷十六字"、"皋陶迈种德德乃降"、"胤征玉石俱焚"、"泰誓引马融说"、"武成血流漂杵"、"夏岁商祀周年"等均系抄袭先秦文献（俱见氏著《尚书古文疏证》）。屈万里《尚书集释》附编三"伪古文尚书袭古简注"集中列举了"伪古文袭故书之语"（见氏著《尚书集释》，联经出版事业公司 1983 年版，第 307~328 页），但以笔者之见，其不为车前马后颠倒之论者盖寡矣！

书》捃撦先秦文献拼凑成文，则不应不类先汉以前之文；若《古文尚书》不类先汉以前之文，则不应是捃撦先秦文献拼凑成文！疑《书》者们无往而不欲坐实《古文尚书》的“伪书”罪名，不料用心太急，却使自己落入亲手设置的圈套！

再从传承脉络来说，《古文尚书》的历史自西汉孔安国发端，《史记·儒林列传》、《汉书·艺文志》及《儒林传》、《后汉书·儒林列传》都有明确记载，也是除康有为之外的大多数疑《书》者所肯认的。根据史载，孔传《古文尚书》的流传可以梳理出三条线索。其一，《汉书·艺文志》载安国于武帝末年曾将《古文尚书》献上朝廷，遭巫蛊事而未列于学官，这个文本就成为中祕书(或称“中古文”)，后来成帝年间刘向校勘今文《尚书》以及朝廷核实张霸“百两篇”所用的应该就是这个文本，东汉章帝诏高才生所受《古文尚书》也当是这个文本，魏代汉、晋替魏，这个文本应该一直被继统者承接收藏，至西晋末年方与三家今文《尚书》一齐亡佚，存续近四百年，起迄分明。① 其二，《汉书·儒林传》载安国以其书“授都尉朝。而司马迁亦从安国问故，迁书载《尧典》、《禹贡》、《洪范》、《微子》、《金縢》诸篇，多古文说。都尉朝授胶东庸生。庸生授清河胡常少子，以明《穀梁春秋》为博士、部刺史，又传《左氏》。常授虢徐敖，敖为右扶风掾，又传《毛诗》，授王璜、平陵涂恽子真。子真授河南桑钦君长。王莽时，诸学皆立，刘歆为国师，璜、恽等皆贵显”，这表明孔传《古文尚书》有一个由安国开启的面向民间社会的私学传授谱系，这个谱系的存在也从刘歆《让太常博士书》中得到证明。② 递及东汉，这个谱系仍在延续，据《后汉书·郑范陈贾张列传》之贾逵传记载：“父徽，从刘歆受左氏《春秋》，兼习《国语》、《周官》，又受《古文尚书》于涂恽，学《毛诗》于谢曼卿，作《左氏条例》二十一篇。逵悉传父业。”可见东汉大儒贾逵乃是孔传《古文尚书》的直系传人，凭借汉章帝“特好《古文尚书》”的势头，他曾使孔传《古文尚书》一度“遂行于世”。③ 其后接续这个谱系的是郑冲，《尚书正义·尧典》孔颖达疏引《晋书》云：“晋太保公郑冲以古文授扶风苏愉，愉字休预。预授天水梁柳，字洪季，即谧(皇甫谧)之外弟也。季授城阳臧曹，字彦始。始授郡守子汝南梅

① 参见《汉书·艺文志》、《后汉书·儒林列传》、《隋书·经籍志》。上文曾说魏晋之世朝廷所重在今文《尚书》，不过重今文却不意味着不收藏古文，魏晋如此，西汉后期以及整个东汉也都如此。

② 见《汉书·楚元王传》附刘歆传。刘歆《让太常博士书》说“孝成皇帝闵学残文缺，稍离其真，乃陈发秘臧，校理旧文，得此三事(按指逸《礼》、古文《书》、左氏《春秋》)，以考学官所传，经或脱简，传或间编。传问民间，则有鲁国桓公、赵国贯公、胶东庸生之遗学与此同，抑而未施”。

③ 《后汉书·贾逵列传》又谓逵“以大夏侯《尚书》教授。……诏令撰欧阳、大小夏侯《尚书》古文同异，逵集为三卷”；《后汉书·儒林列传》载“扶风杜林传《古文尚书》，林同郡贾逵为之作训”，是贾逵对东汉时期存在的孔传《古文尚书》、杜林《古文尚书》和三家今文《尚书》都有涉猎，由此成其一家之《尚书》学。《后汉书·贾逵列传》还记载“逵数为帝言《古文尚书》与经传《尔雅》诂训相应”，这正与《汉志》概括的孔传《古文尚书》“读应《尔雅》”的特点一致，故贾逵所言“《古文尚书》”当指孔氏书。而其本传所载章帝建初八年(83)“乃诏诸儒各选高才生，受左氏、穀梁《春秋》、《古文尚书》、《毛诗》，由是四经遂行于世”，就表明其时孔氏书曾较为流行。但自和帝晏驾，邓后称制，学风渐颓，《古文尚书》也就不复章帝之时的风光了。

赜，字仲真，又为豫章内史。”①这就将自东汉献帝年间以迄东晋元帝之初梅赜献《书》为止的百年之中孔传《古文尚书》的传承脉络呈现出来，大致完成了孔传《古文尚书》的第二条流传线索。② 其三，《后汉书·儒林列传》载“孔僖字仲和，鲁国鲁人也。自安国以下，世传《古文尚书》”，僖子“季彦守其家业，门徒数百人”，这则表明安国还开启了一个作为“家业”的宗族内部传授谱系，③ 这个传授谱系往往也与民间社会相沟通，季彦“门徒数百人”即其明证；而其本身的“世传”脉络更是十分坚实，《晋书·儒林列传》载：“孔衍字舒元，鲁国人，孔子二十二世孙也。……衍少好学，年十二，能通《诗》、《书》。……衍经学深博，又练识旧典，朝仪轨制多取正焉，由是元明二帝并亲爱之”，后衍为权臣王敦排斥出为广陵郡，“虽郡邻接西贼，犹教诱后进，不以戎务废业”，可见这个传授谱系直入东晋前期，也与梅赜献《书》相衔接，且孔衍“教诱后进”亦是沟通民间之一证。④ 综上所述，孔氏《古文尚书》的传承脉络并非茫昧无稽，而是荦荦大端有绪可寻。

另外，从东汉至西晋一些学人的著述中也可钩稽出孔传《古文尚书》的流传信息。许慎于东汉和安二朝间撰成《说文解字》，其中大量征引《尚书》作为书证，明显引自孔传《古文尚书》的有《商书·说命》小序“《商书》曰：‘高宗梦得说，使百工敻求，得之傅岩’。”⑤该书还征引了《说命上》经文“若药不眄眩”⑥，以及《周书·泰誓中》经文“勖哉夫子”；⑦许慎甚至引用了孔安国的传文，在“日”部“旻”字条中，其释曰“秋天也。从日，文声。《虞书》曰：‘仁闵覆下，则称旻天。’”⑧这一引语实是孔安国为《虞书·大禹谟》中“帝初

① 孔颖达所引《晋书》之说并不见于今传房玄龄所修《晋书》，四库馆臣云“案颖达作《正义》时，今本《晋书》尚未成，此盖臧荣绪《晋书》之文”（见《四库全书总目·尚书考异》，中华书局1965年版，第99页）。六朝时期有所谓“十八家《晋书》”，其中王隐《晋书》、虞预《晋书》、硃凤《晋书》、何法盛《晋中兴书》、谢灵运《晋书》、臧荣绪《晋书》、萧子云《晋书》、萧子显《晋史草》为《隋书·经籍志》著录，表明其在唐初尚存，当为孔颖达所见。在房玄龄《晋书》修成之前，孔颖达所引《晋书》只能来自这数种，而其所引郑冲传授《古文尚书》的材料之不见于今传《晋书》，当是被房玄龄等删弃了。还需说明的是，上文曾指出郑冲在魏晋朝廷均主今文《尚书》，但这并不妨碍他在私下传授孔传《古文尚书》。遵从正统与保留私好往往并存于一人之身，古今皆然。

② 应该承认，从贾逵经许慎到郑冲数十年间孔传《古文尚书》的传承脉络尚存缺环，不过这一缺环由其时学者的著述可以得到某些补充，表明孔氏书的师弟授受谱系虽然还不能环环相扣，但孔氏书仍流传于其时却是没有问题的。

③ 孔安国《尚书序》说“承诏为五十九篇作传……既毕，会国有巫蛊事，经籍道息，用不复以闻。传之子孙，以贻后代。若好古博雅君子，与我同志，亦所不隐也”，验之史书所载民间私学和宗族家业这两个传授谱系，真是若合符节。

④ 由此可能引出一个问题：东晋献孔传《古文尚书》者为何不是“世传家业”的安国后人？合理的推测是，其时鲁国故地已为后赵石勒占据，故孔府藏书无从获致，而随晋室南迁的孔氏后人又不一定携带孔氏书，因此献书使命便偶然而又必然地由已得孔氏书真传并先前就安身于江南的梅赜完成了。

⑤ 见《说文解字》，九州出版社2001年版，第186页。《说命》小序本文为“高宗梦得说，使百工营求诸野，得诸傅岩”。

⑥ 见《说文解字》，九州出版社2001年版，第418页。许慎将《商书》误作《周书》。《说命上》本文为“若药弗瞑眩”。

⑦ 见《说文解字》，九州出版社2001年版，第814页。

⑧ 见《说文解字》，九州出版社2001年版，第380页。

于历山，往于田，日号泣于旻天于父母”一段所作的注解“仁覆愍下，谓之旻天”,① 凡此表明许慎读过孔传《古文尚书》，也表明此书在当时的存在。而许慎作为贾逵的弟子，“本从逵受古学”,② 他之读到孔氏书当然可以逆证上文论述的贾逵在孔传《古文尚书》流传过程中的地位，而他本身又将这一流传脉络作了进一步延伸。稍后于许慎的王符著《潜夫论》三十六篇，也多引《尚书》以证其说，其第五篇《贤难》所谓“尹据天官，柬在帝心”，颇似化用《商书·汤诰》“惟简在上帝之心”一语；其第三十四篇《五德志》引《商书·说命上》“若金，用汝作砺；若济巨川，用汝作舟楫；若时大旱，用汝作霖雨。启乃心，沃朕心。若药不瞑眩，厥疾不瘳；若跣不视地，厥足用伤”,③ 更是强硬证明了孔氏书于东汉中后期的存在。至东汉末年应劭《风俗通义》，仍可见孔传《古文尚书》的文句，如《过誉第四》“《太誓》有云：‘民之所欲，天必从之。’”乃一字不差地照引《周书·泰誓上》；同篇又引《商书·太甲中》“天作孽，犹可违；自作孽，不可逭”，也与原文一致不二；《十反第五》有“迈种其德”语，显系本于《虞书·大禹谟》“皋陶迈种德”一语；而《山泽第十》引《尚书》“纣为逋逃渊薮”，又出于《周书·武成》“今商王受无道，暴殄天物，害虐烝民，为天下逋逃主，萃渊薮”。与郑冲在世已相重叠而稍早的徐干，在其所著《中论》里也透露出《古文尚书》消息，《中论·夭寿第十四》引述《尚书·无逸》，这是今古文共有的篇章，不过从南宋洪适《隶释》中保存的刊刻今文《尚书》的东汉熹平石经残片可知，《无逸》今古文的字句存在差异，如今文对商三宗的排序为祖甲、中宗、高宗，而古文的排序为中宗、高宗、祖甲；又如今文称“肆高宗之飨国百年”，而古文作“肆高宗之享国五十有九年”，《中论》所引同于后者而异于前者。孔氏书之存在于其时，由此斑斑可考！入魏，王肃据今文本注《尚书》，其注本至唐代尚存，陆德明、孔颖达比较王肃注本与孔传本，皆发现两者颇多相类。陆德明说“王肃亦注今文，而解大与古文相类，或肃私见孔传而秘之乎”？④ 孔颖达说“案王肃注《尚书》，其言多是孔传，疑肃见古文，匿之而不言也”。⑤ 实际上，王肃得见孔传《古文尚书》，于其本传中即有一证，魏明帝太和四年，肃上疏陈政本，其中引《书》曰“敷奏以言，明试以功，能之与否，简在帝心”,⑥ 前二句见于今古文俱有之《虞书·舜典》，末句则唯本于古文《商书·汤诰》，凡此岂非孔氏书存于魏世之凿凿证据欤？西晋皇甫谧撰《帝王世纪》，其中又见孔传《古文尚书》内容，如引《五子之歌》“惟彼陶唐，有此冀方。今失厥道，乱其纪纲，乃底灭亡”，引《仲虺之诰》“徯我后，后来其苏”，“乃葛伯仇饷，初征自葛”，述《太甲上》小序“太甲既立，不明，伊尹放诸桐”，引

① 许慎径称孔传为《虞书》，乃王利器所谓“古人引经说，皆直称本经”之例，王说见氏著《风俗通义校注·正失第二》注。

② 见许慎之子冲上汉安帝书，载《说文解字》，九州出版社 2001 年版，第 884 页。

③ 《说命上》本文为“若金，用汝作砺；若济巨川，用汝作舟楫；若岁大旱，用汝作霖雨。启乃心，沃朕心。若药弗瞑眩，厥疾弗瘳；若跣弗视地，厥足用伤”。

④ 陆德明：《经典释文》，中华书局 1983 年版，第 8 页。陆氏还说“王肃注颇类孔氏”，见同书第 37 页。

⑤ 见《十三经注疏·春秋左传正义》孔颖达疏，中华书局 1980 年版，第 2162 页。孔氏还说“至晋世王肃注《书》，始似窃见孔传，故注‘乱其纪纲’为夏太康时”，见《十三经注疏·尚书正义》孔颖达疏，中华书局 1980 年版，第 118 页。

⑥ 见《三国志·钟繇华歆王朗传》附王肃传。

《咸有一德》文末小序"仲丁徙于嚣"、"河亶甲居相"、"祖乙圮于耿"，引《伊训》小序"成汤既没，太甲元年"以及孔安国传"太甲，太丁子，汤孙也。太丁未立而卒，即汤没而太甲立，称元年"，① 是西晋亦存孔氏书。而身历两晋的郭璞，在其所注《尔雅》中也同样引用了孔氏书，② 如《释诂》"须竢替戾底止徯，待也"一条注引"《书》曰'徯我后'"，③ 见《商书·太甲中》；"昌敌强应丁，当也"一条注引"《书》曰'禹拜昌言'"，④ 见《虞书·大禹谟》；《释畜》"狗四尺为獒"一条注引"《尚书孔氏传》曰'犬高四尺曰獒'"，⑤ 见《周书·旅獒》孔传，这则证明孔传《古文尚书》一直流传至两晋之际，与梅赜献书业已重叠，其脉络又何尝茫昧无稽？

根据东汉至西晋学人著述引用孔氏书的情况，即可反驳疑《书》者们对于所谓"作伪者"的指控。如果说孔氏书为梅赜伪造，则无法解释大致与他同时的郭璞何以在《尔雅注》中先于他引用了孔氏书；且郭璞入东晋尚存七八年，"博学有高才"，"词赋为中兴之冠"，元帝朝曾任著作佐郎、尚书郎，与朝廷及封疆俱有交往，⑥ 完全有条件亲见梅赜书，若梅书为伪，岂不在当时便为其所指驳？如果再往前推，指作伪者为皇甫谧，则又无法解释王肃《尚书注》何以已引孔氏书。如果又说王肃是作伪者，则其前许慎、王符、应劭、徐干之引孔氏书又当如何解释？再说伪造孔氏书也只能在该书亡佚之后，若该书尚存，又有什么伪造的必要和可能？而据《隋书·经籍志》记载，官藏孔氏书亡佚乃在西晋之末永嘉乱中，如此则王肃、皇甫谧俱无作伪的必要和可能，而有必要和可能的作伪者唯梅赜一人，但如上所述，郭璞《尔雅注》引用孔氏书这一事实以及郭璞的存在，又使梅赜作伪的指控不能成立。还应指出，永嘉之乱起于晋怀帝永嘉五年(311)匈奴攻陷洛阳，其时"京华荡覆，渠阁文籍，靡有孑遗"，朝廷所藏今《古文尚书》一并亡佚。六年后(317)，晋元帝司马睿在建康重建东晋政权，一般认为就在此年或次年，梅赜献出孔传《古文尚书》。按照

① 引文均见皇甫谧撰，宋翔凤、钱宝塘辑，刘晓东校点《帝王世纪》，辽宁教育出版社 1997 年版，第 27、29、36、37 页。第一条皇甫谧引题作《五子歌》，第二条引题作《仲虺诰》，第三条又作《仲虺之诰》，以下诸条均未标题目，泛称《书序》或《商书》而已。除"徯我后"、"仲丁徙于嚣"两条稍异于原文"徯予后"、"仲丁迁于嚣"之外，其余引文完全与原文一致。《帝王世纪》于宋代已有散佚，后世遂不得见，清人宋翔凤从多种古籍中钩稽引文，辑成今书，功不可没，然因宋氏囿于今文门户，又受有清疑《书》之风影响，故对书中所引孔传《古文尚书》一概指为后人窜入，以为并当删除，此说毫无说服力。

② 郭璞于晋明帝太宁二年(324)被王敦杀害，其时梅赜献书已经七八年，但不能因此认为郭璞《尔雅注》引孔氏书是抄袭梅赜书。据郭璞《尔雅注序》称，其于《尔雅》"少而习焉，沉研钻极，二九载矣"，可见其注《尔雅》早在梅赜献书之前。特别是《尔雅·释诂》"显昭觐钊觌，见也"一条郭璞注引"钊我周王"，此语见于《周书·武成》(本文作"昭我周王")，已在梅赜所献五十八篇之中，但郭璞却称其为"逸书"(见《十三经注疏·尔雅注疏》，中华书局 1980 年版，第 2575 页)，更可证明郭璞所引孔氏书并非梅赜书，而是流传于当时的与梅赜书大同小异的孔氏书的另一种编排文本。简言之，在梅赜献书之前，孔传《古文尚书》一直从东汉流传到两晋之际，尽管文本的字句篇章或有差异，但这个系统没有出现大的顿断。

③ 见《十三经注疏·尔雅注疏》，中华书局 1980 年版，第 2574 页。《商书·仲虺之诰》有"徯予后"一语，与《太甲中》语微有不同。

④ 见《十三经注疏·尔雅注疏》，中华书局 1980 年版，第 2576 页。

⑤ 见《十三经注疏·尔雅注疏》，中华书局 1980 年版，第 2653 页。

⑥ 参见《晋书·郭璞列传》。

书亡而后作伪的常情推论，梅赜只会在这六七年间伪造孔氏书，问题是他有那么大的本事在这短短的几年里拼凑缀合古籍中的引《书》文句，从而造出足以乱真的五十八篇经文以及孔序和孔传吗？① 当疑《书》者们吹毛索瘢式地从《古文尚书》中寻找作伪证据时，他们都没有从作伪的必要性和可能性方面进行反思，实在是小处精察，大体茫昧，细节上似乎扎实，但根本上却说不通，诚乃孟子所讥之"明足以察秋毫之末而不见舆薪"！

至于疑《书》者们从孔传《古文尚书》中找出的"破绽"，林林总总或有数百条之多，实非区区一文所能尽辩。综观指陈孔氏书之"破绽"的著述，信无出于阎若璩《尚书古文疏证》之右者；对阎氏《尚书古文疏证》的反驳，基本上可以回应所有的疑《书》指控，当今学者张岩在这方面做了出色的工作，取得了令人佩服的成就。在专著《审核古文〈尚书〉案》中，张岩将阎氏《疏证》罗列的问题归纳为文献流传、史地、史实、历法、制度、引文等类，分类集中反驳阎若璩对孔氏书的攻讦，涉及孔安国二次献书、孔安国蚤卒、孔安国家献、孔氏传与其《论语注》相异、古文卷篇数目、杜林书及贾马郑王注本、唐人义疏文本选择、虞夏书之分、古帝名号、虞载夏岁商祀周年、尧舜二典分合、虞廷十六字、禹让皋陶不让稷契、太康失国其母不存、《胤征》玉石俱焚语源、仲康日食、伊尹放太甲年数、太甲稽首伊尹称字、商三宗排序及享国年数、《泰誓》声纣之罪、夷族之刑、于汤有光、追书与实称、《武成》日月书法、商郊牧野、血流漂杵、式商容闾、积石山在金城西南羌中、瀍水出河南北山、孟津在黄河北岸、济渎改道、《论语》引孝乎惟孝、《孟子》引《泰誓》和《武成》、《说文》引《书》文字与孔氏书相异、《说文》引《书》内容为孔氏书所无、大驭太仆合一、九夷八蛮、德乃降、为山九仞、不学面墙、惟风惟草等阎若璩质疑孔氏书的几乎所有主要问题，其中有些也是疑《书》者们共同认作所谓"铁证"的材料，通过梳理原委，辨析毫厘，逐一反驳了阎氏的指控，从而认定"阎若璩的研究远远不足以支撑其结论。不仅如此，阎氏书中还包含许多刻意捏造的伪证"，故"所谓'伪《古文尚书》'的'定案'无法成立"！② 张岩还通过扎实的检索工作，分析了二十五篇《古文尚书》与三十三篇今文《尚书》以及先秦至宋明五十五种其他文献的用字频率差异（字频特征分析），由此得出结论：《古文尚书》"'作伪'难度太高，高到不可能实现的程度。从大量文献的搜集，到引文、用文的查找；从上百个罕见词语的查寻采用，到文化、制度方面的理解归纳和融会贯通；从搞清先秦两汉文献与今文《尚书》之间字频不同，到'伪造'过程中拼凑引文和'字频勾兑'。如此这般'伪造'的二十五篇不仅没有明显缀辑痕迹，且文采尤富于今文。其工程量之大，非一人一世所能及"！③ 允哉言乎！本文采信张岩对阎若璩所举《尚书》"作伪"证据的反驳，进而从总体上认定疑《书》者们的思维逻辑，从前提到举证乃至结论，都根

---

① 陈梦家又提出与西汉孔安国同姓名的东晋孔安国推造《古文尚书》二十五篇并作序传之说（见氏著《尚书通论》，中华书局 1985 年版，第 122～133 页），其用意是想化解对《古文尚书》的"伪书"指控，亦可谓善矣，但其说之扞格不通显而易见，刘起釪已加辩驳（见氏著《尚书学史》，中华书局 1996 年版，第 360 页）。刘起釪鉴于南宋以降所有搜缉"作伪者"的努力均属徒劳，退而主张"没有十分的必要非要找出这个无法确认的作伪的人来不可"（见氏著《尚书学史》，中华书局 1996 年版，第 361 页），无异于承认疑《书》者们长达八百年的捕风捉影归于失败！

② 张岩：《审核古文〈尚书〉案》，中华书局 2006 年版，第 1 页。

③ 张岩：《审核古文〈尚书〉案》，中华书局 2006 年版，第 33 页。另参见该书附录二《〈尚书〉字频特征分析》，见同书第 322～341 页。

本不能成立,《古文尚书》的风格不足以成为怀疑的前提，其传承脉络并非茫昧无稽，所谓《古文尚书》“作伪”的证据没有可信度，被指控的诸多“作伪者”一概没有作伪的必要和可能；而梅赜书就是历经四百年磨难终不湮没的孔安国书，也就是孔子后人为避秦火藏于旧宅壁中的百篇遗存，也就是孔子亲手删定的先圣教言和华夏古史。纵起夫子于九原，当亦不易斯言!①

(五)余　　论

肯定东晋梅赜所献且流传至今的五十八篇《尚书》就是经孔安国整理和注释的孔子删定之百篇遗存，却并不意味着承认其中所有篇章都完成于其所标系的时代。根据殷墟卜辞有句无篇、记事简扼的著述水平推测②，标系时代早于卜辞的《虞书》、《夏书》以及《商书》的大部分，因其多篇幅宏大、结构考究、内容丰赡、铺排有致、文采斐然，故当非各该时代的成品，而应是西周至春秋早期的文化精英们根据传述或书写的上古史料，加上自己的理解和想象，并注入若干理想成分而作成的典籍。这一推测由现代天文学的研究成果可以得到某些印证。例如《夏书·胤征》记载了夏代第三王仲康时期的一次非正常天象，即日食：“乃季秋月朔，辰弗集于房”③；按其意谓，季秋月朔辰集于房，亦即九月初一日月交会于房宿所在的天区，才属正常。但据今人吴守贤、赵恩语等的推步，在公元前2000年左右的仲康时期,《胤征》意谓的正常天象不可能出现。李学勤转述吴守贤等的研究成果说：“吴守贤等先生经过严密计算，证明了房宿与季秋的对应是殷商到春秋战国时期的天象。”④赵恩语则说“可以断定，有‘季秋月朔，辰弗集于房’这句话的《夏书》编定的年代只能在公元前1130年至公元前498年之间”,⑤也就是商代晚期至春秋晚期，比吴守贤等的推断更加具体但也与之大致相合。由此表明，记载仲康时期史事的《胤征》，迟至商周之际乃至春秋时期方才编定成文，在编定过程中，编定者将其所在时代的天象羼入到这篇文献之中了。由此也当承认，阎若璩以为“《五子之歌》不类夏代诗”，顾颉刚推断《尚

① 近年来，“清华简”整理者们解读了一篇短小的无名简文(共计112字，整理者们将其拟题为《尹诰》，见《清华大学藏战国竹简(壹)》，中西书局2010年版，第133页)，因首句为“惟尹既及汤咸有一德”，而其余文字全不同于孔传本古文《咸有一德》，由此他们认定后者为伪书，进而更将二十五篇古文一概指为伪书(见《清华简证实：古文〈尚书〉确系“伪书”》，载《北京日报》2012年1月6日)。且不论这篇无名简文的真实性究竟如何(实际上已有专家认为这篇无名简文为伪造)，即使肯定它确为战国文献，它与古文《咸有一德》为什么就不能是二者均真的古籍呢？为什么肯定它的真实性就一定要否定古文《咸有一德》乃至二十五篇古文的真实性呢？这112字的简文有那么巨大的功能吗？实际上，将无名简文与古文《咸有一德》相比较，后者记录伊尹对太甲的训诫，始终扣住“一德”进行阐发；而前者为伊尹(挚)与汤的对话，除首句突兀一语外，再不见言及“一德”，可以说与“咸有一德”没有什么关系。以这篇与“咸有一德”没有什么关系的短小简文否定古文《咸有一德》乃至二十五篇古文的真实性，实在失于轻率。

② 关于卜辞的概况，参见郭沫若《卜辞通纂》，科学出版社1983年版；陈梦家《殷虚卜辞综述》，中华书局1988年版。

③ 孔安国传曰：“辰，日月所会。房，所舍之次。集，合也。不合即日食可知。”见《十三经注疏·尚书正义》，中华书局1980年版，第158页。

④ 李学勤：《仲康日食的文献学研究》，载《烟台师范学院学报》(哲学社会科学版)2000年第1期。

⑤ 赵恩语：《仲康日食的认证》，载《安徽史学》1997年第1期。

书》有些篇章"或者是史官的追记，或者是真古文经过翻译"，这些看法还是有一定见地的。不过阎若璩不满苏辙将《五子之歌》归于"商人之诗"而悍然指之为魏晋间人伪作；顾颉刚在肯定"伪《古文尚书》出于魏晋"的同时，连大部分今文篇章都疑为春秋战国甚至秦汉间的伪作，这就不免疑古过当。① 其实，西周至春秋早期的文化精英们根据传述或书写的上古史料编成《尚书》，根本不存在所谓"作伪"问题，而是轴心时代各大文明之元典产生的共同方式，如古印度最伟大的经典"四吠陀"自公元前2000年左右发生，经世代口耳相传，直至公元前900年前后才结集完成；波斯琐罗亚斯德教的前源也可追溯到约公元前2000年，而该教的创立及其经典《阿维斯陀》的编定则迟至公元前6世纪左右；约公元前2500年就在美索不达米亚地区流传的苏美尔朝代乌鲁克国王吉尔伽美什的英雄故事，到公元前1000年左右才最终著录为史诗；《旧约全书》载录的希伯来民族早期历史，乃是在巴比伦之囚时期(前597—前538)才开始得以追记；而反映公元前12世纪到前11世纪古希腊文明状况的《荷马史诗》，也是在距所反映的时代二三百年之后首先由盲诗人荷马传唱，然后于公元前6世纪以文字记录下来，再到公元前3世纪由亚历山大里亚的学者们最终编定的。毫无疑问，所有这些伟大的经典都不是一时一地一人的作品，而是在或长或短的时段中，或广或狭的地域里，由众多先民根据邃古的传说或原始的符记逐渐完成的，《尚书》也不例外。唯其如此，《尚书》的篇章存在风格不一致的现象就是完全可以理解的；若其各篇之风格雷同，倒恰恰匪夷所思。伟大的先师孔子将前辈传下的三千多篇文献加以精选纂辑，以"克明俊德"的主旨贯穿包络百篇之书，呈现了由圣王贤臣的言行所集中反映的华夏初民的道德意识、伦理生活、德性政治及太和观念，所有这些又通过经典教育的方式维系并强化了中华民族的优秀传统性格，在当今社会尤其需要大力弘扬并躬行实践。而历经磨难幸存于今的五十八篇《尚书》，正是中华民族保持和发扬优秀传统性格的珍贵教本，必须受到全民族的爱惜！

---

① 上引阎、顾之说分别见于阎若璩《尚书古文疏证》，上海古籍出版社1987年版，第471~472页；《顾颉刚学记》，三联书店2002年版，第151~152页。

三、汉晋之间《古文尚书》流传情况补证①

胡治洪

在《〈尚书〉真伪问题之由来与重辨》中，笔者梳理了《古文尚书》自西汉孔安国以迄东晋梅赜的传承脉络。综合史传的记述，大致情况是：孔安国传都尉朝和司马迁，都尉朝传胶东庸生，庸生传清河胡常少子，胡常传虢徐敖，徐敖传王璜和平陵涂恽子真，涂恽传河南桑钦君长和贾徽，贾徽传子贾逵，至此已到东汉和帝之世。② 其时传授《古文尚书》者还有孔安国后人孔僖及其少子孔季彦，季彦将这一学脉延续到安帝末。③ 此后书传所载《古文尚书》的递续谱系另由自汉末历魏入晋的郑冲发端，郑冲传扶风苏愉休预，苏愉传天水梁柳洪季，梁柳传城阳臧曹彦始，臧曹传汝南梅赜仲真。④ 从贾逵或孔季彦至郑冲亦即东汉和安之际以迄献帝年间百年左右的缺环，则由生活于章帝至桓帝间的王符所著《潜夫论》、生活于桓帝至献帝间的应劭所著《风俗通义》、生活于灵帝至献帝间的徐干所著《中论》以及生活于汉献帝至魏高贵乡公间的王肃所撰奏疏分别引用的《古文尚书》经文而得以补缀。因此可以说，从孔安国至梅赜约四百年间，《古文尚书》的流传脉络大端荦荦，斑斑可考。近来，笔者翻检严可均《全上古三代秦汉三国六朝文》，从其中《全汉文》、《全后汉文》、《全三国文》、《全晋文》(以下简称“两汉三国全晋文”)中又发现孔安国至梅赜之间的诸多引《书》材料(以下所举引《书》材料均限定在孔安国至梅赜之间)，爰作补证于下。

---

① 此所谓“汉晋之间”，乃指西汉武帝末年孔安国上《书》以迄东晋元帝初年梅赜献《书》的约四百年间。所谓“《古文尚书》”，宽泛地说，指梅赜所献而流传至今的孔安国传《尚书》五十八篇；严格地说，则指今古文共有的三十三篇之外的二十五篇，即《大禹谟》、《五子之歌》、《胤征》、《仲虺之诰》、《汤诰》、《伊训》、《太甲上》、《太甲中》、《太甲下》、《咸有一德》、《说命上》、《说命中》、《说命下》、《泰誓上》、《泰誓中》、《泰誓下》、《武成》、《旅獒》、《微子之命》、《蔡仲之命》、《周官》、《君陈》、《毕命》、《君牙》、《冏命》。本文兼取《古文尚书》宽严二义，但比较侧重其严格意义。

② 见《汉书·儒林传》、《后汉书·郑范陈贾张列传》，参见刘歆《让太常博士书》。

③ 见《后汉书·儒林列传》。

④ 见《十三经注疏·尚书正义》孔颖达疏引《晋书》，中华书局 1980 年版，第 118 页。

（一）

从两汉三国全晋文中，笔者钩稽出引用《尚书》材料二百五十余条。其实还有一些材料也与《尚书》相关，如东汉鲁丕《上疏论说经》所谓“明舜禹皋陶之相戒，显周公箕子之所陈”①，西晋杜夷《丁潭为琅邪王行终丧礼议》所谓“古者谅暗，三年不言”云云②；唯因其行文与《尚书》的关系多含混曲折，故略而不计。在二百五十余条材料中，绝大多数是引用今古文共有的篇章，涉及《虞书》之《尧典》、《舜典》、《皋陶谟》、《益稷》，《夏书》之《禹贡》、《甘誓》，《商书》之《汤誓》、《盘庚》、《高宗肜日》，《周书》之《牧誓》、《洪范》、《大诰》、《康诰》、《召诰》、《洛诰》、《无逸》、《君奭》、《多方》、《立政》、《顾命》、《吕刑》、《文侯之命》等篇，而引用《古文尚书》独有篇章者寥寥无几，这当然反映出汉晋之间今文《尚书》相对于《古文尚书》的强势地位，不过也有证据表明，其时人士所引今古文共有篇章，并不一定全出于今文《尚书》，有些恰恰出于《古文尚书》。

证据之一见于应劭《汉官仪上》：“孝平皇帝元始元年，太后诏曰：太师光今年老有疾。俊乂大臣，惟国之重。《书》曰：无遗老成。国之将兴，尊师重傅。其令太师无朝，十日一赐餐，赐以灵寿杖，黄门令为太师于省中施坐置几，太师入省用杖焉。”③此诏所引《尚书》出自《周书·召诰》，乃今古文共有篇章，原文为“今冲子嗣，则无遗寿耇”。孔安国传曰：“言成王少嗣位治政，无遗弃老成人之言，欲其法之。”④可见制诏者以孔安国解释经文“寿耇”的“老成”一词直接代换了经文原词，因此其引文当出于孔安国传《古文尚书》。另一证据见于何晏《明帝谥议》：“案外内群僚议，宜曰明。余所执难各不同。《书》曰：三人占，则从二人之言。传曰：善钧从众。今称明者，可谓众也。”⑤此文所引《尚书》出自《周书·洪范》，亦今古文共有篇章，原文为“三人占，则从二人之言”。孔安国传曰：“从二人之言，善钧从众。”⑥可见何晏引文不仅与《洪范》经文完全相同，而且与孔安国传一致不二，这又表明其引文出于《古文尚书》。这两条材料除了可以进一步证明汉魏时期孔传《古文尚书》流传于世，还具有重要的启示意义，即汉晋文献所引今古文共有的篇章，并不必然完全出自今文《尚书》，而有可能出自《古文尚书》中与今文《尚书》共有的三十三篇。

（二）

据笔者所见，两汉三国全晋文中至少有三条材料直接引用《古文尚书》经文。其一见于桓谭《新论·谴非第六》：“《书》曰：天孽可避，自作孽不可活。”⑦这条引文出自《古文

---

① 见严可均《全上古三代秦汉三国六朝文·全后汉文》卷三十三，清光绪甲午春黄冈王氏刊本。
② 见严可均《全上古三代秦汉三国六朝文·全晋文》卷一百十六，清光绪甲午春黄冈王氏刊本。
③ 见严可均《全上古三代秦汉三国六朝文·全后汉文》卷三十四，清光绪甲午春黄冈王氏刊本。
④ 见《十三经注疏·尚书正义》，中华书局 1980 年版，第 212 页。
⑤ 见严可均《全上古三代秦汉三国六朝文·全三国文》卷三十九，清光绪甲午春黄冈王氏刊本。
⑥ 见《十三经注疏·尚书正义》，中华书局 1980 年版，第 191 页。
⑦ 见严可均《全上古三代秦汉三国六朝文·全后汉文》卷十四，清光绪甲午春黄冈王氏刊本。

尚书》独有的《商书·太甲中》，原文为“天作孽犹可违，自作孽不可逭”。虽然桓谭引文比《太甲中》原文少“作”、“犹”二字，且存在“避”与“违”和“活”与“逭”的差异，但前者本于后者却是毫无疑问的。史载桓谭于西汉成、哀、平之世为郎，王莽时任掌乐大夫，东汉光武朝拜议郎给事中，后因极言符谶之非经而违忤帝意，贬为六安郡丞，赴任途中病卒，年七十余；其人“博学多通，遍习五经，皆诂训大义，不为章句，能文章，尤好古学”，其《新论》著于光武朝，“上书献之，世祖善焉”①。《新论》既引用《太甲中》经文，当然表明东汉之初《太甲》三篇乃至《古文尚书》的存在。

第二条直接引用《古文尚书》经文的材料见于骆统《民户损耗上疏》：“《书》曰：众非后，无能胥以宁；后非众，无以辟四方。”②这条引文也出自《商书·太甲中》，原文为“民非后，罔克胥匡以生；后非民，罔以辟四方”。尽管引文与原文存在“众”与“民”、“无能”与“罔克”、“胥”与“胥匡”、“宁”与“生”等字词差异，但两者文义了无不同，前者显然引用后者。史载骆统于三国孙吴时历任乌程相、功曹、骑都尉、建忠中郎将、偏将军、濡须督等职，黄武七年(228)卒，年三十六。③ 将这条材料与上条材料联系起来看，可以认定《太甲》经东汉入三国一直在流传，而《古文尚书》亦当一并存在。

第三条直接引用《古文尚书》经文的材料见于陆抗《请原薛莹》：“《书》曰：‘与其杀不辜，宁失不经。’”④这条引文更是出于备受疑诋的《虞书·大禹谟》，且引文与原文完全相同，表明陆抗是对《大禹谟》的精确引述。史载陆抗于三国孙吴时历任建武校尉、立节中郎将、奋威将军、柴桑督、征北将军、镇军大将军、益州牧、大司马、荆州牧数职，事孙权、孙亮、孙休、孙皓四朝⑤，其生平相比骆统又下延近五十年。陆抗精确引述《大禹谟》文句，无疑是亲见该篇，由此可证《大禹谟》乃至《古文尚书》直到三国末期仍存于世。

还有一些材料或许也是直接引用《古文尚书》经文，如西汉宣元成之世大臣刘向《新序》引“葛伯仇饷”⑥，原自《古文尚书》的《商书·仲虺之诰》篇“乃葛伯仇饷”；东汉安顺两朝大臣刘珍《章帝叙》引“孝乎惟孝，友于兄弟”⑦，原自《古文尚书》的《周书·君陈》篇“孝恭惟孝，友于兄弟”；汉献帝朝侍郎卫觊《禅位册》引“天之历数在尔躬，允执其中，天禄永终”以及魏明帝曹叡《谥山阳公为献皇帝诏》引“天禄永终”⑧，均原自《古文尚书》的《虞书·大禹谟》篇“天之历数在汝躬……允执厥中……天禄永终”。但因不能排除这些引文可能转出于其他经子典籍，如“葛伯仇饷”可能转出于《孟子·滕文公下》“万章问曰宋小国也”章，“孝乎惟孝，友于兄弟”可能转出于《论语·为政》“或谓孔子曰子奚不为政”章，“天禄永终”云云可能转出于《论语·尧曰》“尧曰咨尔舜”章，所以本文不将这些材料作为直接引用《古文尚书》经文的例证，以示慎重。

---

① 见《后汉书·桓谭冯衍列传》。

② 见严可均《全上古三代秦汉三国六朝文·全三国文》卷六十七，清光绪甲午春黄冈王氏刊本。

③ 见《三国志·吴书·虞陆张骆陆吾朱传》。

④ 见严可均《全上古三代秦汉三国六朝文·全三国文》卷六十九，清光绪甲午春黄冈王氏刊本。

⑤ 见《三国志·吴书·陆逊传》附陆抗传。

⑥ 见严可均《全上古三代秦汉三国六朝文·全汉文》卷三十九，清光绪甲午春黄冈王氏刊本。

⑦ 见严可均《全上古三代秦汉三国六朝文·全后汉文》卷五十六，清光绪甲午春黄冈王氏刊本。

⑧ 见严可均《全上古三代秦汉三国六朝文·全三国文》卷二十八、卷九，清光绪甲午春黄冈王氏刊本。

（三）

在两汉三国全晋文中，间接引用或化用《古文尚书》文义的材料大致有十条之多。东汉光武至明帝间人鲍骏《上书言丁鸿》有谓“臣闻武王克殷，封比干之墓，表商容之闾”①，此乃据于《古文尚书》之《周书·武成》篇，原文为“封比干墓，式商容闾”。化用《武成》此语者还有汉顺帝梁皇后，其《诏告光禄勋汝南太守》云：“昔在前世，求贤如渴，封墓轼闾，以光贤哲。”②而汉魏之际曹植《上疏陈审举之义》称“冀闻康哉之歌，偃武行文之美”③，上句化用今古文共有之《益稷》“庶事康哉”一语，下句则亦本于《武成》“乃偃武修文”之句。由此反映自东汉之初至曹魏之世，《武成》一直流传于世。

汉末入魏的王朗《与许文休书》谓“过闻受终于文祖之言，于《尚书》又闻历数在躬允执其中之文”④，前句本于今古文共有之《虞书·舜典》“正月上日受终于文祖”，后句则本于《古文尚书》之《大禹谟》。之所以不将王朗所引《大禹谟》与卫觊《禅位册》和魏明帝《谥山阳公为献皇帝诏》引文同样视为转引自其他经子典籍，乃因王朗明言闻于《尚书》。其实，根据王朗这条材料，推断与其基本同时的卫觊和魏明帝所引《大禹谟》皆取自《古文尚书》，也并非纯属无稽之谈。王朗这条材料还可与陆抗所引《大禹谟》互相发明，陆抗精确引述《大禹谟》文句证明该篇在三国时期确凿存在，从而为王朗引用该篇提供了令人信服的文献基础；而从王朗泛泛引用于前到陆抗精确引述于后，则足以证明《大禹谟》在汉末三国时期从未中绝。王朗这条材料还有一个重要意义，即其作为王肃之父既然得见《古文尚书》，那么其子王肃就既无必要也无可能在《古文尚书》于父辈尚存的情况下另造伪书。⑤

实际上，汉末三国之世还有两条化用《大禹谟》的材料。其一为蒋济《万机论·政略》：“夫君正之治，必须贤佐，然后为泰。故君称元首，臣为股肱，譬之一体，相须而行也。是以陶唐钦明，羲氏平秩；有虞明目，元恺敷教。皆此君唱臣和，同亮天功，故能天成地平，咸熙于和穆盛德之治也。”⑥“元首股肱，君唱臣和”之语本于今古文共有之《虞书·益稷》：“帝庸作歌曰：‘敕天之命，惟时惟几。’乃歌曰：‘股肱喜哉！元首起哉！百工熙哉！’皋陶拜手稽首，扬言曰：‘念哉！率作兴事，慎乃宪，钦哉！屡省乃成，钦哉！’乃赓载歌曰：‘元首明哉！股肱良哉！庶事康哉！’”“陶唐钦明，羲氏平秩”之语本于今古文共有之《虞书·尧典》：“曰若稽古帝尧，曰放勋，钦明文思安安……分命羲仲，宅嵎夷，曰

---

① 见严可均《全上古三代秦汉三国六朝文·全后汉文》卷二十九，清光绪甲午春黄冈王氏刊本。鲍骏事见《后汉书·桓荣丁鸿列传》。

② 见严可均《全上古三代秦汉三国六朝文·全后汉文》卷九，清光绪甲午春黄冈王氏刊本。梁皇后事见《后汉书·皇后纪下》。

③ 见严可均《全上古三代秦汉三国六朝文·全三国文》卷十六，清光绪甲午春黄冈王氏刊本。曹植事见《三国志·魏书·任城陈萧王传》。

④ 见严可均《全上古三代秦汉三国六朝文·全三国文》卷二十二，清光绪甲午春黄冈王氏刊本。王朗事见《三国志·魏书·钟繇华歆王朗传》。

⑤ 王肃事见《三国志·魏书·钟繇华歆王朗传》附王肃传。

⑥ 见严可均《全上古三代秦汉三国六朝文·全三国文》卷三十三，清光绪甲午春黄冈王氏刊本。蒋济事见《三国志·魏书·程郭董刘蒋刘传》。

旸谷，寅宾出日，平秩东作……申命羲叔，宅南交，平秩南讹。”“有虞明目，元恺敷教，同亮天功”之语本于今古文共有之《虞书·舜典》：“月正元日，舜格于文祖，询于四岳，辟四门，明四目，达四聪……敬敷五教在宽……惟时亮天功。”而“天成地平”一语则本于《大禹谟》：“帝曰：‘俞！地平天成，六府三事允治，万世永赖，时乃功。’”蒋济此文中的多条材料皆化用《尚书》文句，由此可证“天成地平”一语必也是化用《尚书》文句；而“天成地平”一语既然本于古文《大禹谟》，则又可推断其他材料虽然见于今古文共有篇章，却更有可能一并本于《古文尚书》。第二条引用《大禹谟》的材料为魏文帝曹丕《太宗论》：“昔有苗不宾，重华舞以干戚。”①本于《大禹谟》：“帝曰：‘咨！禹，惟时有苗弗率，汝徂征。’……三旬，苗民逆命……帝乃诞敷文德，舞干羽于两阶，七旬，有苗格。”这些材料更加证明《大禹谟》乃至《古文尚书》在当时的存在。

其余四条材料分别引用了《古文尚书》的《商书·说命》、《夏书·胤征》和《商书·太甲》篇。汉末益州书佐彭羕《与蜀郡太守许靖书荐秦宓》称“昔高宗梦傅说”②，引自《说命》小序“高宗梦得说”。魏明帝朝尚书郎杨伟《上景初历表》曰“夏后之世，羲和湎淫，废时乱日，则《书》载《胤征》”③，引自《胤征》小序“羲和湎淫，废时乱日，胤往征之，作《胤征》”。魏晋官吏段灼《息颖表言》叙述“太甲暴虐，颠覆汤之典型，于是伊尹放之桐宫，而能改悔反善，三年而后归于亳”④，晋惠帝朝官吏阎缵《舆棺诣阙上书理愍怀太子》叙述“昔太甲有罪，放之三年，思庸克复，为殷明王”⑤，皆本于《太甲》小序“太甲既立，不明，伊尹放诸桐，三年复归于亳，思庸”。这些材料又证明了《说命》、《胤征》、《太甲》等古文篇章在东汉末年至西晋后期的存在。

（四）

以上材料表明，自西汉末年至西晋后期，《古文尚书》及其孔安国传一直绵延不绝，流传于世。若将这些材料按时序排列，则最先为应劭《汉官仪》追记西汉平帝元始年间太后诏书引《召诰》孔安国传，此后依次为桓谭于东汉光武年间所著《新论》引《太甲》，鲍骏于东汉明帝时上书举荐丁鸿引《武成》，东汉顺帝梁皇后于顺帝末至桓帝初之间下诏引《武成》，王朗于东汉末年与许靖书引《大禹谟》，彭羕亦于东汉末年与蜀郡太守许靖书荐秦宓引《说命》，曹丕于汉魏之际著《太宗论》引《大禹谟》，蒋济于曹丕践祚之初上《万机论》引《大禹谟》，骆统于孙吴大帝黄武年间上疏引《太甲》，曹植于魏明帝太和五年上疏引《武

① 见严可均《全上古三代秦汉三国六朝文·全三国文》卷七，清光绪甲午春黄冈王氏刊本。曹丕事见《三国志·魏书·文帝纪》。

② 见严可均《全上古三代秦汉三国六朝文·全三国文》卷六十一，清光绪甲午春黄冈王氏刊本。彭羕事见《三国志·蜀书·刘彭廖李刘魏杨传》。

③ 见严可均《全上古三代秦汉三国六朝文·全晋文》卷三十，清光绪甲午春黄冈王氏刊本。杨伟事见《晋书·律历志》。

④ 见严可均《全上古三代秦汉三国六朝文·全晋文》卷六十六，清光绪甲午春黄冈王氏刊本。段灼事见《晋书·向雄段灼阎缵列传》。

⑤ 见严可均《全上古三代秦汉三国六朝文·全晋文》卷一百五，清光绪甲午春黄冈王氏刊本。阎缵事见《晋书·向雄段灼阎缵列传》。

成》，杨伟于魏明帝时上景初历附表引《胤征》，何晏于魏明帝卒年议明帝谥号引《洪范》孔安国传，陆抗于孙吴末帝凤皇元年上书理薛莹引《大禹谟》，段灼于西晋武帝时命子息代上表文引《太甲》，阎缵于西晋惠帝长子司马遹遇害之后上书引《太甲》。若将这些材料与拙文《〈尚书〉真伪问题之由来与重辨》所梳理的《古文尚书》传承脉络相编织，可以进一步弥缝西汉平帝，东汉光武帝、明帝、顺帝、桓帝至献帝，三国以迄西晋武惠之世的疏缺，更加强有力地证明《古文尚书》自孔安国以至梅赜四百年间延续不断，从而更加强有力地反驳南宋以降疑《书》者们对于《古文尚书》传承脉络茫昧无稽的指控。事实上，并非《古文尚书》传承脉络茫昧无稽，而是疑《书》者们的学术功力欠缺，没有尽可能完全地占有相关资料；抑或疑《书》者们占有了相关资料，却为了稗贩异说以市声闻而故意匿而不宣。无论是学术功力欠缺，还是故意隐匿资料，疑《书》者们都在中国学术史上散布了重重迷雾，造成了所谓“伪《古文尚书》”的冤案，必须予以彻底改正！

应该指出，笔者虽然对《全上古三代秦汉三国六朝文》中的《全汉文》、《全后汉文》、《全三国文》、《全晋文》作了整体杷梳剔抉，但却并未穷尽孔安国至梅赜之间的所有引《书》材料，这不仅是由于笔者在翻检过程中不可避免地存在疏漏，更主要的是由于严可均所订编纂体例致使大量文献并未收入该书，如其凡例谓“凡经传不录”，“《史记》、《两汉》、《三国》、《宋》、《齐》、《后魏》及《汉纪》、《后汉纪》、《华阳国志》之论赞，全本见存，不录”，“佚史之纪传不录，方志不录，子书见存者不录”，“面敕面对未登简牍者不录”等等①。因此可以断定，《全上古三代秦汉三国六朝文》之外的四部典籍中还会有不少反映孔安国至梅赜之间《古文尚书》流传情况的资料，即如笔者随意浏览，便发现《后汉书》载周磐“学《古文尚书》、《洪范五行》、《左氏传》，好礼有行，非典谟不言”②；又发现《三国志》载王朗“魏国初建，以军祭酒领魏郡太守，迁少府、奉常、大理，务在宽恕，罪疑从轻”③，此“罪疑从轻”一语就当本于《大禹谟》所谓“罪疑惟轻，功疑惟重”；而这些材料都没有收入《全上古三代秦汉三国六朝文》中。有见于此，可以说本文的工作并没有结束，随着研读面的扩展和新材料的发现，笔者将继续对孔安国至梅赜之间《古文尚书》流传情况予以补证，最终目的就是完全推翻疑《书》者们强加给《古文尚书》的诬蔑不实之词，恢复这部伟大经典的真实性质和崇高地位。

---

① 见严可均《全上古三代秦汉三国六朝文·凡例》，清光绪甲午春黄冈王氏刊本。

② 见《后汉书·刘赵淳于江刘周赵列传》。

③ 见《三国志·魏书·钟繇华歆王朗传》。

四、《昏礼从宜》辨伪

徐道彬

安徽省图书馆藏有《昏礼从宜》一册，黄裱纸，线装，蓝格抄本，不分卷，标有页码。版框 30 厘米×21 厘米，半叶 10 行，行 22 字，全书一万余字。前有《昏礼从宜序》，题下钤有“安徽省图书馆藏书”和“一尘氏”两方朱色正方阳文印。序文末尾题有“乾隆己卯仲冬月江永序”，下钤“曹振镛印”正方朱色阴文印和“俪笙”正方朱色阳文印。正文《昏礼从宜》题下署有“婺源江永慎修著”，下钤“曹”和“益丞审定”两方朱色正方阳文印。所有印章皆为篆书，各个印章的墨色深浅度无任何差别，似出同一时代，甚或同一人之手。前四页有污迹，其色泽与正文文字、句读圈点、丝栏墨色也颇为一致，似现代深蓝色墨水。要之，从版本形式上看，纸张墨色都较为现代；而由手稿的文字笔迹上辨析，则更非江永那种纯熟的瘦金体行草书。通览全书，疑窦丛生。谨举大要，辨析如后。

（一）由版本目录以查其伪

江永（1681—1762），字慎修，徽州婺源人，是清代杰出的经学家和思想家，一生蛰居乡里，潜心于著述与教学。其及门弟子众多，名著一时者有戴震、程瑶田、金榜等；著作有《礼书纲目》、《古韵标准》和《近思录集注》等 20 种，被《四库全书》收录的就达 13 种（外有 3 种存目）之多，可见他在清儒中的特殊地位和影响。也正因此，许多有关他的传说和托名之作，便不期而至。

据江永嫡孙江锦波《江慎修先生年谱》载，乾隆己卯之时，谱主“七十九岁，虹钟坦洪遇昆敦请馆于其家。《古韵标准》成，《河洛精蕴》成”①，不见有《昏礼从宜》一书。若有，定为其子孙和弟子们所知。遍览后人所作江氏行状和墓志，也从未有人提及《昏礼从宜》一事。此外，无论是《清史稿·艺文志》及其补编和拾遗，还是《中国丛书综录》和《中国古

① 江锦波、汪世重：《江慎修先生年谱》，民国十二年铅印本。按：“虹钟坦”为地名。

籍善本书目》，都不曾见有此书之著录。而最早著录该书者，为安徽省图书馆所编《安徽文献书目》(安徽人民出版社1961年版)，其后蒋元卿《皖人书录》(黄山书社1989年版)和《安徽省馆藏皖人书目》(黄山书社2003年版)承袭之，以为弘扬乡贤之资。而当下已有学者的论著文引用或阐释署名江永的《昏礼从宜》一书，借以探讨清代礼学的发展以及作者的学术思想。有鉴于此，故有必要为之辨伪或证真。

首先，从该书的几枚印章来看，它与清代曹振镛和现代曹益丞二人有密切关系。曹振镛①(1755—1835，字俪生，歙县雄村人)历仕乾隆、嘉庆、道光三朝，曾任武英殿大学士、工部尚书、军机大臣等职，德高位重，权倾一时，从政时间长达五十余年，曾与其父曹文埴(1736—1798，字近微，号竹虚，户部尚书)以"父子尚书"之显而为徽州人物一大骄傲。据《新安曹世家乘》载，始祖曹全政自河南迁徽州，历世族支兴旺，清代尤盛。第十三世曹振镛之后，子孙迁居北京和东北，几与雄村无任何联系。遍查曹文埴《直庐集》、《石鼓砚斋文钞》、曹振镛《纶阁廷晖集》和《曹文正公诗集》以及其他史料，可以说显宦曹氏与乡居的江永素无往来，且其子孙之间也不曾有任何关系，而《昏礼从宜》由曹氏家族横空而出，令人不可思议。曹益丞(1902—1988)，名颂增，字益丞(或一尘)，歙县雄村人，为曹振镛的同宗后裔。1925年毕业于复旦大学文科，曾执教于安徽省立三中(在歙城)，国难时期又出任徽州师范校长多年。他喜于收藏，精于字画鉴赏和金石考证，与许承尧、黄宾虹、汪采白等名家过从甚密。晚年任歙县博物馆顾问、安徽省文史馆馆员，著有《一尘草堂藏古玺印存》、《雄村名胜古迹稿》等。其藏品在"文革"中尽归于安徽省博物馆和歙县博物馆。益丞既然善于文物收藏与玺印篆刻，对于《昏礼从宜》而言，如果应付几枚印章，自然不是难事，其作伪就有很大的可能性。尤其"益丞审定"一印，颇为荒唐，一与江永无缘，二与俪生隔代，有何资格来做"审定"？反倒是有"此地无银"之嫌。而书中的"曹振镛"和"俪笙"两方印章的用意，似乎在证明该书的文物价值，但它与"益丞审定"和"一尘氏"印章放在一起，无论是篆书风格或是印油色泽上，几乎没有任何差别，根本体现不出其间近百年历史的痕迹，所以该书的真实性理应大打折扣。因此，我们不能单凭印章为准，就论定该书为清代抄本。况且，就其丝栏的蓝格而言，也与清人多用红格和黑格不同。

江永一生深居简出，故其著述的遗存和流传情况也较为清晰。他生前的许多著述即被当局者"查明""檄取"，而遗著更是被朱筠悉数采获，"咨送四库馆"，"馨香俎豆，已足显荣"②。即使所剩有限的残片断笺，也为江氏后裔清查追讨，如江锦波、江谦、江植棠等，就对江永的遗物多方搜求，不遗余力③。凭借江谦在民国学术文化界的地位和影响，

---

① 《清史列传》卷三二"曹振镛"，中华书局1987年版，第2477页。

② 参见《江慎修先生年谱》后按语。

③ 江兆槐(1898—1977)，字植棠，婺源江弯人，江永族孙，一生从事教育60余年，1934年创办徽州师范学校，并自任校长5年，之后由其推荐曹益丞接任校长。江谦(1876—1942)，字易园，江永族孙，张謇弟子。曾创办通州师范和南京高等师范学校(南京大学前身)，病休后在家乡婺源创办"佛光社"，并与江导岷一起重建江氏统宗祠"永思堂"。植棠和易园一生都活跃于学术文化界，有一定的社会影响力，也曾叙及搜访江永遗像和杂著之事。可参见江兆槐《江慎修先生弄丸图遗像题赞》(民国油印本)和江谦《阳复斋文集》(民国线装排印本)，以及《放生杀生现报录辨伪》(《中国典籍与文化》2013年第1期)。

欲了解或获得江永遗物，自然不是难事；而江植棠与曹益丞皆为民国时期徽州教育界的精英人物，且共事徽州师范多年。若曹益丞拥有署名江永的《昏礼从宜》，江植棠定会知晓，必然大加弘扬。对于曹益丞来说，也可以在“审定”之外，写入江植棠等江氏后人的附语为之力证，使其“审定”更为真实妥帖才是。但该书中始终不见有丝毫江氏后裔的相关信息，也未见江植棠和易园等人提及此事，从侧面更加证明了《昏礼从宜》不可尽信。至于该书的用意及其形成的原因，我们以为有伪托之嫌，因为江永是清代礼学大师，具有崇高的学术地位，其礼学著作凡十余种一百多卷，代表了当时礼学研究的一流水平，并为清代中后期的礼学发展指明了方向。所以，作伪者“虽然有很好的见解，但恐旁人不相信他，只得引古人以为重。要说古人如此主张，才可以博得一般人的信仰。作者的心理不为名不为利，为的是拥护自己的见解，依附古人，以便推行。手段虽然不对，动机尚为清白”。① 此种情况，古书多见，如《淮南子·修务训》曾言：“世俗之人多尊古而贱今，故为道者必托之神农黄帝而后能入说。”《昏礼从宜》也当在此之列。

(二)由文本内证以考其伪

历代学者对于《士昏礼》的研究，成果颇多且带有“礼时为大”的时代特色。南宋时出现的《家礼》是否为朱熹所作，虽颇有争议，但后世对于《家礼》的阐释与发挥，文本甚多，如敖继公《仪礼集说》、邱濬《家礼仪节》、毛奇龄《昏礼辨证》、朱轼《仪礼节略》、吴翟《茗洲吴氏家典》，以及清季黄本骥《三礼从今》、苏惇元《四礼从宜》等，都在一定程度上对《家礼》做了修正或补充，反映了传统实用礼仪在社会生活中的价值和意义。

《昏礼从宜》一书，在步骤和程式上基本依照《家礼》中的“昏礼”内容展开，合并“问名”于“纳采”，简略“请期”于“纳徵”，虽然埋怨“《家礼》太为简略”，但在程序和本质上并无不同。尤其是大量地节录了朱轼《仪礼节略》中的相关资料，按类系事，加以己意。因此在文字篇幅上，它介于《家礼》和《仪礼节略》之间，但其内容因歧文杂糅而显得平庸和粗率，语意表达上也不及前两者的简明、条理和顺畅。若从文本意义上来说，可以称之为“增广版”的《家礼》之“昏礼”；若从自题书名和实际内容的对照上来说，它已失去了“从宜”的本意，反倒显示出“从繁”、“从俗”、“从人情”(“人情”一词出现 27 次)的意味，甚有“题不称意”之嫌。

该书题为《昏礼从宜》，本应该以《家礼》为经，以时俗人情为纬，确立一系列具体适宜的民间昏礼操作程式，以便为民所用。但它总体上却是堆积前说，增广见闻，以至于盲目掺杂了许多与题无关的文字，如“戒命之辞”重复 3 次，“赵太后送女”重复 2 次；“议昏年”中杂入“纳币”、“妆奁”的内容；“纳采”中却详述珥钏首饰之事，可谓言繁意乱、条理不畅。又如“亲迎”一节，《家礼》的“昏礼”全文仅有 3000 字，而该书仅“亲迎”一节就达 7500 余字，可谓汇集抄撮，繁复冗长，详略不当，且语无伦次。这与江永著述的讲求义例、简约精微风格迥乎不同，也不似严谨的学者之文，此其一。

其二，“入国而问俗，入门而问讳”(《礼记·曲礼》)。该书于“玄纁束帛”中涉及“玄”

① 梁启超：《古书真伪及其年代》，《梁启超国学讲录二种》，中国社会科学出版社 1997 年版，第 150 页。

字皆作缺笔，可知作者深知避讳之事。那么，既知避帝讳，更应避家讳。江永祖父名人英、父名期，而书中“人情”、“告期”和“请期”极其多见。如“今人具之书启者”、“期者，娶妇之吉日也”，等等。如若该书为江永所作，不难将“人”改为“民”，“期”移为“日”，为何不用？冠昏丧祭四者，江氏为何独选“请期”以自辱？由是观之，其非江永之作明矣。

第三，《昏礼从宜》有“婿见妇之父母”一节，仅有39字，曰：“乡俗：俟妇家具帖请之，而后婿往，谓之拜门。拜帖称子婿，谓婿有半子之道也。从简则自往，不拘时日。”这与“亲迎”一节比较起来，可知全书文字详略不当。并且这个“乡俗”与婺源的昏礼仪节也有明显的不同。光绪《婺源县志》之“风俗”卷载：“婚礼尚门阀，轻聘纳。媒妁皆属于女之外家。无重帛侈筵，迨期而女归，亦称家为遣。三日，妇见舅姑，贽用枣栗，副以衾帨及履，亦遍贽于翁之兄弟及姑之兄弟。翁姑既飨妇，归俎于母家。婿谒翁，必俟其折柬，邀而后往。翁飨之，如妇仪，且有以藉手。飨毕，归俎于婿家。”①徽州宗族多是汉晋以后的中原衣冠，因战乱而迁入，但传统门阀制度和儒家礼仪的保存都相对完好，故“尚门阀，轻聘纳”是徽州婚俗的一个显著特点。在明清时期的徽州，两族通婚，连续数代，甚至原配和继室皆同出一宗(如江永之母、妻和续配皆出汪氏大族，戴震之母、妻皆出程氏大族)。这种宗族门第观念极为突出的“乡俗”，却在《昏礼从宜》中没有一丝一毫的体现，显然是不正常的。况且，“从简则自往，不拘时日”，也与“必俟其折柬，邀而后往”龃龉不合，又难免启人疑窦。《昏礼从宜》虽然多依傍朱轼的《仪礼节略》，但绝无朱氏之书具有明显的地域色彩。

第四，就江永著述的行文风格而言，凡是引述前人之说而加己意者，在按语中多以“永按”为标识，如《翼梅》、《近思录集注》、《读书随笔》等；凡有涉及乡俗问题者，也多以“吾婺”，“吾徽郡”之语以表明地域所在，如《古韵标准》、《音学辨微》等。但《昏礼从宜》按语中有“按”而无“永”；虽常言“乡俗”(出现22次)、“民俗”(出现2次，此语也颇为近代化)，竟无一语提及“吾婺”者。其次，该书撮录朱轼《仪礼节略》的内容最多，但始终未受书中“轼按”的影响，也未能取其“吾乡”、“吾家”之语，借以表明地域特色。所以，《昏礼从宜》也像《家礼》一样，因其标注不明，疏失又多，颇为清儒及《四库全书总目》所怀疑和诟病，而错误之处也所在多有，如将《昏礼从宜序》置于书题《昏礼从宜》之前；引文有混淆《穀梁传》与《公羊传》者；书中还有唐人诗一首：“五日入厨下，洗手作羹汤，未谙姑食性，先使小姑尝。”其中有两处错字(“五”为“三”，“使”为“遣”)，也极不严谨；又云：“俗谓昏期曰星期，取《绸缪》诗‘三星在天’之义。”也绝不似江永文风。遍考江永著述，其文严谨古拙，引用多在汉儒贾逵、郑玄、许慎等，很少羼杂唐、宋以后文字。而该书虽然也颇重证据，但多取法于宋、明学者如司马光、二程、朱熹、吕坤和邱濬等，这与江氏的文字风格迥然有别。

第五，江永的礼学著作有十余种，但都不曾提及《家礼》一书。譬如鸿篇巨制《礼书纲目》就是针对朱熹《仪礼经传通解》的“搜罗不备、疏密不伦”所做的“增损隐括”，但也始终不曾涉及《家礼》，或许就是认为它是伪书的缘故。但这部《昏礼从宜》却直接引用《家礼》达21次之多，虽然也认为《家礼》“疏略太甚”，但其基本内容和框架都不出《家礼》的范围。所以，无论从思想内容或是文本形式的继承来看，《昏礼从宜》与江永的思想旨趣

① 光绪《婺源县志》，清光绪九年(1883)刻本。

都有很大差距。

第六，《昏礼从宜》特别推崇《仪礼节略》(直接引用者达11次)，对朱轼之说顶礼膜拜，其按语也几乎是对“轼按”的演绎与延伸。因此，笔者认为《昏礼从宜》的作者，很可能是朱轼的门生故吏或私淑者。譬如，该书中一段文字，必为亲历者才能作出的记录，云：“文端公(朱轼)以为人心陷溺已甚，欲举东晋之迂论以律后世之人情，固矣！且公尝言：吾乡婚日，亲友醵钱为贺，婿家置酒高会，饮毕，少年轰遝入房，撒帐、劝酒，甚而以墨涂婿面，针刺侍婢，谓之闹房。予年廿一完姻，先期告之族长及亲戚之长者，严为拒绝，嗣是吾家此风遂息。”但考察朱轼与江永各自的生平行事，朱轼死于乾隆元年，而江永在乾隆五年才去京师，二人不曾谋面；再查《仪礼节略》，也不见有此段文字的记录。那么，剩下的可能也只有是该书的作者曾当面聆听于朱轼，并对此有所记录。但对江永来说，一生仅有一次远行，戴震记之云：“(乾隆五年)先生尝一游京师，以同郡程编修恂延之至也。三礼馆总裁桐城方侍郎苞素负其学，及闻先生，愿得见，见则以所疑《士冠礼》、《士昏礼》中数事为问，先生从容置答，乃大折服。”①江永在京师所论礼学，在其《周礼疑义举要》和《群经补义》中可见一斑，而两书皆已收入《四库全书》中。

从文本文字来看，可以论定《昏礼从宜》为江永所作的唯一证据，就是其中载有都门与方苞论“妇至不交拜”一事。今见其所述内容与《群经补义》所论“仪礼”两条中的第一条基本相同，而此条的文字与思想也是学者所熟知的，易于转录，不足为证。如果以此论定其为江永之作的重要证据，未必能够令人信服。

(三)由思想违异以辨其伪

江永治学重在小学、经学与天文历算领域，以矫正宋明理学空疏之弊，而溯求于上古典章制度。如《周礼疑义举要》、《礼记训义择言》、《乡党图考》等礼学名著，皆宗尚经史考核，鄙弃玄言俗解，做到“字字有来历，事事重证据”。那部91卷的《礼书纲目》更是“正人伦，厚风俗”，努力恢复和确立古先贤“制礼作乐”之意，而与《昏礼从宜》序言所谓的“乡自为俗，家自为礼，各因情以为文，未尝拘牵于古人之六礼”，在思想上南辕北辙，迥乎不同。

江氏学术的突出特点在于“不为浮诞，讲论经义，精核贯通，犹有能守大儒之遗教，而出乎流俗者焉”②，其礼学观点在《答汪绂书》两笺中都有较为详备的表述，自称：“弟于礼书本末如此，吾意亦但欲存古，以资考核。”又称：“凡此皆迂拙之见，违俗之论，亦惟可与好古知道者商之耳。”③很显然，江氏对于礼仪问题的态度是坚守“但欲存古，以资考核”，即使被讥讽为“迂拙”和“违俗”，也不以为意。这种“缜密严栗，上溯古义”的态度，与《昏礼从宜》有着显著的区别：一在“好古知道”，执着于礼制的探讨；一重礼俗的

---

① (清)戴震：《江先生永事略状》，《碑传集》卷一三三，中华书局1993年版，第3989页。

② (清)姚鼐：《吴石湖家传》，《惜抱轩诗文集·后集》卷五，上海古籍出版社1992年版，第313页。

③ (清)江永：《答汪绂书》一、二，见《乾嘉名儒年谱》之《双池先生年谱》，北京图书馆出版社据清同治五年刊本2006年影印。此节引文涉及江永与汪绂的书信讨论，以下未加注明者皆出于此，不赘。

演化，“因情而为礼”，其思想观点可谓背道而驰。对于江氏的宗圣和稽古思想，其同乡学者汪绂曾规劝之曰：“足下之拳拳于礼乐，殚力于儒先者，不更为多事欤?”虽然汪氏学术也以恢复孔孟儒学为己任，但他由义理层面入手，与江氏重在文字训诂和典章制度迥异，故而称“慎修泥古之过”，“更为多事”。但江永坚称：“古礼虽不可尽行于今，今人亦当知其文，习其数。当世所行《乡饮酒礼》，饩羊仅存而坐席仪节皆非古。愚别有《演礼私议》，欲取《仪礼·士相见》、《乡饮酒》及《戴记·投壶》篇，依古礼为仪注。”江氏“以为古礼虽不可尽行于今”，而主张“知其文，习其数”，祛世俗之讹谬，行古道于今日，“守大儒之遗教而出乎流俗”，由此可以看出江氏“综形名，任裁断”，条理谨严、信而有征的行事路径和为学风格。

刘大櫆称道江永云：“先生生而好古，而穷不见用于世，则益专其心于远稽遐览，终身乐之无休暇。其于古之制度、名物，必参互而得其据证。”①江氏一生蜷伏穷山，为学“空所依傍”，从不盲目跟风、人云亦云，常言：“夫不能自立而苟同于人者，浅也；强欲人同己者，惑也。”又云：“不求其能同，惟求其能异。同则无可说，异则因此剖析批驳，庶几复有进步也。”他不仅在著述上趋于复古，不同流俗，追求“淹博、识断、精审”，而且在教学实践中也崇尚躬行践履，曾言：“教童子演《士相见》、《投壶》、《乡饮》，先儒无此说，弟实倡之其端，始于与学徒讲‘旅酬下为上’，不能使人共晓，乃仿古人设绵蕝之意。令童子数人，假立宾主，依《仪礼·特牲》篇演出。后乃思此意若推广，颇有益，不惟使幼者化其骄逸之习，长其敬谨之心，且令观者见先生制礼。若此其彬彬郁郁，或亦观感而兴起，因先成《士相见》仪注，次及《投壶》及《乡饮》，然此说雅不欲与人言，恐传闻者非笑。”“惟与家间幼辈，先讲明古人跪拜之仪，揖让进退之节，令其娴习，庶可行之家塾耳。”这样做的目的和结果，“一则使今人见先王之礼如此其彬彬郁郁，二则使童子习于礼，阴以化其骄逸之习，长其敬谨之心，亦可寓小学之教焉。投壶近于嬉戏而极典雅，童子为之，亦将有欣欣志古之心焉”。可见江永对于施行礼仪的主张是“力行古道”，“令观者见先生制礼”，革时俗之非，考古礼之“益”，大有“欣欣志古之心”，此种“崇古”做法与《昏礼从宜》的“趋新”主张自是不同。而《昏礼从宜》序言则曰：“君子欲力行古道变俗移风，而不知人情有所难抑勒也。其他繁文缛节不合今之人情者，虽好礼之君子亦未尝不病之。”如此极力倡导遵从民俗、“合今之人情”的要求，与江永尊崇古礼、挽救世道人心的做法大相抵触。可见该书趋俗，江氏尚古，昭然若揭，已是不争的事实。

《昏礼从宜》欲借古人“礼从宜，使从俗”之言为自己张本，故在序言中反复强调“古今同此民也，民亦同此情也”，并且抄撮司马光所撰《书仪》和黎靖德所编《朱子语类》以为证据，云：“风以时而迁，俗以地而易，则情亦随风俗而移，虽圣人不能矫而革之，化而齐之。惟修其教，不易其俗；齐其政，不易其宜。而记礼者亦曰：‘礼从宜，使从俗。’又曰：‘君子行礼，不求变俗。’其不能拂乎人情以为礼也，久矣。三王异世不相袭礼，况去三王之世逾远，服饰器用、起居动作、往来交际，事事非古之俗，岂可以古人之礼，律今人之情乎？……因读礼家之言而有感，故著此编，并发此论，而不止昏姻一事也。”该序意在强调礼仪的从俗与从宜，但给人的感觉则是杂糅前人礼书，远拉近扯，汇编成文，甚或不知所云，与江永的著述思想、行文风格和躬行践履都不相同。其次，《昏礼从宜》一

---

① (清)刘大櫆：《江先生传》，《刘大櫆集》卷五，上海古籍出版社1990年版，第166页。

书相比于《家礼》之《昏礼》而言，并无“从宜”之意，却有重“人情”（出现 27 次）之愿。这与注重人情心性的陆王心学颇为相符，而与侧重考古求实的江永思想甚为不合。如王阳明与学者论礼云：“承示《谕俗礼要》，大抵一宗《文公家礼》而简约之，切近人情，甚善甚善……先王制礼，皆因人情而为之节文，是以行之万世而皆准……后世心学不讲，人失其情，难乎与之言礼。然良知之在人心，则万古如一日。”①可见心学家所论礼义，承袭理学性命之本，以“切近人情”为要，随处充斥着鲜明的“人情”、“良知”意味。而江氏论礼与此截然不同，其《礼书纲目》卷二和卷三所论昏礼和昏义，根柢经典，不同流俗，对昏仪六礼的步骤仪式详细考论，不但不做简略，而且在“问名”后加“醴宾”一节，在“亲迎”前加“陈器馔”一节，在“昏义”中还特别区分了“天子诸侯大夫昏礼”和“庶人昏礼”的不同，杷梳经史，融会今古，于礼学的渊源与传承，钩沉稽核，条理畅达。在江氏的其他著述中，对于礼学问题的阐释，也表现了注重考古，古为今用的特点。如《近思录集注》卷六论“齐家之道”云：“古人纳采之后，加诸卜而后纳吉，是以卜筮择之也。今择之之法，宜就知其性行者，审于诹问。迟之稍久，而后议婚。如问不能详审，则以筮决之。《易》中元有‘取女，吉’、‘勿用，取女’诸辞，或遇他辞，不言‘取女’者，亦可以意断之也。”②江氏论礼不从流俗，不言人情，或“详审”，或“筮决”，知今而不废古，取古而用于今，以此比照《家礼》和《昏礼从宜》，其文字风格和思想倾向皆迥乎不同。而这种思想观点的显著对立，也说明江永不可能有此著作。此外，《昏礼从宜》的“纳币”一节有“一两二丈五尺，五两十二丈五尺也”之语。但江永《礼记训义择言》卷八则有“昏礼之币，一两四丈，一束二十丈”的说法，可见两者观点抵牾，亦为旁证。

结　论

综上所述，《昏礼从宜》署名江永，存在诸多疑窦。我们虽然不能确定作者是谁，但可以论定其非江永之作。该书是捃摭前人旧文，连类增损拼合，益以己之所见，抄撮而成。但又恐人微言轻，不为世人所重，故借重江永之名而伪托之，这也是作伪者“托古传道”的一种常用手法。但细绎全书，它不仅在版本形式和文本内证上有诸多可疑之处，有悖于逻辑和情理，而且在思想倾向和行文风格上，也与江永的为人与为学绝然不类。江永经术湛深，士林望重，是康乾时期转移学术风气的重要人物，开创了“皖派”学术的一代新风。对于他的著述真伪的考辨和论定，不仅影响到人物思想的定位，也会牵涉到清代学术及当下徽学研究的诸多方面，即是说，“如果有伪书掺杂在里边，一则可以使时代思想紊乱，再则可以把学术源流混淆，三则令个人主张矛盾，四则害学者枉费精神”③。所以，对《昏礼从宜》的伪托之事，有必要予以澄清。

---

① （明）王守仁：《寄邹谦之》二，《王阳明全集》，上海古籍出版社 1992 年版，第 202 页。

② 《近思录集注》，《四部备要》本。

③ 梁启超：《古书真伪及其年代》，《梁启超国学讲录二种》，中国社会科学出版社 1997 年版，第 140 页。

五、《四书按稿》非江永所作考论

徐道彬

《续修四库全书》第166册收《四书按稿》一部，原书系清抄稿本，编者将作者定为"清江永撰"。原书稿藏于复旦大学图书馆，馆方确认其为清乾隆十五年抄本。该书版框高212毫米，宽310毫米，无栅栏框格，每页以上下两栏抄录，共205页。藏弆者做出上述判断的依据主要有两点：一是该书第一部分《大学》下署有"婺源江永慎修稿"一行七字；二是《论语·乡党》结尾处留有"戊辰巧日录订于飞仙阁"十字，全书结尾处记有"乾隆庚午十月小雪日录毕"十字。"乾隆庚午"即乾隆十五年。然而，通览全书，可疑之处甚多，谨举大要，辨析如后。

(一)由文体形式以观其伪

江永(1681—1762)，字慎修，清代徽州婺源人，经学家。一生蛰居乡里，"楗户授徒"，① "身侧科举之林，心游科举之外"，② 潜心于著述与教学，举凡古今制度、天文舆地、历算吕律，无不博综淹贯，"经术湛深，士林望重"，③ "自汉经师康成后，罕其俦匹"。④ 其及门弟子众多，著名者有戴震、程瑶田、金榜、郑牧、汪肇龙、方希原、汪梧凤等。主要著作有《礼书纲目》、《古韵标准》、《四书典林》、《推步法解》、《近思录集注》等，被《四库全书》收录13种(外有3种存目)。

1. 由公私著录以考其伪

据《江慎修先生年谱》记，乾隆十三至十五年，谱主执教于婺城的汪升家馆，再过两

① (清)钱大昕：《江先生传》，《碑传集》卷一三三，中华书局1993年版，第3992页。

② (清)余龙光：《双池先生年谱》，《清代徽人年谱合刊》上册，黄山书社2006年版，第198页。

③ 江锦波：《江慎修先生年谱》，《清代徽人年谱合刊》上册，黄山书社2006年版，第66页。

④ (清)戴震：《江先生永事略状》，《碑传集》卷一三三，中华书局1993年版，第3988页。

年即癸酉年，又迁“馆歙邑西溪，歙门人方矩、金榜、汪梧凤、吴绍泽从学。休宁郑牧、戴震、歙汪肇龙、程瑶田前已拜门下问业。是年，殷勤问难，必候口讲指画，数日而后去”①。江氏以授徒老儒终其一生，所学虽尚考证，而教授经义与时文则是当时的首要任务。如果他著有《四书按稿》，也应当为应考的生徒们所熟知。但是遍览江氏著述和后人记载江氏的年谱、行状、墓志铭等传记文，从未有人提到《四书按稿》一书。此外，无论是《清史稿·艺文志》及其补编，还是《清史稿艺文志拾遗》、《中国丛书综录》，都不曾见有著录。② 时至今日，我们在编撰《徽州文献综录》的过程中，集录杷梳包括《皖人书录》在内的各地多种文献，徽州人著述中的四书文册，比比皆是，但无一署名江永《四书按稿》者。因此，《续修四库全书》中著录此书，难免启人疑窦。

2. 从结构章法上疑其伪

《四书按稿》既无序言，也无目录、凡例、跋文。内容按《大学》(7 页半)、《中庸》(18 页半)、《论语》(78 页半)、《孟子》(87 页)四部分顺序排列。四个部分中，《大学》和《中庸》有标题，《论语》和《孟子》无标题，仅以两书的首篇《学而》和《梁惠王》以示区分。全书不录《四书》原文，只标注章节目于上，取两字以标目，或抄撮成文，或自加按语，人物和书名标注并不规范，且不分卷。文字较为简略，引述文与按语之间留有空格，有些篇章文字右侧标有简略的句读。此外，该书在《中庸》之后的 89 页至 102 页之间，插入了一部《中庸全解》(13 页半)，按章论述，文字量较多，无标识和按语，也无引述他人之说，内容体式与之前的《中庸》不同，也与全书体例不符，显得章法凌乱，文气不接，有夹杂拼凑之感。全书除了唯一一处标有江永之名外，其他地方不见有任何署名记录。核之江永的著述风格和严谨态度，几乎可以判定不是江永之作。

3. 由避帝讳、家讳以察其伪

《四书按稿》的抄录时间为乾隆十三年(戊辰)至十五年(庚午)，此一时期文字狱的严酷性，足以震慑朝野。文字违碍、帝王避讳等都已是常识，戴名世《南山集》案和吕留良案更令士林心有余悸。曾奉康熙之命编纂《广群芳谱》而享盛誉的徽州人汪灏，就因替《南山集》作序而处斩刑；桐城方苞文章涉及戴氏者，就换用戴之异名“宋潜虚”；姚鼐著述中也从未提及“戴名世”三字。这些对于近时近地的江永来说，应当深知其中利害。据清代磨勘条例：不谙禁例，直书庙讳御名及先师孔子讳者，均罚停四科。奇怪的是，该书多次出现“高中玄”之名。如《四书按稿·论语》“公绰”章下引“高中玄”之语(第 158 页)，且加了圈点以示着重；又《论语》“‘或曰’三节”下(第 161 页)和《孟子》“‘形色’章”下(第 257 页)皆引用了“高中玄”的言辞以为证据。如此公然不避清圣祖名讳之忌，岂非以卵击石！“高中玄”即明代学者高拱，撰著者完全可用其名代替之，无需冒险触怒龙颜。

该书稿第 83 页、第 142 页等处还多次出现“徐玄扈”三字，徐玄扈即明代徐光启(号玄扈，谥号文定公)，作者引用徐氏言论，为何不用字号称谓而明知故犯，也令人匪夷所

① 江锦波：《江慎修先生年谱》，《清代徽人年谱合刊》上册，黄山书社 2006 年版，第 63 页。

② 《中国古籍善本书目·经部》收录有“《四书按稿》三十卷，(清)江永撰，清乾隆十五年抄本”，也是由复旦大学图书馆提供的，与《续修四库全书》同一出处。

思。又如第156页、第184页等处引用“徐傲弦”语，“弦”字也不缺笔。更有甚者，此书还大量地引用“吕晚村”的论述(吕留良有《四书讲义》43卷)，如《四书按稿·论语》“‘有子’章”下(第102页)；“‘贤贤’章”下(第103页)；《孟子》“‘行有’二节”和“‘恒言’章”下(第213页)；“‘天下’章”下(第214页)。诸如此类，俯拾即是。吕留良案发生于雍正六年(1728)，江永时年48岁，对朝廷处理吕氏案及其影响定当熟知。对于吕氏文章，时人皆讳莫如深，一向谨慎的江氏岂敢冒天下之大不韪？如果翻阅江永的其他著述，如《河洛精蕴》一书，即可见到书中将“玄”皆改为“元”字，如“太元”、“元木”、“元武”等，由此推论，《四书按稿》不似江氏所为。

其次，《四书按稿》若是江永所作，更当避其家讳。江永之父名期，而书中多次出现“期”字，如《中庸》“‘齐明’节”有“往来不愆其期而致厚”语(第79页)，此“期”字本可改为“时”、“日”等字，简明易行。又“‘博学’节”有“总期明善诚身以见人道”语(第80页)，此“期”可改为“望”、“冀”等字；《论语》“‘定公’三节”云：“按兴字兼创业守成言。几，训期，云一言力微，未可期必也”；又同页“‘子夏’章”有“故以王道之悠远博大者期之”语(第154页)；又《论语》“‘食天’二节”引《存疑》云：“食稻衣锦是指期年外说，盖宰我即说期可，则期年之内已知不可食稻衣锦矣”(第174页)；《孟子》“‘是集‘节”有“气乃不期而自生”语(第193页)，等等。上引“期”字本可替换他字，却一仍其旧，不可思议。如果说此书作者狂妄，不知避忌，那么该书在《孟子》“‘吾欲’二节”对“华夷之辨”有论云：“因之本论税法，便说到华夷界限，此处关系乾坤混沌，民物腥羶，裂冠左衽，直令闻者心怖胆慑，不敢置喙”(第246页)。可见作者深知避讳之有关性命和伦理，如谓这样的行文亦出江永之手，则有悖情理。搜检江永《礼书纲目》、《近思录集注》、《群经补义》等著作，文中从未出现过“玄”、“弘”、“期”三字。笔者曾翻览南京图书馆所藏乾隆七年(1742)的《近思录集注》刻本，即江氏成书的当年刻本，其中有17处“弘”字缺笔，遇有“圣”字则提行，并凸出原版框一个字格。江氏对避讳问题也随时留意，例如其《群经补义》卷四论“秀”字云：“《说文》于秀字无释，避光武讳，故缺其义。”①由此看来，此书不避帝讳、家讳，对朝廷叛逆之徒的言论也大加引用，当然不可能是江氏所为。

4. 从文体风格上考辨其伪

江永作为坐馆老儒，当为参加科举考试的士子前途负责，故而对四书文也有深入研究，《四书典林》和《四书古人典林》(两书下文合称《典林》)就是他的镇馆之宝，坊间多有刊刻，流行也广。尽管偏重考证的《典林》与当时流行的八股制艺迥然有别，但已遭到其同乡学者汪绂的异议。既然如此，那么庸俗浅陋的兔园册子就更是江永不愿、也不屑为的。江氏云：“至若拙刻有《四书典林》三十卷、《四书古人典林》十二卷，此别有其故，盖食贫不免授徒，授徒须讲时艺。学徒资分不齐，不能尽读经书，临文多有寒俭之病，所读时艺亦多不得其典据。是以设为方便法门，取《四书》中有典实处，分为门目，援众籍以实之。此犹《初学记》、《北堂书钞》、《韵府群玉》之类，令讨文家便于取材耳。徒辈惮其

---

① 《清经解》二，江苏古籍出版社2005年版，第1998页。

抄录之烦，遂梓之。非欲以是引人为饾饤之习，足下（按：指汪绂）亦可以不必苛求也。”①他还告诉汪绂道：“《典林》之刻，原非本怀。事既已成，无可复说。足下缕缕规诲，敢不祗领。科举陋习，少即厌之，不得已而随行逐队，身侧科举之林，心游科举之外。”②江永虽为方便“讨文家”取材，不得已而作《典林》，但其书绝无饾饤之习、抄撮之病。汪绂也知“《典林》之刻，出于徒辈，知非足下（按：指江永）所得已。然与其开方便之法门，孰若激励之使从事于经学？如果资分庸下，则足下又安能以《典林》一书强之记忆？彼其于抄录且不无惮烦，而欲使之成诵，以几左右逢源，不愈难哉？……虽未能弃时艺不讲，而要当由心得以为文章，实践力行，何妨举业？今人因时艺而讲经学，亦已颠矣，况乃弃经学不讲，而从事于汗漫之书抄，不亦伤乎！”③《典林》内容涉及经史子集，于天文地理、王侯国邑、政事礼制等多有考证，与《四书按稿》的形式和内容皆风马牛不相及。

江永坐馆多年，曾欲对四书经义做系统阐释，但“未敢轻率下笔”，曾与汪绂言曰：“《四书解》，学徒屡有请，而规模难定，盖详则太纷，略则太约，未敢轻率下笔。惟取数章晦蚀于庸俗之说、不得圣贤真旨者，为之详说。若‘君子无所争’、‘有教无类’、‘日知其所无’诸章，及《中庸》‘仁者，人也’两节；《孟子》‘天下之言性也’一章，余则见之笔记。”④《四书解》是何种笔记已不可考，但依其所言几章与《四书按稿》的相应内容对照，可以看到《四书按稿》中《论语·八佾》“君子无所争”下，附以他人之言，按语简略，言：“首句每易说得太高，便似老庄齐物之意，非圣贤语气。只说是抑然自下不多欲上人，方与雍容抑逊意思一线贯串……”语意寡淡，不涉考证（第110页）；《论语·卫灵公》“有教无类”下，全引《困勉录》语而不见自己的文字（第167页）；《论语·子张》“日知其所无”下有按语71字，完全是淡而无味的时文套语（第177页）。《中庸》“仁者，人也”的按语，语气和用词几近现代，他说：“礼是天理之节文，有此天理便有此节文，这个礼难道不是天理所生成，与仁义同原，不假安排措置者乎？”（第78页），而此书所附《中庸全解》中竟无一句及此；《孟子·离娄下》“天下之言性也”下又全引吕晚村语（第222页），无半句已说。江永有《读书随笔》十二卷，《四库全书总目》称其“考证赅洽，于经文注义均有发明，固非空谈者所及，亦非捃拾为博者所及”。⑤ 其中的《群经补义》五卷中有几条对四书经义的考证，但深奥难解，与《四书按稿》的语浅义简绝不相类。

---

① （清）余龙光：《双池先生年谱》，《清代徽人年谱合刊》上册，黄山书社2006年版，第182页。

② （清）余龙光：《双池先生年谱》，《清代徽人年谱合刊》上册，黄山书社2006年版，第199页。

③ （清）余龙光：《双池先生年谱》，《清代徽人年谱合刊》上册，黄山书社2006年版，第189～190页。

④ （清）余龙光：《双池先生年谱》，《清代徽人年谱合刊》上册，黄山书社2006年版，第198页。依《皖人书录》（黄山书社1989年版，第482页）所按：《读书随笔》12卷就是《周礼疑义举要》7卷和《群经补义》5卷的合集。因史馆檄取江氏遗书时，随笔之名难以缮进。于是由戴震整理时，分为两书，并题今名，皆为深奥的文字考证。《四库全书总目》称二书“融会郑注，参以新说，于经义多所阐发”。此外，《善余堂文集》（吴县潘氏宝山楼抄本，上海图书馆藏）中有《随笔札记》数条，皆为礼仪制度、文字音韵的考辨，其中并无四书文的有关文字记述。

⑤ 参见《四库全书总目》“经部五经总义类”之《群经补义》。

5. 从治学风格上论其作伪

作为“皖派”朴学的代表人物，江永“读书好深思，长于比勘”①，其作文风格是“综形名，任裁断”，不讲求文字表达技巧而惟实事求是，章太炎称之为“分析条理，皆缜密严琛，上溯古义，而断以己之律令”②。其学尚考核，而鄙弃玄言义解，对明人之学讳而不言。江氏常云：“古人训释义理，每借字声以明义，声近则义亦相通。如云：仁者人也，义者宜也；诚者自成也，而道者自道也，礼者犹体也；又云礼者履此者也，乐者乐也，德者得也，政者正也，刑者俐也，此类甚多。识得此例，方知《中庸》以人训仁，古人自有意思，当得诸言意之表。”③可知江氏与理学家、时文家的治学路数迥然不同。即使言性言理之作如《近思录集注》，也是“间亦附以己意，引据颇为详洽。盖永邃于经学，究心古义，穿穴于典籍者深，虽以余力为此书，亦具有体例，与空谈尊朱子者异也”④。再看《四书按稿》的论说、引述与行文风格，都似近代话语，且内容浅近，从未涉及汉、唐以前的注疏，如赵岐《孟子章句》、何晏《论语集解》等，也不见清初阎若璩《四书释地》、胡渭《大学翼真》、黄宗羲《孟子师说》、孙奇逢《四书近指》之类考据性的四书文。凡此绝不合乎江永的著述特点和思想风格。

（二）由思想内容以证其伪

1. 从文中引用人物的学术倾向上以考其伪

《四书按稿》名为“按稿”而实为“集注”，因为其中引用他人的言论占去绝大部分，自己的按语只占一小部分。也可以说，此书主要是摘录引用了陆陇其《困勉录》及宋、元、明、清时期的诸多时文名家之言，引述文字也多是融贯删节，不尽依原文。

陆氏《困勉录》“因彦陵张氏讲义原本，删剥精要，益以明季诸家之说，而参配以己义”⑤。而《四书按稿》中引用最多的书和人就是《困勉录》和张彦陵（明代仁和人，名振渊）⑥，其次是泉州的时文四大家及其四书文：蔡清《四书蒙引》、林希元《四书存疑》、陈琛《四书浅说》、苏浚《四书镜》，以及吴因之（默）、吕晚村（留良）、汪大全、仇沧柱、李毅侯等人的四书注释文。除此以外，按引用书目次数的多少排序便是《四书翼注》、《四书体注》、《四书大全》、《四书脉》、《四书家训》、《赛合注》、《续困勉录》、《摘训》、《合参》、《合注》、《说约》、《朱子语类》、《析疑》、《朱子小注》、《或问》、《张子正蒙》、《四书读》、《湖南讲》、《说丛》、《明辩录》、《辨志》、《直解》、《存疑》等。该书引用书名不合规范，有些书名在通览全书后才知其全称，如《翼注》、《体注》、《大全》等，有些

① （清）戴震：《江先生永事略状》，《碑传集》卷一三三，中华书局 1993 年版，第 3986 页。

② 《章太炎学术史论集》，中国社会科学出版社 1997 年版，第 328 页。

③ （清）江永：《善余堂文集 · 随笔札记》，吴县潘氏宝山楼抄本，上海图书馆藏。

④ 《四库全书总目》子部儒家类二。

⑤ 《四库全书总目》经部四书类二。

⑥ 陆陇其《四书讲义困勉录》中引张彦陵 648 次，吴因之 124 次，而江永《近思录集注》中从未见有陆陇其、《困勉录》、张彦陵、吴因之的书名或人名。

只有简称，不能确定书名，也不知作者是谁，如《赛合注》等，可见该书并不严谨，不似朴学家的风格。从引述的人物来看也是如此，都是时文名家和散文家，按时间罗列，有宋、元时的朱熹、黄勉斋(榦)、陈潜室(埴)、叶少蕴(梦得)、程伯淳(颢)、张南轩(栻)、陆象山(九渊)、饶双峰(鲁)、邵康节(雍)、胡凝初、司马温公(光)。明代人物出现最多，其中包括了时文四大家：王凤洲(世贞)、唐顺之(荆川)、胡思泉(友信)、王文恪(鏊)；江西时文四家：陈大士(际泰)、艾千子(南英)①、章大力(世纯)、罗万藻②。该书引用明末清初人物不多，而出现频率最高，如吕晚村、仇沧柱(兆鳌)、陆稼书(陇其)三人的言论几乎占了全书的四分之一，此外还有李安溪(光地)、刁蒙吉(包)、熊伯甘、张京江(玉书)、方灵皋(苞)、刘克猷(子壮)、吴省庵、马世俊、张紫登等。再者就是大量地引用"时文李作"、"名文冯作"、"明名文徐作"、"时艺文郑作"，等等，也有直接引用"副墨"、"比文"的。从书中引用的人物来看，该书作者最喜明代时文，尤其以明末清初浙江、江西的理学家和文人居多，这些人物在江永的两部四书文著作里都不曾见到，在行文风格上更是"道不同不相为谋"。

从《四书按稿》所引人物的学术思想上看，不分朱、陆，不辨理学和心学，也有悖于江永的思想倾向。江氏"守朱子圭臬"，"不为浮诞，讲论经义，精核贯通，犹有能守大儒之遗教，而出乎流俗者焉"③。江氏屡言"《近思录》，吾人最切要之书，案头不可离者"④；"晚学幸生朱子之乡，取其遗编，辑而释之，或亦儒先之志"⑤；"一尊旧统，以述朱为正"⑥。在江氏的学术著述中，基本上只采录周敦颐、二程和朱子之说，很少涉及元、明学者。而《四书按稿》晚于《近思录集注》近十年，书中所引明代人却最多，且从未一见《近思录》，也未提及《近思录集注》；所引朱熹言论颇多，只径称"朱子"，无《近思录集注》中常言的"乡邦大儒"、"我郡子朱子"之类的称呼。然而，《四书按稿》中引述的人物有径称"先生"者，惟有"稼书先生"、"震川先生"、"荆川先生"三人，引述最多者是陆陇其(稼书)《困勉录》、张彦陵、吴因之，而在江永《近思录集注》中却从未见有此等人物。如此等等，皆有悖于逻辑和情理，伪迹昭然。

其次，从地域学术而言，元、明、清时期，徽州继朱子理学后，本土涌现出大量有关四书经义的著述。如倪士毅《四书辑释》、陈栎《四书发明》、程复心《四书章图纂释》、刘剡《四书通义》等比比皆是，朱以礼、郑玉、赵汸、汪克宽、程敏政、汪道昆之辈则无论焉。仅婺源一县就有胡升《四书增释》、江凯《四书讲义》、吴程《四书经传释文》、汪炎昶《四书辑疏》、胡次炎《四书注》、程霆《四书说》、洪应绍《四书解》、戴文仲《四书考》、余怀悌《四书丛说》、汪绂《四书诠义》等，特别是胡炳文的《四书通》、《四书辨疑》和《大学

① 艾南英的《艾千子先生全稿》是吕留良所辑评，康熙时有天盖楼刻本，后为禁书。而《四书按稿》中多引有艾氏语，与江氏所为不合。

② 该书中作罗文藻，疑有误。据北京大学图书馆藏善本《明朝百家小传》载有"罗万藻字文止，江西临川人"。而罗文藻(1616—1691)福建福安人，是中国籍的第一个天主教主教。罗万藻为明末古文家，与前三人并称"临川四才子"。《四书按稿》多次错写人名，可见其学风并不严谨。

③ (清)姚鼐：《吴石湖家传》，《惜抱轩诗文集》后集卷五，上海古籍出版社1992年版，第313页。

④ (清)余龙光：《双池先生年谱》，《清代徽人年谱合刊》上册，黄山书社2006年版，第19页。

⑤ (清)江永：《近思录集注·序》，《四部备要》本。

⑥ 钱穆：《中国近三百年学术史》，商务印书馆1997年版，第341页。

指掌图》三部四书学论著，曾是明代胡广奉敕编撰《四书大全》的主要参考书①。但是这些徽州人及其著作在《四书按稿》里几乎不曾见到。书中虽有几处引用了“新安陈氏”(疑是元代的陈栎定宇)(第79页、第111页、第184页)之说，但按照古人行文习惯上看，则江永在此处不应该称“新安”，而当称“我郡某公”或“同邑某”等。再者便是金正希(第133页、第150页)，即徽州休宁人金声，为明末抗清义士，但书中既不隐讳其人，也不见有“吾乡某”之类的标识性言辞，有悖于学者行文常例。

2. 从语法辞气上以现其伪

该书的语言风格明显地存在着近代的新词新义，甚或带有口语成分。如《中庸》“问政”章之“‘仁者’节”云：“礼是天理之节文，有此天理便有此节文，这个礼难道不是天理所生成，与仁义同原，不假安排措置者乎?”《论语·学而》“有子”之“‘有子’节”云：“按此就现成说，好从心上来。不但无其事，而且无典凸。满腔都是至栅极顺的意思了。”《孟子·梁惠王》“见梁章”之“‘王亦’节”云：“按此总结上两节，前节为拦截语且含蓄，说此为实证语，在利害上分析出来，因此紧接仁义之效来说，故用前语倒转。”《孟子·告子》“‘生之’章”云：“按生之谓性，是他立论的本意，专以气言性，而不析到人之所以异于禽兽者几希处，故孟子以犬羊之性析之，便无可解。须知生之谓气，生之理谓性，朱子剖析最精，孟子固未暇与言也，又知觉属心，运动属身。”从“这个礼难道不是……”和“……的意思了”这样的语言，以及助词“的”和“了”的大量自觉地使用，可见《四书按稿》成书或在近代。诚然，明清时期的理学家的文章口语成分已经很多，但江永的著述严谨正规，绝无俗浅之语。他不仅在私塾馆中教育生徒，书写要字体宜正，恶俗陋体不可露于笔端，不作一字马虎，而且学术上重在实用的礼学、数学、声律之学，在语言运用的倾向上也是去俗就古，甚至有些深奥艰涩，如《近思录集注》就有些《史记》、韩、欧之风，不取义说。再将二书的文辞语气加以比较，可见《四书按稿》全系讲章套习，用语庞杂，且及近代口语，既不引宋以前旧训古注，也不涉训诂考据，与“缜密严栗，上溯古义”的江永文风迥然异趣。

3. 从著述态度上以察其伪

江永的有关四书学论著主要有《近思录集注》、《乡党图考》、《四书典林》和《四书古人典林》，其间都表现出朴学家审名实、重佐证、绝空谈的态度，对空泛的四书时文指责云：“迭相抄录，增损不一，事无提要，既不便学者观考，遍阅诸本，大都排纂无法，择言不精，往往拾瓦砾而遗金玉，事词蕃芜，不知芟薙。其有节目关要者，又或遭刊落也。古人在集注当考其事者，又未经纂录也。经传原文，臆为改窜，文不连属，妄为牵引，书无其语，漫尔标题，事在《四书》，犹烦赘述，此皆书体之病。”②这也可以说是对《四书按

---

① 元代休宁人倪士毅师从陈栎、朱以礼，著有《四书辑释》一书。永乐年间，胡广修撰《四书大全》即以此为蓝本。《四库全书总目·四书大全》指出：明永乐间胡广等奉诏撰《四书大全》，阴据倪士毅旧本，潦草成书，又不善于剽窃，庞杂割裂，痕迹显然。“其详其简，或多不如倪氏。”明程瞳《新安学系录》著录自宋至明凡112位徽州理学家，皆有四书类著述。《皖人书录》收录徽州人的四书文册则更多。

② 《四书古人典林自序》，《四书古人典林》，安徽省图书馆藏本。

稿》的切中肯綮的批评。江氏曾言：“自讲章、时文之学盛，而注疏之学微，游谈无根，其弊也久。前明诸巨公于毛、郑、贾、孔之言，盖有终身未一寓目者，观其著述与其时艺，即可窥其底里。是书引经稽典，必以注疏为主，后儒之说附之。注疏有未当，乃参考而明辨之，此穷经之方也。”①由此可见江永精深于经学，论说有依据，著述有体例，与空谈尊朱子者异。

在细节问题上，此书还有许多错误。如《或问小注》是后人伪托朱子所作，“宋以来诸家书目皆不著录，诸儒传朱子之学者，亦无一人言及之。康熙壬午，始有陈彝则家刻本”②，所以《四库全书》将其归于存目中。而《四书按稿》多次引用，则与主张“信而有征”的江永之学不相适合。又如该书常引《四书翼注》而不标注著者，不知是张甄陶的38卷本，还是郑献甫的12卷本。若是郑氏之书，则其伪迹更甚，因为郑书在光绪己卯年才有黔南节署刊本。此外，在文字书写方面也并不严谨，常出现衍脱倒缺及俗字现象，如“季”与“李”常混；《體注》中“體”字，有时写作“体”字(第139页、第209页、第223责)，令人生疑；其他如该书第112页“此本王氏《困勉录》取之”中，“王”当作“陆”字；第154页“泔甘泉”当作“湛甘泉”；《说统》常颠倒为《统说》。诸多瑕疵，似与朴实严谨的学者精神有所违背。

(三)对作伪动机的思考与推测

明清时期，因科举考试的需要，以四书五经为主要内容的时文册子大批涌现。“至明永乐中，《大全》出而捷径开，八比盛而俗学炽。科举之文，名为发挥经义，实则发挥注意，不问经义何如也。”③胡广的《四书大全》、方苞的《钦定四书文》作为科举考试参考书地位的确立，使得士子不读经书原典，而求终南捷径，仅背诵各种四书类制义文集，弋取功名。乾隆帝云：“国家设制科取士，首重在四书文，盖以六经精微尽于四子书。”④于是，儒生“以时文为重，时文以《四书》为重，遂有此类诸书，襞积割裂，以涂饰试官之耳目。斯亦经术之极弊，非惟程、朱编定《四书》之时不料其至此，即元延祷用‘四书义’、明洪武定‘三场法’，亦不料其至此者矣”⑤。在名利的驱使下，制义副墨的收集、写作、出版也自然兴盛，名家的高头讲章、状元的精彩时文成为首选。尽管其中或有名篇佳作，但大多数还是村塾先生揣摩效颦的程式文。

《四书按稿》在明清众多的四书文中属于名不见经传者，为何署名江永？其中有何原因？通过上述的内容分析，我们认为此书托名江永，还是有理可循的。

徽州自朱熹以来，名儒辈出，明清时期中进士、得功名者不计其数，地域人文环境的令誉随着徽商的向外扩张而声闻全国。江永为徽州著名塾师，从教60余年，曾受聘于翰林程恂以及儒商汪升、汪梧风等世家大族，弟子众多，且多有成就，如戴震、金榜、程瑶

① 《乡党图考例言》，《乡党图考》，清乾隆三十九年潜德堂刊本，上海图书馆藏。

② 参见《四库全书总目》经部四书类存目之《或问小注》。

③ 参见《四库全书总目》经部四书类二下之案语。

④ 《清实录·高宗实录》四，中华书局1985年版，第12册，第16页。

⑤ 参见《四库全书总目》经部四书类存目之《四书人物考》语。

田等皆一时俊杰，有“江门七子”之称。汪中曾记当时学术隆盛之事，云：“歙县汪梧凤家聘请江永为师，又招好学之士来此切磋，日夜诵习，讲贯于不疏园中。久者十数年，近者七八年，业成而散去。江永殁后，朱筠来皖视学，尽取其书呈上朝廷，又使其配食朱子，于是天下之士彬然向于学。”①江永为徽州老儒，声名远播，盛名之下，附会之事自然亦多。江永曾注解《论语》中的《乡党》一篇，而成《乡党图考》，焦循称赞此书云：“婺源老儒，考核独及。著书饷世，人得摭拾。抑知江君，为学不厌。天文律吕，古今地邑。六书七音，罔不精洽。用之此书，众妙乃集。”②老儒之书，精核独到，给科场士子带来诸多福音。钱大昕有记云：“(乾隆)丙午，江南乡试，以《乡党篇》命题，士子主先生说者皆得中式，由是海内益重其学。”③江氏之书使他人得以中式，自己却以贡生终老于家。江藩称其“所著《乡党图考》、《四书典林》，帖括之士窃其唾余，取高第，掇巍科者数百人，而永以明经终老于家，岂传所谓‘志与天地拟者，其人不祥’欤”④。言辞间颇有替古人鸣不平之气，但结果却是他人因“摭拾”江文，而得“取高第，掇巍科”的实惠。于是，江永的四书文如《四书典林》、《四书古人典林》“聊救制义家杜撰不根之弊，赵抚军序而刻之，几于家有其书”⑤。此后模仿之作更是层出不穷，如福建黄云侥的《乡党考》、浙江金锷的《乡党正义》、湖北胡薰的《乡党义考》、湖南魏晋的《乡党典义》、四川谭孝达的《乡党类纂》、安徽杜炳的《四书图考》等，可见这位私塾老儒在四书文方面的影响。那么，作伪者选取江永作为《四书按稿》的作者，也用意显而易见。诚如江永所说：“科名之习，举世奔趋，利欲熏心，隐微深锢。鄙人拳拳礼乐，殚力儒先，亦自从吾所好。”⑥至于坊间书贾，变换讲章面貌，或改其姓名，则又事同幻化，百出不穷。综观《四书按稿》，其内容实不过陈因旧本，增损拼合，别标一书目、题一撰人而已，与江氏为人为学之风截然不类。

江永屡称其文“体裁一新，力矫前弊，事之隐僻，未经搜罗者尚有之。若其著在简册，昭如日星者，固可一览了然，足资学者无穷之取材矣”⑦。表明其书多是原本注疏，遍搜古义，渊奥博洽，纯正不蔓，深刻简要。惟其如此，连他自己也不看重《四书典林》和《四书古人典林》，就是因为它们属于程式文的杂考类，而被《四库全书》和《清经解》弃而不载，那么托名江永的《四书按稿》则更在其外了。

《四书按稿》的作者和时间虽无定论，但其作者出于江浙皖地区，当不会有误。笔者曾就此问题，翻检和比勘了许多四书类古籍，发现《四书按稿》在著述形式上，与明末散文家张岱的《四书遇》很相似，疑是后人删减节录，再杂糅其他资料，挂名江永而成。如两书都以《大学》、《中庸》、《论语》、《孟子》为次序，不附四书原文，不分卷。每章都只取经文的前两字为名，如“康诰章”、“盘铭章”、“诚意章”、“治国章”等。并且在用词和语气上也较为近似，如《四书遇·孟子》“山径章”云：“总见心学不可少有间断，孟子拔茅和孟母断机，是一般教法。”《四书按稿》“山径章”云：“张彦陵提醒高子处在‘介然为间，

① (清)汪中：《大清故贡生汪君墓志铭》，《新编汪中集》，广陵书社2005年版，第483页。
② (清)焦循：《雕菰集》卷六《读书三十二赞》，《丛书集成初编》本。
③ (清)钱大昕：《江先生传》，《碑传集》卷一三三，中华书局1993年版，第3995页。
④ (清)江藩：《国朝汉学师承记》之“江永”条，中华书局1983年版，第78页。
⑤ (清)江永：《善余堂文集·江先生七十寿序》，吴县潘氏宝山楼抄本，上海图书馆藏。
⑥ (清)余龙光：《双池先生年谱》，《清代徽人年谱合刊》上册，黄山书社2006年版，第199页。
⑦ 《四书古人典林自序》，《四书古人典林》，安徽省图书馆藏本。

四字，总见心学不可少有间断意……按此不是专责高子茅塞，正要他有介然处蹊间。易塞亦易开，不用则塞戒之也。去塞之功何如只在静存动察?”如此之类甚多。此外，如《四书遇·中庸》“无息章”云：“博厚六字是功，不可云同体，圣人与天地同体在至诚，不在博厚、高明、悠久。”《孟子·尽心上》“如此章”引张侗初之语云：“认得本心，一生更无余事。”引张汝霖之语：“心体中打迭得干净，圣贤学问自一了百当。”在《四书按稿》中都有相近之语。而《四书按稿·大学》“修身章”云：“按首节不止之故，次节明身心之关，末节用正节言正心。不是将此心去正那心，但存得此心在这里。所谓忿惕恐惧等，自来不得。此谓二字，承上两节而不粘上两节。以次节尽不得修身之事故也。《存疑》：正心工夫，第一要紧在察字。察者，察其有所与否也。章句密察此心之存否，即是此意。按：心该动静，而此处单就动边说，故正工夫重在动察而暗含静存意。”这与《四书遇》的相应部分的解说内容和文字语气都较为相近，其间似有前后杂糅与改编之嫌。但《四书按稿》从未提及张岱或《四书遇》，这也许是作伪者常有的心态和常用的技法。

关于《四书遇》的思想与文风，张岱的同乡、今人马一浮先生曾评之曰：“明人说经，大似禅家举公案，张宗子亦同此血脉。卷中时有隽语，虽未必得旨，亦自可喜。胜于碎义逃难、味同嚼蜡者远矣。”①众所周知，清代的考据学家攻击明代学人解说经义似禅家公案；理学家则抨击考据学者的考证是碎义逃难，无关性命大旨。而江永与张岱正是这两种人的典型代表。就是说，《四书按稿》若为江氏所为，无论在学术思想还是为文风格上，都是不合情理的。又据浙江古籍出版社 1985 年出版《四书遇》一书的整理者朱宏达介绍，1934 年，浙江省图书馆购得《四书遇》抄稿本。原书曾藏于常熟周氏鸽峰草堂，首页有“虞山周左季鸽峰草堂藏书印”记，长方白文，中有“周大辅”白文方记，和“曾经鸽峰草堂周氏所得”朱文方记。周大辅，字左季，江苏常熟人，民国初年杭州著名藏书大家，积书万卷，时称左公。此人尤喜藏传抄稿本和抄录稀见善本，甚至还有为清代所忌讳的许多禁书。巧合的是，《四书按稿》中有名为“佐案”的按语多条（第 109 页、第 156 页、第 157 页），但不知姓氏，从按语的体例和内容来看，当是“姓某名佐”的某个人。但鉴于周氏所藏《四书遇》与《四书按稿》的相似性，笔者虽然不能判定《四书按稿》即为周左季所纂，但结合文体、避讳等事体，可以推测《四书按稿》是节录或掇拾《四书遇》之类的前说杂糅而成，是清末民初与周左季同时之人所编纂的一部四书讲读文稿。至于张岱、江永等人的四书学思想及其特点，已另行撰文加以论述。限于篇幅，此处稍作提示。

江永是康乾时期转移学术风气的关键人物，在清代思想文化史上具有重要地位，对于他的著述真伪的考辨，不仅影响到人物思想面貌的定位，也会牵涉到时代思想文化研究的诸多方面，后人不得不慎重对待。

---

① 马一浮：《四书遇题记》，《马一浮全集》第二册（上），浙江古籍出版社 2013 年版，第 57 页。

乙编　子部辨伪

一、《子华子》辨伪

王献松

(一)引　言

《子华子》，旧题周代晋国程本撰，全书共十篇，传世本有二卷本和十卷本两类，二卷本上下每卷各五篇，十卷本则以一篇为一卷，内容相同。十篇篇目依次为《阳城胥渠问》、《孔子赠》、《北宫子仕》、《虎会问》、《晏子》、《晏子问党》、《执中》、《大道》、《北宫意问》、《神气》。今所见版本有明万历四年刻本、《四库全书》本、清嘉庆年间张海鹏刊《墨海金壶》丛书本、清光绪元年刻本、上海古籍出版社影印《诸子百家丛书》本、《丛书集成》本、《中华道藏》整理本等。本文引文以明万历四年刻本为底本，参以其他版本。

《吕氏春秋》多引子华子之言，但《子华子》一书不载班固《汉书·艺文志》，其他目录类典籍如《隋书·经籍志》、《旧唐书·经籍志》、《新唐书·艺文志》、《崇文书目》等也均未著录，宋之前亦未见他书称引，故此书之真伪颇令人生疑。本论文即从对《子华子》一书的真伪为突破口，对其宇宙论、政治哲学及中医养生学说等方面进行初步探讨。

1. 宋元明清时期《子华子》研究概况

两宋之际，《子华子》始刊行于会稽。历代学者对《子华子》的研究成果，主要见于序跋题识或研究札记中；其研究重点也主要集中于其真伪问题，晁公武以为是“元丰以后举子所为”①，朱熹亦言其“决非先秦古书，亦非百十年前文字”②，后世学者议论纷纭，莫衷一是，从朱熹之说而力证其伪者层出不穷，遵信此书为真者亦代不乏人。

今据时代，将其研究分为三个阶段，略述如下：

(1)宋元时期。

① (宋)晁公武撰，孙猛校证：《郡斋读书志校证》，上海古籍出版社1990年版，第511页。

② (宋)朱熹：《朱子全书》，上海古籍出版社2002年版，第3415页。

从宋代，尤其是从南宋开始，疑古思潮开始兴起，宋人对前代学者深信不疑的许多著作都提出了自己新的看法。而对于这部《汉书·艺文志》不载、两宋之际才“重现人间”的《子华子》，宋人自然不会放过。

首先对《子华子》真伪提出质疑的是晁公武，其《郡斋读书志》中“《子华子》”条认为此书中多有抵牾之处，“且多《字说》，缪误浅陋，殆元丰以后举子所为尔”①，晁氏对此书作伪时间的判断大抵是正确的，至于是否“举子”所为，则尚无确凿证据。而朱熹在《偶读漫记》中论及《子华子》时则称：“其词故为艰涩，而语实浅近，其体务为高古，而气实轻浮，其理多取佛老、医卜之言，其语多用《左传》、《班》、《史》中字，其粉饰涂泽、俯仰态度。”②又论及《河图》、《洛书》及前后三序等，为进一步证明其为伪书提供了线索。

《周氏涉笔》亦从刘向序、鸠聚众语、遵信《字说》等方面论其为伪书，并言：“吾反复其言而悲之，嗟夫，斯人也，是书也，毋乃党禁不开，善类涂地，无所叫号之时乎?”③周氏疑此书为庆元党禁时所作。陈振孙《直斋书录解题》中“子华子”条则以程本、子华子之载《庄子》、《孔子家语》，又班固《古今人表》无子华子，疑先秦本无此人，而“其文不古，然亦有可观者，当出于近世能言之流，为此以玩世尔”④。王应麟称：“程子见《家语》，子华子见《庄子》，近有《子华子》之书，谓程本字子华，即孔子倾盖而语者。”⑤则王应麟也以《子华子》一书是取《孔子家语》和《庄子》中程子、子华子而来。

然而，宋代对《子华子》遵信者也大有人在，如杨简、叶适、黄震、陈显微、俞琰等学者皆以其为先秦之书，并加以论说。如杨简论《子华子·阳城胥渠》之得失，又论其人曰：“其之齐，知齐国大危，答景公之问，一本诸道，深知非道无以已乱也，善矣。”⑥叶适亦信《子华子》为程本著，其《习学记言序目》卷十六专论《子华子》一书，对其除《神气篇》之外的九篇均有论说，末又有“总论”，以为此书可以与五经互证，以“推见孔氏之学”，虽言“其书甚古，而文与今人相近”⑦，但仍遵信而不疑。此外，黄震以为《子华子》“其文亦蔚乎可观，贤于诸子远矣”⑧。陈显微以子华子为老子之弟子，与孔子为道交⑨。俞琰于《易外别传》论及《子华子》“久生”之说⑩，于《周易参同契发挥》又论子华子戒鬼谷

---

① （宋）晁公武撰，孙猛校证：《郡斋读书志校证》，上海古籍出版社 1990 年版，第 511 页。

② （宋）朱熹：《朱子全书》，上海古籍出版社 2002 年版，第 3415 页。

③ （元）马端临：《文献通考》，中华书局 2011 年版，第 5990 页。

④ （宋）陈振孙：《直斋书录解题》，上海古籍出版社 1987 年版版，第 302 页。

⑤ （宋）王应麟著，（清）翁元圻等注，栾保群校点：《困学纪闻》，上海古籍出版社 2008 年版，第 1263 页。

⑥ （宋）杨简：《慈湖遗书》，《影印文渊阁四库全书》第 1156 册，台湾“商务印书馆”1986 年版，第 842 页。

⑦ （宋）叶适：《习学记言序目》，中华书局 1997 年版，第 229 页。

⑧ （宋）黄震：《黄氏日抄》，《影印文渊阁四库全书》第 708 册，台湾“商务印书馆”1986 年版，第 404 页。

⑨ （宋）陈显微：《文始真经言外经旨》，《丛书集成初编》本，商务印书馆 1936 年版，第 104 页。

⑩ （宋）俞琰：《易外别传》，《道藏》20 册，文物出版社、上海书店、天津古籍出版社 1988 年版，第 320 页。

子之语①。此皆以今本《子华子》为先秦之书。

元代学者也有论及《子华子》者，然成就不大，如马端临《文献通考》中《子华子》条仅引朱熹、晁公武、《周氏涉笔》、陈振孙诸说，未有进一步辨正。吴师道《题子华子后》亦述朱熹、晁公武、陈振孙之说，又言“今第二章丁氏穿井得一人之说，即《吕览》所载，剽掠可以验也”②，尚有可取。而杨维桢在《拆字说赠陈相心》中则称：“拆字之术，原出于苍颉，而得说于《子华子》。”③则杨氏亦以《子华子》为先秦之书。

(2)明代。

明代学者，如宋濂、方孝孺、陈霆、王世贞、胡应麟等人，对《子华子》的真伪问题又提出了新的证据。

宋濂列《子华子》一书中“不可知者”四条：“予尝考其书，有云：‘秦襄公方启西戎，子华子观政于秦。’又稽庄周所载子华子事，则云‘见韩昭僖侯’。夫秦襄公之卒在春秋前，而昭僖之事在春秋后，前后相去二百余年，子华子何其寿也？其不可知者一。《孔子家语》言：‘孔子遭齐程子于郯。’程子盖齐人。今子华子自谓‘程之宗君受封于周，后十一世国并于温’，程本商季文王之所宅，在西周当为畿内小国；温者，周司寇苏忿生之所封，周襄王举河内温原以赐晋文公，温周晋邑也。孰谓西周之程而顾并于河内之温乎？地之远迩，亦在可疑。其不可知者二。后序称子华子为鬼谷子师，鬼谷，战国纵横家也。今书绝不似之，乃反类道家言，又颇勦浮屠、老子、庄周、列御寇、孟轲、荀卿、《黄帝内经》、《春秋外传》、司马迁、班固等书而成。其不可知者三。刘向校定诸书咸有序，皆渊悫明整，而此文独不类。其不可知者四。以此观之，其为伪书无疑。”④

方孝孺《读子华子》云：“语道德则颇袭老、列之旨，专对则仿左氏之文。辨黄帝铸鼎事，不能直排其谬，而曲为之说，傅会不经；与晏子论俭，虽为近正，而起人君奢侈之端；答北宫意祥瑞之问，善矣，乃恐后世巧诈诞谲之臣。作为声歌，荐之郊庙，似指汉武朱雁芝房之事；其子车氏猳之喻，复窃韩愈所作《柳宗元墓铭》；论代播州之意，医药之技，孔子罕言之，则剧谈之；而不置八卦，以宫言孔子赞《易》时未有也，而曰坎宫、震宫；解字之不类，时之乖错者甚众，以为子华子之书，岂非诬哉？”⑤此后，焦竑《焦氏笔乘》、顾起元《说略》、沈尧中《沈氏学弢》、张燧《千百年眼》诸书皆袭其说而未注明出处。

陈霆称：“《子华子》信是赝作，其文气全不类《国语》、《左氏》。……其篇中多‘何以故’之语，此乃六朝文士翻译佛书之言，而《执中》一则，殆类举业论义，所答晏子问党，亦类东汉党论……故吾决其伪作者，必晋宋时人。”⑥陈氏从“何以故”随佛经出现的角度来分析《子华子》为伪书，这是有一定的说服力的，但是他据此认定作伪者为晋宋时人，则过于武断。王世贞《读子华子》一文论《阳城胥渠问》、《孔子赠》、《大道》、《北宫意问》

① (宋)俞琰：《周易参同契发挥》，《道藏》20册，文物出版社、上海书店、天津古籍出版社1988年版，第218页。

② (元)吴师道：《吴师道集》，吉林文史出版社2008年版，第385页。

③ (元)杨维桢：《东维子文集》卷二十七，《四部丛刊》本，第10页上。

④ (明)宋濂：《诸子辨》，朴社1926年版，第13~14页。

⑤ (明)方孝孺：《逊志斋集》，宁波出版社2000年版，第109~110页。

⑥ (明)陈霆：《两山墨谈》，《丛书集成初编》本，商务印书馆1936年版，第68~69页。

诸篇，谓其“言理，在春秋时最近，而文则广有所剽拟……不可以为真《子华子》”①。胡应麟《四部正讹》亦据诸家之说，以为“此书必元丰间越中举子，姓程名本，而不得志场屋者所作”②，此说过于武断。明代其他学者如杨慎、黄凤翔、梅鼎祚、郑瑗等也认为《子华子》为伪书，但其说多祖述因袭前人之说，无甚发明。

明代学者如程敏政、何良俊、欧大任、张懋修、郭良翰等仍认为《子华子》为真。如程敏政在《书苏氏〈古史〉、朱子〈漫记〉所载程、公孙立孤事后》一文中论程婴、公孙杵臼立孤之事，颇见其中，而朱熹疑之，则“二公危忠苦节，几不白于后世，甚可惜也”③。欧大任《刻子华子序》则以此书论鼎湖乌号、论礼、论俭诸处，“其书岂宋人之所能及哉?”④张懋修《子华子字意》则以王安石、苏轼谈字义祖《子华子》之说⑤。郭良翰则以为“倾盖之谭，盖实事也。世谓《子华子》著书，托孔子以为重，非也”⑥。

(3)清代。

这一时期对《子华子》真伪问题讨论的学者较多，例如胡渭、田雯、江永、梁玉绳、雷学淇等。《四库全书总目》也证其为伪，谓此书“殆能文之士发愤著书，托其名于古人者。观篇末自叙世系，以程出于赵眷，眷不忘其宗，属其子勿有二心以事主，则明寓宋姓，其殆熙宁、绍圣之间，宗子之忤时不仕者乎”⑦，更是官方对此书的定性。

胡渭在《易图明辨》中以为刘牧之徒为自固其学而造《子华子》，“序云刘向作，而《汉·艺文志》无之，人皆知其出于元丰后《三经》、《字说》盛行之时”⑧。田雯《读子华子跋》谓《子华子》“篇中引中行氏，已是战国时人，《孔子赠》一章，当是因《家语》、《韩诗外传》而傅会者，读之疑为伪书焉”⑨。江永《河图洛书原始》则直谓“南康戴师愈伪撰《子华子》”⑩，不知何据。梁玉绳则据《庄子》、《吕氏春秋》，认为是作伪者“嫁名于晋程本，为程婴之后”，又据《晏子问党篇》，言昔人疑作伪者是“元祐间党人，而染于荆公《字说》者”⑪。梁章钜则据张云璈《文选胶言》以李善注“川阅水以成川”句不引《子华子》，则“《子华子》为后人伪托”⑫。此外，雷学淇疑《子华子》为王肃之伪书⑬，而朱鹤龄《书太平

---

① (明)王世贞:《读书后》,《影印文渊阁四库全书》第1285册，上海古籍出版社1987年版，第9页。

② (明)胡应麟:《少室山房笔丛》，上海书店出版社2009年版，第311页。

③ (明)程敏政:《篁墩程先生文集》卷三十六，明正德二年刊本。

④ (明)欧大任:《欧虞部集》,《北京图书馆古籍珍本丛刊》第81册，书目文献出版社1988年版，第667页。

⑤ (明)张懋修:《墨卿谈乘》,《四库未收书辑刊》3辑第28册，北京出版社1997年版，第137页。

⑥ (明)郭良翰:《问奇类林》卷二十三，明万历三十七年(黄起士刻本)。

⑦ (清)永瑢等:《四库全书总目》，中华书局1965年版，第1107页。

⑧ (清)胡渭:《易图明辨》，中华书局2008年版，第108页。

⑨ (清)田雯:《古欢堂集》,《清代诗文集汇编》138册，上海古籍出版社2010年版，第504页。

⑩ (清)江永:《河洛精蕴》，九州出版社2011年版，第4页。

⑪ (清)梁玉绳:《瞥记》,《续修四库全书》第1157册，上海古籍出版社2002年版，第51页。

⑫ (清)梁章钜著，穆克宏点校:《文选旁证》，福建人民出版社2000年版，第442页。

⑬ (清)雷学淇:《介庵经说补·尚书》,《丛书集成初编》本，商务印书馆1936年版，第15页。

御览后》又以其“出自汉魏人之手”①。

清代学者如顾炎武、方以智、方履中、姚际恒、袁栋、全祖望、王鸣盛、凌扬藻、阮元、钱林、严可均、周中孚、夏炘、祁寯藻、陈澧、史梦兰、平步青、王甗、许起、姚振宗、朱一新、张之洞等，亦皆以《子华子》为伪书。

尽管如此，清代仍有许多学者以《子华子》为先秦古书。如魏裔介以子华子之墓“在内丘县西，所居乡名为程家湾，今其后人尚有存”，而“其所论元始性命、礼乐奢俭之类，则虽孟子无以过之矣。宜孔子有束帛之赠，美人之称也，其过于庄、列远矣”②，可谓推崇备至。而毛奇龄《易小帖》又以作伪《三坟》者，乃窃《子华子》“《连山》以之而呈形，《归藏》以之而御气，大《易》以之而立数”之意③。卢锡晋《子华子论》一文则论子华子“桀纣之亡以不仁而不以奢”之悖。卢文弨《书子华子后》一文亦信《子华子》为真，且谓黄震“未尝观其深”，然又“疑最后二章，类六朝人所传益之者”④。沈叔埏《跋子华子》一文考窦犨鸣犊、舜华、吾邱鸩之事，并称：“昔人以此书为伪，吾未敢尽信。”⑤方濬颐《读子华子》更是对子华子赞美有加，称：“呜呼，若本者，庶乎近于道矣。”⑥

2. 近百年《子华子》研究概况

(1)民国时期(1912—1949)。

民国时期，王国维、梁启超、胡玉缙、顾实、余嘉锡、郑振铎、黄云眉等学者大多接受前代学者辨伪的结果，以今本《子华子》为伪书，在辨伪方面未有进一步贡献。此时，已有学者开始关注子华子的思想及学派问题，然多就《吕氏春秋》所引子华子之语而论，而非以今本《子华子》为据。钱穆《子华子考》谓“其言论实承杨朱一派，为后来道家宗”⑦。顾颉刚《从〈吕氏春秋〉推测〈老子〉之成书年代》一文也认为子华子“是杨朱的嫡系”⑧。蒙文通《杨朱学派考》一文则认为子华子“实为杨朱之徒，而非老庄之徒”⑨。寿普暄《子华子考》一文论《子华子》曰：“其书秦时尚盛行，项、刘之争，或遭水火，以致入汉即已不存，故向歆校录，不著其目也。……其学位全真保性，寝兵非攻者，是亦道家之一派欤。”⑩则寿氏亦以《子华子》亡于楚汉之际，而今本《子华子》为伪。

而朱谦之则据刘向叙录及《子华子》中《孔子赠》、《大道》谓“其言多杂取老氏以合之，

---

① (清)朱鹤龄：《愚庵小集》，华东师范大学出版社2010年版，第277页。

② (清)魏裔介：《静怡斋约言录》，《续修四库全书》第946册，上海古籍出版社2002年版，第144页。

③ (清)毛奇龄：《毛奇龄易著四种》，中华书局2010年版，第148~149页。

④ (清)卢文弨：《抱经堂文集》，《续修四库全书》第1432—1433册，上海古籍出版社2002年版，第641页。

⑤ (清)沈叔埏：《颐彩堂文集》，《续修四库全书》第1458册，上海古籍出版社2002年版，第425页。

⑥ (清)方濬颐：《二知轩文存》，《续修四库全书》第1556册，上海古籍出版社2002年版，第487页。

⑦ 钱穆：《先秦诸子系年(外一种)》，河北教育出版社2002年版，第306页。

⑧ 罗泽根：《古史辨(四)》，上海古籍出版社1982年版，第499页。

⑨ 蒙文通：《佛道散论》，商务印书馆2011年版，第48页。

⑩ 寿普暄：《子华子考》，《师大月刊》1942年第1期。

出于老氏于此可以见矣"①，又谓晏婴为子华子弟子，"晏子之学溯其源为自老聃来也"②。则朱氏以《子华子》一书非先秦之作。而日本学者高濑武次郎则认为子华子属于墨儒道之折衷派，"今行之书，非子华子自撰，中经后人辑补，子华子之宇宙说似道家，伦理说则主儒家，而杂以墨学，仁义道德之说，与儒家相似，然通观全篇，稍涉高虚之处甚多，故子华子之似儒家，不若道家之近"③。则其于此书亦将信将疑。

由于《子华子》中多有医学和养生之理论，所以此时又有张骥《子华子医道篇注》一卷行世(刊于1935年，《医古微》之一)。此书根据《内经》等医籍原文，对书中有关医理详加分析，逐一注明，认为《子华子·医道篇》有关阴阳、五行、脏腑、气血、关鬲、五方、三气的理论，无一不与《灵枢》、《素问》、《难经》息息相通。……强调"医者理也，理者意也；药者瀹也，瀹者养也"。并视医为道，非为术。④《子华子》十篇，没有《医道篇》，当是张骥缀辑《子华子》诸篇中涉及医理者而成。则张氏亦以《子华子》为先秦古书。

(2)20世纪下半叶(1950—2000)。

20世纪下半叶，《子华子》的真伪问题仍有学者关注，但研究进展不大，此外，则主要集中在对此书及其思想的简单介绍上，并无较深的研究。

如杨宽、杨荣国据《吕氏春秋》所引也认为子华子属于道家中的杨朱派⑤，而张成秋以《子华子》为先秦古书，据其各篇内容，认为："子华子无论修养抑或为政，皆本乎一'返'字。返归纯朴，合于大道也。"⑥

屈万里据晁公武、朱熹、《周氏涉笔》、宋濂诸人之说，也认为《子华子》"今本和刘叙都是假托的"，并谓胡应麟、《四库全书总目》对作伪者的推测"究竟是臆断，未必符合事实"，并以作伪时代为北宋中叶。⑦ 林干良、刘正才二人既以《子华子》一书为后人托名之作，又言其"涉及了不少养生学的问题，其中确有反映子华子的思想者"⑧，则亦在依违之间，游移不动。萧登福则认为《子华子》为先秦作品，他在其《道家道教与中土佛教初期经义发展》一书的"《子华子》书中所见的本体论"一节中指出："先秦《子华子》一书所言之宇宙万物生成说，亦多与道家相结合。……世人将之归于杂家，但其本体论之说，同于道家者多。"⑨

顾志兴在论及《子华子》时谓"必近世依托也"⑩，又述晁公武、朱熹之说，然无新论。李养正亦以其为"后人伪托之作"，并谓《庄子》、《列子》、《吕氏春秋》中子华子与今传本

---

① 朱谦之：《古学卮言》，泰东书局1922年版，第269页。

② 朱谦之：《古学卮言》，泰东书局1922年版，第271页。

③ [日]高濑武次郎著，赵兰坪编译：《中国哲学史》，国立暨南学校出版部1925年版，第274页。

④ 裘沛然：《中国医籍大辞典》，上海科学技术出版社2002年版，第1470页。

⑤ 杨宽：《战国史》，上海人民出版社1956年版，第207页；杨荣国：《中国古代思想史》，人民出版社1973年版，第222页。

⑥ 张成秋：《先秦道家思想研究》，台湾"中华书局"股份有限公司1971年版，第327页。

⑦ 屈万里：《先秦文史资料考辨》，台北联经出版事业公司1983年版，第485~487页。

⑧ 林干良、刘正才：《养生寿老集》，上海科学技术出版社1982年版，第362~364页。

⑨ 萧登福：《道家道教与中土佛教初期经义发展》，上海古籍出版社1900年版，第71页。

⑩ 顾志兴：《浙江出版史研究——中唐五代两宋时期》，浙江人民出版社1991年版，第247页。

《子华子》无关，则有矫枉过正之患，他还对今本《子华子》中“与道教义理相关者”进行了归纳①。谢世俊虽也认识到此书为伪书，但以为子华子的“哲学思想近于阴阳家或道家，以气立论，以天文气象知识为论据”②。而来可泓在为《子华子》做的提要中则认为“《子华子》是一部采掇黄老之言，而参以术数、儒教的著作”，并从内容上分为“阐述天地阴阳之道”、“阐述术数之变化”、“总结历史经验，阐述治国之道”、“阐述医学及养生之道”、“子华子出仕经历和世系”五个部分，③ 但对于其真伪仅引前人之说，未提出自己的观点。

管敏义《论子华子》一文对《子华子》一书进行了较为深入的研究，他认为“全生为上”、“不为物撄”为子华子尊生轻物的观点，而最能反映子华子及整个杨朱学派“贵己”、“为我”的学术宗旨的《吕氏春秋·审为篇》一条，却未被采用，④ 并提出作伪者伪造此书，是想通过子华子之口“重申‘全生’之学，强调‘六欲皆得其宜’的合理性，以此对抗理学家的‘灭人欲’，这是一条借尸还魂之计”，“是对理学‘存天理灭人欲’主张的反动”，并认为此书采入儒家思想，是“作者为了使其书得以流传，故意涂上的一层保护色”。⑤ 此说颇有新意。

《中国伪书综考》在论及《子华子》一书时，对历代学者辨伪证据、作伪者及其作伪原因进行了初步总结，但过于宽泛，且多有语焉不详，也没有提出自己的进一步证据⑥。《中国伪书大观》则认为“其思想大抵归本黄老道家之学，又继承和发扬了杨朱的‘为我’思想，由‘贵生’转而偏重养生之道”⑦，并简略地总结归纳其为伪书的依据。

此外，严灵峰编著的《周秦魏诸子知见书目》在其附目部分附录了“中国《子华子》书目录”和“日本《子华子》书目录”⑧，对历代有关《子华子》的校注、类纂、品评本都有著录，并列其版本与时代，为我们了解《子华子》的整体情况提供了材料。

(3)21 世纪初(2001—)。

进入 21 世纪以来，仍有不少学者关注《子华子》的研究，也取得了新的进展。如晁福林《子华子考析》一文，认为“从思想内容上分析，今本《子华子》亦当定为伪作”⑨，并从六个方面进行了分析，对《子华子》的辨伪研究又推进了一步。然而仍有人以此书为真，如《邢台通史》称：“程本为晋人，据传其故里即今邢台市辖内邱县程家湾。”并谓“程本与孔子、晏子均有交往，其学术思想则与孔子相近”，又谓《子华子》载《授赵简子使者书》的中心思想“与《吕氏春秋·先己》所引完全相同”⑩。而刘建国在其《〈子华子〉伪书辨正》一文中更是列举前人辨伪之证据，逐一加以反驳，并提出自己的内证和外证，力排众议，证

---

① 李养正：《道教与诸子百家》，北京燕山出版社 1993 年版，第 185~186 页。

② 谢世俊：《中国古代气象史稿》，重庆出版社 1992 年版，第 395 页。

③ 陈士强：《中国学术名著提要·宗教卷》，复旦大学出版社 1997 年版，第 686~689 页。

④ 《审为篇》一条未被采用是因此条与程本之时代不符，作伪者才忍痛割爱。笔者后文有论述。

⑤ 管敏义：《论子华子》，《陕西历史博物馆馆刊(第三辑)》，三秦出版社 1996 年版，第 65~66 页。

⑥ 邓瑞全、王冠英主编：《中国伪书综考》，黄山书社 1998 年版，第 500~502 页。

⑦ 俞兆鹏编：《中国伪书大观》，江西教育出版社 1998 年版，第 87~88 页。

⑧ 严灵峰编：《周秦魏诸子知见书目》，正中书局 1977 年版，第 192~203 页。

⑨ 晁福林：《子华子考析》，《史学月刊》2002 年第 1 期。

⑩ 赵福寿：《邢台通史(上卷)》，河北人民出版社 2003 年版，第 167~169 页。

其为先秦古书；还进一步分析了《子华子》所反映的程本的思想观点，认为："《子华子》一书，说明春秋初期的程本是一位集哲学家、象数学家、政治家、天文五行家、医学家为一身的学者。《子华子》一书辨正之后，对批判继承古文化遗产有重大的历史意义和现实意义，不可忽视之。"①

孙以楷在其《庄子师承考》一文中，据《庄子》、《吕氏春秋》所载子华子事，认为子华子有可能是庄子之师，并认为"子华子是道家人物，而且是属于全性保真和贵生的杨朱一系的道教人物"②。《先秦文学编年史》则认为"刘向《叙录》列子华子与晏子、孔子同时，不妥"。并以《吕氏春秋》中的《贵生》、《情欲》、《重己》、《本性》、《尽数》等篇或采自子华子、詹何学派学说。③

在中医养生方面，沈尔安《子华子妙论养生》一文则从"六欲皆得其宜"、"养智要靠智养"、"塞流则病，动以养生"三个方面分析了子华子的养生论。④《中医医家学说及学术思想史》则以《吕氏春秋》与《子华子》为据，来说明其"养生以动为主"的思想。⑤ 而《中医哲学史》同样认为子华子的"补不足"、"损有余"、"以智养生"、"存诚操养"，"六欲皆得其宜"、"动以养生"等养生观点，至今仍有较大的使用价值。⑥

通过以上叙述，我们简要回顾了自《子华子》一书在出现之后的近千年间学者们的研究概况，我们可以得出以下两点：

第一，对于《子华子》一书的真伪问题一直是讨论的热点，但一直未能定论。

第二，对于《子华子》一书中所蕴涵的哲学思想研究较为薄弱。

（二）《子华子》文献辨伪研究

1.《子华子》辨伪成果检讨

南宋以降，学者们对于《子华子》一书真伪问题多有讨论，但仍不能为此书之伪定案。本节的主要任务就是要对历代学者的辨伪成果作一系统检讨，分析其得失。

前代学者辨伪成果存在一定的缺陷，其表现主要有以下几个方面：

（1）所列证据不能直接证伪

晁公武称："又《艺文志》不录《子华子》书，观其文辞，近世依托为之者也。"⑦《汉书·艺文志》不载此书，也只能说明当时社会没有流传，以今天"出土文献"观之，此书也有可能在宋代重新"出土"，《艺文志》不载只能作为辅助证据，并不能直接证明其为伪书。陈振孙称："《家语》有孔子遇程子倾盖赠束帛之事，而《庄子》亦载子华子见昭僖侯一则，此其姓字之所从出，昭僖与孔子不同时也，《庄子》固寓言，而《家语》亦未可考信。班固

① 刘建国：《先秦伪书辨正》，陕西人民出版社2004年版，第273页。
② 孙以楷：《道家哲学研究·附录三种》，安徽大学出版社2010年版，第146~147页。
③ 赵逵夫：《先秦文学编年史》，商务印书馆2010年版，第1045~1046页。
④ 沈尔安：《子华子妙论养生》，《现代养生》2004年第12期。
⑤ 严世芸：《中医医家学说及学术思想史》，中国中医药出版社2005年版，第27~28页。
⑥ 程雅君：《中医哲学史》，巴蜀书社2009年版，第726页。
⑦ （宋）晁公武著，孙猛校证：《郡斋读书志校证》，上海古籍出版社1990年版，第511页。

《古今人表》亦无之，使果有其人，遇合于夫子，班固岂应见遗也。”①则陈氏以《庄子》所载为寓言，《孔子家语》不足信，作伪者仅就其所载之姓字附会而来，又《古今人表》无子华子，则先秦无子华子及程本其人。今按：《庄子》及《吕氏春秋》皆有《子华子》，且《吕氏春秋》多载子华子言论，而《韩诗外传》亦载孔子遇程本事，则西汉时已有此说，不可以《孔子家语》有王肃伪作之嫌而并疑及程本其人，故先秦时当有子华子及程本其人，班固《古今人表》未载子华子、程本两个名字，可能是有所遗漏，并不能因此而断定《子华子》为伪书。

(2)所列证据模糊不清

朱熹称："其词故为艰涩，而语实浅近，其体务为高古，而气实轻浮，其理多取佛老、医卜之言，其语多用《左传》、《班》、《史》中字，其粉饰涂泽、俯仰态度，但如近年后生巧于模拟编撰者所为，不惟决非先秦古书，亦非百十年前文字也。”②朱熹对于此书词语体气之论，较为模糊，其谓《子华子》取佛老、医卜及《左传》、诸史，又未举例证，语焉不详，难证其书之伪。又曰："至其首篇'风轮'、'水枢'之云，正是并缘释氏之说，其卒章宗君二祥蒲璧等事，皆剽剥他书，傅会为说，其自叙出处，又与《孔丛子》载子顺事略相似(《孔丛》亦伪书也)，又言有大造于赵宗者，即指程婴而言，以《左传》考之，赵朔既死，其家内乱，朔之诸弟，或放或死，而朔之妻，乃晋君之女，故武从其母，畜于公宫，安得所谓大夫屠岸贾者兴兵以灭赵氏，而婴与杵臼以死卫之云哉。且其曰有大造者，又用吕相绝秦语，其不足信明甚。”③朱熹所谓缘引剽剥他书，皆未明指何书，过于疏略，其考程婴之事不足信，然此事见《史记》，亦不足以服人心，此事之有无难以断定。

《周氏涉笔》曰："子华子所著，刘向序者，文字浅陋，不类向，其云善持论聚徒著书，更题其书，皆非当时事辞，大抵十卷者，编辑见意，鸠聚众语，《老》、《庄》、《荀》、《孟》、《国语》、《素问》、《韩非》、《楚辞》俱被剽拾，殆似百家衣葆，其实近时文字。”④《周氏涉笔》谓刘向序浅陋，也是影响之论，难以实证，谓《子华子》剽拾他书，亦无例证，过于笼统。方孝孺《读子华子》称："今所传十篇之中，语道德则颇袭老列之旨，专对则仿左氏之文，辨黄帝铸鼎事，不能直排其谬，而曲为之说，傅会不经，与晏子论俭，虽为近正，而起人君奢侈之端，答北宫意祥瑞之问，善矣，乃恐后世巧诈诞谲之臣。作为声歌，荐之郊庙，似指汉武朱雁芝房之事；其子车氏猳之喻，复窃韩愈所作《柳宗元墓铭》。论代播州之意，医药之技，孔子罕言之，则剧谈之而不置，八卦以宫言，孔子赞《易》时未有也，而曰坎宫、震宫。解字之不类，时之乖错者甚众，以为子华子之书，岂非诬哉？”⑤方氏之论，也多模糊含混、语焉不详之语，未能明指。其谓《子华子》窃韩愈《柳宗元墓铭》，也不能直接证明其为伪书，后文有论，此不赘言。陈霆称："《执中》一则，殆类举业论义，所答晏子问党，亦类东汉党论。……故吾决其伪作者，必晋宋时

---

① (宋)陈振孙：《直斋书录解题》，上海古籍出版社1987年版，第302页。

② (宋)朱熹：《朱子全书》，上海古籍出版社2002年版，第3415页。

③ (宋)朱熹：《朱子全书》，上海古籍出版社2002年版，第3416页。

④ (元)马端临：《文献通考》，中华书局2011年版，第5989页。

⑤ (明)方孝孺：《逊志斋集》，宁波出版社2000年版，第109~110页。

人。”①然其论《执中》一则似科举时文，而答晏子问党事又类东汉党论，并断其为晋宋时人，则前后矛盾，科举至唐宋始盛，而党争不独汉有，宋亦有，故其论断不确。

(3)论证过于武断。

胡应麟称：“余尝参酌诸家，意此书必元丰间越中举子，姓程名本，而不得志场屋者所作……子华姓字，皆有所出，惟名不经见，即撰人名本也。”②《韩诗外传》有“程本”之名，先秦当有此人，作伪者当据此而署程本之名，非作伪者姓程名本，故胡氏之说过于武断。

此外，前人考证时所列证据，后世多有散佚。如晁公武称：“其书有子华子为赵简子不悦，又有秦襄之卒，在春秋前，而赵简子与孔子同时，相去几二百年，其抵牾类如此，且多《字说》，缪误浅陋，殆元丰以后举子所为尔。”③马端临、宋濂并言《子华子》中有“秦襄公方启西戎，子华子观政于秦”之言，而此语与秦襄之卒都不见于今本《子华子》，可能为后世刊落，此处抵牾，今亦无从查证。其言《子华子》多用《字说》，并未举具体例证，今《字说》亡佚，据陈郁《藏一话腴》所引《字说》，可直接证明《子华子》抄袭《字说》，详下文。

当然，前人还是提出了许多可以证明《子华子》非先秦之书的证据的，如陈霆称：“其篇中多‘何以故’之语，此乃六朝文士翻译佛书之言。”④陈氏以“何以故”出六朝时佛书，其言甚确，今检先秦两汉之书，无有用此三字者，此可作《子华子》为伪书之一证据。又田雯《读子华子跋》称：“篇中引中行氏，已是战国时人，《孔子赠》一章，当是因《家语》、《韩诗外传》而傅会者，读之疑为伪书焉。”⑤《子华子·晏子》中子华子与晏子论及范氏、中行氏之亡，时间上确有抵牾，可为其作伪之证据，后文有论，此不赘言；田氏论《孔子赠》一章因《家语》、《韩诗外传》而附会，亦是确论，详见后文。又梁章钜注陆机《叹逝赋》“川阅水以成川”一句称：“张氏云璇曰：此语全用《子华子》语，而李注不引，则《子华子》为后人伪托也。”⑥据此可以推知《子华子》中语乃抄《叹逝赋》而来，后文有论，此不赘言。

综上所述，前人对《子华子》的辨伪虽然也取得了一些成果，但这些成果大多准确性不高，证伪力度不强，且多为论说，而少有实证。因此，用实证的方法对《子华子》一书进行重新辨伪就显得十分重要。

2.《〈子华子〉伪书辨正》辨证

刘建国《〈子华子〉伪书辨正》(下文简称《辨正》)一文，主要分三部分，首先驳斥前人疑伪之理由，再用外证和内证证明《子华子》为真书，最后分析《子华子》反映的程本思想观点。由于此文为《子华子》辨伪的最新成果，且较为“系统”，有导人歧途之患。本节主

① (明)陈霆:《两山墨谈》,《丛书集成初编》本，商务印书馆1936年版，第68~69页。
② (明)胡应麟:《少室山房笔丛》，上海书店出版社2009年版，第311页。
③ (宋)晁公武撰，孙猛校证:《郡斋读书志校证》，上海古籍出版社1990年版，第511页。
④ (明)陈霆:《两山墨谈》,《丛书集成初编》本，商务印书馆1936年版，第68~69页。
⑤ (清)田雯:《古欢堂集》,《清代诗文集汇编》第138册，上海古籍出版社2010年版，第504页。
⑥ (清)梁章钜:《文选旁证》，福建人民出版社2000年版，第442页。

要对其前两部分进行辨证，分析其证据之缺陷与不足，以证明其将《子华子》定为春秋时晋国程本所著书之误。

(1)辨证《辨正》对前人证据的反驳

刘建国首先将前人辨伪证据归纳为八条，此八条依次是：

①认定《子华子》系伪书的证据之一，就是认为《子华子》其词故为艰涩而理实浅，其体务为高古而气实轻浮。“观其文辞，近世依托为之者也。”“其文不古，然亦有可观者。当出近世能言之流为此以玩世耳！”“其书理致肤近，而持论不甚诡于道；文字亦舂容雅则。”

②认定《子华子》系伪书的证据之二，则是马端临引朱熹所说：“其理多取佛、老、医、卜之言，其语多用《左传》、“班史”中字。又引《周氏涉笔》说：“大抵十卷者，编辑见意，鸠聚众语，《老》、《庄》、《荀》、《孟》、《国语》、《素问》、《韩非》、《楚辞》俱被剽拾。”“又颇抄浮屠、老子、庄周、列御寇、孟轲、荀卿、《黄帝内经》、《春秋外传》、司马迁、班固等书而成。”“其语道德则颇袭老、列之旨，语专对则皆仿《左氏》之文。”

③认定《子华子》系伪书的证据之三，“只因《家语》等书有孔子与程子倾盖而语一事”借此而伪造。

④认定《子华子》系伪书的证据之四，“以《洛书》为《河图》亦仍刘牧之谬，又把《河图》说的唯其巧甚”。

⑤认定《子华子》系伪书的证据之五，宋濂《诸子辨》称：“刘向《序》不类向。”《周氏涉笔》亦宗宋说。

⑥认定《子华子》系伪书的证据之六，《汉书·艺文志》不著录此书。晁公武《郡斋读书志》、胡应麟《四部正讹》亦持此意见。

⑦认定《子华子》系伪书的证据之七，认为《子华子》中有“秦襄公方启西戎，子华子观政于秦”一段文字，秦襄公为春秋前卒，到赵简子即子华子时相距几二百年，这种抵牾是伪造的。宋濂说“予尝考其书，有云：‘秦襄公方启西戎，子华子观政于秦。’又稽《庄周》所载子华子事，则云‘见韩昭僖侯’。夫秦襄公之卒在春秋前，而昭僖之事在春秋后，前后相去二百年，子华子何其寿也？”

⑧认定《子华子》伪书的证据之八，“《后序》称子华子为鬼谷子师，鬼谷，战国纵横家也。今书绝不似之，乃反类道家言”①。

刘建国对此八条逐一反驳，以证各说不可信。今列其论证于下，后加按语，加以辨析。

第一条：文字艰涩而理浅，其体务为高古而气实轻浮的问题。这一点实乃朱熹站在儒学的门户立场上对《子华子》的评价。从文字上看，我们非常同意卢文昭的评价。他说：余独取“有道之世因而不为，责而不诏”二语，非深知治天下之大体者，焉能作斯语哉？说“其文辞之蔚然可观”也不是如此，但是说文辞艰涩理浅未必然。这一点朱熹之说就前后矛盾。前说‘其词故为艰涩而理实浅近’，后而又说《河图》之说“巧亦甚矣，唯其巧甚，所以知其非古书也”。这是前后矛盾不能自圆其说的。有人又说“其文不古”，但又说是抄

① 刘建国：《先秦伪书辨正》，陕西人民出版社2004年版，第266页。

自老庄荀孟之文，不也是前后矛盾吗？所以这一条证据不能证明《子华子》为伪书。①

今按：从古籍的文字及义理深浅来判断其真伪很不容易，陈振孙谓《子华子》“其文不古”，陈霆谓《子华子》“中多‘何以故’之语，此乃六朝文士翻译佛书之言”②，可为陈氏作一注脚。而且说《子华子》中有抄自《老》、《庄》、《荀》、《孟》等书者，是说《子华子》作伪的方法，与陈振孙所谓“其文不古”并不矛盾。

第二条：其理多取佛、老、医、卜之言的问题。认为《子华子》的《阳城胥渠问》篇中的‘风转谁转’等语是取浮屠之言，也只是一种猜测。在古书中哪里规定了‘风转谁转’就是佛家的专用之语的？实际上，子华子在这里是结合《易》、《河图》、《洛书》、《连山》、《归藏》的理论来解释什么风和自然情况的，哪里是佛教所说的风轮水轮呢？它与佛教讲的风轮水轮是风马牛而不相及的两回事情。至于有关老、医、卜的问题，说明子华子对老子、医学、三《易》确有研究和继承。认为伪造者，只能笼统地说剽之佛、《老》、《庄》、《荀》、《孟》、《素问》、《楚辞》之语，但指不出哪一条是抄自何书，出自何处，实际上是将莫须有的抄书罪名强加在《子华子》一书头上，以达到毁宋代王荆公安石之意图，因为他们说《子华子》是荆公之徒所作的。我们认为，子华子确实研究过古代三《易》，他说“《连山》以之而呈形，《藏归》以之而御气，《大易》以之而立数”。他研究过古代之《易》，而用来解释自然和社会的问题，本来无可非议，怎能说他的理论抄自卜筮之书呢？他的理论中确实有老子的道家思想和道家杨朱的贵生思想，这一点与《吕氏春秋·贵生》所说的子华子“贵生”条完全是一致的，所以《子华子》是汲取了老、庄的思想而并非抄录老庄而成书的。③

今按：前人在论证《子华子》为伪书时，确实多有笼统之嫌，未能指出哪一条是抄自何书，出自何处，但也有具体指出者，如吴师道就指出“今第二章‘丁氏穿井得一人’之说，即《吕览》所载，剽掠可以验也”④，方孝孺谓“其子车氏猳之喻，复窃韩愈所作《柳宗元墓铭》”⑤，只是前人做得不够系统。而《子华子》一书中所反映的道家思想，也确实并非直接抄录而来，其“贵生”思想也确实与《吕氏春秋》所引一致，但同样体现子华子“贵生”思想的子华子见韩昭厘侯（或作昭僖侯）一事，见于《庄子·让王》、《吕氏春秋·审为》，却不见今本《子华子》，这就不能不令人生疑。今录《吕氏春秋·审为》原文如下：

> 韩魏相与争侵地，子华子见昭厘侯，昭厘侯有忧色。子华子曰：“今使天下书铭于君之前，书之曰：左手攫之则右手废，右手攫之则左手废，然而攫之必有天下。君将攫之乎？亡其不与？”昭厘侯曰：“寡人不攫也。”子华子曰：“甚善。自是观之，两臂重于天下也，身又重于两臂。韩之轻于天下远；今之所争者，其轻于韩又远。君固愁身伤生以忧之，戚不得也。”昭厘侯曰：“善。教寡人者众矣，未尝得闻此言也。”子

① 刘建国：《先秦伪书辨正》，陕西人民出版社2004年版，第266页。
② （明）陈霆：《两山墨谈》，《丛书集成初编》本，商务印书馆1936年版，第68~69页。
③ 刘建国：《先秦伪书辨正》，陕西人民出版社2004年版，第266~267页。
④ （元）吴师道：《吴师道集》，吉林文史出版社2008年版，第385页。
⑤ （明）方孝孺：《逊志斋集》，宁波出版社2000年版，第110页。

华子可谓知轻重矣。知轻重，故论不过。①

从文中子华子与昭厘侯的对话，我们可以看出，其反映的思想正是《子华子》一书中“全生”或“贵生”思想。假使《子华子》一书为真书，何以不载此事？而此后之《庄子》、《吕氏春秋》反有记载。且《吕氏春秋》中《贵生》、《诬徒》、《知度》、《审为》四篇，高诱注子华子，或曰“古体道人”，或曰“古之体道人”，或曰“体道人也”，则可知《吕氏春秋·审为》中子华子与《贵生》、《诬徒》、《知度》诸篇中子华子为同一人。从《审为》所引子华子之事，我们可以判断出子华子为战国时人，并且《庄子》与《吕氏春秋》所载此事不是寓言，这个子华子也是实有其人。据吴师道所见两篇后《序》，“一称钓矶叟者，辨今书没昭僖侯一则，其意又使人致疑于庄，而证其为寓”②，今此后《序》不传，不知其如何辨《子华子》不载子华子见昭僖侯一事，但从思想的一致性来看，《子华子》一书是不应该缺失此事的。但由于与孔子倾盖而语的程本（即子华子）是春秋时人，《子华子》一书的定位也是春秋时书，与子华子见韩昭厘侯事在时间上有抵牾，为了消除这一矛盾，作伪者才未将此事载于《子华子》中。这才是《子华子》不载子华子见昭厘侯事的真实原因。

第三条：认定《子华子》为伪书是据《孔子家语》有孔子与程子倾盖而语的问题。《孔子家语》中确有此记载，但是这种记载根本不能构成伪造《子华子》一书的依据。如果《家语》是真书，则说明子华子与孔子在郑之地有过接触。如果《家语》是伪书，那么也不妨碍真有《子华子》一书。③

今按：朱熹原文为：“原其所以，只因《家语》等书有孔子与程子倾盖而语一事，而不见其所语者为何说，故好事者妄意此人既为先圣所予，必是当时贤者，可以假托声势，眩惑世人，遂伪造此书，以傅合之。”④在这里，朱熹只是推测作伪者的依据和动机，并非将其作为《子华子》是伪书的证据。

第四条：认定《子华子》是伪书的以《洛书》为《河图》的问题。本来，自从有《河图》、《洛书》以来，有关《河图》、《洛书》就有多种不同的解释。在宋代亦有两种不同的说法，北宋陈抟认为以九为《河图》、以十为《洛书》，而北宋刘牧则两易其名，以十为《河图》、以九为《洛书》，李觏宗其说。朱熹、蔡元定又宗陈抟之说改为以九为《河图》、以十为《洛书》。所以，从北宋到南宋有两种《河图》、《洛书》。一种是北宋时期的刘牧、李觏的《河图》、《洛书》；一种是南宋的朱熹、蔡元定的《河图》、《洛书》。到后来清代的黄宗羲、胡渭等人均对宋儒的学说表示反对。因而朱熹据《子华子》一书中所涉及的《河图》、《洛书》内容来证明是伪造者抄自刘牧的学说是不科学的。反之刘牧等人的看法系来自《子华子》一书也是可能的。……朱熹认为《子华子》是伪书有出乎门户之见的成分，是为保持自己的《河图》、《洛书》之说，不足为据。⑤

今按：关于《河图》、《洛书》的争论很多，《易·系辞》中已有“河出图，洛出书”的说

① 许维遹：《吕氏春秋集释》，中华书局2009年版，第591~592页。
② （元）吴师道：《吴师道集》，吉林文史出版社2008年版，第385页。
③ 刘建国：《先秦伪书辨正》，陕西人民出版社2004年版，第267页。
④ （宋）朱熹：《朱子全书》，上海古籍出版社2002年版，第3415页。
⑤ 刘建国：《先秦伪书辨正》，陕西人民出版社2004年版，第267~268页。

法，宋俞琰称："戴九履一之数，凡四十五。苏东坡断之曰非《易》数也，实纬书九宫之数耳。《子华子》言之，《大戴礼》言之，《乾凿度》言之，张衡言之，彼亦未尝指此为河图、洛书耳。"①可知《子华子》所言戴九履一之数是与汉代谶纬学有关的，当时并未与河图、洛书相联系。将河图、洛书与九、十的数图联系起来，是宋代才出现的，所以有学者认为："今所传之河图洛书，即一六居下及戴九履一之黑白点子两图，乃出于宋人所拟作，在汉唐时固未有此两图也。"②所以据朱熹与刘牧关于河图、洛书的争论来证明《子华子》为真书是不可靠的。

第五条：关于《子华子》为伪书的《序》不类刘向的问题，也是一种猜测，毫无根据。我们认为刘向的上奏校书的《序》写得清清楚楚，是程本撰写的书。③

今按：刘向《序》中内容，全部是《子华子》书中所有，如果后人伪造《子华子》，完全可以进一步伪造刘向《序》。如果刘向《序》为真，那么此《序》定在其《别录》中，而刘歆著《七略》时也当记载此书，而现在根据《别录》、《七略》而来的班固的《汉书・艺文志》却不载此书，这就不能不让人怀疑这篇刘向《序》的真实性了。

第六条：关于《汉书・艺文志》没有著录的问题。只能说明班固写《汉书》时没见过此书，不等于社会上不存在此书，《宋史・艺文志》有了著录，并有宋刻本流行于世，自然是后来发现此书而付梓，不能说明此书为伪造。

今按：从理论上说，《汉书・艺文志》没有著录的书未必在汉代就不存在。但是由于《子华子》前有刘向的《序》，再联系刘向与班固《汉书・艺文志》的关系，就不能说《子华子》的有无与《汉书・艺文志》是否著录无关了，因此是不会出现刘向叙录之书而不见于《汉书・艺文志》的情况的。

第七条：关于其书有"秦襄公方启西戎，子华子观政于秦"一段，涉及自秦襄公到赵简子时二百年的问题。经查现行的《子华子》中根本无这样一段文字，不知晁公武和宋濂是何所据？若是以讹传讹，不能以此为伪书之证据。关于《庄子》一书载子华子一事，经查《庄子・则阳》和《庄子・让王》两见，一是《让王》中有"韩魏相与争侵地，子华子见昭僖侯"的一段对话，二是《则阳》中有'魏莹与田侯牟约……华子闻而丑之'。按：魏莹前370年至前332年在位，韩昭侯前358年至前332年在位，此时魏国确有华子是无疑的，但不是赵简子前516年至前476年时之子华子程本，而是不同时代的同称不同姓的两个人。我们知道，在先秦时代的战国时期，对人的称呼有以姓加子者，如孟子、荀子；有以姓名加子者，如公孙龙子，韩非子，有以字号加子者如子思子；还有以姓前冠子，姓后加子者，如子墨子、鬼谷子等。作《子华子》书者是程本，字子华而称子华子。而庄子中的子华子则是华姓前冠子，姓后加子的人，因为《庄子・让王》中所说的子华子，即《则阳》中所说的华子，可见此人姓华而前冠子后加子。实则赵简子时的子华子和魏莹时期的子华子同是此三字，但为二人，一是程本字子华，一是华姓的魏国官员。《四库全书总目》作者说得对，两个子华子本为二人，但其结论为伪书则是错误的。这不能说明《子华子》即是伪书。所以，陆德明《庄子・释文》说子华子魏人是对的。而《辞海》将子华子说成魏人

① (宋)俞琰：《书斋夜话》，江苏古籍出版社 1988 年版，第 32 页。

② 吴鹭山：《河图洛书析疑》，《河北大学学报》1980 年第 4 期。

③ 刘建国：《先秦伪书辨正》，陕西人民出版社 2004 年版，第 268 页。

也是对的，但把《子华子》一书放在魏子华子身上，说是伪书是不对的。①

今按：晁公武称："其书有子华子为赵简子不悦，又有秦襄之卒，在春秋前，而赵简子与孔子同时，相去几二百年，其抵牾类如此。"②其中并无"秦襄公方启西戎，子华子观政于秦"之语，此语见于马端临《文献通考》录晁公武语，原文为："其书有子华子为赵简子不悦，又有秦襄公方启西戎，子华子观政于秦，夫秦襄之卒，在春秋前，而赵简子与孔子同时，相去几二百年，其抵牾类如此。"③宋濂则谓："予尝考其书，有云：'秦襄公方启西戎，子华子观政于秦。'又稽庄周所载子华子事，则云'见韩昭僖侯'。夫秦襄公之卒在春秋前，而昭僖之事在春秋后，前后相去二百余年，子华子何其寿也？"④这就有两种可能，或者是现存晁公武之书经后人删去"襄公方启西戎，子华子观政于秦"数字，或者是马端临据当时所见《子华子》书而补足晁公武之意，但从晁公武、马端临和宋濂三人所见《子华子》之书，有一点是可以肯定的，那就是在当时的《子华子》书中是有"襄公方启西戎，子华子观政于秦"的记载的，现行《子华子》中无这段文字只能说明在流传过程中被人删去，就像当时《子华子》的两篇后序今已不可见一样。所以这并非前人以讹传讹，而是后人删改的结果。而刘建国考证《子华子》和《庄子》中的子华子为两个人也是似是而非的。这种将子华子一分为二的作法，无法解释这样一个问题：为什么两个子华子在思想上是一致的？因为《子华子》及《吕氏春秋》中子华子主张"全生为上"，与《庄子》及《吕氏春秋》中所载"子华子见昭僖侯"时所发"两臂重于天下也，身亦重于两臂"之论是一脉相承的。因此这种将子华子分为两人的解释也是牵强的。另外，《四库全书总目》称："程本之名，见于《家语》，子华子之名见于《列子》，本非一人。"⑤这里也只是在说明程本与子华子不是一个人，并不是在说明《子华子》和《庄子》中的子华子不是一个人。

第八条认为：所谓后《序》中称子华子为鬼谷子老师，但言论似老子的问题，也说明不了是伪书。因为《子华子》中有似老子之言的，《鬼谷子》中也有似老子之言的，恰好说明后《序》所说还是有的放矢的，不能说是伪书。⑥

今按：鬼谷子与子华子关系，今不可考。从《子华子》与《吕氏春秋》重合的子华子言论部分，我们可以看出子华子是属于杨朱学派的，而《子华子》中其他内容确实有很多道家或后世道教的观点，从思想的层面来说，《子华子》是驳杂不纯的，这也与它是伪书有关。

(2)辨证三条外证

再辨证刘建国证明《子华子》为真书的三条外证如下：

第一条：刘向校录后上奏的《序》是真实不虚的。刘向《序》中所说的子华子之事与《孔子家语》的《致思》篇中的"孔子之郯，遭程子于途，倾盖而语终日，甚相亲，顾谓子路曰：取束帛以赠先生。子路屑然对曰：由闻之，士不中间见，女嫁无媒，君子不以交，理也。

---

① 刘建国：《先秦伪书辨正》，陕西人民出版社2004年版，第268页。

② （宋）晁公武著，孙猛校证：《郡斋读书志校证》，上海古籍出版社1990年版，第511页。

③ （元）马端临：《文献通考》，中华书局2011年版，第5989页。

④ （明）宋濂：《诸子辨》，朴社1926年版，第13页。

⑤ （清）永瑢等：《四库全书总目》，中华书局1965年版，第1106页。

⑥ 刘建国：《先秦伪书辨正》，陕西人民出版社2004年版，第268页。

有间。又顾谓子路，子路又对如初。孔子曰：由，诗不云乎：有美一人，清扬宛兮，邂逅相遇，适我愿兮。今程子天下贤士也，于斯不赠，则终身弗能见也，小子行之”的一段话相吻合。一般人有的认为《家语》是伪书，如崔东壁。但匡亚明在《孔子评传》一书中认为《家语》是有关孔子生平的资料，并且以《家语》等为据，作了《孔子年谱》，其中用了《孔子家语·本姓解》三条，《孔子家语·辩乐解》一条。《汉书·艺文志》著录《孔子家语》二十七卷。虽然唐颜师古注称非今所有《家语》，但可见《家语》唐代已有存本，后人之辨伪亦不可全信。刘向作校《子华子》上奏书序时，《孔子家语》尚存。恐怕其据也就是原《家语》一书。①

今按：前已论及刘向《序》之不可靠，不赘言。但这里仍有问题：即刘向《序》中所记子华子之事皆出自《子华子》一书所载，并且与孔子倾盖而语之人，《韩诗外传》仅言“程本子”，其文称“孔子遭齐程本子于郯之间”②，这是关于程子最早的记载，《孔子家语》只言“程子”，刘向所编《说苑》中载此事也称“孔子之郯，遭程子于涂”③，均未言子华子，将程本与子华子对应为一人的，只有《子华子》一书。也就是说，我们在除了《子华子》及刘向序之外的文献中，根本无法将程本与子华子理解为一个人，并且在刘向所编的《说苑》中述及程本时也没有说他与子华子为一个人，刘向的这篇《序》就显得更不可靠了，所以，《子华子》一书将程本与子华子合为一人是非常可疑的。此条不能作为《子华子》是真书的证据。

第二条：吕不韦的《吕氏春秋》一书中有采自《子华子》之文。《子华子·阳城胥渠问》篇“是故全生者为上，亏生者次之，死次之，迫斯为下矣。所谓全生者，六欲皆得其宜也。所谓亏生者，六欲分得其宜也。夫亏生则于其所尊者薄矣。其亏弥甚，则其尊弥薄。所谓死者，无有所知而复其未生也。所谓迫生者，六欲莫得其宜也，皆获其所甚恶者也。辱莫大于不义，不义者迫生也。故曰迫生不如死”被《吕氏春秋·贵生》所采用，而且在此段话后的评论也与《子华子》此段后的评论相同，只不过改变了一些说法而已。在《子华子·虎会问》篇中有“子华子曰：非然也。臣之所治者道也，道之为治，厚而不博，敬守其一，正性内足，群众不周，而务成一能。尽能既成，四境以平，唯彼天符，不周而同。此神农氏之所以长也，尧舜氏之所以章也，夏后氏之所以勤也。夫人主自智而愚人，自巧而拙人，若此则愚拙者请矣，巧智者诏矣，昭多则请者加多矣，请者加多，则是无不请也。主虽巧智，未无不知也。以未无不知应无不请，其道固穷。为人主而数穷于其下，将何以君人乎？穷而不知其穷，又将自以为多，夫是之谓重塞之国，上有讳言之君，下有苟且之俗，其祸起于欲为也，其祸起于愿治也。夫有欲为愿治之心，而获重塞之祸，是以臣愚以为国不足为也，事不足治也。昔者有道之世，因而不为，责而不诏，去想去意，静虚以待，不伐之言，不夺之事，循名聂(核)实，官庀其司，以不知为道，以奈何为宝”这一段文字，亦为《吕氏春秋·知度》篇所援引，只是句中有个别文字的改动。此外，《子华子·孔子赠第二》中的“夫丘陵崇而穴成于上，狐狸藏矣。溪谷深而渊成于下，鱼鳖安矣”被《吕氏春秋·先己》篇援引，为“丘陵成，而穴者安之，大水深渊成，而鱼鳖安矣”。《子

---

① 刘建国：《先秦伪书辨正》，陕西人民出版社2004年版，第268页。

② (汉)韩婴著，许维遹集释：《韩诗外传集释》，中华书局1980年版，第50页。

③ 向宗鲁：《说苑校证》，中华书局1987年版，第197页。

华子·执中第七》中的“王之乐其所以王，亡者亦乐其所以亡，故烹兽不足以尽兽，嗜其脯则几矣。王者有嗜于理义也，亡者亦有嗜乎暴慢也。所嗜不同，故其祸福也不同”这一段文字，亦为《吕氏春秋·诬徒》篇所援引。这完全可以证明《子华子》是先秦之真书，早在《吕氏春秋》之前就存在，而不是伪书。然而《四库全书总目》作者称：“《审为》篇(即《吕氏春秋》的《审为》)一条则故佚不载，以其掩其剽刘之迹，颇巧于作伪。”胡玉缙《四库全书总目提要补正》也以讹传讹持此说。细考之，此言非也。这并不是伪造《子华子》一书者故意掩其剽剥之迹，而是《审为》篇之子华子与撰《子华子》一书的程本，本来就是两个人。《审为》篇所援引之子华子之语是《庄子》在《让王》中提到的魏国的子华子而不是早其百年的程本字子华的子华子。请看《庄子·让王》与《吕氏春秋·审为》两相对照。《庄子·让王》说：“韩魏相与争侵地。子华子见昭僖侯，昭僖侯有忧色。子华子曰：今使天下书铭于君之前，书之言曰：左手攫之则右手废，右手攫之则左手废，然而攫之者必有天下。君能攫之乎？昭僖侯曰：寡人不攫也。子华子曰：甚善！自是观之，两臂重于天下也，身亦重于两臂。韩之轻于天下亦远矣，今之所争者，其轻于韩又远。君固愁身伤生以忧戚不得也！僖侯曰：善哉！教寡人者众矣，未尝得闻此言也。子华子可谓知轻重矣。”而《吕氏春秋·审为》篇援引此段文字时只是把昭僖侯写为昭厘侯，其余是一字不差的。这个子华子是我们考证的魏国的华姓上冠子后加子之子华子，并不是百年前之程本字子华的子华子甚明。《吕氏春秋》此文是援引自《庄子》，而《子华子》一书早于《吕氏春秋》二百多年。所以，今本《子华子》书中没有魏国华子的言论无疑是对的，并不是伪《子华子》者有意掩其剽刘之迹。这一点更能证明《子华子》一书为真而非伪。况且他们所说的只采《吕氏春秋》中二篇也是不对的，而是《吕氏春秋》采子华子文有四篇。由此可见证伪者的混乱不堪。①

今按：《吕氏春秋》所引子华子之语，确实与《子华子》一书所载多有雷同，并且还有《吕氏春秋》中未指明为子华子之语而出现在《子华子》一书中的。但是，仅从两书内容相同，很难证明是《吕氏春秋》抄自《子华子》的，因为也有可能是后人在伪造《子华子》一书时从《吕氏春秋》抄录而来。因此，这一条也不能作为《子华子》是真书的证据。至于《子华子》不载子华子见昭僖侯事，确实是有意掩其剽刘之迹，前文已有论证，不赘言。

第三条：刘向《序》中明确说明：“所校雠中，《子华子》书凡二十四篇，以相校复重有四篇，定著十篇，皆以杀青，书可缮写。”现存《子华子》的十篇，与刘向所言相合。虽然《汉书·艺文志》没著录，但从《孔子家语》中有《子华子》文字来看，确实当时世有传本，后来宋代亦有传本，至今有《四库全书》本、《百子全书》本等流传于世。②

今按：前文已言刘向《序》不可信，其“定著十篇”与现存《子华子》十篇相合，也同样可能为作伪者所为。且《孔子家语》中只言程子，从未称子华子，《子华子》在当时是否有传本，并不能直接从《孔子家语》得出结论。此条也不能作为《子华子》为真的证据。

(3)辨证七条内证

刘建国又于三条外证之外，列内证七条。今论列如下：

第一条：《子华子》一书的篇题体例是先秦之古书。先秦之古书，在春秋末战国初中期，多是问答体。如《论语》是问答体，《管子》是问答体，《墨子》是问答体，《子华子》也

① 刘建国：《先秦伪书辨正》，陕西人民出版社 2004 年版，第 268~269 页。
② 刘建国：《先秦伪书辨正》，陕西人民出版社 2004 年版，第 269 页。

是问答体。《墨子》中称子墨子曰，《子华子》中也称子华子曰。而篇题多是取篇中的最前句中的两字，或中间的两字或篇尾中之两字。如《论语》中《述而》是据“述而不作”前两字“述而”为篇名，《鹖冠子·能天》是据首段文字中“能天地而举措自然形也”之“能天”二字而定的篇名，《子华子》的《北宫子仕》是据句首“北宫子将仕于卫”而定的篇名，《虎会问》是据句首“虎会以其私问于程子曰”而定的篇名。①

今按：古书的篇题体例只是后人对先秦古书的总结，先秦之书，固然多为问答之题，但依据问答体的特征并不能证明必为先秦之书，如后世的拟经之作，多为模仿先秦之书而作，如扬雄《法言》仿《论语》而作，为问答体，我们就不能据此而认为《法言》是先秦之书。而篇题取字问题同样也不能作为判断先秦古书的标准，因为从《墨子》一书来看，它的各篇篇题大多为其文章主旨，而非取篇中最前、中间或篇尾之字而成。因此此条内证不足信。

第二条：《子华子》一书中，没有提到过其身后之人和事。其中多是与其弟子或同时代人的对话问答及其过去、当时发生的事件。如《阳城胥渠问》篇中关于子华子往见郯子，“郯子而达于礼乐，异乎吾所闻，肃驾而起，遵涂而归”一段事实，乃郯国在战国初之前未被越灭时的事情。子华子当时正往返于齐、晋、郯、赵之间。其他如“子华子违赵，赵简子不悦……而士以兵之”“子华子见齐景公，公问所以为国，奈何而治”以及子华子与晏子的对话，都是当时的人和事。②

今按：子华子卒年无考，无法断定书中是否记载其身后之人事，但书中记子华子与晏子论范氏、中行氏之亡，在晏子死后，后文有论，暂不详论。并且，从逻辑上推论，即使《子华子》书中没有记载其身后之事，以及所记过去、当时发生的事情，也不足以证明其为真书，因为后人在作伪时同样可以做到这一点。因此，此条也不能作为判断《子华子》一书为真的依据。

第三条：《子华子》一书中，子华子的弟子季沈有这样一段话：“季沈曰：自吾从于夫子也，辙迹不遗于四国，未有终岁以处也。”在《子华子》书中，所涉及程本往返之四国即晋国、赵国、齐国和郯国。从晋国去郯国“郯子以达于礼闻于诸侯。子华子亟往从之，见郯子焉。子华子曰……亦孔之照，今郯子非徒摇之也，又从暴之也。郯子而达于礼乐，异乎吾所闻，肃驾而起，遵途而归”。“子华子反自郯，遭孔子于途，倾盖而顾，相语终日，甚相亲也。”去赵国“子华子违赵，赵简子不悦……使使者于齐，而使董安于寓书以招之，子华子稽首而来”。子华子见齐景公问“所以为国，奈何而治？”在晋国，“志矣归晋……”这都是当时之人和事，足证其书为真。③

今按：刘建国所引季沈之言，断章取义，此段见《子华子·虎会问》，其全文为：“子华子往见季沈，季沈曰：‘自吾从于夫子也，辙迹不遗于四国，未有终岁以处也。夫子亦勤且病矣。哀也鄙人，不通于夫子之量。天下失道，黑白溷溷，而吾夫子驾其说将安之？哀将有以请而弗敢也，愿质之于吾子。’子华子曰：‘然。仲尼天也，其可违物而莫处乎？其可绝物而自营乎？日月不宇宙，四指必迷所乡矣。仲尼人之准绳也，仲尼之辙迹则病

① 刘建国：《先秦伪书辨正》，陕西人民出版社2004年版，第270页。

② 刘建国：《先秦伪书辨正》，陕西人民出版社2004年版，第270页。

③ 刘建国：《先秦伪书辨正》，陕西人民出版社2004年版，第270页。

矣，而亦皇暇之恤。’季沈曰：‘敢问吾子之不试，何也？’子华子曰：‘本也何足以望夫子，夫子轸方而轂圆者也，将无乎而不可，我则有所可也。夫以我之所可，而从夫子之无乎不可，逝将从其后也。’”据此子华子与季沈问答，可知季沈口中的“夫子”指孔子，而“吾子”为子华子，季沈为孔子弟子，而非子华子弟子。又按，刘宗周《孔子家语考次》称：“公晳哀，齐人，字季沈，鄙天下多仕于次夫家者，是故未尝屈节人臣，孔子特叹赏之。”①而《史记·仲尼弟子列传》云：“公晳哀，字季次，孔子曰：‘天下无行，多为家臣，仕于都，唯季次未尝仕。’”②裴骃《集解》称：“《孔子家语》云齐人。”③则季沈或为季次，或有误字，但其为孔子弟子则无疑义。如此，则“辙迹不遗于四国”之人为孔子，而非子华子。且其指四国为晋国、赵国、齐国、郯国，更是附会之说，赵简子当时为晋国大夫，何来赵国之说？赵国是三家分晋时从晋国分出的，晋国与赵国岂能同列？刘建国张冠李戴，附会穿凿，其结论自然不足为信。

第四条：《子华子》中有“七十九代之君，法制不一，号令不齐，而俱王于天下”，“七十九代之君，其为法不同，而俱王于天下，用此道也。”据我们考证由五帝开始，黄帝、颛顼、帝喾、尧、舜为五代，夏从禹至桀为十七代，商从汤至纣为三十代，西周从武王至幽王为十二代，东周从平王至元王为十五代，总计起来，共七十九代。元王系前475年至前469年在位，此时正是赵简子四十三年至简子四十九年之间。所以这话是子华子在周元王期间说的，说明这二篇书或全书是在这八年之中间撰写的。因此“七十九代之君”则是《子华子》为真书的重要内证。④

今按：《管子·治国篇》称：“昔者七十九代之君，法制不一，号令不同，然俱王天下者，何也？必国富而粟多也。”⑤又《管子·封禅篇》称：“桓公既霸，会诸侯于葵丘，而欲封禅。管仲曰：‘古者封泰山禅梁父者七十二家，而夷吾所记者十有二焉。昔无怀氏封泰山，禅云云；宓羲封泰山，禅云云；神农封泰山，禅云云；炎帝封泰山，禅云云；黄帝封泰山，禅云云；颛顼封泰山，禅云云；帝喾封泰山，禅云云；尧封泰山，禅云云；舜封泰山，禅云云；禹封泰山，禅会稽；汤封泰山，禅云云；周成王封泰山，禅社首。皆受命然后得封禅。’”⑥今据《管子》此二篇，可知管仲言“七十九代之君”至少是从无怀氏算起的，至周元王自然不止七十九代，且子华子在管子后，此处有因袭《管子》之嫌疑。“七十九代之君”也未必指从五帝至周元王之七十九代，此条证据有附会之嫌，所以“七十九代之君”一说自然不能作为《子华子》为真书的重要内证。

第五条：《子华子》中有其见《连山》、《归藏》之迹象。他说：“天之精气，其大数常出三而人一，其在人，呼则出也，吸则入也。是故一之谓专，二之谓耦，三之谓化。专者才也，耦则干也，化者神也。凡精气以三成，三者成数矣。宓牺轩辕所柄以计者也。赫胥大庭惝恍如有所遗者也。故日出于一，立于两，成于三。《连山》以之而呈形，《归藏》以

① 刘宗周：《孔子家语考次》，《刘宗周全集》第5册，浙江古籍出版社2007年版，第349页。
② （汉）司马迁：《史记》，中华书局1959年版，第2209页。
③ （汉）司马迁：《史记》，中华书局1959年版，第2209页。
④ 刘建国：《先秦伪书辨正》，陕西人民出版社2004年版，第270页。
⑤ 黎凤翔：《管子校注》，中华书局2004年版，第924页。
⑥ 黎凤翔：《管子校注》，中华书局2004年版，第952~953页。

之而御气，大《易》以之而立数也。”这里可以看出，在子华子时代，他对《连山》、《归藏》这样熟悉，不仅看到过，而且研究过，说明《连山》和《归藏》还都存在于世，与《周易》并行流传，这是战国末期到秦汉时期所不能有的。它反映了子华子所处的春秋末期的时代背景。①

今按：关于《连山》、《归藏》、《周易》最早的记载见于《周礼·春官》：太卜“掌三《易》之法，一曰《连山》，二曰《归藏》，三曰《周易》”②。但是《子华子》书中与子华子同时之孔子、晏子在其书中都并未论及《连山》、《归藏》，孔子作《易传》，若当时有《连山》、《归藏》之书，孔子何以未曾论及，此令人生疑，子华子时三《易》并行之说不可靠。又按：晁公武《郡斋读书志》中《三坟书》条称：“右皇朝张商英天觉得之于比阳民家，坟皆古文，而传乃隶书，所谓《三坟》者，山、气、形也。”③王应麟称：“《三皇太古书》三卷，《柴霖传》亦谓之《三坟》，曰山、气、形，天皇伏羲氏本山坟而作《易》，曰《连山》；人皇神农氏本气坟而作《易》，曰《归藏》；地皇黄帝氏本形坟而作《易》，曰《坤乾》。……《连山》之大象有八，曰君、臣、民、物、阴、阳、兵、象，而统以山；《归藏》之大象有八，曰归、藏、生、动、长、育、止、杀，而统以气；《坤乾》之大象有八，曰天、地、日、月、山、川、云、气，而统以形。皆八而八之，为六十四，其书汉魏不传，至元丰中始出于唐州比阳之民家，世疑伪书。”④又称：“元丰中(七年)毛渐奉使京西得之，其书以山、气、形为别，山坟谓之《连山》，气坟《归藏》，形坟《坤乾》，与先儒言三《易》异。”⑤则北宋元丰中，《三坟》流传于世，且以山坟、气坟、形坟为《连山》、《归藏》、《乾坤》，则《子华子》若伪作于此时，其有论及三《易》之语，也不是没有可能的。因此，说子华子论三《易》“反映了子华子所处的春秋末期的时代背景”也是靠不住的。

第六条：在《虎会问》篇中，分析晋国杀了窦叔子、舜华和吾丘鸩逃到他国之后的形势时指出：“主君之所与懋昭其庸，而光贲于赵宗也。公室六分，河山之间，龟折而鼎立，范氏、中行氏，不庇其社而颓其宗。”其中公室六分指的就是当时的韩、赵、魏三卿和智伯氏、范氏、中行氏三卿共六卿专权的局面，称“今”是说的当时之事，不是当代之人是作不出这种分析的。⑥

今按：《子华子》书中不仅记载公室六分，《晏子篇》中还记载到子华子与晏婴论栾氏、范氏、中行氏之亡，此在晏婴之后，下文有考，不赘言。并且其“不是当代之人是作不出这样的分析”的判断，也是毫无根据的，因为后世之人比“当代人”对历史的整体把握或许更加准确。所以，此条也是不能成立的。

第七条：《子华子》一书的论政等观点，也不是后世所能有的。比如子华子见齐景公，齐景公问政的一段中，子华子有答曰：“齐之所以为齐者，抑以异矣。钟鼓祝圉，日以抎考，而和声不闻。司空之刀锯，断断如也，而罪罟滋长。诸侯之宾客，膏其唇吻而争进谀

① 刘建国：《先秦伪书辨正》，陕西人民出版社2004年版，第270页。

② (汉)郑玄注，贾公彦疏：《周礼注疏》，《十三经注疏》第2册，中华书局2009年版，第1733页。

③ (宋)晁公武著，孙猛校证：《郡斋读书志校证》，上海古籍出版社1990年版，第144页。

④ (宋)王应麟：《玉海》，江苏古籍出版社，上海书店1987年版，第662页。

⑤ (宋)王应麟：《玉海》，江苏古籍出版社，上海书店1987年版，第697页。

⑥ 刘建国：《先秦伪书辨正》，陕西人民出版社2004年版，第270页。

言。左右在廷之人，主为蔽蒙，僮夫竖隶，晓然皆知公上之有愲心也。造伪歌谣以蛊君心，君曾不之知也。冕旒清晨，位宁以德，怒焉以古人自耦，君之心则泰矣。夫其谁而顾肯以其一介之鄙，试尝君之嗜好，而以干其不测之祸，臣戆而不知，方始而至于朝也，窃有疑焉，夷考所由来，以君之心胜故也。心胜则道不集矣。群臣之不肖者，又随而扬之，故其蔽日以深，其固如性，而君曾不知之也。夫以君之明，疏瀹其所底滞，而开之以乡道，夫孰能御之。抑臣闻之，万物之变也，万事之化也，不可为也，不可究也，因其然而推之，则无不得其要者矣。故臣愚以为国不足为也，事不足治也。公曰：洋洋乎而之所以言，吾欲以有说而无所措吾辞，而之道博大而无倪，吾所不能为也。"这里所说的齐景公之世的君臣上下情况和景公之胜心，正和司马迁《史记·齐太公世家》中论及景公的时代背景相同。从景公初年就有庆封杀崔杼之事件，景公三十二年，彗星见，景公坐柏寝，叹曰："堂堂谁有此乎？"群臣皆泣，只有晏子笑而曰"臣笑群臣谀甚"的对话，两相比较与晏子之谏内容是一致的。①

今按：两者历史背景相同，并不能作为其为真书的证据，因为作伪者完全有可能根据《史记》中的历史背景虚构出一段"子华子见齐景公"的故事来。因此，此条也靠不住。

综上所述，刘建国证明《子华子》一书为真书的证据，或者忽略常识，或者断以臆见，或者牵强附会，或者张冠李戴，都是靠不住的。因此，其对《子华子》的辨正结论是不能成立的。但是，对《辨正》一书的辨证，只能说明刘建国的证明是错误的，而要证明《子华子》为伪书，还要拿出进一步的证据。

3.《子华子》辨伪新证

以下拟从史源学的角度，对《子华子》一书的部分内容探源，以完成辨伪的任务，将《子华子》一书彻底证伪。

在辨伪之前，应该说明一下本文辨伪的两个前提。第一，由于从《汉书·艺文志》到北宋的目录类典籍并无著录《子华子》者，《庄子》、《吕氏春秋》之外，也没有论及子华子其人、其书者，因此本文预设汉代到北宋之间的学者并未受《子华子》一书影响，若《子华子》一书真为先秦之书，也只能以"出土"或类似的形式在两宋之际重现人间。第二，由于《子华子》一书没有在社会流传，那么这一文本就应该是作为一个整体出现的，不存在后世学者增入部分内容的可能。第一个前提意在说明：如果从汉代到北宋期间某一学者的著作与《子华子》一书在内容上相似或相同，只能说明是《子华子》一书袭自他人，而非相反。第二个前提意在说明：如果《子华子》一书有部分内容是伪造的，那么它在整体上也应该是伪造的，那些明显因袭前人内容之外的部分，可能是作伪者自己创作的。

另外，本文的证据又有直接证据和辅助证据之别。直接证据是基于以上两个前提，可以直接证明《子华子》是伪书的证据。辅助证据是不能直接证明《子华子》是伪书，但可以帮助我们进一步认识《子华子》是如何作伪的证据。

(1)直接证据

①《阳城胥渠问篇》："夫混茫之中，是名太初。实生三气，上气曰始，中气曰元，下气曰玄。"

---

① 刘建国：《先秦伪书辨正》，陕西人民出版社 2004 年版，第 270~271 页。

今按：北宋张君房所编《云笈七签》①卷二“空洞”条引道君之言曰：“三气混沌，生乎太虚而立洞，因洞而立无，因无而生有，因有而立空，空无之化，虚生自然。上气曰始，中气曰元，下气曰玄。玄气所生出乎空，元气所生出乎洞，始气所生出乎无。”②“三气”说为后世道教重要理论，先秦道家并无此说，《子华子》“三气”说明显袭自《云笈七签》，其为伪书可知。

②《孔子赠篇》：“且尔亦闻牧野之事乎？周之六师，压郊而陈，武王韈系解焉，有五臣者，将受誓事于前，王顾而使之系。五臣者相目而对曰：‘臣之所以事君王，非为系韈者也。’王不得已，乃释旄钺而亲系之。”

今按：唐《艺文类聚》卷十二引皇甫谧《帝王世纪》③曰：“……四年，起师而东，至商郊牧野，乃作木檜。王韈系解，五人御于前，莫肯为王系韈，皆曰：臣所以事君王，非为系韈也。王乃释旄钺而系之。”④则《子华子》“武王系韈”事乃改造《帝王世纪》而来，则其为伪书可知。

③《北宫子仕篇》：“元，太初之中气也，天帝得之，运乎无穷；后土得之，溥博无疆。人之有元，百骸统焉。古之制字者，知其所以然，是故能固其元，为完具之完；残其所固，为寇贼之寇；加法度焉。”

今按：宋陈郁(1184—1275)《藏一话腴》称：“因考《字说》云：‘……元者，太初之中气，能固其元，则为完固之完，残其所完，则为寇矣。’”⑤则《子华子》此条改自王安石《字说》，则晁公武等谓其多用《字说》，也是有根据的，此外，《子华子》中还有一些可能抄自王安石《字说》，如《子华子·执中》称：“古之制字者，兹心为慈，如心为恕，非其心也，则失类而悲。”又称：“子华子曰：‘凡物之有所由者，事之所以相因也，理之所以相然也。轴之轴，车由所以相运也；细之细，思(或作丝)由是以相属也；姓伷之伷，族由是以有分也；橘柚之柚，味由是以有别也；宇宙之宙，理由是以有传也；禾之油油，谷由是以登也；云之油油，雨由是以降也；忧心有妯，心由是以动也；左旋右抽，军由是以正也。故凡物之所由有者，事之所以相因也，理之所以相然者也。’”但因《字说》已经亡佚，无从证实。

④《执中篇》：“五方之物，其为数亦如之，鳞虫三百有六十，震宫苍龙为之长；羽虫三百有六十，离宫朱鸟为之长；毛虫三百有六十，兑宫麒麟为之长；介虫三百有六十，坎宫伏龟为之长；倮虫三百有六十，盈宇宙之间，人为之长。一人之身，为骨凡三百有六十。”

今按：戴胜《大戴礼记》称：“毛虫之精者曰麟，羽虫之精者曰凤，介虫之精者曰龟，鳞虫之精者曰龙，倮虫之精者曰圣人。”⑥又《孔子家语》称：“羽虫三百有六十，而凤为之长；毛虫三百有六十，而麟为之长；甲虫三百有六十，而龟为之长；鳞虫三百有六十，而

① 此书天圣七年(1029)编成。
② (宋)张君房：《云笈七签》，中华书局2003年版，第17页。
③ 《帝王世纪》至宋时已颇亡佚，现存辑本《帝王世纪》此条即辑自《艺文类聚》。
④ (唐)欧阳询：《艺文类聚》，上海古籍出版社1965年版，第224页。
⑤ (宋)陈郁：《藏一话腴》乙集卷上，适园丛书本。
⑥ (清)王聘珍：《大戴礼记解诂》，中华书局1983年版，第100页。

龙为之长；倮虫三百有六十，而人为之长。”①又《礼记·月令注疏》卷十六称：“《正义》曰：《大戴礼》及《乐纬》云：麟虫三百六十，龙为之长；羽虫三百六十，凤为之长；毛虫三百六十，麟为之长；介虫三百六十，龟为之长；倮虫三百六十，圣人为之长。”②则汉代始有鳞虫、羽虫、毛虫、介虫、倮虫之分，且当时并未与震、离、兑、坎四宫相配，则《子华子》此条当为袭《孔子家语》等书而又以之配四宫，则《子华子》之为伪书可知。

⑤《大道篇》：“子华子曰：‘万物玄同，孰是而孰非。’”

今按：刘安《淮南子·原道训》称：“故无所喜而无所怒，无所乐而无所苦，万物玄同也，无非无是，化育玄耀，生而如死。”③《子华子》此条改《淮南子》陈述句为反问句，而其所表达之思想则是一致的，则《子华子》袭自《淮南子》，其为伪书可知。

⑥《北宫意问篇》：“昔者有虞氏弹五弦之琴以歌南风之《诗》，而光被四表，格于上下；周公之佐成王也，希膳不彻于前，钟鼓不解于悬，而歌《雍》咏《勺》，六服承德。”

今按：伏胜《尚书大传》卷二称：“舜弹五弦之琴，歌南风之诗，而天下治。”④韩婴《韩诗外传》称：“舜弹五弦之琴，以歌《南风》，而天下治；周公酒不离于前，钟石不解于悬，以辅成王，而宇内亦治。”⑤刘安《淮南子·泰族训》：“舜为天子，弹五弦之琴，歌南风之《诗》，而天下治；周公肴臑不收于前，钟鼓不解于悬，而四夷服。”⑥则汉初尚未将舜与周公并列，至韩婴、刘安始并列，则《子华子》此条当据此三家之意而作，其为伪书则可知。

⑦《北宫意问篇》：“水以润之，火以熯之，土以溽之，木以敷之，金以敛之，此以其性言也。水之洌也，火之炎也，土之蒸也，木之温也，金之清也，此以其气言也。水在下，火在上，土在中，木在左，金在右，此以其位言也。水之平也，火之锐也，土之圜也，木之曲直也，金之方也，此以其形言也。水则因，火则革，土则化，木则变，金则从革，此以其材言也。水，并洫也；火，文焚治也；木、金；器械也；土，爰稼穑也，此以其事言也。”

今按：王安石《洪范传》称：“润者，性也；炎者，气也；上下者，位也；曲直者，形也；从革者，材也；稼穑者，人事也；……水言润，则火熯、土溽、木敷、金敛皆可知也；火言炎，则水洌、土烝、木温、金清皆可知也；水言下，火言上，则木左、金右、土中央皆可知也，推类而反之，则曰后曰前，曰西曰东，曰北曰南，皆可知也；木言曲直，则土圜、金方、火锐、水平皆可知也；金言从革，则木变、土化、水因、火革皆可知也；土言稼穑，则水之井洫、火之爨冶、木金之为械器皆可知也。”⑦《子华子》此条改造王安石《洪范传》之句式，其论五行之性、气、位、形、材、事与王安石完全相同，所表达之

① （魏）王肃：《孔子家语》，上海古籍出版社1990年版，第69页。

② （汉）郑玄注，孔颖达正义：《礼记正义》，《十三经注疏》第3册，中华书局2009年版，第2970页。

③ 刘文典：《淮南鸿烈集解》，中华书局1989年版，第36页。

④ （清）皮锡瑞：《尚书大传疏证》，《续修四库全书》55册，上海古籍出版社2002年版，第724页。

⑤ （汉）韩婴著，许维遹集释：《韩诗外传集释》，中华书局1980年版，第135页。

⑥ 刘文典：《淮南鸿烈集解》，中华书局1989年版，第678页。

⑦ （宋）王安石：《王荆公文集笺注》，巴蜀书社2005年版，第996~997页。

思想也完全相同！《子华子》此条必从《洪范传》抄袭而来，其为伪书可定谳矣。又按，邓铁涛、郑洪主编的《中医五脏相关学说研究——从五行到五脏相关》一书已注意到《子华子》与王安石的《洪范传》相似，其在引用《洪范传》此段后说道："值得注意的是这一段论述在《子华子》中也有记载。《子华子》旧署周代程本著，《四库全书总目提要》认为其为宋人伪作，书中论五行有性、气、位、形、材、事不同层面，基本上同于王安石的说法……二者不知孰先孰后，但从论说的完整性来说，《子华子》不如王安石，因为王安石还有具体的解释。"①邓、洪等人书对《子华子》一书的流传不甚清楚，故未能断定二者先后顺序，今断定《子华子》此段乃袭取王安石《洪范传》而来。

⑧《神气篇》："子华子曰：'今世之士其无幸欤，川阅水以成川，世阅人而为世。河之下龙门也，疾如箭之脱筈。'"

今按：《陆士衡文集》卷三《叹逝赋》称："悲夫！川阅水以成川，水滔滔而日度；世阅人而为世，人冉冉而行暮。人何世而弗新，世何人之能故。"又《慎子》外篇曰："河之下龙门，其流驶如竹箭，驷马追弗能及。"《子华子》此条当为改造《叹逝赋》及《慎子》而来，其为伪书可知。

以上八条，皆可看出为《子华子》抄袭他书而来，可知其为伪书。此外，《子华子》一书内部也有一处抵牾，也可作为判定其为伪书的直接证据。其《晏子篇》称："子华子曰：'……本，晋国之鄙人也，尝得故记之所以道者矣，昔先大夫栾武子之在位也……栾氏以亡。昔先大夫随武子之在位也……范氏以亡。昔先大夫中行文子之在位也……中行氏以亡。……'晏子曰：'骇乎哉言也。微吾子，婴无所闻之。婴也，请刻诸佩觿，以志其不忘也。'"清代著名诗人田雯《读子华子跋》称："篇中引中行氏，已是战国时人，《孔子赠》一章，当是因《家语》、《韩诗外传》而傅会者，读之疑为伪书焉。"②今按，《史记·齐太公世家》称："四十八年，与鲁定公好会夹谷。……是岁，晏婴卒。"③则晏子卒于齐景公四十八年(前500)。又，《史记·晋世家》卷三十九称："八年，齐庄公微遣栾逞于曲沃，以兵随之。……逞败走曲沃，曲沃攻逞，逞死，遂灭栾氏宗。"则栾氏灭于晋平公八年(前550)。又按：《史记·赵世家》："晋定公二十一年，简子拔邯郸，中行文子奔栢人，简子又围栢人，中行文子、范昭子遂奔齐。"则范氏、中行氏亡于晋定公二十一年(前491)。则晏婴不及见范氏、中行氏之亡，而子华子与晏婴论及栾氏、范氏、中行氏之亡，时代错乱。

从以上九条直接证据，我们可以断定，《子华子》一书是伪托之作！

(2)辅助证据

除了上面九条直接证据之外，《子华子》一书中还有许多辅助证据，虽然这些证据不能够直接判定其为伪书，但是却可以帮助我们更好地了解《子华子》一书的伪书性质及其作伪手段。现罗列如下：

①《子华子》袭《吕氏春秋》

先秦古书中记载子华子的有《庄子》和《吕氏春秋》两书，且尤以《吕氏春秋》为多，其

---

① 邓铁涛、郑洪主编：《中医五脏相关学说研究》，广东科技出版社2010年版，第111~112页。

② (清)田雯：《古欢堂集》，《清代诗文集汇编》138册，上海古籍出版社2010年版，第504页。

③ (汉)司马迁：《史记》，中华书局1959年版，第1050页。

直接引用子华子之论者有五处，记子华子见韩昭厘侯事一处。其中子华子见韩昭厘侯事亦载此前之《庄子》一书中。

现列《子华子》袭《吕氏春秋》所引子华子之语五处如下：

a.《吕氏春秋·贵生》："子华子曰：全生为上，亏生次之，死次之，迫生为下。故所谓尊生者，全生之谓；所谓全生者，六欲皆得其宜也；所谓亏生者，六欲分得其宜也，亏生则于其尊之者薄矣，其亏弥甚者也，其尊弥薄；所谓死者，无有所以知，复其未生也；所谓迫生者，六欲莫得其宜也，皆获其所甚恶者，服是也，辱是也，辱莫大于不义，故不义，迫生也，而迫生非独不义也，故曰迫生不若死。奚以知其然也？耳闻所恶，不若无闻；目见所恶，不若无见。故雷则掩耳，电则掩目，此其比也。凡六欲者，皆知其所甚恶，而必不得免，不若无有所以知。无有所以知者，死之谓也，故迫生不若死。嗜肉者，非腐鼠之谓也；嗜酒者，非败酒之谓也；尊生者，非迫生之谓也。"①

今按：《子华子·阳城胥渠问》："子华子曰：'……是故全生者为上，亏生次之，死次之，迫斯为下矣。所谓全生者，六欲皆得其宜也；所谓亏生者，六欲分得其宜也。夫亏生则于其所尊者薄矣，其亏弥甚，则其尊弥薄，所谓死者，无有所知，而复其未生也。所谓迫生者，六欲莫得其宜也，皆获其所甚恶者也，辱莫大于不义，不义者迫生也，故曰迫生不如死。人之常情，耳闻而目见也。耳闻所甚恶，不如无闻；目见所甚不欲，不如无见。是以迅雷则掩耳，恐故也。所贵乎嗜粱肉者，非腐鼠之谓也；所贵乎饮醪醴者，非败酒之谓也；所贵乎尊生者，非迫生之谓也。夫迫生之人，鞠穷而归，故曰迫斯为下矣。'"

b.《吕氏春秋·先己》："子华子曰：'丘陵成而穴者安矣，大水深渊成而鱼鳖安矣，松柏成而涂之人已荫矣。'"②

今按：《子华子·孔子赠》中子华子授赵简子使者书，其辞曰："夫丘陵崇而穴成于上，狐狸藏矣；溪谷深而渊成于下，鱼鳖安矣；松柏茂而阴成于材，涂之人则荫矣。"

c.《吕氏春秋·诬徒篇》："子华子曰：王者乐其所以王，亡者亦乐其所以亡，故烹兽不足以尽兽，嗜其脯则几矣。然则王者有嗜乎理义也，亡者亦有嗜乎暴慢也。所嗜不同，故其祸福亦不同。"③

今按：《子华子·执中》："子华子曰：'王者乐其所以王，亡者亦乐其所以亡。故烹兽不足以尽兽，嗜其脯则几矣。王者有嗜于理义也，亡者亦有嗜乎暴慢也。所嗜不同，故其祸福亦不同也。'"

d.《吕氏春秋·明理》："子华子曰：夫乱世之民，长短颉啎百疾，民多疾疠，道多褓襁，盲秃伛尪，万怪皆生。"④

今按：《子华子·神气》："子华子曰：'末世之俗则不然，烦称文辞而实不效，知谲相诞而情不应，盖先霜霰以戒裘炉者矣，机括存乎中，而群有诈心者，族攻之于外，是以父哭其子，兄丧其弟，长短颉牾，百疾俱作。时方疾疠，道有繈负，盲秃狂伛，万怪以生。'"

① 许维遹：《吕氏春秋集释》，中华书局2009年版，第41~42页。
② 许维遹：《吕氏春秋集释》，中华书局2009年版，第73页。
③ 许维遹：《吕氏春秋集释》，中华书局2009年版，第96~97页。
④ 许维遹：《吕氏春秋集释》，中华书局2009年版，第152页。

e.《吕氏春秋·知度》："子华子曰：厚而不博，敬守一事，正性是喜，而务成一能，尽能既成，四夷乃平，惟彼天符，不周而周，此神农之所以长，尧舜之所以章也。人主自智而愚人、自巧而拙人若此，则愚、拙者请矣，巧、智者诏矣。诏多则请者愈多矣，请者愈多，且无不请也。主虽巧智，未无不知也。以未无不知，应无不请，其道固穷。为人主而数穷于其下，将何以君人乎？穷而不知其穷，其患又将反以自多，是之谓重塞之主，无存国矣。故有道之主，因而不为，责而不诏，去想去意，静虚以待，不伐之言，不夺之事，督名审实，官使自司，以不知为道，以奈何为实。尧曰若何而为及日月之所烛，舜曰若何而服四荒之外，禹曰若何而治青北，化九阳、奇怪之所际？"①

今按：《子华子·虎会问》："子华子曰：'非然也。臣之所治者，道也。道之为治，厚而不薄，敬守其一，正性内足，群众不周，而务成一能。尽能既成，四境以平。唯被天符，不周而同，此神农氏之所以长也，尧舜氏之所以章也，夏后氏之所以勤也。夫人主自智而愚人、自巧而拙人若此，则愚、拙者请矣，巧、智者诏矣。诏多则请者加多矣，请者加多，则是无不请也。主虽巧智，未无不智也。以未无不智、应无不请，其道固穷，为人主而数穷于其下，将何以君人乎？穷而不知其穷，又将自以为多，夫是之谓重塞之国。……昔者有道之世，因而不为，责而不诏，去想去意，静虚以待。不伐之言，不夺之事，循名覈实，官庀其司，以不知为道，以奈何为宝。神农曰若何而和万物、调三光，尧曰若何而为日月之所烛，舜曰若何而服四荒之外，禹曰若何而治青北九阳奇怪之所际。'"

此五处之外，《吕氏春秋》中尚有无关子华子而被《子华子》袭取者。现列如下：

a.《吕氏春秋·尽数》："流水不腐，户枢不蝼，动也。"②

今按：《子华子·北宫意问》："流水之不腐，以其逝故也；户枢之不蠹，以其运故也。"

b.《吕氏春秋·淫辞》："宋有澄子者，亡缁衣。求之涂，见妇人衣缁衣，援而弗舍，欲取其衣，曰：今者我亡缁衣。妇人曰：公虽亡缁衣，此实吾所自为也。澄子曰：子不如速与我衣。昔吾所亡者，纺缁也；今子之衣，禅缁也。以禅缁当纺缁，子岂不得哉？"③

今按：《子华子·神气》："宋有澄子者，亡其缁衣，顺涂以求之。见妇人衣缁衣焉，援之而弗舍，曰：'而以是偿我矣。'妇人曰：'公虽亡缁衣，然此吾所自为者也。'澄子曰：'而弗如速以偿我矣。我昔所亡者纺缁也，今子之所衣者禅缁也，以禅缁而当我之纺缁也，而岂有所不得哉？'"

c.《吕氏春秋·察传》："宋之丁氏，家无井，而出溉汲，常一人居外，及其家穿井，告人曰：'吾穿井，得一人。'有闻而传之者曰：'丁氏穿井得一人。'国人道之，闻之于宋君，宋君令人问之于丁氏，丁氏对曰：'得一人之使，非得一人于井中也。'求能之若此，不若无闻也。"④

今按：吴师道《题子华子后》称："今第二章丁氏穿井得一人之说，即吕览所载，剽掠

---

① 许维遹：《吕氏春秋集释》，中华书局2009年版，第455~456页。

② 许维遹：《吕氏春秋集释》，中华书局2009年版，第66~67页。

③ 许维遹：《吕氏春秋集释》，中华书局2009年版，第492页。

④ 许维遹：《吕氏春秋集释》，中华书局2009年版，第618~619页。

可以验也。"①《子华子·阳城胥渠问》:"昔宋有丁氏,家故无井,而出溉汲焉,常一日而一人居外,惩其如是也。鸠工而穿井于其家,相与语曰:今吾之穿井,得一人矣。有闻而传之者,曰丁氏穿井而得一人也,国人更相道之。语彻于宋君,宋君召其人而质之,丁氏对曰:自臣穿井,家获一人之力,非得一人于井也。"

这三处也可以进一步说明《子华子》部分内容是抄袭《吕氏春秋》而来,《子华子》必是伪书。

此外,还有一个重要的问题值得讨论,这就是:《庄子》和《吕氏春秋》所载子华子见韩昭厘侯一事②,《子华子》为什么没有记载?刘建国认为《子华子》一书中的子华子与见韩昭厘侯之子华子是两个人,前文已经谈到,但是其解释是牵强的,因为他无法解释"两个"子华子思想上的一贯性。在我们判定《子华子》一书为伪书之后,这一问题就迎刃而解了。因为作伪者将《子华子》一书定位为春秋末期之书,子华子与孔子、晏子同时,自然不可能有见战国时的韩昭厘侯之事,所以作伪者为掩盖其作伪痕迹,故意省去此事;其以程本为晋国人,一则以程本为晋程婴之后,则《韩诗外传》中的"齐程本子"在这里就变成了晋国人;一则当以陆德明《经典释文》所引子华子为魏国人而来,春秋时有晋国而无魏国,子华子自然就由"魏国人"变成了"晋国人",由战国时人变成了春秋时人。又吴师道《题子华子后》中论书后两篇后序称:"一称钓矶叟者,辨今书没昭僖侯一则,其意又使人致疑于《庄》,而证其为寓。"③今《子华子》后序两篇均不可见,从吴氏之言,可知其中钓矶叟之序有考辨为何《子华子》中不载其见韩昭厘侯之事,因为《庄子》所载当作寓言观,并非事实。现在看来,此序也应当为作伪者伪作,其"辨今书没昭僖侯一则",即欲掩盖其作伪行径。如今观之,则欲盖而弥彰!

②《子华子》袭《韩诗外传》、《孔子家语》

《吕氏春秋》载子华子之语,但书中及后世注解均未言子华子为程本,前文已有论及。而《子华子》一书却将《吕氏春秋》中的子华子与程本联系了起来。"程本"之名,见于《韩诗外传》,此前是否有记载已不可考。

《韩诗外传》称:"孔子遭齐程本子于郯之间,倾盖而语终日,有间,顾子路曰:'由,束帛十匹以赠先生。'子路不对。有间,又顾曰:'束帛十匹以赠先生。'子路率尔而对曰:'昔者,由也闻之于夫子,士不中道相见、女无媒而嫁者,君子不行也。'孔子曰:'夫《诗》不云乎:野有蔓草,零露漙兮,有美一人,清扬婉兮,邂逅相遇,适我愿兮。'且夫齐程本子,天下之贤士也,吾于是而不赠,终身不之见也。大德不逾闲,小德出入可也。"④

《孔子家语》亦载此事,然只称"程子",未言其名本,称:"孔子之郯,遭程子于途,倾盖而语终日,甚相亲,顾谓子路曰:'取束帛以赠先生。'子路屑然对曰:'由闻之,士不中间见,女嫁无媒,君子不以交礼也。'有间,又顾谓子路,子路又对如初。孔子曰:'由,《诗》不云乎:有美一人,清扬宛兮,邂逅相遇,适我愿兮。今程子天下贤士也,于

---

① (元)吴师道:《吴师道集》,吉林文史出版社 2008 年版,第 385 页。
② 分别见《庄子·让王篇》和《吕氏春秋·审为篇》。
③ (元)吴师道:《吴师道集》,吉林文史出版社 2008 年版,第 385 页。
④ 许维遹:《韩诗外传集释》,中华书局 1980 年版,第 50~52 页。

斯不赠，则终身弗能见也。小子行之。'"①

今《子华子·孔子赠》则称："子华子反自郯，遭孔子于途，倾盖而顾，相语终日，甚相亲也。孔子命子路曰：'取束帛以赠先生。'子路屑然而对曰：'由闻之，士不中间见。女嫁无媒，君子不以交礼也。'有间，又顾谓子路，子路又对如初。孔子曰：'固哉，由也，《诗》不云乎：有美一人，清风婉兮，邂逅相遇，适我愿兮。今程子天下之贤士也，于斯不赠，则终身弗能见也。小子行之！'"则作伪者袭《孔子家语》之文，并据《韩诗外传》"程本"之名，进而将"程本"置换为"子华子"。

又王肃注《孔子家语》有曰："郯子达礼，孔子故往咨问焉。"②《子华子·阳城胥渠问》末所谓"郯子以达于礼闻于诸侯，子华子亟往从之"，即据王肃注而作，子华子随后即"肃驾而起，遵涂而归"，也正好和前来向郯子咨礼的孔子相遇于途，此即作伪者所造二人"倾盖而语"的背景。其作伪之心，可谓巧矣！

③《子华子》袭《晏子春秋》

《晏子春秋》："景公使晏子为东阿宰，三年毁闻于国。景公不说，召而免之。晏子谢曰：'婴知婴之过矣，请复治阿三年，而誉必闻于国。'景公不忍，复使治阿三年，而誉闻于国。景公说，召而赏之，景公问其故，对曰：'……昔者婴之所以当诛者，宜赏；今所以当赏者，宜诛。是故不敢受。'景公知晏子贤，乃任以国政，三年而齐大兴。"③

今《子华子·北宫子仕》则称："晏子治阿三年，毁闻于朝。公不悦，召而将免焉。晏子辞曰：'臣知过矣，请复之。'三年而举国善之，谣言四达，公将致其所以赏，晏子辞焉。公曰：'何谓也？'晏子对曰：'昔者臣之所治，君之所当取也，而更得罪焉。今者臣之所治，君之所当诛也，而更得赏焉。非臣之情，臣不愿也。'"此必作伪者袭《晏子春秋》而作。

④《子华子》袭刘向《新序》、《说苑》

刘向《新序》记叔向对晋平公之言曰："臣敢言赵武之为人也，立若不胜衣，言若不出于口，然其身举士于白屋下者四十六人，皆得其意，而公家甚赖之，及文子之死也，四十六人皆就宾位，是其无私德也，臣故以为贤也。"④

今《子华子·虎会问》则称："本也不敢以古事为考，先大夫文子之志也，好学而能受规谏，立若不胜衣，言若不出口，身举士于白屋之下者四十有六人，皆能获其赤心，公家赖焉。及其殁也，四十有六人者皆就宾位，是其无私德也。"今按，程本所谓"先大夫文子"，即赵文子（？—前541）赵武。程本论赵武之语，明显袭自《新序》。

刘向《说苑·正谏》记晏子对齐景公之言曰："下无言则谓之喑，上无闻则谓之聋。聋喑则非害治国家如何也，且合菽粟之微，以满仓廪；合疏缕之纬，以成帏幕。太山之高，非一石也，累卑然后高也。夫治天下者，非一士之言也。"⑤

今《子华子·晏子问党》则称："子华子谓晏子曰：'……本闻之，下无言谓之喑，上

① （魏）王肃注：《孔子家语》，上海古籍出版社1990年版，第20~21页。
② （魏）王肃注：《孔子家语》，上海古籍出版社1990年版，第20页。
③ 吴则虞：《晏子春秋集释》，中华书局1962年版，第304页。
④ 石光瑛：《新序校释》，中华书局2009年版，第601~602页。
⑤ 向宗鲁：《说苑校证》，中华书局1987年版，第239页。

无闻谓之聋，聋暗之朝，上有放志而下多忌讳，齐之谓也。且合升勺龠合以登之斛，廪则成矣。太山之高，非一石之积也，琅玡之东，渤澥稽天，非一水之钟也。所以治国家天下者，非一士之言也。”则《子华子》此条袭自刘向《说苑》。

⑤《子华子》袭《黄帝内经》

《黄帝内经·灵枢经》：“黄帝问于歧伯曰：‘凡刺之法，必先本于神。血、脉、营、气、精神，此五藏之所藏也。何谓德、气、生、精、神、魂、魄、心、意、志、思、智、虑？请问其故。’岐伯答曰：‘天之在我者德也，地之在我者气也，德流气薄而生也，故生之来谓之精，两精相搏谓之神，随神往来谓之魂，并精出入谓之魄，可以任物谓之心，心有所忆谓之意，意之所存谓之志，因志而存变谓之思，因思而远慕谓之虑，因虑处物谓之智。’”①

今《子华子·北宫意问》则称：“子华子曰：‘是故五藏六腑，各有神主，精禀于金火，气谐于水木，精气之合，是生十物，精、神、魂、魄、心、意、志、思、智、虑是也。生之所自谓之精，两精相薄谓之神，随神往反谓之魂，并精出入谓之魄，所以格物谓之心，心有所忆谓之意，意之所存谓之志，志之所造谓之思，思而有所顾慕谓之虑，虑而有所决释谓之智。’”则《子华子》此条袭《灵枢经》。

又《黄帝内经·灵枢经》：“故呼则出，吸则入，天地之精气，其大数常出三入一，故谷不入，半日则气衰，一日则气少矣。”②

今《子华子·执中》则称：“子华子曰：‘天之精气，其大数，常出三而入一，其在人，呼则出也，吸则入也。’”则《子华子》此条亦袭《灵枢经》。

⑥《子华子》袭《文子》

《文子·道原》：“音之数不过五，五音之变，不可胜听也；味之数不过五，五味之变，不可胜尝也；色之数不过五，五色之变，不可胜观也。音者宫立而五音形矣，味者甘立而五味定矣，色者白立而五色成矣。道者一立而万物生矣。”③

今《子华子·大道》则称：“故音声颜色臭味之数，不过于五，五者立于一，一立而万物生矣。”《子华子》此条明显据《文子》文意凝炼而来，其所表达的意思是一致的。

⑦《子华子》袭唐徐灵府《文子注》

徐灵府《文子注》卷一：“如天之高有大象，惟道之广无定形，虚凝为一气，散布为万物者也。”④

今《子华子·孔子赠》则称：“惟道无定形，虚凝为一气，散布为万物。”《子华子》此句明显改造徐灵府之注而来。今按，吴师道《题子华子后》称：“二后序一称默希子，默希者，唐南岳道士徐灵符号，尝注《文子》，即其端所谓训解《通玄经》者。盖其人以是书至唐始出，故依托为之。”⑤从吴师道之语，可以得知，其中一序为徐灵府所作。鉴于此书为宋代伪作，我们可以作这样一种推测：即徐灵府之序也应是作伪者伪造，这也可以与朱熹

① 河北医学院：《灵枢经校释》(上)，人民卫生出版社 1982 年版，第 173~174 页。

② 河北医学院：《灵枢经校释》(下)，人民卫生出版社 1982 年版，第 135 页。

③ 王利器：《文子疏义》，中华书局 2000 年版，第 31 页。

④ 王利器：《文子疏义》，中华书局 2000 年版，第 1 页。

⑤ (元)吴师道：《吴师道集》，吉林文史出版社 2008 年版，第 385 页。

“观其书数篇与前后三序，皆一手文字”①之语相印证，作伪者之所以伪造这样一篇后序，是想造成这样一种假象，唐代是有《子华子》一书存世的，徐灵府曾为作序，并在其注《通玄经》(《文子》)时袭用《子华子》之意。于此可见作伪者之心思。而今《子华子》两后序已佚失，或为后世刻书者明知其伪而删去。

⑧《子华子》袭韩愈《柳宗元墓志》之意

韩愈《柳子厚墓志铭》：“今夫平居里巷，相慕悦酒食，游戏相征逐，诩诩强笑语以相取下，握手出肺肝相示，指天日涕泣，誓生死不相背负，真若可信，一旦临小利害，仅如毛发比，反眼若不相识，落陷穽，不一引手救，而反挤之，又下石焉者，皆是也，此宜禽兽、夷狄所不忍为，而其人自视以为得计。”②

方孝孺《读子华子》称：“其子车氏猥之喻，复窃韩愈所作《柳宗元墓铭》。”③今《子华子·神气》则称：“今世之人，其平居把握，附耳呫呫，相为然约，而自保其固，曾胶漆之不如也。及势利之一接，未有毫泽之差，蹴然而变乎色，又从而随之以兵，甚矣，心术之善移也，无以异乎子车氏之猥。”《子华子》此条与韩文文字虽不同，而暗袭韩愈之意，甚为明显。

从以上所列辅助证据，我们可以进一步加深对《子华子》为伪书的认识，并了解《子华子》一书作伪的手段。

4. 小结

通过以上分析，笔者既回顾了历代学者在《子华子》一书的辨伪过程中的贡献与不足，又辨证了刘建国《〈子华子〉伪书辨正》一文中的翻案观点，最后通过直接证据和辅助证据，将《子华子》一书彻底证伪。

这里，还要进一步考证《子华子》一书的作伪时间。在辨证《子华子》为伪书的九条直接证据中，以王安石《字说》及《洪范传》为最晚，《王荆公年谱考略》卷二十称：“荆公《三经义》、《字说》，大丧于元祐党人之手，故后世无传。惟《洪范传》，以入于《临川集》百卷中幸存，其进御览，必在于元丰之世。又无年月日可考，故录于熙之末、丰之首。”④则《洪范传》于元丰元年(1078)之后始流传于世。又《王荆公年谱考略》列王安石进《字说》于元丰三年(1080)⑤，詹大和《王荆文公年谱》、顾栋高《王荆国文公年谱》列进《字说》于元丰五年(1082)⑥，则《子华子》一书当作于元丰三年(1080)之后。又现存最早记载《子华子》一书的当为晁公武《郡斋读书志》。今按，《郡斋读书志》最早成书于绍兴二十一年(1151，据晁公武自序)，即杜鹏举所刻《前志》四卷本，后黎安朝在袁州宜春合刻《前志》四卷、《附志》一卷、《后志》二卷为七卷本，是即“袁本”，今检《四部丛刊》三编所收袁本，《子华子》在《前志》子部杂家类，则知《子华子》一书成书于绍兴二十一年(1151)之

---

① (宋)朱熹：《朱子全书》，上海古籍出版社2002年版，第3415页。

② 刘真伦等：《韩愈文集汇校笺注》，中华书局2010年版，第2408页。

③ (明)方孝孺：《逊志斋集》，宁波出版社2000年版，第110页。

④ 詹大和、顾栋高、蔡上翔：《王安石年谱三种》，中华书局1994年版，第511页。

⑤ 詹大和、顾栋高、蔡上翔：《王安石年谱三种》，中华书局1994年版，第546页。

⑥ 詹大和、顾栋高、蔡上翔：《王安石年谱三种》，中华书局1994年版，第8页、第117页。

前。综上所述，则《子华子》一书必伪托于元丰三年(1080)至绍兴二十一年(1151)之间的70余年间。

而对于《子华子》一书的作伪者为何人，则是不甚清楚的。晁公武只是笼统地说是“元丰以后举子所为”①，朱熹也只是说其所见《子华子》为“会稽官书板本”，认为此书“如近年后生巧于摸拟编撰者所为”，又称“此《子华子》者，计必一能文之士所作”，“或云：王铚性之、姚宽令威多作赝书，二人皆居越中，恐出其手，然又恐非其所能及”②。晁公武、朱熹二人离《子华子》伪造的时间较近，但都不能确切断定此书为何人所作，而只能提出一些模糊的猜测，此后的学者对作伪者就更难弄清楚了。如陈振孙称此书“当出于近世能言之流，为此以玩世”③，《周氏涉笔》称“斯人也，是书也，毋乃党禁不开，善类涂地，无所叫号之时乎”④。陈霆称“吾决其伪作者，必晋、宋时人”⑤，此不可信，胡应麟更是断言“此书必元丰间越中举子，姓程名本，而不得志场屋者所作”⑥，但其证据也不足以令人信服，他认为作伪者姓程名本也是错误的，因为《孔子家语》和《韩诗外传》中都有程本之名，王鸣盛又怀疑是“刘牧一辈人所为”⑦，梁玉绳称“昔人疑是元祐间党人，而染于荆公《字说》者”伪造⑧，但也未能给出证据。

总之，对于《子华子》伪造者的情况，我们知道的是很少的，只能从前人较为合理的推断中得出一些模糊的印象。

(三)《子华子》思想研究

1.《子华子》中的宇宙论

宇宙论是《子华子》一书中的重要内容，书中不仅有对“宇宙”一词的界定，而且描述了宇宙的生成、运动以及其本源“道”，本节即从宇宙的概念、宇宙生成学说、宇宙运动及其动力、人与宇宙本源(道)的关系四个方面展开对《子华子》中宇宙论的论述。

(1)宇宙的概念

“宇宙”的概念起于何时？至今未有定论，但在《庄子》中已有此概念，《庄子·齐物论》称：“旁日月，挟宇宙，为其吻合，置其滑涽，以隶相尊。”⑨有学者认为：“春秋时及战国初年，尚无宇宙这一概念。战国中期的庄子使用‘宇宙’一词但没有将其作为解释的对象。战国后期，‘宇宙’概念成为思想界的讨论对象，时间和空间的问题成为思想界普

---

① (宋)晁公武著、孙猛校证：《郡斋读书志校证》，上海古籍出版社1990年版，第511页。

② (宋)朱熹：《朱子全书》，上海古籍出版社2002年版，第3415页。

③ (宋)陈振孙：《直斋书录解题》，上海古籍出版社1987年版，第302页。

④ (元)马端临：《文献通考》，中华书局2011年版，第5990页。

⑤ (明)陈霆：《两山墨谈》，《丛书集成初编》本，商务印书馆1936年版，第68~69页。

⑥ (明)胡应麟：《少室山房笔丛》，上海书店出版社2009年版，第311页。

⑦ (清)王鸣盛：《西庄始存稿》，《续修四库全书》第1434册，上海古籍出版社2002年版，第186页。

⑧ (清)梁玉绳：《瞥记》，《续修四库全书》第1157册，上海古籍出版社2002年版，第51页。

⑨ 庄周著，郭象注，成玄英疏：《庄子注疏》，中华书局2011年版，第54页。

遍讨论的话题，其中时空有限与无限是问题的核心。”①而被认为是庄子后学的作品的《庄子·庚桑楚篇》则对“宇宙”给出了定义：“出无本，入无窍，有实而无乎处，有长而无乎本剽，有所出而无窍者有实。有实而无乎处者，宇也；有长而无乎本剽者，宙也。”②

另外一种流行的定义则出自《文子》，《文子·自然》称：“往古来今谓之宙，四方上下谓之宇。”③这就是从时间和空间的角度来界定宇宙，与庄子后学略有不同。

《子华子》一书也给“宇宙”作出了自己的定义。《子华子·孔子赠》称：“宇宙也者，所以载道而传焉者也。”所以，宇宙在这里，已经从时空观念的外延界定变为对宇宙内涵的描述，宇宙是道的载体，是道借以表现自己的媒介，这就涉及了宇宙的功能。除了这种对宇宙直接的界定外，《子华子》还对宇与宙作了区分，其《子华子·孔子赠》又称：“太古之时，澹泊恬愉，鹿聚而麕居，其知徐徐，其乐于于，夫是之谓宇；有无以相反也，高下以相倾也，盛盈贫息以相薄也，庞洪芦符以相形也，由是以生，由是以死，由是以亏，由是以成，夫是之谓宙。宇者，情相接也；宙者，理相通也。”

这里主要从情与理的角度来对宇与宙进行分别，宇是初民蒙昧而又快乐的状态，是情的展露；宙是世间万物生死成亏的原因，是理的表现。人与人之间相接之情，万物之间想通之理，二者构成了宇宙的两大主题，宇宙就是情与理交相作用而产生的。需要指出的是，这里的情、理是原初状态下的自然之情、理，情是完全出于本能愉悦的自然之情，理是顺自然而生死成亏的自然之理；但在一定程度上也沾染了后世伦理思想的成分，有宋代理学中“天理”、“人欲”的内涵，而对两者的同样重视，也就与程颐“存天理，去人欲”的主张不同。而宇宙这一概念也就在本体论意义上进一步具有了伦理学的内涵。

(2)宇宙生成学说

子华子在回答阳城胥渠所问“太初胚胎，万有权舆，风轮谁转，三三六六，谁究谁使”时，展开了其宇宙生成学说。他说：

> 混茫之中，是名太初。实生三气，上气曰始，中气曰元，下气曰玄。玄资于元，元资于始，始资于初。太真剖割，通三而为一，离之而为两，各有精专，是名阴阳。两两而三之，数登于九而究矣。(《子华子·阳城胥渠问》)

上文已言其“三气”说为承袭后世道教之说而来，然而其对“始、元、玄”三气之生成关系却有不同的解释，如《云笈七签》称：“三气混沌，生乎太虚而立洞，因洞而立无，因无而生有，因有而立空，空无之化，虚生自然。上气曰始，中气曰元，下气曰玄。玄气所生出乎空，元气所生出乎洞，始气所生出乎无。”④则“始、元、玄”三气分别是从无、洞、空而生，而无、洞、空三者的关系是“因洞而立无，因无而生有，因有而立空”，这就与《子华子》中“玄资于元，元资于始，始资于初”的生发关系不同，而“始、元、玄”三气与“空”、“洞”无关，“太初”是宇宙的本然状态，生发之后才有“始、元、玄”三气，而此三

① 王威威：《庄子学派的思想演变与百家争鸣》，人民出版社2009年版，第45页。
② 庄周著，郭象注，成玄英疏：《庄子注疏》，中华书局2011年版，第423页。
③ 王利器：《文子疏义》，中华书局2000年版，第346页。
④ (宋)张君房：《云笈七签》，中华书局2003年版，第17页。

气并非同时从“太初”生发而来，而是先由“太初”中生出“始”气、再由“始”气生出“元”气，最后由“元”气生出“玄”气，即“太初→始→元→玄”的宇宙生成模式。《子华子》中也有对“空洞”之阐释，它是作为大道之源而存在的。他说：“大道有源，其源甚真，名曰空洞。空洞无有，是生三元。”又说：“空者，无不备之谓也；洞者，无不容之谓也。”(《子华子·大道》)这显然又与《云笈七签》所论有相似之处。

而在宇宙生成之中，三气可合而为一太玄之气，又可分离而各生出阴阳之气，故而有阴之始气、阴之元气、阴之玄气和阳之始气、阳之元气、阳之玄气。此化生之六气合始、元、玄三气则为九。

(3)宇宙运动及其动力

在论述了宇宙诸气之生成后，《子华子》又进一步阐释了其运动。他说：

> 栖三阴之正气于风轮，其专精之名曰太玄；栖三阳之正气于水枢，其专精之名曰太一。太一，正阳也；太玄，正阴也。阳之正气其色赤，阴之正气其色黑。水，阳也，而其伏为阴；风，阴也，而其发为阳。上赤下黑，左青右白，黄潜于中宫，而五运流转，故有轮、枢之象焉。(《子华子·阳城胥渠问》)

则三阳气为太一正气，三阴气为太玄正气，它们的颜色分别为赤与黑，所代表的物为水与风，所以有风轮、水枢；进而形成了“上赤下黑，左青右白，黄潜于中宫”的五运模型，而五运流转，也就产生了事物运动的动力，进而生成万物。

他又说：

> 水涵太一之中精，故能润泽百物，而行乎地中；风涵太玄之中精，故能动化百物，而行乎天上。上赤之象，其宫成离；下黑之象，其宫成坎。夫两端之所以平者，以中存乎其间故也。中名未立，两端不形，是以坎、离独斡乎中气，中天地而立，生生万物，新新而不穷。阳之气为火，火胜，故冬至之日燥；阴之气为水，水胜，故夏至之日湿。火则上炎，水则下注。鸟飞而上，鱼动而下，物类相动，焱本相应。孰究其所以来，谁使其所以然，因其然也，然不然也，然乎然，不然乎不然，吾亦不知其所以然也。夫是之谓万化原，上决而成天，下决而成地。既已决也，命之曰中；决必有所合也，命之曰和。中和玄同，万物化生，夫是之谓三三六六。(《子华子·阳城胥渠问》)

太一之水能于地上润泽百物，太玄之风能于天上动化百物，天地上下而成离、坎二宫，进而斡乎中气，而生化万物。而阳气之火与阴气之水又有上炎、下注之性，因而使得物类相动，焱本相应，而“谁究谁使”的本源则无法探知，而这无法探知的“谁究谁使”也正是“万化原”，即万物化生的源头或原因。此“万化原”进而生成天地，而化生万物，这也就是所谓的“三三六六”。显然《子华子》这里并没有对“因其然也，然不然也，然乎然，不然乎不然”的“万化原”给出明确的解释。

其实这推动宇宙生成的背后原动力就是道。他说：

> 惟道无定形，虚凝为一气，散布为万物。宇宙也者，所以载道而传焉者也。万物一也，夫孰知其所以起，夫孰知其所以终。凝者主结，勇者营散，一开一敛，万形相禅。(《子华子·孔子赠》)

无形之道为气凝聚、布散的动力，而气凝聚则为一气，布散则生成万物，宇宙也正是在这凝聚、布散之间形成的，而道亦蕴含其中，宇宙同时也是道的载体，通过宇宙中万事万物而流转。所以万物之中，都有这一道存在，而又无法探知道的起源与终结，所以道就是“吾亦不知其所以然”的“万化原”。

(4)人与宇宙本源(道)的关系

作为宇宙本源的道，生成了一个完美理想的社会，但随着社会的发展，这原初的社会却受到了极大的破坏，而作为本源的道也受到了一定的伤害，如何才能保证道在社会中得到完好的发扬呢？对此问题，《子华子》进一步讨论了人在宇宙中的作用，阐述了人与宇宙本源的道的关系。

在这里，《子华子》主要是通过天、帝的概念沟通了道与人的联系，从而将宇宙的本体论引向人的心性论，使其宇宙的概念有了伦理学的内涵。他说：

> 浑沦鸿蒙，道之所以为宗也；遍覆包涵，天之所以为大也；昭明显融，帝之所以为功也。道无依阿，天无从违，帝无决择，然则心乌乎而宅？道心，天也；天心，帝也；帝心，人也。人之心，莫隐乎慈，莫便乎恕，赤子匍匐，使我心恻，隐于慈故也；陵波而先济，跛而望乎后之人，便于恕故也。此心之弗失焉，可以事帝矣，可以格天矣，可以入道矣。此心之弗存焉，道之所去也，天之所违也，帝之所诛也。(《子华子·执中》)

在这里，道、天、帝、人是一个逐渐向下的推进，也是一个逐渐从隐到显、由虚到实的过程。人为帝之心，帝为天之心，天为道之心，而人正是通过这样一个逆向的维度来认识道的。也可以说，人是无法直接认识道的，因为作为“万化原”的道是“因其然也，然不然也，然乎然，不然乎不然”的，人只有通过对天、帝的认知进而建立对道的认识。而人实现对道及天、帝认识的途径则是心，人心又以慈、恕为其认识的工具。只有存此人心而不失，才可以事帝、格天而入道，否则就会道去、天违而帝诛。

《子华子》又通过将万物终始所以然之理的一与道、天、帝的概念的结合，提出了太一、天一、帝一的概念，进一步在道、天、帝三个层面更加细化了其各自的作用。他说：

> 万物玄同，孰是而孰非，孰知其初，孰知其终，吾无得其所以然也。命之曰一。一者，众有之宗也，道得之谓之太一，天得之谓之天一，帝得之谓之帝一。帝一也者，立乎环中，扣其响而不得也，味其臭而不得也，浑浑兮如有容，泊兮如未始出其宗，茫茫兮如无所终穷。天一也者，为而不宰，成而不有，机之所由以出焉，机之所由以入焉。太一也者，无不有家，能化一以为二，化二以为三，因三以成万物。故曰一之变大矣，在三而三，在九而九，有万不同，而管于一术。通乎一术，无一之不知；昧乎一术，无一之能知。是故音声颜色臭味之数，不过于五，五者立于一，一立

而万物生矣。(《子华子·大道》)

但是虽然人心关系着宇宙之道的展现与发挥，但人心究竟该如何修持才能够做到这一点呢?《子华子》提出了虚、平的概念。他说：“惟虚为能集道，惟平为能载道。无所于阂，无所于忤，虚之至也。左不偏于左，右不偏于右，无作好也，无作恶也，如悬衡者然，平之至也。”(《子华子·执中》)这就是说，通过虚与平才能使道集而不散，载道而流衍。否则就会对道有所伤害，而使社会出现问题。也就是他说：“心胸之两间，其容几何，然则历陆嵚岖，太行雁门横塞之，灵台之关，勺水之不通，而奚以有容。嗜欲炎之，好憎冰之，炎与冰交战焉，则必两相伤者矣。是故革四圹则裂，胃中满则充，薄气发暗，惴怖作狂，积忧损心，心气乃焦。”(《子华子·执中》)所以他才提出以“虚”、“平”来加以对治，这样才能达到“一虚一平，而道自生；一平一虚，而道自居”(《子华子·执中》)的理想效果。

2.《子华子》中的政治哲学

《子华子》的另一重要思想就是其政治哲学，它继承道家哲学的思想，主张无为无欲，提出“祸乱起于欲善而违恶”、“以道治国”并构建了其理想图景。

(1)祸乱起于欲善而违恶

首先，子华子对“欲善而违恶”的治国之方提出了批评。

子华子的弟子北宫意将要去卫国为官，并提出要以“欲为于善而违其恶”作为为政方针，遭到了子华子的批评，他说：

> 意，是何言欤！善奚足愿，而恶奚足违？吾语若，圣人不出，天下溃溃，日趋于迷。欲以有己，而卒于丧己，欲以达之于人，而卒于失人，凡以善。故王者作兴，将以濯涤今世之惛怓，去善，其殆可乎哉？善弗去，乱未艾也，而又奚以善为？

《子华子》反对“为于善而违其恶”并不就是对善、恶本身的否定或肯定，而只是认为有这样的欲望会导致事与愿违的后果，因为在圣人不出的时代，天下混乱，以善为指导，想要成就自我和他人，反而会丧失自我和失信于人，所以王者想要改变这种混乱的局面，“去善”是重要的方法，不能去善，乱象就不会停止，所以说在这个混乱的时代，为善是没有用处的。接下来，他又进一步解释了导致这种事与愿违后果的原因，他说：

> 人中虚，圆不径寸，神明舍焉。事物交滑，如理乱棼，如涉惊浸，一则以之怵惕，一则以之忌讳，一则以之惩创。是则一日之间，一时之顷，而径寸之地如炎如冰矣。夫所谓神明者，其若之何而堪之？神弗留则蠹，明弗居则耗，而又奚以善为？(《子华子·北宫子仕》)

这就是说，神明在人心这块方寸之地，思虑万事万物，就像要理清纷乱、渡过惊浸一样，怵惕、忌讳、惩创之感一时涌上心头，导致人心冷热不定，神明自然无法在此安顿，神明不存于人心，人心就会有所损害，又如何能够为善呢？这就是说，为善的愿望之所以不能达到理想的效果，是因为这种愿望会导致人的神明无法在心中安顿。

此外，按照“为善去恶”的方针行事，除了不能达到预想的效果之外，还有一些副作用，这就是它将会使人与我为敌，他说：

> 古之知道者，泊兮如大羹之未调，謕謕兮如将孩，随推而迁，因荡而还，其精白津津，若遗而复存，其神明休休，常与道谋，去羡去慕，孰知其故。今子之言曰谨志于为善，则不善者将谁与耶？违子之所恶，则恶将谁归耶？予而勿受，归而勿纳，则必有忿悁之心，起而与我立敌矣。以我矜愿之意，而接彼忿悁之心，何为而不斗？斗且不止，小则詈凌诟谇，大则碎首穴胸。夫以若之言，而幸于完，其几于殆矣。(《子华子·北宫子仕》)

知悉大道的人，其一切行为都是顺应自然的，心中之神明也安闲愉悦，这是最好的状态。如果我以“为善去恶”为念，时刻不忘要为善，这就说明我要将不善的名声加于别人，可是谁会接受这不善之名呢？你想要把你所厌恶的去掉，可是你能把这些厌恶的东西归到谁那里呢？这样只会让人起怨恨之心，而与我为敌，我原本美好的愿望，却遭到别人的怨恨，怎么可能不产生争斗，以致凌辱责骂，甚或以命相搏。如果这样的话，能保全性命也几乎不大可能。这就是说，美好的愿望未必能够得到满意的结果，有“欲为于善而违其恶”之心也未必能够达到理想的治国效果，相反，还可能产生意想不到的恶果。

之后，子华子又进一步提出了“祸之所自起，乱之所由生，皆存乎欲善而违恶”的观点。他说：

> 吾语若，祸之所自起，乱之所由生，皆存乎欲善而违恶。今天下老师先生端弁带而说，乃以是召乱也；学者相与熏沐其中，扃而亦唯此之事，是事祸也。父以是故不慈，子以是故不孝，兄以是故不友，弟以是故不共，夫以是故不帅，妇以是故不从，君以是故不仁，臣以是故不忠。大伦蠹败，人纪消亡，结辙以趋之，而犹恐其弗及也！(《子华子·北宫子仕》)

《子华子》认为，祸乱起于“欲善而违恶”，而当时老师学生竞相讲论，这是招致祸乱的行为，将导致“大伦蠹败，人纪消亡”的恶果，其表现则为父不慈，子不孝，兄不友，弟不恭，夫不帅，妇不从，君不仁，臣不忠。

> ……夫人之中虚也，不得其所欲则疑，得其所不欲则惑，疑惑载于中虚，则荆棘生矣。父不疑于其子，子必孝；兄不疑于其弟，弟必共；夫不疑于其妇，妇必贞；君不疑于其臣，臣必忠。是还至而效者也。百事成而一事疑，道必废；三人行而一人惑，议必格。大道之世，上下洞达而无疑志。尧舜三代之王也，无意于王而天下治，所循者直道故也，是以天下和平。(《子华子·北宫子仕》)

“不得其所欲”指欲为善而不得，“得其所不欲”指欲违恶反遭人之恶，如此则心生疑惑，而荆棘生，神明黜。如果能做到毫无疑惑，则自然能达到父慈子孝，兄友弟恭，夫帅妇贞，君仁臣忠。尧舜三代之时的君王，就是遵循这种无意于治的直道而达到国家大治、天下和平的状态的。所以，治国当遵无为之道，而不应存欲善违恶之念。

> 天下之所以平者，政平也；政之所以平者，人平也；人之所以平者，心平也。夫平犹权衡然，加铢两则移矣。载其所不欲，其为铢两者倍矣。故曰："矜功者不立，虚愿者不至。"非惟不足以得福，而行又以召祸。故吾不悦于子之言。今子亦平其所养，而直以行之，何往而不得，何营而不就，而又奚以善为？且善不可以有为也。尧曰若之何而善于予之事，舜亦曰若之何而善于予之事，是上与下争为善也，上与下争为善，是两实也。两实则乌得平，平不施焉，则恶得直，失其所以平直，则尧无以为尧矣，舜无以为舜矣。吾子谨志于尧舜也，而又奚以善为？（《子华子·北宫子仕》）

《子华子》又进一步将天下和平的原因归结于人心之平，而人心之平就是虚，就是无欲，就是不争，所以治国的关键在于治心，具体做法就是"平其所养，而直以行之"，而不应以为善为念，因为这样只能使上下相争而不能使心平直，心不平直，则尧舜之功绩不可见。所以有尧舜之志的人，是不应以善为追求的。

(2)以道治国及其图景

在齐景公向子华子询问如何治理国家时，子华子又提出了"国不足为，事不足治"的主张。他说：

> 臣愚以为国不足为也，事不足治也。有意于为则狭矣，有意于治则陋矣。夫有国者有大物也，所以持之者大矣，狭且陋者，果不足以有为也。臣愚以为国不足为也，事不足治也。（《子华子·虎会问》）

上文中已经提到《子华子》认为尧舜三代之王"无意于王而天下治"，所以这里又进一步提出"有意于为则狭矣，有意于治则陋矣"，也就是说治国之法在无意而非有意，因为国家是大物，要治理国家就需要用大道，所以"狭且陋"的有意于为国治事是不能达到目的的。

齐景公以为子华子的意思是国家是不需要治理的，所以他又进而问子华子："然则国不可以为矣乎？"

子华子说："非然也。臣之所治者，道也。道之为治，厚而不薄，敬守其一，正性内足，群众不周，而务成一能。尽能既成，四境以平。唯被天符，不周而同，此神农氏之所以长也，尧舜氏之所以章也，夏后氏之所以勤也。"（《子华子·虎会问》）

也就是说国家并非不能治，而是要以道治国，而不可以"有意"治国。管敏义就认为，子华子"主张治国要厚人之生而不求其博，谨守全生一事，而乐于正人之天性，不去附和众人的观点，一心从事全生的事业"，"只要完成了全生的事业，四夷就会安定，这样做是符合天道的，并指出这是神农之所以能成为天下之长、尧舜之所以能扬名天下的原因"①。这又将其治国与养生的主张相联系，都反映了《子华子》讲求平心无欲的

① 管敏义：《论子华子》，《陕西历史博物馆馆刊(第三辑)》，三秦出版社1996年版，第63页。

治国理念。

从以上的分析，我们可以看到，《子华子》的历史观是倒退的历史观，理想的社会存在于尧舜三代之时，因为那时的君王能够真正按照无欲无为之道来治理国家，而后世治理国家者则多主张有为，要通过欲善违恶来达到治国的目的，《子华子》认为这样做是事与愿违的。所以，《子华子》主张用尧舜三代君王的治国之法来治理国家，即用无为之道作为治国方针。

《子华子》书中多次描绘到先王治下的社会图景，这同样也具有为现实社会绘制理想蓝图的意味。

如《子华子·晏子》称："昔先王之制法也，有本衍焉，有末度焉。因而弗作，守而弗为，去羡去慕，与四时分其叙，与寒暑一其度，不言而民以之化，不令而民以之服，是以能因则大矣，能守则固矣。夫有心于作法之细也，作而刻其真法之原也。法也者，制世之粗迹也，而且不可以容心焉，而况于营道术乎？于传有之，循道理之数，而以辅万物之自然，六合不足均也。七十九代之君，其为法不同，而俱王于天下，用此道也。"

这里提到的"因而弗作，守而弗为，去羡去慕"等都正是子华子无欲、无为治国理念的体现，如此才能使国家大而且固，而法只是"制世之粗迹"，治国之道无法容于其间，所以法只是治国的辅助手段，历代先王虽然在具体的法的方面有很大不同，但由于都以无欲、无为为其治国理念，所以都能将国家治理好。

又如《子华子·晏子问党》称："治古之时，其君之志也，端以有修，其臣同德比义，而无有异心，朝无幸位，事无失业，其四野之外，耒耜从其宜，沟畎以其便，其民愿而从法，疏而弗失，上下翦翦，惟其君之听，盭气伏息，灾疫不作，四邻寝兵，而珪玉纁币以承其权，此非治象而云何。"

在这里，《子华子》描绘的是一幅非常完美的图景：在这样的社会里，君主贤明，臣子称职，人民安居乐业，生活富足，没有疾病，没有战争，一切都得其所宜。

3.《子华子》中的中医养生学说

中医养生学说也是《子华子》一书中的重要内容，书中不仅较为系统地构建了五行配五脏的学说，还提出养生贵在养气的观点，并且进一步发展了古代的医药理论。本节即从五行五脏说、养生贵在养气、医药理论三个方面论述《子华子》中的中医养生学说。

(1)五行五脏说

《子华子》在讨论五脏时主要与五行学说相结合，来构建其理论框架。

子华子说："火宿于心，炎上而排下，其神躁而无准，人之暴急以取祸者，心使之也。木宿于肝，触突干抵而锐，其神狷束而无当，人之朴戆以取祸者，肝使之也。金宿于肺，铿訇而不屈，罄而不能仰也，其神阔疏而无法，人之讦决以取祸者，肺使之也。水宿于肾，瑟缩以凑险，其神伏而不发，人之婞婀脂韦以取祸者，肾使之也。土宿于脾，磅礴而不尽，其渗漉也，下注而不止，其神好大而无功，人之重迟涩讷以取祸者，脾使之也。"(《子华子·大道》)

从这段话，我们首先可以看到其中的五行配五脏说，其内容为：火配心，木配肝，金配肺，水配肾，土配脾。这种配法出现在汉代，《中医五脏相关学说研究》就称"通常认为这种配法源自汉代今文《尚书》学派"，而且"今文经学家与古文经学家激烈争辩的地方，其中就包括五行配五脏之不同"①。许慎《五经异义》云："今《尚书》欧阳说：肝木也，心火也，脾土也，肺金也，肾水也。古《尚书》说：脾木也，肺火也，心土也，肝金也，肾水也。许慎谨案：《月令》：春祭脾，夏祭肺，季夏祭心，秋祭肝，冬祭肾。与古《尚书》同。"②又《春秋元命苞》则称："肝者木之精……肺者金之精……心者火之精……肾者水之精……脾者土之精。"③可见《子华子》中五行配五脏说与今文家之说相同，而与反应先秦时五行配五脏说的古《尚书》和《月令》不同。

此外，我们还可以看到，《子华子》还进一步将五行的性质与人的性格特点相联系，而将二者联系起来的媒介就是五脏，见下表：

五行	五行性质	人的性格特点	五脏
火	炎上而排下	其神躁而无准，暴急	心
木	触突干抵而锐	其神狷束而无当，朴戆	肝
金	铿訇而不屈，罄而不能仰	其神阔疏而无法，讦决	肺
水	瑟缩以凑险	其神伏而不发，媕婀脂韦	肾
土	磅礴而不尽，其渗漉也，下注而不止	其神好大而无功，重迟涩讷	脾

五行的性质决定着相对应的五脏，而五脏又决定着人由于自身性格而遭受的不同祸患，这就将外在的自然之理与内在于人的性格以及祸患相联系。为了防范不同的祸患，人们就需要针对不同的脏器采取不同的对治方法。

(2)养生贵在养气

对于五脏取祸的情况，子华子接下来提出了对治的方法，他说：

> 火气之喜明也，木气之喜达也，金气之喜辨也，水气之喜藏也，土气之喜发生也，是故事心者宜以孝，事肝者宜以仁，事肺者宜以义，事肾者宜以知，事脾者宜以诚实而不诈。五物宿于其所喜，五事各施其所宜，外邪之不入，内究之不泄，夫是之谓善完。(《子华子·大道》)

这就是根据五行的喜好，各自采取不同的态度加以培养，以克制由五脏生发出的病变，如以孝来对治躁而无准的暴急，以仁来对治狷束而无当的朴戆，以义来对治阔疏而无法的讦决，以知来对治伏而不发的媕婀脂韦，以诚实而不诈(即信)来对治好大而无功的重迟涩讷，五行之火、木、金、水、土各得所喜，五脏之心、肝、脾、肺、肾也得其所宜，进而达到"外邪之不入，内究之不泄"的善完境界。从这里我们也可以看到，《子华子》已将养生与心性、伦理相结合，通过外在修养来培养五行之气，从而达到身心健康的

---

① 邓铁涛、郑洪主编：《中医五脏相关学说研究——从五行到五脏相关》，广东科技出版社 2010 年版，第 26~27 页。

② (汉)班固编，陈立疏证，吴则虞点校，《白虎通疏证》，中华书局 1994 年版，第 383~384 页。

③ (汉)班固编，陈立疏证，吴则虞点校，《白虎通疏证》，中华书局 1994 年版，第 386 页。

目的，同时也将阴阳家五行之金、木、水、火、土与儒家五行之礼、义、仁、智、信（《子华子》此处用孝代替了礼）联系起来，儒家的五行是使五行之气得以长养的手段，而养生之法也主要在于养五行之气。将儒家与阴阳家五行说联系起来的这一做法，同时也给人为何需要培养自己的礼、义、仁、智、信这一伦理问题作了理论支撑，在这里，礼、义、仁、智、信的五行不再仅仅是一种内在的自律法则，通过将其与五行之气以及养生相联系，礼、义、仁、智、信具有了他律的性质，人之所以要做到礼、义、仁、智、信，是因为这样做可以长养自身的五脏，可以培养五行之气，以达到养生的目的。这样，礼、义、仁、智、信的法则不再只是玄妙的内圣路径，而成为一种可以直接体验并直接获益的手段，如此，既使如何养五行之气有法可依，更便于实践，又使养生学说有了伦理学的支持，更容易被人接受。

对于养五行之气，子华子还说道："夫盈于天地之间而充物者，惟此五物也。凡五物之有，不可无也，其所无，不可有也。微者养之使章，弱者养之使强，损者养之使益，不足者养之使有余。无物不养也，无物不备也，夫是之谓和。喜怒哀恐思不能汩也，视听言貌思不能夺也，夫是之谓大。"（《子华子·北宫意问》）

这就是说，金、木、水、火、土五种物质，是构成天地之间的万事万物的基本元素，虽然不同事物之间所具有的五种物质各不相同，但某一具体事物理论上的五种物质的配比关系却是确定的。所以，养气就是要使自身的五行之气达到这一理论上的标准，应该具有的就不能缺失，不应该具有的就不能获得，隐微的就要培养它而使之彰显，弱小的就要培养它使之强盛，受损的就要培养它使之有所获益，不足的就要培养它使之有余，这样就能达到"无物不养，无物不备"，而且外在的喜怒哀恐思和视听言貌思也不能扰乱和改变它，这就是"和"和"大"的境界。

《子华子》中还专门论述了如何养人之正气，以达到久生的目的。他说：

> 正气之在人也，上下灌注，如环之无端，莫知其纪极也，不可以为量也。是能使其形之所泽，郁郁勃勃而不可屈，是能使其形之所宅，完固静专而不可挠，是故能通于养气之术者，不可以不务白也。且气不胜，邪攻之矣，攻之而不已，则气必挫，挫之而不已，则向于消亡矣。正气渐尽，邪术壮长，心伤于中而色泽外变，神去其干而死矣。是以古之知道者，筑垒以防邪，疏源以毓真，深居静处，不为物撄，动息出入，而与神气俱。魂魄守戒，谨窒其兑，专一不分，真气乃存。上下灌注，气乃流通，如水之流，如日月之行而不休。阴营其藏，阳固其府，源流泏泏，满而不溢，冲而不盈，夫是之谓久生。（《子华子·大道》）

这就是说，人之正气在身体之中，是遍布全身，神妙莫测的，养此正气的关键是要让它可以存于人之形体进而滋润形体，使之充满生命力，而不屈从于外物，也不为外物所扰乱。人身体之中的正气之所以难养，是因为外部世界的邪术一直在不断对其进行攻击，使正气受挫，而逐渐消亡。长此以往，人内在的心受到伤害，并且人的外在形象也会发生变化，最后人的精气神便会离开人的躯体而导致死亡。所以追求久生之道的人，往往深居简出，静处无事，专一受戒，使外邪不得入，再通过一举一动来培养正气，使之在体内如水一般流转贯通，蓬勃兴盛，生生不息，就像日月一样经久而不休，如此人之正气就能达到

“源流泏泏，满而不溢，冲而不盈”的境界，这才是久生之道。

(3)医药理论

《子华子》还对弟子北宫意、公仲承阐述过医药理论，他说：

> 医者理也，理者意也；药者瀹也，瀹者养也。腑藏之伏也，血气之留也，空窾之塞也，关鬲之碍也，意其所未然也，意其所将然也，察于四然者，而谨训于理，夫是之谓医。以其所有余也，而养其所乏也，以其所益多也，而养其所损也，反其所养，则益者弥损矣，反其所养，则有余者弥乏矣，察于二反者，而加疏瀹焉，夫是之谓药。故曰：医者理也，理者意也；药者瀹也，瀹者养也。(《子华子·北宫意问》)

《子华子》这里提出的“医者理也，理者意也；药者瀹也，瀹者养也”的观点，是对此前医学理论的进一步推进，它通过引入“理”、“瀹”的概念，进一步沟通和阐释了医与意、药与养之间的关系。

自汉代以来，医学界就普遍流传了“医者意也”的说法，如王充《论衡·量知篇》：“医无方术，以心意治病也。”①《后汉书·郭玉传》：“医之为言意也。”②汉张机《金匮玉函经》：“医者，意也。圣道非不妙，愚医不能寻圣意之要妙，怨嗟药石不治者，此为谬也，非圣人之过也。”③唐胡璩《谭宾录》：“许裔宗，名医若神，人谓之曰：何不著书？以贻将来。裔宗曰：医乃意也，在人思虑。”④唐释慧琳《一切经音义》：“《集训》云：医，意也，以巧慧智思使药消病也。”⑤唐孙思邈《千金翼方》：“医者，意也，善于用意，即为良医。”⑥唐王焘《外台秘要》：“陶隐居云：医者意也，古之所谓良医，盖以其意量而得其节，是知疗病者皆意出当时，不可以旧方医疗今之人。”⑦

“理”这一概念的含义在宋代得到了空前的提高，在宋代发展了的儒学就被称为“理学”，“理”是其核心概念，医术本来是从实践的经验中总结出来的，对于医术的运用很多时候在于临床时因病施治，也就是所谓的“意”，并没有严格的规定，所以才说“善于用意，即为良医”，可是一旦过分强调医生的意，又难免不陷入随意，所以这里的“理”可以对这一矛盾加以调和，这“理”是医之理，是医术之所以能治病背后的本质原因，“理”的规定性就说明了此原因的规律性，而非随意性；而依据此“理”表达处理的才是“意”，这意已经没有了随意性，也同样有了规律性，因而随意治病的医术是不符合“理”的规定的，因而也就不能称为“医”。这也就是《子华子》中所说在预料病症的未然、将然之后，还要“谨训于理”，才能称为“医”。《子华子》通过引入“理”的概念，将“医者意也”的理论进一

---

① 刘盼遂：《论衡集解》，中华书局1957年版，第256页。
② (刘宋)范晔：《后汉书》，中华书局1965年版，第2735页。
③ (汉)张机：《金匮玉函经》，《续修四库全书》第984册，上海古籍出版社2002年版，第80页。
④ (唐)胡璩：《谭宾录》，《续修四库全书》第1260册，上海古籍出版社2002年版，第22页。
⑤ (唐)释慧琳：《一切经音义》，大通书局1985年版，第1325页。
⑥ (唐)孙思邈著，李景荣等注：《千金翼方校释》，人民卫生出版社1998年版，第397页。
⑦ (唐)王焘：《外台秘要》，人民卫生出版社1955年版，第498页。

步完善，是对医学理论的一次推进。

《周礼·天官·疾医》曰："以五味五谷五药养其病。"郑注曰："养犹治也。"①又嵇康《养生论》称："神农曰上药养命、中药养性者，诚知性命之理，因辅养以通也。"②唐王冰在《素问注》中也说道："夫按摩者，所以开通闭塞，导引阴阳；醪药者，所以养正祛邪，调中理气。故方之为用，宜以此焉。"③这说明古代也有"药者养也"的阐释传统。而《子华子》则进一步用"瀹"解释药与养的关系，今按，《孟子·滕文公章句上》曰："禹疏九河，瀹济漯，而注诸海。"赵岐注曰："瀹，治也。"④又《文心雕龙·神思第二十六》称："陶钧文思，贵在虚静，疏瀹五藏，澡雪精神，积学以储宝，酌理以富才。"⑤故"瀹"有疏导整治之意。

药的作用在于治病养病，而人之所以生病，是因为人身体有所缺乏、亏损，所以要用相应的有余、益多的药物来养病，但是各种药的药性千差万别，如果把药性弄反了而来养病，就会导致相反的效果，因此治病用药是需要非常谨慎的，不能随便吃药，荀悦《申鉴·俗嫌》就说："药者，疗也，所以治疾也，无疾则勿药可也，肉不胜食气，况于药乎？"⑥所以医者要对药性非常熟悉，要了解这些相反的情况，并进一步通过用药加以疏导调理，才能算得上善于用药。《子华子》通过"瀹"这一概念，就进一步阐释了用药的规则，同时也说明了药虽能养病，但也不能盲目用药，而应该了解药性，善加疏导，才能达到养病的目的，所以《子华子》提出的"药者瀹也，瀹者养也"的观点使药与养的关系更加明晰。

但是，这里需要指出的是，认识到"医者理也，理者意也；药者瀹也，瀹者养也"还不是医者的最高境界。因为这种认识还是停留在有病而治病的层次，是"有待"的阶段，所以《子华子》又指出了一种更高的层次："大和之国，无待于意而为医；大和之俗，无待于养而为药。不以物滑和，不以欲乱情。中无载则道集于虚矣，心无累则道载于平矣。安平恬愉，吐故纳新，静与阴同闭，动与阳俱开。若是者，由人而之天，合于太初之三气矣。"(《子华子·北宫意问》)这种更高的境界是达到"无待"——"无待于意而为医"、"无待于养而为药"，根本不需要外在的一切，因为此时的人已经不会为外物和私欲所扰乱，心中毫无负担和牵累，一切任道而行，动静与阴阳和谐，人与自然融为一体，进入天人合一的状态，此时人自然也就不会生病了，也就不再需要医术、药物等外在之物了。

4. 小结

从以上三节，我们可以大致了解《子华子》一书的思想状况，但对于这样一本典籍在中国古典分类中，属于哪一类、哪一家呢？

---

① (汉)郑玄注，贾公彦疏：《周礼注疏》，《十三经注疏》第2册，中华书局2009年版，第1436页。

② 戴明扬：《嵇康集校注》，人民文学出版社1962年版，第150页。

③ 郭霭春主编：《黄帝内经素问校注》，人民卫生出版社1992年版，第350页。

④ 孟轲著，赵岐注：《孟子注疏》，《十三经注疏》第5册，中华书局2009年版，第5884页。

⑤ 杨明照：《文心雕龙校注》，中华书局1964年版，第195页。

⑥ (汉)荀悦著，黄省曾注：《申鉴注校补》，中华书局2012年版，第126页。

在历代书目类典籍中，关于《子华子》一书性质的分类有很大的不同，有将其归为杂家的，有将其归为道家的，也有将其归为儒家的。那么《子华子》此书到底是什么性质的典籍呢？

今列所见诸家丛书、书目之分类如下表：

《郡斋读书志》	杂家类	《八千卷楼书目》	杂家类
《遂初堂书目》	杂家类	《天一阁书目》	杂家类
《直斋书录解题》	杂家类	《皕宋楼藏书志》	杂家类
《宋史艺文志》	儒家类	《钱遵王述古堂藏书目录》	杂家类
《百川书志》	杂家类	《四库全书总目》	杂家类
《说略》	儒家类	《传是楼书目》	杂家类
《国史经籍志》	杂家类	《正统道藏目录》	道家类
《宋史新编》	儒家类	《道藏目录详注》	道家类
《澹生堂藏书目》①	儒家类	《中华道藏》	道家类

为什么前代学者会将它列为儒家类呢？我想可能出于以下几个考虑：首先，书中记载了孔子与子华子倾盖而语的故事，并且孔子对子华子的评价相当高，谓其为“天下之贤士”，学者自然会将二人的思想作相似看待。其次，《子华子》中也有与儒家思想相通之处，如子华子论礼称：“礼先王所以定之也，非所以摇之也；夫礼所以开之也，非所以暴之也。”(《子华子·阳城胥渠问》)而且子华子在论述自己的思想时经常引用《诗经》，全书总有 4 处，亦有孔子引用《诗经》1 处，这也容易使人们认为此书是儒家典籍。

通过上面对其思想的研究，《正统道藏》等收入《子华子》一书，也是可以理解的，我们可以看到《子华子》书中的宇宙本体论主要以道家的“三气”说为主，政治哲学主要是无欲、无为的治国理念，而其中的中医养生学说也主要吸取了道家养生理论，以养气为主。这些都说明《子华子》是一部道家的典籍，甚至有人认为子华子是老子的弟子、是鬼谷子的老师，也是将其纳入道家来看的。

既然此书亦以道家思想为主，又杂有儒家思想，还有不少医药养生之论，所以更多的学者将其列入杂家，与《吕氏春秋》、《淮南子》诸书为同类，如《四库全书总目》就认为《道藏目录详注》收《子华子》为牵强，其《道藏目录详注》提要称：“《鬻子》、《鹖冠子》、《淮南子》、《子华子》、《刘子》、马总《意林》旧皆入杂家类……虽配隶或有未安，门目或有改易，然总无以为道家言者，今一概收载，殊为牵强。”②

但由于《子华子》是两宋之际的伪托之作，而非先秦古书，书中主要以阐述先秦道家

① 《澹生堂藏书目》丛书家收《子汇》，而《子汇》又列《子华子》于杂家类。

② (清)永瑢等：《四库全书总目》，中华书局 1965 年版，第 1154 页。

和后世道教学说为主，其主要内容均与道家有关，也有少许儒家的东西，但是并不能就把它定为道家典籍，当然更不能把它作为儒家的典籍，合儒、道、医、卜，只能算是一部杂家的典籍。

(四)结　语

首先，回顾一下本文的主要内容。在引言部分主要分两部分分别回顾了南宋至清代和近百年来学者对《子华子》一书的研究概况，对《子华子》的研究史有一整体的把握，从对这一研究史的整体情况可以看到，古代学者的研究主要集中在对《子华子》真伪问题的争论上，且一直未能有定论，而近百年来的学者虽然开始关注书中的思想内容，但对其研究仍较为薄弱。所以本文的主体部分主要从这两个方面展开。

在《子华子》文献辨伪研究部分，笔者分三步走，首先检讨了古代学者在对《子华子》辨伪工作中的缺点和不足，并指出部分有价值的内容；再通过辨证刘建国《〈子华子〉伪书辨正》一文，认为文中证明《子华子》为真书的证据并不可信；最后则在前人辨伪基础上，结合笔者的一些新发现，通过直接证据和辅助证据对《子华子》进行系统辨伪，以证明《子华子》为伪书，且判定此书作伪于北宋元丰之后。

在《子华子》思想研究部分，笔者主要针对作伪者伪造部分的内容，从宇宙论、政治哲学和中医养生学说三个方向展开对其思想的分析。其宇宙论之本源为道，通过气而化生万物；其政治哲学强调无欲、无为的施政方针，以道为治国的最高准则；其中医养生说将五脏、五行以及儒家礼义仁智信相关联，将养生与伦理相联系，又提出养生在于养气的观点，还通过“理”、“瀹”的概念深化了“医者意也”、“药者养也”的医药理论。最后综合书中的主要思想，结合前人对《子华子》典籍分类的观点，笔者认为《子华子》在目录分类上应归属于道家类。

在回顾了本文的主要内容之后，可以看到，笔者虽然将《子华子》一书证伪，并对其中的思想作了初步的探讨，但本文还存在不足之处以及有待继续解决的问题。

第一，关于《子华子》的文献辨伪。

中国古代典籍浩如烟海，再加上笔者学力有限，肯定还有一些有价值的材料未能发掘出来，所以在《子华子》辨伪的材料方面还有进步的空间。虽然笔者将《子华子》考证为北宋元丰之后的伪书，但对于此书的具体成书时间未能断定，也未能考证出伪造此书者为何人，前代学者虽然对作伪者也有不少看法，但大多没有具体证据，多为推测之词。所以，《子华子》一书的作伪时间有待进一步精确，作伪者身份有待考证。

第二，关于《子华子》的思想研究。

由于《子华子》的成书时间和作伪者身份无法确定，我们就很难将其放在具体的历史背景下对书中内容进行系统研究，更做不到知人论世，再加上书中关于中医、养生学等知识过于专门，笔者个人的学术素养又有限，只能就《子华子》一书中思想的主要方面做粗浅的分析，所以，笔者对《子华子》一书的思想研究，还停留在表层，并未能做深入细致的探索。因此，此书中所体现的思想还有进一步讨论的必要。

二、《昼永编》辨伪

司马朝军

（一）缘　起

《昼永编》二卷，旧本题明宋岳撰。宋岳自号东越承山子，余姚人。嘉靖二十年(1541)进士，曾任天雄兵宪。

是书分上下二集，不分子目，收入《续修四库全书》子部杂家类。今应傅璇琮先生之邀撰写此类提要稿，详考其书，始知大致抄录前人嘉言懿行之可为法则者，点窜数字，掩为己有，而一一讳其出处。此本为嘉靖甲子(1564)阎承光刊刻行世，当时吕时中、阎承光均撰序跋，极力推扬。然吕、阎二氏未得其实，皆为所蒙蔽矣。数百年来，其书之伪，无人道破。今不惮繁琐，一一疏证，务使此伪书之真面目大白于天下。

（二）疏　证

1. 自大舜称禹，不过勤俭两字，况下于禹者，可以不勤不俭乎？予①尝论俭有四益，勤亦有三益。盖民生在勤，勤则不匮。一夫不耕，必受其饥；一妇不蚕，必受其寒。是勤可以免饥寒也。农民昼则力作，夜则颓然甘寝，故非心淫念，无从而生。晋公父文伯之母曰："瘠土之民，莫不向义，劳也。"渊明诗曰："田家岂不苦，弗获辞此难。四体诚乃疲，而②无异患干。"是勤可以远淫避③也。户枢不蠹，流水不腐，周公论三宗文王之寿，必归之无逸。吕成公释之曰："主静则悠远博厚，自强则坚实

① "予"，《鹤林玉露》作"余"，后有"于乙编"三字。

② "而无异患干"，陶潜诗原作"庶无异患干"。

③ "避"，《鹤林玉露》作"辟"。

精明，操存则血气循轨而不乱，收敛则精神内守而不浮。”是勤可以致寿考也。……大凡贪淫之过，未有不生于奢侈者。俭则不贪不淫，是可以养德也。人之受用，自有剂量，省啬淡泊，有久长之理，是可以养寿也。醉醲饱鲜，昏人神志，若疏食菜羹，则肠胃清虚，无滓无秽，是可以养神也。奢则妄取苟求，志气卑辱，一从俭约，则于人无求，于己无愧，是可以养气也。故老氏以为一宝。

今按：此条由二条拼合而成。从“自大舜称禹”至“可以致寿考也”一段抄自宋罗大经《鹤林玉露》卷一“勤有三益”条，后段抄自《鹤林玉露》卷十一“俭约”条。

2. 饮食男女，人之大欲存焉。制之若无，斯为圣人；节而不纵，可为贤人；纵而不节，是为下愚。盖杀生以资口腹，淫欲以丧天真。二者更相助发，因美饮食，则血气盛，血气盛则淫欲多，淫欲多则反损血气，血气损则又赖饮食以滋补，是二者更相造罪也。若欲省口腹，必先节淫欲。若能节淫欲，即可省口腹。此乃安身延年之道，若能节而绝之，则粗粝亦有美处矣。若纵之，则人生受用之数有限，限尽即早终矣。

今按：此条见清潘楫《医灯续焰》卷二十一所引明高鹤《见闻搜玉》。

3. 郭林宗，汉时有道君子也，尝论观人有九德：一曰容物之德。君子量如江河，无物不容，招来虚受，浩然不满。小人升合之量，岂能有容？二曰乐善之德。君子闻人之善，则翕然而喜慕；小人闻人之善，则妬忌而欲害之。三曰好施之德。君子不贪不吝，有财则施于人；小人贪鄙好利，而未尝施。四曰进人之德。君子先人而后己，能让人；小人不然，则进己而退人也。五曰保常之德。君子德性有常，慎终如始；小人喜怒不常，终始多变。六曰不妄之德。君子出言于己，未尝虚发；小人惟妄倾覆，未尝获信。七曰勤身之德。君子黾勉好善，能勤于身，不慢不怠；小人慢怠而不勤也。八曰爱物之德。君子视人犹己，所以养羸老而畜稚幼也；小人惟自私而已。九曰自谦之德。君子居下，自居人后；小人则好胜争先，岂能自慎？

今按：此抄自《玉管照神局》卷中：“郭林宗观人有九德，一曰容物之德。（原注：如江河在下，物无不容，招来虚受，浩然不满也。人则升合之量，岂能如此？）二曰乐善之德。（原注：君子闻人之善，则乐善而喜慕之；小人闻人之善，则恶忌而欲害之也。）三曰好施之德。（原注：君子不贪不吝，有则与人；小人贪鄙好财，而未尝施于人。）四曰进人之德。（原注：君子先人而后己，小人先己而后人。）五曰保常之德。（原注：有常之德，慎终如始；小人喜怒不常，终始多变。）六曰不妄之德。（原注：言出诸己，未尝虚妄；小人未尝有信。）七曰勤身之德。（原注：勉勉好善，能勤于身，不慢不怠；小人慢怠而不勤也。）八曰爱物之德。（原注：君子视人犹己，所以养羸老而育幼稚也。）九曰自谦之德。（原注：君子谦不自居，小人则好胜争先，岂能不损？）”宋岳将《玉管照神局》的注文（即括号内文字）全部改为正文，又点窜若干文字。

4. 凡观人之术无他，但作事神气足者，不富贵即寿考。但人作十事，若一一中理，无可议者，已自难得，况终身作事中理邪？其次莫若观其所受，此最切要，升不受斗，不覆即毁，物理之不可移者。

今按：此抄自宋张耒《续明道杂志》(四库本《说郛》卷四十三下)，又见宋林之奇《拙斋文集》卷二《记闻下》。

5. 人生至乐无如读书，至要无如教子。夫人生身列三才，至贵存焉。心涵万善，至富存焉。省事可以养心，寡言可以养气。

今按：见家颐《教子语》。

6. 养子弟如养芝兰。既积学以培植之，又积善以滋润之。

今按：见家颐《教子语》。

7. 子弟之贤不肖系诸人，而世人不以其不肖为可忧。子弟之贫富贵贱系诸天，而世人乃忧其贫且贱，而多为不义之事，以求富之贵之，得非倒见耶？

今按：见家颐《教子语》。

8. 君子录人之长而忘其短，小人摭人之短而忘其长。

今按：宋周必大《文忠集》卷二十一《谢举状启》："推贤扬善，是乃本心。惟待士以恕，而取之至公，故录人之长而略其所短。"

9. 以岁之凶穰而荒其稼穑者，非良农也。以利之盈缩而弃其资货者，非良贾也。以行之有祸福而改其善道者，非良士也。

今按：见汉徐干《中论》卷上《修本第三》。

10. 无与祸邻，祸乃不亲。

今按：见《韩非子》卷一《初见秦第一》。

11. 情欲之路，嗜好之府也。目爱采色，命曰伐性之斤。耳乐淫声，命曰攻性之鼓。口贪滋味，命曰腐肠之药。鼻悦芳馨，命曰熏喉之烟。身安舆驷，命曰召蹷之机。此五者，所以养生，亦所以伤生。

今按：见北齐刘昼《刘子》卷一《防欲第二》。

12. 惟士之廉，犹女之洁。苟一毫之点污，为终身之玷缺。毋谓暗室，昭昭四知。汝不自爱，心之神明其可欺？黄金五六驼，胡椒八百斛，生不足以为荣，千载之后有余戮。彼美君子，一鹤一琴。望之凛然，清风古今。

今按：见宋叶某《爱日斋丛抄》卷四。

13. 厚姻娅，近小人，尹氏所以不平于秉钧。开诚心，布公道，武侯所以独优于王佐。故曰：本心日月，利欲蚀之；大道康庄，偏见窒之。听信偏，则枉直而惠奸。喜怒偏，则赏僭而刑滥。惟公生明，偏则生暗。

今按：见宋叶某《爱日斋丛抄》卷四。

14. 古者于民饥溺，犹己饥溺。心诚求之，若保赤子。于戏！入室笑语，饮醲啗肥，出行鼓朴，曾痛痒之，不知人心不仁，一至于斯。淑问之泽，百世犹祀。酷吏之后，今其余几？谁甘小人，而不为君子？

今按：见宋叶某《爱日斋丛抄》卷四。

15. 尔服之华，尔馔之丰，凡缕丝而颗粟，皆民力乎？尔供仕焉而旷，厥官食焉而怠，其事稍有人心，胡不自愧？昔者君子，靡素其飧，炎汗浃背，日不辞艰，警枕计功，夜不遑安。谁为我师，一范一韩。

今按：见宋叶某《爱日斋丛抄》卷四。

16. 人有常言，为治之道，必先除弊，以悦民心，然后兴利以造民福。盖除弊如解悬，民心即喜。兴利便须用民财，劳民力，非得其心，则民将兴怨，故二者当有先后。至于二者之事，则又各有先后也。然非真知利弊之详的，则是非混淆。吾以为利而兴之，而不知其为害，以为害而除之，而不知其为利，或兴除之际未得其法，则弊随生而害又起，故又在于广询博访，取决贤智，不专一己之见，而求通舆论之公，如古人所谓合人情、宜土俗而不失先王之意，然后兴除各当，而德泽及于民矣。

今按：此条见明张萱《西园闻见录》卷九十六所引何孟春之语。

17. 宋璟爱民恤物，朝野归美。时人咸谓璟为“有脚阳春”，言所至之处，如阳春煦物也。

今按：见五代王仁裕《开元天宝遗事》卷四“有脚阳春”条。《白孔六帖》卷三、宋朱胜非《绀珠集》卷一、宋马永易《实宾录》卷七、《说郛》卷五十二等皆载之。

18. 苏黄门云："人生逐日，胸次须出一好议论。若饱食暖衣，惟利欲是念，何以自别于禽兽？余归蜀，当杜门著书，不令废日，只效温公《通鉴》样作议论，商略古人，岁久成书，自足垂世也。"

今按：见宋马廷鸾《碧梧玩芳集》卷十五。

19. 张饱帆于大江，骤骏马于平陆，天下之至快。反思则忧处不争之地，乘独后之马，人或我嗤，乐莫大焉。

今按：此条出自宋李邦献《省心杂言》。

20. 用心专者，不闻雷霆之震惊，寒暑之切肌。为己重者，不知富贵可以杀身，功名可以致显祸。行通衢大道者，不迷心。至公无私者，不惑。

今按：此条出自宋李邦献《省心杂言》。

21. 饱肥甘，衣轻暖，不知节者损福。广积聚，骄富贵，不知止者杀身。饱藜苋者鄙膏粱，乐贫贱者薄富贵，安义命者轻死生，远是非者忘①臧否。

今按：此条出自宋李邦献《省心杂言》。

22. 轩冕不足为吾高，而尘埃在我或有所不得避。昔人谓居轩冕之中当有山林之气，然则处尘埃之内不可有市井之习。

今按：此条出自明高濂《遵生八笺》卷二。

23. 未雨而雷，雨必不成。未行而言，行必不成。古人所以耻躬之不逮也。

今按：此条出自宋吕乔年《丽泽论说集录》卷八：魏舒为司徒，以年老逊位就第舒，为事必先行而后言。逊位之际，无有知之者。卫瓘与舒书曰：每与足下共论此事，日日未果，可谓瞻之在前，忽然在后矣。谢显道解"古者言之不出，耻躬之不逮"极好。其言曰：善言不发，必为善行。恶言不出，必为恶行。蓄于内者既深，则发于外者不掩。且以怒言之，如怒一人，斥骂极口，此怒必消。若隐忍不发，一旦发之，则其怒不可遏。令人为善，未做一分，先说一寸，未做得一寸，先说了一尺，毕竟做不成。尝见张子韶一日与众对坐，阴云四合，未雨，间忽闻数声雷，子韶云：此雨必不成。他人问如何，子韶遂引孔

① "忘"，《省心杂言》作"恶"。

子说“古者言之不出，耻躬之不逮”为对。盖云起无数声雷则必雨，先鼓数声雷，发泄了，故无雨。作文亦然。今人学得数句言语，且留在胸中，涵养得熟，然后将出用，则若长江大河，源流不可遏，若方学得一二句，便把出说了，都不留在胸中，此必终不能作文。

24. 人事尽而听天理，犹耕垦有常勤，丰歉所不可必也。不先尽人事者，是舍其田而弗芸也。不安于静听者，是揠苗而助之长也。孔子进以礼，退以义，非尽人事欤？得之不得曰有命，非听天理欤？

今按：此条出自何垣《西畴老人常言》，详见元陶宗仪《说郛》卷八下。

25. 山鸡自爱其毛，终日影水，目眩则溺。人亦有溺于自爱者。芙蓉山有异鸟，其名曰鹈，爱形顾影，不自藏，为罗者所得。士之罹于世网，皆由其不肯自藏故尔。夜蛾赴绕灯烛，驱去复来，弗至焦烂弗止。利禄声色之在人，往往甘其心而死之，何以异于是哉！

今按：《博物志》卷四：“山鸡有美毛，自爱其色，终日映水，目眩则溺死。”目眩，宋李昉等《太平御览》卷九百二十八作“自眩”。《太平御览》卷九百十八引《游名山记》曰：“芙蓉山有异鸟，爱形顾影，不自藏，故为罗者所得，人谓鹧鹈。”

26. 荥阳吕公希哲，文靖公之孙，正献公之长子，更历中外，凡典五州，晚居宿州真扬间，十余年衣食不给，有至绝粮者数日者①。其在和州，尝作诗云：“除却借书沽酒外，更无一事扰公私。”古人清白传家如此。

今按：此条出自宋赵善璙《自警编》卷二。

27. 关中隐士骆耕道常言：“修养之士当书《月令》，置坐左右，夏至宜节嗜欲，冬至宜禁嗜欲，盖一阳初生，其气微矣，如草木萌生，易于伤伐，故当禁之，不特节也。且嗜欲四时皆损人，但冬夏二至阴阳交争之时尤损人耳。”马永卿曰：“不独《月令》如此。唐柳公年八十有强力，人问其术，对曰：‘吾平生未尝以脾胃熟生物，暖冷物，以元气佐喜怒。’如②此亦可为座右铭也。”耕道曰：“然。”

今按：此条出自宋马永卿《懒真子》卷二。宋赵善璙《自警编》卷二引之。

28. 陈瓘③有斗余酒量，每饮不过五爵，虽会亲戚，间有欢适，不过大白满引，恐以长饮废事。每日有定课，自鸡鸣而起，终日写阅，不离小斋，倦则就枕，既寤即

---

① “有至绝粮者数日者”，《自警编》作“至绝粮者数日”。
② “如”，《懒真子》无。
③ “陈瓘”，《自警编》作“陈忠肃公”。

兴，不肯偃仰枕上，每夜必置行灯于床侧，自提就案。人或问："公何不呼唤使者?"公曰："起止不常，若涉寒暑，则必动其念，此非可常之道，偶吾性安之，不欲劳人也。"

今按：此条出自宋赵善璙《自警编》卷二。宋朱子《宋名臣言行录后集》卷十三、元张光祖《言行龟鉴》卷二皆引之。

29. 范忠宣公亲族间有子弟请教于公，公曰："唯俭可以助廉，唯恕可以成德。"其人书于坐隅，终身佩服。公平生自奉养，无重肉，不择滋味，粗粝。每退自公，易衣裋①褐，率以为常，自少至老，自小官至达官，始终如一。

今按：此条出自宋赵善璙《自警编》卷二，又见于宋周煇《清波杂志》卷六。宋朱子《宋名臣言行录后集》卷十一、宋张镃《仕学规范》卷十、元张光祖《言行龟鉴》卷二、明刘宗周《人谱类记》卷下皆引之。

30. 韩魏公尤知命，每诫其子曰："穷达祸福，固有定分，枉道以求之，徒丧所守，慎勿为也！余以孤忠自信，未尝有夤缘凭借，而每遭人主为知己。今忝三公，所恃者，公道与神明而已矣，焉可诬哉?"其自守如此。

今按：此条出自宋赵善璙《自警编》卷五。又见于宋杜大珪《名臣碑传琬琰集》卷四十八、元胡炳文《纯正蒙求》卷中。

31. 元城先生云：安世寻常未尝服药，方迁谪时，年四十有七，先妣必欲与俱，百端恳罢，不许。安世念不幸使老亲入于炎瘴之地，已是不孝，若非义固，不敢为父母，惟其疾之忧，如何得无疾？只有绝欲一事，遂举意绝之。自是逮今，未尝有一日之疾，亦无宵寐之变。陈瓘②曰：公平生学术以诚入，无往而非诚。凡绝欲，是真绝欲，心不动。故公曰然。公曰：安世自绝欲来，三十年气血意思只如当时，终日接士友剧谈，虽夜不寐，翌朝精神如故。平生坐必端己，未尝倾侧靠依。每日行千步，燕坐调息，复起观书，未尝昼寝，啜茶伴客，有至六七碗。终身未尝草书，岁时家庙祭飨，拜跪七十有二，未尝废阙。此祖先相传，安世终身由之，以励子孙，一皆本之以诚，故心尝前知，两月前自觉必有变异，果长子不禄，故至诚如神，圣人岂吾欺哉！

今按：此条出自宋赵善璙《自警编》卷二。

32. 近世有人，夙丧父母，及冠，唯叔父存焉。叔有七子，一日，叔谓侄："吾

---

① "裋"，张光祖《言行龟鉴》卷二、刘宗周《人谱类记》卷下误作"短"。今按：裋褐，粗布衣服。《汉书·贡禹传》："[妻子]裋褐不完。"

② "陈瓘"，《自警编》作"陈忠肃公"。

当与汝析籍。”侄曰：“如何处其产业?”叔曰：“分之为二。”侄曰：“诚不忍诸兄弟共一分，可为八分。”叔固辞，侄曰不可，遂作八分分之。才十七岁，预荐入京，时同馆者二十余辈，有术士遍视之，曰：“南宫高第，独此少年。”诸贡士咸斥术者曰：“汝何谬耶！吾等皆大手笔，久历场屋，岂不如一乳臭儿?”术者曰：“文章非我所知，但此少年满面阴德之气，必积善之所致。”及发榜，果独名，余皆下第。

今按：此即“士选让产”的故事。五代张士选礼让家产，传为美谈。相由心生，吉人自有天助，恶人必遭恶报。

33. 向敏中①除右仆射，麻下日，李昌武为翰林学士②，当对。真宗曰：“朕自即位以来，未尝除仆射。今日以命敏中，此殊命也。敏中应甚喜。”对曰：“臣不知。”上曰：“敏中今日门下贺客必多，卿往观之。”昌武往见，丞相方谢客，悄无一人。昌武与向亲，径入见之，徐贺曰：“今日开降麻，士大夫莫不欢慰，朝野相庆。”公但唯唯。又曰：“自上即位，未尝除端揆，此非常之命，自非勋德隆重，眷倚殊越，何以至此?”公复唯唯，终不测其意。又历陈前世为仆射勋劳德业之盛、礼命之重，公亦唯唯，卒无一言。既退，复使人至庖厨中，问今日有亲戚宾客饮宴者，亦寂无一人。明日对，上问昨日见敏中之意何如，乃具以所见对，上笑曰：“向敏中大耐官职。”张九成论曰：“仕宦至宰相，亦可谓极荣矣。文简处之，若不足以动其心，其所养为何如。后之学者，平时高谈阔论，目以为富贵莫能动，然有得一官而满者，有得一荐而满者，伤哉!”

今按：此条出自宋赵善璙《自警编》卷一。《宋史》卷二百八十二亦载此事。宋黄震《黄氏日抄》卷五十“向文简敏中”条亦云：“吕蒙正罢相，上意其目穿望复位，刘昌言称无之。刘昌言罢，上意其涕泣，钱若水称无之。向敏中除仆射，上意其甚喜，又意其贺客必多，李昌武往视，皆无之。士大夫苟贱取轻人主既久，虽真宗不免于疑公清节重德，默动上心，大耐官职之褒，岂特公一身之荣一时之誉而已哉!”

34. 韩魏公帅定武时，夜作书，令一侍兵持烛于旁。侍兵他顾，烛燃公须，公遽以袖挥之，而作书如故。少顷，回视，则已易其人矣。公恐主吏鞭之，亟呼视之，曰：‘勿易渠，今已解持烛矣。’军中感服。”

今按：《涑水记闻》第492条云：“韩魏公帅定武时，夜作书，令一侍兵执烛于旁。侍兵他顾，烛然公须，遽以袖挥之，而作书如故。少顷，回视，已易其人。公恐主吏鞭之，亟呼曰：‘勿易之，渠方解持烛矣。’军中感服。”宋祝穆《古今事文类聚别集》卷十六、宋潘自牧《记纂渊海》卷四十二、宋赵善璙《自警编》卷一、元陶宗仪《说郛》卷七十一、明何良俊《语林》卷十四均引之。

① “向敏中”，《自警编》作“向文简公”。

② “李昌武为翰林学士”，《自警编》作“翰学李昌武”。

35. 曹州于令仪者，市井人也，长厚不忤物，晚年家颇丰富。一夕，盗入其家，诸子擒之，乃邻舍子也。令仪曰：“尔素寡过，何苦而为盗耶？”“迫于贫耳。”问其所欲，曰：“得十千，足以资衣食。”如其欲，与之。既去，复呼之，盗大惧，语之曰：“尔贫甚，负十千以归，恐为逻者所诘。”留之至明，使去。盗大感愧，卒为良民。

今按：此条出自宋赵善璙《自警编》卷四。宋司马光《涑水家仪》、宋王辟之《渑水燕谈录》卷三、元陶宗仪《说郛》卷七十一均引之，明胡我琨《钱通》卷十四引自《灼艾集》。

36. 张知常在上庠日，家以金十两附致于公。同舍生因公之出，发箧而取之。学官集同舍检索，因得其金，公不认，曰：“非吾金也。”同舍生至夜袖以还公。公知其贫，以半遗之。前辈谓公遗人以金，人所能也；仓卒得金不认，人所不能也。

今按：此条出自宋赵善璙《自警编》卷四。宋吴曾《能改斋漫录》卷十二有“张知常不认同舍金”条，末云：“此事缙绅类能言之，而汪彦章为公碑铭不载，何耶？”明刘宗周《人谱类记》卷下、清潘永因《宋稗类抄》卷九均引之。

37. 李文靖公素有长者誉。一世仆逋宅金数十千，忽一夕遁去，有女将十岁，美资格，自写一券，系于带，愿卖于宅，以偿焉。丞相大恻之。祝夫人曰：“愿如己子育于室，训教妇德，俟成，求偶嫁之。止请夫人亲结缡以主婚，然而务在明洁。”夫人如所诲，及笄，择一婿亦颇良，且奁币归之。女范果坚，白其二亲，后归京，闻之，感公沦刻心骨。丞相病，夫妇刲股为羹馈之，至薨，衰绖三年以报。

今按：此条出自宋赵善璙《自警编》卷四，转引自宋释文莹《湘山野录》卷下。《湘山野录》一书成于熙宁中，多记北宋杂事。四库本《说郛》卷七十一引李元纲《厚德录》。《厚德录》四卷，宋李元纲撰。《言行龟鉴》提要：“宋赵善璙作《自警编》，录前辈嘉言善行以示矩矱。(元张)光祖欲为刊行，熊禾以善璙所编尚有未及删润者，光祖乃即善璙旧本，益以《典型录》、《厚德录》、《善善录》、《名臣言行录》，及博采名臣碑志之文，裒辑排比，以成是编。据原序称，分学问、德行、交际、家道、出处、政事、民政、兵政八门。黄虞稷《千顷堂书目》著录作八卷，盖一门为一卷也。”

38. 当官处事，务合人情。忠恕违道不远，未有舍此二字，而能有济者。前辈当官处事，常思有恩以及人，而以方便为上，如差科之行。既不能免，即就其间求所以便民省力者，不使搔扰重为民害，其益多矣。

今按：此条出自宋吕本中《官箴》，宋刘清之《戒子通录》卷六、四库本《说郛》卷七十上均引之。宋张镃《仕学规范》卷二十七引之，注云：“已上出吕氏《童蒙训》。”宋赵善璙《自警编》卷七、元张光祖《言行龟鉴》卷七均引自《谷志古清修集》。

39. 张忠定公咏在成都府，尝夜梦谒紫府真君，接语未久，吏忽报请到西门黄兼济承事，兼济以幅巾道服而趋，真君降阶接之，礼颇隆，尽且揖张公，坐承事之，下询顾详，款已有钦叹之意。公翊旦即遣典客诣西门，请黄承事者，戒令具常所衣服来，比至，果如梦中所见。公即以所梦告之，问平日有何阴德，蒙真君厚遇如此，且居某之上座耶？兼济云："无他长，惟每岁遇禾麦熟时，以钱三万缗收籴，至明年禾麦未熟，小民艰食之际，粜之价直不增，升斗亦无高下，在我者初无所损，而小民得济所急。"公曰："此承事所以坐某之上也。"令索公裳，二吏掖之，使端受四拜。黄公后裔繁衍至今，在仕路者比比青紫。

今按：此条出自宋赵善璙《自警编》卷八。宋江少虞《事实类苑》卷四十六、宋祝穆《古今事文类聚》前集卷五、明胡我琨《钱通》卷十一、明彭大翼《山堂肆考》卷九十均载此事。

40. 沙门岛旧制有定额，过额则取一人投之海中。马默处厚知登州，建言朝廷既贷其生矣，即投诸海中，非朝廷之本意，今后溢额，乞选年深自至配所，不作过人移登州。神宗深然之，即诏可着为①定制。未几，马方坐堂上，忽昏困，如梦寐中，见一人乘空来，如世间所画符使也，左右挟一男一女，至马前，大呼曰："我自东岳来，圣帝有命，奉天符马默本无嗣，以移沙门岛罪人事上帝，特命赐男女各一人。"遂置二童，乘黄云而去。马惊起，与左右卒隶见黄云东去，后生男女二人。马亲语余如此。

今按：此条出自宋王巩《甲申杂记》。按：王巩字定国，莘县人，同平章事旦之孙、工部尚书素之子。《甲申杂记》凡四十二条。甲申者，徽宗崇宁三年也，故所记上起仁宗，下讫崇宁，随笔记载不以时代为先后。元陶宗仪《说郛》卷五十上引之。

41. 范文正公守邠州，暇日帅僚属登楼置酒，未举觞，见缞绖数人营理丧具者，公亟令询之，乃寄居士人卒于邠，将出殡近郊，赗敛棺椁皆所未具。公怃然，即撤宴席，厚赒给之，使毕其事。坐客感叹，有泣下者。

今按：此条出处比较复杂，宋江少虞《事实类苑》卷九引自宋司马光《涑水纪闻》，宋张镃《仕学规范》卷二十九引自宋魏泰《东轩笔录》②，元陶宗仪《说郛》卷四十一下、四库本《陕西通志》卷九十九引自宋王辟之《渑水燕谈录》③，宋赵善璙《自警编》卷四、元张光祖《言行龟鉴》卷二、明刘宗周《人谱类记》卷下均未注明出处。

---

① "为"，《说郛》作"以为"。

② 晁公武《读书志》称其元祐中记少时所闻成此书，是非多不可信。《四库提要》称其书自报复恩怨以外所记杂事亦多可采，论古者颇借以为考据之资。

③ 《书录解题》称其为治平四年进士。《读书志》称其从仕四方，与贤士大夫燕谈，有可取者辄记，久而得三百六十余事。《四库提要》称其书皆记绍圣以前杂事。

42. 薛简肃公奎为蜀，以惠爱得民名。民有老妪告其子不孝者，子诉贫不能养。公取俸钱与之，曰："用此为生以养母。"子遂为慈孝。

今按：此条出自欧阳修《文忠集》卷二十六《资政殿学士尚书户部侍郎简肃薛公墓志铭》，宋杜大珪《名臣碑传琬琰集》卷二十引之，明胡我琨《钱通》卷十四引自《灼艾集》①，宋赵善璙《自警编》卷四、张光祖《言行龟鉴》卷七均未注明出处。

43. 谢逸记曾鲁公布衣游京师，舍于市侧，旁舍泣声甚悲，诘朝过而问之。旁舍生意惨怆，欲言而色愧。公曰："若第言之，或遇仁人，戚然动心，免若于难。不然，继以血，无益也。"旁舍生顾视左右，欷嘘久之，曰："仆顷官于某，以某事而用官钱若干，吏督之且急，视其家，无以偿之，乃谋于妻，以女鬻于商人，得钱四十万，行与父母诀，此所以泣之悲也。"公曰："商人转徙不常，且无义，爱离色衰，则弃于沟中瘠矣。吾士人也，孰若与我。"旁舍生跽曰："不意君之厚贶小人如此，且以女与君，不获一钱，犹愈于商人之数倍。然仆已书券，纳直不可追矣。"公曰："第偿其直，索其券，彼不可，则讼于官。"旁舍生然之。公即与四十万钱，约曰后三日以其女来，吾且登舟矣。俟君于水门之外。旁舍生如公教，商人果不敢争，携女至，期以往，则公之舟无有也。询旁舟之人，则曰某舟去已三日矣。其女后嫁为士人妻。逸自言元祐八年至京师，得于邺郡黄正叔，以为公墓刻不载，故惜其不传，因书其大略云②。

今按：宋吴曾《能改斋漫录》卷十二有"曾鲁公与旁舍生钱偿鬻女直"条。宋赵善璙《自警编》卷四亦载其事。按：吴曾字虎臣，崇仁人。秦桧当国时，曾上所业得官，绍兴癸酉自敕局改右承奉郎，主奉常簿，为玉牒检讨官，迁工部郎中，出知严州，致仕卒。赵善璙，太宗七世孙，家南海，端平中尝知江州。

44. 张无垢云："快意事孰不喜为？往往事过不能无悔者，于他人有甚不快存焉，岂得不动于心？君子所以隐忍详复，不敢轻易者，欲彼此两得也。"

今按：此条出自宋赵善璙《自警编》卷八。

45. 吕舍人本中云："忍之一事，众妙之门。当官处事，尤是先务。若能清勤之外，更行一忍，何事不办？《书》曰：'必有忍，其乃有济。'此处事之本也。谚有之曰：'忍事敌灾星。'少陵诗云：'忍过事堪喜。'此皆切于事理，为世大法，非空言也。王沂公曾尝说：'吃得三斗酽醋，方做得宰相。'盖言忍受得事也。"

今按：此条出自宋吕本中《官箴》。宋刘清之《戒子通录》卷六、宋张镃《仕学规范》卷

---

① 明万表撰。表字民望，鄞县人。正德末武进士，累官都督同知，佥书南京中军都督府。

② "云"，《自警编》前有"以示人"，后有"江唐卿影响载王丞相曾事同"。

二十七均引自吕本中《童蒙训》，宋赵善璙《自警编》卷八引自《辨志录》①。《尚书·君陈》："必有忍，其乃有济。有容，德乃大。"宋王应麟《困学纪闻》卷十八："'忍过事堪喜'，杜牧之遣兴诗也。吕居仁《官箴》引此误以为少陵。俗言'忍事敌灾星'，司空表圣诗也。"阎若璩按："《论衡》引成语曰：'力胜贫，慎胜祸。'亦表圣之意。"

46. 祭酒胡公俨初为桐城令，以爱民为主，凡可便民者，以身任之。民间积年逋负悉与奏免。邑中虎为害伤民物，乃斋沐，告于神，虎遂灭迹。表朱桐乡墓，俾民奉祀。尝督漕运，次三山，值大风雪，遇中流，有覆舟，命仆夫援之，活其被溺者三十余人。捕蝗途中，见饥饿病者，悉命里胥扶掖，就民舍，给以药食。是夜大风雨，得免暴露，存活数百十人。

今按：见杨溥《太子宾客国子祭酒兼翰林侍讲致仕胡先生墓碑》(载明程敏政《明文衡》卷八十二，亦载明徐纮《明名臣琬琰录》卷二十四)。

47. 少保于肃敏公以兵部侍郎巡抚河南、山西等处十八年，始迁大理寺少卿。公巡抚时，或入京议事，独不持土物赌当道。其诗曰："手帕蘑菇与线香，本资民用反为殃。清风两袖朝天去，免得闾阎话短长。"汴人至今能诵之。

今按：见明叶盛《水东日记》卷五、明李濂《汴京遗迹志》卷十一。

48. 人之子孙，富贵贫贱，莫不各有一定之命。世之人不明诸此，往往于仕宦中昧冒礼法，取不义之财，欲为子孙计，殊不知子孙诚有富贵之命。今虽无立锥之地以遗之，他日之富贵将自至。使其无富贵之命，虽积金如山，亦将荡然不能保矣。况不义而入者，又有悖出之祸乎？如宋之吕蒙正、范文正公诸公，咸以寒微致位将相，富贵两极，曷尝有赖于先世之遗财乎？然则取不义之财欲为子孙计者，惑之甚矣！

今按：见明薛瑄《读书录》卷一。

49. 尝见人寻常事处置得宜者，数数为人言之，陋亦甚矣！古人功满天地，德冠人群，视之若无者，分定故也。

今按：见明薛瑄《读书录》卷三。

50. 锦衣玉食，古人谓惟辟可以有此，以其功在天下而分所当然也。世有一介之士，得志一时，即侈用无节，甚至袒衣皆绫绮之类，宜其颠覆之无日。此余有目睹其事者，可为贪侈之戒。

① 《少仪外传》提要："宋吕祖谦撰。《永乐大典》别载《辨志录》二卷，亦题吕祖谦撰，其文全与此同，盖一书二名。"

今按：见明薛瑄《读书录》卷七。

51. 世之廉者有三，有见理明而不妄取者，有尚名节而不苟取者，有畏法律保禄位而不敢取者。见理明而不妄取，无所为而然，上也。尚名节而不苟取，狷介之士，其次也。畏法律保禄位而不敢取，则勉强而然，斯又为次也。操得其要，则不待深惩重赏，而人自化于廉。孔子曰："苟子之不欲，虽赏之不窃。"

今按：见明薛瑄《读书录》卷七。

52. 一命之士，苟存心于爱物，必有所济。盖天下事莫非分所当为，凡事苟可用力者，无不尽心其间，则民之受惠者多矣。

今按：见明薛瑄《读书录》卷七。

53. 予尝爱刘道原能自攻其过，云平生二十失：佻易卞急，遇事辄发；狷介刚直，忿不思难；泥古非今，不达时变；疑滞少断，劳而无功；高自标置，拟伦胜己；疾恶太甚，不恤怨怒；事上方简，御下苛察；直语自信，不远嫌疑；执守小节，坚确不移；求备于人，不恤咎怨；多言不中节，高谈无畔岸；臧否品藻，不掩人过；恶立事违众，好更革应事；不揣己度德，过望无纪；交浅而言深，戏谑不知止；任性不避祸，议论多讥刺；临事无机械，行己无规矩；人不忤己，而随众毁誉；事非祸患，而忧虞太过；以君子行义责望小人。此二十失者，予亦有之，每自警察而已。

今按：明陆深《俨山外集》卷四《河汾燕闲录下》：刘恕字道原，温公门人，宋儒中有史学者。尝著自讼文，以为平生有二十失十八蔽。其悔过之勇，自知之明，实前贤之高尚。顾其所谓失与蔽者，予皆有焉，又若为予而发者，因录之以自警。"平生有二十失：佻易卞急，遇事辄发；狷介刚直，忿不思难；泥古非今，不达时变；疑滞少断，劳而无功；高自标置，拟伦胜己；疾恶太甚，不恤怨怒；事上方简，御下苛察；直语自信，不远嫌疑；执守小节，坚确不移；求备于人，不恤咎怨；多言不中节，高谈无畔岸；臧否品藻，不掩人过；恶立事违众，好更革应事；不揣己度德，过望无纪；交浅而言深，戏谑不知止；任性不避祸，议论多讥刺；临事无机械，行己无规矩；人不忤己，而随众毁誉；事非祸患，而忧虞太过；以君子行义责望小人。非惟二十失，又有十八蔽：言大而智小，好谋而阔论，剧谈而不辨，慎密而漏言，尚风义而龌龊，乐善而不能行，与人和而好异议，不畏强御而无勇，不贪权利而好躁，俭啬而徒费，欲速而迟钝，暗识而强料，事非法家而深刻，乐放纵而拘小礼，易乐而多忧，畏动而恶静，多思而处事乖忤，多疑而数为人所欺。事往未尝不悔，他日复然。自咎自笑，亦不自知其所以然也。"其中惟苛察深刻，予似可免。然赋性弛缓，而每欲示人以肺肝，亦不得不谓之失与蔽也。若夫事往未尝不悔，他日复然者，则又中予之沈痼，循省之，余辄复自笑。《诗》曰："我思古人，实获我心。"

54. 予又尝爱宋吴处厚能论相，云相有三十六相："夫人尝言意气求官，自须如此，一也；为事有刚有柔，二也；慕善近君子，三也；有美食常分惠人，四也；不近小人，五也；常行阴德，每事方便，六也；从小能治家，七也；不厌人乞觅，八也；利人克己，九也；不遂恶贪杀，十也；闻事不惊张，十一也；与人期不失信，十二也；不易行改操，十三也；夜卧不便睡着，十四也；马上不回头顾，十五也；夜不令人生憎怒，十六也；不文过饰非，十七也；为人作事周匝，十八也；得人恩力不忘，十九也；自小便有大量，二十也；不毁善害恶，二十一也；怜孤济寡急物，二十二也；不助强欺弱，二十三也；不忘故旧之分，二十四也；为事众人用之，二十五也；不多言妄语，二十六也；得人物每生惭愧，二十七也；声美音有序，二十八也；当人语次不先起，二十九也；常言人善事，三十也；不嫌恶衣恶食，三十一也；方圆曲直随时，三十二也；闻善行之不倦，三十三也；知人饥渴劳苦，常有以恤之，三十四也；不念旧恶，三十五也；故旧有难，竭力救之，三十六也。以上三十六善皆全者，当位极人臣，寿考令终。或有不全，则祸福相折。"盖有之固非外德，无之实为累德。

今按：语见宋吴处厚《青箱杂记》卷四。

55. 杜少陵诗云："莫笑田家老瓦盆，自从盛酒长儿孙。倾银注玉惊人眼，共醉终同卧竹根。"盖言以瓦盆盛酒，与倾银壶而注玉杯者同一醉也，尚何分别之有。由是推之，蹇驴布鞯，与金鞍骏马同一游也；松床管席，与绣帷玉枕同一寝也。知此，则贫富贵贱可以一视矣。

今按：宋罗大经《鹤林玉露》卷八"老瓦盆"条：杜少陵诗云："莫笑田家老瓦盆，自从盛酒长儿孙。倾银注玉惊人眼，共醉终同卧竹根。"盖言以瓦盆盛酒，与倾银壶而注玉杯者同一醉也，尚何分别之有。由是推之，蹇驴布鞯，与金鞍骏马同一游也；松床管席，与绣帷玉枕同一寝也。知此，则贫富贵贱，可以一视矣。昔有仆嫌其妻之陋者，主翁闻之，召仆至。以银杯瓦碗各一，酌酒饮之。问曰："酒佳乎？"对曰："佳。""银杯者佳乎？瓦碗者佳乎？"对曰："皆佳。"主翁曰："杯有精粗，酒无分别，汝既知此，则无嫌于汝妻之陋矣！"仆悟，遂安其室。少陵诗意正如此。而一本乃以"玉"字作"瓦"字，失之矣。

56. 有日者谒黄直卿，云善算星数，知人祸福。直卿曰："吾亦有个大算数。《书》曰：'惠迪吉，从逆凶。作善，降之百祥，作不善，降之百殃。'《大学》曰：'言悖而出者，亦悖而入；货悖而入者，亦悖而出。'此个数，亘古今不差，岂不优于子之算数乎？"

今按：见宋罗大经《鹤林玉露》卷九"大算数"条。

57. 徐孝祥居吴江同里，虽茅屋数楹，而树石自然幽胜，有田数亩，足以供饘粥而已。隐居好学，不求仕进，尚文好客，客至必留饮，以故岁常酿酒数石，而自奉惟布衣草屦，泊如也。一日，后园徐步，见树根一穴，坍陷，谛视之，下有石甃，启之，皆白物也，乃亟掩之，一毫弗取，人无有知者。几三十年，值至治壬戌，岁大歉，民不聊生，孝祥曰：“是物当出世耶?”乃启其穴，物皆如故。日取数锭，收籴以散贫人，所全活者不可胜计，物尽乃已。女将适人，惟荆布遣之，而于藏中之物，锱铢无犯。其子纯大以明经发解，官至翰林供奉枢密承旨。孝祥受封如其官，寿至九十七而卒。

今按：见元高德基《平江记事》。

58. 戴君伯庸，倜傥士也，有大志，喜谈兵，言论风飞雷厉，听者忘倦。尝云人生一饱之外，皆为长物。至正末，居姑苏，贫甚，至于割荐而爨，鬻靴而食。参政董公抟霄，君故人也，时持节调福州兵道，由姑苏造君，袖白金一铤饷之，君受而不辞，遂得以给朝晡。友人有告急者，君持其半与之。其度量如此。

今按：见明刘绩《霏雪录》卷上。

59. 范文正公在杭州，子弟以公有退志，乘间请治第洛阳，营园圃，以为佚老之地。公曰：“人苟有道义之乐，形骸可外，况居室哉！吾今年逾六十，生且无几，乃谋树第治圃，顾何待而居乎？吾之所患，在位高而艰退，不患退而无居也。且西都士大夫园林相望，为主人者莫得常游，而谁独障吾游者！岂必有诸己而后为乐耶？俸赐之余，宜以赒宗族。若曹遵吾言，毋以为虑。”

今按：宋赵善璙《自警编》卷三。宋祝穆《古今事文类聚续集》卷六“不肯治第”引自《遗事》。宋袁燮《絜斋集》卷十《秀野园记》亦云：“昔资政范公之镇杭也，子弟请治地洛阳，因辟圃为佚老之地。公曰：‘人苟有道义之乐，形骸可外，况于居室！且西都名园相望，谁独障吾游者。禄赐之余，以赡宗族可也，奚以圃为！’”

60. 韩魏公在相府，时家有女乐二十余辈，及崔夫人亡，一日尽厚遣之。同列多劝且留以为暮年欢悦。公曰：“所乐能几何？而常令人心劳，孰若吾简静之乐也。”识者以为过人远矣。

今按：宋赵善璙《自警编》卷二、宋江少虞《事实类苑》卷八《名臣事迹》、宋祝穆《古今事文类聚后集》卷十六、元张光祖《言行龟鉴》卷二、明彭大翼《山堂肆考》卷九十九均载此事。

61. 李文靖公（丞相）沆颇通释典，尤厌荣利世务，罕以婴心。其自奉甚薄，所居陋巷，听事无重门，其逼下已甚，颓垣坏壁，沆不以屑虑。堂前花栏坏，妻戒守舍者勿令葺，以试沆。沆朝夕见之，经月终不言。妻以语沆，沆笑谓其弟维曰：“岂可以此动吾一念哉?”家人劝治居第，未尝答。维因语次及之，沆曰：“身食厚禄，时有横赐，计囊装亦可以治第。但念内典以此世界为缺陷，安得圆满如意？自求称足，今市新宅，须一年缮完。人生朝暮不可保，又岂能久居？巢林一枝，聊自足耳，安事丰屋哉！"

今按：宋江少虞《事实类苑》卷八引自《杨文公谈苑》，宋朱子《宋名臣言行录前集》卷二亦引自《杨文公谈苑》。《宋史》卷二百八十二载："（李）沆性直谅，内行修谨，言无枝叶，识大体，居位慎密，不求声誉，动遵条制，人莫能干以私。至于垣颓壁损，不以屑虑。堂前药阑坏，妻戒守舍者勿葺以试沆，沆朝夕见之，经月终不言，妻以语沆，沆曰：'岂可以此动吾一念哉！'家人劝治居第，未尝答，弟维因语次及之，沆曰：'身食厚禄，时有横赐，计囊装亦可以治第。但念内典以此世界为缺陷，安得圆满如意？自求称足，今市新宅，须一年缮完。人生朝暮不可保，又岂能久居？巢林一枝，聊自足耳，安事丰屋哉！'"宋赵善璙《自警编》卷三、元张光祖《言行龟鉴》卷四均载此事，但未注明出处。

62. 寇莱公初为枢密直学士，赏赐金帛甚厚。乳母泣曰："太夫人不幸时，家贫，求一缣作衾褪，不可得，岂知今日富贵哉？"公闻之，恸哭，尽散金帛，终身不蓄财产。后虽出入将相，所得俸禄，惟务施与。公外奢内俭，无声色之娱，寝处一青帏二十余年，时时有破坏，益命补葺。或以公孙弘事靳之，笑答曰："彼诈我诚，虽敝何忧？且不忍处之久而以敝复弃也。"靳者愧之。

今按：宋赵善璙《自警编》卷二、宋朱子《宋名臣言行录前集》卷四、宋祝穆《古今事文类聚别集》卷十八、明彭大翼《山堂肆考》卷一百十六、明郑岳《山斋文集》卷十七均载此事。

63. 季元衡《俭说》云："与其贪饕以招辱，不若俭而守廉；干请以犯义，不若俭而全节；侵牟以聚仇，不若俭而养福；放肆而遂欲，不若俭而安性。"

今按：见宋赵善璙《自警编》卷二。"季元衡"，明张永明《张庄僖文集》卷五《家训》"崇俭约"条、钱大昕《十驾斋养新录》卷十八"俭"条均误作"李元衡"，宋李心传《建炎以来朝野杂记》乙集卷十一、元马端临《文献通考》卷三十三均载季元衡事迹。

64. 赵清献公（抃字阅道）宽厚长者，与物无忤，家于三衢，所居甚隘。弟侄有欲悦公意者，厚以直易邻翁之居，以广公第。公闻不乐，曰："吾与此翁三世为邻矣，忍弃之乎？"命急还翁居，而不追其直。

今按：宋赵善璙《自警编》卷三、元胡炳文《纯正蒙求》卷下、元张光祖《言行龟鉴》卷二均载此事。

65. 杨玢尚书致仕归，长安旧居为邻里侵占，子弟欲诣府诉其事，以状白玢，玢批纸尾云："四邻侵我我从伊，必竟须思未有时。试上含光殿基望，秋风秋草正离离。"子弟不敢复言。

今按：见宋赵善璙《自警编》卷三。

66. 天下贤愚，营营然若飞蛾之投夜烛，苍蝇之触晓窗。知往而不知返，知进而不知退。而但知避害而就利，不知聚利而就害。夫贤于人而不贤于身，何贤之谓也？博于物而不博于己，何博之谓也？是以大人利害俱忘，何往不臧？

今按：见南唐谭峭《化书》卷三《德化·飞蛾》。

67. 奢者三岁之计，一岁之用；俭者一岁之计，三岁之用。至奢者犹不及，至俭者尚有余。奢者富不足，俭者贫有余。奢者心常贫，俭者心常富。奢者好亲人，所以多过，俭者能远人，所以寡祸。奢者事君必有所辱，俭者事君必保其禄。奢者多忧，俭者多福，能终其俭者，可以为天下之牧。

今按：见南唐谭峭《化书》卷六《俭化·天牧》。

68. 刘留台自少极贫，专事趋谒，岁久，乡人厌之，不能自存。一日，与其子同往泉州谒亲表徐司户，到泉州，而司户得罪宪司，对移他郡，复徒步归，至漳泉市买浴，堂中拾金一袋，浴毕，托疾卧堂中，终夕不去。翌早有一人号泣而至，自言为商于外，八年不归，只收拾得金子八十五片，以一袋盛之，昨晚醉中与同行携到此浴，浴罢，乘月行三十里，始觉其金不见，公遂举以还之，彼以数片遗公，公一无所受。及还乡，人愈薄之，责以拾金不能营生，而复来相干，公答以平生赋分止合如此，若掩他人物以为己有，必有祸灾，身且不保，安用物为？彼人辛勤所积，一旦失去，或不得还乡，或死非其命，其害有不可胜言者，吾是以还之，惟安分以毕余生耳。未几，父子同膺乡荐，一举登第，官至西京留台。后五十年间，子孙趾美仕途者二十有三人。予乙卯秋还自滁阳，与其玄孙质夫县丞同舟入霅川，得闻其详。且言伯父侍郎尝录其事，镌之以戒子孙：当以高祖之心为心，在家者慈俭以安分，居官者廉勤以守节，凡物非己有者，不得妄有觊觎云。

今按：见宋赵善璙《自警编》卷四，转引江唐卿《影响录》。

69. 东坡记齐人刘庭式未第时，议娶其乡人之女，既约而未纳币也，庭式及第，其女以病，两目皆盲，女家躬耕，贫甚，不敢复言。或劝纳其幼女，庭式笑曰："吾已许之矣。虽盲，岂负吾初心哉？"卒娶盲女，与之偕老。予偶读《唐摭言》载：孙泰，山阳人，少师皇甫颖，守操颇有古贤之风。泰妻即姨女也。先是姨老以二女为托，曰其长幼损一目，汝可娶其女弟。姨卒，泰娶其姊。或诘之，泰曰："其人有废病，非泰何适？"皆服泰之义。乃知古人已先刘庭式矣。陈无己《谈丛》亦云："华阴吕君举进士，聘里中女行，既中第，妇家言曰：'吾女故无疾，既聘而后盲，敢辞？'吕君曰：

‘既聘而后盲，君不为欺，又何辞？’遂娶之，生五男，皆中进士第，其一人丞相汲公是也。”①

今按：见宋赵善璙《自警编》卷四。前半段原始出处为宋苏轼《东坡全集》卷九十三《书刘庭式事》，又见宋吴曾《能改斋漫录》卷十四“娶盲女”条。

70. 人有三百六十节，当天之数。形体有骨肉，如地之厚。有孔窍血脉，如川谷也。多食甘者，有益于肉，而骨不利。多食苦者，有益于骨，而筋不利。多食辛者，有益于筋，而气不利。

今按：见唐马总《意林》卷二公孙尼子。《太平御览》卷三百六十引公孙尼子曰：“人有三百六十节，当天之数。形体有骨肉，当地之厚也。有九窍脉理，当川谷也。血气者，风雨也。”

71.《耄智余书》云：“遣妄情如刀之伐树，非一斧可倒；求真理如食之充肠，非一口可饱。”修道积功，大率如此。

今按：此条见宋周守中《养生类纂》卷一养生部所引《耄智余书》。《耄智余书》三卷，宋晁迥撰。晁迥善养生，兼通释老书。年至八十四，子孙多闻人。

72.《本草衍义总叙》曰：“未闻道者，放逸其心，逆于生乐，以精神徇知巧，以忧畏徇得失，以劳苦徇礼节，以身命徇利财。四徇不置，心为之病矣。极力劳形，躁暴气逆，当风纵酒，食嗜辛咸，肝为之病矣。呼叫过常，辩争陪答，冒犯寒暄，恣食咸苦，肺为之病矣。久坐湿地，强力入水，纵欲劳形，三田漏溢，肾为之病矣。五病既作，故未老而羸，未羸而病，病至则重，重则必毙。呜呼！是皆弗思而自取之也。”

今按：见明高濂《遵生八笺》卷二。

73.《褚氏遗书》曰：养耳力者常饱，养目力者常瞑，养臂指者常屈伸，养股趾者常步履。

今按：见齐褚澄《褚氏遗书·分体》。

74. 养生要诀曰：“‘一人之身，一国之象。胸臆之设，犹宫室也。支体之位，犹郊境也。骨节之分，犹百川也。腠理之间，犹四衢也。神犹君也，血犹臣也，气犹民也。’故至人能理其身，亦犹明君能治其国。夫爱其民，所以安其国。爱其气，所以

① （宋）陈师道：《后山谈丛》卷四。

全其身。民弊即国亡，气衰即身谢。又曰：能摄生者，当先除六害，然后可以延驻。何名六害？一曰薄名[利]，二曰禁声色，三曰廉货财，四曰损滋味，五曰屏虚妄，六曰除嫉妒。六者若存，则养生之道徒设耳，盖未见其有益也。”

今按：见《抱朴子·地真》。

75. 又曰：多思则神散，多念则心劳，多笑则脏腑上翻，多言则气海虚脱，多喜则膀胱纳客风，多怒则腠理奔浮血，多乐则心神邪荡，多愁则头面焦枯，多好则气智溃溢，多恶则精爽奔腾，多事则筋脉干急，多机则智虑沉迷。兹乃伐人之生，甚于斤斧，蚀人之性，猛于豺狼。

今按：见宋李昉等《太平御览》卷七百二十方术部一养生。

76. 养生以不伤为本，此要言也。且才所不逮，而困思之，伤也；力所不胜，而强举之，伤也；悲哀憔悴，伤也；喜乐过差，伤也；汲汲所欲，伤也；戚戚所患，伤也。久谈言笑，伤也；寝息失时，伤也；挽弓引弩，伤也；沉醉呕吐，伤也；饱食即卧，伤也；跳走喘急，伤也；欢呼哭泣，伤也。积伤至尽则早亡，早亡非道也。是以养性之方，唾不及远，行不疾步，耳不极听，目不极视，坐不至久，卧不及疲，先寒而衣，先热而解，不欲极饥而食，食而不可过饱，不欲极渴而饮，饮不可过多。凡食多则结积聚，饮多则成痰癖也。不欲甚劳甚逸，不欲起晚，不欲汗流，不欲多睡，不欲奔走车马，不欲极目望远，不欲多啖生冷，不欲饮酒当风，不欲数数沐浴，不欲远愿广志，不欲规造异巧。冬不欲极温，夏不欲穷凉，露卧星下，不欲眠中见扇。大寒大热，大风大雾，皆不欲冒之。五味入口，不欲偏多，故酸多伤脾，苦多伤肺，辛多伤肝，咸多伤心，甘多伤肾，此五行自然之理也。凡言伤者，亦不便觉也，谓久则损寿耳。

今按：见《抱朴子·极言第十三》。

77.《(著)[养]生论》曰：“[大凡养生，先调元气。]身有四气，人多不明，四气之中，各主生死。一曰乾元之气，化为精，精反为气。精者连于神，精益则神明，精固则神畅，神畅则生健。若精散则人疲，精竭则神去，神去则死。二曰坤元之气，化为血，血复为气。气血者通于内，血壮则体丰，血固则颜盛，颜盛则生(合)[全]。若血衰则发变，血败则(脑)[胸]空，(脑)[胸]空则死。三曰庶气，庶气者一元交气，气化为津，津复为气。气连于生，生托于气。阴阳动息，滋润形骸，气通则生，气乏则死。四曰众气，众气者，谷气也。谷济于生，终误于命。食谷气虽生，蕴谷气还死。精能附血，气能附生，当使循环，即身永固。乾元之阳，阳居阴位，脐下气海是也。坤元之阴，阴居阳位，(脑)[胸]中血海是也。生者属阳，阳贯五脏，喘息之气是也。死者属阴，阴纳五味，秽恶之气是也。气海之气，以壮精神，以填骨髓。血海之气，以补肌肤，以流血脉。喘息之气，以通六腑，以扶四肢。秽恶之气，以乱身神，以腐五脏。”

今按：见明高濂《遵生八笺》卷二。

78. 长沙有朝士某者还乡，意气满盈，宾至，鼓吹喧阗，里中有执友谒之，朝士曰：“翁素好诵诗，近日诵得何诗？”执友曰：“诵得孙风洲赠欧阳圭斋一诗，甚有味。”乃朗然诵之曰：“圭斋还是旧圭斋，不带些儿官样回。若使他人居二品，门前箫鼓闹如雷。”朝士闻诗默然，明日宾至，门庭寂然。

今按：吴景旭《历代诗话》卷六十九引明敖英《东谷赘言》。敖英字子发，清江人，正德辛巳进士，官至河南右布政使。

79. 庐江有监司某者，谢事悬车，延方士炼丹，敬信之如钟吕复生。其夫人颇知书史，尝戏之曰：“丹成，何以谢方士？”监司曰：“渠自能点化，不图谢。”夫人曰：“渠既不图谢，何故以丹法传君？”监司曰：“渠谓我有仙风道骨，故传。”夫人笑曰：“君垂涎点化，志在贪财。妾未闻蓬莱三岛，乃有贪财神仙。”话间其婿来谒之，夫人曰：“金丹若成，当传之婿乎？”监司有难色。夫人曰：“君得金丹，不肯传婿，君非方士之婿，渠胡为独肯传耶？”监司终不悟。居无何，方士化为乌有先生，而丹鼎从之。夫人又戏之曰：“夜来方士赴蟠桃之会，未知骑黄鹤去耶？骑赤鲤去耶？”监司默然，长吁而已。

今按：此条见明蒋一葵《尧山堂外纪》卷九十四“国朝”刘瑾条下小注及明李绍文《皇明世说新语》卷八。

80. 上元姚三老赀甲闾右，尝买别墅于劳劳亭之北，投书浦之南。其中有池有亭有假山，皆太湖怪石，钩斗甃垛，奇崛玲珑。又有飞阁曲房，药栏花径，逶迤斗折，妆点如画。周遭又有老树寿藤，葱旧相纠，秀色映发，鱼鸟亲人，良惬赏心。一日，狂客王大痴来游焉，留酌池上，酒半酣，大痴曰：“乐哉兹野，翁费直几何？”三老曰：“费千金也。”大痴曰：“二十年前，老夫曾觞咏于此者，告我费且万金，翁何得之易耶？”三老曰：“我谋之久矣。其子孙无可奈何，只得贱售。”大痴曰：“翁当效刻石平泉，垂戒子孙，异时无可奈何，不宜贱售。”三老闻其言，愀然不悦，既而跃然引觞浮白，谢之，且曰：“大痴真达者之言哉！老悖空与子孙作马牛矣。”

今按：清张贵胜《遣愁集》卷十一：“上元人姚三老者，赀甲闾右，尝买别墅，其中有池有亭，假山皆太湖怪石，奇崛玲珑。又有飞阁曲房，药栏花径，逶迤周折，妆点如画。四围又有老树寿藤，葱旧相纠，秀色映发，鱼鸟亲人，良惬赏心。一日，有狂客王大痴者来游，姚留之，酌酒半酣，大痴曰：‘乐哉兹墅，价值几何？’三老曰：‘约千金。’大痴曰：‘二十年前，老父曾觞咏于此，告我费且万金，翁何得之易耶？’三老曰：‘我谋之已久。初时原索贵价，俟其子孙须用甚急，至无可奈何时，只得贱售。’大痴曰：‘翁当效刻石平泉，垂戒子孙，后日无可奈何，不宜贱售。’三老始闻之勃然怒，少焉愀然不乐，既而踊跃而起，引觞浮白，谢之曰：‘是真达者之言。老惫空为作牛马矣。’”明刘元卿《应谐录》载：上元姚三老赀甲闾右，尝买别墅，其中有池亭假山，皆太湖怪石。有狂客王大痴诇知姚谋之久，其主以无可奈何而贱售，因讽以当效刻石平泉，垂戒子孙异时无可奈何，不宜贱售。其里贯与渊相同，未知即谓此园否。果即此园，则此集亦不足尚也。(《四库全书总目》卷一百九十二《市隐园诗文》提要)元卿字调父，安福人，隆庆庚午举人，万历中官至礼部主事，《明史·儒林传》附见邓元锡传中。

81. 近时杨宗乔尹新乡，质任峭真①，与人议论，不能下气。监临者恶其不逊，同列又从而交构其间，势如骑虎，不可收拾。一日，桂古山过之，宗乔告以故。古山曰：“譬如对弈，且饶一着；譬如争路，且退一步，便无事矣。”宗乔惕然谢教，告改教职。

今按：此条见明刘万春《守官漫录》卷一内编“忍克有济”第六条，又见明张萱《西园闻见录》卷十四。

82. 友人邝子元由翰林补外十余年矣，不得赐还，尝侘傺无聊，遂成心疾。每疾作，辄昏聩如梦，或发谵语，有时不作，无异平时。或曰真空寺有老僧，不用符药，能治心疾，子元往叩之。老僧曰：“相公贵恙起于烦恼，生于妄想。夫妄想之来，其几有三：或追忆数十年前荣辱恩仇，悲欢离合，及种种闲情，此是过去妄想也；或事到眼前，可以顺应，即乃畏首畏尾，三番四复，犹豫不决，此是见在妄想也；或期望日后富贵荣华，皆如所愿，或期功成名遂，告老归田，或期望子孙登庸，以继书香，与夫一切不可必成、不可必得之事，此是未来妄想也。三者妄想忽然而生，忽然而灭，禅家谓之幻心。能昭见其妄，而斩断念头，禅家谓之觉心。故曰不患念起，惟患觉迟。此心若同太虚，烦恼何处安脚。”又曰：“相公贵恙亦原于水火不交，何以故？凡溺爱冶容而作色荒，禅家谓之外感之欲。夜深枕上思得冶容，或成宵寐之变，禅家谓之内生之欲。二者之欲，绸缪染著，皆消耗元精。若能离之，则肾水滋生，可以上交于心。至若思索文字，忘其寝食，禅家谓之理障。经纶职业，不告劬劳，禅家谓之事障。二者之障，虽非人欲，亦损性灵。若能遣之，则心火不致上炎，可以下交于肾。故曰：尘不相缘，根无所偶。返流全一，六欲不行。”又曰：“苦海无边，回头是岸。”子元如其言，乃独处一室，扫空万缘，静坐月余，心疾如失。予在汴台，闻子元道其详，且曰禅说可治心疾，吾辈姑取节焉可也。

今按：此条出自明江瓘《名医类案》卷八，文字稍有不同，前缀“友人”，后缀“予在汴台，闻子元道其详，且曰禅说可治心疾，吾辈姑取节焉可也”。《名医类案》书前有嘉靖己酉(1549)序，后有万历辛卯(1591)应宿跋。《名医类案》书成于《昼永编》之前，而传于《昼永编》之后。

① “真”，《守官漫录》、《西园闻见录》作“直”。

83. 杨中丞继宗，风节林望，标表天下。方其为太守，考绩入京，张芳洲赠以文，谓公有今人所无者三，古人所少者二。刚直常持之以委易，廉明常持之以含容，勇敢常持之以宽静，而不速于成。今之为郡，而其所施有如其所存者乎？杨伯起以清白著闻，犹有可却之金。公治郡久，始终无一足敢暮夜及门者。苏子卿以死为事，史外犹有余书。公抵官以来，遽遣妻孥归养，萧然独处斋阁。此尤非夙昔之所多见也。非公不足以当之，褒不过溢矣。

今按：张芳洲即明张宁。张宁《方洲集》卷十五《送杨太守序》云：太守阳城杨公承芳治郡九载……独尝念其存心制事之间，有今人所无者三、古人所少者二，请为乡郡诵之。夫天下之刚直皆足以镇物，天下之廉明皆足以察物，天下之勇敢皆足以致物，斯三者，达古今之美节也，然其所至常不能无弊。承芳质美识高，外严中惠，刚直也，常持之以委易而不猛，廉明也，常持之以含容而不刻，勇敢也，常持之以宽静而不速于成。今之为郡，如其所施有如其所存者乎？汉杨伯起以清白著闻，犹有可却之金。承芳治郡久举七邑之产，可以居奇货，未尝经意，触目始终无一足敢暮夜及门者，是其见信于人逾于伯起矣。苏子卿以死为事，史外犹有余书。承芳抵官以来，遽遣妻孥归养，萧然独处斋阁，无惘惘离索之态，此二者尤非夙昔之所多见也。是故动之即行，言之即从，守之即固，岩耸壁立，而人不畏其峻，鉴空衡平，而人不测其应，风飞电厉，而下不忧其震折，振撼击撞，临之以威，而不见其少。抑抟跃障挠，限之以防，而不见其自阻。日积月累，千变百挫，兀然如良金美玉，而不见其少渝，可谓伟人矣。朱子称王文忠公禀乎天者纯于阳德刚明之气，是以其心光明正大，疏畅洞达。公其近之。或谓公别白太明，节目太疏，言论太激，三者非自全之道，此盖其细者也。

84. 鹖峰子曰：全琮父柔使赍米数千斛到吴市易，琮皆散给士大夫，空船而还，白父曰："所利非急，而士大夫方有倒悬之急，故赈赡之。"柔乃奇之。此周急之仁出于子，而父不禁者也。范文正遣子尧夫至姑苏取麦五百斛，舟还，次丹阳，见石曼卿，云三丧欲葬，无可谋者，尧夫以麦舟与之。到家，文正曰："东吴见故旧乎？"白曼卿三丧未举，方滞丹阳。文正曰："何不以麦舟与之？"曰："已付之矣。"此周急之仁有于父而子能体者。今人之谓藏者于骨肉间，但知相勉以利，而不知相感以义。吾见亦多矣。闻斯人文风，宁不为之颡泚。

今按：元无名氏《氏族大全》卷六："全琮字子璜，父使运米数千斛到吴市易，琮散用空船，还曰：所利非急，而士大夫方有倒悬之急，故赈赡之。"明唐桂芳《白云集》卷六《孝友堂记》："朱寿昌葬宗族十数丧，石曼卿三丧未举，范尧夫以麦五百斛助之。古人之不可及者，德远其勖之哉。"

85. 陈瓒，字锡用，业通九经百家之说，自言得养生之术。年逾九十，耳目聪明，犹勤笔砚，著《经史系华》十卷。然其家贫，人忧其衣食不足，尝曰："瓒贤能不及颜子，而寿禄过之，何患贫也。"时益重之。后官至秘书监，致仕，归剡。

今按：待考。清周召《双桥随笔》卷八："陈瓒年逾九十，犹勤笔砚，著《经史系华》十卷。"召字公右，号拙庵，衢州人，康熙初官陕西凤县知县。是编乃其甲寅、乙卯间值耿精忠构逆避兵山中所作。双桥者，其山中所居地也。又按：陈瓒，献县人。嘉靖丁未进士，官至南京吏部尚书。即尝为杨继盛奏请恤典者。(《四库全书总目》卷一百七十八《济美堂集》提要)

86. 仆旧苦脏疾，偶遇人，语曰："但不食豚足。"以试之一岁，果尔。按《本草》云：其肉不可食，令人暴肥而召风，又耗心气。又文人尤所当戒。且食多忌吴茱萸、白花菜、荞麦，皆不可同食。由是久不食，而他病亦鲜，且觉气爽，而读书日益悟，始信不食豚之大功。

今按：元陶宗仪《说郛》卷七十四上引宋林洪《山家清事》"食豚自戒"条。

87. 山深岚重，仙道未能，生姜岂容不种？每旦，带皮生姜细嚼，熟酒下之，或姜汤亦可矣。

今按：元陶宗仪《说郛》卷七十四上引宋林洪《山家清事》"山备"条。

88. 赵康靖公厚德长者，口未尝言人短。与欧阳文忠公同知制诰，后亦同秉政。及文忠被谤，康靖密申辨理，至欲纳平生诰敕而保之，而文忠不知也。

今按：宋叶梦得《避暑录话》卷上、宋张镃《仕学规范》卷十三、宋赵善璙《自警编》卷八、元张光祖《言行龟鉴》卷二均载此事。

89. 苏子瞻东坡先生自儋之归，卜居阳羡。阳羡士大夫犹畏而不敢与游，独士人邵民瞻从学于坡，坡公亦喜其人，时时相与杖策过长桥，访山水为乐。邵为坡买一宅，为缗五百，坡倾囊，仅能偿之。卜吉入居，既得日矣。夜与邵步月，偶至村落，闻妇人哭声极哀。坡徙倚听之，曰："异哉，何其悲也！岂有大难割之爱触于其心欤？吾将问之。"遂与邵推扉而入，则一老妪，见坡泣自若。坡公问妪何为哀伤至是。妪曰："吾有一居，相传百年，保守不动，以至于此。吾子不肖，举以售人。吾今日迁徙，来岁百年旧居一旦诀别，此吾所以泣也。"坡亦为之怆然，问其故居所在，则坡以五百缗所得者也，因再三慰抚，谓曰："妪之故居，乃吾所售也，不必深悲，当以是居还妪。"即命取屋券对妪焚之，呼其子，命翌日迎母还旧居，不索其直。坡自是遂还毗陵，不复买宅，借顾塘桥孙氏居暂住焉。

今按：元陶宗仪《说郛》卷二十下引宋方岳《深雪偶谈》："建中靖国中，坡公自儋北归，卜居阳羡。阳羡士大夫犹畏而不敢与游，独士人邵民瞻从学于坡。坡公亦喜其人，时时相与杖策过长桥，访山水为乐。邵为坡买一宅，为缗五百，坡倾囊仅能偿之。卜吉入居，既得日矣。夜与邵步月，偶至村落，闻妇人哭声极哀。坡徙倚听之，曰：‘异哉，何其悲也！岂有大难割之爱触于其心欤？吾将问之。’遂与邵推扉而入，则一老妪，见坡泣自若。坡公问妪何为哀伤至是。妪曰：‘吾有一居，相传百年，保守不动，以至于此。吾子不肖，举以售人。吾今日迁徙来此，百年旧居一旦诀别，此吾所以泣也。’坡亦为之怆然。问其故居所在，则坡以五百缗所得者也。因再三慰抚，谓曰：‘妪之故居乃吾所售也，不必深悲，当以是居还妪。’即命取屋券，对妪焚之，呼其子，命翼日迎母还旧居，不索其直。坡自是遂还毗陵，不复买宅，借顾塘桥孙氏居暂住焉。是岁七月，坡竟殁于借居。余儿在当年方二九，强记知文，人谓吾家异时千里驹也，不幸为十四侄妇陈氏贪利余产，在儿血气未定，堕其危机，既而恚恨愧悔，辄轻其生，丙寅三月十三日也。余垂老失依，且思在儿姿貌气度，真有大难割之爱，哭泣送日，天为苦阴，而族里闻若不闻，未知炎凉休戚之时，人有一公论存欤否耶？孤猿忆子，抱树酸号，途旅之人闻三声而下泪。余虽负谴神人，岂料其无告之至于斯欤？岂以为余为善哭徒有类于唐衢者欤？感坡公事，重为之涕咽，因书以自责，且告世之仁人君子，共知前辈行事盖如此云。”明何良俊《语林》卷三、明彭大翼《山堂肆考》卷一百七十一“卜居阳羡”亦引之。《深雪偶谈》，宋方岳撰，岳字符善，宁海人。书中记淳祐初年事云：“缕指二十霜，余已就老。”又载丙寅三月丧子事。丙寅乃度宗咸淳二年，则岳至宋末尚在。宋费衮《梁溪漫志》卷四：“东坡卜居阳羡，建中靖国元年东坡自儋北归，卜居阳羡……是岁七月坡竟殁于借居。前辈所为类如此，而世多不知，独吾州传其事云。”《梁溪漫志》十卷，宋费衮撰。衮字补之，无锡人。卷端有开禧二年国史实录院牒称为国子免解费进士。《礼部韵略》条例中有开禧元年国子监发解进士费衮论韵略经弦二字札子一篇，经礼部看详，当即其人。其始末则不可详矣。

90. 司马温公，当世大儒，博学无所不通。虽已贵显，而刻苦记览，甚于韦布。尝为某言：“学者读书，少能自第一卷读至卷末，往往或从中，或从末，随意读起，又多不能终篇。光性最专，犹尝患如此。从来惟见何涉学士案上惟致一书，读之自首至尾，正错校字，以至读终。未终卷，誓不他读。此学者所难也。”

今按：元陶宗仪《说郛》卷四十三下引宋张耒《明道杂志》。何涉，蜀人。韦布，韦带布衣。古指未仕者或平民的寒素服装。借指寒素之士，平民。宋叶某《爱日斋丛抄》卷二：“温公为张文潜言：‘学者读书，少能自第一卷读至卷末。往往或从中，或从末，随意读起，又多不能终篇。光性最专，犹常患如此。从来惟见何涉学士案上惟置一书，读之自首至尾，正错校字，以至读终。未终卷，誓不他读。此学者所难也。’”张昺叟《答孙子发书》论《资治通鉴》，其略云：“温公尝曰：‘吾作此书，惟王胜之曾阅之终篇，自余君子求乞欲观，读未终，已欠伸思睡矣。’温公所言，学者之通患，盍以何学士、王胜之之事为读书法？”

91. 肃宗为太子时，尝侍膳。尚食置熟俎，有羊臂臑，上顾使太子割。肃宗既割，余污漫在刃，以饼洁之。上熟视，不怿。肃宗徐举饼啖之，上甚悦，谓太子曰：“福当如是爱惜。”

今按：见宋王谠《唐语林》卷一、元陶宗仪《说郛》卷四十八上。

92. 诗曰："人伦何处定枯荣，先相心田后相形。心发善端诸福集，时藏毒害祸须生。"麻衣曰："有心无相，相逐心生；有相无心，相随心灭。"斯言简，实相法之纲领，诚可忽诸？

今按：《玉管照神局》卷中："荀子曰：'相形不若相心，论心不若论择术。'此劝人为善也。夫形者，人之材也。德犹器也。材既美矣，而表之以德，犹加之雕琢而成美器。遇拙匠而弃之，是为不材之器也。是知德在形先，形居德后也。诗曰：'大德如沧海，宽和万物归。保常终不变，乐善日知机。岂肯为贪鄙，何曾说是非。粹然和美玉，日日发光辉。观子形虽贱，谁知德内充。天心终护善，衣食自丰隆。爱物功何博，勤身道有容。相形先相德，此理合神功。贵相堂堂神骨清，贫容穷貌体常轻。要知相物之元本，先相心田后相形。'许负先生云：'有心无相，相逐心生。有相无心，相随心灭。'诚哉是言也。"许负先生，善相人者，事迹见《史记·绛侯世家》。

93. 东坡论茶云："除烦去腻，世固不可无茶，然暗中损人不少。昔人云：'自茗饮盛后，人多患气，否则患黄。虽损益相半，而消阳助阴，不偿损也。'吾有一法，常自修之。每食已，辄以浓茶漱口，颊腻既去，而脾胃不知。凡肉之在齿间者，得茶漱浸，乃不觉脱去，不烦刺挑也，而齿性便苦，缘此渐坚密，蠹疾自已。然率用中下茶，其上者亦不常有，间数日一啜，亦不为害也。此大是有理，而人罕知者，故详述云。"《大唐新语》曰："右补阙毋景博学，有著述才，性不饮茶，著《茶饮》，序云：'释滞消壅，一日之利暂佳；瘠气侵精，终身之累则大。'获益则功归茶力，贻祸则不谓茶灾，岂非福近易知，祸远难见者乎？"

今按：前段见宋赵德麟《侯鲭录》卷四。元李冶《敬斋古今黈》卷八、明高濂《遵生八笺》卷十一、清陆廷灿《续茶经》卷下之二均引之。按苏轼《茶说》云："除烦去腻，世固不可以无茶，然暗中损人殆为不少。昔人云：'自茗饮盛后，人多患气，不复患黄，虽损益相半，而消阳助阴，益不偿损也。'吾有一法，常自珍之，每食已，辄以浓茶漱口，烦腻既去，而脾胃不知，凡肉之在齿间，得茶漱涤之，乃尽消缩，不觉脱去，不烦刺挑也，而齿性便苦，缘此渐坚密，蠹毒自已。然率用中下茶，其上茶自不常有，间数日一啜，亦不为害也。此大是有理，而人罕知是，故详述。子瞻记。"①宋苏轼《仇池笔记》卷上《论茶》："除烦去腻，不可缺茶，然暗中损人不少。吾有一法，每食毕，以浓茶漱口，烦腻既出，而脾胃不知。肉在齿间，消缩脱去，不烦挑刺，而齿性便苦，缘此坚密。率皆用中下茶，其上者亦不常有，数日一啜，不为害也。此大有理。"②《仇池笔记》向来有人怀疑非苏轼

① （宋）祝穆：《古今事文类聚续集》卷十二。

② （宋）曾慥：《类说》卷九。按：《类说》提要称其书体例乃删削原文，而取其奇丽之语，各加标目于条首，至分部采撮，各以原书为次，不别加编类，又为陶宗仪《说郛》所自祖；然其时古籍尚多，慥又精于裁剪，故所甄录大都遗文僻典，可以裨助多闻。

所撰，其实不然。

94. 闻君子议论，如啜苦茗，森严之后，甘芳溢颊。闻小人谄笑，如嚼糖冰，爽美之后，寒冱凝腹。

今按：宋许棐《献丑集·樵谈》："闻小人谄笑如嚼糖冰，爽美之后，寒冱凝腹。"清张德彝《三述奇》卷七引此条时称"又古人曰"。

95. 庸匠误器，庸妇误衣，庸师误子弟。子弟可复胚乎？

今按：此条乃据明焦竑《焦氏四书讲录》孟下卷十三"曰夫道若大路然一节"讲录而来，原文为："庸工误器，器可以别置；庸妇误衣，衣可以别裁；庸师误子弟，子弟可以复胎乎？"

96. 君子对青天而惧，闻雷电而不惊；履平地而恐，涉风波而不疑。

今按：明高濂《遵生八笺》卷一："君子对青天而惧，闻雷霆而不惊；履平地而恐，涉风波而不惧。以责人之心责己，则寡过；以恕己之心恕人，则全交。"

97. 夫畏途者，十杀一人，则父子兄弟相戒也，必盛卒徒而后出焉，不亦智乎！故人之所畏者，衽席之上，饮食之间，而不知戒者，过也。

今按：《庄子·达生篇》引仲尼曰："无入而藏，无出而阳，柴立其中央。三者若得，其名必极。夫畏途者，十杀一人，则父子兄弟相戒也，必盛卒徒而后敢出焉，不亦知乎！人之所取畏者，衽席之上，饮食之间，而不知为之戒者，过也。"

98. 深山穷谷之人多高年者，嗜欲少故也。

今按：待考。此语甚有理致。《宋史·食货上一》："庶使深山穷谷之民，得安生理。"

99. 高卧闲窗，绿阴清昼，天地何其阔远也。

今按：见明吴与弼《康斋集》卷十一《日录》。

100. 寡言择交，可以无悔吝，可以(先)[免]忧辱。坐密室如通衢，驭寸心如六马，可以免过。

今按：见宋李邦献《省心杂言》，宋张镃《仕学规范》卷十三引之。

101. 语人之短不曰直，济人之恶不曰义。

今按：见宋李邦献《省心杂言》。

102. 声色者败德之具，思虑者戕生之本。

今按：见宋李邦献《省心杂言》。

103. 以忠孝遗子孙者昌，以智术遗子孙者亡，以谦接物者强，以善自卫者良。

今按：见宋李邦献《省心杂言》，宋张镃《仕学规范》卷十三、明高濂《遵生八笺》卷二均引之。

104. 日费千金，为一瞬之乐，孰若散而活冻饿者几千百人；处眇躯以广厦，何如庇寒士一席之地乎？

今按：见宋李邦献《省心杂言》。

105. 夙兴夜寐，无非忠孝者，人不知，天必知之。饱食暖衣，恬然自卫者，身虽安，其如子孙何？

今按：见宋李邦献《省心杂言》。

106. 保生者寡欲，保身者避名。无欲易，无名难。

今按：见宋李邦献《省心杂言》。

107. 溺爱者受削①于妻子，患失者屈己于富贵。

今按：见宋李邦献《省心杂言》，宋张镃《仕学规范》卷十三引之。

108. 康节云："或问希夷求持身之术，希夷曰：'得便宜事不可再作，得便宜处不可再去。'"

今按：宋邵伯温《闻见录》卷七："康节先生尝诵希夷先生之语曰：'得便宜事不可再作，得便宜处不可再去。'又曰：'落便宜是得便宜。'故康节诗云：'珍重至人尝有语，落便宜是得便宜。'盖可终身行之也。"

---

① "削"，《省心杂言》、《仕学规范》均作"制"。

109. 盛名必有重(贲)[责]，大巧必有奇穷。

今按：《四库全书》本《明文海》卷一百六十八沈懋学《复王龙溪先生》："夫天道消息盈虚，循环倚伏，盛明必有大晦，异巧必有奇穷。今此学可谓极明，谈此学可谓极巧，而晦与穷似不能免。"

110. 张无尽见雪窦，教以惜福之说曰："事不可使尽，势不可倚尽，言不可道尽，福不可享尽。"

今按：此条见明刘万春《守官漫录》卷二"事不可尽四条"之二；又元代《居家必用事类全集》癸集"省心杂言"条中即有"势不可使尽，福不可享尽，事不可做尽，言不可道尽"之语。张无尽即宋代张商英。

111. 祸莫大于纵己之欲，恶莫大于言人之非。

今按：明刘宗周《人谱类记》卷下引蔡虚斋曰："祸莫大于纵己之欲，恶莫大于言人之非。"明高濂《遵生八笺》卷二："祸莫大于纵己之欲，恶莫大于言人之非。人非贤莫交，物非义莫取，念非善莫行，事非善莫说。"蔡虚斋即明代理学家蔡清，著有《虚斋集》。

112. 观朝夕起卧之早晏，可以卜人家之兴替。

今按：宋吕乔年《丽泽论说集录》卷十："观起之蚤晏，可以卜人家之兴替。"

113. 汉陈平尝言："我多阴谋，道家之所禁。吾世即废，不能复起，以吾多阴祸也。"李广与望气王朔语曰："吾为陇西守，羌尝反，吾诱降者八百余人诈而同日杀之，今恨独此尔。"朔曰："祸莫大于杀已降，此乃将军之所以不得侯者也。"后汉虞诩临终谓其子恭曰："吾所悔者，为朝歌长时杀贼数百人，其中何能不有冤者。自此二十余年，家门不增一口，期获罪于天也。"宋王彦超将致政每戒诸子曰："吾累为统帅，杀人多矣，自死得免为幸，必无阴德以及后，汝为善事，以自庇。"及卒，子孙果无达者。史称彦超自悔多杀，垂戒后裔，近乎仁人之用心矣。若汉陈平辈之所言者，比之彦超，其用心得无亦有类焉者乎？而彦超同时若曹彬其人，乃真为仁人矣。为将亦在人自处何如尔。

今按：此条见明郭良翰《问奇类林》卷二十五"报应"。明刘万春《守官漫录》卷二"外编言行之资""好杀之戒"条内容为"汉陈平尝言"至"及卒，子孙果无达者"。《分门古今类事》卷二十"陈平阴谋"条云："荥阳之围，陈平为高祖画策曰：'彼项王骨鲠之臣，亚夫、钟离昧、龙且、周殷之属，不过数人，王能捐金万斤，间其君臣，必内相诛戮。汉因举兵攻之，破楚必矣。'汉王乃出黄金数万斤与平，平多以金纵反间于楚军，言诸将钟离昧等为项王将功多矣，然终不得列地而王，欲与汉为一以灭项氏，分王其地，项王果疑之，使使至汉，汉为太牢之具进见，楚使阳惊曰：以为亚夫使，乃项王使也。复持以恶草具进，楚使归，具以报项王，果大疑亚夫，亚夫欲击下荥阳，项王不信，亚夫大怒，乞骸骨，疽发背而死。平夜出女子二千人荥阳东门，使楚击之，平乃与汉王从西门出。又使高祖伪游云梦，缚韩信，从击臧荼、陈豨、黥布，凡六出奇计，世莫得闻。而平尝曰：'我多阴谋，道家所禁。吾世即废，亦已矣。不能复起，以吾多阴祸也。'其后至曾孙何坐略人妻，弃市。尝以卫氏亲戚贵愿得续封，然终不得也。""李广杀降"条云："汉李广从弟蔡代公孙弘为丞相。蔡为人名声出广下远甚，而广不得爵邑，官不过九卿。广之军吏士卒或取封侯者。广与望气王朔语曰：'自汉征匈奴，广未尝不在其中，而诸校尉才能不及中庸，以军功取封侯者数十人，广终无尺寸以取封邑，何也？岂吾相不当侯耶？'朔曰：'将军自念岂尝有恨者乎？'广曰：'吾为陇西守，羌尝反，吾诱降者八百余人诈而杀之，至今恨独此耳。'朔曰：'祸莫大于杀已降，此将军所以不得侯也。'后人尝为诗云：'有去钓鱼须作相，无来射虎不封侯。'最为名言，然不知谁之作也。"

114. 陶侃为荆州刺史，尝出游，见人持一把未熟稻，侃问用此何为。人云行道所见，聊取之耳。侃大怒曰："汝既不田，而戏贼人稻。"执而鞭之。张咏为崇阳令，尝坐城门下，见里人有负菜而归者，问何从得之，曰买之市，咏怒曰："汝居田里，不自种而食，何惰邪？"笞而遣之。此等小事，史何足书。然百姓因此知上人之教，勤于农殖，家给人足，二公之为惠则大矣。

今按：《晋书》卷六十六："陶侃为荆州刺史，尝出游，见人持一把未熟稻，侃问用此何为，人云行道所见，聊取之耳。侃大怒曰：'汝既不佃，而戏贼人稻。'执而鞭之。"宋朱子《宋名臣言行录前集》卷三："张咏忠定公字复之，濮州人，中进士第，位至工部尚书公。为崇阳令，在崇阳，尝坐城门下，见里人有负菜而归者，问何从得之，曰买之。市公怒曰：'汝居田里，不自种而食，何惰耶？'笞而遣之。"宋陈师道《后山谈丛》卷四："乖崖为令，尝坐城门下，见里人有负菜而归者，问何从得之，曰买之。市公怒曰：'汝居田里，不自种而食，何惰邪？'笞而遣之。"

115. 今人饮馔，务尚丰腆，一筵之设，水陆毕具。宾客向口，盖无几，堆盘累碟，深杯大瓢，秖以厌饮，诸仆从耳，不知此何益也。宋司马温公言，其先公为群牧判官时，客至，未尝不置酒，或三行，或五行，不过七行，酒沽于市，果止梨栗枣柿，殽止脯醢菜羹，器用瓷漆，当时士大夫皆然。人不相非也，会数而礼勤，物薄而情厚。近日士大夫家，酒非内法，果非远方珍异，食非多品，器皿非满案，不敢作会。尝数日营聚，然后敢发书，苟或不然，人争非之，以为鄙吝，故不随俗奢靡者鲜矣。风俗颓弊如是，居位者忍助之乎？公之在洛也，文潞公、范忠宣公相约为真率会，脱粟一饭，酒数行，过从不间一日。潞公有诗云："啜菽尽甘颜子陋，食鲜不愧范郎贫。"范和之云："盍簪既屡宜从简，为具虽疏不愧贫。"公和之云："随家所有自可乐，为具更微谁笑贫。"诸公极救弊兴俭之见，今人盍少思乎？此事惜福养财，日用不细，吾故备录之，以贻诸同志者。

今按：宋赵善璙《自警编》卷二：“温公曰：先公为郡牧判官，客至，未尝不置酒，或三行，或五行，不过七行，酒沽于市，果止梨栗枣柿，肴止于脯醢菜羹，器用瓷漆，当时士大夫皆然，人不相非也。会数而礼勤，物薄而情厚。近日士大夫家，酒非内法，果非远方珍异，食非多品，器皿非满案，不敢会宾友。尝数日营聚，然后敢发书。苟或不然，人争非之，以为鄙吝。故不随俗奢靡者鲜矣。嗟乎！风俗颓弊如是，居位者虽不能禁，忍助之乎？”明彭大翼《山堂肆考》卷一百九十二：“宋范宣公纯仁判留台，一时耆旧多在洛，公与司马公皆好客，而家贫，相约为真率会，脱粟一饭，酒数行，过从不间一日，洛中夸为盛事。司马公真率会诗：‘随家所有自可乐，为具更微谁笑贫。不待珍羞方下筯，每逢佳景便娱宾。’”

116. 贺若弼父敦为宇文护所忌，临刑谓弼曰：“吾以舌死，汝不可不思。”因引锥刺弼舌，血出，诫其慎口。其后弼事隋，不免以舌死。然贺若弼之刺舌，不及磨兜坚之缄口，戒之哉！

今按：宋朱翌《猗觉寮杂记》卷上：“坡云：‘刺舌君今宜自戒，灸眉我亦更何辞。’灸眉见《晋·郭舒传》：王澄以舒为狂，使人掏鼻灸眉头。刺舌见《隋[书]·贺若弼传》：父敦临刑，呼弼曰：‘吾以舌死，汝不可不思。’引锥刺弼舌出血，戒以口过。坡平生以语言得祸，故畏之如此。”

117. 狄仁杰为并州法曹时，同僚郑崇质当使绝域，崇质母老且病，仁杰曰：“彼母如此，岂可使之有万里之忧。”诣长史蔺仁基，请代之行。仁基素与司马李孝廉不叶，因相谓曰：“吾辈岂可不自愧乎？”遂相与辑睦。夫善之感人有如此者。柳宗元初迁柳州刺史，其友刘禹锡得播州。宗元曰：“播非人所居，而梦得亲在堂，万无母子俱往理。”欲请于朝，愿以柳易播。会裴度亦为禹锡言，得改连州。韩退之作子厚墓志，实载其事，以为世劝。夫即一善而称之，宗元亦可追踪于仁杰矣。

今按：《资治通鉴》卷二百二：“仁杰为并州法曹，同僚郑崇质当使绝域，崇质母老且病，仁杰曰：‘彼母如此，岂可使之有万里之忧。’诣长史蔺仁基，请代之行。仁基素与司马李孝廉不叶，因相谓曰：‘吾辈岂可不自愧乎？’遂相与辑睦。”《资治通鉴》卷二百三十九：“柳宗元为柳州刺史，朗州司马刘禹锡为播州刺史。宗元曰：‘播非人所居，而梦得亲在堂，万无母子俱往理。’欲请于朝，愿以柳易播。会中丞裴度亦为禹锡言曰：‘禹锡诚有罪，然母老，与其子为死别，良可伤。’上曰：‘为人子尤当自谨，勿贻亲忧。此则禹锡重可责也。’度曰：‘陛下方侍太后，恐禹锡在所宜矜。’上良久乃曰：‘朕所言以责为人子者耳。然不欲伤其亲心。’退谓左右曰：‘裴度爱我终切。’明日禹锡改连州。”

118. 韩魏公中进士第二人，监左藏库。时方贵高科，多径去为显秩，公独滞于管库，众以为非宜，公处之自若，于职事未尝苟足。及为开封推官，理事不倦，暑月汗流浃背，府尹王博文大重之，曰：“此人要路在前，而治民如此，真宰相器也。”后竟位宰相。

今按：宋朱子《宋名臣言行录后集》卷一引《家传》："韩琦魏国忠献王，字稚圭，相州人。中进士第二人，事仁宗、英宗、神宗，官至丞相，配享英宗庙庭。天圣五年，仁宗初临轩试进士，公年二十，名在第二。时唱名第一甲方终，太史奏日下五色云见，左右从官皆贺于殿上。监左藏库时，方贵高科，多径去为显职，公独滞于管库，众以为非宜，公处之自若，不以为卑冗，职事亦未尝苟且。"又引《胡氏传家录》："徙开封府推官，理事不倦，暑月汗流浃背，府尹王博文大器重之，曰：'此人要路在前，而治民如此，真宰相器也。'"宋张镃《仕学规范》卷二十二、宋赵善璙《自警编》卷八、宋王柏《鲁斋集》卷四、元张光祖《言行龟鉴》卷六皆引之。

119. 钱明逸在禁林，不满意，出于秦州，居常怏怏，不事事。公闻之，语人曰："己虽不足，独不思所部十万生灵邪?"噫！公之所存，自其监库时已有以异于钱明逸辈之存心者矣。

今按：见宋赵善璙《自警编》卷八。

120. 胜国许衡少时尝暑中过河阳，渴甚。道有梨，众争取啖之，衡独危坐树下自若。或问之，曰："非所有而取之，不可也。"人谓世乱，此无主。衡曰："梨无主，吾心独无主乎?"

今按：明冯从吾《元儒考略》卷一："许衡尝暑中过河阳，渴甚。道旁有梨，众争取啖，衡独危坐树下自若。或问之，曰：'非其有而取之，非义也。'人曰：'世乱，此无主。'曰：'梨无主，吾心独无主乎?'"

121. 宋魏掞之与人交，嘉其善而救其失。后进以礼来者，苟有寸长，必汲汲推挽成就之。或訾其好名，则蹙然曰："使夫人而避此嫌，为善之路绝矣。"元程思谦与人交，有终始。或有疾病死丧，问遗赒恤，往返数百里，不惮劳，仍为之经纪家事，抚视其子孙，其家族尤尽恩意，好荐达人物。或者以为好名。思谦曰："若避好名之讥，人不复敢为善矣。"

今按：《宋史》卷四百五十九："自掞之始与人交，嘉其善而救其失。后进以礼来者，苟有寸长，必汲汲推挽成就之至。或訾其近名，则蹙然曰：'使夫人而避此嫌，为善之路绝矣。'"《元史》卷一百六十三："程思廉与人交有终始，或有疾病死丧，问遗赒恤，往返数百里，不惮劳，仍为之经纪家事，抚视其子孙，其于家族尤尽恩意。好荐达人物，或者以为好名，思廉曰：'若避好名之讥，人不复敢为善矣。'"

122. 丈夫处世行己，不可不宏，常令我容人，勿令人容我；宁令人负我，勿令我负人。曹操有宁负人之言，此奸贼之所以逭诛也。陈述古有当容人之言，此先正之所以立训也。

今按：明吕柟《泾野子内篇》卷十六：“有一生见先生，问：‘遇事多不能忍，如何？’先生曰：《书》不云：‘必有忍，其乃有济；有容，德乃大。’故君子宁使我容人，毋宁使人容我。生感之，曰：非是至亲如父母，便无有肯把这话与我说的。遂归，以是记之于壁以自警。”明温纯《温恭毅集》卷三十：“上焉者化人，其次容人。不能容人，而见容于人，下矣。宁我容人，毋人容我。宁人负我，毋我负人。此犹有以君子自处，而置人于不足责意，是豪杰事，非圣人事。圣人如之何？曰至诚以感动之，委曲以开悟之，不至于并立并达不已。”

123. 宋大观中，有葛蘩者常为镇江守，有士人问其所行。蘩曰：“予始者日行一利人事，嗣后或二，或三，或数四，或十，今四十余年，未尝少废。”又问何以为利人事。蘩指座间踏子曰：“此物置之不正则蹙人足，予为正之；若人渴，予与杯水，皆利人之事也。但随其事而利之，上自卿相，下至乞丐，皆可以行，唯在乎常久而已。”

今按：见宋张镃《仕学规范》卷三十。

124. 阳明先生《答徐成之书》云：承以朱陆同异见询，此正吾侪今日之所宜明辨者。细观来教，则舆庵之主象山既失，而吾兄之主晦庵亦未为得也。是朱非陆，天下之论定久矣。久则难变也。虽微吾兄之争，舆庵亦岂能遽行其说乎？凡论古人得失，决不可以意度而悬断之。今舆庵之论象山曰：“虽其专以尊德性为主，未免堕于禅学之虚空，而其持守端实，终不失为圣人之徒。若晦庵之一于道问学，则支离决裂，非复圣门诚意正心之学矣。”吾兄之论晦庵曰：“虽其专以道问学为主，未免失于俗学之支离，而其循序渐进，终不(昔)[背]于《大学》之训。若象山之一于尊德性，则虚无寂灭，非复《大学》格物致知之学矣。”夫既曰尊德性，则不可谓堕于禅学之虚空，堕于禅学之虚空，则不可谓之尊德性矣。既曰道问学，则不可谓失于俗学之支离，失于俗学之支离，则不可谓道问学矣。二者之辨，间不容发。然则二兄之论皆未免于意度也。昔者子思之论学，盖不下千百言，而括之以尊德性而道问学之一语。即如二兄之辨，一以尊德性为主，一以道问学为事，则是二者固皆未免于一偏，而是非之论尚未有所定也，乌得各持一是而遽以相非为乎？请举二兄之所是者以求正。舆庵是象山，而谓其专以尊德性为主。今观象山文集所载，未尝不教其徒读书穷理，而自谓理会文字颇与人异者，则其意实欲体之于身，其极所称述以诲人者，曰居处恭，执事敬，与人忠，曰克己复礼，曰万物皆备于我，反身而诚，乐莫大焉，曰学问之道无他，求其放心而已，曰先立乎其大者，而小者不能夺。是数言者，孔子、孟轲之言也，乌在其为空虚者乎？独其易简、觉悟之说，颇为当时所疑，然易简之说出于《系辞》，觉悟之说虽有同于释氏之说，然释氏之说亦自有同于吾儒，而不害其为异者，惟在于几微毫忽之间而已，亦何必讳于其同而遂不敢以言，狃于其异而遂不以察之乎？是舆庵之是象山固犹未尽其所以是也。吾兄是晦庵，而谓其专以道问学为事，然晦庵之言曰居敬穷理，曰非存心无以致知，曰君子之心常存敬畏，虽不见闻亦不敢忽，所以存天理之本，然而不使离于须臾之顷也。是其为言虽未尽莹，亦何尝不以尊德性为事，而又乌在其为支离者乎？独其平日汲汲于训解，虽韩文、《楚辞》、《阴符》、《参同》之属，亦必与之注释考辨，而论者遂疑其玩物，又其心虑恐学者之躐等，而或失之于妄作，使必先之以格致，而无不明，然后有以实之于诚正，而无所谬。世之学者，求之愈繁，而失之愈远，至有弊力终身苦其难而卒无所入，而遂议其支离，不知此乃后世学者之弊，而当时晦庵之自为则亦岂至是乎？是吾兄之是晦庵固犹未尽其所以是也。仆尝以为晦庵之与象山，虽其学若有不同，而要皆不失为圣人之徒。今晦庵之学，天下之人，童而习之，既已入人之深，有不容于论辨者，而独惟象山之学，则以其尝与晦庵之有言而遂藩篱之，使若由、赐之殊科焉则可矣，而遂摈放废斥若碔砆之与美玉，则岂不过甚矣乎？夫晦庵折衷群儒之说，以发明六经、《语》、《孟》之旨，其嘉惠后学之心，真有不可得而议者，而象山辨义利之分，立大本，求放心，以示后学笃实为己之道，其功亦安可尽诬，而世之儒者附和雷同，不究其实，而概目之以禅学，则诚可冤也已。故仆尝欲冒天下之讥，以为象山一暴其说，虽以此得罪无恨，仆于晦庵亦有罔极之恩，岂欲操戈而入室者？顾晦庵之学既已若日星之章明于天下，而象山独蒙无实之诬，于今且四百年，莫有为之洗者。使晦庵有知，亦岂能一日而安于庙庑之间哉？愚谓是书如善听者能悉两造之情，善媒者能通两家之好，足破千古之疑，而慰二公之心矣。录之以扶世教，以开来学，岂曰小补之哉！

今按：明王守仁《王文成全书》卷二十一《答徐成之》："承以朱陆同异见询，学术不明于世久矣，此正吾侪今日之所宜明辨者。细观来教，则舆庵之主象山既失，而吾兄之主晦庵亦未为得也。是朱非陆，天下之论定久矣，久则难变也。虽微吾兄之争，舆庵亦岂能遽行其说乎？故仆以为二兄今日之论正不必求胜，务求象山之所以非，晦庵之所以是，穷本极源，真有以见其几微得失于毫忽之间，若明者之听讼其事之曲者，既有以辨其情之不得已而辞之直者，复有以察其处之，或未当使受罪者得以伸其情，而获伸者亦有所不得辞其责，则有以尽夫事理之公，即夫人心之安而可以俟圣人于百世矣。今二兄之论，乃若出于求胜者。求胜则是动于气也，动于气，则于义理之正何啻千里，而又何是非之论乎？凡论古人得失，决不可以意度而悬断之。今舆庵之论象山曰：虽其专以尊德性为主，未免堕于禅学之虚空，而其持守端实，终不失为圣人之徒。若晦庵之一于道问学，则支离决裂，非复圣门诚意正心之学矣。吾兄之论晦庵曰：虽其专以道问学为主，未免失于俗学之支离，而其循序渐进，终不背于《大学》之训。若象山之一于尊德性，则虚无寂灭，非复《大学》格物致知之学矣。夫既曰尊德性，则不可谓堕于禅学之虚空。堕于禅学之虚空，则不可谓之尊德性矣。既曰道问学，则不可谓失于俗学之支离。失于俗学之支离，则不可谓道问学矣。二者之辨，间不容发。然则二兄之论，皆未免于意度也。昔者子思之论学，盖不下千百言，而括之以尊德性而道问学之一语。即如二兄之辨，一以尊德性为主，一以道问学为事，则是二者固皆未免于一偏，而是非之论尚未有所定也，乌得各持一是而遽以相非为乎？故仆愿二兄置心于公平正大之地，无务求胜。夫论学而务以求胜，岂所谓尊德性乎？岂所谓道问学乎？以某所见，非独吾兄之非象山、舆庵之非晦庵皆失之非，而吾兄之是晦庵、舆庵之是象山亦皆未得其所以是也。"又曰："昨所奉答，适有远客，酬对纷纭，不暇细论，姑愿二兄息未定之争，各反究其所是者，必已所是，已无丝发之憾，而后可以及人之非。早来承教，乃谓仆漫为含糊两解之说，而细绎辞旨，若有以阴助舆庵而为之地者，读之不觉失笑。曾谓吾兄而亦有是言耶？仆尝以为，君子论事当先去其有我之私，一动于有我，则此心已陷于邪僻，虽所论尽合于理，既已亡其本矣。尝以是言于朋友之间，今吾兄乃云尔，敢不自反其殆陷于邪僻而弗觉也。求之反复，而昨者所论实未尝有是，则斯言也无乃吾兄之过欤？虽然无是心，而言之未尽，于理未得为无过也。仆敢自谓其言之已尽于理乎？请举二兄之所是者以求正。舆庵是象山而谓其专以尊德性为主，今观象山文集所载，未尝不教其徒读书穷理，而自谓理会文字颇与人异者，则其意实欲体之于身，其亟所称述，以诲人者曰居处恭，执事敬，与人忠，曰克己复礼，曰万物皆备于我，反身而诚乐莫大焉，曰学问之道无他，求其放心而已，曰先立乎其大者，而小者不能夺，是数言者，孔子、孟轲之言也，乌在其为空虚者乎？独其易简觉悟之说颇为当时所疑，然易简之说出于《系辞》，觉悟之说虽有同于释氏，然释氏之说亦自有同于吾儒，而不害其为异者，惟在于几微毫忽之间而已，亦何必讳于其同，而遂不敢以言狃于其异，而遂不以察之乎？是舆庵之是象山固犹未尽其所以是也。吾兄是晦庵而谓其专以道问学为事，然晦庵之言曰居敬穷理，曰非存心无以致知，曰君子之心常存敬畏，虽不见闻亦不敢忽所以存天理之本然而不使离于须臾之顷也。是其为言，虽未尽莹，亦何尝不以尊德性为事，而又乌在其为支离者乎？独其平日汲汲于训解，虽韩文、《楚辞》、《阴符》、《参同》之属亦必与之注释考辨，而论者遂疑其玩物，又其心虑恐学者之躐等而或失之于妄作，使必先之以格致而无不明，然后有以实之于诚正而无所谬，世之学者，挂一漏万，求之愈繁，而失之愈远，至有敝力终身苦其难而卒无所入，而遂议其支离，不知此乃后世学者之弊，而当时晦庵之自为则亦岂至是乎？是吾兄之是晦庵固犹未尽其所以是也。夫二兄之所信而是者既未尽其所以是，则其所疑而非者亦岂必尽其所以非乎？然而二兄往复之辩不能一反焉，此仆之所以疑其或出于求胜也，一有求胜之心，则已亡其学问之本，而又何以论学为哉？此仆之所以惟愿二兄之自反也，安有所谓含糊两解而阴为舆庵之地者哉？夫君子之论学，要在得之于心。众皆以为是，苟求之心而未会焉，未敢以为是也；众皆以为非，苟求之心而有契焉未敢以为非也。心也者，吾所得于天之理也。无间于天人，无分于古今，苟尽吾心以求焉，则不中不远矣。学也者，求以尽吾心也。是故尊德性而道问学，尊者，尊此者也，道者，道此者也，不得于心而惟外信于人，以为学乌在其为学也已。仆尝以为晦庵之与象山，虽其所为学者若有不同，而要皆不失为圣人之徒。今晦庵之学，天下之人童而习之，既已入人之深，有不容于论辩者，而独惟象山之学，则以其尝与晦庵之有言而遂藩篱之，使若由、赐之殊科焉则可矣，而遂摈放废斥，若碔砆之与美玉，则岂不过甚矣乎？夫晦庵折衷群儒之说，以发明六经、《语》、《孟》之旨于天下，其嘉惠后学之心真有不可得而议者。而象山辨义利之分，立大本，求放心，以示后学笃实为己之道，其功亦宁得而尽诬之？而世之儒者，附和雷同，不究其实，而概目之以禅学，则诚可冤也已。故仆尝欲冒天下之讥，以为象山一暴其说，虽以此得罪无恨。仆于晦庵亦有罔极之恩，岂欲操戈而入室者？顾晦庵之学既已若日星之章明于天下，而象山独蒙无实之诬，于今且四百年，莫有为之一洗者，使晦庵有知，将亦不能一日而安享于庙庑之间矣。此仆之至情，终亦必为吾兄一吐者，亦何肯漫为两解之说以阴助于舆庵。舆庵之说，仆犹恨其有未尽也。夫学术者，今古圣贤之学术，天下之所公共，非吾三人者所私有也。天下之学术，当为天下公言之，而岂独为舆庵地哉？兄又举太极之辨，以为象山于文义且有所未能通晓，而其强辨自信，曾何有于所养？夫谓其文义之有未详，不害其为有未详也，谓其所养之未至不害，其为未至也，学未至于圣人，宁免太过不及之差乎？而论者遂欲以是而盖之，则吾恐晦庵禅学之讥，亦未免有激于不平也。夫一则不审于文义，一则有激于不平，是皆所养之未至。昔孔子大圣也，而犹曰'假我数年以学《易》，可以无大过'，仲虺之赞成汤，亦惟曰'改过不吝'，而已所养之未至，亦何伤于二先生之为贤乎？此正晦庵、象山之气象所以未及于颜子，明道者在此，吾侪正当仰其所以不可及，而默识其所未至者，以为涵养规切之方，不当置偏私于其间而有所附会增损之也。夫君子之过也，如日月之食，人皆见之，更也，人皆仰之，而小人之过也必文。世之学者以晦庵大儒不宜复有所谓过者，而必曲为隐饰增加，务诋象山于禅学，以求伸其说，且自以为有助于晦庵，而更相倡引，谓之扶持正论，不知晦庵乃君子之过，而吾反以小人之见而文之。晦庵有闻过则喜之美，而吾乃非徒顺之，又从而为之辞也。晦庵之心，以圣贤君子之学期后代，而世之儒者事之以事小人之礼，是何诬象山之厚而待晦庵之薄邪？仆今者之论，非独为象山惜，实为晦庵惜也。兄视仆平日于晦庵何如哉，而乃有是论，是亦可以谅其为心矣。惟吾兄去世俗之见，宏虚受之诚，勿求其必同，而察其所以异，勿以无过为圣贤之高，而以改过为圣贤之学，勿以其有所未至者为圣贤之讳，而以其常怀不满者为圣贤之心，则兄与舆庵之论将有不待辩说而释然以自解者。"

125. 先生序《文章轨范》，其略曰：夫自百家之言兴，而后有六经；自举业之习起，而后有所谓古文。古文之去六经远矣，由古文而举业又加远焉。士君子有志圣贤之学，而专求之于举业，何啻千里。然中世以是取士，士虽有圣贤之学，尧舜其君之志，不以是进，终不大行于天下。盖士之始相见也，必以贽。故举业者，士君子求见于君之羔雉耳。羔雉之弗饰，是谓无礼，无所庸于交际矣。故夫求工于举业，而不事于古作弗可工也；弗工于举业，而求于幸进，是伪饰羔雉以罔其君也。虽然，羔雉饰矣，而无恭敬之实焉，其如羔雉何哉？是故饰羔雉者，非以求媚于主，致吾诚焉耳。工举业者，非以要利于君，致吾诚焉耳。世徒见夫由科第而进者，类多徇私谋利，无事君之实，而遂归咎于举业，不知方其业举之时，惟欲钓声利、弋身家之腴，以苟一旦之得，而初未尝有其诚也。孟子曰："恭敬者，币之未将者也。"伊川曰："自洒扫应对可以至圣人。"夫知恭敬之实在于饰羔雉之前，则知尧舜其君之心不在于习举业之后矣。知洒扫应对之可以进于圣人，则知举业之可以达于伊、傅、周、召矣。愚谓是篇挽藻绘之习，而进之以圣贤之心，下学而上达，智者得无跃然而悟哉！

今按：王守仁《文章轨范序》：宋谢枋得氏取古文之有资于场屋者，自汉讫宋，凡六十有九篇，标揭其篇章句字之法，名之曰《文章轨范》，盖古文之奥不止于是，是独为举业者设耳。夫自百家之言兴，而后有六经；自举业之习起，而后有所谓古文。古文之去六经远矣，由古文而举业又加远焉。士君子有志圣贤之学，而专求之于举业，何啻千里。然中世以是取士。士虽有圣贤之学，尧舜其君之志，不以是进，终不大行于天下。盖士之始相见也，必以贽。故举业者，士君子求见于君之羔雉耳。羔雉之弗饰，是谓无礼。无礼无所庸于交际矣。故夫求工于举业而不事于古作，弗可工也。弗工于举业，而求于幸进，是伪饰羔雉以网其君也。虽然羔雉饰矣，而无恭敬之实，焉其如羔雉何哉。是故饰羔雉者，非以求媚于主，致吾诚焉耳。工举业者，非以要利于君，致吾诚焉耳。世徒见夫由科第而进者，类多徇私媒利，无事君之实，而遂归咎于举业。不知方其业举之时，惟欲钓声利、弋身家之腴，以苟一旦之得，而初未尝有其诚也。邹孟氏曰："恭敬者，币之未将者也。"伊川曰："自洒扫应对可以至圣人。"夫知恭敬之实在于饰羔雉之前，则知尧舜其君之心不在于习举业之后矣。知洒扫应对之可以进于圣人，则知举业之可以达于伊、傅、周、召矣。正德丙寅仲秋既望，余姚王守仁序。

126. 先生为董萝石《从吾道人记》，其略曰："世之人从其名之好也，而竞以相高；从其利之好也，而贪以相取；从其心意耳目之好也，而诈以相欺。亦皆自以为从吾所好矣，而岂知吾之所谓真吾者乎？夫吾之所谓真吾者，良知之谓也。父而慈焉，子而孝焉，吾良知所好也。不慈不孝焉，斯恶之矣。言而忠信焉，行而笃敬焉，吾良知之好也。不忠信焉，不笃敬焉，斯恶之矣。故夫名利物欲之好私吾之好也，天下之所恶也。良知之好，真吾之好也，天下之所同好也。是故从私吾之好，则天下之人皆恶之矣。将心劳日拙，而忧苦终息，是之谓物之役。从真吾之好，则天下之人皆好之矣。将国家天下无所处，而不当富贵贫贱患难，夷狄无入而不自得，斯之谓能从吾之所好也矣。夫子尝曰'吾十有五而志于学'，是从吾之始也。'七十而从心所欲，不逾矩'，则从吾而化矣。萝石逾耳顺，而始知从吾之学，毋自以为既晚也。充萝石之勇，其进于化矣，何有哉！"愚谓先生以良知二字指点末学之迷，又因从吾道人而发为真吾之说，有良知者，宁不为之一省。

今按：明王守仁《王文成全书》卷七《从吾道人记》：海宁董萝石者，年六十有八矣，以能诗闻江湖间。与其乡之业诗者十数辈为诗社，旦夕操纸吟鸣，相与求句字之工，至废寝食，遗生业。时俗共非笑之，不顾，以为是天下之至乐矣。嘉靖甲申春，萝石来游会稽，闻阳明子方与其徒讲学山中，以杖肩其瓢笠诗卷来访。入门，长揖上坐。阳明子异其气貌，且年老矣，礼敬之。又询知其为董萝石也，与之语连日夜。萝石辞弥谦，礼弥下，不觉其席之弥侧也。退，谓阳明子之徒何生秦曰："吾见世之儒者，支离琐屑，修饰边幅，为偶人之状；其下者，贪饕争夺于富贵利欲之场，而尝不屑其所为，以为世岂真有所谓圣贤之学乎，直假道于是以求济其私耳！故遂笃志于诗，而放浪于山水。今吾闻夫子良知之说，而忽若大寐之得醒，然后知吾向之所为，日夜弊精劳力者，其与世之营营利禄之徒，特情浊之分，而其间不能以寸也。幸哉！吾非至于夫子之门，则几于虚此生矣。吾将北面夫子而终身焉，得无既老而有所不可乎？"秦起拜贺曰："先生之年则老矣，先生之志何壮哉！"入以请于阳明子。阳明子喟然叹曰："有是哉？吾未或见此翁也！虽然，齿长于我矣。师友一也，苟吾言之见信，奚必北面而后为礼乎？"萝石闻之，曰："夫子殆以予诚之未积欤？"辞归两月，弃其瓢笠，持一缣而来。谓秦曰："此吾老妻之所织也。吾之诚积，若此缕矣。夫子其许我乎？"秦入以请。阳明子曰："有是哉？吾未或见此翁也！今之后生晚进，苟知执笔为文辞，稍记习训诂，则已侈然自大，不复知有纵师学问之事。见有或纵师问学者，则哄然共非笑，指斥若怪物。翁以能诗训后进，从之游者遍于江湖，盖居然先辈矣。一旦闻予言，而弃去其数十年之成业如敝屣，遂求北面而屈礼焉，岂独今之时而未见，若人将古之记传所载，亦未多数也。夫君子之学，求以变化其气质焉尔。气质之难变者，以客气之为患，而不能以屈下于人，遂至自是自欺，饰非长敖，卒归于凶顽鄙倍。故凡世之为子而不能孝，为弟而不能敬，为臣而不能忠者，其始皆起于不能屈下，而客气之为患耳。敬惟理是从，而不难于屈下，则客气消而天理行。非天下之大勇，不足以与于此！则如萝石，固吾之师也，而吾岂足以师萝石乎？”萝石曰：“甚哉！夫子之拒我也。吾不能以俟请矣。”入而强纳拜焉。阳明子固辞不获，则许之以师友之间。与之探禹穴，登炉峰，陟秦望，寻兰亭之遗迹，倘徉于云门、若耶、鉴湖、剡曲。萝石日有所闻，益充然有得，欣然乐而忘归也。其乡党之子弟亲友与其平日之为社者，或笑而非，或为诗而招之返，且曰：“翁老矣，何乃自苦若是耶？”萝石笑曰：“吾方幸逃于苦海，方知悯若之自苦也，顾以吾为苦耶？吾方扬鬐于渤澥，而振羽于云霄之上，安能复投网罟而入樊笼乎？去矣，吾将从吾之所好！”遂自号曰“从吾道人”。阳明子闻之，叹曰：“卓哉萝石！‘血气既衰，戒之在得’矣，孰能挺特奋发，而复若少年英锐者之为乎？真可谓之能‘从吾所好’矣。世之人从其名之好也，而竞以相高；从其利之好也，而贪以相取；从其心意耳目之好也，而诈以相欺；亦皆自以为从吾所好矣。而岂知吾之所谓真吾者乎！夫吾之所谓真吾者，良知之谓也。父而慈焉，子而孝焉，吾良知所好也；不慈不孝焉，斯恶之矣。言而忠信焉，行而笃敬焉，吾良知所好也；不忠信焉，不笃敬焉，斯恶之矣。故夫名利物欲之好，私吾之好也，天下之所恶也；良知之好，真吾之好也，天下之所同好也。是故从私吾之好，则天下之人皆恶之矣，将心劳日拙而忧苦终身，是之谓物之役。从真吾之好，则天下之人皆好之矣，将家、国、天下，无所处而不当；富贵、贫贱、患难、夷狄，无入而不自得；斯之谓能从吾之所好也矣。夫子尝曰‘吾十有五而志于学’，是从吾之始也。‘七十而从心所欲，不逾矩’，则从吾而化矣。萝石逾耳顺而始知从吾之学，毋自以为既晚也。充萝石之勇，其进于化也何有哉？呜呼！世之营营于物欲者，闻萝石之风，亦可以知所适从也乎！”

127. 先生为《应天府重修儒学记》，其略曰：“夫立之师儒，区其斋庙，昭其仪物，具其廪庖，是有国者之立学也，而非士之立学也，缉其崩坏，新其圬墁，给其匮乏，警其怠弛，是有司者之修学也，而非士之修学也。士之学也，以学为圣贤。圣贤之学，心学也：道德以为之地，忠信以为之基，仁以为宅，义以为路，礼以为门，廉耻以为墙垣，六经以为户牖，四子以为阶梯。求之于心而无假于雕饰也，其功不亦简乎？措之于行而无所不该也，其用不亦大乎！三代之学皆此矣，我国家虽以科目取士，而立学之意亦岂能与三代异。学之弗立，有国者之缺也。弗修焉，有司之责也。立矣，修矣，而居其地者弗立弗修，是师之咎，士之耻也。无亦扩乃地厚，乃基安，乃宅辟，乃门户固，乃垣墙学成而用。大之则以庇天下，次之则以庇一省一郡；小之则以庇其乡闾家族，庶亦无负于国家立学之意，有司修学之心哉！若乃旷安宅，舍正路，圮基坏垣，倚圣贤之门户以为奸，是学校之为萃渊薮也，则是朝廷立之，而为士者倾之，有司修之，而为士者毁之，亦独何心哉？”愚谓是篇发明立学本意，亦明且尽矣。吾侪读此，可无惕然知所戒勉乎？

今按：此条所引为王阳明《王文成公全书》卷二十三外集五《应天府重修儒学记》之

节选。

128. 黄山谷与洪龟父书云："略说人之常病有十种：喜论人之过，不自讼其过，嫉人之贤己，见贤不思齐，有过不改而必文，不称事而增语，与人计较曲直，喜窥人之私乐，与不肖者游，好友其所教。试反己而思之，若一日去其一，则十日亦尽去矣。"此言可深味。

今按：宋黄庭坚《山谷别集》卷十七：得来书，知侍奉万福，进学不倦为慰。老舅霜露衰摧，比经祥练，追慕无冀，痛深屠割，奈何奈何！方此荼毒，百骸殄瘁，又闻给事叔父之讣，一恸欲绝，奈何奈何！鸿父在太学，时得安问否？得刘教授书推与二生文艺，颇慰悬情。通知古今，在勤读书；文章弘丽，在笔墨追古。至于夜行之行，不见之美，极须留意。略说人之常病有十种：喜论人之过，不自讼其过，嫉人之贤己，见贤不思齐，有过不改而必文，称事而增语，与人计较曲直，喜窥人之私乐，与不肖者游，好友其所教，试反己而思之，若一日去其一，则十日亦尽去矣。

129. 人贫则怨人，富则骄人。怨人者，苦人之不禄施于己也。起于情所难安而不能安，犹可恕也。骄人者，无苦而无故骄人，此情所易制而弗能制，弗可恕矣。

今按：见《尹文子·大道下》。

130. 富者观其所与，足以见仁；观其所举，足以见忠。

今按：见《鹖冠子》卷上《道端第六》。

131. 古人目短于自见，故以镜观形。心短于自治，故以礼自防。

今按：见唐马总《意林》卷五。

132. 物有效，吾所用而不能无弊者。病齿之人服苦参，齿愈矣，而腰重不举。世有不类是者邪？监蝺有毒，尾却解毒。当归生血，须却破血。麻黄发汗，根节复止汗。酸枣醒睡，仁复令太贪睡。蝼蛄腰以前治大小便之过滑者，腰以后治闭结者。一物也，为用不同如此。又盐以浸鱼肉，则能经不败，以沽布帛则易朽烂。二物也，所施处各有所宜，惟酒亦然。阿魏性极臭，用以入食饵，乃能去臭。葫气何荤，然置臭肉中，能掩臭气。荤臭非所当疑也。君子医国，有兴废除害之责，人才系其用舍，可不审其所处者哉！

今按：待考。

133. 君子爱日以学，及时而成。难者不避，易者不忽，旦就业，夕自省，可谓守业。年三十、四十，无艺矣，年五十，不以善闻，则无闻矣。鄙夫鄙妇相会于墙之阴，可谓密矣，明日或有知之者。故云执仁与义，莫不闻也。蓬生麻中，不扶自直。白沙在涅，与之俱黑。君子之游苾乎，如入兰芷之室，久而不闻，则与之化矣。小人之游戏乎，如入鲍鱼之室，久亦不闻，而亦化矣。故君子慎其去就也。

今按：唐马总《意林》卷一："《曾子》二卷。君子爱日以学，及时而成。难者不避，易者不从，旦就业，夕自省，可谓守业。年三十、四十，无艺则无艺矣。至五十，不以善闻，则无闻矣。鄙夫鄙妇，相会于墙之阴，可谓密矣，明日或有知之。故云执仁与义，莫不闻也。蓬生麻中，不扶自直。白沙在涅，与之皆黑。君子之游苾乎，如入兰芷之室，久而不闻，则与之化矣。小人之游戏乎，如入鲍鱼之室，久亦不闻，而亦化矣。故君子慎其去就也。"

134. 目见百步之外，而不能见其(背)[眦]，而心能自知自克也。西门豹之性急，故佩韦以自缓。董安于之心缓，故佩弦以自急。盖识此矣。

今按：《文子》卷上《上德》："目见百步之外，而不能见其眦。"《韩子·观行》："西门豹之性急，故佩韦以自缓。董安于之心缓，故佩弦以自急。"

135. 刘忠宣公平生不以势位自居。自藩臬至中丞日，遇事有当行未尝先泄，事有疑难心未明者，不以公文显行。虽于属官，亦具手简，直述其事，纸末必书名，以此士大夫于公所委，事无大小，无不尽心竭力，图有成绩，期不相负。人有言及势要贪婪，军民有不得其所者，公必蹙额不乐，于公所得为者，一一思以济之。吴廷举尝谓："古人有言曰：'忧民如有病，见客似无官。'公足以当之。"

今按：此条内容见明雷礼《皇明大政纪》卷十九、《国朝列卿记》卷四十八，又见明李默《孤树裒谈》卷九。

136. 一年之计，莫若树谷；十年之计，莫若树木；终身之计，莫若树人。

今按：《管子·权修》："一年之计，莫如树谷；十年之计，莫如树木；终身之计，莫如树人。"

137. 虑不先定，不可以应卒。兵不预整，不可以当敌。庙算千里，帷幄之奇。百战百胜，黄帝之师。

今按：语出《邓析子》，唐马总《意林》卷一引之。

138. 曹穆公在边蕃，部有过恶者，皆平定之。每以饯，将官为名；出郊，而兵马次序以食品为节。若曰："下某食。"即某队发，比至未饭则捷报至矣。大帅料敌当如此。其知镇戎军日，尝出战小捷，虏兵引去。公值虏兵去已远，乃驱所掠牛羊辎重，缓驱而还，颇失部伍。其下忧之，言于公曰："牛羊无用，徒縻军，不若弃之，整众而归。"公不答，使人候虏兵去数十里，闻公利牛羊而师不整，遽还袭之。公愈缓行，得地利处乃止，以待之。虏军将至，近使人请之曰："蕃军远来，必甚疲，我不欲乘人之怠，请休憩士马，少选决战。"虏方苦疲甚，皆欣然严军。歇良久，公又使人谕之歇定，可相驰矣。于是各鼓军而进，一战大破虏师，弃牛羊而还。徐谓其下曰："吾知虏已疲，故为贪利以诱之，比其复来，几行百里矣，若乘锐便战，犹有胜负，远行之人若小憩，则足痹不能立，人气亦阑，吾以此取之。"

今按：见宋范镇《东斋记事补遗》。宋赵善璙《自警编》卷八引之曰："曹玮在边蕃，部有过恶者，皆平定之。每以饯，将官为名；出郊，而兵马次序以食品为节。若曰：'下某食。'即某队发，比至未饭则捷报至矣。大帅料敌当如此。"宋沈括《梦溪笔谈》卷十三曰："曹南院知镇戎军日，尝出战小捷，敌兵引去，玮值敌兵去已远，乃驱所掠牛羊辎重缓驱而还，颇失部伍。其下忧之，言于玮言：'牛羊无用，徒縻军，不若弃之，整众而归。'玮不答，使人候敌兵去数十里，闻玮利牛羊而师不整，遽袭之。玮愈缓行，得地利处乃止，以待之。敌军将至，迎使人谓之曰：'蕃军远来，必甚疲，我不欲乘人之怠，请休憩士马，少选决战。'敌方苦疲甚，皆欣然严军，歇良久，玮又使人谕之歇定，可相驰矣。于是各鼓军而进，一战大破敌师，遂弃牛羊而还。徐谓其下曰：'吾知敌已疲，故为贪利以诱之，比其复来，几行百里矣，若乘锐便战，犹有胜负，远行之人若小憩，则足痹不能立，人气亦阑，吾以此取之。'"

139. 善游者必溺，善骑者必坠，伤于所恃故也。

今按：《文子》卷上："善游者溺，善骑者堕。各以所好，反自为祸。得在时，不在争。治在道，不在圣。土凝下，不争高，故安而不危。水流下，不争疾，故去而不迟。是以圣人无执，故无失；无为，故无败。"

140. 豫章旅邸有题十二字云："愿天常生善人，愿人常行善事。"邹景孟表而出之，以为奇语。吾乡前辈彭执中云："住世一日，则做一日好人；居官一日，则行一日好事。"亦名言也。

今按：见宋罗大经《鹤林玉露》卷十二"好人好事"条。

141. 竹谷老人，早登庆元诸老之门，晚年以其所自得者，著《畏说》一篇。其词曰：大凡人心不可不知所畏，畏心之存亡，善恶之所由判也。是以古之君子，内则畏父母，畏尊长。《诗》曰："岂敢爱之，畏我父母。"又曰："岂敢爱之，畏我诸兄。"是也。外则畏师友。古语曰："凛乎若严师之在侧。"逸诗曰："岂不欲往，畏我朋友。"是也。仰则畏天，俯则畏人。《诗》曰："胡不相畏，不畏于天。"又曰："岂敢爱之，畏人之多言。"是也。夫惟心有所畏，是故非礼不敢为，非义不敢动。一念有愧，则心为之震悼。一事有差，则颜为之忸怩。战兢自持，日寡其过，而不自知其入于君子之域矣。苟惟内不畏父母尊长之严，外不畏侪朋师友之议，仰不畏天，俯不畏人，猖狂妄行，恣其所欲，吾惧其不日而为小人之归也。由是而之，习以成性，居官则不畏三尺，任职则不畏简书，攫金则不畏市人。呜呼！士而至此，不可以为士矣。仲尼所谓小人之无忌惮者矣。夫人之所以必畏乎彼者，非为彼计也，盖将以防吾心之纵而自律乎吾身也。是故以天子之尊，且有所畏。《诗》曰："我其夙夜，畏天之威。"《书》曰："成王畏相。"孰谓士大夫而可不知所畏乎？圣贤之聪明且有所畏。《鲁论》曰："君子有三畏：畏天命，畏大人，畏圣人之言。"孰谓学者而可不知所畏乎？然则畏之时义大矣哉！余每以此自警，且以效，切磋于朋友云。

今按：见宋罗大经《鹤林玉露》卷十三"畏说"条。

142. 王梅溪守泉，会邑宰，勉以诗云："九重天子爱民深，令尹宜怀恻隐心。今日黄堂一杯酒，使君端为庶民斟。"邑宰皆感动。真西山帅长沙，宴十二邑宰于湘江亭，作诗曰："从来官吏与斯民，本是同胞一体亲。既以脂膏供尔禄，须知痛痒切吾身。此邦素号唐朝古，我辈当如汉吏循。今日湘亭一杯酒，便烦散作十分春。"盖祖述梅溪而敷衍之。

今按：见宋罗大经《鹤林玉露》卷十三"诗勉邑宰"条。

143. 杨诚斋自秘书监将漕江东，年未七十，退休南溪之上。老屋一区，仅庇风雨。长须赤脚，才三四人。徐灵晖赠公诗云："清得门如水，贫唯带有金。"盖纪实也。聪明强健，享清闲之福十有六年。宁皇初元，与朱文公同召。文公出，公独不出。文公与公书云："更能不以乐天知命之乐，而忘与人同忧之忧，毋过于优游，毋决于遁思，则区区者，犹有望于斯世也。"然公高蹈之志，已不可回矣。尝自赞云："江风索我吟，山月唤我饮，醉倒落花前，天地为衾枕。"又云："青白不形眼底，雌黄不出口中。只有一罪不赦，唐突明月清风。"

今按：见宋罗大经《鹤林玉露》卷十四"诚斋退休"条。

144. 士卒畏将者胜，畏敌者败；爱将者胜，爱身者败。畏将则不畏敌，畏敌则不畏将。爱将则不爱身，爱身则不爱将。畏将在将之威，爱将在将之恩。有李光弼斩张用济之威，则三军股栗矣，何患其不畏将？有吴起吮士疽之恩，则赴死如归矣，何患其不爱将？虽然，戮一不用命，诛一不循律，则威振矣，不必数数然也。至若抚循之恩，则终始有所不可废。东山之诗，昵昵儿女语，此周之所以长。潼关之败，唐几亡矣，而仆射如父兄，识者以是占中兴焉。谋帅择将者，则何以哉？

今按：见宋罗大经《鹤林玉露》卷十五"士卒畏爱"条。

145. 项襄毅公忠按部齐州，谍报贼携男妇数百流劫村落，部将请发兵。公曰："流贼无携家理，慎无妄杀。"及讯其俘，果皆良家被掠者，尽释之。

今按：明项笃寿《今献备遗》卷二十九：项忠字荩臣，浙江嘉兴人也。正统壬戌进士，授刑部云南司主事，迁陕西司员外郎。己巳扈从北征，羁留边外，饲马久之，挟二良马南驰，马疲，遂弃马步走间道，凡七昼夜，达宣府，视其足，陷蒺藜刺者百数，还，升山东司郎中。景泰二年升广东按察副使。按部高州，谍报贼携男妇数百流劫村落，部将请发兵。公曰："贼无携家理，慎无妄杀。"及讯其俘，果皆良家被掠者，尽释之。

146. 方伯夏公寅尝语客曰："君子有三惜。"客曰："何也?"曰："此生不学，一可惜；此日闲过，二可惜；此身一失，三可惜也。"

今按：明项笃寿《今献备遗》卷三十五："夏寅字正夫，直隶华亭人。正统戊辰进士，除南京吏部主事，进稽勋郎中，拜江西按察副使。尝语客曰：'君子有三惜：此生不学，一可惜也；此日闲过，二可惜也；此身一败，三可惜也。'客以为名言。"

147. 或问："古云有志者事竟成。"韩魏公曰："成大事在胆。""然则胆与志奚异?"愚曰：志者，心之所之。以平日存主言，胆者遇事变能果敢为之。以临时仓卒言，如赵子龙忽遇勍敌，能偃旗息鼓而却之，此是胆气胜也，而志不与焉。故昭烈曰："子龙一身都是胆。"杨大年平日自负八角磨盘，其志似不可夺者，及临事变，仓皇失措，便溺俱下，此是胆气不胜也，而志不与焉。然孙思邈曰："胆欲大而心欲小。"是故胆气一也。有魏公之心，则能成大事；无魏公之心，不免为强梁。故公平生未尝以胆许人，往往自许。

今按：宋朱子《宋名臣言行录后集》卷一："公平日谓成大事在胆，未尝以胆许人，往往自许也。潞公在西府，人有以公进退讽潞公者，潞公曰：'彦博岂敢望韩公。韩公地位别，彦博则有些粗材，蒙朝廷擢备两府耳。'人颇与潞公自知之明。"

148. 陈仲举不扫一室。或问之，对曰："大丈夫当扫除天下，安事一室乎?"夫言大而夸，此乃仲举疏漏处。昔卫武公九十之年，犹以洒扫庭内自警，盖克勤小物，则远大可期。矧东京之季，宦官执政，浊乱海内，其深根固蒂，可易扫乎？夫鸷鸟将击，必匿其形，愿出臣章，宣示宦者，此何说也。仲举疏漏如此，宜其有侯览曹节之及也。

今按：待考。《册府元龟》卷八一六："洒扫庭内，妇之道也。"扫除天下，大丈夫之壮志也。

149. 宋高宗在潜邸，遇道人徐神翁，甚礼敬之。神翁临别，献诗曰："牡蛎滩头一艇横，夕阳西去待潮生。与君不负登临约，同上金鳌背上行。"当时不知诗意谓何。

后高宗避金狄之难，将逊于海，一日次章安镇，阁舟滩士，以迟晚潮。问舟人曰："此何滩?"曰牡蛎滩。遥见云水中有阁岿然，问居人曰："此何阁?"曰金鳌阁。高宗乃登焉。见神翁大书往年所献诗在壁间，墨痕如新。即此而观，人生一行一止，与夫祸福得失，自有定数，决非偶然者。惟有道者独能前知，而众人昧焉，乃役役经营，心劳日拙，不知冥冥之中造物笑人。

今按：宋徐梦莘《三朝北盟会编》卷一百三十六："上在章安镇，半月余，常一日登金鳌峰，见壁间诗，一绝句曰：'牡砺滩头一艇横，夕阳高处待潮生。与君不负登临约，同向金鳌背上行。'上问谁题此诗，僧对曰：'过往攫客。'上恶之，方啜茶，以其余泼于诗上。"元陶宗仪《辍耕录》："章安张善初云：初，宋高宗在潜邸日，泰州徐神翁能知前来事。群阉言于徽宗，召至，以宾礼接之。一日献诗云云。及两宫北狩，匹马南渡，建炎庚戌正月三日，帝航海次临海县之章安镇，滩浅阁舟，落帆于镇之福济寺，前以候潮，顾问左右曰：'此何山?'曰金鳌山。又问：'此何所?'曰牡蛎滩。因默思神翁之诗，乃徒步登岸，见此诗在寺壁间，题墨若新，方信其为异人也。"

150. 杨大年弱冠与周翰、朱昂同在禁掖。时二公皤然老矣，大年每论事则侮之曰："二老翁以为何如?"翰不能堪，正色谓之曰："君莫欺侮我老，老亦终留与君。"昂曰："莫留与他，省得后人又欺侮他。"厥后大年不及五旬而终，求为老翁，亦不可得。此事可以为少年英俊侮老慢贤之戒。

今按：此条中杨与二公对话见明查应光《靳史》卷十六，引自《谈资》，不知何书。此对话又见明冯梦龙辑《古今谭概》矜嫚部卷十二"侮老"条、明郭良翰辑《问奇类林》卷十二材品下、明何三畏撰《云间志略》卷十二、明李贽辑《山中一夕话》卷十一"杨大年狎老"条等。

151. 或问："《书》云：'有容德乃大。'言有量也。曾子曰：'自反而缩，虽千万人吾往矣。'言有勇也。然则量之与勇将奚从乎?"愚曰：凡横逆之来只逮我躬者，固当弘量以容之，如蔺相如谨避廉颇之辱己，李沆不校狂生之讪，吕蒙正不问朝士之名，可也。若事干天常、人纪之大，当裁之以义，岂容姑息?如舜之诛四凶，周公之诛管蔡，孔子之诛少正卯，汉高祖之斩丁公，是皆发于义理之勇也，谓之无量，可乎?苟徒以姑息为事，不知以义裁之，小如胡广、冯道之顽钝无耻，大如鲁庄公、宋高宗含垢包羞，忘父兄不共戴天之仇，是皆见义不为，无勇也，谓之有量，可乎?《易》曰："包荒，用冯河。"包荒，量也。冯河，勇也。知《易》之道，其知勇与量之用乎?

今按：此条见明张萱《西园闻见录》卷十四。

152. 或问："娄师德唾面自干之量何如?"愚曰："于此当论曲直。苟曲在我，负荆谢罪可也。直在我，当薄言往愬可也。孟子曰：'人能充无受汝尔之实。'则义不可胜用矣。夫汝尔且不可受，况面可唾乎？不然，则是冥顽不灵，而无羞恶之心者矣。”又问：“张公艺百忍之量何如？”愚曰：“一家之内，恩意礼节之不均，与夫璅璅口语之过，忍之可也。若乃妻妾之乘夫，卑幼之犯上，与夫殆有甚焉者，而概忍之，则是圮族，丽辟之人亦可群居而食矣，而可乎？故夫二子之量，吾不敢取之也。”古人般润家国，惟贵务农，故周人以稼穑艰难为王业根本，秦人以力田受爵赏，汉人以力田应辟举。观古人制字，富从田，言富自田起也。田从一口，言有田之入，又贵食之者寡也。

今按：此条中“或问”至“吾不敢取之也”见明张萱《西园闻见录》卷十四。“古人般润家国”至“又贵食之者寡也”，见清周亮工《字触》卷六“富自田起”条，注言引自敖英《绿雪亭杂言》。敖英，字子发，清江（今属江西）人。明代正德十六年进士，中第二甲四十五名，授南京工部主事，历陕西、河南提学副使，官至江西右部正使。工于诗，著有《心远堂稿》、《慎言集训》、《绿雪亭杂言》、《东谷赘言》等。

153. 或问：“浦江《郑氏家范》如何？”愚曰：“卓哉雍睦之义，岿然薄俗之灵光也，胡可及哉？”或曰：“斯义也，古有之乎？”愚曰：“周时一夫受田百亩，仰事父母，俯育妻子，不过数口而已，未闻合族而食也。诸侯大夫之家，立宗子以统族人，使之联属昭穆，不至涣散而已，亦未闻合族而食也。”或曰：“先王胡为不以此义训天下。”愚曰：“先王盖虑其势或有难行也，情或有不顺也，是故以势言之，世远则祖宗祧庙，情乖则兄弟阋墙。夫妻且有脱辐之隙，妇姑不免反唇之讥，矧族之人亲尽服尽而情尽犹途人也，苟欲之聚于一门之内，而饔飧之能保无矛盾冰炭者乎？将一绳之以家训，则法非官府人有悖心。以情言之，夫既合族而食矣，则凡饮食诸需悉制于长族者。孝子之养亲也，欲每食必有酒肉，将彻必请所与，可专遂乎？慈母之爱孩提也，欲以梨栗而止啼，可专遂乎？卑幼之厚亲友也，欲以杯酒而合欢，可专遂乎？将人人各遂其愿，则政差池，莫之统纪。夫势有难行，情有不顺，是以先王不敢强之也。即有能然者，则褒嘉之，宠锡之，表厥宅里，以树风声，夫岂鄙夷其义而莫之训耶？”或曰：“然则古礼者合族以食之，礼如何？”愚曰：“非此之谓也。古者世禄之家，合族而食者，以服世降一等，齐衰一年四会食，大功一年三会食，小功一年再会食，缌麻一年一会，服尽则不及焉，非概族而会食也。”

今按：此条见明何良俊《四友斋丛说》卷三十一引《绿雪亭杂言》。

154. 浦江义门郑氏厅事中，先世尝列十木柜，五柜贮经史，训族子，五柜贮兵器，备不虞。中榜孝友堂，乃建文君笔也。永乐初，诬建文君匿其家，遣使廉之。使者未至三日前，堂榜因索朽坠地，撤之。使者至，莫可踪迹。及发柜，惟见经史，遂不尽发，事闻，乃斩诬者。噫，使当时堂榜不坠不撤，十柜尽发，而兵器见焉，则郑之祸叵测矣。于以见孝友之家，鬼神实阴骘①之也。

① “骘”，《建文朝野汇编》作“佑”。

今按：此条见明屠叔方《建文朝野汇编》卷十九，引自《出归正集》。《经义考》卷一百八十六引《金华府志》："浦江义门郑氏，起宋建炎，迄明正统，历三百余年，五十四世，合居聚食，自绮始也。"

155. 昔人有言："莫使满帆风，须留转身地。"观曹操空国而伐吴，苻坚空国而伐晋，此是使尽满帆风，故一败郎当，税驾无所。

今按：待考。明杨寅秋《临皋文集》卷三《与子嘉祚》："汝母奄忽，上天降罚，一切当恐惧修省，勿讨便宜，勿使满帆风，勿知有己，不知有人，宁模糊，勿太聪察，宁退一步让路别人，勿沽名钓誉。沽名誉之心即是讨便宜之心，岂必贪利禄乃为便宜耶？宁澹泊，勿求丰腴待下。宁情恕，勿求备过，苛其报德。宜厚而怀怨，宜轻傥徼祖宗之灵，不即隳落幸甚。万一缘浅福薄，我不能与时命争，亦付之奈何而已。"明邹元标《愿学集》卷二《上朱鉴翁师》："师与冯老先生昕夕聚首，亦一时闲气，愿师彻明心体，无泥经书，无参意见，此处得有转身地，便是了心时，愿师无二心可也。"

156. 予在湖南，一日山行，午饭农家，见壁上四绝句，意甚警策，第不知作者为谁，或曰晦翁诗。其一云："鹊噪未为吉，鸦鸣岂是凶。人间凶与吉，不在鸟声中。"其二云："耕牛无宿草，仓鼠有余粮。万事分已定，浮生空自忙。"其三云："翠死因毛贵，龟亡为壳灵。不如无用物，安乐过平生。"其四云："雀啄复四顾，燕寝无二心。量大福亦大，机深祸亦深。"

今按：郑方坤《全闽诗话》卷四引《坚瓠集》："敖东谷英一日山行，午饭农家，见壁上四绝句，意甚警策，或曰晦翁诗也。一云：'鹊噪未为吉，鸦鸣岂是凶。人间凶与吉，不在鸟声中。'二云：'耕牛无宿草，仓鼠有余粮。万事分已定，浮生空自忙。'三云：'翠死因毛贵，龟亡为壳灵。不如无用物，安乐过平生。'四云：'雀啄复四顾，燕寝无二心。量大福亦大，机深祸亦深。'"《水浒传》第十九回、《二刻拍案惊奇》卷三十六亦引"量大福亦大，机深祸亦深。"

157. 曹彬为侍中武宁军节度使知徐州，彬仁爱多恕，有吏罪犯既具案，逾年然后杖之。人问其故，彬曰：吾闻此人新娶妇，若杖之，彼其舅姑必以妇为不利而恶之，朝夕笞骂，使不能自存，吾故缓其事，而法亦不赦也。其用志如此。

今按：宋司马光《涑水记闻》卷二引张锡云："曹侍中彬为人仁爱多恕，平数国未尝妄斩人。尝知徐州，有吏犯罪，既立案逾年，然后杖之，人皆不晓其意。彬曰：'吾闻此人新娶妇，若杖之，彼其舅姑必以妇为不利而恶之，朝夕笞骂，使不能自存，吾故缓其事，而法亦不赦也。'其用意如此。"宋赵善璙《自警编》卷四、宋江少虞《事实类苑》卷十三、宋朱子《宋名臣言行录前集》卷一皆引之，元陶宗仪《说郛》卷七十一引宋李元纲《厚德录》，元杨瑀《山居新话》卷三不注出处。

158. 傅尧俞字钦之，郓州人。知徐州，前守侵用公使军钱，尧俞代偿之，未足，罢去，后守顾移文迫偿，尧俞剧力偿之，久之钩考得实，尧俞竟亦不辨。司马光尝谓河南郡雍曰："清直勇之德，人所难兼。吾于钦之见焉。"雍曰："钦之清而不耀，直而不激，勇而能温，是为难尔。"

今按：宋吴曾《能改斋漫录》卷十二："傅尧俞，字钦之，素善安石。时方变新法，公以母服除。至京师，安石谓公曰：'朝议纷纷，今幸公来议，以待制谏院奉还矣。'公谢曰：'恩甚厚，但恐与公新法相妨耳。'且为言新法之不善。安石怒，乃以为权同判内铨。温公尝叹曰：'清直勇，吾于钦之畏焉。'洛之君子邵雍曰：'钦之至清而不耀，至直而不激，至勇而能温，此为难耳。'人以雍言为然。"《宋史》卷三百四十一："其子尧俞厚重言寡，遇人不设城府，人自不忍欺。论事君前，略无回隐，退与人言，不复有矜异色。初自谏官补郡，众疑法令有未安者，必有所不从，尧俞一切遵之，曰君子素其位而行，谏官有言责也，郡知守法而已。徐前守侵用公钱，尧俞至为偿之，未足而去，后守移文尧俞使偿入之，考实非尧俞所用，卒不辩。司马光尝谓河南邵雍曰：'清直勇之德，人所难兼，吾于钦之见焉。'雍曰：'钦之清而不耀，直而不激，勇而能温，是为难尔。'"

159. 萧嵩为相，与韩休不协，因乞骸骨。玄宗曰："朕未厌卿，卿何庸去?"嵩俯伏曰："臣爵位已极，幸陛下未厌臣，得以乞身。如陛下厌臣，臣首领不保，又安得自遂乎?"《退斋笔录》：元丰中，王荆公乞罢机政，神宗未许其去。公唤老僧化成为作一课，更欲看命，化成曰："三十年前与公看命，今仕至宰相，复何问?"公曰："但力求去，上未许，只看旦夕便去得否?"化成曰："相公得意浓时正好休，要去在相公，不在上。不疑何卜?"公怅然叹服，去意遂决。大臣去位，如萧嵩之见，僧化成之所为告者，可以免后时之殆矣。

今按：《说郛》卷三十六上引李德裕《次柳氏旧闻》："萧嵩为相，引韩休为同列。及在位，稍与嵩不协，嵩因乞骸骨，上慰嵩曰：'朕未厌卿，卿何庸去?'嵩俯伏曰：'臣待罪相府，爵位已极，幸陛下未厌臣，得以乞身。如陛下厌臣，臣首领之不保，又安得自遂?'因陨涕。上为之改容，曰：'卿言切矣，朕思之未决，卿第归，至夕当有使。如无使，旦日宜如常朝谒也。'及日暮，命力士诏嵩曰：'朕惜卿，欲固留，而君臣始终，贵全大义，亦国家美事也。今除卿右丞相。'是日，荆州始进柑子，上以素罗包其二以赐之。"《说郛》卷三十七又引侯延庆《退斋笔录》："元丰中，王荆公乞罢机政，寓于刘沆相宅几两月，神宗未许其去。沆之子管尝谒公，坐间闻公云化成住处在近，可令呼来。化成者，工课命老僧也。少顷，化成至。公作一课，更为看命。化成曰：'三十年前与相公看命，今仕至宰相，更复何问?'公微作色，曰：'安石问命。又不待做官，但力乞去。上未许，只看易便去得否?'化成曰：'相公得意浓时正好休，要去在相公，不在上。不疑何卜?'公怅然叹服，去意遂决。"

今按：此处将二条合而为一，又缀以议论："大臣去位，如萧嵩之见，僧化成之所为告者，可以免后时之殆矣。"

160. 宪宗赐裴晋公玉带，公临终封进表曰："内府之珍，先朝所赐。既不敢将归地下，又不合留在人间。"识者赏其明而简。王文正公疾革，上临视，赐白金五十两，召杨文公于床前，作让表，公览，乃自书四句曰："已惧多藏，况无用处。见谋散施，以息灾殃。"是冬，公薨。文公叹曰："精爽不乱如此。前代之风，后世之法也。"

今按：《因话录》卷三商部下："裴晋公平淮西后，宪宗赐玉带一条。公临薨，却进，使门人作表，皆不如意。公令子弟执笔，口占状曰：'内府之珍，先朝所赐。既不敢将归地下，又不合留向人间，谨却封进。'闻者叹其简切而不乱。"宋江少虞《事实类苑》卷十二引《东斋记事》："王文正公旦相真宗，仅二十年，时值四夷纳款，海内无事，天书荐降，祥瑞沓臻，而大驾封岱祠汾，皆为仪卫使扈跸。处士魏野献诗曰：'太平宰相年年出，君在中书十四秋。西祀东封俱已毕，可能来伴赤松游。'世传王公尝记前世为僧，与唐房太尉事颇相类。及将捐馆，遗命剃发，以僧服敛。家人不欲止以缁衣一袭纳诸棺，然公风骨峭峻，项微结喉，有僧人相，皆谓其寒薄，独一善相者曰：'公名位俱极，但禄气不丰耳。'故旦虽位极一品，而饮啖全少，家亦不蓄声伎，晚年移疾在告，真宗尝密赉白金五千两，旦谢表曰：'已恨多藏，况无用处。'竟不之受，其清苦如此。"

161. 唐王起扬历省寺，三任节镇，而昧于理家，俸入，尽为仆妾所有。耄年寒馁，至与伶人分月俸以自给。议者曰：禄仕之不能撙节，稍丰则饫及狗彘，似歉则困彼妻孥，晚节苟得尽弃其平生者多矣。以王相国德望名品而有此累，人可不思俭以足用乎？

今按：唐孙光宪《北梦琐言》卷二"文宗重王起"：王文懿公起，三任节镇，扬历省寺，赠守太尉。文宗颇重之，曾为诗，写于太子之笏以扬之，又画仪形于便殿。师友目之曰"当代仲尼"。虽历外镇，家无余财。知其甚贫，诏以仙韶院乐官逐月俸钱五百贯给之。起昧于理家，俸入其家，尽为仆妾所有，耄年寒馁，故加给焉。于时识者以起不能陈逊，而与伶人分俸，利其苟得，此为短也。葆光子曰："士人之家，唯耻货殖。至于荷畚执耒，灌园鬻蔬，未有禄代耕，岂空器而为养，安可忘甘苦，不追晨昏？今之世禄器薄，不能撙节，稍丰则饫其狗彘，少歉则困彼妻孥，而云安贫，吾无所取。唯衣与食，所谓切身，傥德望名品，未若王相国者，得不思俭而足用乎！"

162. 巩丰世以为高尚道人，王子常侍郎尝问以修行之术，巩云："非道亦非律，又非虚空禅。独守一亩宅，惟耕己心田。"又云："以手扪胸，欲心清净。以手上下，欲气升降。"又云："常人以嗜欲杀身，以货财杀子孙，以政事杀民，以学术杀天下后世。吾无是四者，岂不快焉！"靖康之变，不知所终。此巩之所谓高尚道人者也。夫以嗜欲杀身，货财杀子孙，举世之通患。以政事杀民，虽能官有不自觉者。以学术杀天下后世，当时其有感于王安石之事乎？

今按：宋赵与时《宾退录》卷一：刘下功，字子民，滨州安定人，弱不好弄，六岁误触瓮碎，家人更谯之，神色自若。曰：“俟钉校者来，当全之。”复谯其妄，曰：“人破尚可修，矧瓮耶？”语未绝，钉校者至，相与料理，顷之如新。自是筑环堵于家之后圃，不语不出者三十余年，或食或不食。徽宗闻其名，数敕郡县津致间驰近特名之，对曰：“吾有严愿，不出此门。”上知不可夺，赐号高尚先生。王子常侍郎，其外兄也，尝问以修行之术，书云：“非道亦非律，又非虚空禅。独守一亩宅，惟耕己心田。”又云：“以手扪胸，欲心清净；以手上下，欲气升降。”又云：“常人以嗜欲杀身，以货财杀子孙，以政事杀民，以学术杀天下后世。吾无是四者，岂不快哉！”靖康之变，不知所终。

又按：钱大昕《十驾斋养新录》卷七“刘高尚”条有辨证。

163. 子路勇于义，其言曰：人不能甘勤苦，不能恬贫穷，不能轻死，勒而曰：我行义。吾不信也。余常其为亲负米百里之外，非其能甘勤苦乎？衣敝缊袍，与衣狐狢者立而不耻，非其能恬贫穷乎？仕卫，赴孔悝之难，结缨而死，非其能轻死亡乎？呜呼，此所以为仲由也。①

今按：此条见明陈师《禅寄笔谈》卷二。汉刘向《说苑》卷三：“子路曰：负重道远者，不择地而休；家贫亲老者，不择禄而仕。昔者由事二亲之时，常食藜藿之实，而为亲负米百里之外，亲没之后，南游于楚，从车百乘，积粟万钟，累茵而坐，列鼎而食，愿食藜藿负米之时不可复得也；枯鱼衔索，几何不蠹，二亲之寿，忽如过隙，草木欲长，霜露不使，贤者欲养，二亲不待，故曰：家贫亲老，不择禄而仕也。”

164. 张永德寓睢阳时，有书生邻居卧疾，永德疗之，获愈。生一日就永德求汞五两，既得，即置鼎中，煮之成中金。自是日与永德游。一日，告适淮上，永德送行数舍，求药法，生曰：“君当大贵，吾不吝此，虑损君禄。”及后，永德为将，屯下蔡，自出骑射，淮民环观，有一僧睥睨，永德召之，乃睢阳书生也。夜宿帐中，复求前术。僧曰：“始语君贵，今不谬矣。终能谨节，当保五十年富贵，安用此为？”范文正在南京朱家时，学于府庠，同舍有病者，文正为疗之，病亟，嘱文正曰：‘吾无以报子，平生有一术，游远方未尝穷乏，术之力也。今以遗子。’曰授药以囊，方书一小册，文正不得已，留之，未尝取视。后二十年，得其子，还之，封识宛然。此事当时记者非一。文正之贤，固非永德之所能及也。

今按：《山西通志》卷二百三十：“张永德寓睢阳，有书生邻居卧疾，永德疗之，获愈。生一就永德求汞五两，既得，即置鼎中，煮之成中金。自是日与永德游。一日，告适淮水，语永德曰：‘后当相遇于彼。’永德曰：‘吴境不通，子何可去？’生曰：‘吾自有术。’永德送行数舍，恳求药法。生曰：‘君当大贵，吾不吝此，虑损君福。’言讫而去。及永德屯下蔡，牙帐前后队部曲八百人皆金银刀槊绣旗帜。永德善骑射，左右分挂十的，握十矢，疾驰互发，发必中。淮民环观，有一僧睥睨，永德遽召之，乃睢阳书生也。夜宿帐中，复求汞法。僧曰：‘始语君贵，今不谬矣。终能谨节，当保五十年富贵，安用此为？

① 《禅寄笔谈》此句作“非苟言之实，蹈之仲由有焉”。

然能降志礼贤，当别有授公药法者。'永德由此益罄家资，延致方士，故太祖以方外待之。初，睢阳书生尝言及太祖，以故永德潜意拱向，太祖将聘孝明后，永德出缗钱金帛数千以助之，故尽太祖朝而恩渥不替。"宋龚明之《中吴纪闻》卷四"范文正不取烧炼方"条云："范文正少养于朱氏。朱，南京人。文正幼年肄业京学，同舍有病者，亲为调药，以病亟，嘱文正曰：'吾无以报子，平生有一术，游远方未尝穷乏者，用此术也。今以遗子。'因授药一囊、方书一小册。文正不得已，留之，未尝取视。后二十余年，得其子，还之，封记如故。"宋刘延世《孙公谈圃》卷中亦云："范文正少养于外氏朱家。朱，南京人，今留府后朱少卿宅是也。文正学于府庠，同舍有病者，文正亲调药以疗病，亟，嘱文正曰：'吾无以报子，平生有一术，游远方未尝穷乏者，术之力也。今以遗子。'因授药一囊，方书一小册，文正不得已而留之，未尝取视。后二十年，得其子，还之，封识宛然。"

165. 李德裕《平泉山居戒子孙》云："吾百年之后为权势所夺，则以先人所命泣而告之，此吾志也。"后经世变，余胤意不能守，花卉芜绝，怪石名品，俱为洛城有力取去。记所云者，只足贻达人讥耳。昔晋桓玄欲以谢安宅为营，其孙谢混曰："召伯之仁，犹惠及树棠。文靖之德，更不保五亩宅邪？"玄惭而止。唐嗣曹王皋将市取张东之襄阳园囿，马彝谏曰："汉阳有中兴功，今遗业当百世共保，奈何使其子孙鬻乎？皋之彼石家金谷园，其身不能守，马家王杯地不复留身后。"今日诸如此者又何道焉。魏徵第太宗用殿材成其正寝，其后嗣不能守。白居易以为言朝廷，赎而赐之。宋邵康节天津之居本官地，熙宁初法当斥卖，榜三月，人不忍买，司马温公诸人为集钱买之。然则身苟富德，不必润屋，为子孙计也。

今按：李德裕《平泉山居戒子孙记》："经始平泉，追先志也。吾随侍先太师忠公在外十四年，上会稽，探禹穴，历楚泽，祭巫山，游沅湘，望衡峤，忠公每维舟清眺，意有所感，必凄然遐想，属在伊川，常赋诗曰：'龙门南岳尽伊原，草树人烟目所存。正是北州梨枣熟，梦魂秋日到郊园。'吾心感是诗，有退居伊洛之志。前守金陵于龙门，得乔居士故居，天宝末避地远游，为荒榛，首阳微岑，尚有薇蕨，山阳旧径，唯余竹木，吾乃庞荆棘，驱狐狸，如立班生之宅，渐成应叟之地。又得江南珍木奇石，列于庭际，平生素怀，于此足矣。吾常以为，出处者，贵得其道；进退者，贵不失时。古来贤达多有遗恨，至于玄祖潜身于柱史，柳惠养德于士师，汉代邴曼容官不过六百石，终无辱，殆不可及矣。越蠡激文牛以肥遁，留侯托黄老以思世，亦其次焉。范睢感蔡泽一言，超然高谢，邓禹见功臣多败，委远名势，又其次也。矧如吾者，于葵无卫足之智，处雁有不鸣之患，虽有泉石，杳无归期，留此林居，贻厥后代。鬻平泉者，非吾子孙也。以平泉一树一石与人者，非佳子弟也。吾百年之后，为权势所夺，则以先人所命泣而告之，此吾志也。《诗》曰：'维桑与梓，必恭敬止。'言其父所植也。昔周公之思召伯，爱其所憩之树。近代薛令君于禁省中见先祖所据之石，必泫然流涕。汝曹可不慕之！唯岸为谷，谷为陵，然后已焉可也。"

166. 江东有太守某者，文雅风流，颇有时名。在郡二年，遣吏携数百金入京赂刘瑾，求速迁。苞苴既入矣，越数日，刘瑾事败，伏诛，太守亦以钻刺落职。初，太守遣赂入京也，寻虑事不谐，悔之，乃祷紫姑仙，以决疑，仙姑降笔曰：“几树甘棠种未成，使君何事苦经营。雷霆怒击冰山碎，只恐钱神也不灵。”噫！人之作伪行险，而鬼神之不可欺也如此哉！

今按：明胡我琨《钱通》卷二：“正德年江东有太守某者，祷紫姑仙以决疑，仙姑降笔曰：‘几树甘棠种未成，使君何事苦经营。雷霆怒击冰山碎，只恐钱神也不灵。’”

167. 新昌有士人某者，少年负气，藐然皎厉，筮仕得岩邑，濒行，谒梁石门请教。石门曰：“清、慎、勤，乃居官三字符也。子力行之，夫复何言?”士人曰：“虽然，天德王道之要，独不可闻乎?”石门微笑而答之曰：“言忠信，行笃敬，天德也。不伤财，不害民，王道也。”士人退而语人曰：“石门议论平平耳。”越三年，士人以不检罢官归里中，语人曰：“吾不敢再见石门先生。”

今按：沈佳《明儒言行录》卷一引邓元锡《理学传》：“新昌有士人，负气自豪，筮仕得岩邑，比行，谒公请教。公曰：‘清、慎、勤，乃居官三字符也。子力行之，复何言?’其人曰：‘请天德王道之要。’微笑，徐答曰：‘言忠信，行笃敬，天德也。不伤财，不害民，王道也。’其人退，语人曰：‘孟敬议论平平耳。’越三年，其人以不检，罢官归，语人曰：‘吾不敢复见石门先生。’”宋吕本中《官箴》：“当官之法，唯有三事，曰清，曰慎，曰勤。知此三者，可以保禄位，可以远耻辱，可以得上之知，可以得下之援。”

168. 昔有仁和尹，居官颇不职，时猎者获一虎土林中，阿谀者从而贺之诗，以为治效。有土人俞珩者，作口号嘲之曰：“虎告相公听我歌，相公比我食人多。相公若肯行仁政，我自双双比渡河。”至今举为口实。

今按：明田汝成《西湖游览志余》卷二十三：“俞珩鸣玉者，弘治初以军余为浙江镇守，内官张庆掾史珩略知吟咏。时金陵陈荣知仁和县，适有虎灾，命猎人捕得之，缙绅多为诗歌以颂。陈珩赋一诗云：‘虎告相公听我歌，相公比我食人多。相公若肯行仁政，我自双双去渡河。’庆兄弟三人皆为宦寺亲幸，用事势张甚，珩为庆所亲，任假其威，故敢为此言。及庆死，外台治珩罪，谪岭南。”

169. 某令含山时，连值旱涝，兴筑陂塘，课民种大麦，官贷其种，三升一亩，收麦石余，乃倍所贷，收贮社仓，复贷之，食每石舂米柴斗，且大麦贮之年远，作饭愈香美，比他谷麦不蛀，甚是利人。今官仓收小麦者，若易以大麦，不惟久藏不耗，实使兵民两利，盖在民易得，而输在兵则月舂多米，又比芒种，免为鸟兽食毁，收时不虑悒伤，诚嘉种也。

今按：待考。

170. 韩魏公镇相州，因祀宣尼，省宿，有偷儿入室，挺刃曰：“不能自活，求济于公。”公曰：“几上器具可直百千，尽以与汝。”偷儿曰：“愿得公首，以献西人。”公即引颈，偷儿稽颡曰：“以公德量过人，故来相试。几上之物已荷公赐，愿无泄也。”公曰：“诺。”终不以告人。其后为盗者以他事坐罪当死，于市中备言其事，曰：“虑吾死后，惜公之遗德不传也。”

今按：明胡直《衡庐精舍藏稿》卷十六“韩魏公琦”条云：“公守相台日，方祀宣尼，斋宿省中，夜半有偷儿入室，挺刃求济。公曰：‘几上器可直千百金，以与汝。’偷儿曰：‘愿得公首。’公即引颈，偷儿稽颡曰：‘以公德量，故来相试。几上之物已荷公赐，愿勿泄也。’公终不以语人。后偷儿以他事坐法当死，备言其事曰：‘虑吾死后，使韩公盛德不传也。’赞曰：死生大矣，自古记之。恢恢魏国，视死如嬉。既尝刺客，复试偷儿。彼偷者子，知公弥稔。属公不言，公竟为隐。公而隐之，岂曰予讱。如巨海沤，靡有端倪。如太虚云，靡踪可期。吾侪浅夫，语公汗颐。”

171. 傅献简公言：李公沆秉钧日，有狂生叩道献书，历诋其短。李逊谢曰：“俟归家，当得详览。”狂生遂发讪怒，随公马后，肆言曰：“居大位不能康济天下，又不能引退，久妨贤路，不宁愧于心乎？”公但于马上踧踖再三，曰：“屡求退，以主上未赐允。”终无忤也。

今按：元陶宗仪《说郛》卷七十一引宋李元纲《厚德录》，宋赵善璙《自警编》卷一、明彭大翼《山堂肆考》卷一百十五、明何良俊《语林》卷十四、明刘宗周《人谱类记》卷上均载其事。

172. 横渠先生言：尝有欲为范文正公买绿野堂者，公不肯，曰：“在唐如晋公者，是可尊也，一旦取其物而有之，如何得安宁？使弊坏及他人有之，已则不可取也。”

今按：见宋赵善璙《自警编》卷三。明刘宗周《人谱类记》卷上亦载其事，以警田宅方圆。按《张子全书》卷十四载：“昔年有人欲为范希文买绿野堂，希文不肯，识道理自不然，在唐如晋公者，是可尊也，一旦取其物而有之，如何得安。在他人犹可，如王维庄之类，独有晋公则不可，宁使耕坏及他有力者致之，已则不可取。”宋俞文豹《吹剑录外集》亦云：“有欲为欧公买绿野堂，公曰：‘如晋公诚可尊敬，一旦取其物而有之，如何得安宁？使耕坏为他人有，已则不可取。’”欧公似指欧阳修，又别为一人。

173. 胡文恭公宿知湖州，前守滕公大兴学校，费钱数万未讫，滕公罢去，群小斐然，谤议以为滕公用钱有不明者，自通判以下不肯书其簿。公于坐折之曰：“君佐侯几时矣，假滕侯之谋有不臧，奚不早告？阴拱以观，[俟]其去，乃非之，岂古人分谤之意？”一坐大惭，为公书。

今按：见宋赵善璙《自警编》卷四。元张光祖《言行龟鉴》卷六亦载此事。

174. 狄青平岭寇，贼师侬智高兵败奔邕州，其下皆欲穷其窟穴。青不从，以为趋利乘势，入不测之城，非大将军事。智高因而获免。天下皆罪青不入邕州，脱智高于垂死。然青之用兵，主胜而已。不求奇功，故未尝大败。计功最多，卒为名将。譬如弈棋，已胜敌可止矣，然犹攻击不已，往往大败。此青之所戒也。临利而能戒，乃青之过人处也。

今按：《梦溪笔谈》卷十三："狄青戍泾原日，尝与虏战，大胜，追究奔数里。虏忽壅遏山踊，知其前必遇险，士卒皆欲奋击。青独曰：'不然。奔亡之虏，忽止而拒我，安知非谋？军已大胜，残寇不足利，得之无的加重；万一落其术中，存亡不可知。宁悔不击，不可悔止。'青后平岭寇，贼遇侬智高兵败奔邕州，其下皆欲穷其窟穴。表亦不从，以谓趋利乘势，入不测之城，非大将军。智高因而获免。天下皆罪青不入邕州，脱智高于垂死。然青之用兵，主胜而已。不求奇功，故未尝大败。计功最多，卒为名将。譬如弈棋，已胜敌可止矣，然犹攻击不已，往往大败。此青之所戒也。临利而能戒，乃青之过人处也。"

175. 范公景仁既退，居有园第，在京师，专以读书赋诗自娱。客至，无贵贱皆野服见之，不复报谢，故人或为其召，虽权贵不拒也，不召，则不往见之。尝乘蓝舆归蜀，与亲旧乐饮，赈施其贫者，周览江山，穷极胜赏，期年然后返。年益老，而视听聪明，支体尤坚强。呜呼！向使景仁枉道希世，以得富贵，蒙屈辱，任忧患，岂有今日乐邪？景仁所得殊多矣。元祐初，首以诏起，公曰："西伯善养，三老来归。汉室卑词，四臣入侍。为我强起，无为惮勤。"天下望公与温公同升矣。公辞曰："六十三而求去，以引年七十九而复来，岂云中礼？"卒不起。

今按：宋邵伯温《闻见录》卷十二、宋赵善璙《自警编》卷五皆载此事。宋朱弁《曲洧旧闻》卷三亦云："范忠文公与司马文正公，平生智识、谈论趣向，除议乐一事不同外，其余靡所不同。元祐初，温公起为相，忠文独高卧，许下凡累诏，皆力辞不已。其最后表云：'六十三而求去，盖不待年七十五而复来，谁云中理？'朝廷从之。当是时，中外士大夫莫不高公此举，而人至今以为美谈也。"

176. 崔公孺，谏议大夫立之子，韩魏公夫人之弟也。性亮直，善面折人。魏公执政，用监司有非其人者，公孺曰："公居陶镕之地，宜法造化为心。造化以蛇虎者害人之物，故置蛇于薮泽，置虎于山林。今公乃置于通衢，使为民害，可乎？"魏公甚严惮之。

今按：宋司马光《涑水记闻》卷十、宋赵善璙《自警编》卷七皆载此事。

177. 韩魏公言："杜祁公公正，而乐与人善。既知其人，无复毫发疑间。始琦为枢密副使，论难一二事，祁公不乐，久而相信。每事问曰：'谏议看来未？谏议曾看，便将来押字。'琦益为之尽心，不敢忽。以此见祁公存心至公，不必以出于己为是，贤于人远矣。"

今按：宋赵善璙《自警编》卷六、宋张镃《仕学规范》卷二十一皆载此事。宋罗从彦《豫章文集》卷七云："韩琦尝语人曰：杜祁公存心至公，而乐与人为善。既知其人，无复有毫发疑间者。始某为枢密副使，而杜公为太尉。某辄论难一二事，杜公不乐。人或讽解之，则曰：'某长渠三十岁耳，尚有误耶？'久之，既相亮。即每事问曰：'谏议看来未？但曾经谏议看，便将来押字。'某益为之尽心，不敢忽也。以此见杜公存心至公，不以必出于己为胜，贤于人远矣。臣从彦释曰：世俗之人，莫不喜人同乎己，而恶人异于己也。同于己而欲之，异于己而不欲者，以出乎众为心也。以出乎众为心，则以其不大故也。唯大为能有容。善者共说之，不善者共改之，宜无彼己之异。故舜曰大舜，禹曰大禹者，明乎此而已矣。若衍存心至公，而乐与人为善，不以必出于己为胜，其舜禹之徒与？《诗》云：'唯其有之，是以似之。'此之谓也。"

178. 杜正献公衍尝曰："今之在上者多摘发下位小节，是诚不恕也。衍知兖州时，州县官有累重而素贫者，以公租所得均给，公租不足，即继以公帑，量其小大，咸使自足，尚有复侵扰者，真贪吏也，于义可责。"又曰："衍历知州提转安抚，未尝害一个官员。其间不职者即委以事，使之不暇惰，不谨者谕以祸福，俾之自新，从而迁善者甚众，不必绳以法也。"

今按：宋朱子《宋名臣言行录》前集卷七、宋赵善璙《自警编》卷四、宋张镃《仕学规范》卷二十一、元张光祖《言行龟鉴》卷三皆载此事。

179. 庞庄敏公自郓徙并，过京师谒上。是时，上新用文、富为相，自以为得人，谓公曰："朕新用二相何如？"公曰："二臣皆朝廷高选，陛下拔而用之，甚副天下之望。"上曰："诚如卿言，文彦博犹多私。至于富弼，万口同词，皆云贤相也。"公曰："文彦博，臣顷与之同在中书，详知其所为，实无所私，但恶之者毁之耳。况前日被谤而出，今当愈畏慎矣。富弼顷为枢密副使，未执大政，朝士大夫未有与之为怨者，故交口誉之，冀其进用而已，有所利焉。是后若富弼，以陛下之爵禄树私恩则非忠臣，何足贤也？若一以公议概之，则向之誉者将转而为谤矣。此陛下所宜深察也。且陛下既知二臣之贤而用之，则当信之坚，任之久，然后可以责成功。若以一人之言进之，未几又以一人之言疑之，臣恐太平之功未易可致也。"上曰："卿言是也。"

今按：宋赵善璙《自警编》卷七、宋江少虞《事实类苑》卷十五、宋朱子《宋名臣言行录》前集卷七、元张光祖《言行龟鉴》卷六皆载此事。

180. 刘忠肃公挚与同列奏事，因论人才大概。公奏曰："人才难得。臣尝历观士大夫间，能否不一：性忠实，而有才识，上也；才虽不高，而忠实有守，次也；有才而难保，可借以集事，又其次也；怀邪观望，随势改变，此小人，终不可用。"二圣谕曰："此言极是，卿等常能如此，太皇官家何所忧也。"

今按：宋王称《东都事略》卷八十九、宋赵善璙《自警编》卷七、宋朱子《宋名臣言行录后集》卷十二、宋杜大珪《名臣碑传琬琰集》下集卷十三、宋章定《名贤氏族言行类稿》卷三十、元张光祖《言行龟鉴》卷六、明杨士奇等《历代名臣奏议》卷一百三十八皆载此事。二圣，《历代名臣奏议》指宋哲宗及宣仁后，而《自警编》作"三圣"，非是。

181. 黄雀之为物也，日游于庭，日亲于人，而常畏人，而人常挠之。玄鸟之为物也，时游于户，时亲于人，而不畏人，而人不挠之，彼行促促，此行佯佯；彼鸣啾啾，此鸣锵锵；彼视瞿瞿，此视汪汪；彼心戚戚，此心堂堂。是故疑人者为人所疑，防人者为人所防。君子之道，仁兴义、中兴正尔，何忧何害！

今按：见《化书》卷三《德化·黄雀》。

182. 真西山帅长沙，郡人为立生祠。一夕，有大书一诗于壁间者，其辞云："举世知公不爱名，湘人苦欲置丹青。西天又出一活佛，南极添成两寿星。几百年方钟间气，八千春愿祝修龄。不须更作生祠记，四海苍生口是铭。"

今按：见宋罗大经《鹤林玉露》卷十"西山生祠"条。祝辞极尽夸张之能事，陋矣！

183. 吕正献公既荐常秩，后差改节，尝对伯淳有悔荐之意。伯淳曰："愿侍郎宁可受人欺，不可使好贤之心少替。"公敬纳焉。

今按：宋吕本中《童蒙训》卷上、宋朱子编《二程外书》卷十二、宋赵善璙《自警编》卷七、宋吴曾《能改斋漫录》卷十二、宋祝穆《古今事文类聚》前集卷三十、宋阳枋《字溪集》卷九、清潘永因《宋稗类抄》卷九皆载此事。

184. 明道先生摄邑，盛夏塘堤大决，法当言之府，府禀于漕，然后计工调役，非月余不能兴作。先生曰："如是苗稿矣，民将何食？救民获罪，所不辞也。"遂发民塞之，岁则大熟。

今按：《二程文集》卷十二、宋朱子《伊洛渊源录》卷二、宋李幼武《宋名臣言行录》外集卷二、宋周应合《景定建康志》卷四十七、宋祝穆《古今事文类聚》前集卷十八、宋赵善璙《自警编》卷七、元张铉《至大金陵新志》卷十三皆载此事。

185. 胡公安国……由道据义，行心之所安也。其欲出也，非由劝勉；其欲去也，不可挽留。朱震被召，问出处之宜。公曰："子发学《易》二十年，至有成说，则此事当素定矣。"某谓世间惟讲学论政，则当切切询究。若夫去就，语默之几，如人饮食，其饥饱寒温，必自斟酌，不可决诸人，亦非人所能决也。

今按：原始出处为宋胡寅《斐然集》卷二十五《先公行状》。宋李心传《建炎以来系年要录》卷一百十八、《宋史全文》卷二十中、《伊洛渊源录》卷十三、宋李幼武《宋名臣言行录》外集卷十、宋真德秀《西山读书记》卷三十一、宋赵善璙《自警编》卷五皆载此事。

186. 张绎曰："邹浩以极谏得罪，世疑其卖直也。"伊川先生曰："君子之于人也，当于有过中求无过。"

今按：《二程遗书》卷二十一上、宋赵善璙《自警编》卷六皆载此事。

187. 元城先生与马永卿论《礼记·内则》"鸡鸣而起，适父母之所"，仆曰："不亦太早乎！"先生正色曰："不然。礼事父与君一等一体，父召无诺，君命召无诺，父前子名，君前臣名。今朝谒者必以鸡鸣而起，适君之所，而人不以为劳，盖以刑驱其后也。世俗薄恶，故事父母之礼得已而已尔。若士人畏义如刑，则今人可为古人矣。"

今按：见宋马永卿《懒真子》卷四。

188. 记礼者云："猩猩能言，不离禽兽。"《淮南子》云："猩猩知往而不知来。"西国胡人取其血染毳罽色鲜不黯。或曰："若刺其血问之，尔与我几许?"猩猩曰："二升。"果足其数。若加之鞭捶而问之，则随所加而得焉。阮汧云："曾使封溪见邑人，说猩猩在山谷，数百为群，里人设酒路侧，又织草为屦，更相连结，人伏伺其旁，猩猩见酒及屦，则知为饵已，又知设者祖先姓字，遂斥骂其人，且相戒曰，毋堕奴辈计中。舍尔而去，复相谓曰：'试共尝之。'既而染指，知味则冥然忘夙戒，相与沾濡，不觉逮醉，因取屦着之，颠连顿仆，乃为人所擒。予谓猩猩兽也，曾何足道。人为万物之灵，乃有黩货好色，贪爵恋禄，迷而不知止者，不亦猩猩之类也乎?"

今按：《唐文粹》卷七十八裴炎《猩猩铭并序》："《淮南子》曰：'猩猩知往而不知来。'谓知人家往事及祖父名位。阮汧云：'曾使封溪见邑人，云猩猩在山谷，行常有数百为群，里人以酒并糟设于路侧。又爱着屐，里人织草为屐，更相连结。猩猩见酒及屐，知里人设张，则知张者祖先姓字，及呼名骂云：奴欲张我，舍尔而去，复自再三，相谓曰试共尝酒。及饮其味，逮乎醉，因取屐而着之，乃为人之所擒，皆获，辄无遗者，遂置槛中，随其所欲而饮之，将烹，里人索其肥者，乃自推托，泣而遣之。左太冲《吴都赋》曰：猩猩啼而就烹，里人以饷封溪令，曰何物，曰猩猩惟与酒，兼之以屐，可以就擒尔。西国胡人取其血染毳罽，色鲜不黯，或曰若刺其血，问之尔与我几许？猩猩曰：二升。果足其数，若加之鞭捶，而问之，则随所加而得至于一斗，弗如此，未肯顿输。'"

189. 士岂能长守山林，长亲蓑笠，但居市朝轩冕时，要使山林蓑笠之念不忘，乃为胜耳。陶渊明赴镇军参军诗曰："望云惭高鸟，临水愧游鱼，真想初在襟，谁谓形迹拘。”似此胸襟，岂为外荣所点染哉！荆公拜相之日，题诗壁间曰：“霜松雪竹钟山寺，投老归欤寄此生。”只为他见趣高，故合则留，不合则拂袖便去，更无拘绊。山谷云：“佩玉而心若槁木，立朝而意在东山。”亦此意也。

今按：见宋罗大经《鹤林玉露》卷五“不忘山林”条。

190. 鹖峰子曰：昔者白龟能见梦于宋元君，而不能避余且之网，知能七十二钻，而不能避刳肠之患。乌贼每遇渔舟，即吐墨，染水令黑，以混其身，渔人见黑，即知网之大获。余于是知夫小智不足以保身，而深谋适足以召祸。有为白龟、乌贼之所为，而卒不蹈白龟、乌贼之所蹈者几希。

今按：《史记·龟策传》：“宋元君夜半而梦，人被发窥阿门，曰：‘予自宰路之渊，予为清江使河伯之所，渔者余且得予。’元君觉，使人占之，曰：‘此神龟也。’君曰：‘渔者有余且乎？’左右曰：‘有。’君曰：‘令余且会朝。’明日，余且朝。君曰：‘渔何得？’对曰：‘且之网得白龟焉，其圆五尺。’君曰：‘献若之龟。’龟至，君再欲杀之，再欲活之，心疑，卜之，曰：‘杀龟以卜吉。’乃刳龟，七十二钻而无遗策。仲尼曰：‘神龟能见梦于宋元君，而不能避余且之网，知能七十二钻而无遗策，不能避刳肠之患。如是则知有所困，神有所不入也。’”

191. 王公旦与杨文公亿为空门友。杨公调汝州，公适当轴，每音问，不及他事，唯谈论真谛而已。余尝见杨公亲笔与公云：“山栗一秤，聊表村信。”盖汝唯产栗，而亿与王公忘形，以一秤栗遗之，斯亦昔人鸡黍缟纻之意也。

今按：出自宋吴处厚《青箱杂记》卷一，宋江少虞《事实类苑》卷四十四、元陶宗仪《说郛》卷二十一皆引之。

192. 冯瀛王道诗虽浅近而多谙理，若“但知行好事，莫要问前程”，“须知海岳归明主，未省乾坤陷吉人”之类，世虽盛传，而罕见其全篇，今并录之。诗曰：“穷达皆由命，何劳发叹声？但知行好事，莫要问前程。冬去冰须泮，春来草自生。请君观此理，天道甚分明。”又偶作云：“莫为危时便怆神，前程往往有期因。须知海岳归明主，未省乾坤陷吉人。道德几时曾去世，舟车何处不通津？但教方寸无诸恶，狼虎丛中也立身。”

今按：见宋吴处厚《青箱杂记》卷二。宋曾慥《类说》卷四、宋江少虞《事实类苑》卷三十六、清郑方坤《五代诗话》卷二皆引之。宋释普济《五灯会元》卷十九亦云：“圆通今日路见不平，为古人出气，以手拍禅床云：‘须知海岳归明主，未信乾坤陷吉人。’”

193. 东阳陈同父资高学奇，跌宕不羁。常与客言，昔有一士，邻于富家，贫而屡空，每羡其邻之乐。旦日，衣冠谒而请焉。富翁告之曰：“致富不易也。子归斋三日，而后予告子以其故。”如言复谒，乃命待于屏间，设高几，纳师资之贽，揖而进之，曰：“大凡致富之道，当先去其五贼。五贼不除，富不可致。”请问其目，曰：“即世之所谓仁、义、礼、智、信是也。”士卢胡而退。同父每言及此，辄掀髯曰：“吾儒不为五贼所制，当成何等人耶！”

今按：见宋岳珂《桯史》卷二“富翁五贼”条。

194. 张贤良君悦咸，家蜀绵竹，世以积德闻。绍圣初，再试制科，宰相章惇览其策，以所对不以元祐为非，大怒。虽得签书剑西判官以去，而科目自是废矣。仕既不甚达，益笃意植美贻庆，以遗后人。尝一日昼寝，梦神人自天降，告之曰：“天命尔子名德作宰相。”惊而寤，未几而魏公生。时魏公之兄已名滉，君悦不欲更所从，乃字魏公曰德远。出入将相，垂四十年，忠义勋名，为中兴第一，天固有以启之者欤！

今按：见宋岳珂《桯史》卷十二“张贤良梦”条。张咸字君悦，为张浚之父、张栻之祖。

195. 支公好鹤，住剡东印山。有人遗其双鹤，少时翅长欲飞，支意惜之，乃铩其翮，鹤轩翥不复能飞，乃反顾翅，垂头视之，如有懊丧意。支曰：“既有凌霄之姿，何肯为人作耳目之玩。”养令翮成，置使飞去。

今按：出自宋刘义庆《世说新语·德行》，唐欧阳询《艺文类聚》卷九十引之。

196. 开元中，颁赐边军纩衣，制于宫中。有兵士于短袍中得诗曰：“沙场征戍客，寒苦若为眠。战袍经手作，知落阿谁边？蓄意多添线，含情更著绵。今生已过也，重结后身缘。”兵士以诗白于帅，帅进之。玄宗命以诗遍示六宫曰：“有作者勿隐，吾不罪汝。”有一宫人自言万死。玄宗深悯之，遂以嫁得诗人，仍谓之曰：“我与汝结今身缘。”边人皆感泣。

今按：见宋计敏夫《唐诗纪事》卷七十八引《本事诗·情感》。

197. 光禄卿王守和未尝与人有争，尝于案几间大书忍字，至于帏幌之属，以绣画为之。明皇知其姓字，非时引对，问曰：“卿名守和，已知不争，好书忍字，尤见用心。”奏曰：“臣闻坚而必断，刚则必折。万事之中，忍字为上。”帝曰：“善。”赐帛以旌之。

今按：见蜀王仁裕《开元天宝遗事》卷四“忍字”条。四库本《说郛》卷五十二上引之。

198. 子孟阳初为户部侍郎，夫人忧惕，谓曰：“以尔人材，而在丞郎之位，吾惧祸之必至也。”户部解喻再三，乃曰：“不然。试会尔同列，吾观之。”因遍招深熟者，客至，夫人垂帘视之，既罢会，喜曰：“皆尔之俦也，不足忧矣。末座黪绿少年何人也？”答曰：“补阙杜黄裳。”夫人曰：“此人全别，必是有名卿相。”

今按：见唐张固《幽闲鼓吹》。四库本《说郛》卷五十二下引之。

199. 钱穆内相本以文翰风流著称，而尹京为近时第一。余尝见其剖决甚闲暇，杂以谈笑诨语，而胥吏每一顾问，皆股栗不能对。一日因决一大滞狱，内外称之。会朝处苏长公誉之曰：“所谓霹雳手也。”钱曰：“安能霹雳手，仅免葫芦蹄也。”

今按：见宋张耒《明道杂志》。四库本《说郛》卷四十三下引之。

200. 狄仁杰之为相也，有卢氏堂姨居于午桥南别墅。姨止有一子，而未尝来都城亲戚家。梁公每遇伏腊晦朔，修理甚谨。尝经甚雪，多休暇，因候卢姨安否，适见表弟挟弓矢，携雉兔，来归膳味进于北堂。顾揖，梁公意甚轻简，公因启姨曰：“某今为相，表弟有何乐从，愿悉力以从其旨。”姨曰：“相自贵尔。有一子，不欲令其事女主。”公大惭而退。

今按：见唐李濬《松窗杂录》。四库本《说郛》卷五十二下引之。

201. 魏知古起诸吏，为姚崇引用，及同升也，崇颇轻之。无何，请知古摄吏部尚书，知东都选士事，以吏部尚书宋璟门下过官。知古心衔之，思有以中之者。时崇二子并分曹洛邑，会知古至，恃其家君，或招顾请托。知古归，悉以上闻。他日，主召崇，从容谓曰：“卿子才乎？皆何官也？又安在？”崇揣知上意，因奏云：“臣有三子，两人皆分司东都矣。其为人欲而寡慎，是必以事干知古。然臣未及问之耳。”上始以丞相子重言之，欲微动崇，而意崇私其子，或为之隐。及闻崇所奏，大喜，且曰：“卿安从知之？”崇曰：“知古微时，是臣之所慰荐，以至荣达。臣之子愚，谓知古见德，必容其非，故必干之。”上于是明崇不私其子之过，而薄知古之负崇也。上欲斥之，崇为之请曰：“臣有子无状，挠陛下法，陛下特原之，臣为幸大矣。而犹为臣逐知古，海内臣庶必以陛下为私臣矣，非所以俾元化也。”上久乃许之。翌日，以知古为工部尚书，罢知政事。

今按：见唐李德裕《次柳氏旧闻》。四库本《说郛》卷五十二上引之。

202. 太宗谓尉迟公曰：“朕将嫁女与卿，称意否？”敬德谢曰：“臣妇虽鄙陋，亦不失为夫妇情。臣每闻古人话：‘富不易妻，仁也。’臣窃慕之，愿停圣恩。”叩头固让，帝嘉之而止。

今按：本条原出《隋唐嘉话》卷中，又见于宋王谠《唐语林》卷五。

203. 将军王果尝经峡口，见一棺于崖侧，将坠，使人迁之平处，得铭云：“更后三百年，水漂我，临长江，欲堕不堕逢王果。”

今按：刘悚《隋唐嘉话》卷下。宋邵博《河南邵氏闻见后录》三十引作《隋唐嘉话》。事见《太平广记》卷三九一“王果”条，无出处，文字不同。李瀚《蒙求》注中、《太平御览》卷五五九引作《神鬼志》，亦异。

204.《箜篌引》，朝鲜津卒霍里子高妻丽玉所作也。子高晨起，刺舡而棹，有一白首狂夫，被发提壶，乱流而渡，其妻随呼止之不及，遂堕河水死，于是拔箜篌而鼓之，作公无渡河之歌，声甚凄怆，曲终自投河而死。霍里子高还，以其声语妻丽玉，玉伤之，乃引箜篌而写其声。闻者莫不堕泪饮泣焉。丽玉以其声传，邻女丽容名曰《箜篌引》焉。

今按：见唐苏鹗《苏氏演义》卷上。四库本《说郛》卷十二上引马缟《中华古今注》卷上。

205.《陌上桑》出秦氏女子。秦氏邯郸人，有女名罗敷，为邑人千乘王仁妻。王仁后为越王。家令罗敷出采桑于陌上。赵王登台，见而悦之，因饮酒，欲夺焉。罗敷乃弹筝，作陌上歌以自明焉。

今按：见《古今注》卷中。

206. 梅屋许先生曰：“耕尧田者有水虑，耕汤田者有旱忧，耕心田者无虑无忧，日日丰年。”

今按：明叶子奇《草木子》卷四：吾栝林君度家藏《樵堂集》，不知何许人也。其语有曰：“耕尧田者有九年之水，耕汤田者有七年之旱，耕心田者日日丰登。”又曰：“东家富财，车马接踵。西家富德，风雪满门。”又曰：“画工数笔，术者片言，僧家一经一咒，动博千金。文士刳精呕血，不博人一笑。吁，士贱何独在秦哉！”

207. 楚师伐宋师，人多寒，楚子拊而勉之，三军之士皆如挟纩，楚子不能使人皆挟纩，而三军为之暖，暖其言也。楚人有馈箪醪者，楚庄王投之于河，令将士近流而饮之，三军皆醉，楚庄王不能使河为醪，而三军为之醉，醉其赐也。然则虚言诡赐，亦足以感士也。士非虚诡所能感也。楚子兴心于此，盖有不费而惠者矣。宋谢悔为荆州都督，甚以年少自矜，或问其年，答曰三十五。或笑曰：“昔荀中郎年二十七为北府，都督相比之，已为老矣。”晦有惭色。晦之惭生于自矜，年少何足矜，正如人言亦何足惭。士夫得位，顾功德何如，少老非所计，必以年少官尊为胜，只生其躁进之心，有所谓“为尔寂寂邓禹笑人”者，将无所不至矣。始晦为宋台右卫，还都迎家，宾客辐辏。兄瞻惊骇，谓晦曰：“吾家素以静退为业，汝势倾朝野，岂门户福邪？”乃离隔户庭曰：“吾不忍见此。”又言于高祖曰：“臣本素士，祖父位不过二千石，弟年三十，志用凡近，荣冠台府，位任显密，福过灾生，其应艇远，特乞降黜，以保衰门。”高祖不听，晦遂建佐命功，寄任益重，瞻忧惧成疾，不治而卒。晦不警于其兄之言，而惭于他人之问，持此心志，驯至诛灭，不亦宜乎！

今按：明叶山《叶八白易传》卷十一：“唐虞之法可效也，其谕人心不可及也，其是之谓乎？虽然，楚师伐宋师，人多寒，王循三军，抚而勉之，三军之士皆如挟纩。楚人有馈箪醪者，庄王投之于河，令将士迎流而饮之，三军皆醉。夫楚子不能使皆挟纩，而三军为之暖，暖其言也。庄王不能使河为醪，而三军为之醉，醉其赐也。不劳之以虚辞诡说，而与之以心，则有不贵而惠者矣。嗟乎！后世如此，而况唐虞三代者乎？不然，停税之诏，是谓惠民，以耳也，民将塞其耳。罢役之议，是谓惠民，以目也，民将闭其目。夫何相惠之有？《易》曰：‘有孚，惠心，勿问，元吉。有孚，惠我德。’”《南史》卷十九《谢晦传》：“晦时为宋台右卫，权遇已重，于彭城还都迎家，宾客辐凑。时瞻在家，惊骇谓晦曰：‘吾家以素退为业，汝遂势倾朝野，此岂门户福邪？’乃篱隔门庭曰：‘吾不忍见此。’……瞻敛容曰：‘若处贵而能遗权，斯则是非不得而生，倾危无因而至。君子以明哲保身，其在此乎！’常以裁止晦如此。及还彭城，言于武帝曰：‘臣本素士，父祖位不过二千石。弟年始三十，志用凡近，位任显密，福过灾生，特乞降黜，以保衰门。’前后屡陈。帝欲以瞻为吴兴郡。又自陈请，乃为豫章太守。晦或以朝廷密事语瞻，瞻辄向亲旧说以为戏笑，以绝其言。晦遂建佐命功，瞻愈忧惧。”

208.《诗》曰：“他山之石，可以攻玉。”孔子曰：“三人同行，必有我师。”又曰：“明镜所以见形，往古所以知今。”贾谊曰：“不习为吏，视已成事，今已事可知也。前车覆，后车诫。今辙迹可见而不避，是后车又将覆也。”京房曰：“后世之视今，犹今之视古也。”杜牧之曰：“人不暇自哀，而后人哀之。后人哀之而不鉴之，是使后人而复哀后人也。”呜呼，戒之哉！

今按：明刘基《诚意伯文集》卷八《尚友斋记》：“《诗》曰：‘他山之石，可以攻玉。’孔子曰：‘三人行，必有我师焉。’勖哉以时，无徒嘐嘐然。曰：‘古之人，古之人也。’”《孔子家语》曰：“明镜所以察形，往古所以知今。”唐欧阳询《艺文类聚》卷二十三：“夫明镜所以照形也，往古所以知今也。鄙语曰：‘不知为吏，视已成事。前车覆，后车诫。’”

209. 鲁男子不纳邻妇，谓柳下惠妪不逮门之女则可，在吾则不可。吾将以吾之不可学惠之可。而孔子称其为善学惠者，善其能自审也。朱晦庵尝诲门人言：“今学者之病，如学孔子，便学微服过宋，君命召，不俟驾，见南子；与佛肸召欲往之类，有多少处不学，若只学此，此是其不知鲁男子之不可矣。”

今按：宋周必大《文忠集》卷五十二：“昔鲁男子夜闭户，拒邻妇，妇曰：‘子何不若柳下惠？’男子曰：‘子与吾皆幼，柳下惠固可，吾固不可。吾将以吾不可学柳下惠之可。’孔子称其善。”后段见《朱子语类》卷一百二十一，原文为：“大抵今之学者多此病，如学夫子，便学他微服过宋，君命召，不俟驾，见南子；与佛肸召之类，有多少处不学，只学他这个。”

210. 胡宿少与一僧善。僧有秘术，能化瓦石为黄金，且死，将以授宿，使葬之。宿曰：“后事当尽力，他非所冀。”僧叹曰：“子之志未可量也。”杨楷为汉州军事判官，道遇术士，曰：“君知有化瓦石为黄金者乎?”就楷试之。既验，欲授以方。楷曰：“吾从吏禄，安事化金哉?”术士曰：“子志若此，非吾所及也。”窦舜卿监平乡县酒税，有僧欲授以化汞为白金术，谢曰：“吾禄足养亲，不愿学也。”是三人者，皆能不为此也。

今按：见明张萱《西园闻见录》卷一〇六。

211. 李西涯、程篁墩少小时俱以神童获荐，英庙亲试之，对句曰：“螃蟹一身鳞甲。”程即应声曰：“凤凰遍体文章。”上加称赏。时李尚伏地，徐对曰：“蜘蛛满腹经纶。”上遂大异之，曰：“是儿他日作宰相耶?”俱赐宝镪而出。后李出入馆阁四十年，卒如圣语。

今按：清姚之骃《元明事类抄》卷三十九：“靳史李西涯、程篁墩同以神童朝见，适直隶贡蟹，至英庙即试以对句曰：‘螃蟹浑身甲胄。’程应声曰：‘凤凰遍体文章。’李伏地，徐对曰：‘蜘蛛满腹丝纶。’俱赐宝镪而出。后李出入馆阁四十年，而程终于学士，竟如其对云。”

212. 钱与谦修撰初会试京师，谒西涯学士。时有以司马温公像求涯翁赞者，翁遂命与谦代作。其中有“拔茅连茹，公之在朝。青苗变法，公之在野。公之再起，是为元祐。公之云亡，是为靖康”等语，翁大加称赏，以为数语该括宋家治乱殆尽，为之延誉于谢方石诸公，谓有伦魁之才，已而礼闱迎对，果占首选。太祖初有天下，一夕微行，至神乐观，见一道士于灯下结网巾，问曰：“此何物耶?”对曰：“此网巾也。用以里之头上，万发皆齐矣。”明日召为道官，且命取为定制。

今按：前半句见明焦竑辑《国朝献征录》卷二十一翰林院二《钱鹤滩先生遗事》，录自明许浩《两湖麈谈录》。后半句见明吕毖《明朝小史》卷二“网巾”条。考《明史》卷六十六：“皇帝常服。洪武三年定，乌纱折角向上巾，盘领窄袖袍，束带间用金、琥珀、透犀。永乐三年更定，冠以乌纱冒之，折角向上，其后名翼善冠。袍黄，盘领，窄袖，前后及两肩各织金盘龙一。带用玉，靴以皮为之。先是，洪武二十四年，帝微行至神乐观，见有结网巾者。翼日，命取网巾，颁示十三布政使司，人无贵贱，皆裹网巾，于是天子亦常服网巾。又会典载皇太孙冠礼有云，‘掌冠跪加网巾’，而皇帝、皇太子冠服，俱阙而不载。”

213. 明天渊髯长数尺，仕元为学士，元亡削发为僧，改名来复见心，而其髯如故。太祖既有天下，召至，怪而问之曰：“汝不欲仕我，而出家为僧，吾亦任汝，然留髯亦有说乎?”对曰:“削发除烦恼,留须表丈夫。”上笑而遣之。

今按:此条见明蒋一葵《尧山堂外纪》卷七七、明李默《孤树裒谈》卷二。《渊鉴类函》卷三一七引《明泳化类编》曰:“来复,字见心,豫章人,以人才仕元,至学士,因乱削发为僧。初髯甚长,后为僧而髯如故,所与游皆名士,胸次清洒,溢为诗章。时僧宗泐著称,复与之齐名。太祖尝诵其所为诗文,嗟赏久之。因蜀王与复善讲论著作,以故得达。太祖一日召问,曰:‘汝不欲仕我,而出家为僧,吾亦听汝。然留须亦有说乎?’对曰:‘削发除烦恼,留须表丈夫。’太祖笑而遣之。”清姚之骃《元明事类抄》卷二八亦引《泳化编》,然语焉不详。

214. 南京历代帝皇庙每年一祀,帝皇之前皆一爵,惟献汉高祖以三爵,盖因庙初成时,太祖临祭,礼毕,复至高祖神位前,笑谓曰:“刘君,今日庙中诸君当时皆有所凭藉,以得天下,惟朕与汝不阶尺土,手提三尺,致位天子,比诸君尤为难事,可共多饮二爵。”至今遂为定制。太祖有天下,建庙以祀历代之帝王,自伏羲以下像皆易成,至元世祖,其面乃屡为泪痕所污,塑工频加修饰,然越宿如故,太祖闻之,幸庙,谓曰:“痴达子,汝以胡人入主中国,传祚几至百年,可谓幸矣,今我以天命人归,奄有天下,然于汝之子孙亦不加戮,但驱还漠北而已,则我之待胜国亦可谓恩有礼矣,汝复何恨耶?宜自宽释,毋再啼哭为也。”于是塑工明日遂奏世祖面上无泪矣。

今按:此条见明李默《孤树裒谈》卷二。

215. 国初时,京都中有沈万三甚富,今会同馆是其故宅,后湖中地是其花园,京城自洪武门至水西门是其所筑也。

今按:此条见明李默《孤树裒谈》卷二。清吴景旭《历代诗话》卷七五引《传信录》亦云:“万三甚富,今会同馆是其故宅,后湖中地是其花园,京城自洪武门至水西门是其所筑也。”

216. 南京国学之址,旧为积尸之所,谓之万人坑。每天阴雨湿,行人多为鬼眩,有至死者,因建鸡鸣寺,设醮以度,而鬼又夜飞砖击瓦,僧人怖恐。

今按:此条见明李默《孤树裒谈》卷二。

217. 洪武初制①,天下官员三年一朝觐,而凡州县之老人亦与焉。某年朝觐,太祖问一老人曰:“朕将命工部筑室于后湖之中,以为藏天下黄册之所,然当作何向宜乎?”一老人对曰:“此堂当东西相向,庶朝夕皆为日色所晒,而黄册无浥烂之虞

① 《孤树裒谈》无“制”字。

也。”太祖既喜此老人之对，又见其貌颇类猫。既明日，遂召至，谓之曰：“汝为朕定册室之向，甚喜，朕今复将托汝为守此册，无俾为鼠耗。”遂命一内侍引至后湖埋之。自是后湖虽有鼠，而黄册无恙。弘治某年，户部郎中东莞邓深尝管册后湖，一日独坐于厅事中，见一老人入揖而言曰：“吾为朝廷守此黄册，今将百四十年，一册不为群鼠所啮，然未尝或蒙管册诸公支鸡斗酒之赐，恐此非所以待有功者。”言讫，忽不见。邓明日即具牲醪祀之。至嗣管册者岁必祀之以为常。或曰：“老人，广之新会人也。”

今按：此条见明李默《孤树裒谈》卷二。此五条顺序与《孤树裒谈》同，均引自《传信录》。《明史》卷三百四宦官传亦云：“后湖者，洪武时置黄册库其中，令主事、给事中各一人守之，百司不得至。岁久湖塞，锦、向于湖滩稍种蔬伐苇，给公用，故为祖生所奏。事下南京法司。适郭镛奉使两广，道南京，往观焉。御史纮等因劾镛擅游禁地。镛怒，归醞于帝，言府尹杨守随勘锦、向失出，御史不劾奏，独绳内臣。帝乃遣太监何穆、大理寺少卿杨谧再勘后湖田，并覆绾、琮讦奏事。”

218. 方孝孺先生未生时，其父将葬其祖，已预择某日矣，忽夜梦一朱衣人前跪曰：“闻执事明日要作尊翁先生大人之藏于某山之原，然吾九族居此已数百年，子孙繁衍，不知其数，望执事再缓三日，吾当徙而避之，愿以仁恕为心，俯从所请。”言讫辞去。明日起土，即得一穴，阔六丈许，中有赤蛇千余尾，共一穴，其一长数丈，盖所梦之赤衣也。先生之父素不信鬼神事，见蛇不顾，亦不忆梦中之言，积薪纵火焚之。有烟一道直指先生之家，是时母方妊，后数日，先生生焉，厥状甚异，舌能舔入鼻中，幼颖悟甚。长师宋景濂，为文议论滂沛，类苏东坡。官至学士，尽忠于建文君，遭赤九族，盖蛇之报云。

今按：此条见明李默《孤树裒谈》卷三，引自《传信录》。四库本《浙江通志》卷二八〇亦引《传信录》。

219. 太祖开宴赏月，而月为浓云所掩，因命解学士缙赋诗，解作《风落梅》一阕，其辞曰：“嫦娥面，今夜圆。下云帘，不着臣见。拚今霄倚阑不去眠，看谁过广寒殿。”上览之，欢甚，留缙饮至东方白。

今按：明郎瑛《七修类稿》载：“永乐中中秋，开宴不见月，上心不怿。公口占《风落梅》一阕云：‘姮娥面，今夜圆。下云帘，不着群臣见。拚今宵倚阑不去眠，看谁过广寒宫殿。’上览之，欢甚，为停杯以待。夜午，月复明，上笑曰：‘解学士真才子夺天手也。’命宫人满酌宣劝，尽欢而罢。”此事家乘向未及载，后附录于明解缙《文毅集》卷四。《御选历代诗余》卷一百二十“解缙落梅风”条引《解缙集》云：“成祖于中秋夜，开宴赏月，月为云掩，命解缙赋诗。缙遂口占《落梅风》一词云：‘嫦娥面，今夜圆。下云帘，不着群仙见。拚今宵倚阑不去眠，看谁过广寒宫殿。’成祖览之，欢甚。又赋长歌，成祖益喜，同缙饮至夜半，月复明，浮云尽散。成祖笑曰：‘卿真夺天手段也。’”所赋长歌即《中秋不见月》：“吾闻广寒八万三千修月斧，暗处生明缺处补……”全诗亦载《文毅集》卷四。

220. 张士诚据吴中，东南名士多往依之，不可致者惟杨廉夫一人。士诚无以为计。一日闻其来吴，使人要于路，廉夫不得已，乃一至宾贤馆中。时元主方以龙衣御酒赐士诚，士诚闻廉夫至，甚喜，即命饮以御酒，酒未半，廉夫作诗云："江南岁岁烽烟起，海上年年御酒来。如此烽烟如此酒，老夫怀抱几时开。"士诚得诗，知廉夫不可屈，不强留也。

今按：见明何良俊《语林》卷十三。明都穆《南濠诗话》亦载此事，清吴景旭《历代诗话》卷七〇引之。

221. 朱陈村在徐州丰县东南一百里深山中，民俗淳质，一村惟朱、陈二姓，世为婚姻。白乐天有《朱陈村》诗三十四韵，其略云："县远官事少，土深民俗淳。有财不行商，有丁不入军。家家守村业，头白不出门。生为陈村人，死为陈村尘。田中老与幼，相见何欣欣。一村惟两姓，世世为婚姻。亲属居有族，少长游有群。黄鸡与白酒，欢会不隔旬。生者不远别，嫁娶先近邻。死者不远葬，坟墓多绕村。既安生与死，不苦形与神。所以多寿考，往往见玄孙。"予每诵之，则尘襟为之一洒，恨不生长其地。后读坡翁《朱陈村嫁娶图诗》云："我是朱家旧使君，劝农曾入杏花村。而今风雨那堪画，县吏催钱夜打门。"则宋之朱陈已非唐时之旧，若以今视之，又不知其何如也。

今按：唐白居易《白氏长庆集》卷十《朱陈村》："徐州古丰县，有村曰朱陈。去县百余里，桑麻青氛氲。机梭声札札，牛驴走纭纭。女汲涧中水，男采山上薪。县远官事少，山深人俗淳。有财不行商，有丁不入军。家家守村业，头白不出门。生为陈村民，死为陈村尘。田中老与幼，相见何欣欣。一村唯两姓，世世为婚姻。亲疏居有族，少长游有群。黄鸡与白酒，欢会不隔旬。生者不远别，嫁娶先近邻。死者不远葬，坟墓多绕村。既安生与死，不苦形与神。所以多寿考，往往见玄孙。我生礼义乡，少小孤且贫。徒学辨是非，只自取辛勤。世法贵名教，士人重冠婚。以此自桎梏，信为大谬人。十岁解读书，十五能属文。二十举秀才，三十为谏臣。下有妻子累，上有君亲恩。承家与事国，望此不肖身。忆昨旅游初，迨今十五春。孤舟三适楚，羸马四经秦。昼行有饥色，夜寝无安魂。东西不暂住，来往若浮云。离乱失故乡，骨肉多散分。江南与江北，各有平生亲。平生终日别，近者来年闻。朝忧卧至暮，夕哭坐达晨。悲苦烧心曲，愁霜侵鬓根。一生苦如此，长羡陈村民。"苏轼《陈季常所畜朱陈村嫁娶图》："何年顾陆丹青手，画作朱陈嫁娶图。闻道一村惟两姓，不将门户买崔卢。我是朱陈旧使君，劝耕曾入杏花村。而今风物那堪画，县吏催钱夜打门。"

222. 正统间，宫殿当彩绘，计用牛胶万余觔，遣官赍敕属巡抚南直隶尚书周公恂如数办供。时公以议事赴京，遇诸途，敕使请公还治。公曰："第行，自有处置。"至京，言京库所贮皮张岁久朽腐，请出煎胶应用，回治即拨余米，买皮照数输纳，以新易旧，两得便利。太监王振欣然从之，益加敬重。

今按：明项笃寿《今献备遗》卷十七周忱传："正统初，有诏彩绘宫殿，计用牛胶万余斤，遣官赍敕督办。时忱方赴京，遇诸途，敕使请还治。忱言第行，自有处。至京，言京库所贮皮张岁久朽腐，请出煎胶应用。归即拨余米，买皮上供，以新易旧，诚两便从之。"周忱，字恂如，吉水人，永乐二年进士。事迹具《明史》本传。

223. 正统中，都御史陈智性刚而躁，尝坐堂，偶有蝇拂其面，即怒叱从者拿，从者纷然东奔西突，为逐捕之状。少顷，俟其怒解，禀问拿何人，乃叱之曰是蝇。有相知者以宽缓为劝，即置一水简，书"戒暴怒"三字于上，置诸左右以自警。及至有触忤者，辄举水简挞之。一日，与掌顺天府事工部侍郎李庸在朝议事不合，相忿诟，朝廷遂两罢之。

今按：明李贤《古穰集》卷二十八："都御史陈智性褊急躁暴，挞左右之人无虚日，洗面时用七人，二人揽衣，二人揭衣领，一人捧盘，一人捧漱水碗，一人执牙梳，稍不如意，便打一掌，至洗毕，必有三四人被其掌者。一日堂上静坐，因岸帽取钻剔指甲，失坠于地，怒其钻不得已，而启座自拾钻，触地砖数次，若惩其钻者。方静坐，若左右行过履有声者，即挞之。或谏以暴怒为戒，曰诺，乃作木方，刻'戒暴怒'三字，挂之目前以示警。已而怒其人，欲挞之，辄忘其戒，取木方以击之，怒性既消，观其所戒，悔之弗及也。"

224. 解学士缙《应制题虎顾众彪图》曰："虎为百兽尊，谁敢触其怒。惟有父子情，一步一回顾。"文皇素不喜仁宗，感此诗甚思。时仁宗留守南京，颇怀忧虞，因命所亲信者莫如夏原吉，即日往迎之，可谓得讽体矣。

今按：《元明事类抄》卷三十八引《玉堂丛话》："解缙《应制题虎顾众彪图》曰：'虎为百兽尊，谁敢撄其怒。惟有父子情，一步一回顾。'文皇素不喜仁宗，感此诗，甚思之。时方留守南京，即日往迎焉。"《凤池吟稿》附录《辨疑》云："《吟稿》中有《题虎绝句》曰：'虎为百兽尊，罔敢触其怒。惟有父子情，一步一回顾。'尝阅《殿阁名臣记》及《灼艾集》，皆以为解大绅学士之作，且云成祖素不喜仁宗，学士盖借虎为喻，卒之前，星克耀，此诗之力也。其言似若有据。然余考之学士集中，绝无此作，别有《题虎》七言一首曰：'老大玄文压旧斑，萧萧藜藿满空山。明朝再入麒麟队，坐与君王镇九关。'使前诗亦出解手，刻中当并载之，何独遗也。今按学士之诗亦自有讽意，岂当时所指者即此作，而误书汪诗耶？抑学士当时曾并举汪诗以为讽，而后人遂误传为学士诗耶？不然，则洪武三年汪公已进封忠勤伯，而集亦刻于是年，至二十一年，学士始成进士，相去不啻数十年矣，安得预有此诗，而汪公掠其美耶？观《吟稿》序文出自濂溪宋公之手，彼时同居馆阁，闻见必真，岂亦未之察耶？即如国朝馆课刻有汪公白雁诗一首，而集中实无此作，先君子尝手自校订，而白雁诗不收入，咏虎诗不删去，故集中无见，独恨趋庭时未及面证耳。《吟稿》久无善本，更欲付之梨枣，恐耳食者不察，将令汪公之疑不白于天下后世矣，因辨之如此。后学王百顺谨识。"

225. 杨文定公溥执政时，其子自乡来，云道出江陵，独不为县令所礼，乃天台范公理也。文定深重之，即擢为德安知府，再擢贵州左布政使。或劝当致书。范公曰："宰相为朝廷用人，非私于理也。"闻文定卒，乃祭而哭之，以谢知己。

今按：见明耿定向《先进遗风》卷上。

226. 于肃愍公谦为兵部尚书，当己巳之变，议者请烧通州仓以绝虏望。公曰："国之命脉，民之膏脂，顾不惜邪？"传示城中有力者恣取之，数日粟尽入城矣。

今按：见明陈沂《畜德录》。《四库全书总目》卷六十一《畜德录》提要："此书皆纪宣德、正统间名臣言行，人各一二条。末有嘉靖壬辰自跋，称以所闻于外祖金静虚、太常夏崇文及吴文定、李文正者著之于篇，虽有不伦，而取善之意，不以人废云云。考所载如于谦、魏骥、徐晞、王翱、姚夔、岳正、韩雍、周忱、刘大夏、屠墉、章懋、储巏、何瑭、朱希周等，皆一时名人，他如蹇义、解缙、夏元吉、杨荣、金幼孜，身事两朝，已为其次。至王越以权术用事，益为物论所不满。"陈沂（1469—1538），字宗鲁，后改字鲁南，号石亭，金陵人。正德十二年进士。由庶吉士历编修、侍讲，忤张孚敬，出为江西参议、山东参政，改山西行太仆寺卿致仕。传见《明史·文苑传》。是录记宣德、正统间名臣言行。

227. 王文端公直在吏部时，其子为南京国学博士，考绩在部文选郎中，欲留侍公，改北学，公不可，曰："是乱法自我始矣。"

今按：见明陈沂《畜德录》。《明史》卷一六九亦云："（王）直为人方面修髯，仪观甚伟。性严重，不苟言笑。及与人交，恂恂如也。在翰林二十余年，稽古代言、编纂纪注之事，多出其手。与金溪王英齐名，人称二王，以居地目直曰东王，英曰西王。直以次当入阁，杨士奇不欲也。及长吏部，益廉慎。时初罢廷臣荐举方面大吏，专属吏部。直委任曹郎，严抑奔竞。凡御史巡方归者，必令具所属贤否以备选擢，称得人。其子稹为南国子博士，考绩至部文选郎，欲留侍直，直不可，曰：'是乱法自我始也。'朝廷以直老，命何文渊为尚书佐之。文渊去，又命王翱，部遂有二尚书。直为尚书十四年，年益高，名德日益重。帝优礼之，免其常朝。"

228. 都御史韩公雍征大藤峡，出兵，令五鼓战。将领者闻贼已觉，恐迟失事，二更即发，大破之。公赏其功，而问以违令之罪。以军法当斩，乃具闻请释，曰："万一不用命而败，奈何？"人谓公得将将之体。

今按：见明陈沂《畜德录》，清汪森《粤西丛载》卷八亦引之。

229. 公与夏公埙饮，各出酒令，公欲一字内有大人小人，复以谚语二句证之曰：

“伞字有五人，下列众小人，上侍一大人，所谓‘有福之人人服事，无福之人服事人’。”夏云：“爽字有五人，旁列众小人，中藏一大人，所谓‘人前莫说人长短，始信人中更有人’。”

今按：见明陈沂《畜德录》。

230. 章公懋为南京国子祭酒，有监生请假，托说一力采薪不至，将往求之。公闻之愕然，曰：“薪水之资脱有失，奈何？忧动颜色，使亟求，且冀得之。当复我。”此生甚悔，曰：“公待我以诚，奈何绐之？”明日返命，具实谢罪。

今按：见明陈沂《畜德录》，《明儒言行录》卷五亦引之。

231. 世传吕洞宾，唐进士也。诣京师应举，遇钟离公于岳阳，授以仙诀，遂不复之京师。今岳阳飞吟亭，是其处也。近时有题绝句于亭上云：“觅官千里赴神京，钟老相传盖便倾。未必无心唐事业，金丹一粒误先生。”余酷爱其旨趣，盖夫子告沮溺之意也。

今按：见宋罗大经《鹤林玉露》卷一“飞吟亭诗”条。

232. 淳熙中，王季海为相，奏起汪玉山为大宗伯知贡举，且以书速其来。玉山将就道，有一布衣之友，平生极相得，屡黜于礼部，心甚念之。乃以书约其胥会于富阳一萧寺。与之对榻，夜分密语之曰：“某此行，或者典贡举，当特相牢笼。省试程文《易》义冒子中，可用三‘古’字，以此为验。”其人感喜。玉山既知举，搜《易》卷中，果有冒子内用三“古”字者，遂竟批上，置之前列。及拆号，乃非其友人也，私窃怪之。数日，友人来见，玉山怒责之曰：“此必足下轻名重利，售之他人，何相负乃如此！”友人指天誓日曰：“某以暴疾几死，不能就试，何敢漏泄于他人？”玉山终不释然。未几，以古字得者来谒，玉山因问之曰：“老兄头场冒子中用三古字，何也？”其人泯默久之，对曰：“兹事甚怪，先生既问，不敢不以实对。某之来就试也，假宿于富阳某寺中，与寺僧闲步庑下，见室中一棺，尘埃漫漶，僧曰：‘此一官员女也，殡于此十年矣，杳无骨肉来问，又不敢自葬之。’因相与默然。是夕，梦一女子行庑下。谓某曰：‘官人赴省试，妾有一语相告，此去头场冒子中可用三古字，必登高科，但幸勿相忘，使妾朽骨，早得入土。’既觉，甚怪之。遂用其言，果叨前列，近已往寺中葬其女矣。”玉山惊叹。此事冯此山可久为余言，虽近于语怪，然亦不可不传，足以祛人二蔽：一则功名富贵，信有定分。有则鬼神相之，无则虽典贡举者欲相牢笼，至于场屋亦不能入，此岂人之智巧所能为乎？一则人发一念，出一言，虽昏夜暗室，人所不知，而鬼神已知之矣。彼欲自欺于冥冥之中，而曰莫予云觏者，又惑之甚者也。

今按：见宋罗大经《鹤林玉露》卷二“玉山知举”条。

233. 姚镛为吉州判官，以平寇论功，不数年擢守章贡。为人豪隽，喜作诗，自号雪蓬。尝令画工肖其像——骑牛于涧谷之间。索郡人赵东野题诗，东野题云："骑牛无笠又无蓑，断陇横冈到处过。暖日暄风不常有，前村雨暗却如何?"盖规切之也。居无何，忤帅臣，以贪劾之。时端平更化之初，特重施行，贬衡阳，人皆服东野之先见。

今按：见宋罗大经《鹤林玉露》卷六"骑牛诗"条。

234. 汉翟公为廷尉，既罢，门可设雀罗。乃书门曰："一贵一贱，交情乃见。"唐李适之罢相，作诗曰："避贤初罢相，乐圣且衔杯。为问门前客，今朝几个来?"盖炎而附，寒而弃，从古然矣。灌夫不负窦婴于摈弃之时，任安不负卫青于衰落之日，徐晦越乡而别临贺，后山出境而见东坡，宜其足以响千载之齿颊也。

今按：见宋罗大经《鹤林玉露》卷六"交情世态"条。

235. 宋绍兴中，刘光世在淮西，军无纪律。张魏公为都督，奏罢之，命参谋吕祉往庐州节制光世，颇得军心。祉，儒者，不知变，绳束顿严，诸君忿怨。统制郦琼率众缚祉，渡淮归刘豫。魏公方宴僚佐，报忽至，满座失色。公色不变，徐曰："此有说，第恐虏觉耳。"因乐饮至夜分，乃为蜡书，遣死士持遗琼，言事可成，成之，不可，速全军以归。虏得书，疑琼分隶其众，困苦之边赖以安。南轩言："符离之役，诸军皆溃，唯存帐下千人。某终夕彷徨，而先公方熟寝，鼻息如雷。"

今按：见宋罗大经《鹤林玉露》卷六"庐州之变"条。

236. 张无垢在越上作幕官，不请供给钱；在馆中进书，不肯转官，人皆以为好名之过。无垢曰："既请月俸，又受供给，偶然进书，又便受赏，于我心实有不安，此亦本分事，何名之好！贪者往往不曾寻思，此心病也。心有病，人安得知？我知之，当自医。人既不自知病，反恶人医病，犹妇人妒者，非特妒其夫，又且妒人之夫，其惑甚矣。"无垢此喻甚切。世降俗薄，贪浊成风，反相与嗤笑廉者。谀佞成风，反相与嗤笑直者。软熟成风，反相与嗤笑刚者。竞进成风，反相与嗤笑恬退者。侈靡成风，反相与嗤笑俭约者。傲诞成风，反相与嗤笑谦默者。贾子云："莫邪为钝兮，铅刀为铦。"东坡云："变丹青于玉莹兮，乃反谓子为非智。"风俗至于如此，岂不可哀！

今按：见宋罗大经《鹤林玉露》卷七"妒妇喻"条。

237. 李强父为昭文相，尝出六和塔，题诗云："往来塔下几经秋，每恨无从到上头。今日登临方觉险，不如归去卧林丘。"强父为相清正，谨守规矩，自奉如寒士，书卷不释手，薨于位，谥文清。

今按：见宋罗大经《鹤林玉露》卷七“六和塔诗”条。元刘一清《钱塘遗事》卷一“六和塔诗”条引之。

238. 颍滨释《庄子》曰：“鱼不畏网罟，而畏鹈鹕，畏其天也。”物之畏其天，诚有可怪者。余里中一村童，尝见大蛙十数，聚于污池丛棘之下。欲前捕之，熟视，乃一巨蛇蟠棘下，以恣啖群蛙，群蛙凝立待啖，不敢动。又村叟见蜈蚣逐一蛇，行甚急，蜈蚣渐近，蛇不复动，张口以待，蜈蚣竟入其腹。逾时而出，蛇已毙矣。村叟弃蛇于深山中，逾旬往视之，小蜈蚣无数食其腐肉。盖蜈蚣产卵于蛇腹中也。余又尝见一蜘蛛，逐蜈蚣甚急，蜈蚣逃入篱抢竹中。蜘蛛不复入，但以足跨竹上，摇腹数四而去。伺蜈蚣久不出，剖竹视之，蜈蚣已节节烂断如醓酱矣。盖蜘蛛摇腹之时，乃洒溺以杀之也。物之畏其天有如此者。夫蛇之恣啖群蛙，自以为莫己敌矣，而不知蜈蚣之能涉其腹也。蜈蚣之毙蛇育子，自以为莫吾御矣，而不知蜘蛛之能醢其躯也。世之人昂昂然以凶毒自多者，可以观矣。且蛙之不能敌蛇，固也。蜈蚣小于蛇矣，而能制蛇。蜘蛛小于蜈蚣矣，而能制蜈蚣。物岂专以小大为强弱哉！

今按：见宋罗大经《鹤林玉露》卷八“物畏其天”条。

239. 庄子谓“至人入水不濡，入火不热”。如周公遭变，而赤舄几几；孔子厄陈，而弦歌自如；皆至人也。不濡不热，其言心耳，非言其血肉之身也。

今按：见宋罗大经《鹤林玉露》卷九“至人”条。

240. 秦襄毅公纮巡抚陕西时，秦府旗校肆横，民苦之，公悉擒治不少贷，秦王不能堪，奏公欺灭，宪皇怒，逮公下锦衣狱，命内臣尚亨籍其家，止得黄绢一匹，故衣数事，亨回奏公贫状，上亲阅其赀，嘉叹良久，诏释公系，且赐钞万贯，以旌其廉，调抚河南。既抵任，巨珰汪直亦以事至。汪时窃弄威福，声势烜赫，他巡抚官率屈礼以见，公独与抗礼，略不为屈，汪亦知重公，不为较。公乃密疏汪多带旗校，骚扰地方。汪回京，上问各省抚臣贤否，汪独称公廉能。上以公疏示汪，汪叩头伏罪，称公贤，不置，上释之。

今按：见明项笃寿《今献备遗》卷二十四。明耿定向《先进遗风》卷上亦云：“少保秦襄毅公纮初为南京御史，有风裁，以劾中官，降北黄驿丞，嗣因荐升知雄县，又以禁中官捕猎被诬构，祸几不测，民数千走击登闻鼓，讼冤得宥。成化初，为巩昌知府，清廉自守，禁官府和市，吏民畏爱。十三年升陕西参政，十八年升佥都御史巡抚宣府，破敌柴沟堡，寻巡抚陕西，时以约戢秦府旗校肆横为秦王讦奏，被逮，下诏狱，上命内臣尚亨籍其家，止得黄绢一匹，故衣数事，亨还言公贫状，上亲阅其赀，嘉叹，立释公，且赐钞万贯，旌其廉，调巡抚河南。会汪直至，他巡抚率屈礼，公独与抗，密疏直多带旗校扰地方。直还，上问各省抚臣贤否，直独称公廉能。上出公疏示直，直顿首伏罪，益称公贤。”

241. 张庄简公悦，奉职守法，以不欺为本。在刑部时，朝士有嘱其所亲者，曰：“不敢挠公法，但乞假一词，使知某尝有言耳。”讫事而闻之，曰：“其人无大罪，既据法施之，无敢伪言以市恩。”闻者叹服。在浙江，始以糊名校士，寻去之，曰：“我且自疑，人谁信我。”请托觊觎，屹不为动，而士皆帖服，无敢干以私者。公平居谨畏小心，无疾言厉色。至临事，卓有定见，未尝以恩怨利害动其心。尝谓人曰：“古之圣贤，其过人远甚，凡所猷为，皆公无私，故其事业光明俊伟。今之人去古圣贤亦远矣，每事竭其公忠尤恐不及，况复济之以私乎？”或言有善读书不善作官者，公叹曰：“此正不善读书耳。世岂有遵书本行而误者？”冢宰去位，众望咸属公，或言内未有为之地者，公直视不答，其人惧而退。公性素清约，自小官至重任，始终一节，归处杜门，在外公私事一无所预，时见风俗奢靡，日甚益崇节俭以率子孙。尝书揭屏间曰：“客至留馔，俭约适情，殽随有而设，酒随量而倾。虽新亲不抬饭，虽大宾不宰牲，匪直戒奢侈而可久，亦免烦劳以安生。”

今按：此条见明徐咸《皇明名臣言行录》后集卷五，又见明顾清《（正德）松江府志》卷二十九。《御定渊鉴类函》卷八十设官部二十兵部尚书二亦引《献征录》曰：“张悦，字定庵，改南兵部尚书，参赞机务，恩威并行，将帅悦从。尝谓人曰：‘古之圣贤，凡所欲为，至公无私，故其事业光明俊伟。今之人去古远矣。竭其公忠，犹恐不至，况复济以私乎？’或有言善读书不善作官者，公笑曰：‘此正不善读书耳。’”

242. 腊月剖修竹，相接各钉以竹丁，引泉之甘者贮之以缸。杜甫所谓“剖竹走泉源”者，此也。又须爱护用之。谚云：“近水惜水。”此实修福之事云。

今按：《说郛》卷七四上林洪《山家清事》“泉源”。

243. 谚曰：“慈不掌兵，义不主财。”君子曰：“惟慈掌兵，惟义主财。”《论语》曰：“仁者必有勇。”非慈何以掌兵？《易》曰：“理财正辞，禁民为非曰义。”非义何以主财？不慈掌兵，贼也；不义主财，盗也。

今按：见明杨慎《丹铅总录》卷九、《丹铅余录》卷五。

244. 子奇年十六，齐君使治阿，既而君悔之，遣使追，追者反国，曰：“子奇必能治阿，共载皆白首也。”子奇至阿，铸库兵以作耕器。魏曰：“闻童子治邑，库无兵，仓无粟。”乃起兵击之，阿人父率子，兄率弟，以私兵战，遂败魏师。昔管仲束缚，自鲁之齐，路饥而泣，过绮邑，乞食，封人跪飧之，因窃谓仲曰：“若用齐，将何报我？”仲曰：“如子之言，我且贤之用，能之使，劳之论，我何以报子？”封人怨之。韩信始为布衣，从人寄食饮，人多厌之者。尝钓于城下，诸母漂，有一母见信饥，饭信竟漂数十日，信喜谓漂母曰：“吾必有以重报母。”母怒曰：“大丈夫不能自食，吾哀王孙而进食，岂望报乎?"信后为楚王，召所从食漂母，赐千金。夫施人者不求报，当如漂母，不当如封人。受人施者不忘报，当如韩信，不当如管仲。仲父之言正矣，我何以报子心，无乃失之忍乎？淮阴之言陋矣，吾必有以重报母情，固有所不容已也。

今按：管仲、韩信事见明陈全之《蓬窗日录》卷五及明张萱《西园闻见录》卷十六"报德"条。《意林》卷三引《说苑》："以老者智，少者决，必能治阿。子奇年十六，齐君使治阿，既而君悔之，遣使追。追者反，曰：'子奇必能治阿，共载皆白首也。'子奇至阿，铸库兵以作耕器，魏闻童子治邑，库无兵，仓无粟，乃起兵击之，阿人父率子，兄率弟，以私兵战，遂败魏师。"

245. 天之将明，必倏暗而后明。火之将灭，必霎明而始灭。花果木将死，先一年必繁华而盛实，其气始脱。惟人事亦有之。倏暗者非所忧，霎明者不足喜。盛之极者，衰之兆也。

今按：此条见明郭良翰《问奇类林》卷十三"恬退"类，又见明张萱《西园闻见录》卷二十一引何孟春语。

246. 古诗云："一日看除目，三年损道心。"予谓人患道心不存耳，道心果存，岂看除目所得损哉？彼慕膻鼽饵之念，洗涤未净，往往身寄山林，而心存朝市，迹履泉石，而意系轩冕，视山林泉石，反若笼槛桎梏，宜其看除目而心为之损也。特所损者，人心耳，岂道心哉！伊川曰："百官万务，金革百万之众，曲肱饮水，乐在其中矣。万变皆在人，其实无一事。"朱文公云："'艮其背'，是止于止；'行其庭'，是止于动；'不获其身'，是无与于己；'不见其人'，是亦不见人。无人无己，但见是此道理，各止其所也，止而至于如此，其谁能动之!"昔有僧居深山中，山鬼百计害之，或诱以淫声美色，或眩以珍羞玩好，或惧以奇形异物，或胁以刀锯炮烙，僧皆不为之动，久之乃寂然无有。或问其故，僧曰："山鬼之伎俩有尽，老僧之不闻不见无尽。"此即所谓"不获其身，不见其人"者也。心安如是，又岂除目所能损哉！

今按：见宋罗大经《鹤林玉露》卷六"除目损道心"条。朱子引《艮》卦众辞释之，甚妙。

247. 真西山论菜云："百姓不可一日有此色，士大夫不可一日不知此味。"予谓百姓之有此色，正缘士大夫不知此味。若自一命以上至于公卿，皆是咬得菜根之人，则当必知其职分之所在矣，百姓何愁无饭吃。

今按：见宋罗大经《鹤林玉露》卷九"论菜"条。

248. 苗刘之乱，张魏公在秀州，议举勤王之师。一夕独坐，从者皆寝，忽一人持刃立烛后。公知为刺客，徐问曰："岂非苗傅、刘正彦遣汝来杀我乎?"曰："然。"公曰："若是，则取吾首以去可也。"曰："我亦知书，宁肯为贼用？况公忠义如此，岂忍[加]害！[恐]公防闲不严，有继至者，故来相告尔。"公问："欲金帛乎?"笑曰："杀公何患无财!""然则留事我乎?"曰："我有老母在河北，未可留也。"问其姓名，俯而不答，摄衣跃而登屋，屋瓦无声。时方月明，去如飞。明日，公命取死囚斩之，曰："夜来获奸细。"公后尝于河北物色之，不可得。此又贤于锄麑矣。孰谓世间无奇男子乎？殆是唐剑客之流也。

今按：见宋罗大经《鹤林玉露》卷十三"秀州刺客"条。

249. 庆历中，劫盗张海过高邮，知军晁仲约令百姓敛金帛牛酒劳之。海悦，径去，不为暴。事闻，富郑公欲诛仲约，范文正不可。富公愠曰："方今患法不举，而多方沮之，何以整众?"范公曰："祖宗以来，未尝轻杀臣下，此盛德事，奈何欲轻坏之？他日主上手滑，吾辈亦未敢自保也。"富公不以为然。其后自河北还朝，不许入国门，未测朝廷意，终夜彷徨，不能寐，思范公语，绕床叹曰："范六丈，圣人也。"

今按：见宋罗大经《鹤林玉露》卷十五"杜悰范文正"条。

250. 严遵字君平，西汉时人。卜筮于城都市，日阅数人，每依卦词教人以忠孝，日得百钱，足以自养，则闭肆下帘，而读《老子》。蜀人罗冲具车马衣粮，劝之仕。君平曰："我有余，君不足，奈何以不足奉有余。"冲曰："吾家万金，子无担石之储，何谓有余?"曰："吾尝宿子家，见子昼夜汲汲，无有足时，我卖卜不下床，而钱数百尘埃厚寸，无所用之，岂非我有余乎?"

今按：元无名氏《氏族大全》①卷十二："严遵字君平，西汉时人。卜筮于成都市，日阅数人，每依卦辞教人以忠孝，日得百钱，足以自养，则闭肆下帘，而读《老子》。扬雄少从之学，曰：'其风声足以激贪励俗，亦近古之逸民也。'蜀人罗冲为具车马衣粮，劝之仕。君平曰：'我有余，君不足，奈何以不足奉有余?'冲曰：'吾家万金，子无儋石之储，何谓有余?'曰：'吾尝宿子家，见子昼夜汲汲，未尝有足。今我卖卜不下床，而钱至尚余数百，尘埃厚寸，不知所用，明我有余而子不足也。'"

251. 李偓明道中知绛州，还朝，阁门祗侯李康伯谒之，因谓曰："舜工文学议论，称于天下，诸公欲用为知制诰，但宰相以舜工未曾相识，盍一往见之。"偓曰："我若昔谒丁崖州，则乾兴初已为翰林学士矣。今已老大，焉能随群逐队，趋炎附热，看人眉睫以冀推挽乎？道之不行，命也。"

今按：明彭大翼《山堂肆考》卷一〇四、《山西通志》卷一〇〇皆记此事。

① 不著撰人名氏，书中所引事迹讫于南宋末年，《四库全书总目》推断为元人所编次。

252.［范］文正公镇越，有户曹孙君中卒，子幼家贫，公助之以俸钱百缗，治巨舟，差老衙校送，归作诗一绝，戒其吏曰："过关津但以吾诗示之：'十口相携泛巨川，来时暖热去凄然。关津若要知名姓，便是孤儿寡妇船。'"

今按：见宋祝穆《古今事文类聚》后集卷十五"寡妇扶丧"条。《说郛》卷八一引刘斧《青琐诗话》。

253. 颜鲁公为临川内史。邑有杨志坚者，嗜学而贫，妻厌之，一日告离。志坚以诗送之曰："平生志学在琴诗，头上而今有二丝。渔父尚知溪谷暗，山妻不信出身迟。荆钗任意撩新鬓，明镜从他别画眉。今日便同行路客，相逢即是下山时。"妻持诗诣州，请公牒求别醮。颜公案其妻曰："王欢之廪既虚，岂尊黄卷。朱叟之妻必去，宁见锦衣。污辱乡闾，败伤风俗，若无褒贬，侥幸者多。"遂棰之，后无弃其夫者。

今按：见唐范摅《云溪友议》卷上"鲁公明"条。宋阮阅《诗话总龟》卷四一引之。

254. 近时江南有寡妇，弃其孤儿，再嫁富室，又生一子。及其死也，前夫之争(子)争葬之，质之县尹，县尹判其词曰："生前再醮，已无恋子之心。死后归坟，难见前夫之面。"断令后夫之子葬之。

今按：此条见明郭良翰《续问奇类林》卷十六。

255. 杨虎得罪于卫，北见赵简子曰："自今以后，不复树人矣。堂下之人，臣所树者过半，今反危臣矣。"简子曰："树桃李者，夏得休息。树蒺藜者，秋得其刺。今子所树，蒺藜也。自今以后，择人而树之。"

今按：《说苑》卷六《复恩》云："阳虎得罪于卫，北见简子曰：'自今以来，不复树人矣。'简子曰：'何哉?'阳虎对曰：'夫堂上之人，臣所树者过半矣；朝廷之吏，臣所立者亦过半矣；边境之士，臣所立者亦过半矣。今夫堂上之人，亲劫臣于君；朝廷之吏，亲危臣于众；边境之士，亲劫臣于兵。'简子曰：'唯贤者为能报恩，不肖者不能。夫树桃李者，夏得休息，秋得食焉。树蒺藜者，夏不得休息，秋得其刺焉。今子之所树者，蒺藜也，自今以来，择人而树，毋已树而择之。'"

256. 王沂公与一朝士有旧，欲得齐州。沂公曰："齐州已差人。"乃与庐州。不就，曰："齐州地望卑于庐州，但于私便耳。相公不使一物失所，改易前命，当亦不难。"公正色曰："不使一物失所，则彼一物必失所。"其人惭而退。

今按：见宋沈括《补笔谈》卷下，宋赵善璙《自警编》卷六、元张光祖《言行龟鉴》卷三亦载之。《言行龟鉴》将“王沂公”改为“司马温公”，未审其故。

257. 伊川先生在经筵，每当进讲，必宿斋豫戒，潜思存诚，冀以感动上意，而其为说，常于文义之外反复推明，归之人主。一日当讲颜子不改其乐章，门人或疑此章非有人君事也，将何以为说。及讲，既毕文义，乃复言曰：“陋巷之士，仁义在躬，忘其贫贱，人主崇高，奉养备极，苟不知学，安能不为富贵所移。且颜子，王佐之才也，而箪食所饮。季氏，鲁国之蠹也，而富于周公。鲁君用于如此，非后世之监乎?”闻者叹服。

今按：宋朱子《晦庵集》卷九八、《伊洛渊源录》卷四、宋李幼武《宋名臣言行录外集》卷三、宋赵善璙《自警编》卷六皆载此事。

258. 章惇、蔡卞用事，所以欲杀刘元城者至矣。故方窜广东，则移广西。既抵广西，复徙广东。凡甲令所载，称远恶州军，无所不至，虽盛夏，令所在州军监督，日行一舍，或泛海往来贬所，人谓公必死，然七年之间未尝一日病，年几八十，坚悍不衰，此非人力所及，殆天相之。或问何以至此，曰诚而已。公贬梅州，忽有所厚士类数辈至，殷勤之余，辄相向垂涕。公曰：“岂非安世有后命乎?”客曰：“属闻朝廷遣使入郡，将不利于公，愿公自裁无辱。”公告之曰：“安世罪大责轻，若朝廷不贷，甘心东市之诛。使国家明正兴刑，诛一戒百，亦助时政之万一，何至效匹夫匹妇自经于沟渎?”或不为动。使者入海岛杖死元祐内臣。陈衍盖累罂相授，不杀近臣。惇、卞屡造此祸而不克，故因令使者迂往诣启，以虚声逼诸流人，使其自尽也。自是广人寖知惇、卞意。时公贬所有土豪缘进纳以入仕者，因持厚资入京师以求见惇，犀珠磊落，贿及仆隶，久之不得见，其人直以能杀公意达之，惇乃见之。不数日，荐上殿，自选入，改秩除本路转运判官，其人飞驭径驱，至公贬所，郡将遣其客来，劝公治后事，涕泣以言。公色不动，留客饮酒，谈笑自若，对客取笔书数纸，徐呼其仆曰：“闻朝廷赐我死即死，依此行之。”谓客曰：“死不难矣。”客从其仆取纸阅之，则皆经纪其家与同贬当死者之家事甚悉，客惊叹以为不可及也。俄报运使距郡城三十余里而止，翌日当至，家人闻之，益号泣不食，亦不能寐，且治公身后事，而公起居饮食如平常，曾无少异，至夜半，伺公则酣寝，鼻息如雷，忽闻钟动，上下惊曰：“钟声何太早也?”黎明，问之鸣钟者乃运判官，一夕呕血而毙矣。明日，有客唁者曰：“若人不死，则公未可知矣。”然公亦无喜色。于是见公处死不乱如此。

今按：见宋赵善璙《自警编》卷五。

259. 庆历三年春，范文正公巡边，至为环庆经略使，知环州。以属羌多怀二心，密与元昊通，以种世衡素得属羌心，而青涧城已完，乃奏徙世衡知环州，以镇抚之。有牛奴讹素倔强，未尝出见州官，闻世衡至，乃来郊迎。世衡与约明日当至其帐，慰劳部落。是夕，雪深三尺左右，曰：“奴讹凶诈难信，且道险不可行。”世衡曰：“吾方以信结诸胡，可失期邪?”遂冒雪而往。既至，奴讹尚寝，世衡蹴起之，奴讹大惊曰："吾世居此山，汉官无敢至者。公了不疑我邪?"帅部落罗拜，皆感激心服。又传云，世衡佯醉卧其帐中，奴讹与其妻环侍，不敢离左右，既醒而谓曰："我醉此，尔何不杀我?"奴讹泣曰："是何言耶？惟有一死可报吾父尔。"自是属羌无不悦服。

今按：宋司马光《涑水记闻》卷九据范仲淹墓志记其事。宋赵善璙《自警编》卷八、宋江少虞《事实类苑》卷五八、宋陈均《九朝编年备要》卷十二亦载其事。

260. 范文正公微时，尝诣灵祠，求祷曰："他时得相位乎?"不许。复祷之曰："不然，愿为良医。"亦不许。既而叹曰："夫不能利泽生民，非大丈夫平昔之志也。"他日有人谓公曰："丈夫之志于相理则当，然医之伎君何愿焉，乃无失于卑耶?"公曰："嗟乎，岂为是哉！古人有云：'常善救人，故无弃人。常善救物，故无弃物。'且丈夫之于学也，固欲遇神圣之君，得行其道，思天下匹夫匹妇有不被其泽者，若已推而内之沟中，能及小大生民者，固惟相为然。既不可得矣，夫能行救人利物之心者，莫如良医。果能为良医也，上以疗君亲之疾，下以救贫民之厄，中以保身长生，在下而能及小大生民者，舍夫良医则未之有也。"

今按：见宋吴曾《能改斋漫录》卷十三"文正公愿为良医"条。宋赵善璙《自警编》卷八亦载其事。

261. 苏文忠公轼《与朱鄂州书》云："昨王殿直天麟见过言：岳、鄂间田野小人例只养二男一女，过此辄杀之，尤讳养女。初生，辄以冷水浸杀。其父母亦不忍，率常闭目背面，以手按之水盆中，咿嘤良久乃死。天麒每闻其侧近有此，辄驰救之，量与衣服饮食，全活者非一。鄂人有秦光亨者，今已及第，为安州司法。方其在母也，其舅陈遵梦一小儿援其衣，若存所诉，比两夕辄见之，其状甚急，遵独念其姊有娠将产，而意不乐多子，岂其应是乎？驰往省之，则已在水盆中矣，救之得免。准律，故杀子孙，徒二年。此长吏所得按举，愿公明以告诸邑令佐使，召诸保正，告以法律，论以祸福，约以必行，且立赏召人告官赏钱，以犯人及邻保家财克若依律行，遣数人，此风便革。但得初生数日不杀后，虽劝之使杀，亦不肯矣。自今以往，缘公而得活者岂可胜计哉！"

今按：见宋苏轼《东坡全集》卷七四。宋赵善璙《自警编》卷八亦载其事。

262. 司马温公自以遭遇圣明，言听计从，欲以身徇天下，躬亲庶务，不舍昼夜。或以诸葛孔明事多食少之语戒之。公曰："死生，命也。"为之益力。病革，谆谆不复自觉，如梦中语，然皆朝廷大事也。既没，其家得遗一表八纸，上之，皆手札，论当世要务。

今按：宋赵善璙《自警编》卷七、宋张镃《仕学规范》卷八、元张光祖《言行龟鉴》卷六皆载之。《宋史》卷三三六司马光传："自见，言行计从，欲以身徇社稷，躬亲庶务，不舍昼夜。宾客见其体羸，举诸葛亮食少事烦以为戒。光曰：‘死生，命也。’为之益力。病革，不复自觉，谆谆如梦中语，然皆朝廷天下事也。是年九月薨，年六十八。太皇太后闻之恸，与帝即临其丧。”

263. 尚书李公择风度凝远，与人有恩意，而遇事强毅，不为苟合。初善王荆公，荆公当国，冀其为助，而抵之乃力于他人。荆公尝遣雱谕意曰：“所争者国事，盍少存朋友之义。”公曰：“大义灭亲，况朋友乎！”自守益确。士论以此归之。

今按：见宋赵善璙《自警编》卷三、宋杜大珪《名臣碑传琬琰集》中卷五十三。

264. 仁宗朝李都尉喜延士大夫，尽声色之乐，一时馆阁清流无不往者。韩魏公于其间最年少，独未尝造焉。李数召而公数以事辞，人有强之者，公曰：“固欲往，但未有名耳。”公处之不失和，李莫能怨，同时诸公亦不以为介也。

今按：宋赵善璙《自警编》卷七、宋刘清之《戒子通录》卷七、宋吕祖谦《少仪外传》卷上、宋江少虞《事实类苑》卷十四、宋祝穆《古今事文类聚》续集卷十四、元胡炳文《纯正蒙求》卷下、明彭大翼《山堂肆考》卷一九二均载其事。

265. 梅尚书和胜执礼尝序送吴仲仪提点江西路刑狱云：刘夔侍郎自负有道术功行，一旦上章解组，径入武夷山，楼居遐想，日俟仙去，俄有神降之，言罪莫大于杀人。夔抱大罪，奈何兴妄念于帝所。夔叩头，自列生平修谨，虽物无敢杀，而况于人？神曰：“昔提点某路刑狱时，某县入某死罪，州如之，夔弗察也，其罪实等。”夔于是怅然悔咎不可及。又闻陈睦尝提点两浙路刑狱会，杭民有妾夏沉香者，浣衣井旁，其嫡子堕井，妻讼于州，必以谓沉香者挤之堕井也，三易狱，不合，睦怒劾掾，别委官摄治之。许狱具，以才荐，遂逐三掾，而杀沉香。东坡诗所谓“杀人无验，终身不快”，此恨终身恐难了，盖有激云。他日睦还京师，久之无所授，闻庙师邢颇从仙人游，乃密叩以未来事，邢终拒弗之答。寻语所亲曰：“如沉香何？”睦为之震汗，废食者累日。

今按：见宋吴曾《能改斋漫录》卷十八“官吏无辜与杀人同”条。又见宋赵善璙《自警编》卷七。

266. 孙莘老觉知福州，时民有欠市易钱者，系狱甚众。适有富人出钱五百万，葺佛殿请于莘老，徐曰：“汝辈所以施钱，何也？”众曰：“愿得福耳。”莘老曰：“佛殿未甚坏，又无露坐者，孰若与其钱为狱囚偿官，遂使数百人释枷锁之苦，其得福岂不多乎？”富人不得已，诺之。即日输官，囹圄遂空。

今按：见宋刘延世《孙公谈圃》卷上。《孙公谈圃》三卷，宋刘延世记录所闻于孙升之语。孙升字君孚，高邮人，元祐中官中书舍人，绍圣初谪汀州。延世父时知长汀，得从孙升游，故录为此书。孙升尝入元祐党籍，多述时事。宋赵善璙《自警编》卷七、宋张镃《仕学规范》卷二四、元张光祖《言行龟鉴》卷七均载之，元陶宗仪《说郛》卷七一、明胡我琨《钱通》卷十三均引自宋李元纲《厚德录》。

267. 太宗在藩，王显与周莹为给事。赤脚道者相显曰："此儿须为将相。但无阴德耳。"及长，太宗爱之曰："尔非儒家，奈寡学问？他日富贵，不免面墙。"取《军诫》三篇，令诵之。咸平三年，以使相出帅定州，便宜从事。忽一日，一道士通刺为谒，破冠敝褐，自称酆都观主，笑则口角至耳乱鬓若刚鬣，谓显曰："昨日上帝牒蓄魂二万至本观，未敢收于冥籍，死于公之手者。公果杀之，则功冠于世。然减公算十年。二端请裁之。"显谓风狂，叱起。后日契丹引数万骑猎于威虏军境，即梁门也，会积雨，虏弓皆皮弦，缓弱不可用。显引兵剿袭，大破之，枭名将王贵十五辈，获伪羽林印二纽，斩二万级，筑京观于境上。露布至阙，朝廷以枢相诏归，赴道数程而卒。

今按：见宋赵善璙《自警编》卷八，又见于宋曾慥《类说》卷五十五、宋江少虞《事实类苑》卷五十六。

268. 陈公洎初为开封府功曹参军，时程琳尹开封。章献太后临朝，族人贵骄，自杖老卒死，人莫敢言，公当验尸，即造府白琳。琳望见公来，迎谓曰："验尸事毕乎？"公曰："未也。"琳遽起，隐屏间，曰："不得相见。"公唯而出。适尸所，太后已遣中人至，曰："速视毕奏来。"公起再拜曰："领圣旨。"未毕，使者十辈督之，吏等皆惧，谓公应以病死闻，公怒曰："何不以实。"吏等骇曰："公固不自爱，某曹不敢。"公复怒曰："此卒冤死，待我而伸尔曹，依违惧祸，法不尔赦。"即自实其状诣琳，琳又迎问曰："如何？"公曰："杖死。"琳大喜，抚其背曰："如此，阴德官人必享前程。"遽索马入奏，已而太后族人有特旨，原公亦不及罪，公自此名显历官台省，终三司副使。人以谓积善之报未艾云。

今按：见宋晁补之《鸡肋集》卷三十三"书陈洎事后"条。宋赵善璙《自警编》卷八、宋文莹《玉壶清话》卷五、元张光祖《言行龟鉴》卷六均载之。

269. 赵韩王为相，置二大瓮于坐屏后。凡有人投利害文字，皆置其中，满即焚之于通衢。李文靖公曰："沆居重位，实无补万分，唯中外所陈利害，一切报罢之，惟此少以报国尔。朝廷防制，纤悉备具，或徇所陈请，施行一事，即所伤多矣。"陆象山云："往时充员敕局，浮食是惭。惟是四方奏请，廷臣面对，有所建置更革，多下看详。其或书生贵游，不谙民事，轻于献计，不知一旦施行，片纸之出，兆姓蒙害。每与同官悉意论驳，朝廷清明，常得寝罢。编摩之事，稽考之勤，顾何足以当大官之膳，或庶几者，仅此可以偿万一耳。"凡此皆至论。夫子曰："仍旧贯，何必改作？"古人曰，利不什，不变法。甚言更革建置之不可轻也。或曰："若是，则将坐视天下之弊，而不之救欤？"余曰："不然，革弊以存法，可也；因弊而变法，不可也。不守法则弊生，非法之足以生弊也。若韩、范之建明于庆历者，革弊以存法也；荆公之施行于熙宁者，因弊而变法也。一得一失，盖可睹矣。”或曰：“荆公有志于二帝三王之法度，岂可厚诽乎？”余曰：“有志于二帝三王，当自格君心始，不当自变法度始。有尧舜之君，则有尧舜之治，有禹汤之君，则有禹汤之治，法度云乎哉！”

今按：见宋罗大经《鹤林玉露》卷十一“戒更革”条。宋俞德邻《佩韦斋辑闻》卷三、《佩韦斋集》卷十九亦记此事。

270. 近时有以张巡传糊窗者。有一士人见之，而题四句于其右云：“坐守睢阳当豹关，江淮赖此得全安。至今青史虽零落，犹障窗风一面寒。”

今按：元尹廷高《玉井樵唱》卷上《见一人家以书叶糊窗读之乃张巡传因戏题》：“坐守睢阳当豹关，江淮赖此得全安。至今青史虽零落，犹障窗风一面寒。”明叶子奇《草木子》卷四：“近时有以张巡传糊窗者。有一士人见之，而题四句于其右云：‘坐守睢阳当豹关，江淮赖此得全安。至今青史虽零落，犹障窗风一面寒。’宋末，宫中好养鸽。太学诸生题之曰：‘万鸽盘旋绕帝都，暮收朝放费工夫。何如养取南来雁，沙漠能传二圣书。’”

271. 蚺蛇长十丈，常吞鹿，肉消尽，乃绕树出骨，养创时，肪腴甚美。或以妇人衣投之，则蟠而不起。其胆上旬近头，中旬在心，终旬近尾。

今按：见唐段成式《酉阳杂俎》卷十七。

272. 蛇以桑柴烧之，则见足出。蟹腹下有毛者杀人。

今按：见唐段成式《酉阳杂俎》卷十一。

273. 鳖目白腹下“五”（一曰“丹”）字、“卜”（一曰“十”）字者，不可食。

今按：见唐段成式《酉阳杂俎》卷十一。

274. 凡飞鸟投人家，口中必有物，当拔而放之。

今按：见唐段成式《酉阳杂俎》卷十一。

275. 圣人不贵其独治，贵能与众共治。工垂不贵其独巧，贵能与众共巧。

今按：《尹文子·大道上》：“所贵圣人之治，不贵其独治，贵其能与众共治。贵工倕之巧，不贵其独巧，贵其能与众共巧也。”

276. 凡人富则不羡爵禄，贫则不畏刑法。不羡爵禄者，自足于己。而不畏刑法者，不赖其身也。二者为国之所甚蠹，而不知防之。故令不行，禁不止。由爵禄而后富，则争尽力于其君矣。由刑罚而后贫，则人咸畏罪而从善矣。

今按：见《尹文子·大道下》。

277. 两智不能相使，两贵不能相临，两辩不能相屈，力均势敌也。《慎子》云："两贱不能相事，两贵不能相使。"

今按：唐马总《意林》卷二引《尹文子》："两智不能相使，两贵不能相临，两辩不能相屈，力均势敌故也。"《慎子》："两贵不相事，两贱不相使。"

278. 贤者不用其所短，而用愚人之所长；不用其所拙，而用愚人之所工。困天下之智者，不在智而在愚。穷天下之辩者，不在辩而在讷。

今按：《鬼子·权篇第九》："智者不用其所短，而用愚人之所长；智者不用其所拙，而用愚人之所工。"《关尹子·九药篇》："困天下之智者，不在智而在愚。穷天下之辩者，不在辩而在讷。伏天下之勇者，不在勇而在怯。"

279. 天不能春菊冬莲，是以圣人不违时。地不能洛橘汝貉，是以圣人不违俗。人不能手步足握，是以圣人不违我所长。圣人不能使鱼驰兽飞，是以圣人不违物所长。

今按：见《关尹子·九药篇》。

280. 邯郸有吹者，托李奇，人争学之。后知其非，皆弃之，由未始知音也。人有然狙召邻者，邻者以为徇美之，后闻其狙也，据地吐之，由未始知味也。

今按：见《淮南子·修务》。

281. 待要袅飞兔而驾之，则世莫有乘车者；待西施、毛嫱而妃之，则终身不家矣。待古之英俊而用之，则国无人矣。

今按：见《淮南子·齐俗》。

282. 食谷而鄙田夫，衣帛而笑蚕妇，岂不惑哉！

今按：《太平御览》卷八三七引《陈子要言》曰："食谷而鄙田，衣帛而笑蚕，是惑也。"又见宋潘自牧《记纂渊海》卷七二、明徐元太《喻林》卷五一。

283. 食水者善游而耐寒(鱼)，食土者无心而惠(蚓)，食虫者多力而思(麋)，食桑者有丝而蛾(蚕)，食肉者勇敢而悍(虎)，食气者神明而寿(仙)，食谷者慧智而夭(人)。

今按：《大戴礼记·易本命》："是故食水者善游能寒，鱼鳖之属；食土者无心而不息，蚯蚓之属，不气息也，若鱼无耳而听，蟋蟀无口而鸣，皆自然之性也；食木者多力而拂，熊罴之属，拂戾也；食草者善走而愚，麋鹿之属；食桑者有丝而蛾；食肉者勇敢而悍，虎狼鹰鹘之属；食谷者智惠而巧；食气者神明而寿，王乔、赤松之类也，西极亦有食气之民也；不食者不死，而神伸于道者，则神而常存也。"《孔子家语》卷六："食水者善游而耐寒，食土者无心而不息，食草者善走而愚，食桑者有绪而蛾，食肉者勇毅而捍，食气者神明而寿，食谷者智惠而巧，不食者不死而神。"

284. 虎豹之躯未成文，而有食牛之气；鸿鹄之彀羽翼未洽，而有四海之心。

今按：《尸子》曰："虎豹之驹未成文，而有食牛之气；鸿鹄之鷇羽翼未全，而有四海之心。贤者之生亦然。"《意林》、《艺文类聚》卷九十引之。

285. 得十良马，不如得一伯乐。得十良剑，不如得一欧冶。得地千里，不如得一贤人。

今按：见《吕氏春秋·赞能》。

286. 夏不衣裘，非不爱裘也，暖有余也。冬不用翣，非不爱翣也，清有余也。

今按：见《吕氏春秋·有度》。

287. 言不相闻，故命之金鼓。视不相见，故命之旌旗。金鼓、旌旗者，所以一人之耳目。

今按：见《孙子·军争》。

288. 善用兵者，譬如率然。率然者，常山之蛇也。击其首，则尾至，击其尾，则首至，击其中，则首尾俱至。

今按：见《孙子·九地》。

289. 孔子读《诗》及小雅，喟然而叹曰："吾于《周南》见周道之所以盛也，于《柏舟》见匹妇执志之不可易也，于《淇澳》见学之可以为君子也，于《考槃》见遁世之士而所以无闷也，于《木瓜》见包且之礼所以行也，于《缁衣》见好贤之心至也，于《鸡鸣》

见古之君子不忘其敬也，于《伐檀》见贤者之先事后食也，于《蟋蟀》见陶唐俭德之大也，于《下泉》见乱世之怀明君也，于《七月》见豳公之所造周也，于《东山》见周公之先公而后私也，于《狼跋》见周公之远志所以为圣也，于《鹿鸣》见君臣之有礼也，于《彤弓》见有功之必报也，于《羔羊》见善政之有应也，于《节南山》见忠臣之忧世也，于《蓼莪》见孝子之思养也，于《四月》见孝子之思祭也，于《裳裳者华》见古之贤者世保其禄也，于《采菽》见古之明王所以敬诸侯也。”

今按：见《孔丛子》卷上。

290. 听黄钟之声，然后知击缶之细；观衮龙之文，然后知被褐之陋。倚立而思远，不如速行之必至也。孤居而愿知，不如务学之必达也。志者，学之帅也；才者，学之徒也。学者不患才之不赡，而患志之不立。是以为之者亿兆，而成之者无几，君子必立其志。

今按：汉徐干《中论》卷上《治学第一》：“夫听黄钟之声，然后知击缶之细；视衮龙之文，然后知被褐之陋；涉庠序之教，然后知不学之困。故学者，如登山焉，动而益高；如寤寐焉，久而愈足。顾所由来，则杳然其远，以其难而懈之，误且非矣。《诗》云：‘高山仰止，景行行止。’好学之谓也。倚立而思远，不如速行之必至也；矫首而徇飞，不如修翼之必获也；孤居而愿智，不如务学之必达也。故君子心不苟愿，必以求学；身不苟动，必以从师；言不苟出，必以博闻。是以情性合人，而德音相继也。孔子曰：‘弗学何以行？弗思何以得？小子勉之，斯可谓师人矣。’马虽有逸足，而不闲舆，则不为良骏；人虽有美质，而不习道，则不为君子。故学者，求习道也。若有似乎画采，玄黄之色既著，而纯皓之体斯亡，敝而不渝，孰知其素欤？子夏曰：‘日习则学不忘，自勉则身不堕，亟闻天下之大言，则志益广。’故君子之于学也，其不懈，犹上天之动，犹日月之行，终身亹亹，没而后已。故虽有其才，而无其志，亦不能兴其功也。志者，学之师也；才者，学之徒也。学者不患才之不赡，而患志之不立。是以为之者亿兆，而成之者无几，故君子必立其志。《易》曰：‘君子以自强不息。’大乐之成，非取乎一音；嘉膳之和，非取乎一味；圣人之德，非取乎一道。故曰学者所以总群道也。群道统乎己心，群言一乎己口，唯所用之。故出则元亨，处则利贞，默则立象，语则成文。述千载之上，若共一时；论殊俗之类，若与同室。度幽明之故，若见其情；原治乱之渐，若指已效。故《诗》曰：‘学有缉熙于光明。’其此之谓也。”

291. 君子无尺寸之封，而民尊之；无刑罚之威，而民畏之；无羽籥之乐，而民乐之；无爵禄之赏，而民怀之。其所以致之者，一也。

今按：见徐干《法象论》，元郝经《续后汉书》卷六九引之。又见宋真德秀《文章正宗》卷十二。

292. 昔仓梧丙娶妻美，而以与其兄，欲以为让也，则不如无让焉。尾生与妇人期于水边，暴水至而不去，欲以为信也，则不如无信焉。叶公之党，其父攘羊而子证之，欲以为直也，则不如无直焉。陈仲子不食母之粟，出居于陵，欲以为廉也，则不如无廉焉。宗鲁受齐豹之谋，死孟絷之难，欲以为义也，则不如无义焉。

今按：见徐干《中论》卷上《贵言》。

293. 周之人有爱其裘好其珍者，欲为千金之裘，而与狐谋其皮；欲具少牢之珍，而与羊谋其羞。言未卒，狐相呼逃于重丘之下，羊相呼藏于深林之中。

今按：《太平御览》卷二〇八："丘明曰：周人有爱裘而好珍羞，欲为千金之裘，而与狐谋其皮；欲具少牢之珍，而与羊谋其羞。言未卒，狐相率逃于重丘之下，羊相呼藏于深林之中。"

294. 兵之不可废，譬火焉。善用之则为福，不善用之则为祸。

今按：旧本题庚桑楚《亢仓子·兵道篇》："夫兵之不可废，譬水火焉。善用之则为福，不善用之则为祸。"

295. 作法贵于易避而难犯，救弊贵于省事而一令。草郁则为腐，树郁则为蠹，人郁则为病，国郁则百慝并起。所谓国郁者，主德不下宣，人欲不上达也。

今按：旧本题庚桑楚《亢仓子·政道篇》："夫作法贵于易避而难犯，救弊贵于省事而一令。除去豪横，则官人安。刑禁必行，则官人不敢务私利，而百姓富。"《亢仓子·君道篇》："始生之者，天也。养成之者，人也。能养天之所生而勿撄之，谓之天子。天子之动也，以全天为，故此官之所以自立也，立官者以全生也。今世之惑主多官，而反以害生，则失所以为立官之本矣。草郁则为腐，树郁则为蠹，人郁则为病，国郁则百慝并起，危乱不禁。所谓国郁者，主德不下宣，人欲不上达也。是故圣王贵忠臣正士，为其敢直言而决郁塞也。"

296. 儿童之所喜者，耆耋之所非。耳目之所娱者，乃心虑之所疾。

今按：旧本题庚桑楚《亢仓子·训道篇》："儿童之所简者，乃耆耋之所非。耳目之所娱者，乃心虑之所疾。"

297. 大明光于天下，灯烛何施？时雨霈于地中，涓滴何润？

今按：《太平御览》卷八七〇引《孙子》曰："火光明天者，灯烛何施焉。"

298. 昼生者类父，夜生者类母，阴阳之气也。

今按：《大戴礼记·易本命》："昼生者类父，夜生者类母。"亦见《孔子家语·执辔》。

299. 立大厦者，先择匠而后栋材。治国者，先择位而后定民。贵有常名，而贱不得冒。尊有常位，而卑不得逾。悬千金于市，市人不敢争，分定也。委一金于路，儿童争之者，分不定也。

今按：唐马总《意林》卷五引杨泉《物理论》："人之性如水焉，置之圆则圆，置之方则方，澄之则渟而清，动之则流而浊。先王知中流之易扰乱，故随而教之，谓其偏好者，故立一定之法。龙舟整楫，王良不能执也；骥騄齐行，越人不敢御也：各有所能。构大厦者，先择匠而后栋材。治国家者，先择佐而后定民。"明徐元太《喻林》卷六十八引杨泉《物理论》："龙舟整楫，王良不能执也；骥騄齐行，越人不敢御也：各有所能。构大厦者，先择匠而后栋材。治国家者，先择佐而后定民。"

300. 伊尹耕于有莘，孰知非夏之时人。吕望钓于渭滨，孰知非殷之渔者。遇汤武文王，然后能知其材也。

今按：唐马总《意林》卷五引杨泉《物理论》："伊尹耕于有莘，孰知非夏之野人。吕尚钓于渭滨，孰知非殷之渔者。遇汤武文王，然后知其非也。"

301. 愚者之养鱼鸟也，见天之寒，则内鱼于温汤之中，而栖鸟于火林之上。水木者，所以养鱼鸟也。养之失理，必至焦烂。

今按：见《刘子·防欲》。

302. 学士宋公濂尝侍上饮，公素不胜杯勺，举觞，即辞，上强之，至三觞，面如赭，行不成步。上欢笑，亲御翰墨，赋《楚辞》一章以赐，仍命侍臣咸赋《醉学士歌》，且曰："俾后世知朕君臣同乐若此也。"

今按：明徐纮《明名臣琬琰录》卷八郑楷《学士承旨潜溪宋公行状》："上尝与先生饮，先生素不胜杯勺，举觞即辞，上强之，至三觞，面如赭，行不成步。上欢笑，亲御翰墨赋《楚辞》一章以赐，仍命侍臣咸赋《醉学士歌》，且曰：'俾后世知朕君臣同乐若此也。'"

303. 尚书魏公骥为松江教官，汲汲成就人才。诸生在学居者，候一更尽，必携茶往视之。见书声者，供茶一瓯。至三更，乃携粥以随，尚有诵者，供粥一碗，如此者亦不频数。间一行之士子感激笃尚斯文，性好吟味，臞然若不胜衣，中官王振亦礼重之，呼为先生，贽见惟帕一方，振亦不较。◎在南都法司，因旱恤刑，有王刚恶逆诉冤，或以其年少，欲缓之，公曰："此妇人之仁，天道不时，止此谓也。"狱遂决。翌日而雨。又戍卒四人牧马，三人互殴，一人死，所司拷讯，一人当之。公曰："罪一人，情可矜。罪三人，律不合。”上请，卒得旨，三人各杖一百，改戍边。

今按：前段见明李贤《古穰集》卷二十九，后段见明叶盛《吏部尚书文靖魏公墓志铭》。

304. 尚书轩公輗，天性廉介。初为进士，往淮上催粮，冬寒，舟行，忽落水，救出，衣尽湿，得一绵被裹之。有司急为制衣一袭，却之不用，徐待旧衣之干。为御史，独振冰蘖之声。为浙江按察使，俸给之外，一毫不取。四时着一青布袍，蔬食不厌，与同僚约三日以米易肉二斤，多不能堪。故旧经过者，留供一饭，至厚者杀一鸡，僚属见之惊异，此举不易得也。忽闻亲丧，次日遂行，僚属尚有未及知者。升副都御史，总理南京粮储，廉操愈坚。张都宪素侈纵，设席会诸僚，公独不赴，既而以卓食馈之，亦不纳。

今按：见明李贤《古穰集》卷二十九。

305. 都督山公云：镇广西时，有一老隶郑牢者，性鲠直敢言，公进之曰：“世谓为将者不忌贪，矧广西素尚货利，我亦可贪否?”牢曰：“公初到如一新洁白袍，有一沾污，如白袍点墨，终不可湔也。”公又曰：“土夷馈送，苟不纳之，彼必疑且忿，奈何?”牢曰：“居宫黩货，则朝廷有重法，乃不畏朝廷，反畏蛮子耶?”公笑纳之。在镇逾十年，廉操始终不渝，固不由牢，而牢亦可尚云。

今按：明项笃寿《今献备遗》卷十：“山云字(阙)，徐州人也。姿貌魁梧，工骑射，深沉有将略。正统三年卒于镇，赠怀远伯，谥襄毅。云有廉操。帅府有郑牢者，老隶也，性鲠直敢言。云进之曰：‘世言将不忌贪，矧广西素尚货利，我亦可贪否?’牢曰：‘公初到，如一新洁白袍，稍沾污，如白袍点墨，终不可湔也。’云又曰：‘人云土夷馈送不纳，彼必疑忿，奈何?’牢曰：‘居官黩货，朝廷有重法，不畏朝廷，乃畏蛮子邪?’云笑纳之。其驭土官，一以威严，凡有征调，符下立至，无敢后期。有惊怖成疾者，至死不敢归。与士卒同甘苦，故人乐出死力。广西人立祠祀之。论曰：余闻永宣中都督韩观、山云出镇岭西，瑶侗皆望风窜匿，不敢出。论考其行事，信然。世患无山韩耳，何用黩兵为哉!”

306. 神不歆非类，民不祀非族。古人继嗣，大宗无子，则以族人之子续之，取其一气脉相为感通，可以嗣续无间，此亦至正大公之举，而圣人所不讳也。后世理义不明，人家以无嗣为讳，不肯显立同宗之子，多是潜养异姓之儿，阳若有继，而阴已绝矣。盖自春秋鄫子取莒公子为后，故圣人书曰莒人灭鄫，非莒人灭之，以异姓主祭祀灭亡之道也。秦以吕政绝，晋以牛叡绝，亦皆一类。仲舒《繁露》载：汉一事有人家祭用祝降神，祭毕，语人曰：“适所见甚怪，有一官员盛服欲进，而踌躇不敢进。一鬼蓬头衩袒，手提屠尸，勇而前歆其祭，是何神也?”主人不晓其由，有长者说其旧日无嗣，乃取异姓屠家之子为嗣，即今主祭者，所以只感召得他屠家父祖而来，其继立本家之祖先，非其气类，自无交接感通之理。然在今世论之，立同宗又不可泛。盖姓出于上世，圣人所造，正所以别生分类。自从有赐姓匿姓者，故立宗者又不可恃同姓为凭，须审择近亲有来历分明者立之，则一气所感，父母不至失祀。今世多有取他子之子为后，以姓虽异，而有气类相近，似胜于姓同而属疏者。然晋贾充以外孙韩谧为后，当时太常博士秦秀已议其昏乱纪度。是则气类虽近，而姓氏实异，此说亦断不可行。天子祭天地，诸侯祭社稷及其境内之名山大川，大夫祭五祀，士祭其先，古人祀典品节一定，不容紊乱。在诸侯不敢僭天子而祭天地，在大夫亦不敢僭诸侯而祭社稷、山川。如季氏旅泰山便不是礼。《曲礼》谓非所当祭而祭之，名曰淫祀。淫祀无福。淫祀者，不必皆是不正之鬼。假如正当鬼神，自家不应祀而祀他，便是淫祀。如诸侯祭天地，大夫祭社稷，李氏旅泰山，便是淫祀了。

今按：见宋陈淳《北溪字义》卷下。

307. 宋高宗问岳飞曰："卿得良马否?"对曰："臣为有二马，日啖刍豆数斗，饮泉一斛，然非精洁，即不受。介而驰，初不甚疾，比行百里，始奋迅，自午至酉，犹可二百里，褫鞍甲而不息不汗，若无事。然此其受大而不苟取，力裕而不求逞，致远之材也，不幸相继以死。今所乘者，日不过数升，而秣不择粟，饮不择泉，揽辔未安，踊跃疾驱，甫百里，力竭汗喘，殆欲毙然。此其寡取易盈，好逞易穷，驽钝之材也。"高宗称善。

今按：见《宋史》卷三百六十五《岳飞传》。

308. 晏子使楚，楚王令左右缚一人作盗，过，王问："何处人也?"对曰："齐人也。"王视晏子："齐国善盗乎?"晏子曰："橘生江南，江北则作枳，地土使然也。今民生长于齐不盗，入楚则盗，臣不知也。"楚王自取弊耳。

今按：见《晏子春秋》卷六。

309. 晏子使楚，楚王以晏子短，作小门于大门之侧。晏子曰："往诣狗国，从狗门入。今来使入楚，不可从狗门入也。"遂大门入。

今按：见《晏子春秋》卷六。

310. 兔丝无根而生，蛇无足而行，鱼无耳而听，蝉无口而鸣。鹤千岁亦极其乐，朝生暮死亦尽其乐。

今按：见《淮南子·说林》。

311. 百星之明，不如一月之光；十牖之开，不如一户之明。

今按：见《淮南子·说林》。

312. 屈轶生于庭，见佞人则指。必若如此，舜何用令皋陶陈知人之术。

今按：见《论衡·是应篇》。

313. 圣人前知千岁，后知万世。孔子将死，遗书曰："有一男子，自云秦王，上我之床，颠倒我衣裳，至沙丘而亡。"后秦王果至沙丘而亡。孔子又云："董仲舒，乱我书。"后仲舒论《春秋》著传记。又云："亡秦者胡。"后胡亥果亡秦。此信孔子前知千岁也。

今按：见汉王充《论衡·实知篇》。

314. 草之精秀者英，兽之(将)[特]群者雄。张良是英，韩信是雄。

今按：见魏刘邵《人物志·英雄》，《意林》卷五引之。

315. 汉末有管秋阳者，与弟及伴一人避乱俱行，天雨雪，粮绝，谓其弟曰："今不食伴，则三人俱死。"乃与弟共杀之，得粮，达舍，后遇赦无罪，此人可谓善士乎？孔文举曰："管秋阳受先人遗体，食伴无嫌也。"荀侍中难曰："秋阳贪生杀生，岂不罪邪？"文举曰："此伴非会友也。若管仲啖鲍叔，贡禹食王阳，此则不可。向所杀者犹鸟兽而能言耳。今有大啮一狸，狸啮一鹦鹉，何足怪也？昔重耳恋齐女，而欲食狐偃；叔敖怒楚师，而欲食五参。贤哲之忿，犹欲啖人，而况遭穷者乎？"

今按：《意林》卷五引杨泉《物理论》。

316. 郭林宗葬母，徐孺子往吊之，置生刍一束于墓前，众不知其故，林宗曰："此必南州高士徐孺子也。"《诗》不云乎："生刍一束，其人如玉。"吾无德以堪之。愚按：今人用束刍故实，多以为美死者，观无德以堪之言，又似美生者，盖古礼知生者吊知死者，伤孺子之来吊也，非伤也。夫吊之为言唁慰之意也，而美德焉，意不左耶？且吊人母死而美子德，于吊意无涉，林宗之解，无乃郢书燕说耶？惜乎当日会葬诸贤无有亲问之者。

今按：《后汉书》卷八十三："及林宗有母忧，稚往吊之，置生刍一束于庐前而去。众怪，不知其故。林宗曰：'此必南州高士徐孺子也。《诗》不云乎："生刍一束，其人如玉。"吾无德以堪之。'"

317. 陈后山扈从南郊，不肯服赵挺之衣，因冻而死。阳节潘氏以为却衣冻死，实陈三之细事，愚窃有说焉。身者，亲之遗也，子全而归之，孝之终也，故曰死生亦大矣，孰谓冻死而为事之细耶？夫挺之人品固可鄙，而其衣固可却矣，然当时班行故旧中独无一绨袍可假之以御寒耶？《易》曰：“苦节，贞凶。”后山之谓也。

今按：钱塘厉鹗《宋诗纪事》卷三十三“陈师道”条：“师道字无己，一字履常，彭城人，号后山居士。元祐中，以苏轼、傅尧俞、孙觉荐，授徐州教授。绍圣初，历秘书省正字，扈从南郊，不屑服赵挺之衣，以寒疾卒。有集。”

318. 陆象山曰：“天下本无事，庸人自扰之。”愚谓庸人岂能扰天下也哉。扰天下者，惟好作聪明，暨大奸大恶则然。观商鞅、李斯之扰秦，桑弘羊、孔瑾之扰汉，李林甫之扰唐，王介甫之扰宋，谓之庸人，可乎？自夫斯言之出也，世之庸人于凡天下之事有必至之忧，不测之祸，往往以此借口，谁则肯屡杞人忧天之念哉？

今按：此条见清梁显祖《大呼集》卷八所引敖子发语。此条至“可乎”又见明叶廷秀《诗谭》卷八“诗讥安石”条。“陆象山”当为“陆象先”。宋司马光《资治通鉴》卷二百十二：“蒲州刺史陆象先尝谓人曰：‘天下本无事，但庸人扰之耳。’苟清其源，何忧不治？”宋魏天应《论学绳尺》卷二：“世之说者有曰：‘天下本无事，庸人扰之耳。’夫庸人何足以扰天下之事？而扰天下之事者，皆智者也。是故处天下之事，与其过于智，宁过于庸。过于庸者，虽不足以成其事，亦不至于败事。过于智者，一不成而万有余败矣。”

319. 秦始皇坑儒，说者谓设为陷阱而杀之，愚以为，坑者只是掩其不知而加害也，非真掘土而为坑也。今民间讼牒亦有坑陷之词，即是此意。此坑字当作虚活字看。如古云声色溺人，非真溺于水也，旦昼之梏，非梏以刑也。不然，白起坑降卒四十万于长平，项羽坑降卒二十万于新安，设使掘土为坑，若是其广大彼降卒宁不知之，又宁肯帖然束手而就死乎？

今按：此条见清史梦兰《止园笔谈》卷六。宋宋敏求《长安志》卷十五：“坑儒谷在县西南五里，秦始皇坑儒于骊山下，故名坑儒乡。《汉书》注师古曰：今新丰县温汤之处，号愍儒乡温汤。西南三里，有马谷，谷之西岸有坑古老，相传以为秦坑儒处也。”

320. 庄定山赋曾节妇诗曰：“二十夫君弃妾身，诸郎痴小舅姑贫。自伤薄命同衰叶，不扫蛾眉嫁别人。化石未成犹有泪，舞鸾虽在不惊尘。锁窗独对东风树，岁岁花开他自春。”罗一峰谓此诗苦心苦语，可泣鬼神。

今按：见明陈全之《蓬窗日录》卷七、明邓球《闲适剧谈》卷一、明黄瑜《双槐岁抄》卷九、明李春熙《道听录》卷一。明王世贞《弇州四部稿》卷一四九《艺苑卮言六》云：“讲学者动以词藻为雕搜之技，工文者则举拙语为谈笑之资，若枘凿不相入，无论也。七言最不易工，吾姑举诸公数联，如‘翼轸众星朝北极，岷嶓诸岭导南条’，‘天连巫峡常多雨，江过浔阳始上潮’，此薛文清句也；‘溪声梦醒偏随枕，山色楼高不碍墙’，‘狂搔短发孤鸿外，病卧高楼细雨中’，‘千家小聚村村暝，万里河流处处同’，‘残书汉楚灯前垒，小阁江山雾里诗’，‘化石未成犹有泪，舞鸾虽在不惊尘’，此庄孔旸句也。”《弇州四部稿》卷一四八《艺苑卮言五》又云："七言结句，如'沅湘一带皆秋草，欲采芙蓉奈晚何'，'见说兰亭依旧在，只今王谢少风流'，'天边杨柳虽无数，短叶长条非故园'，'赵家姊妹多相忌，莫向昭阳殿里飞'，'前朝冠盖皆黄土，翁仲凄凉石马嘶'，'知尔西行定回首，如今江左是长安'，'近来闻说有奇事，买药修琴曾到城'，'祭罢鳄鱼归去晚，刺桐花外月如钩'，'琐窗独对东风树，岁岁花开他自春'，俱有意味。"庄昶，字孔旸，江浦人，成化丙戌进士，官至南京礼部郎中，事迹具《明史》本传。

321. 或问："朱买臣养去妇于官舍，陆放翁会出妻于沈园，而皆及其后夫焉，于义礼何居?"愚曰："买臣之妻，自厌糟糠而去。放翁之妻，得罪姑氏而离，与庙绝矣。况二妇无良，再醮稿砧，揆之义礼，二子养之、会之，不亦过乎！夫养之、会之，旦不可，而又及其后夫焉。男女之防，不亦渎乎!"或曰："放翁不能忘其结发之情，四十年间而会于沈园者三焉。其视买臣忿妻厌贫求去而骄之以富贵、养之以终身者不有间乎?"愚曰："不然。妻之出也，母之憾也。忘母之憾，而溺妻之爱，可乎?彼既别有所天，此犹不能割爱，不已惑乎?律二子之失，犹鲁、卫之政也，皆不可以为训。"

今按：待考。清钱仪吉《碑传集》卷一〇二引《朝议大夫吴先生廷华行状》："福州诸生某，以母命出妻，生殁妻犹不嫁，乞养于夫家，其姑不允。讼至制府，高文良公下先生议。先生引《汉书》朱买臣养弃妻事为断，众论翕然。"

322. 胡东洲为督学时，有士子某者不帅教，惩以夏楚。明年，其人状元及第，官翰苑。东洲以述职至京师，其人设席款之，以新得古哥窑盘盏行酒，且曰："此器世所宝也，但俗眼不识之。"且其意盖讥东洲往时不知己也。东洲曰："以老夫观之，此器脆薄，容易破绽，终不若良金美玉之器为可宝也。"其人深悔失言。

今按：此条见明查应光《靳史》卷三十，采自《录雪亭杂言》，原文："胡东洲提学两浙时，有士子某者不帅教，惩以夏楚。明年，其人状元及第，官翰苑。东洲以述职，至京师，其人设席款之，以新得古哥窑盘盏行酒，且曰：'此器世所宝也，但俗眼不识之耳。'其意盖讥东洲往时不知己也。东洲曰：'以老夫观之，此器脆薄，容易破绽，终不若良金美玉之器为可宝也。'"明章懋《枫山语录》："胡东洲提学好贤乐善，能受人言，处人不可及。"

323. 朱文公有足疾，尝有道人为施针熨之术，旋觉轻安。公太喜，厚谢之，且赠以诗云："几载相扶藉瘦筇，一针远觉有奇功。出门放杖儿童笑，不是从前勃窣翁。"道人得诗径去。未数日，足疾大作，甚于未针时，亟令人寻逐道人，已莫知其所往矣。公叹息曰："某非欲罪之，但欲追索其诗，恐其持此误他人耳。"

今按：见宋罗大经《鹤林玉露》卷十一"针熨道人"条，宋吴泳《鹤林集》卷三九、《宋稗类抄》卷三十亦记其事。

324. 绿雪亭中有二石缸，日久水浊。或曰："放田螺数升，食其淤泥，可也。"或曰："以黑铅一片置水中，水即清澈。"缸中养鲤鱼数十头，每阴雾雷雨，即跳跃出外。或曰："以龟鳖一二枚守之，即不跳跃。"予试之，皆验。

今按：待考。

325. 苏东坡频年谪居，尝作诗曰："人家养子爱聪明，我为聪明惧一生。但愿生儿愚且蠢，无灾无害到公卿。"近时杨宗伯月湖反其意，作诗曰："东坡但愿生儿蠢，只为聪明自占多。愧我平生愚且蠢，生儿何怕过东坡。"愚按：二诗词指虽若不同，其由激而不由衷，将无同乎？孟子曰："其子之贤不肖，皆天也。"杜子美曰："有子贤与愚，何必挂怀抱？"观孟子与少陵之言，其于天命委蜕消息盈亏之理，可谓达哉！

今按：此条见明陈师《禅寄笔谈》卷八。《施注苏诗》卷四十《洗儿》原文为："人皆养子望聪明，我被聪明误一生。惟愿生儿愚且鲁，无灾无难至公卿。"

326. 南宋王懿与兄睿同起义兵，与慕容垂战败，懿被重创走，与家属相失。路径大泽，不能前，困惫卧于林中。忽有一小儿青衣，年可七八岁，骑牛行，见懿，惊问曰："汉已食未？"懿言饥，小儿去，须臾复来，得饭，与之懿，食毕欲行，会暴雨，两江溢，莫知津径，遇有一白狼至，前仰天而号，号讫，衔懿衣，因渡水，懿随之得济，与兄睿相及。后宋武帝受命，以懿为徐州刺史。懿于彭城立佛寺，作白狼童子像于塔中，以存河北所遇也。

今按：唐李延寿《南史》卷二十五：王懿字仲德，太原祁人，自言汉司徒允弟幽州刺史懋七世孙也。祖宏仕石季龙，父苗仕苻坚，皆至二千石。仲德少沉审有意略，事母甚谨，学通阴阳，精解声律。苻氏之败，仲德年十七。及兄睿同起义兵，与慕容垂战败，仲德被重创走，与家属相失。路经大泽，困未能去，卧林中。有一小儿青衣，年可七八岁，骑牛行，见仲德惊曰："汉已食未？"仲德言饥，小儿去，须臾复来，得饭与之。食毕欲行，而暴雨莫知津径，有一白狼至前，仰天而号，号讫，衔仲德衣，因渡水，仲德随后得济，与睿相及。度河至滑台，复为翟辽所留，使为将帅。积年仲德欲南归，乃弃辽奔泰山。辽追骑急，夜行忽见前有猛炬导之，乘火行百许里以免。晋太元末，徙居彭城。兄弟名犯晋宣、元二帝讳，故皆以字行。睿字元德。北土重同姓，并谓之骨肉，有远来相投者，莫不竭力营赡。若有一人不至者，以为不义，不为乡邑所容。仲德闻王愉在江南贵盛，是太原人，乃远来归愉。愉接遇甚薄，因至姑孰投桓玄。值玄篡，见辅国将军张畅，言及世事。仲德曰："自古革命诚非一族，然今之起者恐不足以济大事。"元德果劲有计略，宋武帝甚知之，告以义举，使于都下袭玄。仲德闻其谋，谓元德曰："天下事不可不密，且兵亦不贵迟巧。玄情无远虑，好冒夜出入，今取之正须一夫力耳。"事泄，元德为玄诛，仲德窜走。会义军克建邺，仲德抱元德子方回出候武帝，帝于马上抱方回，与仲德相对号恸。追赠元德给事中，封安复县侯，以仲德为镇军中兵参军。……益四州刺史。

327. 元末时，萧县一男子，樵于白茅山，时林木荟蔚，寂无人行，独一犬随之，樵者为虎所获，将噬之，犬鸣阛不已，力竭而死，虎亦遁去，樵者遂免害。父老相传，以为义犬。噫！世之忘义者有愧于此犬多矣。录之，岂独为一犬哉？

今按：此条见清刘庠《（同治）徐州府志》卷二十四所引《旧志》。

328. 日本国即古之倭奴。其地周回数千里。西北至海，东北限以大山。国王以王为姓，历代不易。文武皆世官。有五圻七道，附庸国凡百余。其俗黥面文身，披发跣足，妇女不淫不妒。饮食用笾豆，初丧却酒肉。计其道里，在会稽之正东。洪武四年朝贡，至今不绝。

今按：明莫旦《大明一统赋》卷上：“日本国，即古之倭奴。其地周回数千里。西北至海，东北限以大山。国王以王为姓，历世不易。文武皆世官。有五畿七道，附庸国凡百余。其俗黥面文身，被发跣足，妇不妒。饮食用俎豆，初丧却酒肉。计其道里，在会稽之正东。洪武四年，朝贡至今不绝。”明彭大翼《山堂肆考》卷三十六受倭奴贡：“按倭国即古之倭奴国。其地西南至海，东北隅隔以大山。国王以王为姓，历世不易。文武僚吏皆世官。其地有五畿七道，附庸国凡百余。自汉武灭朝鲜，使驿始通于汉。其大倭王居邪焉台国，即邪摩维是已。光武中元初始来朝贡。后国乱，国人立其女子曰卑弥呼为王。其宗女壹与继之。后复立男王，并受中国爵命。历魏晋宋隋，皆来贡。唐咸亨初，恶倭名，改曰日本。宋雍熙后累年朝贡，有愿留授经肄业者。元初招谕不至，命范文虎等率兵十万征之，至五龙山，暴风破舟，败绩。终元之世，使竟不至。”明李贤等撰《明一统志》卷八十九外夷日本国：“东西南北皆际于海，去辽东甚远，去闽浙甚迩。其朝贡由浙之宁波，以达于京师。沿革：古倭奴国，其地东西南北各数千里，西南至海，东北隔以大山。国王以王为姓，历世不易。文武僚吏皆世官。其地有五畿七道。以州统郡，附庸国凡百余。自北岸去拘邪韩国七千里曰对海国。又南渡一海千余里曰瀚海国。又渡一海千余里曰末卢国。东南陆行五百里曰尹都国。又东南百里曰奴国。又东百里曰不弥国。又南水行二十日曰投马国。又南水行十日陆行一月曰邪马一国，其次曰斯焉国，曰已百支国，曰伊邪国，曰郡支国，曰弥奴国，曰好古都国，曰不呼国，曰姐奴国，曰对苏国，曰苏奴国，曰呼邑国，曰华奴苏奴国，曰鬼国，曰为吾国，曰鬼奴国，曰邪马国，曰躬臣国，曰巴利国，曰支惟国，曰乌奴国，皆倭王境界所尽。其国小者百里，大不过五百里。户少者千余，多不过一二万。自汉武帝灭朝鲜，使驿通于汉者三十许。国皆称王，其大倭王居邪焉台国，即邪摩维是已。光武中元二年始来朝贡。后国乱，国人立其女子曰卑弥呼为王，其宗女壹与继之，后复立男王，并受中国爵命。历魏晋宋隋皆来贡，稍习夏音。唐咸亨初，恶倭名，更号日本。自以其国近日所出，故名或云日本，乃小国为倭所并，故冒其号。开元贞元中，其使有愿留中国授经肄业者，久乃请还。宋雍熙后，累来朝贡。熙宁以后来者皆僧也。元世祖遣使招谕之，不至，命范文虎等率兵十万征之，至五龙山，暴风破舟，败绩。终元之世，使竟不至。本朝洪武四年，国王良怀遣使臣僧祖朝贡。其后数岁一来，至今不绝。自永乐以来，其国王嗣立，皆受朝廷册封。风俗：黥面文身，披发跣足，无盗少讼，不娶同姓，饮食用笾豆，初丧不酒肉，信巫好戏，重儒书，信佛法，交易用铜钱。”

329. 琉球国 有大琉球、小琉球。在泉州之东，大海中。主姓欢斯，所居多聚髑髅，殿宇皆刻禽兽。其人去髭黥手，羽冠毛衣，无礼节。父子同床而候。妇人产子，必食子衣。好剽掠，杀人祭鬼，不知节候。西有彭湖岛，海水渐低，谓之落漈，舟行误入者，百无一回。洪武四年朝贡。其国王嗣立皆受本朝册封。国有寿安镇国山，永乐初御制碑文赐之。

今按：明莫旦《大明一统赋》卷上：“琉球国，有大琉球、小琉球。在泉州之东，大海中。王姓欢斯，所居多聚髑髅，殿宇皆刻禽兽。其人去髭黥手，羽冠毛衣，无礼节。父子同床而寝。妇人产子，必食子衣。好剽掠，杀人祭鬼，不知节候。国西有彭湖岛，海水渐低，谓之落漈，舟行误人者，百无一回。洪武四年朝贡。其国王嗣立皆受本朝册封。国有寿安镇国山。永乐初制碑文赐之。”漈，海底深陷处。《元史·外夷传三·瑠求》：“西南北岸皆水，至彭湖渐低，近瑠求则谓之落漈。漈者水趋下而不回也。”《宋史》卷四九一：“流求国在泉州之东，有海岛曰彭湖，烟火相望。其国堑栅三重，环以流水，植棘为藩，以刀稍弓矢剑铍为兵器，视月盈亏以纪时。无他奇货，商贾不通，厥土沃壤，无赋敛，有事则均税。旁有毗舍邪国，语言不通，袒裸盱睢，殆非人类。淳熙间，国之酋豪尝率数百辈猝至泉之水澳、围头等村，肆行杀掠。喜铁器及匙筋，人闭户则免，但刓其门圈而去。掷以匙筋则俯拾之，见铁骑则争刓其甲，骈首就戮而不知悔。临敌用标枪，系绳十余丈为操纵，盖惜其铁不忍弃也。不驾舟楫，惟缚竹为筏，急则群舁之，泅水而遁。”明彭大翼《山堂肆考》卷二二九“落漈”条：“琉球国有彭湖岛，在国西，水行五日，地近福州、泉州、兴化、漳州四郡界。天气晴明，望之隐然，若烟雾中。水至彭湖渐低，近琉球谓之落漈。漈者，水趋下不回也。凡两岸渔舟至彭湖，遇飓风作漂流落漈，回者百无一二。”明李贤等撰《明一统志》卷八九外夷琉球国：“其地在福建泉州东海岛中，其朝贡由福建以达于京师。沿革：古未详何国。汉魏以来，不通中华。隋大业中，令羽骑尉朱宽访求异俗，始至其国。语言不通，掠一人以返。后遣武贲良将陈棱率兵至其都，虏男女五千人还。唐、宋时未尝朝贡。元遣使招谕之，竟不从本朝。洪武中其国分为三，曰中山王，曰山南王，曰山北王，皆遣使朝贡。永乐初，其国王嗣立皆受朝廷册封，自后惟中山来朝，至今不绝。其山南、山北二王盖为所并云。风俗：去髭黥手，羽冠毛衣。无礼节，好剽掠(同上无君臣上下之节、拜伏之礼。父子同床而寝。妇人产乳，必食子衣。食用手，得异味，先进尊者。死者浴其尸，以布帛缠之，裹以苇草，衬土而殡，上不起坟。无他奇货，尤好剽掠，故商贾不通。人喜铁器及匙筋，不驾舟楫，惟缚竹为筏，急则群舁之，泅水而遁)。杀人祭神，聚髅为佳。无赋敛，不知节朔。”

330. 朝鲜国 箕子所封之国。东西滨海，北邻女直，西北至鸭绿江，广二千里，袤四千里，在山东之东北。俗无淫盗。读书喜文字，饮食用俎豆，官吏间威仪，柔仁恶杀，崇释信鬼。男女群戏，相悦为婚。死经三年而葬。洪武二年，其国王颛表贺即位，赐金印诰命，封高丽国王。其后侍郎李成桂代位，请改国号，诏仍朝鲜，至今朝贡。

今按：见明莫旦《大明一统赋》卷上。明李贤等撰《明一统志》卷八九外夷朝鲜国亦云："东西南濒海，北邻女旦，西北至鸭绿江，东西二千里，南北四千里，自国城至京师三千五百里，至南京四千里。沿革：周为箕子所封之国。秦属辽东外徼。汉初燕人卫满据其地。武帝定朝鲜，为真番、临屯、乐浪、玄菟四郡。昭帝并为乐浪、玄菟二郡。汉末为公孙度所据，传至孙渊，魏灭之。晋永嘉末陷入高丽。高丽本扶余别种。其王高琏居平壤城，即乐浪郡地。唐征高丽，拔平壤，置安东都护府。其国东徙在鸭绿水，东南千余里。五代唐时王建代高氏辟地益广，并古新罗、百济而为一，迁都松岳，以平壤为西京，其后子孙遣使朝贡于宋，亦朝贡辽、金。历四百余年，未始易姓元。至元中，西京内属，置东宁路总管府，画慈悲岭为界。本朝洪武二年，其主王颛表贺即位，赐以金印诰命，封高丽国王。二十五年，其主瑶昏迷，众推门下侍郎李成桂主国事，诏从其自为声教，成桂更名旦，徙居汉城，遣使请改国号，诏更号朝鲜。旦老，请以子芳远袭。永乐元年，赐芳远金印，诰命冕服。十七年，芳远老，请以子祹袭景。泰元年，祹卒，命其子珦袭。珦卒，命其子弘時袭。弘時幼弱，其叔瑈以让位请。七年，封瑈为王。自旦以来，时岁贡献不绝。其国置八道，分统府州郡县。风俗：柔谨为风，戴折风，巾服大袖衫。男女相悦为婚。死经三年而葬。好祀鬼神，修宫室，俗知文字，喜读书。饮食用俎豆。官吏闲威仪，居皆茅茨，以秔为酒，多衣麻苎，巾帻如唐，柔仁恶杀，崇释信鬼，俸皆给田，刑无惨酷。"

331. 占城国　即古越裳氏。其地东西七百余里，南北三千余里。东北至广东舟行可半月。国有县镇，护以砖城。王出入乘象，头戴金帽，身被璎珞，每坐朝，有美女三十人侍从，官属谒见皆膜拜。其人好洁，日三五浴，以脑麝涂体，以诸香薰衣，性凶悍，果于战斗。商舶至，即差官监盘，十取其二，外听交易。产大珠如水晶，大于鸡卵。前代屡服屡叛。洪武初遣使朝贡，诏封为王。每国王嗣位，必请命遣使册，封以为常。

今按：见明莫旦《大明一统赋》卷上。明李贤等撰《明一统志》卷九十外夷占城国亦云："东距海，西抵云南，南接真腊国，北连安南国，东北至广东舟行顺风可半月程，至崖州可七日程。沿革：古越裳氏界秦为象郡林邑县，汉改象林县，属日南郡。汉末区连者杀县令，自立为林邑国王。其后世绝，外孙范熊代立。熊死，子逸嗣。其臣范推之奴名文者，谮逐逸诸子。逸死，文篡立。传至玄孙文敌，为扶南王子当根纯所杀。国臣范诸农平其乱，而自立传子阳迈，阳迈传子咄。历宋齐梁陈及隋初，皆来朝贡。隋仁寿末，其王梵志为隋将，刘方击破，遂弃城遁，获其庙主十八枚，皆铸金为之，盖其国有十八世矣。方班师，梵志复其故地，自是朝贡不绝。唐贞观中，其王头黎献方物子镇龙嗣为摩诃慢多伽独所弑，范氏遂绝，国人立头黎之姑子诸葛地，更号环王。唐元和初入寇驩爱等州，安南都护张丹击破之，遂弃林邑，徙国于占，因号占城。五代周显德中，其王释利因德漫遣其臣莆诃散来贡。宋乾德中其王悉利因陁盘遣使因陁玢等贡方物，自是间岁或数岁一贡。淳熙中袭破真腊。庆元中真腊大举复仇，俘杀几尽，更立真腊人以主之。元至元间，其主孛由补剌者吾内附遣使贡方物，后其子补的遂负固弗服，屡遣重兵临之，又数遣使招谕，乍臣乍叛，终无顺志。本朝洪武初，其主阿答阿者首遣其臣虎都蛮来朝贡方物，诏遣中书省管勾甘桓等封为占城国王，自是朝贡不绝。每国王嗣立，必遣使请命于朝，遣使册封率以为常。风俗：出入乘象马，粒食稻米，肉食水兕山羊之类，胸缠氎布，脑垂髽髻，杀牛祭鬼，人性凶悍，果于战斗，市用金银，驱象逐邪，焚衣祭天，刑禁轻重。”占城国即今越南。

332. 真腊国　即占城之南，自泉州海行月余日，可到其地，约七千余里。王视朝，坐五香七宝床，上施宝帐，头戴金宝花冠，被珍珠璎珞，耳悬金铛。国城周七十余里，殿宇三十余所，颇壮丽。以象牙为壁，文木为竿，跨以金桥，长三十余丈，有铜台，上列铜象二十四只，各重四千斤。战象几二十万，马多而小。奉佛谨严。日用舞女三十人，舞献佛饭。民间亦尚华侈，以锦围身。谚云“富贵真腊”是也。洪武初表献方物，至今不绝。

今按：真腊国即今柬埔寨。明李贤等撰《明一统志》卷九十外夷真腊国：“东际海，西接蒲甘，南连加啰希，北抵占城国。沿革：本扶南属国，亦名占腊。其王姓刹利，名质多斯那者，始并扶南而有之。隋大业中，始通中国。唐自武德至圣历，凡四来朝。神龙以后，国分为二。其南近海多陂泽，为水真腊。其北多山阜，为陆真腊。后复合为一。宋政和中遣使来贡，宣和初封为真腊国王，与占城等。庆元中，国人大举伐占城，破之而立真腊，人为占城王。故当时占城亦为属国。本朝洪武初，国王忽儿那遣其臣奈亦吉郎等表献方物，自是朝贡不绝。风俗：东向为上，右手为洁。王三日一视朝，臣阶下三稽首。”《文献通考》卷三三二：“其王三日一视朝，坐五香七宝床，上施宝帐，以文木为竿，象牙金钿为壁，状如小屋，悬金光焰，有同于赤土。前有金香鼎，命二人侍侧。王著朝霞吉贝，瞒络腰腹，下垂至胫。头戴金宝花冠，被真珠缨络，足履革屣，耳悬金珰。裳服白叠。(其臣)朝于王者，辄于阶下三稽首，王呼上阶，则跪，以两手抱膊，绕王环坐。议政事讫，跪伏而去。”明姚虞《岭海舆图》：“真腊国，本扶南属国，东际海，西接蒲甘，南连加罗希，北抵占城。唐武德、宋政和中尝遣使来贡。国朝洪武六年，其国王忽儿那遣其臣奈亦古郎等来贡。其物有象、象牙、苏木、胡椒、黄蜡、犀角、乌木、黄花木、土降香、宝石、孔雀翎。使回，令于广东布政司管待。”《隋书·南蛮·真腊》、《通典·边防·南蛮·真腊》亦载之。

333. 于阗国　在亦力把力国南，东至京师一万余里。其王锦帽金冠，不令人见发。见发即岁俭。地方千里，山多美玉。有好马驼骡。寺塔僧尼甚众。每设斋日，王必亲自洒扫馈食。俗无礼义，多淫盗，喜歌舞，上纺织。初无蚕，求婚于邻国女，怀蚕以归，关守不敢验，女刻石戒勿杀蚕，蛾出尽，始治茧。宋开宝中，献美玉一块，重二百三十七斤。又产独峰驼、狮子、名马。有昆仑山，黄河之源出于此。永乐六年始通朝贡。

今按：见明莫旦《大明一统赋》卷上。明李贤等撰《明一统志》卷八九外夷：“东抵察逊卫，北连伊埒巴尔，东北至肃州，六千三百里。沿革：古于阗国居葱岭之北二百余里。自汉至唐皆入贡中国。五代晋天福中，其王李圣天自称唐宗属遣使来贡，册封为大宝于阗国王。宋建隆初圣天遣使来贡，乾德中又遣其子德从来贡，大中祥符初其国主汗王遣回鹘罗思温等入贡，嘉祐中遣使罗思温献方物，请王号，乃以其国王为特进归忠保顺果琳汗王，其国语谓金谓果琳黑，韩盖汗之讹也。元丰中遣部领爱新上表称，于阗国罗罗有福力量，知文法及汗王书。元祐后诏令间岁一至，讫于宣和，朝享不绝。本朝永乐六年，头目达噜噶额布勒津遣使玛拉噶萨木丹等贡玉璞。风俗貌不甚胡，颇类中华。俗机巧，喜浮屠法，相见以跪，得问遗书，戴于首，乃发之。俗事祆神，喜歌舞，工纺织。乌玉河在城西，三河皆源出昆冈山。去国城西一千三百里。每岁秋，国人取玉于河，谓之捞玉。土产：玉、胡锦、独峰驼、乳香、硇沙、珠、珊瑚、翡翠、水香、琥珀、花蕊布、名马、腽肭脐、金星石、水银、阿魏、安息香、鸡舌香、葡萄、狮子。”

334. 撒马儿罕国　疑即古之罽宾国。东西三千余里，东至京师一万五千余里。有大头痛、小头痛之山，赤土身熱之阪，骑步相持，绳索相引，危险特甚。其王戴牛头冠，坐金马座，葱岭有淫祠，以金为屋，以银为地。祠前有一鱼脊骨，其孔中通，马骑出入。人多任务巧，善治宫室。器用金银，以手取食。有铁门关，产宝物千种，琉璃光莹胜玉。唐开元中遣使贡秘文奇药。本朝洪武二十年来朝，至今不绝。

今按：见明莫旦《大明一统赋》卷上。宋李昉等《太平御览》卷七九六“漕国”条：“《北史》曰：漕国，在葱岭之北，汉时罽宾国也。其王姓昭武，字顺达，康国王之宗族也。都城方四里，胜兵者万余人。国法严，杀人及贼盗皆死。其俗重淫祠，葱岭山有顺天神者，仪制极华，金银锞为屋，以银为地，祠者日有千余人。祠前有一鱼脊骨，有孔，中通马骑出入。国王戴金牛头冠，坐金马座。多稻、粟、豆、麦，饶象、马、犎牛、金、银、镔铁、氍毹、朱沙、青黛、安息青木等香、石蜜、黑盐、阿魏、没药、白附子。北去帆延七百里，东去劫国六百里，东北去瓜州六千六百里。大业中，遣使贡方物。”明李贤等撰《明一统志》卷八九《外夷》“赛玛尔堪”：“东抵额尔巴拉，西连哈里，东至肃州，九十里。沿革：其地不知古何国，或云汉罽宾国。地东西相距三千余里，地势宽衍，土田膏腴，为诸国胜。元驸马特穆尔主其国。东有扬济克城、苏噜克哈雅萨兰城、塔什罕，西有克实克都哩诸城，皆隶焉。本朝洪武二十年，特穆尔遣回回摩哩哈必苏等贡驼马。永乐间，其孙鄂勒博遣使贡马。正统二年，又贡马及玉石。风俗：善治宫室。陈诚《西域记》：人多任，务巧艺，善治宫室，门楹皆雕文刻镂，窗牖缀以瑟瑟。主戴白帽，器用金银。（同上。主戴白圆帽，妻以白缯缠首。饮食喜甘酸，羹杂米肉。器用金银，不设匕箸，以手取食。）山川景物，颇类中原。（同上。）贾用银钱，屠埋血腥。商贾交易用国中所造银钱。坊市有酒，禁屠牛羊者埋其血腥。建屋祀天。泥金书经。（同上。俗重拜天，建屋祀之。以青石为柱，雕镂甚精。经文皆书以泥金，裹以羊皮。）”

335. 交趾　古南交之地。至京师一万二千余里。洪武初，其主陈日煃率先归附，赐安南国王印，传至日焜，其臣黎季犛篡立，永乐四年讨平之。求立陈氏后，无所得，因郡县其地立三司以镇之。洪熙元年，寇黎利复反，又讨之，始奉表乞立陈暠为王，诏封暠为王。后利篡暠而自立，朝臣复请加兵，会利遣使谢罪请命，因而与之。天顺初，国王黎浚被黎淙所弑，其陪臣黎识等表请于朝，遣翰林钱学士溥特节封黎灏为王。其地夷獠杂居，不知礼义，椎髻剪发，跣足文身，好浴善水，席地盘足。人有头能飞者，以两耳为翼，夜则飞去海边食鱼虾，晓复归身，然不常有也。土产猩猩，人面猿身，能言嗜酒。有波罗大如冬瓜，甘香可啖。人有阮翁仲者，身长三尺，始皇使将兵威震匈奴，及卒，遂铸其像，立司马门，今人坟墓间有石人曰翁仲者，此也。

今按：见明莫旦《大明一统赋》卷上。明李贤等撰《明一统志》卷九十《外夷·安南》："东至海三百二十里，西至云南、老挝宣慰司界五百六十里，南至占城国界一千九百里，北至广西思明府凭祥县界四百里。自其国至南京七千七百二十里，至京师一万一千一百六十五里。沿革：古南交之地，秦属象郡，汉初为南越所有。武帝平南越，置交趾、九真、日南三郡，兼置交趾刺史，治羸𨻻。东汉郡属交州，吴增置九德、武平、新昌三郡。宋又增置宋平郡，而徙交州，治龙编。梁陈于交州置都督府，隋初郡废，改都督府为总管府。唐初仍曰交州，调露初改安南都护府，至德初改镇南都护府，大历间复曰安南。五代梁时土豪曲承美专有其地，后为刘隐所并，后杨延艺绍洪相继为交趾节度使。既而管内大乱，推丁部为州帅，其子琏继立。宋平岭表，琏内附，封交趾郡王，弟璇嗣立，为其将黎桓所篡。其后李公蕴篡黎氏，陈日煚篡李氏，然皆臣服中国，封交趾郡王。元宪宗时遣将破其国，日煚窜海岛，后归附，封其子光昺为安南国王。光昺死，子日烜自立。世祖又发兵讨破之，日烜卒，子日燇遣使入贡。本朝洪武初，陈日煃率先归附，仍赐安南国王印，传至日焜，其臣黎季犛篡立僭称伪号。永乐四年，诏遣新城侯张辅西平侯沐晟率兵分道并进，俘获季犛父子，诏求陈氏后立之，无所得，因郡县其地，置府十七，州五，领各州县，又建交趾布政司提刑按察司及都指挥使司于交州府。洪熙元年，寇孽黎利攻劫郡邑，朝廷复命将讨之。宣德二年，黎利势屈，始奉表乞立陈氏后曰暠者主其国，诏封为安南王。后利篡暠而自立，朝臣复请加兵，会利遣使来贡谢罪请命，因而与之。至今朝贡不绝。旧所置府州县列于左方。风俗：夷獠杂居，不知礼义。"《文献通考》卷三二三："五岭之南，人杂夷獠，不知教义，以富为雄。"《安南志》："暑热，好浴于江，故便舟善水，平居不冠，立常叉手，席坐盘足。待客以槟榔。谒尊贵，跪膝三拜，待客以槟榔，嗜咸酸海味。交、爱民倜傥好谋，驩、演民淳秀好学。土产：猩猩(《南中志》：猩猩人面豕身，似猿，常数辈为群，人以酒并糟设路侧，连结草屐，猩猩见之，即知张者祖先姓名，呼曰奴欲张我，亟舍去，复自谓试共尝酒，逮醉，取屐着之，为人所擒)、波罗密(大如冬瓜，皮有软刺，五六月熟，味最香甜，可煮食，能饱人，奉化府嘉林州出者尤佳)。人物：秦阮翁仲(身长二丈三尺，气质端勇，异于常人，少为县吏，为督邮所笞，叹曰：人当如是耶？遂入学究书史。始皇并天下，使翁仲将兵守临洮，声振匈奴，秦以为瑞。翁仲死，遂铸铜为其像，置咸阳宫司马门外，匈奴至有见之者，犹以为生)。"明张燮《东西洋考》卷一、明严从简《殊域周咨录》卷六所载大同小异。

336. 大秦国　一名犁靬。在西海之西。地有弱水流沙，几于日入之处。地方数千里，有四百余城，小国役使者数十，约至京师四万余里。其王以织金缠头。屋宇以水晶为柱，琉璃为瓦。其人长大美皙，有官曹簿领，皆秃头而衣文绣。王小出，惟诵经礼物，出则乘马。马皆饰以金玉珠宝。或灾异及风雨不时，辄废，而更立贤者，废者无怨。有幻人峭鼻，拳鬓长四尺余，能额上为炎烬，手中作江湖，举足而珠玉，自堕开口，则幡旌乱出。海中有鬼市，王客和同我往，彼去彼来，我归以直，置诸物旁，待领直然后收物。有珊瑚洲，土人以铁网取之。

今按：见明莫旦《大明一统赋》卷上。宋赵汝适《诸蕃志》卷上："大秦国，一名犁靬，西天诸国之都会，大食番商所萃之地也。其王号麻啰弗理安，都城以帛织出金字缠头。所坐之物则织以丝缠。有城市里巷。王所居舍，以水精为柱，以石灰代瓦，多设帘帏，四围开七门，置守者各三十人。有他国进贡者，拜于阶陀之下，祝寿而退。其人长大美皙，颇类中国，故谓之大秦。有官曹簿领而文字，习北人，皆髦头而衣文绣，亦有白盖小车旌旗之属。及十里一亭，三十里一堠，地多狮子，遮害行旅，不百人持兵器偕行，易为所食。宫室下凿地道，通礼拜堂。一里许，王少出惟诵经礼佛，遇七日，即由地道往礼拜堂，拜佛从者五十余人。国人罕识王面，若出游则骑马用伞。马之头顶皆饰以金玉珠宝。递年大食国王有号素丹者，遣人进贡。如国内有警，即令大食措置兵甲抚定。所食之物多饭饼肉，不饮酒，用金银器，以匙挑之，食已，即以金盘贮水濯手。土产：琉璃、珊瑚、生金、花锦、缦布、红玛瑙、真珠。又出骇鸡犀，骇鸡犀即通天犀也。汉延嘉初，其国主遣使自日南徼外来献犀象、瑇瑁，始通中国，所供无他珍异，或疑使人隐之。晋大康中又来贡。或云其国西有弱水流沙，近西王母所处，几于日所入也。按杜还经行记云：拂桑国在苫国西，亦名大秦，其人颜色红白，男子悉着素衣，妇人皆服珠锦，好饮酒，尚干饼，多任务巧善织络，地方千里，胜兵万余，与大食相御，西海中有市，客主同和，我往则彼去，彼来则我归。卖者陈之于前，买者酬之于后，皆以其直置诸物旁，待领直然后收物，名曰鬼市。"

又按：我国古代称东罗马帝国为拂菻。《旧唐书・拂菻传》："[拂菻国]在西海之上，东南与波斯接。"《晋书・大秦国传》："其城周回百余里，屋宇皆以珊瑚为棁栭，琉璃为墙壁，水晶为柱础。"《钦定大清一统志》卷四百二十四拂菻："在西海中。建置沿革：即汉大秦国。又名犁靬。后汉桓帝延熹初始通中国。"杜佑《通典》卷一九三："其国在西海之西。亦云海西国。其王理安都城，宫室皆以水晶为柱。从条支西度海曲万里，去长安盖四万里。其人长大平正，有类中国，故谓之大秦，或云本中国人也。"

337. 大食国　本波斯之别种，任夏州之西北，地方千里，胜兵四十万，民俗侈丽，天寒多雪。其王头缠织金番布，朔望则戴纯金宝冠，所居以玛瑙为柱，以绿甘为壁，以水晶为瓦，帷幕皆百花锦，台榻饰以金玉，阶砌包以纯金玉。每视朝，坐珍珠帘内。有丞相披金甲，戴兜鍪，拥卫左右。余官各领兵马，马高七尺，士卒骁勇，武艺绝伦。街阔六七丈，铺以石板，极精致。民居与中国同，但瓦则以薄石为之。市肆喧哗，百货萃聚。有骏马云与龙交，所产者日行千里。有驼鸟胜得人骑。瓜大者数人食一枚。其王常令人入海经涉，入年未极西岸，于海中石上见大树，皆生小儿，见人笑而不语。连枝摘取，即干黑。其国在唐宋时皆通朝贡。

今按：见明莫旦《大明一统赋》卷上。宋赵汝适《诸蕃志》卷上："大食在泉之西北，去泉州最远。番舶艰于直达。自泉发船四十余日，至蓝里博易住冬，次年再发，顺风六十余日，方至其国。本国所产多运载与三佛齐贸易，商贾转贩，以至中国。其国雄壮，其地广衮，民俗侈丽，甲于诸番。天气多寒，雪厚二三尺，故贵毡毯。国都号蜜徐篱，据诸番冲要。王头缠织锦番布，朔望则戴八面纯金平顶冠，极天下珍宝，皆施其上，衣锦衣，系玉带，蹑间金履。其居以玛瑙为柱，以绿甘(石之透明如水晶者)为壁，以水晶为瓦，以碌石为砖，以活石为灰，帷幕之属悉用百花锦。其锦以真金线夹五色丝织成。台榻饰以珠宝，阶砌包以纯金。器皿鼎灶杂用金银，结真珠为帘。每出朝，坐于帘后。官有丞相，披金甲，戴兜鍪，持宝剑，拥卫左右。余官曰太尉，各领兵马二万余人，马高七尺，用铁为鞋，士卒骁勇，武艺冠伦。街阔五丈余，就中凿二丈，深四尺，以备骆驼马牛驮负物货，左右铺砌青黑石板，尤极精致，以便来往。民居屋宇与中国同，但瓦则以薄石为之。民食专仰米谷，好嗜细面，蒸羊。贫者食鱼，菜果实皆甜无酸，取蒲萄汁为酒，或用糖煮香药为思酥酒。又用蜜和香药作眉思打华酒。其酒大暖。巨富之家博易金银，以量为秤。市肆喧哗，金银绫锦之类，种种萃聚，工匠技术，咸精其能。”宋乐史《太平寰宇记》卷一八六“大食国”：“大食国，唐永徽中遣使朝贡，云其国在波斯之西。或云隋大业中有波斯胡人渡怛曷水，若有神助，得刀杀人，劫夺商旅，其众渐盛，因招附诸胡，有胡人十一来，据次第摩首受化为王，此后众渐归附，遂割波斯西境，自立为王，姓大食氏，名瞰密莫末腻，又破拂菻及波罗门城，所当无敌，兵众有四十二万。……有马，俗云西海滨龙与马交所产也，腹肚小，脚腕長，善者日驰千里。其驼小而紧背有孤峰，良者日行千里。又有驼鸟，高四尺以上，脚似驼蹄，颈项胜得人骑，行五六里，卵大如二升。又有荠实，大如夏枣，堪作油食，除瘴气。其气候温，土地无冰雪，人多疟疾痢病。一年之内十中五死，今吞灭四五十国，皆为所役。属多分其兵镇守。其境尽于西海焉。又云末禄国，在亚梅国西南七百余里，胡姓末者兹土人也。其城方十五里，用铁为城。门城中有盐池，又有两所佛寺，其境东西四十里，南北一百八十里，村栅远接，树木交映，四面合匝，总是流沙。南有大河流入其境。其土沃饶，其人清洁，墙屋高厚，市廛正平。木既雕刻，土亦绘画。又有细软叠布，羔羊皮裘贴其上，值银钱数百。果有红桃、白捺、遏白，黄李瓜大者名寻枝，十余人食一颗，辄足。”

338. 西洋古里国　其国乃西洋诸番之会。海滨为市，行者让路，道不拾遗，俗稍近古。产骏马。永乐以来，朝贡不绝。

今按：见明莫旦《大明一统赋》卷上。明李贤等撰《明一统志》卷九十外夷：“西洋古里国。沿革：其国乃西洋诸番之会。本朝永乐元年，国王马那必加剌满遣其臣马戍来朝贡马，自是朝贡不绝。风俗：海滨为市，以通贸易，行者让路，道不拾遗，山横而田瘠，宜种麦，好畜马，俗稍近古。”

339. 一弗敌国　在吐谷浑北，有屈海，周回千余里。众有万户，不食五谷，唯食鱼及苏子。顽弱不知斗战，忽见异人，举国便走。性如野兽，体轻工走，逐不可及。是夷蛮戎狄之中丑类也。

今按：见明莫旦《大明一统赋》卷上。一作“乙弗勿敌国”，《北史》卷九十六：“吐谷浑北有乙弗勿敌国，国有屈海，海周回千余里。众有万落，风俗与吐谷浑同。然不识五谷，唯食鱼及苏子。苏子状若中国枸杞子，或赤或黑。有契翰一部，风俗亦同，特多狼。白兰山西北，又有可兰国，风俗亦同。目不识五色，耳不闻五声，是夷蛮戎狄之中丑类也。土无所出，直大养群畜，而户落亦可万余人。顽弱不知斗战，忽见异人，举国便走。性如野兽，体轻工走，逐不可得。白兰西南二千五百里，隔大岭，又度四十里海，有女王国。人庶万余落，风俗土著，宜桑麻，熟五谷，以女为王，故因号焉。译使不至，其传云然。"明莫旦《大明一统赋》："自粤门以南，胡门以北，东尽东海，西逾西域，则有天方、日本、琉球、朝鲜、占城、真腊、亦力、于阗、渤泥撒马、交趾、细兰、大秦、大食。西洋西天，一弗敌兮勿斯里，三佛齐兮苏吉丹，更有沙华国兮古麻剌，弼琶啰兮忽鲁谟，榜葛剌兮兀良哈，吉慈尼兮默德那，木兰皮兮满剌伽，默加腊兮茶弼沙，琐里碟里蓝无里，新罗暹罗弼斯罗，苏禄苏门兮哈烈哈密，勿拔层拔兮爪哇阿哇，麻逸麻嘉兮打网打板，三苗三屿兮百樊百花，獯鬻玁狁，突厥乌桓，匈奴鲜卑，契丹先零，肃慎火筛，回纥吐蕃，限以三卫，控以九边，畏威怀德，强殒弱降，梯航重译，玉帛来王，此天下一统之外夷也。"按：此段赋文如今日艺人表演"报地名"之相声。

340. 勿斯里国　有一十六州，周回六千余里。有三百六十村，每村供国用一日，可足一年之食。其王白皙，缠头，着番衫，出入乘马。前有看马三百匹，皆金鞍宝辔。有虎十头，縻以铁索。伏虎者百人，弄铁索者五十人，持擂棒者一百人，臂鹰者三十人。又千骑围护，有亲奴三百，各带甲持剑，鸣鼓者百人，仪从甚都。有大塔高一百丈，他国或兵侵，则举国据塔以拒敌。上下可容二万人，内居守而外出战。

今按：见明莫旦《大明一统赋》卷上。宋赵汝适《诸蕃志》卷上："勿斯里国，属白达国节制。国王白皙，打缠头，着番衫，穿皂靴，出入乘马。前有看马三百匹，鞍辔尽饰以金宝。有虎十头，縻以铁索。伏虎者百人，弄铁索者五十人，持擂棒者一百人，臂鹰者三十人。又千骑围护有亲奴三百，各带甲持剑，二人持御器械，导王前。其后有百骑鸣鼓，仪从甚都。国人惟食饼肉，不食饭。其国多旱，管下一十六州，周回六十余程。有雨则人民耕种反为之漂坏。有江水极清甘，莫知水源所出。岁旱，诸国江水皆消减，惟此水如常。田畴充足，农民藉以耕种，岁率如此。人至有七八十岁不识雨者。旧传蒲啰吽第三代孙名千宿，曾据此国，为其无雨，恐有旱干之患，遂于近江择地置三百六十乡，村村皆种麦，递年供国人日食。每村供一日，三百六十村可足一年之食。又有州名憩野，傍近此江，两年或三年必有一老人自江水中出，头发黑短，须鬓皓白，坐于水中石上，惟现半身掬水洗面剔甲，国人见之，知其为异，近前拜问。今岁人民吉凶如何，其人不语，若笑则其年丰稔，民无札瘥；若蹙额，则是年或次年必有凶歉疾疫。坐良久，复没不见。江中有水骆驼、水马，时登岸啮草，见人则没入水。"

341. 三佛齐国　本南蛮别种，与占城为邻，在泉州之正南。管十五州。国人多姓蒲。王出入乘船，身缠花布，卫以金镖。民居盖以椰叶。习水陆战。男女椎髻好洁，天气多热少寒。俗称其王为龙精，不火食，食则大荒，不水浴，浴则大潦。惟食沙糊、浴蔷薇露而已。有百宝冠，甚重，每大朝会，惟王能戴之。传禅则集诸子，能胜之者嗣位。自洪武以来，朝贡不绝。

今按：见明莫旦《大明一统赋》卷上。三佛齐，即苏门答腊(Sriwidjaja)。宋赵汝适《诸蕃志》卷上三佛齐国：“三佛齐，间于真腊、阇婆之间。管州十有五。在泉之正南。冬月顺风，月余方至凌牙门，经商三分之一始入其国。国人多姓蒲。累甓为城，周数十里。国王出入乘船，身缠缦布，盖以绢伞，卫以金镖。其人民散居城外，或作牌水居，铺板覆茅，不输租赋，习水陆战，有所征伐，随时调发。立酋长率领，皆自备兵器糗粮。临敌敢死，伯于诸国，无缗钱，止凿白金贸易。四时之气，多热少寒。豢畜颇类中国。有花酒、椰子酒、槟榔蜜酒，皆非曲蘖所酝，饮之亦醉。国中文字用番书，以其王指环为印，亦有中国文字，上章表则用焉。国法严犯奸，男女悉置极刑。国王死，国人削发成服，其侍人各愿徇死，积薪烈焰，跃入其中，名曰同生死。有佛名金银山，佛像以金铸。每国王立，先铸金形以代其躯。用金为器皿，供奉甚严。其金像器皿各镌志，示后人勿毁。国人如有病剧，以银如其身之重施国之穷乏者，云可缓死。俗号其王为龙精，不敢谷食，惟以沙糊食之，否则岁旱而谷贵。浴以蔷薇露，用水则有巨浸之患。有百宝金冠，重甚，每大朝会，惟王能冠之，他人莫胜也。传禅则集诸子以冠授之，能胜之者则嗣。……其国自唐天祐始通中国。皇朝建隆间凡三遣贡。淳化三年告为阇婆所侵，乞降诏谕本国，从之。咸平六年，上言本国建佛寺以祝圣寿，愿赐名及钟，上嘉其意，诏以‘承天万寿’为额，并以钟赐焉。至景德、祥符、天禧、元祐、元丰，贡使络绎，辄优诏奖慰之。其国东接戎牙路。”明李贤等撰《明一统志》卷九十《外夷》：“三佛齐国在占城国南五日程。其朝贡自广东以达于京师。沿革：本南蛮别种，与占城为邻，居真腊、爪哇之间，所管十五州。其属国有单马令凌牙斯蓬丰登牙侬细兰等国。其王号詹卑，其人多姓蒲。唐天祐初始通中国。宋建隆初其王悉利胡大霞里檀遣使朝贡，其后遣使入贡。本朝洪武四年，国王哈剌札八剌卜遣其臣玉的力马罕亦里麻思奉金字表来朝，并贡方物，遂朝贡不绝。风俗：人用香油涂身。四时之气，多热少寒，冬无霜雪，人用香油涂身。水上架屋。《岛夷志》：男女椎髻穿，青绵布衫，系东冲布，喜洁净，故于水上架屋。”

342. 沙华公国　在大海中。其人肆行劫掠。商舶或漂至其国，则擒人烧食之。又有一种曰毗舍耶者，与泉州之晋江县相近。其人语言不通，袒裸盱睢，殆畜类也。或时至晋江劫掠，其来不测，多罹生畜啖之。意喜铁器及匙筋，人闭户则免，但刓其门圈而去。掷以匙筋，俟俯拾，可缓数步。又东南有女人国，水常东流，莲肉长尺余，桃核长二尺。其国无男子，其女感风即生女。女贵，多有侍男。又东南有女人国，水常东流。男子不得有侍女。生女从母姓。

今按：见明莫旦《大明一统赋》卷上。宋赵汝适《诸蕃志》卷上“沙华公国”条曰：“其人多出大海，劫夺得人，缚而卖之阇婆。又东南有野岛，蛮贼居之，号麻啰奴。商舶飘至其国，群起擒人，以巨竹夹烧而食之。其贼首钻齿，皆以黄金装饰，取人脑盖为饮食器。其岛愈深，其贼愈甚。又东南有女人国，水常东流。数年水一泛涨，或流出。莲肉长尺余，桃核长二尺，人得之则以献于女王。昔常有舶舟飘落其国，群女携以归，数日无不死。有一智者夜盗船亡命得去，遂传其事。其国女人遇南风盛，发裸而感风，即生女也。西海亦有女国，其地五男三女，以女为国王。妇人为吏职，男子为军士。女子贵，则多有侍男。男子不得有侍女，生子从母姓。气候多寒，以射猎为业。出鍮石、朱砂、麝香、牦牛，骏马尤多。盐与大秦天竺博易，其利数倍。”同卷“毗舍耶”条曰：“毗舍耶，语言不通，商贩不及，袒裸盱睢，殆畜类也。泉有海岛曰彭湖，隶晋江县，取其国密迩。烟火相望，时至寇掠，其来不测，多罹生啖之害，居民苦之。淳熙间，国之酋豪常率数百辈猝至泉之水澳围头等村，恣行凶暴，戕人无数，淫其妇女，已而杀之。喜铁器及匙筋，人闭户则免，但刓其门圈而去。掷以匙筋，则俯拾之，可缓数步。官军擒捕，见铁骑则竞刓其甲，骈首就戮，而不知悔。临敌用标枪，系绳十余丈为操纵，盖爱其铁，不忍弃也。不驾舟楫，惟以竹筏从事，可折迭如屏风。急则群舁之泅水。”沙华公国，古国名。故地或以为在今加里曼丹岛东北的塞布库岛，或以为在今菲律宾棉兰老岛的三宝颜，或说在今苏拉威西岛和马鲁古群岛一带。

343. 兀良哈国　即古之山戎。无屋宇。行则车马为室，止则毡为庐。自君长以下皆食畜肉，衣毛皮。贵壮贱老。怒则杀父。凡娶，先掠女，歌舞。送葬无礼顽嚚，夷中最甚。洪武二十二年，命其酋长为指挥使，各领所部朝贡，至今不绝。

今按：见明莫旦《大明一统赋》卷上。宋乐史《太平寰宇记》卷一九一“四夷二十·北狄三·匈奴下”：“其俗随逐水草畜牧而转移，无文字，以言语为准。凡男生三五岁，能骑羊引弓，射其鸟鼠以成性，长则射狐兔以充食。自君长以下咸食畜肉，衣皮毛。贵壮贱老。其单于则有朝日夕月之礼。其坐尚左，日尚戊巳。有羊、马、橐驼、毡毯、毛褐。其送死有棺椁、金银、衣裘，而无封树、丧服。匈奴名冢曰豆落，近幸臣妾从死者多至数百人。凡举事尝随月盛壮以攻战，月亏则退，兵攻战所获必与之。善为诱兵以克敌，故其逐利如鸟之集，其败则瓦解云散。又有战而能扶轝死者，尽得其家财也。”

344. 默德那国　即回回祖国。有城池宫室。民物繁庶，非自杀者不食。忌豕肉，斋戒拜天。制造雕镂，尤极工巧。宣德中来朝，贡方物。

今按：见明莫旦《大明一统赋》卷上。此出自明李贤等撰《明一统志》卷八十九“外夷”之“默德那国”条：“即回回祖国也。初，国王谟罕蓦德生而神灵，有大德，臣服西域诸国，诸国尊号为别谙拔尔，犹华言天使，云其教专以事天为本，而无像设。其经有三十本，凡三千六百余卷。其书体旁行，有篆、草、楷三法，今西洋诸国皆用之。又有阴阳星历、医药、音乐之类。隋开皇中国人撒哈八撒阿的干葛思始传其教入中国。其地接天方国。本朝宣德中其国使臣随天方国使臣来朝，并贡方。物风俗有城池、宫室、田畜、市列，与江淮风土不异。寒暑应候，民物繁庶，种五谷、蒲萄诸果。俗重杀，非同类，杀者不食。不食家肉，斋戒拜天，每岁斋戒一月，更衣沐浴，居必易常处。每日西向拜天，国人尊信其教。虽适殊域，传子孙，累世不敢易。制造织文，雕镂器皿尤巧。”

345. 木兰皮国　在西海之中，自大食发舟，正西海一百余日方至其国。一舟可容万人。舟中有贸食肆机杼之属。言舟之大者，莫如此国所产极异。麦粒长三寸，瓜围六尺，榴重五斤，桃重二斤，香橼重二十余斤，胡羊高数尺，尾大如扇，春剖腹取脂数十斤，缝合仍活，不取胀死。日晷长三时，秋风忽起，人兽速就水饮，稍迟则渴死。

今按：见明莫旦《大明一统赋》卷上。宋赵汝适《诸蕃志》卷上木兰皮国："大食国西，有巨海。海之西，有国不可胜数。大食巨舰所可至者木兰皮国尔。自大食之陁盘地国发舟，正西涉海百余日方至其国。一舟可容数千人。舟中有酒食肆机杼之属。言舟之大者，莫木兰皮若也。国之所产极异。麦粒长三寸，瓜围六尺，可食二三十人。榴重五斤，桃重二斤，香橼重二十余斤，莴苣菜每茎可重十余斤，其叶长三四尺米，麦开地窖藏之数十年不坏。产胡羊，高数尺，尾大如扇，春剖腹取脂数十斤，再缝合而活，不取则发臕胀死。陆行二百程，日晷长三时。秋月西风忽起，人兽速就水饮乃生，稍迟则渴死。"

346. 茶弼沙国　城方一千余里，王著战衫、金带、金冠。妇女著真珠衫。土产金宝极多。民居七层，每一层为一家。其国光明，乃太阳没入之地。至晚日入，其声如雷。每于城上用千人鸣金吹角，以混日声，不然，则孕妇及小儿闻日声皆惊死。斯言恐未足信。

今按：见明莫旦《大明一统赋》卷上。宋赵汝适《诸蕃志》卷上："茶弼沙国，城方一千余里。王著战袍，缚金带，顶金冠，穿皂靴。妇女著真珠衫。土产金宝极多。人民住屋有七层，每一层乃一家。其国光明，系太阳没入之地。至晚日入，其声极震，洪于雷霆。每于城门用千人吹角鸣锣击鼓，杂混日声，不然则孕妇及小儿闻日声皆惊死。"

347. 勿拔国　边海有陆道，可到大食。王人露顶，跣足，缠布帷。宰相及王之左右乃著衫，缠头。王居用砖，民居盖以茅。人多妖术，能变身作禽兽水族形，善咒诅。人死将葬，则亲戚皆舞剑而入，问以死故，若人杀死我等，当为报仇。丧主答以非人所杀，自系天命，乃投剑而哭。有大鱼长十余丈，筋骨可架屋，骨节可舂米，有山围四千余里，大中无人烟，出血竭、玳瑁、龙涎等物。

今按：见明莫旦《大明一统赋》卷上。宋赵汝适《诸蕃志》卷上"勿拔国"条云："勿拔国，海边有陆道，可到大食。王紫棠色，缠头衣衫，遵大食教度为事。"其"中理国"条云："中理国，人露头跣足，缠布，不敢著衫，惟宰相及王之左右乃著衫缠头以别。王居用砖甓甃砌，民屋用葵茅苫盖。日食烧面饼、羊乳、骆驼乳。牛、羊、骆驼甚多，大食惟此。国出乳香。人多妖术，能变身作禽兽或水族形，惊眩愚俗。番舶转贩，或有怨隙，作法诅之，其船进退不可知，与劝解，方为释放。其国禁之甚严。每岁有飞禽泊郊外，不计其数，日出则绝，不见其影，国人张罗取食之，其味极佳，惟暮春有之，交夏而绝，至来岁复然。国人死，棺殓毕欲殡，凡远近亲戚慰问，各舞剑而入，噉问孝主死故。若人杀死，我等当刃杀之报仇。孝主答以非人杀之，自系天命，乃投剑恸哭。每岁常有大鱼死，飘近岸，身长十余丈，径高二丈余，国人不食其肉，惟刳取脑髓及眼睛为油，多者至三百余墱，和灰修舶船，或用点灯。民之贫者取其肋骨作屋桁，脊骨作门扇，截其骨节为臼。国有山与弼琶啰国隔界，周围四千里，大半无人烟。山出血碣、芦荟，水出瑇瑁、龙涎。其龙涎不知所出，忽见成块，或三五斤，或十斤，飘泊岸下，土人竞分之，或船在海中蓦见采得。”中理为 Migiartinia 之异译，其地当在今亚丁湾之索马里角米朱蒂尼亚。勿拔为 Morbat、Merbat 对音，其地在穆尔巴特角之穆尔巴特，今地图作米尔巴特(Mirbat)。

348. 三苗国　在荆阳之间。唐虞时恃险为乱，今岳州是也。昔高辛时，有犬名盘瓠。人有父为贼所杀者，誓于众曰：“能为我复仇者，以女妻之。”盘瓠闻之，掉尾而去，遂衔贼首而还，因妻以女。入山三年，生六子。六子既长，问于母曰：“吾父是谁?”母指犬曰：“此是父也。”六子耻之，遂杀盘瓠。今贵州夷人，父老则卖之，名卖爷苗。又有东苗、西苗、紫姜苗、红仡佬、花仡佬。又五溪之蛮，曰苗，曰瑶，曰僚，曰侗，曰仡佬，字皆从犬，皆盘瓠种也。

今按：见明莫旦《大明一统赋》卷上。《后汉书·南蛮传》：“昔高辛氏有犬戎之寇，帝患其侵暴，而征伐不克。乃访募天下，有能得犬戎之将吴将军头者，购黄金千镒，邑万家，又妻以少女。时帝有畜狗，其毛五采，名曰槃瓠。下令之后，槃瓠遂衔人头造阙下，群臣怪而诊之，乃吴将军首也。帝大喜，而计槃瓠不可妻之以女，又无封爵之道，议欲有报而未知所宜。女闻之，以为帝皇下令，不可违信，因请行。帝不得已，乃以女配槃瓠。槃瓠得女，负而走入南山，止石室中。所处险绝，人迹不至。于是女解去衣裳，为仆鉴之结，著独力之衣。帝悲思之，遣使寻求，辄遇风雨震晦，使者不得进。经三年，生子一十二人，六男六女。槃瓠死后，因自相夫妻。织绩木皮，染以草实，好五色衣服，制裁皆有尾形。其母后归，以状白帝，于是使迎致诸子。衣裳班兰，语言侏离，好入山壑，不乐平旷。帝顺其意，赐以名山广泽。其后滋蔓，号曰蛮夷。外痴内黠，安土重旧。以先父有功，母帝之女，田作贾贩，无关梁符传，租税之赋。有邑君长，皆赐印绶，冠用獭皮。名渠帅曰精夫，相呼为姎徒。今长沙武陵蛮是也。”明田汝成《炎徼纪闻》卷四：“在平乐为紫姜苗，嗜杀，尤甚得仇人，即生啖其肉。在白纳为卖爷苗，其俗贱老而贵少，父老则拽而鬻之。”清田雯《古欢堂集》卷三八《苗蛮种类部落》：“古称三苗之国，左洞庭，右彭蠡，则鄢郢以上皆苗也。《诗》云：‘蠢尔蛮荆，大邦为仇。’则三楚之间皆蛮也。黔僻处西南穷山深箐，所在无非苗蛮，其种类各殊，而部落亦不一矣。……其他若新贵之东苗、西苗，广顺之花苗、牯羊苗，龙里之白苗，贵定思南之短裙苗，永宁慕役之白倮，平伐平远之仡佬，都匀黔西之木老，康佐会竹谷西堡之龙家，都匀石阡黎平之狑獞，新添石阡之蛮人，普安僰人，皆可以鞭棰使者也。”《说郛》卷六七下《溪蛮丛笑序》：“五溪之蛮，皆盘瓠种也。聚落区分，名亦随异。沅其故壤，环四封而居者，今有五，曰苗，曰瑶，曰僚，曰侗，曰仡佬。风声气习，大略相似，不巾不履，语言服食，率异乎人。由中州官于此者，其始见也，皆讶之，既乃笑之，久则恬不知怪。通守朱公灊山先生之季子，风流博雅，手录溪蛮事，识其所产所习之异，目曰《丛笑》，诚可笑也。”

349. 三屿国　散居南海中。每一聚落约一千余家。地多崇冈迭嶂，凭高依险，编茅为屋。其人形短而小，眼圆而黄，虬发露齿，巢于木颠。或三五为群，跧伏草莽，以暗箭射人。授以瓷碗，则俯拾跳呼而去。

今按：见明莫旦《大明一统赋》卷上。宋赵汝适《诸蕃志》卷上："三屿乃麻逸之属，曰加麻延、巴姥西、巴吉弄等，各有种落，散居岛屿。舶舟至则出而贸易，总谓之三屿。其风俗大略与麻逸同。每聚落各约千余家，地多崇冈迭嶂，峭拔如壁，凭高依险，编茅为屋。山无水源，妇女以首累擎二三瓮，取水于溪，登陟如履平地。穷谷别有种落，号海胆，人形而小，眼圆而黄，虬发露齿，巢于木颠。或三五为群，跧伏榛莽，以暗箭射，人多罹其害。投以瓷碗，则俯拾忻然，跳呼而去。番商每抵一聚落，未敢登岸，先驻舟中流，鸣鼓以招之，蛮贾争棹小舟，持吉贝、黄蜡、番布、椰子簟等至与之贸易。如议价未决，必贾豪自至说谕，馈以绢伞、瓷器、藤笼，仍留一二辈为质，然后登岸互市，交易毕，则返其质，停舟不过三四日，又转而之他。诸蛮之居环绕三屿，不相统属。其山倚东北隅，南风时至，激水冲山，波涛迅驶，不可泊舟，故贩三屿者率四五月间即理归棹。博易用瓷器、皂绫、缬绢、五色烧珠、铅网坠、白锡为货。蒲哩噜与三屿联属，聚落差盛，人多猛悍，好攻劫。海多卤股之石，槎牙如枯木芒刃，铦于剑戟。舟过其侧，预曲折以避之。产青琅玕、珊瑚树，然绝难得。风俗博易，与三屿同。"元汪大渊《岛夷志略》、明黄省曾《西洋朝贡典录》卷上亦同。加麻延即今之卡拉棉群岛(Calamian)，巴姥西即巴拉望岛(Palawan)，巴吉弄即布桑加岛(Busuanga)。

350. 百夷国　在云南之西南，即麓川平缅，种类不一。自汉以来，叛服不常。各有土酋为主。洪武中，犹负固不服命，黔宁王讨平之。不加约束，听其自为声教，上下僭奢，虽微名薄职，皆系金银宝带，官民皆以笋壳为帽饰，以金玉珍宝为高顶，如宝塔状，遍插翠花羽毛，后垂红缨，以坐象为贵，其相见则合掌拜跪，而无端肃拱揖之礼。长于己者则跪之，见头目则膝行以前，三步一拜。地无城池，因高山为砦。军民无定籍，聚则为军，散则为民。师行无纪律，倚象为声势，每战则自缚于象上，悍而无谋。房屋猥陋，覆以草，或为竹楼，如儿戏状。不重处女，未笄，听与弱冠男子通，而相得者为夫妇。凡子弟有职名则父兄拜跪之。坐受自若。父母死，则多聚年少歌舞饮酒，谓之娱尸。不知节序，惟望月之出没，以测时候。正统初，麓川又反，命靖远伯王公骥征之，始平。

今按：此条见明莫旦《大明一统赋》卷上。李京《白夷风俗记》："嫁娶不分宗族，不重处女。"(见《全元文》卷一一四九)

351. 元城先生在宋，杜门屏迹，不妄交游，人罕见其面。然田父野老市井细民以谓："若过南京，不见刘侍制；如过泗州，不见大圣。"及没，耆老士庶妇人女子持熏剂诵经而哭，父老日数千人，至填拥不得其门而入，家人因设数大炉于厅下，争以香炷之，香价踊贵。后二年，虏人驱坟户发棺，见公颜貌如生，咸惊曰："必异人也。"问谁坟户，对以某官，一无所动，盖棺而去。

今按：见宋赵善璙《自警编》卷六。

352. 宁王常猎于鄠县界，搜林，忽见草中一柜，扃锁甚固。王命发视之，乃一少女也。问其所自，女言："姓莫氏，叔伯庄居。昨夜遇光火贼，贼中二人是僧，因劫某至此。"动婉含颦，冶态横生。王惊悦之，乃载以后乘。时方生获一熊，置柜中，如旧锁之。时上方求极色，王以莫氏衣冠子女，即日表上之，具其所由。上令充才人。经三日，京兆奏鄠县食店有僧二人，以钱一万，独赁店一日一夜，言作法事，唯舁一柜入店中。夜久，膈膊有声。店户人怪日出不启门，撤户视之，有熊冲人走出，二僧已死，骸骨悉露。上知之，大笑，书报宁王："宁奇大能处置此僧也。"莫才人能为秦声，当时号"莫才人啭"焉。

今按：见唐段成式《酉阳杂俎》卷十二。《太平广记》卷二三八亦引之。

353. 徐敬业年十余岁，好弹射。英公每曰："此儿相不善，将赤吾族。"射必溢镝，走马若灭，老骑不能及。英公常猎，命敬业入林趁兽，因乘风纵火，意欲杀之。敬业知无所避，遂屠马腹，伏其中。火过，浴血而立，英公大奇之。

今按：见唐段成式《酉阳杂俎》卷十二。

354. 大定初，有士人随新罗使，风吹至一处，人皆长须，语与唐言通，号长须国。人物茂盛，栋宇衣冠，稍异中国，地曰扶桑洲。其署官品，有正长、戢波、目役、岛逻等号。士人历谒数处，其国皆敬之。忽一日，有车马数十，言大王召客。行两日方至三大城，甲士守门焉。使者导士人入伏谒，殿宇高敞，仪卫如王者。见士人拜伏，小起，乃拜士人为司风长，兼驸马。其主甚美，有须数十根。士人威势烜赫，富有珠玉，然每归见其妻则不悦。其王多月满夜则大会，后遇会，士人见姬嫔悉有须，因赋诗曰："花无蕊不妍，女无须亦丑。丈人试遣总无，未必不如总有。"王大笑曰："驸马竟未能忘情于小女颐颔间乎？"经十余年，士人有一儿二女。忽一日，其君臣忧感，士人怪问之，王泣曰："吾国有难，祸在旦夕，非驸马不能救。"士人惊曰："苟难可弭，性命不敢辞也。"王乃令具舟，命两使随士人，谓曰："烦驸马一谒海龙王，但言东海第三汊第十岛长须国有难求救。我国绝微，须再三言之。"因涕泣执手而别。士人登舟，瞬息至岸。岸沙悉七宝，人皆衣冠长大。士人乃前，求谒龙王。龙宫状如佛寺所图天宫，光明迭激，目不能视。龙王降阶迎士人，齐级升殿。访其来意，士人具说，龙王即令速勘。良久，一人自外白曰："境内并无此国。"其人复哀祈，言长须国在东海第三汊第七岛。龙王复叱使者："细寻勘速报。"经食顷，使者返，曰："此岛虾合供大王此月食料，前日已追到。"龙王笑曰："客固为虾所魅耳。吾虽为王，所食皆禀天符，不得妄食。今为客减食。"乃令引客视之，见铁锅数十如屋，满中是虾。有五六头色赤，大如臂，见客跳跃，似求救状。引者曰："此虾王也。"士人不觉悲泣，龙王命放虾王一锅，令二使送客归中国。一夕，至登州。回顾二使，乃巨龙也。

今按：见唐段成式《酉阳杂俎》卷十四。

355. 郭代公尝山居，中夜有人面如盘，瞚目出于灯下。公了无惧色，徐染翰题其颊曰："久戍人偏老，长征马不肥。"公之警句也。题毕吟之，其物遂灭。数日，公随樵闲步，见巨木上有白耳，大如数斗，所题句在焉。

今按：见唐段成式《酉阳杂俎》卷十四。

356. 有史秀才者，元和曾与道流游华山。时暑，环憩一小溪。忽有一叶，大如掌，红润可爱，随流而下。人独接得，置怀中。坐食顷，觉怀中渐重。潜起观之，叶上鳞起，栗栗而动，史惊惧，弃林中，遽白众曰："此必龙也，可速去矣。"须臾，林中白烟生，弥于一谷。下山未半，风雷大至。

今按：见唐段成式《酉阳杂俎》卷十五。

357. 昔有僧人入房将睡，暗中误踏破一生茄，心疑为蟾蜍之属，卧中甚悔其枉害物命，到中宵，忽有扣门觅命者，僧约明日为荐拔，及天明见之，乃茄也，此只是自家心疑，便感召得游魂滞魄附会而来。又如遗书载，一官员于金山寺荐拔亡妻之溺水者，忽婢妾作亡魂扶语，言死之甚冤。数日后，有渔者救得妻，送还之。此类甚多，皆是妖由人兴，人无衅焉，妖不自作。

今按：见宋陈淳《北溪字义》卷下。

358. 昔武三思置一妾，绝色，士大夫皆访观，狄梁公亦往焉。妾遁不见，武三思搜之，在壁隙中，语曰："我花木之妖，天遣我奉君笑谈。梁公时之正人，不可以见。"盖端人正士有精爽清明，鬼神魑魅自不敢近，所谓德重鬼神钦。鬼神之所以能近人者，皆由人之精神自不足故耳。

今按：见宋陈淳《北溪字义》卷下。

359. 唐杨收少年庐山修业时遇一道者，谓曰："子若学道，即有仙分。若必仕宦，位至公相，然终焉有祸，能从我学道乎?"收心在进取，谢绝之。及登廊庙，竟罹南荒之殛。宋夏竦父为侍禁时，竦尚幼，有道士爱之，乞为养子，父止竦一子，弗许。道士曰："是儿有仙骨，不尔位极人臣，但可惜堕落了。"后竦为通判，又见昔道士，曰："尚可作地仙。"在城都，复见道士跨驴于市，摇手曰："无及矣。"遂不复见。考竦行事堕落，固所不免，然则杨与夏虽有异人之遇，亦何救其平生哉?

今按：唐孙光宪《北梦琐言》卷十二"杨收不学仙"条："唐相国杨收，江州人，祖为本州都押衙，父直为兰溪县主簿，生四子发、假、收、严，皆登进士第。收即大拜，发以下皆至丞郎。发以春为义，其房子以柷以乘为名。嘏以夏为义，其房子以叟为名。收以秋为义，其房子以钜、鏻、镳、鉴为名。严以冬为义，其房子以注、涉、洞为名。尽有文学，登高第，号曰修竹杨家，与静恭诸杨比于华盛。收相少年于庐山修业，一日，寻幽至深隐之地，遇一道者谓曰：'子若学道，即有仙分。必若作官，位至三公，终焉有祸，能从我学道乎？'收持疑，坚进取之心，忽道人之语。他日虽登廊庙，竟离南荒之殛，悲夫！薛泽补阙乃杨氏之女孙婿，尝语之。"宋刘延世《孙公谈圃》卷上："夏文庄父为侍禁时，文庄尚幼，有道士爱之，乞为养子，父止文庄一子，弗许。道士曰：'是儿有仙骨，不尔位极人臣，但可惜堕落了。'后文庄为通判，又见昔日道士，曰：'尚可作地仙。'在成都，复见道士跨驴于市，摇手曰：'无及矣。'遂不复见。"

360. 愚读刘晨、阮肇天台遇仙女之事，心窃疑焉。夫二女既仙，必能离欲，岂昔不有其躬而与尘寰采药之夫自为伉俪哉？或者山精狐魅幻化以迷之耳。其曰刘阮还家，子孙无有存者，此乃述齐谐之业者附会之过也，何足信哉！近年有朝士奉使关西，过临潼，浴骊山温泉，想象玉环，不觉心动。浴罢，还行台露，坐追凉，忽见绛纱灯荧荧，导一女官持节而来，告之曰："贵妃且至。"俄顷，霓旌宫扇，拥贵妃至中庭，凤冠翟袆，环佩珊瑚，雪肤花貌，姿媚流丽，与朝士交礼毕，款语移时，遂携手入室，荐枕席之欢。五鼓既作，女官又领仙仗迎之而去。自是随其所止，源源而来，朝士以为奇遇。骊山父老闻之，曰："是此山老狐精也。其女官辈小狐精也。"即此观之，刘、阮之所遇，非此类也乎？

今按：宋高似孙《剡录》卷三"仙道"："刘晨、阮肇，剡县人。汉明帝永平十五年，采药于天台山，望山头有一桃树，取食之。又流水中有胡麻饭屑，二人相谓曰：'去人不远。'因过水，深四尺许，行一里，又度一山，出大溪，见二女，容颜绝妙，便唤刘、阮姓名，问：'郎何来晚也。'馆服精华，东西帷幔，宝络左右，尽青衣，进胡麻饭、山羊脯，设甘酒，歌调作乐，日暮，止宿。住半年，天气和适，常如二三月。鸟鸣悲惨，求归甚切。女唤诸仙女歌吹送还乡，乡中怪异，验得七代，子孙传闻，祖翁入山，不知何在，太康八年，失二公所在。"

（三）结　论

综上所考，大致可以得出以下几条结论：

第一，剿袭成书。全书凡360条，其中有351条伪迹昭彰，占97.5%，其作伪之法大致可以归结为：(1)全抄一书。(2)合二为一。另外，有9条阙疑待考，仅占2.5%。

第二，序跋失信。是书前有嘉靖甲子吕时中序，称"其书虽宏肆散见，旨趣不一，要多归之切身"。书后有嘉靖甲子阎承光跋，称叹翁之学术正大光明，宜其发于事业，章章赫奕，足以为人师表云云。其实，吕序阎跋亦未究其实，绝不可信。吕序又称"无一条不概于胸中，无一句不敛为己有"，似乎又不无微词。书前又有嘉靖壬戌宋岳自序，称有以省躬则录之，有以保生则录之，有关世教则录之，有裨见闻则录之，以效先儒随笔之义云尔。自序自欺欺人，掩耳盗铃，所谓先儒随笔之义岂能作为抄袭之遁词乎？

第三，续修失考。此书实为一拙劣之伪书，不慎混入《续修四库全书》之中，未免鱼目混珠。今本实事求是之心，广搜证据，将其彻底证伪，望学人勿为所欺耳。当然，此伪书并非毫无价值，若作为杂抄、杂纂之类看待，也可以吸取其中的养分。

三、《放生杀生现报录》辨伪

徐道彬

江永(1681—1762)，字慎修，徽州婺源人。一生蛰居乡里，潜心于著述与教学，终老明经，未及闻达。但在清代学术史上，他以矫正宋明理学空疏之弊而溯求于上古典章制度，成为转移一时风气的关键人物，“自汉经师康成后罕其俦匹”①，开创了“皖派”朴学的一代新风。其著作20种，收入《四库全书》者就达13种之多(外有3种存目)，可见其人其学早在清中叶时即已名闻天下。也正因为他的学术成就与显赫声名，及身而至的许多传说和托名之作也不期而至。《放生杀生现报录》(以下简称《现报录》)即是其中一种。

《现报录》的各种版本，大多与江锦波(江永嫡孙)、汪世重合编的《江慎修先生年谱》附刊在一起。它之所以能够广为学者所知，就因为其后所附的江永年谱是研治清代学术者必须经常翻阅的重要文献。而善恶报应作为中国人的基本信仰，又使得这本小书在民间颇为实用而广泛流传。尤其是佛教信奉者，更是经常征引，流布更广。然而，对于该书的作者真伪问题，至今无人关注。笔者对此早有质疑，认为它是江永裔孙江谦所作而伪托，意欲借重其祖声誉，弘扬佛教事业。但在客观上，该书则严重地歪曲了江永的治学宗旨和学术精神，有损于醇正儒者的真实形象，也影响了世人对于乾嘉考证学者的看法。今从文献著录、原书内证、江谦家世和相关诗文角度，略举数端，辨析如下。

(一)

《现报录》载录了各地传说的放生杀生和现世得报的警世故事，旨在通过因果报应而广劝众生“戒杀护生，多行善法”，知“因果业报”而能积善行德。全书分为“放生善报”和“杀生恶报”两个部分，凡127条。前一部分为五章，包括“放生救物延寿”章9条、“放生救物愈疾”章12条、“放生救物免患”章19条、“放生救物得子”章7条、“放生救物得智”

---

① (清)戴震:《江先生永事略状》，《碑传集》卷一三三，中华书局1993年版，第3988页。

章10条，意在警示世人应以慈悲为怀，戒杀护生，则善行必有善报。如“鱼疗丹毒”条云：“李景文尝买鱼放生。后因服食丹石药，积热成疾，疽发于背。医莫能疗，昏寐中若有群鱼濡沫其毒，觉甚清凉，疾遂瘥。”后一部分为四章，包括“屠宰”一章30条、“食牛戒牛”章4条、“暴殄”章6条、“残害”章30条，希望人们戒除贪欲，提倡素食，避免与众生结恶缘。如“舌患溃疮”条云：“王愈宅有鹊巢。忿其鸣噪，尽网巢鹊，断其舌，放之。后舌生疮，溃烂而死。”这种积善行德的善恶报应观念，作为中国人的基本信仰，由来已久。所以，如该书之类的民间流行的许多善书，直接影响到中国社会的各个层面，在民间犹为广泛。

《现报录》的宣教作用，近似于《四十二章经》、《了凡四训》、《百喻经》和《譬喻经》之类的释家典籍，与佛教故事以及晋唐以后的志人、志怪小说和民间传说有着密切的联系，富有一定的哲理和训喻意义。然而，遗憾的是，遍检这部刊刻正规且又影响广泛的教化书籍，无论书名正题下或是书中章节里，都不见著者姓氏，惟有印光法师的序言中指示为江永所作。序云：

(江永)爱惜物命，深信因果，故于放生吃素善报、杀生食肉恶报，随所见闻，录以劝世。其裔孙易园居士，拟欲铸板广布，冀挽杀劫。嘱光作序。

文中赞誉江永堪与郑玄、周敦颐齐名，为一代宗师，故“当时国家及名人著述，多皆取为依据”。然而，印光大师(1861—1940)本人绝不可能见到江永，而所言“爱惜物命，深信因果”以及“随所见闻，录以劝世”之类，自然是江谦的转述之语，印光法师仅一代笔而已。

先从该书的形式上来看，它与江永一贯的著述风格和严谨态度绝不相类。其中的故事撮录拼凑，僧俗杂糅，无稽可考，虚实莫辨，且每章或每条的文字内容也多少不等，文辞浅俗似近代话语。除了少数几则故事可以从前代笔记和传说(如《夷坚志》、《宣室志》、《广异记》、《太平广记》、《梓潼帝君化书》等)中找到借用和节译的痕迹之外，大多数的故事出处与人物身份都无法确考。这与考据学家“字字有来历，事事重证据”，“综形名，任裁断”的著述风格可谓南辕北辙。

查检该书的版本，最早为民国十二年(1923)的铅印本，不分卷，出版地为“佛学推行社”。此后，这本小册子主要用做佛学书籍，且传播版本甚多，如苏州排印本、国光印书局、台北佛教出版社等，不计其数(今寺庙中常有用于馈赠的佛学小册子，其中也有选录此书者)。而近现代文献书目有《安徽通志稿·艺文志》(安徽通志馆1934年铅印本)、《佛学图书目录》(北京佛学书局1938年排印本)、《皖人书录》(黄山书社1989年版)和《清史稿艺文志拾遗》(中华书局2000年版)等收录该书，俱题名为江永所作。民国初年安徽通志馆编印的《安徽通志稿·艺文志》记载此书云：

《杀生放生现报录》一卷，清江永撰。永有《近思录集注》等书，已著录。永不啻为有清一代大儒，而爱惜物命，深信因果，实以足跻佛教居士之林。其于放生救物善报、杀生害物恶报，随所见闻，录以劝世，即是编也。是编为其同族裔孙谦所刊行，后附永之年谱，全书分类均系永所编定，至每一事之目则出自敬浦学人所增订云。①

此后几种书目的载录盖皆由此而来，但未加辨析，或许震于江永大名之故，惟恐遗漏，故尽行收录。殊不知，这正是江谦通过该《艺文志》，而将《现报录》托名江永而载入史册的。

因为江谦曾应江彤侯之邀，为安徽通志馆撰著《安徽佛门龙象传》一门，其自序云："吾宗彤侯学博，长安徽通志馆，以本省佛门龙象故事，请为编纂。谦方学于佛，不可辞。"②同时，馆中的《艺文志》一门，则由江谦的同乡、绩溪胡晋接（止澄）主撰，但胡氏未及完成而病逝。如果细读该志的释家类叙文，可知其思想内容与语言辞气，皆与江谦《阳复斋文集》极其相似。文云："共和至今二十余载，战乱不息，民生因苦痛而觉悟，遂多皈依佛教，以求精神上之安慰与彻底之人生观。世乱方殷，未来之战争，有人类灭绝同归于尽之忧。然一切祸殃皆由众生贪瞋执着所召，非大宏佛化改革人心，无由拯救环球。"又云："皖南有江易园居士，著有《三字颂》及《阳复斋诗偈集》等书，则尤深入佛学之精微，虽密净各有所宗，并皆见性明心，大足以开学者智慧。其书由上海医学书局及功德林等处为之流通。以本志凡例，《艺文》一门只录已故，不及生存，未予著录。附识于此，亦以便研求佛法者之知所访求也。"③笔者疑其为江氏所续作，还因为胡晋接（"绩溪金紫胡氏"是"皖派"朴学在乾嘉以后的主要承担者）治学秉承祖先，精于《三礼》，粹然儒者，于佛、道二教皆敬而远之。而此中"非大宏佛化改革人心，无由拯救环球"等语，绝非秉持"无为而无不为"的醇儒所能言。至于"依凡例而生者不录"，却又强烈暗示别人以"访求"，既有违史例，也有悖常情。如此弘扬佛法之急切与自我表彰之用心，似不会出于胡氏之手，而显示出江谦的特别意图。可惜江谦的做法，既不能上溯改窜历史，也未必能蒙蔽后世之智者。因为稍做追溯性的考察，则在此之前所有涉及江永的文献资料，包括戴震、程瑶田、金榜、刘大櫆、姚鼐、江锦波等人所记载江氏的年谱、行状、墓志铭之类的传记文，以及光绪《婺源县志》都从未提及江永《现报录》一事。再者，由安徽省图书馆在20世纪50年代编纂的《安徽文献书目》（安徽人民出版社1961年版）就没有收录该书。所以，《现报录》署名江永的作伪手段未能博得所有人的认同。

（二）

从原书内证来看，所有的故事在时间上，除了汉晋至唐宋时代的几个可以从类书和小说中找出源头以外，大多为明清故事，明确标示时间的有"洪武"、"万历"、"嘉靖"、"顺治"等，而有"康熙"字样的近十条。其中，浙江项天瑞的"万生保友"故事，标出为"乾隆丙寅七月十一日"。这个故事最晚，描述最为细致真切，但也最为可疑。因为作伪者大多能注意到时限问题对于作伪的主要性。而他为了突出细致真切，却忽略了文中"七

① 《安徽通志稿·艺文志》"释家类十一"，安徽通志馆编，1934年铅印本。此中文字即撮录于《放生杀生现报录》中江谦的书后按语和印光法师的书前序言。而"敬浦"当作"歙浦"，疑为手民之误。

② 江谦：《安徽佛门龙象传序》，《安徽佛门龙象传》，安徽通志馆印行，1934年铅印本。

③ 《安徽通志稿·艺文志》"释家类十一"。

月十一日”“二十日辰刻”、“午刻”等时刻，不是亲身经历者所不能道出的。这对江永来说，是绝不可能的事，因为他从未到过浙江。

该书的故事几乎都标示出发生的地点，大致有：福建、平阳、仁和、钱塘、北京、浙江、镇江、太湖、松江、饶州、杭州、宜兴、常熟、衢州、嘉善、吴江、武昌、桐乡、休宁、永州、庐州、广陵、西蜀、汉口、太平、上虞、苏州、余姚、鄞县、萧山、徽州、衡州、泸州、潮州、四会、虔州、南京、秋浦、德兴、庐陵、海宁、石门、昆山、龙山、岳州、麻城、扬州、广东、江西等。从这些地名的称谓及其使用上，有两点值得怀疑：一是有些地名的称谓颇为近代化，如南京、福建、广东、浙江、杭州、汉口等，这些地名多在清末才大量使用，在清初一般很少见到，尤其是在学者的著述文字里。二是江永一生蜷伏穷山，闭门潜修，除了被翰林程恂携往京师一次之外，终身几乎不出徽州。其六十余年的塾师生涯无非往返于婺源、休宁、歙县之间而已，不可能对上述地区所发生的奇事怪迹都身临其境。即使可以道听途说，或者转抄节录，但注重实证的考据学家对此做法是不屑为之的。作为纯粹儒者，江永极力恪守儒家“不语怪力乱神”思想，未尝与释、道两家有所交往。江氏自言：“性颇畏风尘劳攘，足迹不出户。”①时人刘大櫆记之云：“先生存，则颓然一老，力学于深岩绝壑之间，朝士大夫无过而问者。先生没，则斯文沦丧，后生新进，猝有志于学问，于何执经而请业焉？”②江永之学之所以能够博大精深，正缘于其“力学于深岩绝壑之间，朝士大夫无过而问者”。而身处深岩绝壑，也使他心无旁骛而深造自得。今《现报录》将万事通达、无所不知的方丈或卦师形象，归之于“志于经学”的江永，不仅有悖于情理和逻辑，更有强人所难之嫌。

江永著述重在小学、经学与天文历算领域，且以追求“淹博、识断、精审”的学术境地为目标，其风格为条理谨严，信而有征，丝毫不涉旁门小道；为人自甘淡泊，不为征逐，若非同道，不为妄交。刘大櫆曾概括江永的为人和为学特点云：“盖先生生而好古，而穷不见用于世，则益专其心于远稽遐览，终身乐之无休暇。其于古之制度、名物，必参互而得其据证。”③江氏治学善于稽古而必求证据，好古敏求而重在“制度、名物”，对元明及其以后的理学家和时文家从来不屑提及，更不存在与旁门有染之事，故清儒称之为：“不为浮诞，讲论经义，精核贯通，犹有能守大儒之遗教，而出乎流俗者焉。”“盖深邃于经学，究心古义，穿穴于典籍者深。”章太炎称之为：“不以阴阳断人事，故长于求是。”④如果仔细翻阅江永的著述，绝不会发现有丝毫释、道的意味在其中。

佛教传入中土后，中国儒家思想发生了巨大变化。宋明时期理学家的儒表佛里特质是无法否认的；阳明心学更由释氏“性空”禅说而发明“心外无物”之论。而“清学之出发点，在对于宋明理学一大反动”。“故清代学者，对于彼（指佛教）而生剧烈之反动。”梁启超认为清学“因矫晚明不学之弊，乃读古书，愈读而愈觉求真解之不易，则先求诸训诂名物典章制度等等，于是考证一派出”⑤，已为当今学界所公认。而江永作为清代考据学的代表

① （清）江永：《翼梅》“又序”，《江氏数学翼梅》，光绪七年群玉山房刊本。

② （清）刘大櫆：《江先生传》，《刘大櫆集》，上海古籍出版社 1990 年版，第 166 页。

③ （清）刘大櫆：《江先生传》，《刘大櫆集》，上海古籍出版社 1990 年版，第 166 页。

④ 章太炎：《清儒》，徐复《訄书详注》本，上海古籍出版社 2000 年版，第 161 页。

⑤ 梁启超：《清代学术概论》，上海古籍出版社 1998 年版，第 7、106 页。

人物，不仅对佛教的“性空”论予以根本的批判，也对壁垒深锢的宋明理学加以拨乱反正。为了寻求真正的古圣贤心志，他绕过唐宋，直接两汉，弃“理”言“礼”。故其主要著述皆在《三礼》之学，所成《礼书纲目》、《仪礼释宫增注》、《礼记训义择言》、《深衣考误》、《仪礼释例》等，皆被采入《四库全书》中。受其影响，其弟子如戴震、程瑶田、金榜等皆为一时俊杰，治学皆崇实务虚，刊落声华，专精于文字训诂、天文地理和典章制度之学。他们对待理学和佛学的立场和态度，可由戴震《与彭进士允初书》和《孟子字义疏证》为代表。戴震曾对儒、释杂糅的彭绍升予以猛烈的批判，称其来信是“大畅心宗”，与自己的学术主张“无毫发之同”。云：

> 今足下主老、释、陆、王而合孔、孟、程、朱与之为一，无论孔、孟不可诬，程、朱亦不可诬。抑又变老、释之貌为孔、孟、程、朱之貌，恐老、释亦以为诬己而不愿。①

以戴震为首的一批徽州学者，以经术考证为事业，“以词通道”为目标，才有了此后异军突起的卓越成就。这些都与江永在治学思想与方法上的引导密不可分。而作为“皖派”学术的开创者，江永对待佛教的立场态度和言辞表达也甚为清晰。如《近思录集注》卷2有云：“无心之说，入于空寂。圣贤之心，公而已矣。”《近思录集注》卷13中，江永引用前人批判佛学之说，并加评述云：“释氏求不生不灭之理，可免轮回之苦，此本出于利己之私意。”又：“道本人伦，今曰出家，则于道体亏欠大矣。”又：“圣贤养生，顺理窒欲而已。岂若偏曲之士，为长生久视之术哉？”又：“毁弃人伦，是其迹之大异者。然则其心皆无父无君也，尚何取于彼哉？”江永认为释氏“入于空寂”，“毁弃人伦”，不仅“道体亏欠”，而且极具“利己之私意”，由此再次证实了江永作为“有为”儒者的心态与形象。所以，如果将《放生杀生现报录》置于治学严谨、排斥释道的江永名下，那么江氏岂非人格分裂？梁启超曾对此种现象有论云：“从思想系统和传授家法辨别，这必看定某人有某书最可信，他的思想要点如何，才可以因他书的思想和可信的书所涵的思想相矛盾，而断定其伪。”②胡适在《中国哲学史大纲》中也有相同的说法，认为凡能著书立说成一家之言的人，他的思想学说总有一个系统可寻，决不至有大相矛盾冲突之处，故看一部书里的学说是否与他一贯的思想相连贯，也可以帮助证明那书是否为真的。由是观之，江谦此举实为有损乃祖形象。

（三）

关于《现报录》的刊刻，江谦也曾有自述：“家先贤慎修公之于学，可谓博学审问慎思明辨，而又能笃行者矣。其考订义理，实集汉宋儒宗之大成，而推步历算又为中西沟通之先导。大部著述十三种，当清乾隆时已采入《四库全书》，唯杂著多未刊行。此《放生杀生现报录》其一也。谦童龄时，家大人尝命写《放生善报》一编付刊。顷年以来，残杀危机遍

① （清）戴震：《与彭进士允初书》，《戴震全书》第六册，黄山书社1995年版，第359页。

② 梁启超：《梁启超国学讲录二种》，中国社会科学出版社1997年版，第184页。

蔓大地，救兹浩劫，非昌明大慈普济之义莫由为功。谨将全书及公年谱，与公曾祖江善人传合刊行世，俾世知夫博学慎思之大儒，而劝戒于放生杀生之果报，其不虚也。又知夫间世达人必为明德之后，积善余庆如影于形。全书分类皆公之旧，每一事子目则歙浦学人所增订，以醒观者。民国十二年癸亥立夏日婺源江谦谨识于沪北寓次。"①

江谦对于其祖江永的卓越成就和社会影响最为清楚，也颇为自豪。他自知江氏年谱对于后世学者研究的重要性，故而将《江慎修先生年谱》与《现报录》合刊，借以增强宣传因果报应的深广度。殊不知，江永学术与佛教内典绝无丝毫联系，甚至格格不入。倒是其"家大人"江晴舟，则是一位纯粹的佛教居士。江谦《赞先考晴舟府君》云："种树为邀群鸟栖，凿池为买群鱼放。赎生不惜多与钱，等视禽鱼儿一样。……平生瓣香观自在，今作法侣长参从。未报如天抚育恩，心铭顶戴亿何穷。愿爷终作黄金父，永劫相依转法轮。"②江晴舟虽为附贡生，却家藏佛经，常年诵念，归信净土，行善布施，对子女影响深远。江谦自幼聪颖却体弱多病，因受家庭和时代风气的濡染，于佛学犹为深悟通达。中年游历四方，交友广泛，与政界和学界人物如张謇、蒋维乔、谢无量、江味农等交好，更与佛学界人士如印光、太虚、弘一、杨仁山等来往频繁。如其《寿江湘岚先生同征七十》记时事云："曩年，同饭屯溪公济局，先生盛称蔬食之美。南通张啬庵师七十，燕客二千席，皆戒杀用蔬，亦愿先生提倡蔬食，戒杀放生，与众生同登寿域。"诗云："宦海酸咸已倦尝，青蔬风味未能忘。南通千席金齑燕，更与东山祝吉祥。"③可见江谦不仅在学术思想上皈依佛教，更重要的是能够身体力行，倡导孝友仁慈，"戒杀用蔬"，以至于"广春风化雨之功，振士风于千里"。武进蒋维乔《江易园居士传》云：

> 居士晚年，弘扬净土，乃于此发轫。先后归依谛闲、印光两大师座，精进不懈，沉疴亦愈。居士认为由净土圆融各宗，以净土为归宿，至稳至当。又以为出世间法，宜采用佛教，世间法宜采用儒教，遂创儒佛合一之论。归里养病，则办佛光社，并发行佛光社刊，遐迩闻风，归心者众。遇亲友冠婚丧祭，率皆以茹素念佛为倡导，随宜说法，以移风化，十年之内，入社者益多。乃起建道场，法会兴盛，为皖南佛教之中心。④

由此可知，江谦晚年沉心佛学，并以因果业报为宣传，借以移风易俗，改良社会，其亟切心情令人敬佩。但其求生净土的终极关怀，与内圣外王的儒学特质，终究不能并驾齐驱。

江谦生于清末至民国间的战乱年代，"残杀危机遍蔓大地"，"世乱亟矣，杀业尤繁，凡属含灵，俱当忏悔"。他深知欲"救兹浩劫，非昌明大慈普济之义莫由为功"。为了迅速

---

① 江谦：《现报录与慎修公年谱江善人传合刊记》，见江锦波《江慎修先生年谱》附录，1923年铅印本。

② 江谦：《阳复斋诗偈集》，民国线装排印本。

③ 江谦：《阳复斋诗偈集》，民国线装排印本。

④ 参见蒋维乔《因是子文集》，未刊稿。蒋氏《江易园居士传》作于1942年6月，即于江谦去世的当月而作。此外，江谦《儒佛一宗主要课讲义》(1947年铅印本)书后所附其婿游有维《先师岳父江易公生西记》也有相同记述，可参阅。

而有效地普及“大慈普济之义”，江谦认为惟有具备“大成”和“先导”地位的江永，才可以在学术和社会影响力方面，深孚众望，担当此事。同时又因近水楼台，借助祖先的学术地位与深远影响，以增强自己传教的信任度和号召力。所以，上文所言“当时国家及名人著述，多皆取为依据”、“以博学慎思之大儒，劝戒于放生杀生之果报”，正是其作伪的原因与动机。至于“歙浦学人”，实为江谦自己。而那句“家大人尝命写《放生善报》一编付刊”，倒是自报作伪家门的大实话。

(四)

江谦的作伪，除了以上的实证与推测，我们还可以从他的诗文集中找出与《现报录》内容几乎相同的文字。如《阳复斋诗偈集》中的《读楞伽经制断肉章作忏悔吟》一诗云：

> 世间恶业食肉最，习惯不复深思量。我与众生皆肉类，何故同类自摧戕。若慕牛力大，牛食草为粮。若慕猪体肥，猪食草与糠。请观牛与豕，不因食肉强。若慕肉味美，何不自割尝。自割知痛苦，割他意扬扬。试问此何心，宁非人虎狼。人知屠者虎，不知食者狼。世无食肉者，屠门不开张。譬如买卖人，合伙而为商，有罪与无罪，不必问阎王。颜子箪食不茹荤，孔子蔬食菜羹汤。肉食者鄙蔬食圣，肉气助发痴与狂。芹藻致祭取芳洁，何用腥秽陈牛羊。祭天天厌之，祭圣圣悲怆，岂有天与圣，以杀为美腥为香。世人只贪肉味好，不知埋伏刀与枪。一拳一骂无不报，何况食肉刳心肠。只以强弱势不敌，怀此怨恨终不忘。今世弱肉强者食，来世我弱他强梁。借肉还肉固应尔，刀兵惨劫尤可伤。冤冤相报何时已，皆因口腹生灾殃。况复众生互轮转，尝为亲友或爷娘，改头换面认不得，忍付烹煮和椒姜。此如枭镜食父母，其罪过于虎与狼。念此护生断肉食，大孝炯炯同三光。发菩提芽此为本，到清净岸此为航。我从无始来，积罪不可量，赖我救世尊，疗我食肉盲。愿此忏悔吟，哀意动十方，一洗腥臊气，吐纳咸芬芳。不离箸席间，坐致时雍康，同消积世冤，同出轮回忙。断杀且念佛，归哉极乐邦。①

此一大段文字，在某种程度上可以说就是《现报录》内容的翻版或别一种表述。方家自有理解，毋庸赘述。而在《阳复斋诗偈集》中，诸如此类的文字不在少数。如《戒杀》云：“借肉须还肉，应同我肉看。杀他如自杀，早晚一般般。”又如《感托》诗序云：“予家老少并持戒不杀，放生池中有赤鲤自来，竹林中有群鸟每晚来栖宿，向晨欢鸣久之，然后飞去，诗以纪之。”诗云：“清池来赤鲤，深竹宿佳禽。此辈皆殊族，何因识主人。主人能容汝，安稳莫生心。偿解如来意，畴非夙世亲。”下一首云：“方识众生非异性，但因业报遂殊形。如来往劫为鹦鹉，唯佛通知过去生。”自注：“一切众生皆我多生以来父母眷属。”“菩萨因悲示现，众生因爱转轮。释迦佛自言往劫时尝为鹦鹉。”这些文字内容及其思想风格，惟有恳切念佛、托迹空门者才会有此思想与文字。而在江永的著述中，则绝无此类的

---

① 江谦：《阳复斋诗偈集》，民国线装排印本。此外，江谦《阳复斋文集》与《易园居士讲演集》及其民国期间所刊发的诸多论文中，也有宣扬重生轮转和戒杀食素的类似内容。限于篇幅，不能俱引。

半点影子。

江永不仅是纯粹的儒家学者，而且还是杰出的科学家。在西学东渐的背景下，江永对西方科技、地球和宇宙问题都有深入的研究，其《数学》和《推步法解》二书俱收入《四库全书》中，在清代天文历算学史上具有重要地位。江永曾作《弄丸图》诗，阐释他的宇宙认识论云："万物总在一丸中，谁识最大是苍穹。层层包裹十一重，南北两枢相对冲。日月星辰西复东，大地一丸浮虚空。"①江氏将宇宙喻为"丸"，认为太极乃丸之无形者也；三辰者，丸之浮空而有耀者也；丸之循环无端，始终荣枯，平陂往复，皆小丸在大丸中而已。可见他对物质世界的认识已达到近代较高的科技水平。江永如此的世界观与人生观得到了同时诸儒的极力称赞，如阮元于此图附题云："大清江君，起于婺水，品正学醇，以礼为履，礼乐天算，精博无比。"这代表了清儒乃至近代学者，对于江永学术思想和宇宙观的理解与肯定。然而，惟独江谦的题词却与众人大相径庭，他以佛教内典之意来解释江永的世界观，云："先贤慎斋公弄丸图遗像，其自题记咏明心见性之语，契合内典。后之题者，但以考据家称之，非先生弄丸真谛也。岁甲子，族侄孙植棠以所藏旧图请题，因记所见，以俟会通儒释之大善知识证之。"江谦以一己之独见，而指斥众人之公论，不知其所据何在？其强解祖诗为"会通儒释"、"契合内典"，是凭借江氏后裔，以为真传志在必得？抑或是禅宗"不立文字，直指人心"之法，在此所做的随意阐释，以为己用？

此外，与江永同时代的士林佛学之士，以彭尺木、罗有高、薛家三、汪缙诸人为主，而在他们的著述中都不曾见有与江永交游的文字。即使如清末皖南的杨仁山，也从未言及江永涉及佛学之事。所以，我们不能仅凭江谦这一托名之作，而歪曲了一代儒宗的真实形象。究其实，江谦所为正如梁启超所言："许多人虽然有很好的见解，但恐旁人不相信他，只得引古人以为重，要说古人如此主张，才可以博得一般人的信仰。作者的心理不为名不为利，为的是拥护自己的见解，依附古人，以便推行。手段虽然不对，动机尚为清白。"②

综而言之，江谦认为一切祸殃皆由众生贪嗔，惟有大宏佛化，改革人心，才能拯救人类，故倾其全心于弘扬佛教。其《阳复斋丛刊》中的诸多诗文，都是对平息战乱与人性趋善的索求，意在劝人念佛，归心于极乐，其救世苦衷令人敬佩。然而，战争的毁灭性与人类的贪婪欲，并未因江谦的努力而停止。他的15种佛教著作也少有人问津，黯然无闻，几同不存。惟独这本《现报录》的托名之作，却流行很广，这或许正是江谦期盼和意料之中的事。而江永一生蛰居乡里，键户授徒，专注于小学与经史考证，自称："鄙人拳拳礼乐，殚力儒先，亦自从吾所好。"其学术不曾涉及释、道之事。江谦耽禅说，信内典，其《现报录》借用其祖大名，倡导慈悲为怀，戒杀食素，放生求善。诚然，江谦所为乃出于善意，自不必有疑，借壳上市，传播有术，但在客观上却严重地错乱了其祖的本来面目，近于弄巧成拙。若就学术方面而言，"如果有伪书掺杂在里边，一则可以使时代思想紊

① （清）江永：《弄丸主人自题小影》，《江慎修先生弄丸图遗像题赞》，1933年油印本。题赞中有阮元、阮福、陶澍、赵炳炎、窦煦、许承尧、江谦等人的附题文字。以下两引文同此，不注。

② 梁启超：《梁启超国学讲录二种》，中国社会科学出版社1997年版，第150页。此种情况，古书多见。《淮南子·修务训》亦言："世俗之人多尊古而贱今，故为道者必托之神农黄帝而后能入说。"

乱，再则可以把学术源流混淆，三则令个人主张矛盾，四则害学者枉费精神”①。可以说，江谦为了弘扬佛法，以《现报录》托名其祖，损害了江永的儒者形象，也影响了世人对于乾嘉考据学家的切实印象。

① 梁启超：《梁启超国学讲录二种》，中国社会科学出版社 1997 年版，第 140 页。

丙编　史部辨伪

一、《里堂书品》辨伪

司马朝军

(一)问题的提出

国家图书馆藏抄本《里堂书品》，浅绿格，每叶 11 行，行 24 字。卷首目录题为“里堂焦氏书品”，下署“廷琥手录”。郑伟章先生在《文献家通考》中曾说：“(焦循)藏书多有题识。其子焦廷琥辑为《里堂书品》五册，系雕菰楼绿格抄本，有题跋之作四百四十九篇，多集部书。”以为该书是焦循的“题识”之作。其实，原书共十册，现存五册，故见于目录所记共 449 篇，但仅存五册 167 篇。卷端题为“里堂焦氏书品”，向来被视为焦循之作。如果该书为焦循所作，尽管是残本，也必将成为研究焦循学术尤其是文献学成就的重要著作。然细加考核，令人疑窦丛生。近年扬州大学刘建臻教授试图将其证伪①，但只是在外围做了一些质疑，因不得辨伪之要领，未能最终将其彻底证伪。捉贼先捉赃。我们要进一步追问：这些文章到底是抄袭谁的呢？根据刘建臻先生提供的零星材料及标题，笔者很快得出一个大胆的猜想：其中有 123 篇可能是抄袭《四库全书总目》而成。为了证成此说，笔者于 2011 年 12 月专程赴国家图书馆查阅原书，逐一详加对勘，结果如下。

(二)《里堂书品》与《四库全书总目》之比较

1.《经部总叙》：经禀圣裁，垂型万世，删定之旨，如日中天，无所容其赞述。所论次者，诂经之说而已。自汉京以后垂二千年，儒者沿波，学凡六变。其初专门授受，递禀师承，非惟诂训相传，莫敢同异，即篇章字句，亦恪守所闻，其学笃实谨

① 刘建臻：《〈里堂书品〉辨伪》，《文献》2006 年第 1 期。

严，及其弊也拘。王弼、王肃，稍持异议，流风所扇，或信或疑；越孔、贾、啖、赵，以及北宋孙复、刘敞等，各自论说，不相统摄，及其弊也杂。洛、闽继起，道学大昌，摆落汉唐，独研义理，凡经师旧说，俱排斥以为不足信，其学务别是非，及其弊也悍(如王柏、吴澄攻驳经文，动辄删改之类)。学脉旁分，攀缘日众，驱除异己，务定一尊，自宋末以逮明初，其学见异不迁，及其弊也党(如《论语集注》误引包咸夏瑚商琏之说，张存中《四书通证》即阙此一条以讳其误。又如王柏删《国风》三十二篇，许谦疑之，吴师道反以为非之类)。主持太过，势有所偏，才辨聪明，激而横决，自明正德、嘉靖以后，其学各抒心得，及其弊也肆(如王守仁之末派皆以狂禅解经之类)。空谈臆断，考证必疏，于是博雅之儒引古义以抵其隙，国初诸家，其学征实不诬，及其弊也琐(如一字音训动辨数百言之类)。要其归宿，则不过汉学、宋学两家互为胜负。夫汉学具有根柢，讲学者以浅陋轻之，不足服汉儒也。宋学具有精微，读书者以空疏薄之，亦不足服宋儒也。消融门户之见，而各取所长，则私心祛而公理出，公理出而经义明矣。盖经者非他，即天下之公理而已。今参稽众说，务取持平，各明去取之故，分为十类：曰易，曰书，曰诗，曰礼，曰春秋，曰孝经，曰五经总义，曰四书，曰乐，曰小学。

今按：此即《四库全书总目》之《经部总叙》。

2.《易类总叙》：圣人觉世牖民，大抵因事以寓教：《诗》寓于风谣，《礼》寓于节文，《尚书》、《春秋》寓于史，而《易》则寓于卜筮。故《易》之为书，推天道以明人事者也。《左传》所记诸占，盖犹太卜之遗法。汉儒言象数，去古未远也。一变而为京、焦，入于禨祥，再变而为陈、邵，务穷造化，《易》遂不切于民用。王弼尽黜象数，说以老庄。一变而胡瑗、程子，始阐明儒理，再变而李光、杨万里，又参证史事，《易》遂日启其论端。此两派六宗，已互相攻驳。又《易》道广大，无所不包，旁及天文、地理、乐律、兵法、韵学、算术以逮方外之炉火，皆可援《易》以为说，而好异者又援以入《易》，故《易》说愈繁。夫六十四卦大象皆有“君子以”字，其爻象则多戒占者，圣人之情，见乎词矣。其余皆《易》之一端，非其本也。今参校诸家，以因象立教者为宗，而其他《易》外别传者亦兼收以尽其变，各为条论，具列于左。

今按：此即《四库全书总目》之《易类总叙》。

3.《〈易〉经郑玄王弼更定》：自郑玄传费直之学，始析《易传》以附经，至弼又更定之。说者谓郑本如今之《乾卦》，其《坤卦》以下又弼所割裂。然郑氏《易注》至北宋尚存一卷。《崇文总目》称存者为《文言》、《说卦》、《序卦》、《杂卦》四篇，则郑本尚以《文言》自为一传，所割以附经者，不过《彖传》、《象传》。今本《乾》、《坤》二卦各附《文言》，知全经皆弼所更定，非郑氏之旧也。……弼之说《易》，源出费直。直《易》今不可见，然荀爽《易》即费氏学，李鼎祚书尚颇载其遗说。大抵究爻位之上下，辨卦德之刚柔，已与弼注略近。但弼全废象数，又变本加厉耳。平心而论，阐明义理，使《易》不杂于术数者，弼与康伯深为有功。祖尚虚无，使《易》竟入于老庄者，弼与康伯亦不能无过。瑕瑜不掩，是其定评。诸儒偏好偏恶，皆门户之见，不足据也。

今按：此即《四库全书总目》卷一之《周易注》提要。

4.《论王弼〈易注〉兴衰》：魏王弼、晋韩康伯注，唐孔颖达疏。《易》本卜筮之书，故末派寖流于谶纬。王弼乘其极敝而攻之，遂能排击汉儒，自标新学。然《隋书·经籍志》载晋扬州刺史顾夷等有《周易难王辅嗣义》一卷，《册府元龟》又载顾悦之(案悦之即顾夷之字)《难王弼易义》四十余条，京口闵康之又申王难顾，是在当日已有异同。王俭、颜延年以后，此扬彼抑，互诘不休。至颖达等奉诏作疏，始专崇王注，而众说皆废。故《隋志》"易类"称："郑学寖微，今殆绝矣。"盖长孙无忌等作《志》之时，在《正义》既行之后也。

今按：此即《四库全书总目》卷一之《周易正义》提要。标题中"王弼"二字，刘建臻教授不知为何误作"郑玄"。

5.《论易象图书》：汉儒言《易》，多主象数。至宋，而象数之中复歧出图书一派。牧在邵子之前，其首倡者也。牧之学出于种放，放出于陈抟，其源流与邵子之出于穆李者同。而以九为《河图》，十为《洛书》，则与邵异。其学盛行于仁宗时。黄黎献作《略例隐诀》，吴秘作《通神》、程大昌作《易原》，皆发明牧说。而叶昌龄则作《图义》以驳之，宋咸则作《王刘易辨》以攻之，李觏复有《删定易图论》。至蔡元定则以为与孔安国、刘歆所传不合，而以十为《河图》，九为《洛书》。朱子从之，著《易学启蒙》。自是以后，若胡一桂、董楷、吴澄之书皆宗朱蔡，牧之图几于不传。此本为通志堂所刊，何焯以为自《道藏》录出。今考《道藏目录》，实在《洞真部·灵图类·云字号》中。是即图书之学出于道家之一证。录而存之，亦足广异闻也。

今按：此节抄自《四库全书总目》卷一《易数钩隐图》提要。《易数钩隐图》，宋刘牧撰。

皇祐中游太学，海陵胡翼之先生方主教道，得先生文试，大惊，即延见，处以学职。意其时必从而受业焉。世知其从事濂溪，不知其讲《易》多本于翼之也。其说为前人所未及。今核以《程传》，良然。

今按：此节抄自《四库全书总目》卷一之《周易口义》提要。《周易口义》，宋倪天隐述其师胡瑗之说。

其释每卦或三四爻，或一二爻，且有全无说者。惟《系辞》差完备，而《说卦》以下仅得二条。亦与晁公武之言相合。又以陈友文《集传精义》、冯椅《易学》、胡一桂《会通》诸书所引光说核之，一一具在。知为宋代原本无疑。其解义多阙者，盖光本撰次未成，亦如所著《潜虚》，转以不完者为真本，并非有所残佚也。光传家集中有《答韩秉国书》，谓王辅嗣以老庄解《易》，非《易》之本旨，不足为据。盖其意在深辟虚无玄渺之说。故于古今事物之情状，无不贯彻疏通，推阐深至。如解《同人》之《彖》曰："君子乐与人同，小人乐与人异。君子同其远，小人同其近。"《坎》之《大象》曰："水之流也，习而不止，以成大川。人之学也，习而不止，以成大贤。"《咸》之九四曰："心苟倾焉，则物以其类应之。故喜则不见其所可怒，怒则不见其所可喜，爱则不见其所可恶，恶则不见其所可爱。"大都不袭先儒旧说，而有德之言，要如布帛菽粟之切于日用。惜其沉湮既久，说《易》家竟不获睹其书。今幸际圣朝，表章典籍，复得搜罗故简，裒次成编。亦可知名贤著述，其精义所在，有不终泯没于来世者矣。

今按：此节抄自《四库全书总目》卷一《温公易说》提要。《温公易说》，宋司马光撰。

6.《〈易〉主人事不徒言数》：其因事抒忠，依经立义，大旨往往类此。史载其绍兴中奏疏云："淮甸咫尺，了不经营。长江千里，不为限制。晋元帝区区草创，犹能立宗社，修宫阙，保江浙，未闻专主避敌如今日也。"其退而著书，盖犹此志矣。光尝作胡铨《易解序》曰："《易》之为书，凡以明人事。学者泥于象数，《易》几为无用之书。邦衡说《易》，真可与论天人之际。"又曰："自昔迁贬之士，率多怨怼感愤。邦衡流落瘴乡，而玩意三画，可谓困而不失其所亨，非闻道者能之乎？"其序虽为铨作，实则自明其著述之旨也。书中于卦爻之辞，皆即君臣立言，证以史事，或不免间有牵合。然圣人作《易》以垂训，将使天下万世无不知所从违，非徒使上智数人矜谈妙悟，如佛家之传心印，道家之授丹诀。自好异者推阐性命，钩稽奇偶，其言愈精愈妙，而于圣人立教牖民之旨愈南辕而北辙，转不若光作是书，切实近理，为有益于学者矣。

今按：此节抄自《四库全书总目》卷二《读易详说》提要。《读易详说》，宋李光撰。

7.《〈古论〉、〈齐论〉分合》：考汉代《论语》，凡有三本。梁皇侃《论语义疏序》称："《古论》分《尧曰》下章《子张问》更为一篇，合二十一篇。篇次以《乡党》为第二篇，《雍也》为第三篇。《齐论》题目长《问王》、《知道》二篇，合二十二篇。《鲁论》有二十篇，即今所讲是也云云。"是自古以来，经师授受，不妨各有异同。即秘府储藏，亦各兼存众本。苟其微言大义本不相乖，则篇章分合未为大害于宏旨。故今但著其割裂《本义》之失，而仍附原本之后，以备参考焉。

今按：此节抄自《四库全书总目》卷三《原本周易本义》提要。《周易本义》，宋朱子撰。

8.《王宗传杨简以心性言〈易〉而〈易〉入于禅》：考自汉以来，以老庄说《易》始魏王弼，以心性说《易》始王宗传及简。宗传淳熙中进士，简乾道中进士，皆孝宗时人也。顾宗传人微言轻，其书仅存，不甚为学者所诵习。简则为象山弟子之冠，如朱门之有黄榦。又历官中外，政绩可观，在南宋为名臣，尤足以笼罩一世。故至于明季，其说大行。紫溪苏濬解《易》，遂以《冥冥篇》为名，而《易》全入禅矣。夫《易》之为书，广大悉备，圣人之为教，精粗本末兼该，心性之理未尝不蕴《易》中，特简等专明此义，遂流于恍惚虚无耳。昔朱子作《仪礼经传通解》，不删郑康成所引谶纬之说，谓“存之正所以废之”。盖其名既为后世所重，不存其说，人无由知其失也。

今按：此节抄自《四库全书总目》卷三《杨氏易传》提要。《杨氏易传》，宋杨简撰。

9.《〈诚斋易传〉以史证〈易〉未足为非》：是书大旨本程氏，而多引史传以证之。初名《易外传》，后乃改定今名。宋代书肆，曾与《程传》并刊以行，谓之《程杨易传》。新安陈栎极非之，以为足以耸文士之观瞻，而不足以服穷经士之心。吴澄作跋，亦有微词。然圣人作《易》，本以吉凶悔吝示人事之所从。箕子之贞，鬼方之伐，帝乙之归妹，周公明著其人，则三百八十四爻，可以例举矣。舍人事而谈天道，正后儒说《易》之病，未可以引史证经病万里也。

今按：此节抄自《四库全书总目》卷三《诚斋易传》提要。《诚斋易传》，宋杨万里撰。

10.《以禅言〈易〉起于南宋初》：宗传之说，大概祧梁、孟而宗王弼，故其书惟凭心悟，力斥象数之弊，至譬于误注《本草》之杀人。焞序述宗传之论，有“性本无说，圣人本无言”之语，不免涉于异学，与杨简《慈湖易传》宗旨相同。盖弼《易》祖尚玄虚以阐发义理，汉学至是而始变。宋儒扫除古法，实从是萌芽。然胡、程祖其义理，而归诸人事，故似浅近而醇实。宗传及简祖其玄虚，而索诸性天，故似高深而幻窅。考沈作喆作《寓简》，第一卷多谈《易》理，大抵以佛氏为宗。作喆为绍兴五年进士，其作《寓简》在淳熙元年，正与宗传同时。然则以禅言《易》，起于南宋之初。特作喆无成书，宗传及简则各有成编，显阐别径耳。《春秋》之书事，《檀弓》之记礼，必谨其变之所始，录存是编，俾学者知明万历以后，动以心学说《易》，流别于此二人。亦说《周礼》者存俞庭椿、邱葵意也。

今按：此节抄自《四库全书总目》卷三《童溪易传》提要。《童溪易传》，宋王宗传撰。

11.《李杞〈周易详解〉以人事说〈易〉》：书中之例，于每爻解其辞义，复引历代史事以实之。如《乾》初九称“舜在侧微”，《乾》九二称“四岳荐舜”之类。案《易》爻有帝乙、高宗之象，传有文王、箕子之辞，是圣人原非空言以立训。故郑康成论《乾》之用九，则及舜与禹、稷、契、皋陶在朝之事。论《随》之初九，则取舜宾于四门之义。明《易》之切于人事也。宋世李光、杨万里等，更博采史籍以相证明，虽不无稍涉泛滥，而其推阐精确者，要于立象垂戒之旨，实多所发明。杞之说《易》，犹此志矣。其中不可训者，惟在于多引老庄之文。如《蒙》之初六，则引《老子》“终日嗥而不嗄”云云，以为童蒙之义。《履》之《彖》，则引《庄子》“虎与人异类而媚养己者”云云，以为履虎尾之义。夫老庄之书，其言虽似近《易》，而其强弱攻取之机、形就心和之论，与《易》之无方无体而定之以中正仁义者，指归实判然各殊。自叶梦得《岩下放言》称“《易》之精蕴尽在庄、列”，程大昌遂著为《易老通言》。杞作《易编》，复引而伸之，是则王弼辈扫除汉学流弊无穷之明验矣。别白存之，亦足为崇尚清谈者戒也。

今按：此节抄自《四库全书总目》卷三《用易详解》提要。《用易详解》，宋李杞撰。

12.《河图洛书》：其实《河图》、《洛书》虽见经传，而今之五十五点、四十五点两图，其为古之图书与否，则经传绝无显证。援《左传》有《三坟》，而谓即毛渐之书，援《周礼》有《连山》、《归藏》，而谓即刘炫之书，考古者其疑之矣。且《系辞》言《洛书》，不言即《九畴洪范》。言《九畴》，不言即《洛书》。卢辩注《大戴礼记》，始云明堂九室法龟文，其说起于后周。阮逸伪作《关朗易传》，因而述之。于是《洛书》之文始传为四十五点，而《九畴》亦遂并于《易》。义方知《九畴》之非《易》，而不知《洛书》本非《九畴》，其辨犹为未审。

今按：此节抄自《四库全书总目》卷四《周易图说》提要。《周易图说》，元钱义方撰。

13.《论〈易〉象数》：盖《易》至京房、焦延寿而流为方术，至陈抟而歧入道家，学者失其初旨，弥推衍而轇轕弥增。宗羲病其末派之支离，先纠其本原之依托。前三卷论《河图》、《洛书》、先天、方位、纳甲、纳音、月建、卦气、卦变、互卦、筮法、占法，而附以所著之《原象》为内篇，皆象也。后三卷论《太玄》、《乾凿度》、《元包》、《潜虚》、《洞极》、《洪范》数、《皇极》数以及六壬、太乙、遁甲为外篇，皆数也。大旨谓圣人以象示人，有八卦之象、六爻之象、象形之象、爻位之象、反对之象、方位之象、互体之象，七者备而象穷矣。后儒之为伪象者，纳甲也，动爻也，卦变也，先天也，四者杂而七者晦矣。故是编崇七象而斥四象，而七者之中又必求其合于古，以辨象学之讹。又《遁甲》、《太乙》、《六壬》三书，世谓之“三式”，皆主九宫，以参详人事。是编以郑康成之太乙行九宫法证《太乙》，以《吴越春秋》之占法、《国语》泠州鸠之对证《六壬》，而云后世皆失其传，以订数学之失。其持论皆有依据。盖宗羲究心象数，故一一能洞晓其始末，因而尽得其瑕疵。非但据理空谈，不中窾要者比也。

今按：此节抄自《四库全书总目》卷六《易学象数论》提要。《易学象数论》，清黄宗羲撰。

14.《辟〈易〉图书之谬》：然其论四圣相传，不应文王、周公、孔子之外别有伏羲之《易》为不传之密；《周易》未经秦火，不应独禁其图，转为道家藏匿二千年，至陈抟而始出：则笃论也。《图书辨惑》谓陈抟之图书乃道家养生之术，与元陈应润之说合(见应润所作《爻变义蕴》)。谓周子《太极图说》，图杂以仙真，说冒以《易》道，亦与朱彝尊、毛奇龄所考略同(彝尊说见《经义考》二百八十三，奇龄说见所作《太极图说遗议》)。至谓朱子从而字析之，更流于释，则不免有意深文，存姚江、朱、陆之门户矣。

今按：此节抄自《四库全书总目》卷六《周易象辞》提要。《周易象辞》，清黄宗炎撰。

15.《论〈易〉象数》：《易》本卜筮之书，圣人推究天下之理，而即数以立象。后人推究《周易》之象，而即数以明理。羲、文、周、孔之本旨如是而已。厥后象、数、理歧为三家，而数又歧为数派。孟喜、焦赣、京房以下，其法不可殚举，而《易》于是乎愈杂。《春秋》内、外传所纪，虽未必无所附会，而要其占法则固古人之遗轨。譬之史书所载，是非褒贬，或未尽可凭，至其一代之制度则固无伪撰者也。奇龄因《春秋》诸占以推三代之筮法，可谓能探其本，而足关诸家之喙者矣。

今按：此节抄自《四库全书总目》卷六《春秋占筮书》提要。《春秋占筮书》，清毛奇龄撰。

16.《论汉〈易〉》：考汉《易》自田王孙后，始歧为施、孟、梁丘三派。然《汉书·儒林传》称："孟喜得《易》家候阴阳灾变书，诈言田生且死时，枕喜膝独传。梁丘贺疏通证明，谓田生绝于施雠手中。时喜归东海，安得此事?"又称："焦延寿尝从孟喜问《易》，京房以为延寿即孟氏学，而翟牧、白生不肯，皆曰：非也。"刘向亦称："诸《易》家说皆祖田何、杨叔、丁将军，大义略同，惟京氏为异党。"则汉学之有孟、京，亦犹宋学之有陈、邵，均所谓《易》外别传也。费氏学自陈元、郑众、马融、郑玄以下，递传以至王弼，是为今本。然《汉书》称："直长于卦筮，无章句，徒以《彖》、《象》、《系辞》十篇、《文言》解说上、下经。"《隋志》五行家有直《易林》二卷，《易内神筮》二卷，《周易筮占林》五卷，则直《易》亦兼言卜筮，特其爻象承应阴阳变化之说，与孟、京两家体例较异。合是三派，汉学之古法亦约略尽此矣。夫《易》本为卜筮作，而汉儒多参以占候，未必尽合周、孔之法。然其时去古未远，要必有所受之。

今按：此节抄自《四库全书总目》卷六《易汉学》提要。《易汉学》，清惠栋撰。

17.《〈稽览图〉论〈易〉》：其书首言卦气起《中孚》，而以《坎》、《离》、《震》、《兑》为四正卦，六十卦卦主六日七分。又以自《复》至《坤》十二卦为消息，余杂卦主公卿大夫候风雨寒温以为徵应。盖即孟喜、京房之学所自出。汉世大儒言《易》者，悉本于此，最为近古。至所称轨筭之数，以及世应游归乃兼通于日家推步之法。考唐一行推大衍之策，以算术本于《易》，故其《本议》言代轨德运，及《六卦议》言一月之策九六七八，《发敛术》言中节候卦，皆与《稽览图》相同。独所云天元甲寅以来至周宣帝宣政元年，则似甄鸾所推甲寅元历之术。而又有云太初癸巳，则古无以此为元者。其他杂引宋永初、元嘉，魏始光，唐上元、先天、贞元、元和年号，纷错不伦。盖皆六朝迄唐术士先后所附益，非《稽览图》本文。

今按：此节抄自《四库全书总目》卷六《易纬稽览图》提要。

18.《易类之末附论谶纬》：案儒者多称“谶纬”，其实谶自谶，纬自纬，非一类也。谶者诡为隐语，预决吉凶。《史记·秦本纪》称卢生奏录图书之语，是其始也。纬者，经之支流，衍及旁义。《史记》自序引《易》“失之毫厘，差以千里”，《汉书·盖宽饶传》引《易》“五帝官天下，三王家天下”，注者均以为《易纬》之文是也。盖秦汉以来，去圣日远，儒者推阐论说，各自成书，与经原不相比附。如伏生《尚书大传》、董仲舒《春秋阴阳》，核其文体，即是纬书。特以显有主名，故不能托诸孔子。其他私相撰述，渐杂以术数之言，既不知作者为谁，因附会以神其说。迨弥传弥失，又益以妖妄之词，遂与谶合而为一。然班固称：“圣人作经，贤者纬之。”杨侃称：“纬书之类，谓之秘经。图谶之类，谓之内学。河洛之书，谓之灵篇。”胡应麟亦谓：“谶纬二书，虽相表里，而实不同。”则纬与谶别，前人固已分析之。后人连类而讥，非其实也。右《乾凿度》等七书，皆《易纬》之文，与图谶之荧惑民志、悖理伤教者不同。以其无可附丽，故著录于《易》类之末焉。

今按：此节抄自《四库全书总目》卷六易类之末附论谶纬。此处非提要，乃《四库全书总目》之按语。

19.《易类后叙》：案：盈虚消息，理之自然也。理不可见，圣人即数以观之，而因立象以著之。以《乾》一卦而论，积一至六、自下而上者，数也。一潜，二见，三惕厉，四跃，五飞，六亢者，理也，而象以见焉。至于互体变爻，错综贯串，《易》之数无不尽，《易》之理无不通，《易》之象无不该矣。《左氏》所载即古占法，其条理可复案也。故象也者，理之当然也，进退存亡所由决也。数也者，理之所以然也，吉凶悔吝所由生也。圣人因卜筮以示教，如是焉止矣。宋人以数言《易》，已不甚近于人事，又务欲究数之所以然，于是由卦画推奇偶，由奇偶推《河图》、《洛书》，由《河图》、《洛书》演为黑白方圆、纵横顺逆，至于汗漫而不可纪，曰此作《易》之本也。及其解经，则彖义爻象又绝不本图书立说，岂画卦者一数，系辞者又别一数耶？夫圣人垂训，实教人用《易》，非教人作《易》。今不谈其所以用，而但谈其所以作，是《易》之一经非千万世遵为法戒之书，而一二人密传玄妙之书矣。经者，常也，曾是而可为常道乎？朱子以康节之学为《易》外别传，持论至确。其作《易学启蒙》，盖以程子《易传》不及象数，故兼备此义以补所阙，非专以数立教也。后人弃置《本义》，而专以《启蒙》为口实，殆倒置其本末矣。今所编录，于推演数学者略存梗概，以备一家。其支离曼衍，不附经文，于《易》杳不相关者，则竟退置于术数家，明不以魏伯阳、陈抟等方外之学淆六经之正义也。

今按：此节抄自《四库全书总目》卷六《易类后叙》。此亦《四库全书总目》之按语。

20.《王弼言〈易〉概斥动变之偏》：考汉儒说《易》，多主象占。后孟喜、焦赣、京房流为灾变，郑玄又配以爻辰，固不免有所附会。自王弼扫涤旧文，并谓互体、卦变皆无足取，于是弃象不论。夫纳甲、五行本非《易》义所重，弃之可也。若互卦及动爻之变，其说见于《系辞》，其法著于《左传》，历代诸儒相承有自，概从排斥，未免偏涉玄虚。

今按：此节抄自《四库全书总目》卷七《方舟易学》提要。《方舟易学》，宋李石撰。

21.《书类总叙》：《书》以道政事，儒者不能异说也。《小序》之依托，《五行传》之附会，久论定矣。然诸家聚讼，犹有四端：曰今文、古文，曰错简，曰《禹贡》山水，曰《洪范》畴数。夫古文之辨，至阎若璩始明。朱彝尊谓是书久颁于学官，其言多缀辑逸经成文，无悖于理。汾阴汉鼎，良亦善喻。吴澄举而删之，非可行之道也。禹迹大抵在中原，而论者多当南渡。昔疏今密，其势则然。然尺短寸长，互相补苴，固宜兼收并蓄，以证异同。若夫刘向记《酒诰》、《召诰》脱简仅三，而诸儒动称数十。班固牵《洪范》于《洛书》，诸儒并及《河图》，支离轇轕，淆经义矣。故王柏《书疑》、蔡沈《皇极数》之类，非解经之正轨者，咸无取焉。

今按：此节抄自《四库全书总目》之《书类总叙》。

22.《论蔡沈〈书传〉》：盖在朱子之说《尚书》，主于通所可通，而阙其所不可通，见于《语录》者不啻再三。而沈于殷盘、周诰一一必求其解，其不能无憾也固宜。然其疏通证明，较为简易。且渊源有自，大体终醇。元与古注疏并立学官(见《元史·选举志》)，而人置注疏肄此书；明与夏僎解并立学官(见杨慎《丹铅录》)，而人亦置僎解肄此书，固有由矣。

今按：此节抄自《四库全书总目》卷十一《书集传》提要。《书集传》，宋蔡沈撰。

23.《论〈尚书〉历朝聚讼处》：《尚书》一经，汉以来所聚讼者，莫过《洪范》之五行；宋以来所聚讼者，莫过《禹贡》之山川；明以来所聚讼者，莫过今文古文之真伪。然伏生、董仲舒、刘向、刘歆之所推，特术家傅会之说；程大昌、傅寅、毛晃之所辨，归有光、梅鷟之所争，特经生考证之资耳。实则尼山删定，本以唐、虞、三代之规，传为帝王之治法，不徒为寻章摘句设也。

今按：此节抄自《四库全书总目》卷十二《日讲书经解义》提要。《日讲书经解义》，康熙十九年圣祖仁皇帝御定。

24.《阎氏〈古文尚书疏证〉偶有疏处》：其中偶尔未核者，如据《正义》所载郑玄《书序》注，谓马、郑所传与《孔传》篇目不符，其说最确。至谓马、郑注本亡于永嘉之乱，则殊不然。考二家之本，《隋志》尚皆著录，称所注凡二十九篇。《经典释文》备引之，亦止二十九篇。盖去其无师说者十六篇，止得二十九篇，与伏生数合，非别有一本注孔氏书也。若璩误以郑逸者即为所注之逸篇，不免千虑之一失。又《史记》、《汉书》但有安国上《古文尚书》之说，并无受诏作传之事。此伪本凿空之显证，亦辨伪本者至要之肯綮，乃置而未言，亦稍疏略。其他诸条之后，往往衍及旁文，动盈卷帙。盖虑所著《潜丘劄记》或不传，故附见于此，究为支蔓。又前卷所论，后卷往往自驳，而不肯删其前说，虽仿郑玄注《礼》先用《鲁诗》，后不追改之意，于体例亦究属未安。然反复厘剔，以袪千古之大疑，考证之学则固未之或先矣。

今按：此节抄自《四库全书总目》卷十二《古文尚书疏证》提要。《古文尚书疏证》，清阎若璩撰。

25.《论〈伪古文〉证验多端》：考《隋书·经籍志》云："晋世秘府存有《古文尚书》经文，今无有传者。及永嘉之乱，欧阳、大小夏侯《尚书》并亡。至东晋豫章内史梅赜，始得安国之传，奏之。"其叙述偶未分明，故为奇龄所假借。然《隋志》作于《尚书正义》之后，其时古文方盛行，而云无有传者，知东晋古文非指今本。且先云古文不传，而后云始得安国之传，知今本古文与安国传俱出，非即东晋之古文。奇龄安得离析其文，以就已说乎？至若璩所引马融《书序》云，逸十六篇，绝无师说。又引郑玄所注十六篇之名为《舜典》、《汩作》、《九共》、《大禹谟》、《益稷》、《五子之歌》、《胤征》、《汤诰》、《咸有一德》、《典宝》、《伊训》、《肆命》、《原命》、《武成》、《旅獒》、《冏命》，明与古文二十五篇截然不同。奇龄不以今本不合马、郑为伪作古文之徵，反以马、郑不合今本为未见古文之徵，亦颇巧于颠倒。然考伪孔《传序》未及献者，乃其传，若其经，则史云安国献之，故《艺文志》著录。贾逵尝校理秘书，不应不见。又司马迁为安国弟子，刘歆尝校《七略》，班固亦为兰台令史，典校艺文。而迁《史记·儒林传》云："孔氏有《古文尚书》，安国以今文读之，《逸书》得多十余篇。"歆《移太常博士书》称鲁恭王坏孔子宅，得古文于坏壁之中，《逸书》十六篇。班固《汉书·艺文志》亦称以考二十九篇，得多十六篇。则孔壁古文有十六篇，无二十五篇，凿凿显证，安得以晋人所上之古文合之孔壁欤？且奇龄所借口者，不过以《隋志》称马、郑所注二十九篇，乃杜林西州古文，非孔壁古文。不知杜林所传，实孔氏之本，故马、郑等去其无师说者十六篇，正得二十九篇。《经典释文》所引，尚可复验。徒以修《隋志》时梅赜之书已行，故《志》据后出伪本，谓其不尽孔氏之书。奇龄舍《史记》、《汉书》不据，而据唐人之误说，岂长孙无忌等所见反确于司马迁、班固、刘歆乎？至杜预、韦昭所引《逸书》，今见于古文者，万万无可置辨，则附会《史记》、《汉书》之文，谓不立学官者，即谓《逸书》。不知预注《左传》，皆云文见《尚书》某篇。而《逸书》则皆无篇名。使预果见古文，何不云《逸书》某篇耶？且赵岐注《孟子》郭璞注《尔雅》，亦多称《尚书》逸篇。其见于古文者，不得以不立学官假借矣。至《孟子》"欲常常而见之，故源源而来。不及贡，以政接于有庳"，岐注曰："此常常以下皆《尚书》逸篇之词。"《尔雅》："钊，明也。"璞注曰："《逸书》：钊我周王。"核之古文，绝无此语，亦将以为不立学官故谓之逸耶？又岐注"九男二女"称《逸书》有《舜典》之书，亡失其文。《孟子》诸所言舜事，皆《尧典》及《逸书》所载，使《逸书》果指古文，则古文有《舜典》，何以岐称亡失其文耶？此尤舞文愈工而罅漏弥甚者矣。梅赜之书，行世已久。其文本采掇佚经，排比联贯，故其旨不悖于圣人，断无可废之理。而确非孔氏之原本，则证验多端，非一手所能终掩。

今按：此节抄自《四库全书总目》卷十二《古文尚书冤词》提要。《古文尚书冤词》，清毛奇龄撰。

26.《论古写奇字〈古文尚书〉》：案孔壁蝌蚪古文，汉时已佚，无人见其书迹。《后汉书·杜林传》称，林于西川得漆书《古文尚书》，常宝爱之。虽遭艰困，握持不离身，出以示卫宏云云。此言漆书古文之始。又《儒林传》曰，扶风杜林传《古文尚书》，同郡贾逵为之作训，马融作传，郑玄作解云云。今贾、马、郑之注俱不传。然考陆德明《经典释文·叙录》，称马郑所注并伏生所诵，非古文也。《隋书·经籍志》亦称杜氏所传，与贾、马、郑三家所注惟二十九篇，又杂以今文，非孔旧本。然则当时所谓古文，已非今本五十八篇之全矣。郭忠恕作《汗简》，所引有《古尚书》。《玉海》载后周显德六年郭忠恕定《古文尚书》刻版。沈括《梦溪笔谈》称宋太宗得古本《尚书》，改"云梦土作乂"为"云土梦作乂"。均不言所自。晁公武《读书志》称"《古文尚书》，吕大防得本于宋次道、王仲至家，以核陆氏《释文》，虽有小异同，而大体相类。观其作字奇古，非字书傅会穿凿者所能到，学者考之，可以见制字之本"云云，亦不言宋、王之本何来。考颜师古《匡谬正俗》，引《古文尚书》"翜"作"翡"，"誓"作"斫"，则唐初即有此书。又《册府元龟》载天宝三载诏曰"先王令范，莫越于唐虞；上古遗书，实称于训诰。虽百篇奥义，前代或亡；而六体奇文，旧规犹在。但以古先所制，有异于当今；传写寖讹，有疑于后学。永言刊革，必在从宜。《尚书》应是古体文字，并依今字缮写施行。其旧本仍藏之书府"云云。是宋、王二氏所传、宋太宗所得，即郭忠恕所见本。忠恕所见，即唐内府本也。然《隋志》称："晋世秘书所存，有《古文尚书》经文，今无有传者。"是唐初古《尚书》已亡，玄宗时何以仍在秘府？惟魏江式《论书表》中称所撰《古今文字》四十篇，采孔氏《尚书》五经音注、《籀篇》、《尔雅》等书，似其时河北尚有传本。然《经典释文·叙录》称："《尚书》之字本为隶古，既是隶写古文，则不全为古字。今宋、齐旧本及徐、李等音所有古字，盖亦无几。穿凿之徒，务欲立异，依傍字部，改变经文，疑惑后生，不可承用。"是式所据者即出此，玄宗秘府所藏正是本耳。陆德明已先辨之，何宋人又纷纷崇尚乎？

今按：此节抄自《四库全书总目》卷十三《书古文训》提要。《书古文训》，宋薛季宣撰。

27.《河图洛书合于〈洪范〉之由》：案《河图》、《洛书》，名见《系辞》，不云有关于《洪范》。《汉书·五行志》始载刘歆之言，称禹治洪水，锡《洛书》法而陈之《洪范》，是也。于是《洛书》始合于《洪范》，然犹未及《河图》。一中又因歆有"《河图》、《洛书》相为经纬，八卦、九章相为表里"之文，遂以《河图》、《洛书》并合于《洪范》，而又参以陈抟先天之说。所列二十八图，大抵支离破碎，至于"无偏无党"，亦以五行生克立论，尤为无理。其以九为《河图》、十为《洛书》，沿用刘牧之说，于彼法之中自生轇轕，犹其小焉者矣。

今按：此节抄自《四库全书总目》卷十三《定正洪范》提要。《定正洪范》，元胡一中撰。

28.《诗类总叙》：《诗》有四家，毛氏独传，唐以前无异论，宋以后则众说争矣。然攻汉学者意不尽在于经义，务胜汉儒而已。伸汉学者意亦不尽在于经义，愤宋儒之诋汉儒而已。各挟一不相下之心，而又济以不平之气，激而过当，亦其势然欤！夫解《春秋》者惟《公羊》多驳，其中高子、沈子之说，殆转相附益。要其大义数十，传自圣门者不能废也。《诗序》称子夏，而所引高子、孟仲子乃战国时人，固后来搀续之明证。即成伯玙等所指篇首一句经师口授，亦未必不失其真。然去古未远，必有所受。意其真赝相半，亦近似《公羊》。全信全疑，均为偏见。今参稽众说，务协其平。苟不至程大昌之妄改旧文，王柏之横删圣籍者，论有可采，并录存之，以消融数百年之门户。至于鸟兽草木之名，训诂声音之学，皆事须考证，非可空谈。今所采辑，则尊汉学者居多焉。

今按：此节抄自《四库全书总目》之《诗类总叙》。

29.《诗序》：案：《诗序》之说，纷如聚讼。以为《大序》子夏作，《小序》子夏、毛公合作者，郑玄《诗谱》也。以为子夏所序《诗》即今《毛诗序》者，王肃《家语注》也。以为卫宏受学谢曼卿、作《诗序》者，《后汉书·儒林传》也。以为子夏所创，毛公及卫宏又加润益者，《隋书·经籍志》也。以为子夏不序《诗》者，韩愈也。以为子夏惟裁初句，以下出于毛公者，成伯玙也。以为诗人所自制者，王安石也。以《小序》为国史之旧文，以《大序》为孔子作者，明道程子也。以首句即为孔子所题者，王得臣也。以为《毛传》初行尚未有序，其后门人互相传授，各记其师说者，曹粹中也。以为村野妄人所作，昌言排击而不顾者，则倡之者郑樵、王质，和之者朱子也。然樵所作《诗辨妄》一出，周孚即作《非郑樵诗辨妄》一卷，摘其四十二事攻之。质所作《诗总闻》，亦不甚行于世。朱子同时如吕祖谦、陈傅良、叶适皆以同志之交，各持异议。黄震笃信朱学，而所作《日抄》，亦申序说。马端临作《经籍考》，于他书无所考辨，惟《诗序》一事，反复攻诘至数千言。自元、明以至今日，越数百年，儒者尚各分左右袒也。岂非说经之家第一争诟之端乎？考郑玄之释《南陔》曰："子夏序《诗》，篇义各编，遭战国至秦而《南陔》六诗亡。毛公作传，各引其序冠之篇首，故《诗》虽亡而义犹在也。"程大昌《考古编》亦曰："今六序两语之下，明言有义无辞，知其为秦火之后见序而不见《诗》者所为。"朱鹤龄《毛诗通义序》，又举《宛丘》篇序首句与《毛传》异辞，其说皆足为《小序》首句原在毛前之明证。邱光庭《兼明书》举《郑风·出其东门》篇，谓《毛传》与序不符。曹粹中《放斋诗说》亦举《召南·羔羊》、《曹风·鸤鸠》、《卫风·君子偕老》三篇，谓传意序意不相应。序若出于毛，安得自相违戾？其说尤足为续申之语出于毛后之明证。观蔡邕本治《鲁诗》，而所作《独断》，载《周颂》三十一篇之序，皆只有首二句，与《毛序》文有详略，而大旨略同。盖子夏五传至孙卿，孙卿授毛亨，毛亨授毛苌，是《毛诗》距孙卿再传。申培师浮邱伯，浮邱伯师孙卿，是《鲁诗》距孙卿亦再传。故二家之序大同小异，其为孙卿以来递相授受者可知。

其所授受只首二句，而以下出于各家之演说，亦可知也。且《唐书·艺文志》称“《韩诗》，卜商序，韩婴注，二十二卷”，是《韩诗》亦有序，其序亦称出子夏矣。而《韩诗》遗说之传于今者往往与毛迥异，岂非传其学者递有增改之故哉？今参考诸说，定序首二语为毛苌以前经师所传，以下续申之词为毛苌以下弟子所附，仍录冠《诗》部之首，明渊源之有自。并录朱子之《辨说》，著门户所由分。盖数百年朋党之争，兹其发端矣。

今按：此节抄自《四库全书总目》卷十五《诗序》提要。

30.《毛诗正义》：汉毛亨传，郑玄笺，唐孔颖达疏。案：《汉书·艺文志》：《毛诗》二十九卷，《毛诗故训传》三十卷。然但称毛公，不著其名。《后汉书·儒林传》始云：“赵人毛长传《诗》，是为《毛诗》。”其长字不从“艸”。《隋书·经籍志》载《毛诗》二十卷，汉河间太守毛苌传，郑氏笺。于是《诗传》始称毛苌。然郑玄《诗谱》曰：“鲁人大毛公为训诂，传于其家，河间献王得而献之，以小毛公为博士。”陆玑《毛诗草木虫鱼疏》亦云：“孔子删《诗》授卜商，商为之序，以授鲁人曾申，申授魏人李克，克授鲁人孟仲子，仲子授根牟子，根牟子授赵人荀卿，荀卿授鲁国毛亨，毛亨作《训诂传》以授赵国毛苌。时人谓亨为大毛公，苌为小毛公。”据是二书，则作传者乃毛亨，非毛苌。故孔氏《正义》亦云大毛公为其传，由小毛公而题毛也。《隋志》所云，殊为舛误。而流俗沿袭，莫之能更。朱彝尊《经义考》乃以《毛诗》二十九卷题毛亨撰，注曰“佚”。《毛诗训故传》三十卷题毛苌撰，注曰“存”。意主调停，尤为于古无据。今参稽众说，定作传者为毛亨。以郑氏后汉人，陆氏三国吴人，并传授《毛诗》，渊源有自，所言必不诬也。郑氏发明毛义，自命曰笺。《博物志》曰：“毛公尝为北海郡守，康成是此郡人，故以为敬。”推张华所言，盖以为公府用记，郡将用笺之意。然康成生于汉末，乃修敬于四百年前之太守，殊无所取。案《说文》曰：“笺，表识书也。”郑氏《六艺论》云：“注《诗》宗毛为主。毛义若隐略，则更表明。如有不同，即下己意，使可识别(案：此论今佚，此据《正义》所引)。”然则康成特因《毛传》而表识其旁，如今人之签记，积而成帙，故谓之笺，无庸别曲说也。自郑笺既行，齐、鲁、韩三家遂废(案：此陆德明《经典释文》之说)。然笺与传义亦时有异同。魏王肃作《毛诗注》、《毛诗义驳》、《毛诗奏事》、《毛诗问难》诸书，以申毛难郑。欧阳修引其释《卫风·击鼓》五章，谓“郑不如王”(见《诗本义》)。王基又作《毛诗驳》，以申郑难王。王应麟引其驳《芣苡》一条，谓“王不及郑”(见《困学纪闻》，亦载《经典释文》)。晋孙毓作《毛诗异同评》，复申王说。陈统作《难孙氏毛诗评》，又明郑义(并见《经典释文》)。袒分左右，垂数百年。至唐贞观十六年，命孔颖达等因郑笺为正义，乃论归一定，无复歧途。毛传二十九卷，《隋志》附以郑笺作二十卷，疑为康成所并。颖达等以疏文繁重，又析为四十卷。其书以刘焯《毛诗义疏》、刘炫《毛诗述义》为稿本，故能融贯群言，包罗古义，终唐之世，人无异词。惟王说《唐语林》记刘禹锡听施士匄讲《毛诗》所说“维鹈在梁”、“陟彼岵兮”、“勿翦勿拜”、“维北有斗”四义，称毛未注，然未尝有所诋排也。至宋郑樵，恃其才辨，无故而发难端，南渡诸儒始以掊击毛、郑为能事。元延祐科举条制，《诗》虽兼用古注疏，其时门户已成，讲学者迄不遵用。沿及明代，胡广等窃刘瑾之书作《诗经大全》，著为令典，于是专宗朱《传》，汉学遂亡。然朱子从郑樵之说，不过攻《小序》耳。至于《诗》中训诂，用毛、郑者居多。后儒不考古书，不知《小序》自《小序》，传笺自传笺，哄然佐斗，遂并毛、郑而弃之。是非惟不知毛、郑为何语，殆并朱子之传亦不辨为何语矣。我国家经学昌明，一洗前明之固陋。乾隆四年皇上特命校刊《十三经注疏》，颁布学宫，鼓箧之儒，皆骎骎乎研求古学。今特录其书与《小序》同冠诗类之首，以昭六义渊源，其来有自；孔门师授，端绪炳然，终不能以他说掩也。

今按：此节抄自《四库全书总目》卷十五《毛诗正义》提要。

31.《诗集传》：宋苏辙撰。其说以《诗》之《小序》反复繁重，类非一人之词，疑为毛公之学，卫宏之所集录。因惟存其发端一言，而以下余文悉从删汰。案《礼记》曰："《驺虞》者，乐官备也。《貍首》者，乐会时也。《采苹》者，乐循法也。"是足见古人言《诗》，率以一语括其旨。《小序》之体，实肇于斯。王应麟《韩诗考》所载，如"《关雎》，刺时也。《芣苢》，伤夫有恶疾也。《汉广》，悦人也。《汝坟》，辞家也。《蝃蝀》，刺奔女也。《黍离》，伯封作也。《宾之初筵》，卫武公饮酒悔过也"。刘安世《元城语录》亦曰："少年尝记读《韩诗》(案《崇文总目》，《韩诗》北宋尚存，范处义《逸斋诗补传》谓《韩诗》世罕有之，此语不可信，盖偶未考)，有《雨无极篇》，序云，正大夫刺幽王也。首云'雨无其极，伤我稼穑'。"云云，是《韩诗》序亦括以一语也。又蔡邕书《石经》，悉本《鲁诗》，所作《独断》，载《周颂》序三十一章，大致皆与《毛诗》同，而但有其首句。是《鲁诗》序亦括以一语也。辙取《小序》首句为毛公之学，不为无见。史传言《诗序》者以《后汉书》为近古，而《儒林传》称谢曼卿善《毛诗》，乃为其训。卫宏从曼卿受学。因作《毛诗序》，辙以为卫宏所集录，亦不为无徵。唐成伯玙作《毛诗指说》，虽亦以《小序》为出子夏，然其言曰，众篇之《小序》，子夏惟裁初句耳。《葛覃》，后妃之本也。《鸿雁》，美宣王也。如此之类是也。其下皆大毛公自以《诗》中之意而系其词云云。然则惟取序首，伯玙已先言之，不自辙创矣。厥后王得臣、程大昌、李樗皆以辙说为祖，良有由也。辙自序又曰："独采其可者见于今传，其尤不可者皆明著其失。"则辙于毛氏之学亦不激不随，务持其平者。而朱翌《猗觉寮杂记》乃曰："苏子由解《诗》不用《诗序》。"亦未识辙之本志矣。

今按：此节抄自《四库全书总目》卷十五《诗集传》提要。

32.《论朱子〈集传〉舍序言〈诗〉》：《诗序》自古无［异］说，王肃、王基、孙毓、陈统争毛、郑之得失而已。其舍序言《诗》者，萌于欧阳修，成于郑樵，而定于朱子之《集传》。辅广《童子问》以下，递相羽翼，犹未列学官也。元延祐中行科举法，始定《诗》义用朱子，犹参用古注疏也。明永乐中修《诗经大全》，以刘瑾《诗集传通释》为蓝本，始独以《集传》试士。然数百年来，诸儒多引据古义，窃相辨诘，亦如当日之攻毛、郑。盖《集传》废序，成于吕祖谦之相激，非朱子之初心。故其间负气求胜之处，在所不免。原不能如《四书集注》，句铢字两，竭终身之力，研辨至精。特明代纂修诸臣，于革除之际，老师宿儒，诛锄略尽，不能如刘三吾等辑《书传会选》，于蔡氏多所补正。又成祖虽战伐之余，欲兴文治，而实未能究心经义，定众说之是非。循声附和，亦其势然欤？

今按：此节抄自《四库全书总目》卷十六《钦定诗经传说汇纂》提要。《钦定诗经传说汇纂》，康熙末圣祖仁皇帝御定。刻成于雍正五年，世宗宪皇帝制序颁行。

33.《考〈韩诗〉亡在南北宋间》：《汉书·艺文志》有《韩故》三十六卷、《韩内传》四卷、《韩外传》六卷、《韩说》四十一卷。岁久散佚。惟《韩故》二十二卷，《新唐书》尚著录，故刘安世称尝读《韩诗·雨无正》篇。然欧阳修已称今但存其《外传》，则北宋之时，士大夫已有见有不见。范处义作《诗补传》在绍兴中，已不信刘安世得见《韩诗》，则亡在南、北宋间矣。

今按：此节抄自《四库全书总目》卷十六《韩诗外传》提要。

34.《诸经增减字句不同处》：夫汉儒各尊师说，字句或有异同。至篇数则传授昭然，其增减一一可考。如《易·杂卦传》为河内女子坏老屋所得；《书》出伏生者二十九篇，孔安国以孔壁古文增十六篇，而《泰誓》三篇亦为河内女子所续得，《舜典》首二十八字为姚方兴所上；《周礼·考工记》为河间献王所补：具有明文。下至《左传》增"其处者为刘氏"一句、"秦穆姬登台履薪"一段，先儒亦具有记载。惟《诗》不言有所增加，安得指《国风》三十二篇为汉儒窜入也？王弼之《易》、杜预之《左传》，以传附经，离其章句。郑玄《礼记目录》与刘向《别录》不同。亦咸有旧说。惟《诗》不言有所更易，安得谓《王风》之诗竟移入《小雅》也。且《春秋》有三家，可以互考，故《公羊》经文增"孔子生"一条，而《左传》无。《诗》有四家，亦可以互考，故三家《般》诗多"于绎思"一句，《毛诗》无之，见《经典释文》。《毛诗·都人士》有首章，而三家无之，见《礼记·缁衣注》。即《韩诗·雨无正》多"雨无其极"二句，宋人亦尚能道之，见《元城语录》。一句一字之损益，即彼此参差，昭昭乎不能掩也。此三十二篇之窜入，如在四家既分以后，则齐增者鲁未必增，鲁增者韩未必增，韩增者毛未必增，断不能如是之画一。如在四家未分以前，则为孔门之旧本确矣。柏何人斯，敢奋笔而进退孔子哉？至于谓《硕人》第二章形容庄姜之色太亵，《秦风·黄鸟》乃浅识之人所作，则更直排删定之失，不复托词于汉儒，尤为恣肆。

今按：此节抄自《四库全书总目》卷十七《诗疑》提要。《诗疑》，宋王柏撰。

35.《论〈郑风〉无淫诗之说》：大旨洪才主朱子淫诗之说，而奇龄则谓《郑风》无淫诗；洪才主朱子《笙诗》无词之说，而奇龄则谓《笙诗》之词亡。故是书所论，惟此二事。夫先王陈诗以观民风，本美刺兼举以为法戒，既他事有刺，何为独不刺淫？必以为《郑风》语语皆淫，固非事理；必以为《郑风》篇篇皆不淫，亦岂事理哉？且人心之所趋向，形于咏歌，不必实有其人其事。六朝《子夜》诸曲诸歌，唐人《香奁》诸集，岂果淫者自述其丑？亦岂果实见其男女会合，代写其状？不过人心佚荡，相率摹拟形容，视为佳话，而读者因知为衰世之音。推之古人，谅亦如是。此正采风之微旨，亦安得概以“淫者必不自作”一语，遂谓三百篇内无一淫诗也。

今按：此节抄自《四库全书总目》卷十八《白鹭洲主客说诗》提要。《白鹭洲主客说诗》，清毛奇龄撰。

36.《礼类总叙》：古称议礼如聚讼。然《仪礼》难读，儒者罕通，不能聚讼。《礼记》辑自汉儒，某增某减，具有主名，亦无庸聚讼。所辨论求胜者，《周礼》一书而已。考《大司乐》章先见于魏文侯时，理不容伪。河间献王但言阙《冬官》一篇，不言简编失次，则窜乱移补者亦妄。三《礼》并立，一从古本，无可疑也。郑康成注，贾公彦、孔颖达疏，于名物度数特详。宋儒攻击，仅摭其好引谶纬一失，至其训诂则弗能逾越。盖得其节文，乃可推制作之精意，不比《孝经》、《论语》可推寻文句而谈。本汉唐之注疏，而佐以宋儒之义理，亦无可疑也。谨以类区分，定为六目：曰周礼，曰仪礼，曰礼记，曰三礼总义，曰通礼，曰杂礼书。六目之中，各以时代为先后，庶源流同异，可比而考焉。

今按：此节抄自《四库全书总目》之《礼类总叙》。

37.《周礼注疏》：汉郑玄注，唐贾公彦疏。玄有《易注》，已著录。公彦，洺州永年人。永徽中，官至太学博士。事迹具《旧唐书·儒学传》。《周礼》一书，上自河间献王。于诸经之中，其出最晚。其真伪亦纷如聚讼，不可缕举。惟《横渠语录》曰：“《周礼》是的当之书，然其间必有末世增入者。”郑樵《通志》引孙处之言曰，周公居摄六年之后，书成归丰，而实未尝行。盖周公之为《周礼》，亦犹唐之显庆、开元礼，预为之以待他日之用，其实未尝行也。惟其未经行，故仅述大略，俟其临事而损益之。故建都之制，不与《召诰》、《洛诰》合，封国之制，不与《武成》、《孟子》合，设官之制，不与《周官》合，九畿之制，不与《禹贡》合云云（案：此条所云，惟《召诰》、《洛诰》、《孟子》显相舛异，至《禹贡》乃唐虞之制，《武成》、《周官》乃梅赜《古文尚书》，《王制》乃汉文帝博士所追述，皆不足以为难，其说盖离合参半）。其说差为近之，然亦未尽也。夫《周礼》作于周初，而周事之可考者，不过春秋以后。其东迁以前三百余年，官制之沿革，政典之损益，除旧布新，不知凡几。其初去成、康未远，不过因其旧章，稍为改易。而改易之人，不皆周公也。于是以后世之法窜入之，其书遂杂。其后去之愈远，时移势变，不可行者渐多，其书遂废。此亦如后世律令、条格，率数十年而一修，修则必有所附益。特世近者可考，年远者无征，其增删之迹，遂靡所稽，统以为周公之旧耳。迨乎法制既更，简编犹在，好古者留为文献，故其书阅久而仍存。此又如开元《六典》、政和《五礼》，在当代已不行用，而今日尚有传本，不足异也。使其作伪，何不全伪六官，而必阙其一，至以千金购之不得哉？且作伪者必剽取旧文，借真者以实其赝，《古文尚书》是也。刘歆宗《左传》，而《左传》所云《礼经》，皆不见于《周礼》。《仪礼》十七篇，皆在《七略》所载古经七十篇中；《礼记》

四十九篇，亦在刘向所录二百十四篇中。而《仪礼·聘礼》宾行饔饩之物、禾米刍薪之数、笾豆簠簋之实、铏壶鼎瓮之列，与《掌客》之文不同。又《大射礼》天子、诸侯侯数、侯制与《司射》之文不同。《礼记·杂记》载子、男执圭与《典瑞》之文不同。《礼器》天子、诸侯席数与《司几筵》之文不同。如斯之类，与二《礼》多相矛盾。歆果赝托周公为此书，又何难牵就其文，使与经传相合，以相证验，而必留此异同，以启后人之攻击？然则《周礼》一书不尽原文，而非出依托，可概睹矣。《考工记》称郑之刀，又称秦无庐，郑封于宣王时，秦封于孝王时，其非周公之旧典，已无疑义。《南齐书》称："文惠太子镇雍州，有盗发楚王冢，获竹简书，青丝编，简广数分，长二尺有奇，得十余简，以示王僧虔。僧虔曰：是科斗书《考工记》。"则其为秦以前书亦灼然可知。虽不足以当《冬官》，然百工为九经之一，其工为九官之一，先王原以制器为大事，存之尚稍见古制。俞庭椿以下，纷纷割裂五官，均无知妄作耳。郑注《隋志》作十二卷，贾疏文繁，乃析为五十卷，新、旧《唐志》并同。今本四十二卷，不知何人所并。玄于《三礼》之学，本为专门，故所释特精。惟好引纬书，是其一短。《欧阳修集》有《请校正五经劄子》，欲删削其书。然纬书不尽可据，亦非尽不可据，在审别其是非而已，不必窜易古书也。又好改经字，亦其一失。然所注但曰"当作某"耳，尚不似北宋以后连篇累牍，动称错简，则亦不必苛责于玄矣。公彦之疏，亦极博核，足以发挥郑学。《朱子语录》称"《五经》疏中，《周礼疏》最好"。盖宋儒惟朱子深于《礼》，故能知郑、贾之善云。

今按：此节抄自《四库全书总目》卷十九《周礼注疏》提要。

38.《安石〈周官新义〉不以人废》：安石以《周礼》乱宋，学者类能言之。然《周礼》之不可行于后世，微特人人知之，安石亦未尝不知也。安石之意，本以宋当积弱之后，而欲济之以富强。又惧富强之说必为儒者所排击，于是附会经义，以钳儒者之口，实非真信《周礼》为可行。迨其后用之不得其人，行之不得其道，百弊丛生，而宋以大坏。其弊亦非真缘《周礼》以致误。罗大经《鹤林玉露》咏安石放鱼诗曰："错认苍姬六典书，中原从此变萧疏。"是犹为安石所绐，未究其假借六艺之本怀也。因是而攻《周礼》，因是而攻安石所注之《周礼》，是宽其影附之巧谋，而科以迂腐之薄谴矣。故安石怙权植党之罪，万万无可辞。安石解经之说，则与所立新法各为一事。程子取其《易解》，朱子、王应麟均取其《尚书义》，所谓言各有当也。今观此书，惟训诂多用《字说》，病其牵合。其余依经诠义，如所解"八则"之治都鄙，"八统"之驭万民，"九两"之系邦国者，皆具有发明，无所谓舞文害道之处。故王昭禹、林之奇、王与之、陈友仁等注《周礼》，颇据其说，钦定《周官义疏》亦不废采用，又安可尽以人废耶？

今按：此节抄自《四库全书总目》卷十九《周礼新义》提要。《周礼新义》，宋王安石撰。

39.《〈周礼〉当名〈周官〉》：考《汉志》载《周官经》六篇、传四篇，故杜子春、郑兴、郑众、贾逵、卫宏、张衡所注，皆称《周官》。马融、郑玄所注，犹称《周官礼》。迨唐贾公彦作疏，始沿用省文，称为《周礼》，实非本名。今仍题曰《周官》，从其朔也。……大抵《周官》六典，其源确出周公，而流传既久，不免有所窜乱，不必以为疑，亦不必以为讳。说《周官》者以郑氏为专门，而训诂既繁，不免有所出入，不可护其短，亦不可没其长。是书博征约取，持论至平。于《考工记注》奥涩不可解者不强为之词，尤合圣人阙疑之义也。

今按：此节抄自《四库全书总目》卷十九《钦定周官义疏》提要。《钦定周官义疏》，此为乾隆十三年御定《三礼义疏》之第一部。

40.《治礼经当求其名物制度》：古圣王经世之道，莫切于《礼》，然必悉其名物而后可求其制度，得其制度而后可语其精微，犹之治《春秋》者不核当日之事实，即不能明圣人之褒贬。故说《礼》则必以郑氏为宗，亦犹说《春秋》者必以《左传》为本。郑氏之时，去周已远，故所注《周礼》，多比拟汉制以明之。今去汉末复阅千六百年，郑氏所谓犹今某物、某事、某官者，又多不解为何语。而当日经师训诂，辗转流传，亦往往形声并异，不可以今音、今字推求。士奇此书，于古音、古字皆为之分别疏通，使无疑似。复援引诸史百家之文，或以证明周制，或以参考郑氏所引之汉制，以递求周制，而各阐其制作之深意。在近时说《礼》之家，持论最有根柢。

今按：此节抄自《四库全书总目》卷十九《礼说》提要。《礼说》，清惠士奇撰。

41.《仪礼注疏》：汉郑玄注，唐贾公彦疏。《仪礼》出残阙之余，汉代所传，凡有三本：一曰戴德本，以《冠礼》第一，《昏礼》第二，《相见》第三，《士丧》第四，《既夕》第五，《士虞》第六，《特牲》第七，《少牢》第八，《有司彻》第九，《乡饮酒》第十，《乡射》第十一，《燕礼》第十二，《大射》第十三，《聘礼》第十四，《公食》第十五，《觐礼》第十六，《丧服》第十七；一曰戴圣本，亦以《冠礼》第一，《昏礼》第二，《相见》第三，其下则《乡饮》第四，《乡射》第五，《燕礼》第六，《大射》第七，《士虞》第八，《丧服》第九，《特牲》第十，《少牢》第十一，《有司彻》第十二，《士丧》第十三，《既夕》第十四，《聘礼》第十五，《公食》第十六，《觐礼》第十七；一曰刘向《别录》本，即郑氏所注。贾公彦疏谓："《别录》尊卑吉凶，次第伦序，故郑用之。二戴尊卑吉凶杂乱，故郑不从之也。"其经文亦有二本。高堂生所传者，谓之今文。鲁恭王坏孔子宅，得亡《仪礼》五十六篇，其字皆以篆书之，谓之古文。玄注参用二本。其从今文而不从古文者，则今文大书，古文附注，《士冠礼》"阑西阈外"句注"古文阑为槷，阈为蹙"是也。从古文而不从今文者，则古文大书，今文附注，《士冠礼》"醴辞""孝友时格"句注"今文格为嘏"是也。其书自玄以前，绝无注本。玄后有王肃注十七卷，见于《隋志》。然贾公彦序称"《周礼》注者则有多门，《仪礼》所注后郑而已"。则唐初肃书已佚也。为之义疏者有沈重，见于《北史》，又有无名氏二家，见于《隋志》，然皆不传。故贾公彦仅据齐黄庆、隋李孟悊二家之疏定为今本。其书自明以来，刻本舛讹殊甚。顾炎武《日知录》曰："万历北监本《十三经》中，《仪礼》脱误尤多。《士昏礼》脱‘婿授绥，姆辞曰：未教，不足与为礼也’一节十四字，赖有长安《石经》，据以补此一节，而其注疏遂亡。《乡射礼》脱‘士鹿中翿旌以获’七字，《士虞礼》脱‘哭止，告事毕，宾出’七字。《特牲馈食礼》脱‘举觯者祭，卒觯，拜，长者答拜’十一字，《少牢馈食礼》脱‘以授尸，坐。取箪，兴’七字。此则秦火之所未亡，而亡于监刻矣。”云云，盖由《仪礼》文古义奥，传习者少，注释者亦代不数人，写刻有讹，猝不能校，故纰漏至于如是也。今参考诸本，一一厘正，著于录焉。

今按：此节抄自《四库全书总目》卷二十《仪礼注疏》提要。

42.《论袭裼》：其《聘礼》解“衣之裼袭”谓：“裘外之衣谓之裼衣，裼衣即礼服。《聘礼》既聘而享，宾主皆裼以将事。推此则凡裘外之裼衣皆礼服矣。”考《聘礼》郑注曰：“裼者，免上衣，见裼衣。”则裼衣之上更有衣明矣。贾疏曰：“假令冬有裘，衬身禅衫又有襦袴，襦袴之上有裘，裘上有裼衣，裼衣之上又有上服、皮弁、祭服之等，则礼服也。”如斯大之说，则裼衣之上不得更有皮弁、祭服之等矣。至《玉藻》所谓“君衣狐白裘，锦衣以裼之”，盖诸侯皮弁视朔，特以锦衣为裼，未闻其不加皮弁服而专用锦衣也。《玉藻》又谓：“君子狐青裘，豹袖，玄绡衣以裼之。”大夫助祭，服爵弁纯衣，亦特以玄绡衣为裼，未闻其不用纯衣而用玄绡衣也。然则谓裼衣之上无礼服，不特迕注，且悖经矣。斯大又谓：“袭衣乃于裼衣上加深衣。盖裼衣直衿，故露美；深衣交衽，故不露美也。”今即以聘服皮弁考之，皮弁服之下为朝服，朝服之下为玄端，玄端之下为深衣。深衣为庶人之服，聘礼重聘而轻享。若享时皮弁而裼，聘时深衣而袭，则聘服反杀于享服三等矣，隆杀之义何在乎？且主国之君与使臣行聘于庙，而各服庶人之服以相见，以为此其充美，无是理也。

今按：此节抄自《四库全书总目》卷二十《仪礼商》提要。《仪礼商》，清万斯大撰。

43.《论〈士冠礼〉母拜》：然如《士冠礼》：“母拜受，子拜送。”光坡谓：“母拜受乃受脯而拜，非拜子也。”其义最允。盖此“拜受”，如《大射仪》“主人盥洗象觚，升，酌膳，东北面献于公，公拜受”，乃拜受觚，非公先拜其卿大夫也。又如《特牲馈食礼》：“主人洗角，升，酌，酳尸，尸拜受。”乃拜受角，非祖考先拜其子孙也。

今按：此节抄自《四库全书总目》卷二十《仪礼述注》提要。《仪礼述注》，清李光坡撰。

44.《论〈仪礼〉少人注之故》：三《礼》之学，至宋而微，至明殆绝。《仪礼》尤世所罕习，几以为故纸而弃之。注其书者，寥寥数家，即郝敬《完解》之类稍著于世者，亦大抵影响揣摩，横生臆见。盖《周礼》犹可谈王谈霸，《礼记》犹可言诚言敬，《仪礼》则全为度数节文，非空辞所可敷演，故讲学家避而不道也。

今按：此节抄自《四库全书总目》卷二十《仪礼述注》提要。

45.《礼记正义》：汉郑玄注，唐孔颖达疏。《隋书·经籍志》曰："汉初，河间献王得仲尼弟子及后学者所记一百三十一篇献之，时无传之者。至刘向考校经籍，检得一百三十篇，第而叙之。又得《明堂阴阳记》三十三篇、《孔子三朝记》七篇、《王史氏记》二十一篇、《乐记》二十三篇，凡五种，合二百十四篇。戴德删其烦重，合而记之为八十五篇，谓之《大戴记》。而戴圣又删大戴之书为四十六篇，谓之《小戴记》。汉末，马融遂传小戴之学。融又益《月令》一篇、《明堂位》一篇、《乐记》一篇，合四十九篇。"云云，其说不知所本。今考《后汉书·桥玄传》云："七世祖仁，著《礼记章句》四十九篇，号曰桥君学。"仁即班固所谓小戴授梁人桥季卿者，成帝时尝官大鸿胪，其时已称四十九篇，无四十六篇之说。又孔疏称《别录》、《礼记》四十九篇，《乐记》第十九。四十九篇之首，疏皆引郑《目录》。郑《目录》之末必云此于刘向《别录》属某门。《月令目录》云："此于《别录》属《明堂阴阳记》。"《明堂位目录》云："此于《别录》属《明堂阴阳记》。"《乐记目录》云："此于《别录》属《乐记》。"盖十一篇今为一篇，则三篇皆刘向《别录》所有，安得以为马融所增。疏又引玄《六艺论》曰："戴德传《记》八十五篇，则《大戴礼》是也。戴圣传《礼》四十九篇，则此《礼记》是也。"玄为马融弟子，使三篇果融所增，玄不容不知，岂有以四十九篇属于戴圣之理？况融所传者乃《周礼》，若小戴之学，一授桥仁，一授杨荣。后传其学者有刘祐、高诱、郑玄、卢植。融绝不预其授受，又何从而增三篇乎？知今四十九篇实戴圣之原书，《隋志》误也。元延祐中，行科举法，定《礼记》用郑玄注。故元儒说《礼》，率有根据。自明永乐中敕修《礼记大全》，始废郑注，改用陈澔《集说》，礼学遂荒。然研思古义之士，好之者终不绝也。为之疏义者，唐初尚存皇侃、熊安生二家(案：明北监本以皇侃为皇甫侃，以熊安生为熊安，二人姓名并误，足征校刊之疏。谨附订于此)。贞观中，敕孔颖达等修《正义》，乃以皇氏为本，以熊氏补所未备。颖达序称："熊则违背本经，多引外义，犹之楚而北行，马虽疾而去愈远。又欲释经文，惟聚难义，犹治丝而棼之，手虽繁而丝益乱也。皇氏虽章句详正，微稍繁广。又既遵郑氏，乃时乖郑义。此是木落不归其本，狐死不首其丘。此皆二家之弊，未为得也。"故其书务伸郑注，未免有附会之处。然采摭旧文，词富理博，说礼之家，钻研莫尽，譬诸依山铸铜，煮海为盐。即卫湜之书尚不能窥其涯涘，陈澔之流益如莛与楹矣。

今按：此节抄自《四库全书总目》卷二一《礼记正义》提要。

46.《论〈月令〉》：《月令》于刘向《别录》属《明堂阴阳记》，当即《汉书·艺文志》所云古明堂之遗事，在《明堂阴阳》三十三篇之内者。《吕氏春秋》录以分冠十二《纪》。马融、贾逵、蔡邕、王肃、孔晁、张华皆以为周公作。郑康成、高诱以为即不韦作。论者据《汉百官表》言太尉为秦官，或又据《国语》晋有元尉、舆尉之文，谓尉之名不必起于秦。然究不得因元尉、舆尉遂断三代必有太尉也。意不韦采集旧文，或傅益以秦制欤？今考其书，古帝王发政施令之大端，皆彰彰具存，得其意而变通之，未尝非通经适用之一助。至其言误某令则致某灾，殆因《洪范》庶徵而推衍之，遂为汉儒阴阳五行之滥觞。

今按：此节抄自《四库全书总目》卷二一《月令解》提要。《月令解》，宋张虙撰。

47.《〈礼记〉屡修未变汉儒之旧》：考《汉书·艺文志》，《礼记》本一百三十一篇，戴德删为八十五，戴圣删为四十九。与《易》、《书》、《诗》、《春秋》经圣人手定者固殊。然《旧唐书·元行冲传》，载行冲上《类礼义疏》，张说驳奏曰"今之《礼记》，历代传习，著为经教，不可刊削。魏孙炎始改旧本，先儒所非，竟不行用。贞观中，魏徵因孙炎所修更加整比，兼为之注，其书竟亦不行。今行冲等解徵所注，勒成一家。然与先儒第乖，章句隔绝。若欲行用，窃恐未可"云云，则古人屡经修缉，迄不能变汉儒旧本。唐以前儒风淳实，不摇惑于新说，此亦一徵。澄复改并旧文，俨然删述，恐亦不免僭圣之议。以其排比贯串，颇有伦次，所解亦时有发明，较诸王柏删《诗》，尚为有间，故录存之，而附论其失如右。

今按：此节抄自《四库全书总目》卷二一《礼记纂言》提要。《礼记纂言》，元吴澄撰。

48.《论陈澔〈礼记集说〉》：初，延祐科举之制，《易》、《书》、《诗》、《春秋》皆以宋儒新说与古注疏相参，惟《礼记》则专用古注疏。盖其时老师宿儒，犹有存者，知礼不可以空言解也。澔成是书，又在延祐之后，亦未为儒者所称。明初，始定《礼记》用澔注。胡广等修《五经大全》，《礼记》亦以澔注为主，用以取士。遂诵习相沿。盖说《礼记》者，汉、唐莫善于郑、孔，而郑注简奥，孔疏典赡，皆不似澔注之浅显。宋代莫善于卫湜，而卷帙繁富，亦不似澔注之简便。又南宋宝庆以后，朱子之学大行。而澔父大猷师饶鲁，鲁师黄榦，榦为朱子之婿。遂借考亭之余荫，得独列学官。其注《学记》"术有序"句，引《周礼·乡大夫》"春秋以礼会民而射于州序"，《周礼·乡大夫》实无此文。注《檀弓》"五十以伯仲"句，引贾公彦《仪礼疏》，乃孔颖达《礼记疏》文，正与贾说相反。颇为论者所讥。然朱子注《诗》"騋牝三千"引《礼记》"问国君之富，数马以对"，《礼记》无此文。注《孟子》"神农之言"引史迁"所谓农家者流"，《史记》无此文。蔡沈注《书》"厘降二女于妫汭"引《尔雅》"水北曰汭"，《尔雅》无此文。又注《西伯戡黎》引《史记》"纣使胶鬲观兵"，注"星有好雨"引《汉志》"轸星好雨"，《史记》、《汉书》亦均无此文。是皆偶然笔误，未足以累全书。且何休汉代通儒，号为学海，而注《公羊传》"舟中之指可掬"句，引"天子造舟，诸侯维舟，卿大夫方舟，士特舟"语，尚误记《尔雅》为礼文，又何有于澔？澔所短者，在不知礼制当有证据，礼意当有发明，而笺释文句，一如注《孝经》、《论语》之法。故用为蒙训则有余，求以经术则不足。朱彝尊《经义考》以"兔园册子"诋之，固为已甚，要其说亦必有由矣。特礼文奥赜，骤读为难。因其疏解，得知门径，以渐进而求于古。于初学之士，固亦不为无益。

今按：此节抄自《四库全书总目》卷二一《云庄礼记集说》提要。《礼记集说》，元陈澔撰。《里堂书品》既删提要之头："元陈澔撰。澔字可大，都昌人。云庄其号也。是书成于至治壬戌。朱彝尊《经义考》作三十卷。今本十卷，坊贾所合并也。"又去其尾："是以国家定制，亦姑仍旧贯，以便童蒙。然复钦定《礼记义疏》，博采汉唐遗文，以考证先王制作之旨，并退澔说于诸家之中，与《易》、《诗》、《书》三经异例。是则圣人御宇，经籍道昌，视明代《大全》抱残守匮，执一乡塾课册以锢天下之耳目者，盛衰之相去，盖不可以道里计矣。”

49.《礼记大全》：明胡广等奉敕撰。以陈澔《集说》为宗，所采掇诸儒之说，凡四十二家。朱彝尊《经义考》引陆元辅之言，谓当日诸经《大全》，皆攘窃成书以罔其上。此亦必元人之成书，非诸臣所排纂云云。虽颇涉邻人窃鈇之疑，然空穴来风，桐乳来巢，以他经之蹈袭例之，或亦未必无因欤？诸经之作，皆以明理，非虚悬而无薄，故《易》之理丽于象数，《书》之理丽于政事，《诗》之理丽于美刺，《春秋》之理丽于褒贬，《礼》之理丽于节文，皆不可以空言说，而《礼》为尤甚。陈澔《集说》，略度数而推义理，疏于考证，舛误相仍。纳喇性德至专作一书以攻之，凡所驳诘，多中其失。广等乃据以为主，根柢先失。其所援引，亦不过笺释文句，与澔说相发明。顾炎武《日知录》曰：“自八股行而古学弃，《大全》出而经说亡。洪武、永乐之间，亦世道升降之一会。”诚深见其陋也。特欲全录明代《五经》，以见一朝之制度，姑并存之云尔。

今按：此节抄自《四库全书总目》卷二一《礼记大全》提要。

50.《〈礼记〉为用甚广》：礼为治世之大经。《周礼》具其政典，《仪礼》陈其节文。《礼记》一书，朱子以为《仪礼》之传，然特《冠义》等六篇及《丧服》诸篇与《仪礼》相发明耳，至于他篇，则多整躬范俗之道，别嫌明微之防，不尽与《仪礼》相比附。盖《仪礼》皆古经，《礼记》则多志其变；《仪礼》皆大纲，《礼记》则多谨于细；《仪礼》皆度数，《礼记》则多明其义。故圣贤之微言精意杂见其中，敛之可以正心修身，推之可以齐家、治国、平天下。自天子以至庶人，莫不于是取裁焉。

今按：此节抄自《四库全书总目》卷二一《日讲礼记解义》提要。

51.《礼记义疏》：三礼以郑氏为专门，王肃亦一代通儒，博观典籍，百计难之，弗胜也。后儒所见，曾不逮肃之弃余，乃以一知半解，哗然诋郑氏不闻道。韩愈所谓不自量者，其是类欤？然《周官》、《仪礼》皆言礼制，《礼记》则兼言礼意。礼制非考证不明，礼意则可推求以义理，故宋儒之所阐发，亦往往得别嫌明微之旨。此编广摭群言，于郊社、乐舞、裘冕、车旗、尊彝、圭鬯、燕饮、飨食以及《月令》、《内则》诸名物，皆一一辨订。即诸子轶闻、百家杂说可以参考古制者，亦详征博引，曲证旁通。而辨说则颇采宋儒，以补郑注所未备。其《中庸》、《大学》二篇，陈澔《集说》以朱子编入《四书》，遂删除不载，殊为妄削古经。今仍录前文，以存旧本。惟章句改从朱子，不立异同，以消门户之争。盖言各有当，义各有取，不拘守于一端，而后见衡鉴之至精也。至于御纂诸经，《易》不全用程《传》、《本义》，而仍以程《传》、《本义》居先。《书》不全用蔡《传》，而仍以蔡《传》居先；《诗》不全用朱《传》，而仍以《朱传》居先；《春秋》于胡《传》尤多所驳正刊除，而尚以胡《传》标题，列《三传》之次。惟《礼记》一经，于陈澔《集说》仅弃瑕录瑜，杂列诸儒之中，不以冠首。仰见睿裁精审，务协是非之公。尤足正胡广等《礼记大全》依附门墙，随声标榜之谬矣。

今按：此节抄自《四库全书总目》卷二一《钦定礼记义疏》提要。《钦定礼记义疏》八十二卷，乾隆十三年御定三礼义疏之第三部也。经文四十九篇，厘为七十七卷，附载图五卷，其诠释七例亦与《周官义疏》同。

52.《大戴礼记》：《隋书·经籍志》曰："《大戴礼记》十三卷，汉信都王太傅戴德撰。"《崇文总目》云："《大戴礼记》十卷，三十五篇，又一本三十三篇。"《中兴书目》云："今所存止四十篇。"晁公武《读书志》云："篇目自三十九篇始，无四十三、四十四、四十五、六十一四篇，有两七十四。"而韩元吉、熊朋来、黄佐、吴澄并云两七十三，陈振孙云两七十二。盖后人于《盛德》第六十六别出《明堂》一篇为六十七。其余篇第，或至《文王官人》第七十一改为七十二。或至《诸侯迁庙》第七十二改为七十三。或至《诸侯衅庙》第七十三改为七十四。故诸家所见不同。盖有新析一篇，则与旧有之一篇篇数重出也。汉许慎《五经异义》论明堂称《礼》戴说、《礼·盛德记》，即《明堂》篇语。《魏书·李谧传》、《隋书·牛弘传》俱称《盛德》篇，或称《泰山盛德记》。知析《盛德》篇为《明堂》篇者，出于隋、唐之后。又郑康成《六艺论》曰："戴德传《记》八十五篇。"司马贞曰："《大戴礼》合八十五篇，其四十七篇亡，存三十八篇。"盖《夏小正》一篇多别行。隋、唐间录《大戴礼》者，或阙其篇，是以司马贞云然。原书不别出《夏小正》篇，实阙四十六篇，存者宜为三十九篇。《中兴书目》乃言存四十篇，则窜入《明堂》篇题，自宋人始矣。书中《夏小正》篇最古。其《诸侯迁庙》、《诸侯衅庙》、《投壶》、《公冠》皆《礼》古经遗文。又《艺文志》《曾子》十八篇久逸。是书犹存其十篇，自《立事》至《天圆》篇，题上悉冠以"曾子"者是也。书有注者八卷，余五卷无注，疑阙逸，非完本。朱子引《明堂》篇郑氏注云："法龟文。"殆以注归之康成。考注内征引康成、谯周、孙炎、宋均、王肃、范宁、郭象诸人，下逮魏晋之儒。王应麟《困学纪闻》指为卢辩注。据《周书》，辩字景宣，官尚书右仆射。以《大戴礼》未有解诂，乃注之。其兄景裕谓曰："昔侍中注《小戴》，今尔注《大戴》，庶缵前修矣。"王氏之言，信而有征。是书正文并注，讹舛几不可读，而《永乐大典》内散见仅十六篇。今以各本及古籍中摭引《大戴礼记》之文，参互校订，附案语于下方。史绳祖《学斋佔毕》言《大戴记》列之"十四经"中，其说今不可考。然先王旧制，时有征焉，固亦《礼经》之羽翼尔。

今按：此节抄自《四库全书总目》卷《大戴礼记》提要。《大戴礼记》十三卷，汉戴德撰。

53.《论〈夏小正〉别出之故》：《夏小正》本《大戴礼记》之一篇。《隋书·经籍志》始于《大戴礼记》外，别出《夏小正》一卷，注云："戴德撰。"崧卿序谓隋重赏以求逸书，进书者遂多以邀赏帛，故离析篇目而为此。有司受此，又不加辨，而作志者亦不复考。是于理亦或然。然考吴陆玑《诗草木鸟兽虫鱼疏》曰："《大戴礼·夏小正传》

云：鞶，由胡。由胡，旁勃也。”则三国时已有传名。疑《大戴礼记》旧本但有《夏小正》之文，而无其传。戴德为之作传别行，遂自为一卷，故《隋志》分著于录。后卢辩作《大戴礼记注》，始采其传编入书中，故《唐志》遂不著录耳。又《隋志》根据《七录》，最为精核，不容不知《夏小正》为三代之书，漫题德撰。疑《夏小正》下当有“传”字，或“戴德撰”字当作“戴德传”字。今本讹脱一字，亦未可定。观《小尔雅》亦《孔丛》之一篇，因有李轨之注，遂别著录。是亦旁证矣。崧卿以为隋代误分，似不然也。

今按：此节抄自《四库全书总目》卷六《夏小正戴氏传》提要。《夏小正戴氏传》四卷，宋傅崧卿撰。

54.《周官辨非》：是编力攻《周礼》之伪，历引诸经之相抵牾者以相诘难。大旨病其官冗而赋重。案古经滋后人之疑者，惟《古文尚书》与《周礼》。然《古文尚书》突出于汉、魏以后，其传授无征，而抵牾有证。吴棫所疑，虽朱子亦以为然。阎若璩之所辨，毛奇龄百计不能胜，盖有由也。《周官》初出，林孝存虽相排击，然先后二郑，咸证其非伪。通儒授受，必有所征。虽其书辗转流传，不免有所附益，容有可疑，然亦揣摩事理，想像其词，迄不能如《尚书》一经，能指某篇为今文、某篇为古文也。斯大徒见刘歆、王安石用之而败，又见前代官吏之滥，赋敛之苛，在在足以病民，遂意三代必无是事。竟条举《周礼》而诋斥之，其意未始不善。而惩羹吹齑，至于非毁古经，其事则终不可训也。魏禧疾明末诸臣屈身闯贼，遂疑《论语》论管仲、召忽一章为不出于孔子，其亦此类欤？

今按：此节抄自《四库全书总目》卷二三《周官辨非》提要。《周官辨非》，清万斯大撰。

55.《礼记分类》：案《礼记》诸篇之分类，自刘向《别录》首肇其端。如以《内则》属子法，《文王世子》属世子法，《曲礼》、《少仪》、《王制》、《礼器》、《玉藻》、《深衣》属制度之类，今《孔疏》篇目犹备载之。其后魏有孙炎，复改易旧本，以类相从。而唐魏徵亦以《戴记》综汇不伦，更作《类礼》二十篇，上之秘府。其书今皆不传。至宋朱子，尝与吕祖谦商订三礼编次，欲取《戴记》中有关于《仪礼》者附之经，其不系于《仪礼》者仍别为《记》。其大纲存于文集，而晚年编次《仪礼经传通解》，则其条例与前所订又有不同。元吴澄作《三礼叙录》，别《投壶》，《奔丧》补《仪礼》之经，《冠》、《婚》、《乡饮》、《燕射》、《聘义》为《仪礼》之传。其余三十六篇，为通礼者九，为丧礼者十有一，为祭礼者四，为通论者十二。此则启运是书之所本也。

今按：此节抄自《四库全书总目》卷二四《礼记章句》提要。《礼记章句》，清任启运撰。

56.《〈国语〉之元尉非太尉》：若《月令论》一篇，谓太尉不始于秦，即《国语》之元尉及《夏官》之军司马。今考《汉·百官表》，太尉与大司马更置。《黄霸传》亦云："以丞相兼之。"《续汉志》又云："太尉，公一人。"若《夏官》之军司马，则位在小司马之下，与太尉尊卑悬绝。又《晋语》曰："知祁奚之果而不淫也，使为元尉。"韦昭注："元尉，中军尉也。"又云："知铎遏寇之恭敬而信强也，使为舆尉。"韦昭注："舆尉，上军尉也。"盖古者三军皆有尉。《尉缭子》曰："长伯教成，合之兵尉。兵尉教成，合之裨将。"兵尉即《国语》之元尉、舆尉也，其职位在军将下。今凝以元尉为太尉，尤属不伦。

今按：此节抄自《四库全书总目》卷二五《稽礼辨论》提要。《稽礼辨论》，清刘凝撰。

57.《春秋类总叙》：说经家之有门户，自《春秋》三传始，然迄能并立于世。其间诸儒之论，中唐以前则《左氏》胜，啖助、赵匡以逮北宋则《公羊》、《穀梁》胜。孙复、刘敞之流，名为弃传从经，所弃者特《左氏》事迹，《公羊》、《穀梁》月日例耳。其推阐讥贬，少可多否，实阴本《公羊》、《穀梁》法，犹诛邓析用竹刑也。夫删除事迹，何由知其是非？无案而断，是《春秋》为射覆矣。圣人禁人为非，亦予人为善。经典所述，不乏褒词，而操笔临文，乃无人不加诛绝，《春秋》岂吉网罗钳乎？至于用夏时则改正朔，削尊号则贬天王，《春秋》又何僭以乱也！沿波不返，此类宏多。虽旧说流传，不能尽废，要以切实有征、平易近理者为本。其瑕瑜互见者，则别白而存之。游谈臆说，以私意乱圣经者，则仅存其目。盖六经之中，惟《易》包众理，事事可通。《春秋》具列事实，亦人人可解。一知半见，议论易生。著录之繁，二经为最。故取之不敢不慎也。

今按：此节抄自《四库全书总目》之《春秋类总叙》。

58.《春秋左传正义》：周左丘明传，晋杜预注，唐孔颖达疏。自刘向、刘歆、桓谭、班固皆以《春秋传》出左丘明，左丘明受经于孔子。魏晋以来儒者，更无异议。至唐赵匡，始谓左氏非丘明。盖欲攻传之不合经，必先攻作传之人非受经于孔子，与王柏欲攻《毛诗》，先攻《毛诗》不传于子夏，其智一也。宋、元诸儒，相继并起。王安石有《春秋解》一卷，证左氏非丘明者十一事。陈振孙《书录解题》谓出依托。今未见其书，不知十一事者何据。其余辨论，惟朱子谓"虞不腊矣"为秦人语，叶梦得谓纪事终于智伯，当为六国时人，似为近理。然考《史记·秦本纪》称惠文君十二年始腊，张守节《正义》称秦惠文王始效中国为之，明古有腊祭，秦至是始用，非至是始创。阎若璩《古文尚书疏证》亦驳此说曰："史称秦文公始有史以记事，秦宣公初志闰月，岂亦中国所无，待秦独创哉？"则腊为秦礼之说，未可据也。《左传》载预断祸福，无不征验，盖不免从后傅合之。惟《哀公九年》称赵氏其世有乱，后竟不然，是未见后事之证也。经止获麟，而弟子续至孔子卒。传载智伯之亡，殆亦后人所续。《史记·司马相如传》中有扬雄之语，不能执是一事指司马迁为后汉人也。则载及智伯之说，不足疑也。今仍定为左丘明作，以袪众惑。至其作传之由，则刘知幾"躬为国史"之言，最为确论。疏称大事书于策者，经之所书。小事书于简者，传之所载。观晋史之书赵盾，齐史之书崔杼及宁殖，所谓载在诸侯之籍者，其文体皆与经合。《墨子》称《周春秋》载杜伯，《燕春秋》载庄子仪，《朱春秋》载祏观辜，《齐春秋》载王里国中里。核其文体，皆与传合。经传同因国史而修，斯为显证。知说经去传，为舍近而求诸远矣。《汉志》载《春秋古经》十二篇，经十一卷。注曰："公羊、穀梁二家。"则左氏经文，不著于录。然杜预《集解序》，称分经之年与传之年相附，比其义类，各随而解之。陆德明《经典释文》曰："旧夫子之经与丘明之传各异，杜氏合而释之。"则《左传》又自有经。考《汉志》之文既曰古经十二篇矣，不应复云经十一卷。观公、穀二传皆十一卷，与经十一卷相配，知十一卷为二传之经，故有是注。徐彦《公羊传疏》曰："《左氏》先著竹帛，故汉儒谓之古学。"则所谓古经十二篇，即《左传》之经，故谓之"古"，刻《汉书》者误连二条为一耳。今以《左传》经文与二传校勘，皆《左氏》义长，知手录之本确于口授之本也。言《左传》者，孔奇、孔嘉之说，久佚不传；贾逵、服虔之说，亦仅偶见他书。今世所传，惟《杜注》、《孔疏》为最古。《杜注》多强经以就传，《孔疏》亦多左杜而右刘（案刘炫作《规过》以攻杜《解》，凡所驳正《孔疏》皆以为非），是皆笃信专门之过，不能不谓之一失。然有《注疏》而后《左氏》之义明，《左氏》之义明而后二百四十二年内善恶之迹一一有征。后儒妄作聪明、以私臆谈褒贬者，犹得据传文以知其谬。则汉、晋以来借《左氏》以知经义，宋元以后更借《左氏》以杜臆说矣。传与《注疏》，均谓有大功于《春秋》可也。

今按：此节抄自《四库全书总目》卷二六《春秋左传正义》提要。

59.《春秋公羊注疏》：汉公羊寿传，何休解诂，唐徐彦疏。案《汉书·艺文志》："《公羊传》十一卷。"班固自注曰："公羊子，齐人。"（案《汉·艺文志》不题颜师古名者，皆固之自注）颜师古注曰："名高（案此据《春秋说》彦疏《题词》之文，见徐彦疏所引）。"徐彦疏引戴宏序曰："子夏传与公羊高，高传与其子平，平传与其子地，地传与其子敢，敢传与其子寿。至汉景帝时，寿乃与齐人胡毋子都著于竹帛。何休之注亦同。"（休说见《隐公二年》"纪子伯、莒子盟于密"条下）今观传中有"子沈子曰"，"子司马子曰"，"子女子曰"、"子北宫子曰"，又有"高子曰"，"鲁子曰"，盖皆传授之经师，不尽出于公羊子。《定公元年传》"正棺于两楹之间"二句，《穀梁传》引之，直称沈子，不称公羊，是并其不著姓氏者亦不尽出公羊子。且并有"子公羊子曰"，尤不出于高之明证。知传确为寿撰，而胡毋子都助成之。旧本首署高名，盖未审也。又罗璧《识遗》，称公羊、穀梁自高、赤作传外，更不见有此姓。万见春谓皆姜字切韵脚，疑为姜姓假托。案邹为邾娄、披为勃鞮、木为弥牟、殖为舌职，记载音讹，经典原有是事。至弟子记其先师，子孙述其祖父，必不至竟迷本字，别用合声。璧之所言，殊为好异。至程端学《春秋本义》竟指高为汉初人，则讲学家臆断之词，更不足与辨矣。三《传》与经文，《汉志》皆各为卷帙。以《左传》附经始于杜预，《公羊传》附经则不知始自何人。观何休《解诂》但释传而不释经，与杜异例，知汉末犹自别行。今所传蔡邕《石经残字公羊传》，亦无经文，足以互证。今本以传附经，或徐彦作疏之时所合并欤？彦疏，《文献通考》作三十卷。今本乃止二十八卷。或彦本以经文并为二卷，别冠于前，后人又散入传中，故少此二卷，亦未可知也。彦疏，《唐志》不载。《崇文总目》始著录，称不著撰人名氏，或云徐彦。董逌《广川藏书志》亦称世传徐彦，不知时代，意其在贞元、长庆之后。考疏中“郯之战”一条，犹及见孙炎《尔雅注》完本，知在宋以前。又“葬桓王”一条，全袭用杨士勋《穀梁传疏》，知在贞观以后。中多自设问答，文繁语复，与邱光庭《兼明书》相近，亦唐末之文体。董逌所云，不为无理。故今从逌之说，定为唐人焉。

今按：此节抄自《四库全书总目》卷二六《春秋公羊注疏》提要。

60.《春秋穀梁注疏》：晋范宁集解，唐杨士勋疏。其传则士勋疏称，穀梁子名俶，字元始，一名赤。受经于子夏，为经作传则当为穀梁子所自作。徐彦《公羊传疏》又称，公羊高五世相授，至胡母生乃著竹帛，题其亲师，故曰《公羊传》。《穀梁》亦是著竹帛者题其亲师，故曰《穀梁传》。则当为传其学者所作。案：《公羊传》“定公即位”一条引“子沈子曰”，何休《解诂》以为后师（按：此注在《隐公十一年》所引子沈子条下）。此传“定公即位”一条，亦称“沈子曰”。公羊、穀梁既同师子夏，不应及见后师。又“初献六羽”一条，称“穀梁子曰”。传既穀梁自作，不应自引己说。且此条又引“尸子曰”，尸佼为商鞅之师，鞅既诛，佼逃于蜀。其人亦在穀梁后，不应预为引据。疑徐彦之言为得其实，但谁著于竹帛，则不可考耳。《汉书·艺文志》载《公羊》、《穀梁》二家经十一卷，传亦各十一卷。则经传初亦别编。范宁《集解》，乃并经注之，疑即宁之所合。《定公元年》“春王三月”一条，发传于“春王”二字之下，以“三月”别属下文，颇疑其割裂。然考刘向《说苑》，称文王似元年，武王似春王，周公似正月。向受穀梁《春秋》，知《穀梁经》文以“春王”二字别为一节，故向有此读。至“公观鱼于棠”一条、“葬桓王”一条、“杞伯来逆叔姬之丧以归”一条、“曹伯庐卒于师”一条、“天王杀其弟佞夫”一条，皆冠以“传曰”字。惟“桓王”一条与《左传》合，余皆不知所引何传。疑宁以传附经之时，每条皆冠以“传曰”字，如郑玄、王弼之《易》有“彖曰”、“象曰”之例，后传写者删之。此五条，其削除未尽者也。宁注本十二卷，以兼载门生故吏子弟之说，各列其名，故曰《集解》。《晋书》本传称宁此书为世所重，既而徐邈复为之注，世亦称之。今考书中乃多引邈注，未详其故。又自序有“商略名例”之句，疏称宁别有《略例》百余条，此本不载。然注中时有“传例曰”字。或士勋割裂其文，散入《注疏》中欤？士勋始末不可考。孔颖达《左传正义序》，称与故四门博士杨士勋参定，则亦贞观中人。其书不及颖达书之赅洽。然诸儒言《左传》者多，言《公》、《穀》者少，既乏凭借之资。又《左传》成于众手，此书出于一人，复鲜佐助之力。详略殊观，固其宜也。其疏“长狄眉见于轼”一条，连缀于“身横九亩”句下，与注相离。盖邢昺刊正之时，又多失其原第，亦不尽士勋之旧矣。

今按：此节抄自《四库全书总目》卷二六《春秋穀梁注疏》提要。

61.《〈春秋〉有贬无褒实起于孙复》：复之论，上祖陆淳，而下开胡安国，谓《春秋》有贬无褒，大抵以深刻为主。晁公武《读书志》载常秩之言曰：“明复为《春秋》，犹商鞅之法，弃灰于道者有刑，步过六尺者有诛。”盖笃论也。而宋代诸儒，喜为苛议。顾相与推之，沿波不返，遂使孔庭笔削变为罗织之经。夫知《春秋》者，莫如孟子，不过曰“《春秋》成而乱臣贼子惧”耳。使二百四十二年中无人非乱臣贼子，则复之说当矣。如不尽乱臣贼子，则圣人亦必有所节取，亦何至由天王以及诸侯、大夫无一人一事不加诛绝者乎？过于深求而反失《春秋》之本旨者，实自复始。虽其间辨名分，别嫌疑，于兴亡治乱之机亦时有所发明。统而核之，究所谓功不补患者也。以后来说《春秋》者，深文锻炼之学，大抵用此书为根柢，故特录存之，以著履霜之渐，而具论其得失如右。

今按：此节抄自《四库全书总目》卷二六《春秋尊王发微》提要。《春秋尊王发微》，宋孙复撰。

62.《〈春秋〉切于政事》：说《春秋》者莫夥于两宋。其为进讲而作者，《宋史·艺文志》有王葆《春秋讲义》二卷，今已散佚。张九成《横浦集》有《春秋讲义》一卷。《永乐大典》有戴溪《春秋讲义》三卷。大抵皆演绎经文，指陈正理，与章句之学迥殊。是非惟崇政迩英、奏御之体裁如是，亦以统驭之柄在慎其赏罚，赏罚之要在当其功罪。而别嫌疑，明是非，定犹豫者，则莫精于《春秋》。圣人笔削之旨实在于是也。故孟子曰：“《春秋》，天子之事也。”公扈子曰：“有国者不可以不学《春秋》。《春秋》，国之鉴也。”董仲舒推演《公羊》之旨得二百三十二条，作《春秋决事》十六篇，其义盖有所受矣。是编因宋儒进御旧体以阐发微言。每条先列《左氏》之事迹，而不取其浮夸。次明《公》、《穀》之义例，而不取其穿凿。反复演绎，大旨归本于王道，允足明圣经之书法，而探帝学之本原。

今按：此节抄自《四库全书总目》卷二九《日讲春秋解义》提要。《日讲春秋解义》六十四卷，是书为清圣祖仁皇帝经筵旧稿，世宗宪皇帝复加考论，乃编次成帙。

63.《论〈春秋〉不可求之深文》：考班彪之论《春秋》曰：“平易正直，《春秋》之义也。”王充之论《春秋》曰：“公羊、穀梁之传，日月不具，辄为意使。平常之事有怪异之说，径直之文有曲折之义，非孔子之心。”苏轼之论《春秋》曰：“《春秋》，儒者本务。然此书有妙用，儒者罕能领会，多求之绳约中，乃近法家者流，苛细缴绕，竟亦何用？”朱子之论《春秋》亦曰：“圣人作《春秋》，不过直书其事，而善恶自见。”又曰：“《春秋》传例多不可信，圣人纪事，安有许多义例？”然则圣经之法戒，本共闻共见；圣人之劝惩，亦易知易从。自啖助、赵匡倡为废传解经之说，使人人各以臆见私相揣度，务为新奇以相胜，而《春秋》以荒。自孙复倡为有贬无褒之说，说《春秋》者必事事求其所以贬，求其所以贬而不得，则锻炼周内以成其罪，而《春秋》益荒。俞汝言《春秋平义序》谓：“传经之失，不在于浅而在于深，《春秋》尤甚。”可谓片言居要矣。

今按：此节抄自《四库全书总目》卷二九《御纂春秋直解》提要。《御纂春秋直解》十五卷，乾隆二十三年奉敕撰。《四库提要》曰：“以十二公为十二卷，庄公、僖公、襄公篇页稍繁，各析一子卷，实十五卷。大旨在发明尼山本义而铲除种种迂曲之说，故赐名曰《直解》，冠以御制序文，揭胡安国传之傅会臆断，以明诰天下，与《钦定春秋传说汇纂》宗旨同符。”又曰：“是编恭承训示，务斟酌情理之平，以求圣经之微意。凡诸家所说穿凿破碎者悉斥不采，而笔削大义愈以炳然。学者恭读御纂《春秋传说汇纂》以辨订其是非，复恭读是编以融会其精要，《春秋》之学已更无余蕴矣。”《里堂书品》均删之。

64.《左传杜解补正》：国朝顾炎武撰。炎武一名绛，字宁人，昆山人。博极群书，精于考证，国初称学有根柢者以炎武为最。李光地尝为作《小传》，今载《榕村集》中。是书以杜预《左传集解》时有阙失，贾逵、服虔之注，乐逊之《春秋序义》，今又不传，于是博稽载籍，作为此书。至邵宝《左觿》等书，苟有合者，亦皆采辑。若“室如悬罄”，取诸《国语》。肉谓之羹，取诸《尔雅》。车之有辅，取诸《吕览》。田禄其子，取诸《楚辞》。千亩原之在晋州，取诸郑康成。祏为庙主，取诸《说文》。石四为鼓，取诸王肃《家语注》。祝其之为莱芜，取诸《水经注》。凡此之类，皆有根据。其他推求文义，研究诂训，亦多得《左氏》之意。昔隋刘炫作《杜解规过》，其书不传，惟散见孔颖达正义中。然孔疏之例，务主一家，故凡炫所规，皆遭排斥。一字一句，无不刈曲而杜直，未协至公。炎武甚重杜解，而又能弥缝其阙失，可谓扫除门户，能持是非之平矣。近时惠栋作《左传补注》，纠正此书“龙凉”一条、“大司马固”一条、“文马百驷”一条、“使封人虑事”一条、“遇《艮》之八”一条、“豆区釜钟”一条。然其中文马之说，究以炎武为是。栋又摘其引古《春秋》左氏说但举《汉书·五行志》之名，又摘其“礼为邻国阙”一条用服虔之说而不著所自。案：征引佚书，当以所载之书为据。栋引《世本》不标《史记注》，引京相璠《土地名》不标《水经注》，正体例之疏，未可反讥炎武。至服虔一条，当由偶忘出典。栋注昭公二十九年“赋晋国一鼓铁”，证以王肃《家语注》，亦明冯时可之说未标时可之名也。是固不以掠美论矣。

今按：此节抄自《四库全书总目》卷二九《左传杜解补正》提要。

65.《三传各有所长》：三《传》之中，左氏亲观国史，事迹为真，而褒贬则多参俗议；公羊、穀梁二家得自传闻，记载颇谬，而义例则多有师承。《朱子语录》谓：“左氏史学，事详而理差；公、穀经学，理精而事谬。”盖笃论也。

今按：此节抄自《四库全书总目》卷二九《左传事纬》提要。《左传事纬》，清马骕撰。

66.《诸儒以深文论〈春秋〉之过》：自《穀梁》发常事不书之例，孙复衍有贬无褒之文。后代承流，转相摹仿，务以刻酷为经义。二百四十二年之中，上至天王，下至列国，无一人得免于弹刺，遂使游、夏赞之而不能者，申、韩为之而有余。流弊所极，乃有贬及天道者(吕柟《春秋说志》谓书季孙意如卒，所以见天道之左)。《春秋》于是乎乱矣。

今按：此节抄自《四库全书总目》卷二九《春秋阙如编》提要。《春秋阙如编》，清焦袁熹撰。

67.《春秋类后序》：案：《春秋》、三《传》，互有短长，世以范宁所论为允，宁实未究其所以然也。《左氏》说经所谓“君子曰”者，往往不甚得经意。然其失也，不过肤浅而已。《公羊》、《穀梁》二家，钩棘月日以为例，辨别名字以为褒贬，乃或至穿凿而难通。三家皆源出圣门，何其所见之异哉？左氏亲见国史，古人之始末具存，故据事而言，即其识有不逮者，亦不至大有所出入。《公羊》、《穀梁》则前后经师，递相附益，推寻于字句之间，故凭心而断，各徇其意见之所偏也。然则征实迹者其失小，骋虚论者其失大矣。后来诸家之是非，均持此断之可也。至于左氏文章，号为富艳，残膏剩馥，沾溉无穷。章冲联合其始终，徐晋卿排比其对偶，后人接踵，编纂日多，而概乎无预于经义，则又非所贵焉。

今按：此节抄自《四库全书总目》卷二九春秋类之后案。

68.《春秋家说》：国朝王夫之撰。夫之有《周易稗疏》，已著录。是书前有自序，称大义受于其父，故以“家说”为名。其攻驳胡《传》之失，往往中理，而亦好为高论，不顾其安，其弊乃与胡《传》等。如文姜之与于弑，夫之谓不讨则不免于忘父，讨之则不免于杀母。为庄公者，惟有一死而别立桓公之庶子，庶子可以申文姜之诛。不知子固无杀母之理，即桓之庶子亦岂有杀嫡母之理？视生母为母而视嫡母为非母，此末俗至薄之见，可引以断经义乎？闵公之弑，夫之谓当归狱于庆父，不当归狱于哀姜。哀姜以母戕子，与文姜不同，不得以人爵压天伦。此亦牵于俗情，以常人立论。不知作乱于国家，即为得罪于宗庙。唐武后以母废中宗，天下哗然而思讨，君子不以为非。彼独非母子乎？首止之会定王世子，所以消乱端于未萌。世子非不当立，则不得谓之谋位。诸侯非奉所不当奉，则不得谓之要挟。夫之必责以伯夷、叔齐之事，则张良之羽翼惠帝，何以君子不罪之乎？如此之类，皆以私情害大义。其他亦多词胜于意。全如论体，非说经之正轨。至于桓公元年，无端而论及人君改元宜建年号之类，连篇累牍，横生枝节，于《春秋》更无关矣。

今按：此节抄自《四库全书总目》卷三一《春秋家说》提要。《春秋家说》，清王夫之撰。

69.《舍传求经立说谬》：考古者左史记言，右史记事。《尚书》者，左史类也。《春秋》者，右史类也。刘知幾作《史通》，叙述源流，至为明析。心敬乃援《尚书》为例，谓事迹之可存者圣人必存，如典、谟、训、诰是也。事迹之不可存者，圣人必删，如《左传》所载是也。因而尽废诸传，惟以经解经。不思经文简质，非传难明。即如“郑伯克段于鄢”一条，设无传文，则段于郑为何人，郑伯克之为何故，经文既未明言，但据此六字之文，抱遗经而究终始，虽圣人复生，沉思毕世，无由知其为郑伯之弟，以武姜内应作乱也。是开卷数行，已窒碍不行，无论其余矣。

今按：此节抄自《四库全书总目》卷三一《春秋原经》提要。《春秋原经》，清王心敬撰。

70.《胡〈传〉行而〈春秋〉之经荒》：案：明科举之例，诸经传注皆因元制，用宋儒。然程子作《春秋传》未成，朱子又未注《春秋》，以胡安国学出程子、张洽学出朱子，《春秋》遂定用二家。盖重其所出之渊源，非真有见于二人之书果胜诸家也。后张《传》以文繁渐废，胡《传》竟得孤行，则又考官举子共趋简易之故，非律令所定矣。且他经虽限以一说立言，犹主经文。《春秋》一经，则惟主发挥传义。其以经文命题，不过传文之标识，知为某公某年某事而已。观张朝瑞《贡举考》，备列明一代试题。他经皆具经文首尾，惟《春秋》仅列题中两三字，如盟密、夹谷之类，其视经文不为轻重可知矣。是《春秋》虽列在学官，实以胡《传》当一经，孔子特拥其虚名而已。经义之荒，又何足怪乎？钦定《春秋传说汇纂》，总括众说，折衷圣言，凡安国迂谬之谈，悉一一驳正。此足见是非之公，终有不能强掩者矣。今检校遗书，于明代说《春秋》家多所刊削。庶不以科举俗学蚀圣经之本旨云尔。

今按：此节抄自《四库全书总目》卷三一春秋类存目之后案。

71.《孝经类总叙》：蔡邕《明堂论》引魏文侯《孝经传》，《吕览·审微篇》亦引《孝经·诸侯章》，则其来古矣。然授受无绪，故陈骙、汪应辰皆疑其伪。今观其文，去二戴所录为近，要为七十子徒之遗书。使河间献王采入一百三十一篇中，则亦《礼记》之一篇，与《儒行》、《缁衣》转从其类。惟其各出别行，称孔子所作，传录者又分章标目，自名一经。后儒遂以不类《系辞》、《论语》绳之，亦有由矣。中间孔、郑两本，互相胜负。始以开元《御注》用今文，遵制者从郑；后以朱子《刊误》用古文，讲学者又转而从孔。要其文句小异，义理不殊，当以黄震之言为定论（语见《黄氏日抄》）。故今之所录，惟取其词达理明，有裨来学，不复以今文、古文区分门户，徒酿水火之争。盖注经者明道之事，非分朋角胜之事也。

今按：此节抄自《四库全书总目》之《孝经类总叙》。

72.《孝经正义》：唐玄宗明皇帝御注，宋邢昺疏。案《唐会要》："开元十年六月，上注《孝经》，颁天下及国子学。天宝二年二月，上重注，亦颁天下。"《旧唐书·经籍志》、《孝经》一卷，玄宗注。《唐书·艺文志》"今上《孝经制旨》一卷"，注曰"玄宗"。其称"制旨"者，犹梁武帝《中庸义》之称"制旨"，实一书也。赵明诚《金石录》载《明皇注孝经》四卷。陈振孙《书录解题》亦称家有此刻，为四大轴。盖天宝四载九月，以御注刻石于太学，谓之《石台孝经》。今尚存西安府学中，为碑凡四，故拓本称四卷耳。玄宗《御制序》末称："一章之中凡有数句，一句之内义有兼明，具载则文繁，略之则义阙。今存于疏，用广发挥。"《唐书·元行冲传》称："玄宗自注《孝经》，诏行冲为疏，立于学官。"《唐会要》又载："天宝五载诏，《孝经》书疏虽粗发明，未能该备，今更敷畅以广阙文，令集贤院写颁中外。是注凡再修，疏亦再修。"其疏《唐志》作二卷，《宋志》则作三卷，殆续增一卷欤？宋咸平中，邢昺所修之疏，即据行冲书为蓝本。然孰为旧文，孰为新说，今已不可辨别矣。《孝经》有今文、古文二本。今文称郑玄注，其说传自荀昶，而《郑志》不载其名。古文称孔安国注，其书出自刘炫，而《隋书》已言其伪。至唐开元七年三月，诏令群儒质定。右庶子刘知幾主古文，立十二验以驳郑。国子祭酒司马贞主今文，摘《闺门》章文句凡鄙，《庶人章》割裂旧文，妄加"子曰"字及注中"脱衣就功"诸语以驳孔。其文具载《唐会要》中。厥后今文行而古文废。元熊禾作董鼎《孝经大义序》，遂谓贞去《闺门》一章，卒启玄宗无礼无度之祸。明孙本作《孝经辨疑》，并谓唐宫闱不肃，贞削《闺门》一章乃为国讳。夫削《闺门》一章，遂启幸蜀之衅，使当时行用古文，果无天宝之乱乎？唐宫闱不肃诚有之，至于《闺门》章二十四字，则绝与武、韦不相涉。指为避讳，不知所避何讳也？况知幾与贞两议并上，《会要》载当时之诏，乃郑依旧行用。孔注传习者稀，亦存继绝之典。是未因知幾而废郑，亦未因贞而废孔。迨时阅三年，乃有御注太学刻石，署名者三十六人，贞不预列。御注既行，孔、郑两家遂并废，亦未闻贞更建议废孔也。禾等徒以朱子《刊误》偶用古文，遂以不用古文为大罪。又不能知唐时典故，徒闻《中兴书目》有"议者排毁，古文遂废"之语，遂沿其误说，愦愦然归罪于贞。不知以注而论，则孔佚郑亦佚。孔佚罪贞，郑佚又罪谁乎？以经而论，则郑存孔亦存，古文并未因贞一议亡也，贞又何罪焉？今详考源流，明今文之立，自玄宗此注始。玄宗此注之立，自宋诏邢昺等修此疏始。众说喧呶，皆揣摩影响之谈，置之不论不议可矣。

今按：此节抄自《四库全书总目》卷三二《孝经正义》提要。

73.《〈孝经〉今古文无大异》：《孝经》今文、古文，自《隋志》所载王劭、刘炫以来，即纷纷聚讼。至唐而刘知幾主古文，司马贞主今文。其彼此驳议，《唐会要》具载其词，至今说经之家亦多递相左右，然所争者不过字句之间。观光从古文，而句下乃备载唐玄宗今文之注。使二本南辕北辙，可移今文之注以注古文乎？

今按：此节抄自《四库全书总目》卷三二《古文孝经指解》提要。《古文孝经指解》，不著编辑者名氏，以宋司马光、范祖禹之说合为一书。

74.《〈孝经〉古今文异处》：其谓汉初诸儒始见此书，盖未考魏文侯尝为作传，见于蔡邕《明堂论》中。至其据许氏《说文》所引古文《孝经》"仲尼居"无"闲"字，知古文之"仲尼闲居"为刘炫所妄增。又据桓谭《新论》称古文千八百七十二字，与今文异者四百余字。今刘炫本止有千八百七十字，多于今文八字。除增《闺门》一章二十四字外，与今文异字仅二十余字。则较司马贞之攻古文但泛称文句鄙俗者，特有根据。

今按：此节抄自《四库全书总目》卷三二《孝经定本》提要。《孝经定本》，元吴澄撰。

75.《汉儒宋儒说经之分》：汉儒说经以师传，师所不言，则一字不敢更。宋儒说经以理断，理有可据，则六经亦可改。然守师传者其弊不过失之拘，凭理断者其弊或至于横决而不可制。王柏诸人点窜《尚书》，删削二《南》，悍然欲出孔子上，其所由来者渐矣。

今按：此节抄自《四库全书总目》卷三二《孝经问》提要。《孝经问》，清毛奇龄撰。

76.《五经总义类总叙》：汉代经师如韩婴治《诗》兼治《易》者，其训故皆各自为书。宣帝时，始有《石渠五经杂义》十八篇。《汉志》无类可隶，遂杂置之《孝经》中。《隋志》录许慎《五经异义》以下诸家，亦附《论语》之末。《旧唐书·志》始别名"经解"，诸家著录因之，然不见兼括诸经之义。朱彝尊作《经义考》，别目曰"群经"。盖觉其未安，而采刘勰《正纬》之语以改之，又不见为训诂之文。徐乾学刻《九经解》，顾湄兼采总集经解之义，名曰《总经解》，何焯复斥其不通(语见沈廷芳所刻何焯《点校经解目录》中)，盖正名若是之难也。考《隋志》于统说诸经者虽不别为部分，然论语类末称《孔丛》、《家语》、《尔雅》诸书，并"五经总义"附于此篇，则固称"五经总义"矣。今准以立名，庶犹近古，《论语》、《孝经》、《孟子》虽自为书，实均五经之流别，亦足以统该之矣。其校正文字及传经诸图并约略附焉，从其类也。

今按：此节抄自《四库全书总目》之《五经总义类总叙》。

77.《古人音字》：古者漆书竹简，传写为艰，师弟相传，多由口授，往往同音异字，辗转多歧。又六体孳生，形声渐备，毫厘辨别，后世乃详。古人字数无多，多相假借。沿流承袭，遂开通用一门。谈经者不考其源，每以近代之形声究古书之义旨，穿凿附会，多起于斯。故士生唐、宋以后，而操管摛文，动作奇字，则生今反古，是曰乱常。至于读古人之书，则当先通古人之字，庶明其文句而义理可以渐求。

今按：此节抄自《四库全书总目》卷三三《九经古义》提要。《九经古义》，清惠栋撰。

78.《论考证之学》：汉代传经，专门授受，自师承以外，罕肯旁征。故治此经者，不通诸别经。即一经之中，此师之训故，亦不通诸别师之训故。专而不杂，故得精通。自郑玄淹贯六艺，参互钩稽，旁及纬书，亦多采摭。言考证之学者自是始。宋代诸儒，惟朱子穷究典籍，其余研求经义者，大抵断之以理，不甚观书。故其时博学之徒多从而探索旧文，网罗遗佚，举古义以补其阙，于是汉儒考证之学遂散见杂家笔记之内。宋洪迈、王应麟诸人，明杨慎、焦竑诸人，国朝顾炎武、阎若璩诸人，其尤著者也。夫穷经之要在于讲明大义，得立教之精意，原不以搜求奇秘为长。然有时名物训诂之不明，事迹时地之不考，遂有凭臆空谈，乖圣人之本旨者。诸人于汉学放失之余，捃摭而存一线，亦未始非饩羊之遗也。

今按：此节抄自《四库全书总目》卷三三《经稗》提要。《经稗》，清郑方坤撰。

79.《经字异同》：然籀改而篆，篆改而八分，而隶书，偏旁点画，或因或革，不能限以许慎之所述。又经师口授，各据专门。《春秋》则三传异文，《诗》则四家殊字。

而假借通用，又复错出于其间。故“曰若”、“越若”，《书》自不同；“桑葚”、“桑椹”，《诗》亦各体：此一经自不相同者也。《周礼》之“簋”，不可通乎《周易》之“簋”；《仪礼》之“庿”，不可通于《礼记》之“庙”：此诸经各不相谋者也。郑康成之屡称旧书，陆德明之多引别本，更不论矣。

今按：此节抄自《四库全书总目》卷三三《十三经注疏正字》提要。《十三经注疏正字》，清沈廷芳撰。

80.《详考纬书》：考刘向《七略》，不著纬书。然民间私相传习，则自秦以来有之。非惟卢生所上见《史记·秦本纪》，即吕不韦《十二月纪》称某令失则某灾至，伏生《洪范五行传》称某事失则某征见，皆谶纬之说也。《汉书·儒林传》称孟喜得《易》家候阴阳灾变书，尤其明证。荀爽谓起自哀、平，据其盛行之日言之耳。《隋志》著录八十一篇。燔烧之后，湮灭者多。至今仅有传本者，朱彝尊《经义考》称《易乾凿度》、《乾坤凿度》、《礼含文嘉》犹存，顾炎武《日知录》又称见《孝经援神契》。然《含文嘉》乃宋张师禹所撰，非其旧文。《援神契》则自宋以来不著于录，殆炎武一时笔误，实无此书。则传于世者，仅《乾凿度》、《乾坤凿度》二书耳。皇上光崇文治，四库宏开；二酉秘藏，罔弗津逮。又于《永乐大典》之中搜得《易纬稽览图》、《通卦验》、《坤灵图》、《是类谋》、《辨终备》、《乾元序制记》六书，为数百年通儒所未见，其余则仍不可稽。盖遗编残图，十不存其一矣，瑴尝杂采旧文，分为四部，总谓之《微书》：一曰《焚微》，辑秦以前逸书。一曰《线微》，辑汉、晋间笺疏。一曰《阙微》，征皇古七十二代之文。一曰《删微》，即此书。今三书皆不传，惟此编在，遂独被《微书》之名。实其中之一种也。所采凡《尚书》十一种、《春秋》十六种、《易》八种、《礼》三种、《乐》三种、《诗》三种、《论语》四种、《孝经》九种、《河图》十种、《洛书》五种。以今所得完本校之，瑴不过粗存梗概。又唐瞿昙悉达《开元占经》，去隋未远，所引诸纬，如《河图圣洽符》、《孝经雌雄图》之类，多者百余条，少者数十条。瑴亦未睹其书，故多所遗漏。又摘伏胜《尚书大传》中《洪范五行传》一篇，指为神禹所作，尤属杜撰。然其采摭编缀，使学者生于千百年后，犹见东京以上之遗文，以资考证，其功亦不可没。《经义考·毖纬》一门其所引据，出瑴书者十之八九，则用力亦可谓勤矣。纬与经，名虽相辅，实各自为书。卦气之说，孟喜始据以诂《易》，何休、郑玄援引尤多。宋欧阳修《乞校正五经劄子》欲于《注疏》中全削其文，而说不果用。魏了翁作《九经正义》，始尽削除。此实说经家谨严之旨，与孙复说《春秋》而废传，郑樵说《诗》而废序，深文巧诋，务排汉学者不同。然义理则当尊正轨，考证则不废旁稽。如郑玄注《礼》，五天帝具有姓名，此与道家符箓何异？宋儒辟之是也。至于蔡沈《书集传》所称“昆仑周天三百六十五度四分度之一”，实《洛书甄耀度》、《尚书考灵耀》之文。“黑道二去黄道北，赤道二去黄道南，白道二去黄道西，青道二去黄道东”，实《河图帝览嬉》之文。朱子注《楚辞》“昆仑者地之中也，地下有八柱，互相牵制，名山大川，孔穴相通”，实《河图括地象》之文。“三足乌，阳精也”，实《春秋元命苞》之文(案此四条皆朱彝尊《经义考》之说)。以至“七日来复”，自王弼以来承用；六日七分之说，朱子作《易本义》亦弗能易，实《易稽览图》之文。《洛书》四十五点，邵子以来传为秘钥，其法出于太乙九宫，实《易乾凿度》之文。是宋儒亦未能尽废之。

今按：此节抄自《四库全书总目》卷三三《古微书》提要。《古微书》，明孙瑴编。

81.《五经总义类后叙》：案：汉儒五经之学，惟《易》先变且尽变，惟《书》与《礼》不变，《诗》与《春秋》则屡变而不能尽变。盖《易》包万汇，随举一义，皆有说可通。数惟人所推，象惟人所取，理惟人所说，故一变再变而不已。《书》纪政事，《礼》具器数，具有实征，非空谈所能眩乱，故虽欲变之而不能。《诗》则其美其刺，可以意解，其名物训诂，则不可意解也；《春秋》则其褒其贬，可以词夺，其事迹始末，则不可以词夺也：故二经虽屡变而不尽变。刘勰有言："意翻空而易奇，词征实而难巧。"此虽论文，可例之于说经矣。今所甄录，征实者多，不欲以浮谈无根启天下之捷径也。盖自王柏诸人以下逞小辨而汩圣籍者，其覆辙可一一数矣。

今按：此节抄自《四库全书总目》卷三三《五经总义类后叙》。

82.《论尊经》：案：先儒授受，大抵专治一经。其兼通诸经，各有论说者，郑康成以下旷代数人耳。宋以后著作渐夥，明以来撰述弥众。非后人学问远过前修，精研之则见难，涉猎之则见易；求实据则议论少，务空谈则卷轴富也。孙承泽抄撮经解诸序，寥寥数卷，亦命之曰《五经翼》，则孰非兼通五经者哉？略存其目而不录其书，古今人巧拙之异，华实之分，亦大概可睹矣。

今按：此节抄自《四库全书总目》卷三四《五经总义类存目后叙》。

83.《四书类总叙》：《论语》、《孟子》，旧各为帙。《大学》、《中庸》，旧《礼记》之二篇。其编为《四书》，自宋淳熙始。其悬为令甲，则自元延祐复科举始。古来无是名也。然二戴所录《曲礼》、《檀弓》诸篇，非一人之书，迨立名曰《礼记》，《礼记》遂为一家。即王逸所录屈原、宋玉诸篇，《汉志》均谓之赋，迨立名曰《楚辞》，《楚辞》亦遂为一家。元邱葵《周礼补亡序》称圣朝以六经取士，则当时固以《四书》为一经。前创后因，久则为律，是固难以一说拘矣。今从《明史·艺文志》例，别立四书一门，亦所谓礼以义起也。朱彝尊《经义考》于四书之前仍立《论语》、《孟子》二类；黄虞稷《千顷堂书目》，凡说《大学》、《中庸》者，皆附于礼类：盖欲以不去饩羊略存古义。然朱子书行五百载矣，赵岐、何晏以下，古籍存者寥寥；梁武帝《义疏》以下，且散佚并尽；元、明以来之所解，皆自《四书》分出者耳。《明史》并入《四书》，盖循其实。今亦不复强析其名焉。

今按：此节抄自《四库全书总目》之《四书类总叙》。

84.《训诂名义理言各有当》：汉儒注经，多明训诂名物，惟此注笺释文句，乃似后世之口义，与古学稍殊。然孔安国、马融、郑玄之注《论语》，今载于何晏《集解》者，体亦如是。盖《易》、《书》文皆最古，非通其训诂则不明。《诗》、《礼》语皆征实，非明其名物亦不解。《论语》、《孟子》词旨显明，惟阐其义理而止，所谓言各有当也。

今按：此节抄自《四库全书总目》卷三五《孟子正义》提要。

85.《论语笔记》：以意推之，疑愈注《论语》时，或先于简端有所记录，翱亦间相讨论，附书其间。迨书成之后，后人得其稿本，采注中所未载者，别录为二卷行之。如程子有《易传》，而《遗书》之中又别有论《易》诸条；朱子有《诗传》，而朱鉴又为《诗传遗说》之例。题曰《笔解》，明非所自编也。

今按：此节抄自《四库全书总目》卷三五《论语笔解》提要。《论语笔解》，旧本题唐韩愈、李翱同注。

86.《论孟子之列入经》：案：宋《礼部韵略》所附条式，自元祐中即以《论语》、《孟子》试士。是当时已尊为经。而晁氏《读书志》，《孟子》仍列儒家。至陈氏《书录解题》，始与《论语》同入经部。盖宋尊《孟子》，始王安石。元祐诸人务与作难，故司马光《疑孟》、晁说之《诋孟》作焉。非攻《孟子》，攻安石也。白珽《湛渊静语》所记言之颇详。晁公武不列于经，犹说之之家学耳。陈振孙虽改晁氏之例，列之于经，然其立说乃以程子为词，则亦非尊《孟子》，仍尊程子而已矣。考赵岐《孟子题词》，汉文帝时已以《论语》、《孝经》、《孟子》同置博士。而孙奭是编，实大中祥符间奉敕校刊《孟子》所修。然则表章之功，在汉为文帝，在宋为真宗。训释之功，在汉为赵岐，在宋为孙奭，固不始于王安石，亦不始于程子。纷纷门户之爱憎，皆逐其末也。

今按：此节抄自《四库全书总目》卷三五《孟子音义》提要之案语。

87.《四书章句集注》：案《论语》自汉文帝时立博士。《孟子》据赵岐《题词》，文帝时亦尝立博士。以其旋罢，故史不载。《中庸说》二篇见《汉书·艺文志》。戴颙《中庸传》二卷，梁武帝《中庸讲疏》一卷，见《隋书·经籍志》。惟《大学》自唐以前无别行之本。然《书录解题》载司马光有《大学广义》一卷、《中庸广义》一卷，已在二程以前，均不自洛、闽诸儒始为表章。特其论说之详，自二程始；定著"四书"之名，则自朱子始耳。原本首《大学》，次《论语》，次《孟子》，次《中庸》。书肆刊本以《大学》、《中庸》篇页无多，并为一册，遂移《中庸》于《论语》前。明代科举命题，又以作者先后，移《中庸》于《孟子》前。然非宏旨所关，不必定复其旧也。《大学》古本为一篇，朱子则分别经传，颠倒其旧次，补缀其阙文，《中庸》亦不从郑注分节，故均谓之"章句"。《论语》、《孟子》融会诸家之说，故谓之"集注"。犹何晏注《论语》，裒八家之说称《集解》也。惟晏注皆标其姓，朱子则或标或不标，例稍殊焉。《大学》章句，诸儒颇有异同，然"所谓诚其意者"以下并用旧文，所特创者不过补传一章，要非增于八条目外。既于理无害，又于学者不为无裨，何必分门角逐欤？《中庸》虽不从郑注，而实较郑注为精密。盖考证之学，宋儒不及汉儒；义理之学，汉儒亦不及宋儒。言岂一端，要各有当，况郑注之善者，如“戒慎乎其所不睹”四句，未尝不采用其意；“虽有其位”一节，又未尝不全袭其文。观其去取，具有鉴裁，尤不必定执古义以相争也。《论语》、《孟子》亦颇取古注。如《论语》“瑚琏”一条与《明堂位》不合，《孟子》“曹交”一注与《春秋传》不合，论者或以为疑。不知“瑚琏”用包咸注，“曹交”用赵岐注，非朱子杜撰也。又如“夫子之墙数仞”注“七尺曰仞”，“掘井九仞”注“八尺曰仞”，论者尤以为矛盾。不知“七尺”亦包咸注，“八尺”亦赵岐注也。是知镕铸群言，非出私见。苟不详考所出，固未可概目以师心矣。大抵朱子平生精力殚于《四书》，其剖析疑似，辨别毫厘，实远在《易本义》、《诗集传》上。读其书者要当于大义微言求其根本。明以来攻朱子者务摭其名物度数之疏，尊朱子者又并此末节而回护之，是均门户之见，乌识朱子著书之意乎？

今按：此节抄自《四库全书总目》卷三五《大学章句·论语集注·孟子集注·中庸章句》提要。

88.《四书或问》：宋朱子撰。朱子既作《四书章句集注》，复以诸家之说纷错不一，因设为问答，明所以去取之意，以成此书。凡《大学》二卷、《中庸》三卷、《论语》二十卷、《孟子》十四卷。其书非一时所著。《中庸或问》原与《辑略》俱附《章句》之末。《论语》、《孟子》则各自为书。其合为一帙，盖后来坊贾所并也。中间《大学或问》用力最久。故朱子答潘恭叔问，尝自称诸书修得一过，《大学》所改尤多，比旧已极详密。《中庸或问》则朱子平日颇不自惬。《语类》载游某问：“《中庸》编集如何？”曰：“缘前辈诸公说得多了，其间尽有差舛处，又不欲尽驳难他底，所以难下手。不比《大学》，都未曾有人说。”又载朱子以《中庸或问》授黄營云“亦未有满意处。如评论程子诸子说处尚多粗”云云。是其意犹以为未尽安也。至《论孟或问》，则与《集注》及《语类》之说往往多所抵牾，后人或遂执《或问》以疑《集注》。不知《集注》屡经修改，至老未已，而《或问》则无暇重编。故《年谱》称《或问》之书未尝出以示人。书肆有窃刊行者，亟请于县官，追索其版。又《晦庵集》中有《与潘端叔书》曰：“《论语或问》，此书久无工夫修得。只《集注》屡更不定，却与《或问》前后不相应。”云云，可见异同之迹，即朱子亦不讳言。并录存之，其与《集注》合者，可晓然于折衷众说之由；其与《集注》不合者，亦可知朱子当日原多未定之论，未可于《语录》、《文集》偶摘数语，即为不刊之典矣。

今按：此节抄自《四库全书总目》卷三五《四书或问》提要。

89.《议论多晚年始定》：考《朱子大全集》中备载与栻商订此书之语，抉摘瑕疵多至一百一十八条，又订其误字二条。以今所行本校之，从朱子改正者仅二十三条，余则悉仍旧稿，似乎龂龂不合。然“父在观其志”一章，朱子谓旧有两说，当从前说为顺。反复辨论，至于二百余言。而后作《论语集注》，乃竟用何晏《集解》所引孔安国义，仍与栻说相同。盖讲学之家，于一字一句之异同，务必极言辨难，断不肯附和依违。中间笔舌相攻，或不免于激而求胜。迨学问渐粹，意气渐平，乃是是非非，坦然共白，不复回护其前说。此造诣之浅深，月异而岁不同者也。

今按：此节抄自《四库全书总目》卷三五《癸巳论语解》提要。《癸巳论语解》，宋张栻撰。其书成于乾道九年，是年岁在癸巳，故名曰《癸巳论语解》。

90.《读书须有别白岂能一一尊信》：考朱子著述最多，辨说亦最夥。其间有偶然问答未及审核者，有后来考正未及追改者，亦有门人各自记录，润色增减，或失其本真者。故《文集》、《语录》之内，异同矛盾，不一而足。即《四书章句集注》与《或问》亦时有抵牾。原书具在，可一一复按也。当时门人编次，既不敢有所别择，后来读朱子书者，遂一字一句奉为经典，不复究其传述之真伪与年月之先后。但执所见一条，即据以诋排众论，纷纭四出，而朱子之本旨转为尊信者所淆矣。夫载宝而朝，论南宫者有故；越境乃免，惜赵盾者原诬。述孔子之言者，尚不免于舛异，况于朱门弟子断不及七十二贤，又安能据其所传，漫无厘正？伯璿此书，大旨与刘因《四书集义精要》同。而因但为之刊除，伯璿更加以别白。昔朱子尝憾孔门诸子留《家语》作病痛，如伯璿者，可不谓深得朱子之心欤？

今按：此节抄自《四库全书总目》卷三六《四书管窥》提要。《四书管窥》，元史伯璿撰。

91.《四书为帝王枢要》：自朱子定著《四书》，由元、明以至国朝，悬为程试之令甲，家弦户诵，几以为习见无奇。实则内圣外王之道备于孔子，孔子之心法寓于六经，六经之精要括于《论语》，而曾子、子思、孟子递衍其绪。故《论语》始于言学，终于尧舜汤武之政、尊美屏恶之训；《大学》始于格物致知，终于治国平天下；《中庸》始于中和、位育，终于笃恭而天下平；《孟子》始于义利之辨，终于尧舜以来之道统。圣贤立言之大旨，灼然可见。盖千古帝王之枢要，不仅经生章句之业也。

今按：此节抄自《四库全书总目》卷三六《日讲四书解义》提要。《日讲四书解义》二十六卷，康熙十六年圣祖仁皇帝御定。

92.《论学字》：如古人有所师法皆谓之学，即至鲑诸学炙、秦青学讴，亦无异训。朱子注学为效，原无疵病。奇龄必谓学者业道之名，泛训作效，与工师授受何别？不知学道与学艺，所学之事异，而学字不能别释，亦犹喻义喻利，所喻之事异，而喻字不能两解。以此发难，未见其然。

今按：此节抄自《四库全书总目》卷三六《论语稽求篇》提要。《论语稽求篇》，清毛奇龄撰。

93.《论变乱古经》：汉以来专门之学，各承师说，但有字句训诂之异，无人敢窜乱古经。郑玄称好改字，特注某当作某耳，不敢遽变其字也。费直始移《周易》，杜预始移《左传》，但析传附经耳，亦未敢颠倒经文也。自刘敞考定《武成》，列之《七经小传》，儒者视为故事，遂寖以成风。《大学》一篇，移掇尤甚。譬如增减古方，以治今病，不可谓无裨于医疗，而亦不可谓即扁鹊、仓公之旧剂也。

今按：此节抄自《四库全书总目》卷三六《大学证文》提要。《大学证文》，清毛奇龄撰。

94.《四书类后叙》：案：《四书》定于朱子《章句集注》，积平生之力为之，至垂没之日，犹改定《大学》"诚意"章注，凡以明圣学也。至元延祐中用以取士，而阐明理道之书遂渐为弋取功名之路。然其时经义、经疑并用，故学者犹有研究古义之功。今所传袁俊翁《四书疑节》、王充耘《四书经疑贯通》、詹道传《四书纂笺》之类，犹可见其梗概。至明永乐中，《大全》出而捷径开，八比盛而俗学炽。科举之文，名为发挥经义，实则发挥注意，不问经义何如也。且所谓注意者，又不甚究其理，而惟揣测其虚字语气以备临文之摹拟，并不问注意何如也。盖自高头讲章一行，非惟孔、曾、思、孟之本旨亡，并朱子之《四书》亦亡矣。今所采录，惟取先儒发明经义之言，其为揣摩举业而作者则概从删汰。惟胡广《大全》既为前代之功令，又为经义明晦、学术升降之大关，亦特存之，以著明二百余年士习文风之所以弊。盖示戒，非示法也。

今按：此节抄自《四库全书总目》卷三六《四书类后叙》。

95.《乐类总叙》：沈约称《乐经》亡于秦。考诸古籍，惟《礼记经解》有"乐教"之文。伏生《尚书大传》引"辟雝舟张"四语，亦谓之《乐》。然他书均不云有《乐经》(隋志《乐经》四卷，盖王莽元始三年所立，贾公彦《考工记·磬氏疏》所称"《乐》曰"，当即莽书，非古《乐经》也)。大抵《乐》之纲目具于《礼》，其歌词具于《诗》，其铿锵鼓舞则传在伶官。汉初制氏所记，盖其遗谱，非别有一经为圣人手定也。特以宣豫导和，感神人而通天地，厥用至大，厥义至精，故尊其教得配于经。而后代钟律之书亦遂得著录于经部，不与艺术同科。顾自汉氏以来，兼陈雅俗，艳歌侧调，并隶云韶。于是诸史所登，虽细至筝琶，亦附于经末。循是以往，将小说稗官未尝不记言记事，亦附之《书》与《春秋》乎？悖理伤教，于斯为甚。今区别诸书，惟以辨律吕、明雅乐者仍列于经，其讴歌末技，弦管繁声，均退列杂艺、词曲两类中，用以见大乐元音，道侔天地，非郑声所得而奸也。

今按：此节抄自《四库全书总目》之《乐类总叙》。

96.《乐类后叙》：案：天文、乐律，皆积数之学也。天文渐推渐密，前不及后。乐律则愈久愈失，后终不得及前。盖天文有象可测，乐律无器可凭也。宋儒不得其器，因遁辞于言乐理，又遁辞于言乐本。夫乐生于人心之和而根于君德之盛，此乐理、乐本也。备是二者，莫过尧舜，而后夔所典，尚规规于声音、器数何哉？无声音、器数则乐本、乐理无所附。使十二律之长短不按阴阳，八音之宫调不分抗坠，虽奏诸唐、虞之廷，知其不能成声也。泛谈乐本、乐理，岂非大言寡当欤？今所采录，多以发明律吕者为主，盖制作之精，以征诸实用为贵焉耳。

今按：此节抄自《四库全书总目》卷三八《乐类后叙》。

案：乐为古制，宜遵古法。阮咸、荀勖之争不过尺之长短，房庶、范镇之争不过黍之纵横耳。宋魏汉津以徽宗指节定尺，明李文利以黄钟为长三寸九分，尽改古法，皆世衰而邪说作也。今于诡词新论悉斥不录，庶不失依永和声之本旨焉。

今按：此节抄自《四库全书总目》卷三九《乐类存目后叙》。

97.《小学类总叙》：古小学所教，不过六书之类。故《汉志》以《弟子职》附《孝经》，而《史籀》等十家四十五篇列为小学。《隋志》增以金石刻文，《唐志》增以书法、书品，已非初旨。自朱子作《小学》以配《大学》，赵希弁《读书附志》遂以《弟子职》之类并入小学，又以蒙求之类相参并列，而小学益多歧矣。考订源流，惟《汉志》根据经义，要为近古。今以论幼仪者别入儒家，以论笔法者别入杂艺，以蒙求之属隶故事，以便记诵者别入类书，惟以《尔雅》以下编为训诂，《说文》以下编为字书，《广韵》以下编为韵书。庶体例谨严，不失古义。其有兼举两家者，则各以所重为主(如李焘《说文五音韵谱》实字书，袁子让《字学元元》实论等韵之类)。悉条其得失，具于本篇。

今按：此节抄自《四库全书总目》卷六《小学类总叙》。

98.《论尔雅》：大抵小学家缀缉旧文，递相增益，周公、孔子皆依托之词。观《释地》有鹣鹣，《释鸟》又有鹣鹣，同文复出，知非纂自一手也。其书欧阳修《诗本义》以为学《诗》者纂集博士解诂。高承《事物纪原》亦以为大抵解诂诗人之旨。然释《诗》者不及十之一，非专为《诗》作。扬雄《方言》以为孔子门徒解释六艺，王充《论衡》亦以为五经之训故，然释五经者不及十之三四，更非专为五经作。今观其文，大抵采诸书训诂名物之同异，以广见闻，实自为一书，不附经义。如《释天》云："暴雨谓之涷。"《释草》云："卷施草，拔心不死。"此取《楚辞》之文也。《释天》云："扶摇谓之猋。"《释虫》云："蒺藜，蝍蛆。"此取《庄子》之文也。《释诂》云："嫁，往也。"《释水》云："瀵，大出尾下。"此取《列子》之文也。《释地·四极》云："西王母。"《释畜》云："小领，盗骊。"此取《穆天子传》之文也。《释地》云："东方有比目鱼焉，不比不行，其名谓之鲽。南方有比翼鸟焉，不比不飞，其名谓之鹣鹣。"此取《管子》之文也。又云："邛邛岠虚负而走，其名谓之蟨。"此取《吕氏春秋》之文也。又云："北方有比肩民焉，迭食而迭望。"《释地》云："河出昆仑虚。"此取《山海经》之文也。《释诂》云："天、帝、皇、王、后、辟、公、侯。"又云："洪、廓、宏、溥、介、纯、夏、幠。"

《释天》云“春为青阳”至“谓之醴泉”，此取《尸子》之文也。《释鸟》曰：“爰居，杂县。”此取《国语》之文也。如是之类，不可殚数。盖亦《方言》、《急就》之流，特说经之家多资以证古义，故从其所重，列之经部耳。璞时去汉未远，如“遂幠大东”称《诗》，“钊我周王”称《逸书》，所见尚多古本，故所注多可据。后人虽迭为补正，然宏纲大旨，终不出其范围。昺疏亦多能引证，如《尸子》、《广泽篇》、《仁意篇》，皆非今人所及睹。其犍为文学、樊光、李巡之注，见于陆氏《释文》者，虽多所遗漏，然疏家之体，惟明本注。注所未及，不复旁搜。此亦唐以来之通弊，不能独责于昺。惟既列注文，而疏中时复述其文，但曰郭注云云，不异一字，亦更不别下一语，殆不可解。岂其初疏与注别行欤？今未见原刻，不可复考矣。

今按：此节抄自《四库全书总目》卷四十《尔雅注疏》提要。

99.《刘昭辨释名误处》：韦昭尝作《辨释名》一卷，纠熙之误，其书不传。然如《经典释文》引其一条曰：“《释名》云：古者车音如居，所以居人也。今曰车，音尺遮反，舍也（案《释名》本作“古者曰车声如居，言行所以居人也。今曰车。车，舍也，行者所处若居舍也”。此盖陆德明约举其文，又取文义显明增入“音尺遮反”四字耳）。韦昭云：“车古皆音尺奢反，后汉以来，始有居音。”案《何彼襛矣》之诗，以“车”韵“华”。《桃夭》之诗，以“华”韵“家”。家古音姑，华古音敷，则车古音居，更无疑义。熙所说者不讹，昭之所辨亦未必尽中其失也。

今按：此节抄自《四库全书总目》卷四十《释名》提要。

100.《说文解字》：汉许慎撰。慎字叔重，汝南人。官至太尉南阁祭酒。是书成于和帝永元十二年。凡十四篇，合《目录》一篇为十五篇。分五百四十部，为文九千三百五十三，重文一千一百六十三，注十三万三千四百四十字。推究六书之义，分部类从，至为精密。而训诂简质，猝不易通。又音韵改移，古今异读，谐声诸字，亦每难明。故传本往往讹异。宋雍熙三年，诏徐铉、葛湍、王惟恭、句中正等重加刊定。凡字为《说文》注义、序例所载，而诸部不见者，悉为补录。又有经典相承，时俗要用，而《说文》不载者，亦皆增加，别题之曰“新附字”。其本有正体，而俗书讹变者，则辨于注中。其违戾六书者，则别列卷末。或注义未备，更为补释，亦题“臣铉等案”以别之。音切则一以孙愐《唐韵》为定。以篇帙繁重，每卷各分上、下，即今所行毛晋刊本是也。明万历中，宫氏刻李焘《说文五音韵谱》，陈大科序之，误以为即铉校本。陈启源作《毛诗稽古编》，顾炎武作《日知录》，并沿其谬。岂毛氏所刊，国初犹未盛行欤？书中古文、籀文，李焘据唐林罕之说，以为晋幪令吕忱所增。考慎自序云“今序篆文，合以古、籀”，其语甚明。所记重文之数亦复相应。又《法书要录》载后魏江式《论书表》曰：“晋世义阳王典祠令任城吕忱，表上《字林》六卷。寻其况趣，附托许慎《说文》，而按偶章句，隐别古籀奇惑之字。文得正隶，不差篆意。”则忱书并不用古籀，亦有显证，如罕之所云“吕忱《字林》，多补许慎遗阙者，特广《说文》未收字耳”。其书今虽不传，然如《广韵》一东部“炯”字、“硿”字，四江部“哝”字之类，云出《字林》者，皆《说文》所无，亦大略可见。焘以《说文》古籀为忱所增，误之甚矣。自魏晋以来言小学者皆祖慎。至李阳冰始曲相排斥，未协至公。然慎书以小篆为宗，至于隶书、行书、草书则各为一体，孳生转变，时有异同，不悉以小篆相律。故颜元孙《干禄字书》曰："自改篆行隶，渐失其真。若总据《说文》，便下笔多碍。当去泰去甚，使轻重各宜。"徐铉《进说文表》亦曰："高文大册，则宜以篆、籀著之金石。至于常行简牍，则草隶足矣。"二人皆精通小学，而持论如是。明黄谏作《从古正文》，一切以篆改隶，岂识六书之旨哉？至其所引五经文字，与今本多不相同，或往往自相违异。顾炎武《日知录》尝摭其"汜"下作"江有汜"、"洍"下又作"江有洍"，"沯"下作"赤舄己己"，"掔"下又作"赤舄掔掔"。是所云《诗》用毛氏者，亦与今本不同。盖虽一家之学，而宗派既别，亦各不相合。好奇者或据之以改经，则谬戾殊甚。能通其意而又能不泥其迹，庶乎为善读《说文》矣。

今按：此节抄自《四库全书总目》卷四一《说文解字》提要。

101.《说文解字后论》：案：慎序自称："《易》孟氏、《书》孔氏、《诗》毛氏、《礼》、《周官》、《春秋左传》、《论语》、《孝经》，皆古文。"考刘知幾《史通》，称："《古文尚书》得之壁中，博士孔安国以校伏生所诵，增多二十五篇（案此亦据梅赜古文而言，实则孔氏原本仅增多十六篇）。更以隶古字写之，编为四十六卷。司马迁屡采其事，故迁多有古说。至于后汉，孔氏之本遂绝。其有见于经典者，诸儒皆谓之逸书。"是孔氏壁中之书，慎不得见。《说文》末载慎子冲上书，称慎古学受之贾逵。而《后汉书·儒林传》又称扶风杜林传《古文尚书》，林同郡贾逵为之作训，马融作传，郑玄注解。由是《古文尚书》遂显于世。是慎所谓孔氏书者，即杜林之本。顾《隋志》称杜林《古文尚书》所传仅二十九篇，又杂以今文，非孔旧本（案古文除去无师说者六篇，正得伏生二十九篇之数，非杂以今文。《隋志》此文，亦据梅赜古文，未及与《汉书》互校）。自余绝无师说。陆德明《经典释文》采马融注甚多，皆今文《尚书》，无古文一语。即《说文》注中所引，亦皆在今文二十八篇之中。朱彝尊《经义考》辨之甚明（案彝尊又谓惟"若药不瞑眩"一句，出古文《说命》，殆因《孟子》所引而及之。然此句乃徐锴《说文系传》之语，非许慎之原注，彝尊偶尔误记，移甲为乙，故今不取其说）。则慎所谓孔氏本者，非今五十八篇本矣。以意推求，《汉书·艺文志》称"刘向以中古文校欧阳、大小夏侯三家经文，《酒诰》脱简一，《召诰》脱简二，文字异者七百有余，脱字数十"云云，所谓"中古文"，即孔氏所上之古文存于中秘者。是三家之本立在博士者，皆经刘向以古文勘定，改其讹脱，其书已皆与古文同。儒者据其训诂言之，则曰大小夏侯、欧阳尚书。据其经文言之，则亦可曰孔氏《古文尚书》。第三家解说，只有伏生二十八篇递相授受，余所增十六篇不能诠释，遂置不言。故马融《书序》称逸十六篇绝无师说也（案《融序》今不传，此语见孔颖达《尚书正义》中）。使贾逵所传杜林之本即今五十八篇之本，则融尝因之作传矣。安有是语哉？又《后汉书·杜林传》，称"林前于西州得漆书《古文尚书》，尝宝爱之，虽遭艰困，握持不离身"云云，是林所传者乃古文字体，故谓之"漆书"。是必刘向校正三家之时，随二十八篇传出。以字非隶古，世不行用。林偶得之以授逵，逵得之以授慎，故慎称为孔氏本，而亦止二十八篇，非真见安国旧本也。论《尚书》者，惟《说文》此句，最为疑窦。阎若璩《尚书古文疏证》牵于此句，遂误以马、郑所注为孔氏原本，亦千虑之一失，故附考其源流于此。

今按：此节抄自《四库全书总目》卷四一《说文解字》提要。

102.《说文系传》：南唐徐锴撰。锴字楚金，广陵人。官至右内史舍人。宋兵下江南，卒于围城之中。事迹具《南唐书》本传。是书凡八篇。首《通释》三十卷，以许慎《说文解字》十五篇，篇析为二。凡锴所发明及征引经传者，悉加"臣锴曰"及"臣锴案"字以别之。继以《部叙》二卷，《通论》三卷，《祛妄》、《类聚》、《错综》、《疑义》、《系述》各一卷。《祛妄》斥李阳冰臆说。《疑义》举《说文》偏旁所有而阙其字及篆体笔画相承小异者。《部叙》拟《易·序卦传》，以明《说文》五百四十部先后之次。《类聚》则举字之相比为义者，如一、二、三、四之类。《错综》则旁推六书之旨，通诸人事，以尽其意。终以《系述》，则犹《史记》之《自叙》也。锴尝别作《说文篆韵谱》五卷，宋孝宗时李焘因之作《说文解字五音谱》。焘自序有曰："《韵谱》当与《系传》并行。今《韵谱》或刻诸学官，而《系传》迄莫光显。余搜访岁久，仅得其七八阙卷。误字无所是正，每用太息。"则《系传》在宋时已残阙不完矣。今相传仅有抄本，钱曾《读书敏求记》至诧为"惊人秘笈"，然脱误特甚。卷末有熙宁中苏颂记云："旧阙二十五、三十共二卷，俟别求补写。"此本卷三十不阙，或续得之以补入。卷二十五则直录其兄铉所校之本，而去其新附之字。殆后人求其原书不获，因摭铉书以足之。犹之《魏书》佚《天文志》，以张太素书补之也。其余各部阙文，亦多取铉书窜入。考铉书用孙愐《唐韵》，而锴书则朝散大夫行秘书省校书郎朱翱别为反切。铉书称"某某切"，而锴书称"反"。今书内音切与铉书无异者，其训释亦必无异。其移掇之迹，显然可见。至示部窜入铉新附之"祧、祆、祚"三字，尤凿凿可证者。锴编篇末，其文亦似未完。无可采补，则竟阙之矣。此书成于铉书之前，故铉书多引其说，然亦时有同异。如铉本"福，祐也"，此作"备也"。铉本"莱，耕多草"，此作"耕名"。铉本"迎，前颉也"，此作"前顿也"。铉本"鸈，大雏也"。此从《尔雅》作"天鸙也"，又铉本"禜"字下引《礼记》、"禂"字下引《诗》之类，此作"臣锴按《礼记》曰"，"臣锴按《诗》曰"，则锴所引，而铉本淆入许氏者甚多。又如"毄"字下云"阙"，此作"家本无注。臣锴案，疑许慎子许冲所言也"。是铉直删去"家本无注"四字，改用一"阙"字矣。其凭臆删改，非赖此书之存，何以证之哉？此书本出苏颂所传篆文，为监察王圣美，翰林祗候刘允恭所书。卷末题"子容"者，即颂字也。乾道癸巳，尤袤得于叶梦得家，写以与李焘。详见袤跋。书中有称"臣次立案"者，张次立也。次立官至殿中丞，尝与写《嘉祐二字石经》，陶宗仪《书史会要》载其始末云。

今按：此节抄自《四库全书总目》卷四一《说文系传》提要。又删去文末案语："案：是书在徐铉校《说文》之前，而列其后者，铉校许慎之原本，以慎为主，而铉附之。此书锴所论著，以锴为主，故不得而先慎也。"

103.《复古编》：宋张有撰。有字谦中，湖州人，张先之孙。出家为道士。是书根据《说文解字》，以辨俗体之讹。以四声分隶诸字，于正体用篆书，而别体、俗体则附载注中，犹颜元孙《干禄字书》分正、俗、通三体之例。下卷入声之后附录《辨证》六篇：一曰联绵字，二曰形声相类，三曰形相类，四曰声相类，五曰笔迹小异，六曰上正下讹，皆剖析毫厘，至为精密。然惟以《说文》正小篆，而不以小篆改隶书，故小篆之不可通于隶者，则曰"隶作某"。亦颜元孙所谓"总据《说文》，则下笔多碍，当去泰去甚，使轻重合宜"者也。《楼钥集》有此书序，称其尝篆杨时踵《息庵记》，以小篆无"庵"字，竟作隶体书之。知其第不以俗体入篆尔，作隶则未尝不谐俗。钥序又记其为林摅母撰墓碑，书"魏"字作"巍"，终不肯去"山"字。陈振孙所记亦同。然考此书"巍"字下注曰："今人省山以为魏国之魏。"不以为俗体别字。是其说复古而不戾今，所以为通人之论。祝魏校等之诡僻盗名，强以篆、籀入隶者，其识趣相去远矣。此本为明万历中黎民表所刊，字画颇为清晰，惟不载钥序。然钥所云陈瓘、程俱前后序，则皆相符，盖犹从旧本传刻者也。

今按：此节抄自《四库全书总目》卷四十一《复古编》提要。

104.《奇字韵》：明杨慎撰。慎有《檀弓丛训》，已著录。是编标字体之稍异者，类以四声，故曰"奇字"。考六书以《说文》所载小篆为正，若卫宏、扬雄所学则别有古文奇字，以非六书偏旁所可推也。此书以"奇字"标名，而若《说文》引经，"寷其屋"，"丰"作"寷"；"克岐克嶷"，"嶷"作"㠜"；"静女其姝"，"姝"作"姼"；"庶草繁庑"，"庑"作"无"；"天地絪缊"，作"壹壼"；"营营青蝇，止于樊"，"樊"作"棥"；"故源源而来"，"源源"作"谚谚"；"泣血涟如"，"涟"作"連"之类：虽与今经文小异，而皆有六书偏旁可求，则正体而非奇字。且此类甚多，不胜载。如《说文》引《尚书》"嵎夷"作"堣夷"。引《论语》"友便佞"，"便"作"谝"。引《诗》"赫兮喧兮"，"喧"作"愃"。引《周礼》"膳膏臊"，"臊"作"鱢"。"孤乘夏巡"，"巡"作"𨊠"。引《易》"包荒用冯河"，"荒"作"巟"。引《诗》"在河之洲"，"洲"作"州"。引《易》"服牛乘马"，"服"作"犕"。引《书》"濬畎浍，距川"，"畎浍"作"𡿨巜"。引《春秋传》"玩岁而愒日"，"玩"作"忨"，"愒"作"潡"。引《易》"夫乾确然"，"确"作"隺"。引《春秋传》"执玉惰"，"惰"作"憜"。引《诗》"纳于凌阴，""凌"作"滕"。又引《诗》"白圭之玷"，"玷"作"刣"。引《书》"辟四门"，"辟"作"闢"。异同之处，不可殚数。此书所载，殊不及十之二三。至于"岷"之作"汶"、"祷"之作"裯"，皆假借字，而亦概列为奇字，尤属不伦。又如"蔷"字下但注一"灾"字，而不云本《盐铁论》"罕被寇蔷"，"蔷"音"灾"；"廧"字下但注一"墙"字，而不云本《管子·地员篇》"行廧落"，房玄龄注为"行廧及蓠落"；"閭"字下但注一"开"字，而不云本《汉书·匈奴传》"乃遣閭陵侯将兵别围车师"及"今欲与汉閭大关"颜师古注"閭与开同"；"茬"字下但注一"槎"字，而不云本《汉书·货殖传》"然犹云山不茬蘖"师古注"茬，古槎字"。"阓"字下但注一"阊"字，而不云本《汉书·扬雄传》"东邻昆仑，西驰阓阖"师古注"阓与阊同"：则全迷其所出。"其"字下注"音该"，但引曹植诗，而不知《淮南子》"爨其燧火"高诱注"其，音该"；"汓"字下注"音流"，但引《贾谊传》"朝廷之视端汓平衡"，而不知考

《荀子·荣辱》篇“其汓长矣”杨倞注“汓，古流字”：则不溯其所始。又如《冬韵》载“窼”字，引《说文》而不知《汉书·地理志》“苍”师古曰：“枀，古松字”，与“窼”同一古今字。“贲”字下注云“古文班”，而不知《荀子·强国》篇曰“如此下比周，贲溃以离上矣”杨倞注“贲读如坟”，《汉书·翟方进传》“贲丽善为星”师古曰“贲音肥”。“蝯”字下注“与猨同”，而不知《汉书·李广传》又作“爰臂”，如淳曰“臂如猿臂”。其阙佚又不可枚举。盖慎充于腹笥，特就所记忆者录之，故于诸书不暇详考。然于秦、汉载籍，亦已十得三四。讲六书者去其疵而录其醇，或亦不无所助焉。

今按：此节抄自《四库全书总目》卷四一《奇字韵》提要。

105.《论字体》：盖拘泥古义者，自《说文》九千字外，皆斥为伪体。遂至音韵必作音均，衣裳必作衣常，韩愈书为韩瘉，诸葛亮书为诸葛谅。动生滞碍，于事理难通，固为不可。若夫孙休之所自造，王起之所未识，傅奕之称埿人，段成式之作䟽字，皆考之古而无征，用之今而多骇。存而并列，则通儒病其荒唐；削之不登，则浅儒疑其挂漏。别为附录，等诸外篇，尤所谓去取得中、权衡尽善者矣。

今按：此节抄自《四库全书总目》卷四一《康熙字典》提要。

106.《字体之多后胜于前》：盖字者，孳也。许慎《说文》九千余字，李登《声类》已增至一万一千五百二十字（案《声类》今无其书，此据《封演闻见记》）。陆法言《切韵》一万二千五十六字，陈彭年等《重修广韵》已增至二万六千一百九十四字。吕忱《字林》、丁度《集韵》以下，更莫能殚记。是由名物日繁，记载遂不能不备。圣人制作，亦因乎势之自然，为事之当然而已。

今按：此节抄自《四库全书总目》卷四一《御制清文鉴》提要。《御制清文鉴》，乾隆三十六年奉敕撰。

107.《字书三体互列实本古义》：然则三体互通，使彼此共喻，实本古义。许慎作《说文》，小篆之下兼列籀文、古文，以互证其字。扬雄作《方言》，每一语一物，亦具载某地谓之某，以互证其语。则三体汇为一编，使彼此相释，亦因古例，用达书名于四方。

今按：此节抄自《四库全书总目》卷四一《御定满洲蒙古汉字三合切音清文鉴》提要。《御定满洲蒙古汉字三合切音清文鉴》，乾隆四十四年奉敕撰。

108.《西域同文志》：《钦定西域同文志》二十四卷，乾隆二十八年奉敕撰。先是，乾隆二十年威弧遥指，戡定伊犁。续又削平诸回部。昆仑月窟，咸隶黄图。琛赆旅来，狄鞮重译。乃命考校诸番文字，定著是编。其部族之别，曰天山北路，曰天山南路，曰青海，曰西番。其门目之别，曰地，曰山，曰水，曰人。其文字之别，首列国书以为枢纽，次以汉书详注其名义，次以三合切音曲取其音声，次列蒙古字、西番字、托忒字、回字，排比连缀。各注其译语、对音，使纲举目张，丝连珠贯。考译语之法，其来已久。然《国语》谓之舌人，特通其音声而已，不能究其文字。《左传》称楚人谓乳为榖，谓虎为於菟；《榖梁传》称吴人谓善为伊，谓稻为缓：亦于附近中国者通其声音之异，非于遐荒绝域识其书体，辨其音读也。惟《隋志》载有《蕃尔雅》，其书不传。度其所载，亦不过天曰撑犁、子曰孤涂之类，未必能知旁行右引之文。且书止一卷，疏略尤可想见。又《辍耕录》载元杜本编《五声韵》，自大小篆，分隶、真、草以至外蕃书、蒙古新字，靡不收录，题曰《华夏同音》。然统以五声，则但能载其单字，不能联贯以成文。且外国之音多中国所不具，而本以中国之字领韵，乖舛必多。盖前代帝王声教未能远播，山川绵邈，辗转传闻，自不免于讹漏。有元虽混一舆图，而未遑考正其文字。杜本以山林之士区区掇拾，亦未能通其语言。我国家重熙累洽，含识知归。我皇上又神武奋扬，濛汜以东皆为属国，雁臣星使来往骈阗，既一一谙其字形，悉其文义；迨编摩奏进，又一一亲御丹毫，指示改正，故能同条共贯，和会诸方，一展卷而异俗殊音皆如面语。非惟功烈之盛为千古帝王所未有，即此一编，亦千古帝王所不能作矣。

今按：此节抄自《四库全书总目》卷四一《西域同文志》提要。

109.《娄机汉隶字源所列碑目存于今者仅二十余种》：且汉碑之出于机后者，仅《鲁孝王刻石》、《太室》、《少室》、《开母》诸石阙及《尹宙》、《孔褒》、《曹全》、《张迁》、《韩仁》数种。视机书所列，不过百分之一二。机所见三百九种，其存于今者不过《景君》、《孔和》、《史晨》、《韩敕》、《孔谦》、《孔宏》、《鲁峻》、《郑固》、《孔宙》、《苍颉》、《衡方》、《张寿》、《孔彪》、《潘乾》、《武荣》、《王涣》、《郑季宣》、《白石神君》、《西狭颂》、《郙阁颂》二十余种。较其碑目所列，已不及十分之一。此二十余种之外，纵旧拓流传，亦断璧零玑，偶然一遇，决不能如是之多。蔼吉何由得见原碑，一一手摹其字，则所云不备之字，始求之《字源》，殆不足凭。

今按：此节抄自《四库全书总目》卷四一《隶辨》提要。《隶辨》，清顾蔼吉撰。

110.《字体与世递变》：字体与世为变迁，古文、籀文不可以绳小篆，小篆不可以绳八分，八分不可以绳隶（隶即今之楷书）。然其相承而变，则源流一也。故古今字书，统入此门。至《急就章》之类，但有文字而不讲六书，然《汉志》列之小学家。观陆羽《茶经》所引司马相如《凡将篇》，亦以韵语成句，知古小学之书，其体如是，《说文解字》犹其后起者也。故仍与是书并列焉。

今按：此节抄自《四库全书总目》卷四一小学类字书之属案语。

111.《论洪武正韵》：大旨斥沈约为吴音，一以中原之韵更正其失。并平、上、去三声各为二十二部，入声为十部。于是古来相传之二百六部，并为七十有六。其注释一以毛晃《增韵》为稿本，而稍以他书损益之。盖历代韵书自是而一大变。考《隋志》载沈约《四声》一卷，新、旧《唐书》皆不著录，是其书至唐已佚。陆法言《切韵序》作于隋文帝仁寿元年，而其著书则在开皇初。所述韵书，惟有吕静、夏侯该、阳休之、周思言、李季节、杜台卿六家，绝不及约。是其书隋时已不行于北方。今以约集诗赋考之，上、下平五十七部之中，以东、冬、钟三部通，鱼、虞、模三部通，庚、耕、清、青四部通，蒸部、登部各独用，与今韵分合皆殊。此十二部之仄韵，亦皆相应。他如《八咏》诗押"苇"字入微韵，与《经典释文》陈谢峤读合。《梁大壮舞歌》押"震"字入真韵，与《汉书·叙传》合。《早发定山》诗押"山"字入先韵，《君子有所思行》押"轩"字入先韵，与梁武帝、江淹诗合。《冠子祝文》押"化"字入麻韵，与《后汉书·冯衍传》合。与今韵收字亦颇异。濂序乃以陆法言以来之韵指为沈约，其谬殊甚。法言《切韵序》又曰："昔开皇初，有仪同刘臻等八人，同诣法言门宿，论及音韵。以今声调既自有别，诸家取舍亦复不同。吴楚则时伤轻浅，燕赵则多伤重浊。秦陇则去声为入，梁益则平声似去。江东取韵，与河北复殊。因论南北是非，古今通塞，欲更捃选精切，除削疏缓，萧、颜多所决定。魏著作谓法言曰：'向来论难，疑处悉尽，我辈数人，定则定矣。'法言即烛下握笔略记纲记。"今《广韵》之首，列同定八人姓名，曰刘臻、颜之推、魏渊、卢思道、李若、萧该、辛德源、薛道衡，则非惟韵不定于吴人，且序中"江左取韵"诸语，已深斥吴音之失，安得复指为吴音？至唐李涪，不加深考，所作《刊误》，横肆讥评，其诬实甚。濂在明初，号为宿学，不应沿讹踵谬至此。盖明太祖既欲重造此书，以更古法，如不诬古人以罪，则改之无名。濂亦曲学阿世，强为舞文耳。然源流本末，古籍昭然，天下后世何可尽掩其目乎？观《广韵》平声三钟部"恭"字下注曰："陆以恭、蜙、纵等入冬韵，非也。"盖一纽之失，古人业已改定。又上声二肿部"湩"字下注曰："冬字上声。"盖冬部上声惟此一字，不能立部，附入肿部之中，亦必注明，不使相乱。古人分析不苟，至于如此。濂乃以私臆妄改，悍然不顾，不亦傎乎！李东阳《怀麓堂诗话》曰："国初顾禄为宫词，有以为言者，朝廷欲治之。及观其诗集，乃用《洪武正韵》，遂释之。"此书初出，亟欲行之故也。然终明之世，竟不能行于天下，则是非之心，终有所不可夺也。

今按：此节抄自《四库全书总目》卷四二《洪武正韵》提要。

112.《论明陈第毛诗古音考》：大旨以为古人之音，原与今异。凡今所称叶韵，皆即古人之本音，非随意改读，辗转牵就。如"母"必读"米"，"马"必读"姥"，"京"必读"疆"，"福"必读"逼"之类，历考诸篇，悉截然不紊。又《左》、《国》、《易象》、《离骚》、《楚辞》、秦碑、汉赋以至上古歌谣、箴铭、颂赞，往往多与《诗》合，可以互证。于是排比经文，参以群籍，定为本证、旁证二条。本证者，《诗》自相证，以探古音之源。旁证者，他经所载以及秦、汉以下去风雅未远者，以竟古音之委。钩稽参验，本末秩然。其用力可谓笃至。虽其中如"素"音为苏之类，不知古无四声，不必又分平仄；"家"又音歌，"华"又音和之类，不知为汉、魏以下之转韵，不可以通《三百篇》：皆为未密。然所列四百四十四字，言必有征，典必探本。视他家执今韵部分妄以通转古音者，相去盖万万矣。

今按：此节抄自《四库全书总目》卷四二《毛诗古音考》提要。《毛诗古音考》，明陈第撰。

113.《论切韵》：自汉明帝时，西域切韵之学与佛经同入中国，所谓以十四音贯一切字是也。然其书不行于世。至汉、魏之间，孙炎创为翻切。齐梁之际，王融乃赋双声。等韵渐萌，实暗合其遗法。迨神珙以后，其学大行。传于今者有司马光《指掌图》、郑樵《七音略》、无名氏《四声等子》、刘鉴《切韵指南》。条例日密，而格碍亦日多。惟我国书十二字头，用合声相切，缓读则为二字，急读则为一音，悉本乎人声之自然。证以《左传》之丁宁为钲、句渎为穀，《国语》之勃鞮为披，《战国策》之勃苏为胥，于三代古法亦复相协。

今按：此节抄自《四库全书总目》卷四二《钦定音韵阐微》提要。《钦定音韵阐微》，康熙五十四年奉敕撰，雍正四年告成。世宗宪皇帝御制序文，具述圣祖仁皇帝指授编纂之旨，刊刻颁行。

114.《论声韵》：考声韵之学，肇于西域，自汉明帝时与佛书同入中国。以文字互异，故中国不行。其缘起仅见诸《隋书·经籍志》。所谓十四声贯一切字者，其法已不可详。晋太始初，沙门竺昙摩罗察译《光赞般若经》，始传四十一字母。其后诸僧所译，互有异同，然皆自行于彼教。唐贞观中，吐蕃宰相阿努始以西番字译天竺五十字母，亦自行于彼土。自沙门神珙作《四声五音九弄反纽图》，收于《大广益会玉篇》之末，始流入儒书。自郑樵得西域僧《七音韵鉴》，始大行于中国。然西域之音无穷，而中国之字有数，其有音而无字者十之六七。等韵诸图或记以虚圈，或竟为空格，使人自其上下左右连类排比而求之，非心悟者弗能得也。故郑樵《六书略》谓华有二合之音，无二合之字。梵有二合、三合、四合之音，亦有其字。因举娑缚之二合、啰驮曩之三合、悉底哩野之四合为证。沈括《梦溪笔谈》亦谓梵语萨嚩诃三字，合言之即《楚词》之"些"字。然括无成书，樵所作《七音略》，于无字之音仍为空格，岂非知其法而不充其类哉？

今按：此节抄自《四库全书总目》卷四二《钦定同文韵统》提要。

115.《古今声韵递变不可强泥》：夫古今声音之递变，亦如大小篆、隶、八分之递变，或相因，或迥不相近。以迥不相近之音施于歌咏，于古虽有征，而于今不能悉协。唐人古诗，大抵皆相近之音。故东、冬、江古音虽同，而此书东、冬自为部，江自为部。支、微、齐、佳、灰古音虽同，而此书支、微、齐自为部，佳、灰自为部。皆取不戾于古而可行于今也。至于叶韵之说，宋以来纠纷弥甚。谓庚收穿鼻，真收舐腭，两不相叶，然"嘉名"、"灵均"，乃见于屈原之《骚》。谓江本通东、阳本通庚，两不相叶，然"成双"、"鸳鸯"，乃见于徐陵之赋。此异而彼同，此通而彼碍，各执一理，胜负互形，所谓愈治而愈棼也。此书所录，惟据古书注有是音者，使以类相从。明前有所承，即后有所本，不复旁牵博辨，致枝蔓横生。解结释纷，尤为得要。于数百年讲古韵者，诚为独酌其中矣。

今按：此节抄自《四库全书总目》卷四二《钦定叶韵汇辑》提要。

116.《论字义不能以古法拘》：至于旧韵所无而今所恒用者，如"阿"字旧惟作"陵阿"之义，收入歌韵。今为国书十二字头之首，则收入麻韵。"铊"字旧训为酒器，收入庚韵。今则酒器无此名，而军器有此字，则增入阳韵。又如"查"本浮木，而今训察核。"参"本稽考，而今训纠弹。"炮"本飞石，而今训火器。"扫"本氾除，而今训楗茭。既已万口同音，即属势不可废。此如麻韵之字古音皆与鱼、虞相从，自字母入中国，始有麻韵一呼，遂不能不增此一韵。姬本周姓，自战国以后始以为妾御之名，亦遂不能不增此一解。盖从宜从俗，义各有当，又不可以古法拘也。

今按：此节抄自《四库全书总目》卷四二《钦定音韵述微》提要。

117.《论易韵》：考《春秋传》所载繇词，无不有韵，说者以为《连山》、《归藏》之文。然汉儒所传，不过《周易》，而《史记》载大横之兆，其繇亦然。意卜筮家别有其书，如焦赣《易林》之类，非《易》之本书。而《易》之本书则如周、秦诸子之书，或韵或不韵，本无定体。其韵或杂方音，亦不能尽求其读。故彖辞、爻辞不韵者多，韵者亦间有。《十翼》则韵者固多，而不韵者亦错出其间。非如《诗》三百篇协咏歌，被管弦，非韵不可以成章也。

今按：此节抄自《四库全书总目》卷四二《易音》提要。《易音》，顾炎武撰。

118.《论纪容舒唐韵考》：初，隋陆法言作《切韵》，唐礼部用以试士。天宝中，孙愐增定其书，名曰《唐韵》。后宋陈彭年等重修《广韵》，丁度等又作《礼部韵略》，为一代场屋程式，而孙氏之书渐佚。唐代旧韵，遂无复完帙。惟雍熙三年徐铉校定许慎《说文》，在大中祥符重修《广韵》以前。所用翻切，一从《唐韵》，见于铉等《进书表》。容舒以为翻切之法，其上字必同母，其下字必同部，谓之音和。间有用类隔法者，亦仅假借其上字而不假借其下字。因其翻切下一字，参互钩稽，辗转相证，犹可以得其部分。乃取《说文》所载《唐韵》翻切，排比分析，各归其类，以成此书。始知《广韵》部分，仍如《唐韵》，但所收之字不同。有《唐韵》收而《广韵》不收者。如《东部》"调"字、"覍"字、"烘"字之类是也。有《唐韵》在此部而《广韵》在彼部者。如"賨"字《广韵》作"藏宗切"，在冬部；《唐韵》作"徂红切"，则在东部。"珑"字《广韵》作"卢红切"，在《东部》；《唐韵》作"力钟切"，则在钟部之类是也。有《唐韵》两部兼收，而《广韵》止存其一者。如虞部"苴"字，《广韵》注又"子余切"，与《唐韵》合。而鱼部"子余切"乃不收"苴"字之类是也。有《广韵》移其部分而失于改其翻切。如谆部"麕、菌、囷、頵"四字移入真部，而仍用《唐韵》谆部翻切。删部"鳏"字移入山部，仍用删部翻切之类是也。有《唐韵》本有重音而徐铉只取其一者。如"规"字作

"居追切"，宜在脂部。而证以"隓"字作"许规切"、"窥"字作"去隓切"，知"规"字当有"居随"一切，兼入支韵之类是也。其推寻考校，具有条理。《唐韵》分合之例与宋韵改并之迹，均可由是得其大凡。亦小学家所当参证者矣。

今按：此节抄自《四库全书总目》卷四二《唐韵考》提要。《唐韵考》，四库本题国朝纪容舒撰。容舒乃纪昀之父。经学者考证，此书实为纪昀所撰，托其父之名混入《四库全书》。

119.《论大篆》：考书有古文，有大篆，有小篆。三代以下，得以考见六书大略者，惟赖小篆之存。得以考见小篆本旨者，惟赖《说文》"始一终亥"之目。州居部次，不相凌乱。是以上通古、籀，下贯隶、楷，犹可知其异同因革之由。若大篆则见于《说文》者不及二百字，即岐阳石鼓传为籀书，尚不能尽目为大篆。况古文见于《说文》与出于钟鼎者已自不同，必欲并合论之，名为复古，实则凿空。遂至杜撰字体，臆造偏傍，竟于千百世后，重出一制字之仓颉，不亦异乎？且既不信《说文》矣，而于《说文》引述诸经文句互异者，乃反据以驳正经文。不知汉代经师，多由口授，被诸竹帛，往往异文。马、郑以来诸儒，商榷折衷，乃定为今本。慎书所据，如《易》用孟喜之类，其序本有明文，不过当时一家之学。应电乃执为古经，拘泥殊甚。

今按：此节抄自《四库全书总目》卷四三《同文备考》提要。《同文备考》，明王应电撰。

120.《攻沈约四声韵谱》：案《梁书》、《南史·沈约传》，并载约撰《四声谱》。《隋志》载其书一卷，而《唐志》已不著录。观陆法言《切韵序》，历述吕静、夏侯该、阳休之、周思言、李季节、杜台卿六家之韵，独不及约书，是隋开皇时其书已不显。唐李涪作《刊误》，但诋陆韵而不及沈书，则僖宗时已佚矣。正域何由于数百年后得其故本？且沈韵虽不可见，而其集犹存。今以所用之韵一一排比钩稽之，惟东、冬、钟三韵同用，鱼、虞、模三韵同用，庚、耕、清、青四韵同用，而蒸、登两韵各独用，与《广韵》异。余则四声并同。

今按：此节抄自《四库全书总目》卷四四《韵经》提要。《韵经》，旧本题梁吴兴沈约撰类，宋会稽夏竦集古，明弘农杨慎转注，江夏郭正域校。

121.《论孙愐韵及唐人韵》：夫沈约四声久佚，不必言矣(语详《韵经》条下)。孙愐《唐韵》惟《广韵》之首仅存其序。徐铉校正《说文》，仅存其反切。书则久佚，又安得以宋人韵目为司法本书。且二百六部之分，据其末则陈彭年等之书，有《广韵》可考。原其初则沈约之旧，有约集诸诗赋可考。孙愐但增加其字，补缀其注，并无分部之说。忽举而归之于愐，古无典记也。至其同用、独用之注，在唐则许敬宗所定，见封演《闻见记》。在宋则贾昌朝移并窄韵十三部，见《东斋记事》，亦见《玉海》。自昌朝以前，无一百七部之说也。又唐人程试则用官韵，自为咏歌则多用私韵。如东与冬、钟为二部，官韵也。其他如孟浩然《田家元日》诗、杜甫《雨晴》诗、魏兼恕《送张兵曹赴营田》诗之类，皆近体律诗，以东、冬、钟通押，则私韵也。萧、宵、肴、豪为三部，官韵也。李商隐《送从翁赴东川尚书幕》诗之类，亦五言长律，以萧、宵、肴、豪通押，则私韵也。“画”字在卦部，官韵也，李商隐《无题》诗与“衩”同押；“妇”字在有部，官韵也，白居易《琵琶行》与“故”同押：亦皆私韵也。是其时自程试以外，韵原不一，安有所谓遍考唐人无不合于一百七部者哉？

今按：此节抄自《四库全书总目》卷四四《韵学通指》提要。《韵学通指》，清毛先舒撰。《里堂书品》又删去提要末段：“尤可异者，上、下平声五十七部，有入者三十四，无入者二十三，自唐以来，绝无异说，至明叶秉敬作《韵表》，始以后世方音割裂分配，使部部有入。先舒祖其说而小损益之，乃标曰《唐人韵入声表》，则不但考之不详，并依托古人，如郭正域之沈约《韵经》矣。”

122.《论谐声等韵》：是书所论，大抵以《说文》谐声为古音之原，以后世方言为古音之转，而以等韵经纬于其间。言之似乎成理，而其实不然。夫韵始谐声，其来古矣。然许慎《说文》主于解字，不主于辨声。所谓某字某声，不过约略近似。如“⿰年阝”今音“奴颠切”，而云“读若宁”，宁、年双声之转也。“虔”今音“渠焉切”，而云“读若矜”，矜、鳏古字之通也。此本不可据以定韵。且以今韵、古韵互相参考，其间有可解者，有不可解者。如“江、杠”，工声，此谐声之字已变，而所谐之字未变者也。“阄”，龟声；“波”，皮声：此谐声之字未变，而所谐之字已变者也(龟古音邱，皮古音婆)。仪、议，义声。此谐声之字与所谐之字俱变者也(义、仪、议古并音俄)。祖，且声；姐，亦且声：此谐声之字与所谐之字俱半变半不变者也(且字入虞韵，又入马韵)。“诸、渚”，者声；“奢”，亦者声：此所谐之字全变，而谐声之字半变半不变者也(者古音主，今韵诸、渚谐此声，而奢字则入麻韵)。风、凤，凡声；泛，亦凡声。此所谐之字不变，而谐声之字半变半不变者也。皆与今说古韵者绝不相异。又如“⿰木咎”，咎声，读若皓，此萧、肴、豪、尤之通用也。“魔”，麻声。此歌、麻之通用也。“哇”，圭声，读若医，此支、佳、齐之通用也。“魂”，云声，此文、元之通用也。“茜”，西声；“移”，多声。此古今音别、一字之通用者也(西古音先、多古音夷)。“槐”，鬼声；“遗”，贵声。此古无平仄、三声之通用者也。亦与今说古韵者绝不相异。凡此可以解者，何必待《说文》谐声而后知。若夫“衮”，公声；“辂、赂、路”，各声；“讦”，干声；“莙”，君声，而云读若威；“挚”，执声，而云读若晋：此已难解。至于“熊”为炎省声，“訇”为匀省声，“杏”为可省声，更茫不知其所云。甚至如“革、棹”，卑声，“卑”又甲声，则“革、棹”皆当读若甲。“魗”，需声，“需”又而声，则“魗”当读若而(魗奴豆切，去而音绝远)，更辗转至于不可通。凡此不可解者，或为传写讹误，或为汉时方音，均不可知，又岂可据以定古音哉？况经典初皆古文，许慎所说乃小篆，字体转变，或相同或不相同。如“慎”，真声，而古文作昚；“津”，聿声，而古文作雔；“续”，卖声，而古文作赓；“虹”，工声，而古文作蚺；“囿”，有声，而古文作：皆无可谐之声。即《说文》所载，已不可枚举，而欲据小篆偏旁以究三代之音，其亦左矣。至方言则唇吻之间，随时渐变，亦随地顿殊。其时同者其地未必同。刘熙《释名》所载天坦、天显之别，五方异呼之证也。其地同者其时又未必同。《左传》称楚谓乳“穀”、谓虎曰“於菟”，《穀梁传》称吴谓善“伊”、谓稻曰“缓”，狄谓贲泉曰“失台”。今验诸士俗，皆无一合。是古今异语之证也。偶执其一字、二字援以为证，则曾慥《类说》载真宗时闽人作赋，以“何”、“高”相叶，岭南人作诗，以先、添并押者，亦将曰宋韵如是乎？若夫等韵之辨，尤似是而非。考《隋书·经籍志》曰：“自后汉佛法行于中国，又得西域书，能以十四字贯一切音。文省而义广，谓之婆罗门书，与八体六字之义殊别。”是等韵久入中国，而审音者弗之用，唐以前无取以定韵者。自宋以后，其说渐行，乃以字母入韵书。实因韵而分等，非因等而定韵。古书所载，源委甚明。以等韵核今韵，已言人人殊。至以等韵定古韵，益本末倒置，全迷端绪矣。乃诋陈第《古音考》不知等韵，是犹怪断汉狱者不能引唐律也。大抵三代去今数千年，当日音声，但可以据经典有韵之文约其大略，犹之考地理者，可以据名山大川知某省当为古冀州、某省当为古扬州耳。必以今之州、县、村、堡犬牙相错之处定古某州之疆界，则万无是事矣。

今按：此节抄自《四库全书总目》卷四四《古音正义》提要。《古音正义》，清熊士伯撰。《里堂书品》又删去提要末段：“故士伯此书，引证愈博，辨驳愈巧，而不合于古法乃愈甚。总由于不揣其本故也。至谓经典皆北人所作，即屈、宋亦北学于中国，是以古无入声，如周德清之《中原音韵》摊入三声，则益为臆断之谈矣。”

123.《本韵一得》：国朝龙为霖撰。为霖字雨苍，成都人。由拔贡生官至潮州府知府。是书为所定新韵。卷首载《答赵国麟论韵书》，有“此道自汉以后，如漆室长夜，千数百年于兹”之语，其自命甚高，故历代相传之旧法，无一不遭诋斥，亦无一不遭变乱。大抵以十二律分平声，以七音分入声，又以四声不备，五音分阳平、阴平为二，以合五声之数。骤而观之，以乐律定声音，以声音定部分，端绪井然，言之成理，似乎得声气之自然。其附会不能遽见，亦不能遽攻。然探其本而论之，律之作也，应阴阳之气而写之以音，此出乎天者也。至于文字之作，其始用以记载，别而为形，因而宜诸语言，别而为声，其声由点画而起，不由律吕而起，此定于人者也。故古人律吕之妙，穷析毫芒，而音则并无平仄。此韵不与律俱生之明证矣。颜之推《家训·音辞篇》曰：“郑玄注六经，高诱解《吕览》、《淮南》，许慎造《说文》，刘熙制《释名》，始有譬况假借以证音字，而古语与今殊别，其间轻重清浊，犹未可晓。孙叔然创《尔雅音义》，是汉末人独知反语。”此韵之始萌，不言配律也。封演《闻见记》曰：“魏时有李登者，撰《声类》十卷，凡一万一千五百二十字，以五声命字。”此乃渐配五声，然每声之中，尚未析平仄也。《南齐书·陆厥传》曰：“沈约等文皆用宫商。以平、上、去、入为四声，以此制韵。”《梁书·沈约传》曰：“撰《四声谱》，自谓入神之作。”此今韵平仄之始，亦不言叶乐也。自释神珙始作等韵，其图今载宋本《玉篇》之末，相传为北魏人，而其自序中乃称昔梁沈约创纽字之图。又有南阳释处忠撰《元和韵谱》。元和为唐宪宗年号，则当为晚唐时人。故唐一代诗人未言字母，至宋而其说乃大行。以韵配律，渐起于是矣。然沈括《梦溪笔谈》曰：“乐家所用，随律命之，本无定音。常以浊者为宫，稍清为商，最清为角，清浊不常为徵、羽。切韵家则定唇、齿、牙、舌、喉为宫、商、角、徵、羽，其间又有半徵、半商者，如来、日二字是也。”是盛谈等韵之时，尚以韵与乐律截然分为两事。今为霖乃因字母有七音之例，遂更广其例，以十二律为断。举隋陆法言以来上、下平声五十七部并为十二部。夫乐之有十二律，不犹天之有十二宫乎？古圣人画地分州，建侯树国，各因其山川之势，初不取象于天。迨其后测验之术兴，乃以列宿分野隶十二宫之次。声韵之始，随呼吸取读，亦犹分州建国也。及其配以音律，亦犹列宿分野也。其理不必不相通，而其势不能以彼改此。今以韵通于律，遂并为一十二部以应律，亦将以地理通于星野，而合并天下之千百郡县，割裂天下之疆界，合为十二州以应天乎？况自汉以来，有韵之书不一，有韵之文亦不一，一旦尽举而废之，独标一为霖之书为千古韵学之圣，即其说果通，亦断断难行于天下。况倒置本末，并其理亦牵合乎？

今按：此节抄自《四库全书总目》卷四四《本韵一得》提要。《里堂书品》又删去末段：“至于入声并十二为七，尤为乖理。声生于口，一呼皆备四声。字生于六书，非有所取义，则无其字。故二百六部之中无入声者二十七。此二十七部无平、上二声者又四。非无其声，无其字也。为霖必一一配合，使无入者皆有入，亦误以字生于声，而不知声生于字，复倒置其本末也。今撮其大概，略为驳正如右，庶讲韵学者不至以新说改古法焉。”

(三)结　论

经过详细比勘，小心求证，完全证实了最初的大胆假设——《里堂书品》中的 123 篇完全袭自《四库全书总目》！刘建臻先生花费了不少功夫，证明它不是焦循之作，功不可没。经过笔者的考证，此书又由伪书变为了真书。《里堂书品》的这部分是《四库全书总目》的早期节抄本，其最大的特点就是改变了原书的体例，由提要体变为了随笔体。即使它不真出焦循之手，其时代也比较早，因而其价值也不能完全否定。

二、《钦定八旗通志·艺文志》史源考

司马朝军

(一)缘　　起

《钦定八旗通志》有雍正五年(1727)、乾隆五十一年(1786)两个版本。《钦定四库全书简明目录》卷八云：

> 《钦定八旗通志》二百五十卷，雍正五年奉敕撰，乾隆四年告成，凡志之目八，表之目八，传之目八，以兵志为根柢，而一切典章、爵秩、人物、艺文皆条分胪载，体例极为详悉。乾隆五十一年又奉敕续辑，益为赅备。

雍正五年初集本为二百五十卷，而四库本《钦定八旗通志》当为乾隆五十一年续辑本，凡三百四十二卷。文渊阁四库本《钦定八旗通志》卷首没有提要，未审何故。《钦定八旗通志·艺文志》著录经部7种、史部13种、子部7种、集部70种。该志的史源问题向来未经人提出，笔者在检索该书时发现许多条目竟然与《四库全书总目》高度吻合，于是逐条比较，具体情况如下。

(二)条　　辨

1. 翻译《五经》五十八卷、《四书》二十九卷(武英殿官本。谨案：《翻译五经四书》、《清文鉴》、《三合切音清文鉴》诸书均由馆臣纂辑进呈御览，断自睿裁，其原办之总裁、纂修衔名年远，虽无可考，然要皆八旗精翻译者所成，与别馆官书参用满汉人员者有别，故今并列之《八旗艺文志》中)

乾隆二十年，初钦定翻译《四书》，续翻译《易》、《书》、《诗》三经，续又翻译《春秋》、《礼记》二经。至乾隆四十七年，而圣贤典籍释以国书者，灿然备焉。案郑樵《通志·七音略》曰："宣尼之书，自中国而东则朝鲜，西则凉夏，南则交趾，北则朔易，皆吾故封也。故封之外，其书不通。何瞿昙之书能入诸夏，而宣尼之书不能至跋提河，声音之道有障碍耳。"其说良是，然文字之声音，越数郡而或不同；文字之义理，则纵而引之，千古上下无所异；横而推之，四海内外无所异；苟能宣其意旨，通以语言，自有契若符节者，又何声音之能障碍乎哉？考《隋书》载魏氏迁洛，未达华语。孝文帝命侯伏侯可悉陵以其言译《孝经》之旨，教于国人，谓之《国语孝经》，《经籍志》载其书作一卷。是古人已有行之者。特其学其识，均未窥六艺之阃奥，故能译者仅文句浅显之《孝经》，而诸经则未之及耳。我国家肇兴东土，创作十二字头，贯一切音；复御定《清文鉴》，联字成语，括一切义。精微巧妙，实小学家所未有。故六书之形声训诂，皆可比类以通之。而列圣以来，表章经学，天下从风，莫不研究微言，讲求古义，尤非前代之所及。故先译《四书》，示初学之津梁。至于五经，《易》则略象数之迹，示其吉凶；《书》则疏佶屈之词，归于显易；《诗》则曲摹其咏叹，而句外之寄托可想；《春秋》则细核其异同，而一字之劝惩毕见；《礼记》则名物度数，考订必详，精理名言，推求必当，尤足破讲家之聚讼。盖先儒之诂经，多株守其文，故拘泥而鲜通；此编之诂经，则疏通其意，故明白而无误。不立笺传之名，不用注疏之体，而唇吻轻重之间，自然契删述之微旨，厥有由矣。学者守是一编，或因经义以通国书，而同文之圣化被于四方；或因国书以通经义，而明道之遗编彰于万世。其有裨于文教，均为至大。虽尧帝之文章，尼山之删定，又何以加于兹哉！

今按：与《四库全书总目》同名提要比较，仅增加案语："武英殿官本。谨案：《翻译五经四书》、《清文鉴》、《三合切音清文鉴》诸书均由馆臣纂辑进呈御览，断自睿裁，其原办之总裁、纂修衔名年远，虽无可考，然要皆八旗精翻译者所成，与别馆官书参用满汉人员者有别，故今并列之《八旗艺文志》中。"

2.《合订删补大易集义粹言》八十卷

纳喇性德编。相传谓其稿本出陆元辅，性德殁后，徐乾学刻入《九经解》，始署性德之名，莫之详也。性德原作成德，字容若，满洲正黄旗人。康熙丙辰进士。官至乾清门侍卫。是书乃取宋陈友文《大易集义》、方闻一《大易粹言》(案：此书原本误作曾穜，今考正)二书而合辑之。友文书本六十四卷，所集诸儒之说凡十八家，又失姓名两家。闻一书本七十卷，所集诸儒之说凡七家。以二书校除重复外，《集义》视《粹言》实多得十一家。惟《粹言》有《系辞》、《说卦》、《序卦》、《杂卦》，而《集义》止于上、下经，故所引未能赅备。性德因于十一家书中择其论《系辞》诸传者，以补其阙，与《粹言》合为一编，又删其繁芜，勒成此本。今《粹言》尚有传本，已著于录。《集义》流播较稀，尚借此以见梗概。其中理、数兼陈，不主一说。宋儒微义，实已略备于斯。李衡删房审权之书，俞琰抄李心传之说，并以取精撷要，有胜原编。此书之作，其功亦约略相亚矣。

今按：与《四库全书总目》同名提要比较，仅删去“两江总督采进本”、“国朝”，又将“俞琰”避讳改为“俞炎”。

3.《陈氏礼记集说补正》三十八卷

纳喇性德撰。是编因陈澔《礼记集说》疏舛太甚，乃为条析而辨之。凡澔所遗者谓之“补”，澔所误者谓之“正”。皆先列经文，次列澔说，而援引考证以著其失。其无所补正者，则经文与澔说并不载焉。颇采宋、元、明人之论，于郑注、孔疏亦时立异同。大抵考训诂名物者十之三四，辨义理是非者十之六七。以澔注多主义理，故随文驳诘者亦多也。凡澔之说皆一一溯其本自何人，颇为详核，而爱博嗜奇，亦往往泛采异说。如《曲礼》“席间函丈”，澔以两席并中间为一丈。性德引《文王世子》席之制三尺三寸三分寸之一驳之，是也。而又引王肃本文作“杖”，谓可容执杖以指挥，则更谬于《集说》矣。《月令》“群鸟养羞”，性德既云《集说》未为不是，而又引《夏小正》“丹鸟羞白鸟”及项安世“人以鸟为羞”之说，云足广异闻。则明知《集说》之不误，而强缀此二条矣。《曾子问》鲁昭公慈母一条，既用郑注、孔疏以补澔注，又引陆佃之谬解，蔓延于《集说》之外。是正陆氏，非正《集说》矣。凡斯之类，皆征引繁富，爱不能割之故。然综核众论，原委分明，凡所指摘，切中者十之八九。即其据理推求者，如《曲礼》“狠毋求胜，分毋求多”，澔注称“况求胜者未必能胜，求多者未必能多”，性德则谓“此乃不忮不求，惩忿窒欲之事。陈氏所云，不免计较得失。若是则可以必胜，可以必多，将不难于为之矣”。是虽立澔于旁，恐亦无以复应也。然则读澔注者，又何可废是编与？

今按：与《四库全书总目》同名提要比较，仅删去“内府藏本”、“国朝”、“性德有《删补合订大易集义粹言》，已著录”等字样。

4.《黄钟通韵》二卷

都四德撰。都四德满洲镶红旗人。是书凡十篇：曰《律度量衡》第一、《五音位次》第二、《六律》第三、《七均》第四、《五音六律相生》第五、《律吕名义》第六、《律本》第七、《循环为宫》第八、《声字》第九、《律数》第十。末又附以《琴图》，共为上、下二卷。多本蔡元定《律吕新书》而附益以己意。如《声字》一篇，于国书十二字头独取第一、第二、第四、第五、第十二章之字，而其余皆不之及。而五章中又杂取第四章之ᠠᠨ（安）ᡝᠨ（恩）二字以配宫。第五章之ᠠᠩ（昂）ᡝᠩ（鞥）二字以配商。第一章之ᠠ（阿）ᡝ（额）二字以配角。第十章之ᠠᠣ（敖）ᡝᠣ（欧）二字以配徵。第二章之ᠠᡳ（爱平声）ᡝᡳ（额依）二字以配羽。以上十字，分之配十干。又取首章之ᡳ（依）ᡠ（乌）两字，共为十二字，分配十二律，作为横直方圆之图，且谓人之言语声音止此数字。殊不知我国书十二字头，整齐肃括，无音不备，无韵不该，非可偏举其五字头以为分配也。据其所论，盖以此五章可用汉字对音，其余七章双声叠韵为汉文所无，故不用耳。然国书有二合、三合切音之不同。推其原本，则自首句六字而外，其余何一非双声叠韵，而谓止于七章而已乎？今以汉文字有无为国音之区别，汉文之有者，则取配五音十二律，而汉文所无者，概置弗论，是未究国书制作之本也。且字头十二，虽曰平列，其实十一章皆以第一章为纲领，而第一章又以第一句为纲领。观国语中并无以他字加于ᠠ（阿）ᡝ（额）ᡳ（依）ᠣ（鄂）ᡠ（乌）之上者。其偶遇此音，亦以他字代之。盖此数字总贯十二章，如臣之有君，子之有母，其体统实为最尊，不宜与众音并列。又所列ᠠ（阿）ᠠᡳ（爱平声）ᠠᠨ（安）ᠠᠩ（昂）ᠠᠣ（敖）等字反居ᡝ（额）ᡝᡳ（额依）ᡝᠨ（恩）ᡝᠩ（鞥）ᠣᡠ（欧）等字之下，亦多未安。伏稽钦定《国书新语》，即以ᠠ（阿）为阳，以ᡝ（额）为阴。以此可见ᠠ（阿）之类皆阳位也，ᡝ（额）之类皆阴位也。阴不可以先阳，乃国书之义例，不可以随章布列矣。至其以五章字头统诗韵三十部，虽亦近似，然限以前所拈之数字，亦不足以尽清文之蕴。惟所论清字切音之法，皆中窾要，为有益于学者耳。

今按：与《四库全书总目》同名提要比较，仅删去“翰林院笔帖式都保家藏本”、“国朝”、“字乾文，号秋庄”等字样。

5.《御制清文鉴》三十二卷、《补编》四卷、《总纲》八卷、《补总纲》二卷

乾隆三十六年奉敕撰。我国家发祥长白，实金源之旧疆。《金史·章宗本纪》载：“明昌五年，以叶鲁谷神始制国字，诏依仓颉立庙例，祀于上京。”又《选举志》称：“进士科以策论试国人，用国字为程文。”陶宗仪《书史会要》则称金太祖命完颜希尹撰国字，其后熙宗亦制字并行。希尹所制谓之大字，熙宗所制谓之小字，其字体波磔繁密，颇类籀文。当时必有字书，今已无考。惟赵崡《石墨镌华》所载天会十二年《都统经略郎君行记》一篇，仅存其形制而已。盖有元一统之后，其法渐不传也。我太祖高皇帝肇建丕基，命巴克什额尔德尼以蒙古字联缀国语成句，尚未别为书体。太宗文皇帝始命巴克什库尔缠创造国书。以十二字头贯一切音，因音而立字，合字而成语。今内阁所贮旧籍（今谓之《老档》），即其初体。厥后增加圈点，音义益详。亦如籀变小篆，隶变八分，踵事而增，以日趋于精密。我圣祖仁皇帝虑口传笔授，或有异同，乃命别类分门，一一排纂，勒为《清文鉴》一书，以昭法守，惟未及音译其文。皇上复指授馆臣，详加增定，为部三十有五，子目二百九十有二。每条皆左为国书，右为汉语。国书之左，译以汉音，用三合切韵。汉书之右，译以国书，惟取对音。以国书之声，多汉字所无，故三合以取之。汉字之声，则国书所具，故惟用直音也。至于钦定《新语》，一一载入，尤为详备。盖字者孳也，许慎《说文》九千余字，扬雄《方言》已增至一万一千九百余字，陆法言《切韵》一万二千五十六字，陈彭年等《重修广韵》已增至二万六千一百九十四字。吕忱《字林》、丁度《集韵》以下，更莫能殚记。是由名物日繁，记载遂不能不备。圣人制作，亦因乎势之自然，为事之当然而已。伏而读之，因汉文可以通国书，因国书可以通汉文。形声训诂，无所不具，亦可云包罗巨

细、辨别精微者矣。书中体例，兼列字体、字音，宜入训诂类中。然译语得音，骈音为字，与训诂之但解音义者不同，故仍列诸字书类焉。

今按：与《四库全书总目》同名提要比较，仅删去“翰林院笔帖式都保家藏本”、“国朝”、“字乾文，号秋庄”等字样，又将“李登《声类》已增至一万一千五百二十字(案《声类》今无其书，此据《封演闻见记》)”改为“扬雄《方言》已增至一万一千九百余字”。

6.《御定满洲蒙古汉字三合切音清文鉴》三十三卷

乾隆四十四年奉敕撰。初圣祖仁皇帝敕撰《清文鉴》，皇上既命补注汉字，各具翻切释文。嗣以蒙古字尚未备列，因再命详加考校，续定是编。以国书为主，而贯通于蒙古书、汉书。每国语一句，必兼列蒙古语一句、汉语一句，以明其义。又以蒙古字、汉字各对国语之音以定其声。汉字之音不具，则三合以取之。蒙古字之音不具，则分各种读法、写法、收法以取之。经纬贯穿，至精密而至明显。循文伏读，无不一览了然。考《辽史・太祖本纪》，称“神册五年始制契丹大(事)[字]。天赞三年诏砻龙辟遏可汗故碑，以契丹、突厥、汉字纪其功”云云。然则三体互通，使彼此共喻，实本古义。许慎作《说文》，小篆之下兼列籀文、古文，以互证其字。扬雄作《方言》，每一语一物，亦具载某地谓之某，以互证其语。则三体汇为一编，使彼此相释，亦因古例，用达书名于四方。虽成周大同之盛，亦无以逾于斯矣。

今按：与《四库全书总目》同名提要比较，仅将“契丹大字”误作“契丹大事”。

7.《篆字汇》十二卷

佟世男编。世男，满洲镶黄旗人。康熙中官知县。其书本梅膺祚《字汇》，各系以篆文。篆文所无之字，则依楷书字画以意造之，不可以为典据也。

今按：与《四库全书总目》同名提要比较，仅删去“通行本”、“国朝”字样。
——以上为经部，凡7条。

1.《钦定辽金元三史国语解》四十六卷

乾隆四十六年奉敕撰。考译语对音，自古已然。《公羊传》所称地物从中国，邑人名从主人是也。译语兼释其名义，亦自古已然。《左传》所称楚人谓乳榖、谓虎於菟，《榖梁传》所称吴谓善伊、谓稻缓，号从中国，名从主人是也。间有音同字异者，如天竺之为捐笃、身毒、印度，乌桓之为乌丸，正如中国文字偶然假借，如欧阳汉碑作欧羊，包胥《战国策》作勃苏耳，初非以字之美恶分别爱憎也。自《魏书》改柔然为蠕蠕，比诸蠕动，已属不经。《唐书》谓回纥改称回鹘，取轻健如鹘之意，更为附会。至宋人武备不修，邻敌交侮，力不能报，乃区区修隙于文字之间。又不通译语，竟以中国之言求外邦之义，如赵元昊自称兀卒，转为吾祖，遂谓吾祖为我翁。萧鹧巴本属蕃名，乃以与曾淳甫作对，以鹧巴鹑脯为恶谑。积习相沿，不一而足。元托克托等修宋、辽、金三史，多袭旧文，不加刊正，考其编辑成书，已当元末，是时如台哈布哈号为文士，今所传纳新(案：纳新原本误作乃贤，今改正)《金台集》首有所题篆字，亦自署曰泰不华，居然讹异。盖旧俗已漓，并色目诸人亦不甚通其国语，宜诸史之讹谬百出矣。迨及明初，宋濂等纂修《元史》，以八月告成，事迹挂漏尚难殚数，前代译语更非所谙。三史所附《国语解》颠舛支离，如出一辙，固其宜也。我皇上圣明天纵，迈古涵今，洞悉诸国之文，灼见旧编之误，特命馆臣详加厘定，并一一亲加指示，务得其真。以索伦语正《辽史》，凡十卷，首君名，附以后妃、皇子、公主，次宫卫，附以军名，次部族，附以属国，次地理，次职官，次人名，次名物，共七门。以满洲语正《金史》，凡十二卷，首君名，附以后妃、皇子，次部族，次地理，次职官，附以军名，次姓氏，次人名，附以名物，共六门。以蒙古语正《元史》，凡二十四卷，首帝名，附以后妃、皇子、公主，次宫卫，附以军名，次部族，附以国名，次地理，次职官，次人名，次名物，共七门，各一一著其名义，详其字音，字音为汉文所无者，则两合、三合以取之，分析微茫，穷极要窅。即不谙翻译之人，绎训释之明，悟语声之转，亦觉厘然有当于心，而恍然于旧史之误也。盖自《钦定三合切音清文鉴》出，而国语之精奥明。至此书出，而前史之异同得失亦明。不但宋、明二史可据此以刊其讹，即四库之书，凡人名、地名、官名、物名涉于三朝者，均得援以改正，使音训皆得其真。圣朝考文之典，洵超轶乎万禩矣。

今按：与《四库全书总目》同名提要比较，无一字不同。

2.《尚史》一百七卷

李锴撰。锴，镶白旗汉军，卷首自署曰襄平。考襄平为汉辽东郡治，今为盛京辽阳州地，盖其祖籍也。康熙中邹平马骕作《绎史》，采摭百家杂说，上起鸿荒，下迄秦代，仿袁枢《纪事本末》之体，各立标题，以类编次。凡所征引，悉录原文。虽若不相属，而实有端绪。锴是编以骕书为稿本，而离析其文，为之翦裁连络，改为纪传之体。作《世系图》一卷，本纪六卷，世家十五卷，列传五十八卷，系六卷，表六卷，志十四卷，序传一卷。仍于每段之下各注所出书名。其遗文琐事不入正文者则以类附注于句下。盖体例准诸《史记》，而排纂之法则仿《路史》而小变之。自序谓始事于雍正庚戌，卒业于乾隆乙丑，阅十六载而后就，其用力颇勤。考古来渔猎百家，勒为一史，实始于司马迁。今观《史记》诸篇，其出迁自撰者，率经纬分明，疏密得当，操纵变化，惟意所如。而其杂采诸书以成文者，非唯事迹异同，时相抵牾，亦往往点窜补缀，不能隐斧凿之痕，知镕铸众说之难也。且排比鳞次，一用旧文体。如诗家之集句，求其剪裁诸说，使联贯如出一手，比吕东莱之《读诗记》尤难之又难。今观其书，于残膏剩馥，掇拾成文，时露铸合之迹者，固在所不免。而联络融贯，位置天然，如百衲之琴，不乖音律，如千狐之腋，不露裁缝者，亦往往而有，不可谓非因难见巧，为史家特出之创格，存之亦足备一体也。若晋《逸民传》中列杜蒉、狼瞫、钽麑、提弥明、灵辄，《逆臣传》中列赵穿而不列赵盾，《乱臣传》中列郄芮、吕饴甥，《嬖臣传》中列头须，鲁《列女传》中列施氏妇，予夺多所未允。又诸国公子，皆别立传，而鲁、宋、蔡、曹、莒、邾六国，则杂列诸臣中。《叛臣传》中如巫狐庸叛楚入吴，吴、楚两见。公山不狃叛鲁入吴，吴、鲁两见，已为重出。而屈巫见于楚，不见于晋；苗贲皇见于晋，不见于楚，又复自乱其例。如斯之类，不一而足，均不能不谓之瑕类。然《史》、《汉》且不免驳文，司马光作《资治通鉴》亦称其中抵牾不能自保，固亦不能独为锴咎矣。

今按：与《四库全书总目》同名提要比较，删去“兵部侍郎纪昀家藏本”、“国朝”、“字铁君”等字样。“知锴铸众说之难也”以下与殿本《总目》同，而与浙本《总目》不同。由此可知，该志采用殿本《总目》而非浙本《总目》。

3.《治河奏绩书》四卷、附《河防述言》一卷

靳辅撰。辅已有传。是书卷一为《川泽考》、《漕运考》、《河决考》、《河道考》。卷二为《职官考》、《堤河考》及《修防汛地扫规》，河夫额数、闸坝修规、船料工值皆附焉。卷三为辅所上章疏及部议。卷四为各河疏浚事宜及施工缓急先后之处。其《川泽考》所载，于黄河自龙门以下，至淮、徐注海，凡分汇各流，悉考古证今，颇为详尽。于注河各水及河所潴蓄各水，亦缕陈最悉。其《漕运考》亦然。《河道考》于临河要地及距河远近分条序载，较志乘加详。至于堤工修筑事宜，则皆辅所亲验，立为条制者矣。辅自康熙十六年至三十一年，凡三膺总河之任，故疏议独多。其专以治上河为治下河之策，虽据一时所见，与后来形势稍殊，然所载修筑事宜，亦尚有足资采择者。与张伯行《居济一得》均尚非纸上之空谈也。又《河防述言》一卷，为张霭生所撰。皆追述其友陈潢之论，故曰“述言”。潢字天一，号省斋，钱塘人。为辅之幕客。辅治河，多资其经画。康熙甲子，圣驾南巡，辅以潢功上闻，特赐参赞河务按察司佥事衔。其书凡十二篇，一曰《河性》，主于顺而利导之。二曰《审势》，谓凡有所患，当推其致患之所以然。三曰《估计》，谓省工省料，其坏必速，所费较所省为更大。四曰《任人》，主于慎选择，明赏罚，而归本于正己以率属。五曰《源流》，谓河水本清，其淤涨由挟中国之水。六曰《堤防》，主潘季驯以堤束水，以水刷沙之说，而尤以减水坝为要务。七曰《疏浚》，主于溃决之处先固其两旁，不使日扩，乃修复故道，而借引河以注之。八曰《工料》，工主于核实，料主于豫备。九曰《因革》，言今昔形势不同。十曰《善守》，谓黄河无一劳永逸之策，在时时谨小慎微，而归重于河员之久任。十一曰《杂志》，述治河之委曲。十二曰《辨惑》，则驳当时之异议也。其言往往中理，与靳辅书足相发明。今录附辅书之末，以资参考。书前冠黄河全图，乃霭生自作。虽不及钦定《河源纪略》之明确，而远胜笃什等之所记。又靳辅《奏疏》一篇，虽专为潢而发，然颇足见当日治河之始末，今亦并存之焉。

今按：《四库提要》著录《治河奏绩书》为“浙江鲍士恭家藏本”，《河防述言》为“内廷藏本”，此处删去版本著录，又删去“国朝”字样；将“辅有《奏疏》，已著录”改为“辅已有传”。

4.《抚豫宣化录》四卷

田文镜撰。文镜，正黄旗汉军，官至河东总督，谥端肃。是编乃文镜官河南巡抚时《奏疏》一卷、《条奏》一卷、《文移》一卷、《告示》一卷。内《文移》又分一子卷。均始于雍正二年七月，迄五年九月。惟《告示》迄于五年正月。前有河南布政使费金吾、按察使彭维新、分守开归河道杨梦琬、河务兵备道祝兆鹏、分守河北兵备道朱藻、分巡南汝光道孙兰芬会请刊刻详文一道，及文镜批词。

今按：与《四库全书总目》同名提要比较，删去“内府藏本”、“国朝”字样。

5.《平闽记》十三卷

杨捷撰。捷，镶黄旗汉军，官至昭武将军、江南提督。是编皆其康熙十七年征剿郑成功时奏疏及笺启、咨文、牌檄、告示诸稿。冯溥、王广心序，叶映榴跋，皆称《平闽纪事》。前有张玉书序，则又称《平闽记》。初名《纪事》，复改今名也。

今按：与《四库全书总目》同名提要比较，删去“直隶总督采进本”、“国朝”、“字元凯”字样。

6.《文襄奏疏》八卷

靳辅撰。是编皆前后治河奏疏，其子治豫汇刊之。辅自安徽巡抚擢授河道总督时，值河患方棘，洪流逆溢，高堰横溃，合淮水而东注，故道反湮。辅疏言：“河水挟沙而行，易于壅淤。惟赖清水助刷，始能无滞。当审其全局，彻首尾而合治之。不可漫为施工，堵使东筑西决，终归无益。”因条具八事入告，圣祖仁皇帝悉俞其请。于是疏浚运河及清口，以至海口河道。又开白洋清河以东引水河，而黄流始畅。开清口澜汛浅诸引河，而淮水始出敌黄。筑河崖遥堤缕堤，修高堰，堵翟坝，置减水六坝，而宣泄咸有所恃。至开中河、皂河诸役，尤其设施之大者。其持论以“筑堤崖，疏下流，塞决口，有先后而无缓急”数语为纲领。故在事十年，具著成绩。诸疏并在集中，无不指陈原委，言之凿凿。至今论治河者犹称辅焉。末附辅官巡抚时奏疏三篇，其极论骚扰驿站，亦具见风力云。

今按：与《四库全书总目》同名提要比较，删去“直隶总督采进本”、“国朝”、“辅字紫垣，镶红旗汉军，初授翰林院修撰，官至总督河道、兵部尚书，文襄其谥也”字样。

7.《使琉球记》一卷

张学礼撰。学礼镶蓝旗汉军，官至广西道监察御史。是编乃康熙元年学礼以兵科副理事官与行人司行人王垓奉使册封琉球国王时所记。前叙请封遣使始末及往来道路之险。后为《中山纪略》，则载其土风也。时琉球国王尚质，缴故明敕印，举国内附，故学礼等有是役。盖国家遣使东瀛，此为始事云。

今按：与《四库全书总目》同名提要比较，删去“大学士英廉购进本”、“国朝”、“字立庵”字样。

8.《行水金鉴》一百七十五卷

傅泽洪撰。泽洪，镶红旗汉军。官至分巡淮扬道、按察司副使。是书成于雍正乙巳。全祖望作《郑元庆墓志》，以为出元庆之手。疑其客游泽洪之幕，或预编摹。然别无显证，未之详也。叙水道者，《禹贡》以下，司马迁作《河渠书》，班固作《沟洫志》，皆全史之一篇。其自为一书者，则创始于《水经》。然标举源流，疏证支派而已，未及于疏浚堤防之事也。单锷、沙克什、王喜所撰，始详言治水之法。有明以后，著作渐繁，亦大抵偏举一隅，专言一水。其综括古今，胪陈利病，统前代以至国朝，四渎分合，运道沿革之故，汇辑以成一编者，则莫若是书之最详。卷首冠以诸图。次《河水》六十卷，次《淮水》十卷，次《汉水》、《江水》十卷，次《济水》五卷，次《运河水》七十卷，次《两河总说》八卷，次《官司》、《夫役》、《漕运》、《漕规》凡十二卷。其例皆摘录诸书原文，而以时代类次。俾各条互相证明，首尾贯穿。其有原文所未备者，亦间以己意考核，附注其下。上下数千年间，地形之变迁，人事之得失，丝牵绳贯，始末犁然。至我国家，敷土翕河，百川受职。仰蒙圣祖仁皇帝翠华亲莅，指授机宜，睿算周详，永昭顺轨，实足垂法于万年。泽洪于康熙六十一年以前所奉谕旨，皆恭录于编，以昭谟训，尤为疏瀹之指南。谈水道者观此一编，宏纲巨目，亦见其大凡矣。

今按：与《四库全书总目》同名提要比较，删去“通行本”、“国朝”、“字犀君”字样。

9.《七星岩志》十六卷

韩作栋撰。作栋，镶蓝旗汉军。顺治中官分巡肇高廉罗道，按察司佥事。七星岩在肇庆府高要县城北，一名崧台，一名定山。故此书又名《定山石室志》也。志本明王泮所撰，作栋因而重修，吴绮又为之润色。然有关考核者，寥寥无多。如《石刻门》于唐李邕《石堂记》后乾道己丑秋一条，以后人题名之年月，误为摹石之年月。又载元符改元端午日，眉山苏轼挈家来游。不思元符元年，苏轼正在儋州，安得有挈家至七星岩之事！盖据曹学佺《名胜志》所载，而不知为传讹之文也。

今按：与《四库全书总目》同名提要比较，删去“浙江汪启淑家藏本”、“国朝”、“字公吉”字样。

10.《鸡足山志》十卷

范承勋撰。承勋，镶黄旗汉军。大学士文程之子，浙闽总督承谟之弟，官至云贵总督。鸡足山在云南宾川州东一百里，一顶三支，俨如鸡距，在苍山、洱海之间，相传为迦叶尊者入定处。佛寺最多，故志山者多述佛门之事。是编乃康熙三十一年承勋因旧本增修，分《图纪》、《考证》、《星野》、《形势》、《山水》、《寺院》、《人物》、《灵迹》、《物产》、《艺文》，凡十门，而以《迦叶像赞》冠于卷端焉。

今按：与《四库全书总目》同名提要比较，删去“浙江汪启淑家藏本”、“国朝”字样。

11.《在园杂志》四卷

刘廷玑撰。廷玑，镶红旗汉军。由荫生官至江西按察使，后降补分巡淮徐道。是编杂记见闻，亦间有考证。颇好誉己诗，似张表臣《珊瑚钩诗话》。四卷录乩仙诗至十五六页，亦太近《夷坚》诸志。所记边大绶伐李自成祖墓事甚详，然与大绶自序不甚合，疑传闻异词也。

今按：与《四库全书总目》同名提要比较，删去“浙江巡抚采进本”、“国朝”、“字玉衡，号在园”字样。

12.《异域录》一卷

图理琛撰。图理琛姓阿颜觉罗氏，先世叶赫人。由考取内阁中书，官至兵部职方司郎中。是编乃康熙五十一年五月，图理琛以原任内阁侍读奉命出使土尔扈特，由喀尔喀越俄罗斯国，至其地。五十四年三月，回京师复命。因述其道里、山川、民风、物产以及应对礼仪，恭呈御览，冠以舆图。次随日纪载见闻，其体例略如宋人行记。但宋人行记以月日为纲，而地理附见。此则以地理为纲，而月日附见。所历俄罗斯境，曰楚库柏兴，曰乌的柏兴，曰柏海尔湖，曰尼尔库城，曰昂噶拉河，曰伊聂谢柏兴，曰麻科斯科，曰揭的河，曰那里本柏兴，曰苏尔呼忒柏兴，曰萨玛尔斯科，曰狄木演斯科，曰托波尔，曰鸦班沁，曰费耶尔和土尔斯科城，曰费耶尔和土尔斯科佛落克岭，曰索里喀穆斯科，曰改果罗多，曰黑林诺付，曰喀山，曰西穆必尔斯科，曰萨拉托付，曰塔喇斯科，曰托穆斯科，曰伊里木城，皆其大聚落也。其地为自古舆记所不载，亦自古使节所未经。如《史记》述匈奴北海，颇作疑词。故儒者类言无北海。今据图理琛所记，知伊聂谢柏兴距北海大洋一月程。又《唐书》称薛延陀夜不甚暗，犹可博弈，仅得之于传闻。图理琛以五月至其地，知夏至前后确有是事。皆我圣祖仁皇帝德化覃敷，威棱震叠，故轺车所至，莫不具驿传，供刍糒，涉越三四万里，如行闺闼。故得以从容游览，见所未见，闻所未闻，纂述成编，以补亘古黄图所未悉。今备录其文，使天下万世知圣化弥纶，迥出于章亥所步之外。且所记俄罗斯、土尔扈特畏怀恭顺之忱，尤足见尧天丕冒，砥属无垠。凡在方趾圆颅，无不鳞集仰流，效诚恐后，为三五以来所未有。今土尔扈特已全部内附，而所记俄罗斯南路十四国，乾隆乙亥以后，又已尽入版图。并以见武烈文谟，显承启佑，所由拓亿祺之丕基者，非偶然也。

今按：与《四库全书总目》同名提要比较，删去“兵部侍郎纪昀家藏本”、“国朝”字样；“曰费耶尔和土尔斯科佛落克岭，曰索里喀穆斯科”，殿本《总目》作“(曰麻科斯科)佛落克岭，曰索里喀穆斯科”。

13.《钦定武英殿聚珍板程式》一卷

乾隆四十一年，户部侍郎金简恭撰进呈。初，乾隆三十八年诏纂修《四库全书》，复命择其善本，校正剞劂，以嘉惠艺林。金简实司其事，因枣梨繁重，乃奏请以活字排印，力省功多。得旨俞允，并锡以嘉名，纪以睿藻。行之三载，印本衣被于天下。金简因述其程式，以为此书。考沈括《梦溪笔谈》，称“庆历中有布衣毕昇，始为活版。其法用胶泥刻字，薄如钱唇。每字为一印，火烧令坚。先设一铁版，其上以松脂蜡和纸灰之类冒之。欲印则以一铁范置铁版上，乃密布字印。满铁范为一版，持就火炀之。药稍镕，以一平版按其面，则字平如砥。若止印二三本，未为简易。若印数十百本，则极为神速”云云。活字之法，斯其权舆。然泥字既不精整，又易破碎。松脂诸物亦繁重周章，故王祯《农书》所载活字之法，易以木版。其贮字之盘，则设以转轮，较为径捷，而亦未详备。至陆深《金台纪闻》所云铅字之法，则质柔易损，更为费日损工矣。是编参酌旧制，而变通以新意。首载诸臣奏议，次载取材雕字之次第，以及度置排类之法。凡为图十有六，为说十有九。皆一一得诸试验，故一一可见诸施行。乃知前明无锡人以活字印《太平御览》，自隆庆元年至五年仅得十之一二者(案：事见黄正色《太平御览序》)，由于不得其法。此亦足见圣朝制器利用，事事皆超前代也。

今按：与《四库全书总目》同名提要比较，无一字不同。
——以上为史部，凡13条。

1.《潜索录》四卷

范宏禧撰。宏禧，镶黄旗汉军大学士文程曾孙也。幼以苦学致羸疾，遂不求仕进，惟耽玩宋儒之书。是编多推寻易理，皆其病中所札记，殁后其子建帜为刊板。前有乾隆壬申孙嘉淦序，其学即数以求理，宗派在邵、陈、程、朱之间。

今按：《四库全书总目》未著录。

2.《文庙从祀先贤先儒考》一卷

郎廷极撰。廷极，镶黄旗汉军。此本题曰广宁，其原籍也。官至江西总督。是编历考从祀先贤先儒名氏之同异，如辨颜幸之作“辛”，而不知《通典》之作“柳”，《咸淳临安志》之作“韦”；辨南宫适之作“韬”，而不知一作“绦”，一作“括”。辨司马耕之作“黎耕”，而不知一作“子耕”，未免考订之疏。唯所辨文翁之图较《家语》多五人，《家语》较文翁之图多九人，及正殿配享，东西两庑位数，引据颇为典核。

今按：与《四库全书总目》同名提要比较，删去“编修程晋芳家藏本”、“国朝”、“字紫衡”字样。

3.《绘事备考》八卷

王毓贤撰。毓贤，镶红旗汉军。官至湖广按察使。陈鼎《留溪外传》记狱吏汪金章事，称毓贤勤于吏治，案无留牍，则其人本以吏才见。然是编即康熙辛未官按察使时所作，乃又能留心于赏鉴。第一卷为总论，皆撮录诸家画法。二卷至八卷则取古来画家姓名事迹，以时代分序。自轩辕至隋，共为一卷，辽、金、元共为一卷，唐、五代、南宋、明俱各为一卷，惟北宋家数繁多，析为三子卷。故总目虽分八卷，其实乃十卷也。其例每人各立小传，而以诸书所载传世名迹附于其人之后。大抵以张彦远《历代名画记》、夏文彦《图绘宝鉴》为蓝本，增广其所未备，蒐辑颇为详赡。其中如《穆天子传》，封膜昼于河水之阳，郭璞注明云膜昼人名，张彦远误以昼字作画字，遂称封膜为画家之祖，并妄造璞注以实之。毓贤乃沿袭其讹，殊失于订核。又辽常思言人品画品并高，附见郭若虚《图画见闻志》中，诸书并佚其名，此亦阙载。至于明之画家，仅据韩昂《图绘宝鉴续编》所载迄正德而止，嘉靖以后，竟不为采摭续添，亦殊伤阙略。然前代如李嗣真、释彦悰、刘道醇之流，往往分别品第，时代混淆，难于检核。是书仿张、夏二家旧例，因时类叙，一览可知。又芟汰繁冗，易于寻讨，虽多用旧文，固不以递相祖述为病矣。

今按：与《四库全书总目》同名提要比较，删去“内府藏本”、“国朝”、“字星聚”字样。

4.《居常饮馔录》一卷

曹寅撰。寅，镶蓝旗汉军。康熙中巡视两淮盐政，加通政司衔。是编以前代所传饮膳之法，汇成一编。一曰宋王灼《糖霜谱》，二、三曰宋东溪遯叟《粥品》及《粉面品》，四曰元倪瓒《泉史》，五曰元海滨逸叟《制脯鲊法》，六曰明王叔承《酿录》，七曰明释智舷《茗笺》，八、九曰明灌畦老叟《蔬香谱》及《制蔬品法》。中间《糖霜谱》，寅已别刻入所辑《楝亭十种》，其他亦颇散见于《说郛》诸书云。

今按：与《四库全书总目》同名提要比较，删去“编修程晋芳家藏本”、“国朝”、“字子清，号楝亭”字样。

5.《胜饮编》一卷

郎廷极撰。是书杂采经史中以酒为喻之语，汇辑成编。自序谓不饮而胜于饮，故名之曰胜饮。然所录仅数十条，简略太甚。如引祭酒挈壶氏之类，亦多牵率。

今按：与《四库全书总目》同名提要比较，删去“编修程晋芳家藏本”、“国朝”、“廷极有《文庙从祀先贤先儒考》，已著录”字样。

6.《式古堂书画汇考》六十卷

卞永誉撰。永誉，镶红旗汉军。官至刑部左侍郎。王士祯《居易录》云，卞中丞永誉贻《书画汇考》六十卷，凡诗文题跋悉载。上溯魏、晋，下迄元、明，所收最为详博。朱彝尊《论画诗》亦有“妙鉴谁能别苗发，一时难得两中丞”之句，盖永誉及宋荦皆精于赏鉴。荦时为江西巡抚，永誉时为福建巡抚，故云两中丞也。是书书画各三十卷，先纲后目，先总后分，先本文而后题跋，先本卷题跋而后引据他书，条理秩然，且视从来著录家征引特详。惟所载书画不尽属所藏，亦非尽得之目见，大抵多从汪砢玉《珊瑚网》、张丑《清河书画舫》诸家采摭裒辑，故不能如《宝章待访录》以“目见”、“的闻”灼然分别。又所载本文如褚遂良书陆机《文赋》，吴通微书《阴符经》，刘敞书《南华·秋水篇》，赵孟頫书《过秦论》等，皆与今本无大异同，而具载全篇，殊为疣赘。至于陆机《平复帖》，虞世南《枕卧帖》，其文为世所未睹者，乃略而不书。至如赵孟坚《水仙图卷》，《珊瑚网》载有二本，不能无前后错出之疑。永誉于后一条下注明，其一恐出临摹，并存以俟考，其例是也。而所载定武兰亭落水本与郁逢庆《书画题跋记》所载前后题跋互有不同。所载神龙兰亭本与朱存理《铁网珊瑚》所录定武本题跋反多重复。又黄庭坚书阴长生诗卷与朱存理、张丑所载参错歧出，竟有三本，王诜《烟江叠嶂图》，苏轼所为赋诗者，竟有四本，皆未能辨析真伪。又王士祯《居易录》所记于永誉斋中观其所藏书画，有司马光《资治通鉴》手稿，永誉云曾见一册，极端楷，为好事者分去，永誉得其二三纸耳。今是书载此迹，但云史草，亦不著所存页数，反不及士祯所载之可据。士祯又见所藏赵孟俯写杜诗《天育骠骑歌》，上有孟俯小篆延祐四年九月既望字，是书亦并不载，均为漏略。至于雁门乃郡名，茂苑即长洲地名，而以为文彭文嘉之别号，居节字士贞，贞字印章古篆与鼎字相类，而以为居节一字士鼎。又以秋岩为吾衍之别号，盖因衍书古文篆韵后有至元丙戌秋岩记一条也，不思前至元丙戌吾衍年甫二十，不应云老，且其跋内之丁卯若是宋末咸淳丁卯，则正吾衍始生之时，不当有自征建昌之语。今以陶九成跋核之，则至元乃至正之讹，实为至正七年丙戌。距吾衍之殁已三十七年，其秋岩乃陈秋岩，非吾衍别号也。凡若此类，疏舛尤多。然登载既繁，引述又富，足资谈艺家检阅者无过是编，固不以一二小疵累其全体之宏博焉。

今按：与《四库全书总目》同名提要比较，删去“两淮马裕家藏本”、“国朝”、“字令之”字样。

7.《琴谱合璧》十八卷

和素撰。和素姓完颜氏，满洲镶黄旗人，官至内阁侍读学士。是编取明杨抡《太古遗音》，译以国书。案：古来译经之法，于有意义者，译其意义，于无意义者则译其音声，故诸经皆译以华言，而诸咒则仍存梵语。国书之制，于语言文字则译意义，于人名、地名则译音声同一理也。琴谱诸曲虽有意义，而所重则在于音声，杨抡所载《普庵咒》即据其音声，谱以指法。和素因即所载诸曲，一一谱以音声，或对以单字，或切以两合，分刌微茫，不失毫发，抑扬轻重，宫羽均调，使明人旧籍转赖此帙以永传，是亦操缦家特创之制，为古所未有者矣。

今按：与《四库全书总目》同名提要比较，差别较大，其提要为：“国朝和素取明杨抡所撰《太古遗音》重为翻译。抡本金陵琴工，辑旧谱为是书。其意盖以古之雅乐不过如是，而不知其仍不离乎俗也。如《普庵咒》之类，已近烦手，以云乎太音希声，一字一音之旨，又奚知焉？惟是指法五十三势，颇得师授，为时谱之佳者。又《归去来词》、《听颖师琴诗》、《秋声赋》、《前赤壁赋》不增减一字，而声韵自合，亦足取也。其余附会古人，词多鄙俚，只取其音，无取其词可耳。和素，满洲镶黄旗人。官至内阁侍读学士。就杨抡旧谱以清文译之，于五音指法则用对音，盖满洲音韵，精微广大，无所不包，用之于琴，尤见中声之谐，天籁之合焉。”

——以上为子部，凡7条。

1.《明善堂诗集》

怡亲王弘晓撰。王别字秀亭，又自号冰玉，怡贤亲王允祥之子。雍正八年十二月袭怡亲王爵，乾隆四十三年四月薨，谥曰僖。是集分十二卷，录自乾隆三年戊午至十四年乙巳之作，以一年为一卷，大都近体多而古体少。明善堂者，乾隆五年皇上所赐堂匾，既额其居，而遂以名其集。首有慎郡王序，称兄子冰玉少颖悟，长好学不倦，其言语文章自能发挥所得，彬彬乎有法度可观云。

今按：《四库全书总目》未著录。

2.《花间堂诗抄》一卷、《紫琼岩诗抄》三卷、《紫琼岩诗抄续刻》一卷

慎郡王允禧撰。王于雍正八年封固山贝子，寻晋多罗贝勒，十三年封多罗慎郡王，乾隆二十三年五月薨，谥曰靖。初集名《花间堂诗抄》，王自编自序，合古今体

诗二百六十六首。花间堂者，王所居西园十二景之一，其题咏俱见集中。次集曰《紫琼岩诗抄》，则其幕客顾元揆所定，元揆复承王命书而刻之，盖比于王士祯门人书《精华录》之例也，抄分上中下三卷，上卷五言古十七首、七言古十九首，中卷五言律三十六首、七言律四十二首，下卷五言长律二首、五言绝句十六首、六言绝句二首、七言绝句五十一首。先是，王尝得端溪岩石，宝爱特甚，镌之曰紫琼岩，既自号紫琼，遂以名是集。前有果亲王及皇四子序，后有顾元揆跋。其诗多与《花间堂》复出者，盖元揆合已刻、未刻统行登选，原非以接续前抄也。王既薨，无子，上命皇六子质郡王为王后。乾隆四十八年，质郡王又裒其余稿，加以选择，为《紫琼岩诗抄续刻》，实得诗一百七十二首，而序云百六十九，目录又称百七十者，盖数之偶有未审云。

今按：《四库全书总目》未著录。

3.《稽古斋全集》八卷

和亲王弘昼撰。王世宗宪皇帝第五子，雍正十一年正月封为和硕和亲王，乾隆三十五年七月薨，谥曰恭。是集王所自编厘为八卷，卷一经论，其发明四子书者十篇、《易经》者五篇、《诗经》者三篇、《书经》者六篇、《春秋》者四篇、《礼记》者六篇、《周礼》者七篇，又发明前贤格言者五篇，共为论四十六篇。卷二、三皆史论，其卷二之四十二篇，盖自夏迄北周，卷三之三十四篇，则自唐讫明也。卷四说九篇、序七篇、记四篇、跋四篇、书后八篇。卷五杂著九篇、颂一篇、赞十二篇、铭一篇、辨六篇、祭文二篇。卷六制艺八篇、赋四十一篇。卷七古体诗八十四首、近体诗五十七首。卷八今体诗一百八十五首。稽古者，王书斋名也。集初成于雍正八年，皇上在潜邸，已为之序。乾隆十一年，重订镂板，皇上复为序而御笔亲书之，今二序皆冠编首，其余序者，自庄王、果王、诚王诸懿亲外，如大学士张廷玉、朱轼、蒋廷锡，侍郎福敏、蔡世远、胡煦，祭酒邵基等，皆尝入侍内廷讲席者，亦足见一时英贤之盛也。皇上御制序言与王幼同学同课，习为诗古文词，当是时侍奉皇考膝下，优游书府，日寝馈于经史文字中，天伦之乐无过于是，集中所载，大都至性所呈，流溢豪素之表，读其辞，可想见其为人。臣等伏读煌煌天语，仰见圣人友爱之笃，而斯集之美已隐括于御序之数言云。

今按：《四库全书总目》未著录。

4.《鸣盛集》四卷

果亲王弘瞻撰。王世宗宪皇帝第六子。乾隆三年，奉旨继果毅亲王允礼后，十五年封和硕果亲王，二十八年坐事降为多罗贝勒，三十年复封多罗果郡王，是年三月薨，谥曰恭。是集王所自编，合古近体诗共为四卷，卷一诗一百十八首，卷二诗二百四十九首，卷三诗二百十一首，卷四诗一百九十六首，其乐府十八篇、琴操二篇，别编于前，以为卷首。其题曰经畬主人者，王所自号也。首有王自序，谓托体天家，何必以骋妍抽秘，与书生竞其短长，惟是不忍玩愒时光，荒弃旧业，以自附于盛化和鸣之美，故颜曰《鸣盛集》云。

今按：《四库全书总目》未著录。

5.《友竹轩遗稿》一卷、《敬谨斋初稿》六卷、《兰亭诗余》一卷、《鹤唳长吟》一卷

是编惟《友竹轩诗文》六首为康修亲王崇安遗稿，其余八卷则皆其子礼亲王永恩所撰也。初，礼烈亲王孙杰书于顺治年间袭爵，改号曰康，传子椿泰、孙崇安，至崇安子永恩皆仍康亲王之号。乾隆四十三年，皇上念礼烈开国元勋壮猷茂，着其子孙继绪应永绍始封之号，不宜有所改易，特命康亲王永恩复号曰礼。今编中两代皆题康号者，书成于乾隆十八年，其时尚未奉复号之旨也。康修亲王于康熙四十八年袭爵，雍正十一年薨，修其谥也。卷中有礼王跋，谓父王为议政大臣，少暇日雅好讲学，形诸歌咏，然不欲以此擅长，故多所弃置，未尝成卷云。礼王初封多罗贝勒，乾隆十八年袭康亲王爵，今复称礼亲王。所作古近体诗，已刻者名《敬谨斋初稿》，卷一五言古七十二首，卷二七言古二十六首，卷三五言律百三十三首，卷四七言律百四十三首，卷五排律六十二首，卷六绝句百四十六首。其《兰亭诗余》，惟词十六阕；《鹤唳长吟》，皆悼亡之作，故以为别集而附于末云。

今按：《四库全书总目》未著录。

6.《诚正堂稿》八卷、《诚正堂词稿》一卷、《诚正堂文稿》一卷、《诚正堂时艺》一卷

礼亲王永恩撰。王有《敬谨斋初稿》六卷，已著录。是编标题王号曰礼，则乾隆四十三年奉旨复号后所重订也。首卷五言古，次卷七言古，三卷五言律，四卷七言律，五卷五言截句，六卷七言截句，七卷五言排律，八卷七言排律，末为词稿、文稿、时艺各一卷。其词稿即前编所附之《兰亭诗余》十六阕增之为二十四阕，又加以三言、四言、六言及骚体、长短句，名为众体，附录其文稿，凡赋九篇、诸体文十三篇、像赞三十七首，其时艺凡四十四篇，则平时窗下所拟闱作，刻于乾隆戊戌，王自为之序。

今按：《四库全书总目》未著录。

7.《白山诗抄》八卷

伊福讷撰。伊福讷字兼五，号抑堂，所著有《农曹集》、《蜕山诗稿》。是编盖选撷诸家之诗，总为一集，分金、石、丝、竹、匏、土、革、木八卷。首卷为慎郡王允禧、宗室国燾、宗室岳端、宗室博尔都，次卷为宗室文昭、宗室塞尔赫、宗室伊都礼、宗室永年、觉罗满保、觉罗成桂，三卷为费扬古、性德、文明、索泰、西库、吴麟，四卷为僖同、格明、鼐关奇、方蒙、额图、傅伸、伊麟、赛音、布关、舒观宝、拉歆，五卷为博格、高述明、高斌、王敏、峻德、法海、夸岱、长海、石芳、何溥、官保、何贯、曾车、柏常安，六卷为保禄、西泰、西成、卓音图、佟应常、裕诺、岷诺、穆泰、赵玉、永宁、胡星、阿塞尔登、额尔登萼、罗泰、塞兰泰，七卷为方泰、德龄、关宁、明泰、萨哈岱、舒瞻、素禄、梦麟、那霖、傅泽、布福、增格、英廉，八卷为苏章阿、兆勋、陆世琦、那穆、齐礼、绳武。凡所搜罗共七十二家，可谓勤矣。然伊福讷所作《农曹》、《蜕山》二集亦自列焉。既乖选家体例，而名编巨集，率多遗漏，讨寻未广，实为此书深惜之。

今按：《四库全书总目》未著录。

8.《芗婴居士集》八卷

宗室文昭撰。文昭字子晋，自号芗婴居士。是编为《古瓻续集》二卷、《龙钟集》一卷、《飞腾集》二卷、《知田集》一卷、《雍正集》二卷，共八卷。其所与酬唱诸诗亦各附于篇后，如王玉生、谢双村、杨晚雷诸人是也。

今按：《四库全书总目》未著录。

9.《晓亭诗抄》四卷、《鹤鸣集》一卷

《晓亭诗抄》，宗室塞尔赫撰。《鹤鸣集》，则其长子伊都礼诗也。塞尔赫，字栗庵，号晓亭，诚毅勇壮贝勒穆尔哈齐曾孙。康熙三十六年授奉国将军，雍正二年补宗学正教长，五年授监察御史，累迁至工部侍郎，充议政大臣，寻降补内阁学士，复授仓场侍郎。乾隆十二年晋兵部侍郎，未及任而卒。伊都礼，字立斋。是编为晓亭次子鄂洛顺所刻，合古近体诗厘为四集，以一集为一卷。卷一曰《春雪集》，卷二曰《三余集》，卷三曰《怀音集》，卷四曰《秋塞集》。其诗气格清旷，风度谐婉，而不伤纤弱。长洲沈德潜尝序萨哈岱集，言于北地得晤三诗人，首数塞尔赫，次乃及于英廉、萨哈岱，则是编之见重当时久矣。鄂洛顺既刻其父集，复以亡兄之《鹤鸣集》附焉，跋谓残鳞片甲可想见生平，故不忍弃去，亦孝友之志也。

今按：《四库全书总目》未著录。

10.《月山草堂诗》四卷

宗室恒仁撰。恒仁系出太祖高皇帝，初袭辅国公，后以不应袭失爵，遂闭户读

书，专意吟咏，闲居以终其身，年仅三十有五。仁和沈廷芳为志其墓，称其清微朴老，克具古人风格，盖由其萧散恬适，故语多澄澹也。是集为其子宜兴所编。凡古今体诗二百九十二首、诗余二首，冠以墓志，殿以宜兴所作跋。凡句下夹注无注字者皆恒仁所自识，有注字者皆宜兴所续加也。

今按：《四库全书总目》未著录。

11.《存旧集》一卷

宗室福喜撰。福喜别字损亭，辅国公常舒之孙也。由朝考赐进士，乾隆九年袭世职，为奉恩将军，二十三年五月卒，无子。有诗稿一卷，其友人赵天馥为之选而录之，名曰《存旧集》。

今按：《四库全书总目》未著录。

12.《忠贞集》十卷

范承谟撰。承谟事迹已详见《人物志》。是编乃其全集，为清苑刘可书所编。首谕祭文、御制碑文、御题祠额，附以《家传》及《祠堂记》，共为一卷。次《抚浙奏议》一卷，次《督闽奏议》一卷，次《吾庐存稿》一卷，次《百苦吟》一卷，次《画壁遗稿》一卷，次杂著一卷，次附录题跋、哀挽、诗文三卷。康熙五十七年，其子时崇以《画壁遗稿》进呈，圣祖仁皇帝亲制序文。宸章下贲，光逮幽泉。今谨敬录冠集端，用示我国家扶植纲常，风励臣节之至意。至承谟所上奏议，大都明白敷畅，多有关国计之言。诗文直抒胸臆，慷慨激昂，嚼龈裂眦之状，至今犹可以想见。文以人重，承谟之谓矣。

今按：与《四库全书总目》同名提要比较，删去"浙江巡抚采进本"、"国朝"、"褒扬忠烈"字样；将"承谟字觐公，号螺山，镶黄旗汉军，大学士文程子也。初充侍卫。顺治辛卯诏八旗子弟均得应试，遂以是科中式举人。次年壬辰成进士。改庶吉士，授弘文院编修。官至浙闽总督。康熙壬子，逆藩耿精忠叛，承谟抗节死，赐谥忠贞。所作《画壁诗》，石门吴震方尝刻之《说铃》中，为世传诵"据其卷首体例改为"承谟事迹已详见《人物志》"。

13.《画壁遗稿》一卷

范承谟撰。康熙壬子，承谟总督闽浙，值逆藩耿精忠谋反，巡抚刘秉政输情于贼，给承谟入见，胁令从逆，承谟诋骂不屈，遂为所拘击，被幽者三载，备受窘毒，时作为诗歌以自抒忠愤。守者屏绝笔墨，乃以桴炭画字壁上，其尤激烈者，辄为贼党墁去，仅存四十七首。承谟自为之序，已汇载入《忠贞集》中。此乃石门吴震方录入《说铃》之本也。

今按：与《四库全书总目》同名提要比较，删去“通行本”、“国朝”、“承谟有《忠贞集》，已著录”字样。

14.《睫巢集》六卷、《后集》一卷

李锴撰。锴卜居盘山，优游泉石以终。故其诗意思萧散，挺然拔俗，大都有古松奇石之态，而刻意求高，务思摆脱，亦往往有劖削骨立，斧凿留痕；较王世贞所谓“高叔嗣诗如空山鼓琴，沈思忽往，木叶尽脱，石气自青”者，则犹有一间之未达。盖可以著力之处，精思者得之；不容著力之处，精思者反失之也。第一卷皆拟古乐府，古人音节既不可得，乃诘屈其词，以意为之。题下所注，如《朱鹭》下注曰：“建鼓殷所作，栖翔鹭于上，或曰：鹭，鼓精。”此吴兢《解题》本说也。《临高台》下注曰：“趋帝乡而会瑶台也。”借寓游仙，已非原解。《雉子斑》下注曰：“《关雎》之类。”则纯非古题之意，又不知其寓意所在。卷中大抵类此，殊不可解也。

今按：与《四库全书总目》同名提要比较，删去“江西巡抚采进本”、“国朝”、“锴有《尚史》，已著录”字样。

15.《通志堂集》十八卷、《附录》二卷

纳喇性德撰。性德生长华阀，颇喜文翰。乡试出徐乾学之门，遂受业焉。《九经解》即其所刻，而徐乾学延顾湄校正之，以书成于性德殁后，版藏徐氏，世遂称《徐氏九经解》，并通志堂而移之徐氏，实相传之误也。是编为乾学所裒辑，凡诗五卷，词四卷，文五卷，《渌水亭杂识》四卷，又附录碑志、哀挽之作，为二卷。

今按：与《四库全书总目》同名提要比较，删去“江西巡抚采进本”、“国朝”、“性德有《合订删补大易集义粹言》，已著录”；又将“勤于学问”改为“颇喜文翰”。

16.《楝亭诗抄》五卷、附《词抄》一卷

曹寅撰。其诗一刻于扬州，计盈千首；再刻于仪征，则寅自汰其旧刻，而吴尚中开雕于东园者。此本即仪征刻也，其诗出入于白居易、苏轼之间。

今按：与《四库全书总目》同名提要比较，删去“江苏巡抚采进本”、“国朝”、“寅有《居常饮馔录》，已著录”字样。

17.《石闾诗》一卷

陈景元撰。景元，镶红旗汉军。生平作字，效晋；作诗，效汉，务欲自拔于流俗之上。是集乃其手书拟古诗六十余首，以贻雷铉者。前有短札，亦其手书。铉并钩摹

笔迹刻之，纸版颇为精好。景元诗虽以汉为宗，而性既孤僻，思复刻峭，结习所近，乃在孟郊、贾岛之间。如米摹晋帖，矩度不失二王；而波勒钩剔，乃时时露其本法。于汉人不雕不琢之意，未能全似也。此本以篇页较少，不能成帙，旧附于李锴《睫巢集》以行，然二人同时倡和，名亦相齐，未可列诸附缀，故仍各著于录焉。

今按：与《四库全书总目》同名提要比较，删去“江西巡抚采进本”、“国朝”、“号石间”字样。

18.《梅堂遗集》十二卷

佟世思撰。世思，正蓝旗汉军，以荫生官思恩县知县。是集凡诗十卷，词一卷，杂文一卷，其弟世集裒而刻之，末附《耳书》一卷，皆记所闻见荒怪之事，分人、物、神、异四部；《鲊话》一卷，则以公事至恩平，而记其风土也。

今按：与《四库全书总目》同名提要比较，删去“江苏巡抚采进本”、“国朝”、“字俨若”字样。

19.《章江集》五卷　内府藏本

安世鼎撰。世鼎，镶红旗汉军，由保德州知州官至江西巡抚。此集乃世鼎自辑历官奏疏，以及文移、条告诸篇，编为是集，后附以书、记、序二十一篇，皆在江西时所作也。

今按：与《四库全书总目》同名提要比较，删去“国朝”、“字铸九”字样。

20.《倚松阁诗稿》七卷

德龄撰。德龄字松如，号樝村，满洲镶黄旗人。康熙戊子科举人，乙未科进士，改庶吉士，历官至湖南巡抚、吏部左侍郎，致仕。是编刻于乾隆丙戌，其自序谓赋性懒漫，故诗稿少所存留，年届八旬，始取余稿，略为厘定，仅得若干首云云。今观伊福讷《白山诗抄》所载德龄诗，有《送范九池侍御巡台湾七古》一首，而是编转无之，知其遗佚多矣。七卷中计五七古共九十四首、五七律共百三十九首、长律七首五言绝句十七首、六言三首、七言绝句百八十首，盖暮年收集，而其子书山为之校勘云。

今按：《四库全书总目》未著录。

21.《冷月山堂诗》一卷

珠亮撰。珠亮姓栋鄂氏，满洲正红旗人。是集前有康熙戊子邵泰衢序，又有庚寅金钺序。其诗风怀澄澹，得韦、柳之遗音。故泰衢序称其心贯古今，而发之于声，随所遇而寄其心。钺序亦称其霏霏元解，无声色臭，味之可寻云。

今按：《四库全书总目》未著录。

22.《余廉堂诗稿》六卷

嵩山撰。嵩山，珠亮之子也。承其家学，诗颇有清拔之致。自序称五十余年身经残废，于闲佚之中，每逢烟水云山，则不无兴感；有所兴感，则不能无诗。实非有意为诗，亦不知人知我之有诗云云。盖外缘既淡，意境自殊，亦所遇使之然也。其诗本三千余首，分守拙、望恩、遂闲、慰志四集，后屡经刊削，乃定为此本焉。

今按：《四库全书总目》未著录。

23.《柏翠山房诗稿》一卷

峒山撰。峒山，珠亮之子，嵩山之弟也。父母兄嫂，一门词赋，峒山耳濡目染，年过七旬，尚不废吟咏。虽所造未邃，而亦时有闲淡之思。

今按：《四库全书总目》未著录。

24.《醉红亭诗抄》一卷、《诗余》一卷、《文集》二卷、《班余剪烛集》十四卷

常安撰。常安姓纳兰，字履坦，满洲镶红旗人。康熙中以诸生补山西巡抚掾吏，寻擢理事同知，雍正初授山西冀宁道，累迁至贵州布政使，擢江西巡抚，丁艰服阕，补盛京兵部侍郎，转刑部侍郎，出为漕运总督，迁浙江巡抚，坐事罢，寻卒。伊福讷《白山诗抄》言其所著《受宜堂集》数十卷，而是编所题醉红亭者，诗文词乃仅五卷，盖其宦黔所刻初稿也。其《班余剪烛集》则其为少司寇时所编。卷一为论，卷二为序、记，卷三为书，卷四、五、六皆史评，卷七为辨及题跋，卷八题跋，卷九赋，卷十以下皆诗，较初稿又远胜矣。

今按：《四库全书总目》未著录。

25.《闲青堂诗集》十卷、《附录》一卷

朱伦瀚撰。伦瀚，正红旗汉军，康熙壬辰武进士，选三等侍卫，后改刑部郎中，官至正黄旗汉军副都统。伦瀚以善画得名，圣祖仁皇帝集与皇上御制诗集均有题伦瀚画诗，传为艺苑之至荣。其诗亦与当代作者相驰骤。是集为其子两淮盐运使孝纯所刊，不分体裁，以编年为次。始于康熙丙子，讫于乾隆戊寅，凡六十三年之所作。大

抵根柢宋人，而画意诗情互相触发，每有萧散不群之致。据姚鼐序，伦瀚尚有疏稿二卷，今未之见，盖未刻也固哉？

今按：《四库全书总目》未著录。

26.《草诗集》四卷、《文集》二卷

高斌撰。斌已有传。是集曾进呈御览（谨案：事见高晋所作李宏诗集序中），诗文皆不分体，以编年为次。诗始于康熙壬午，讫于乾隆甲戌，文始于雍正庚戌，讫于乾隆甲戌。大旨皆根据理义，务切实用之言，不以词华争胜也。

今按：《四库全书总目》未著录。

27.《雷溪草堂诗》

长海撰。长海姓那兰氏，字汇川，先世为乌拉部长，太祖高皇帝时来归，父马期官都统，从征云南，有功授镇安将军。长海初肄举子业，后以镇安功荫宜补户部库使，未补，以布衣终。爱易水之雷溪，筑室居之，自号雷溪居士。是编五言古十八首、七言古十一首、五言律二十八首、七言律三十二首、五言排律二首、五言绝句七首、七言绝句九十五首。前有宁郡王及大学士鄂尔泰二序，后有宗室塞尔赫跋。

今按：《四库全书总目》未著录。

28.《樗亭诗稿》三十二卷

萨哈岱撰。萨哈岱，满洲正黄旗人，姓伊尔根觉罗氏，两江总督萨载父也。由恩荫授内务府郎中，坐事革职，寻起复原官，直宫门奏事处。生平吟咏最富，故伊福讷《白山诗抄》所选亦颇多。是编盖其全稿也，计古乐府一卷、五言古三卷、七言古二卷、五言律九卷、七言律十卷、五言排律四卷、七言排律一卷、五言绝句一卷、七言绝句一卷，共三十二卷，分体而不编年，仍注甲子于题目之下，使有年代可稽。萨哈岱字曰鲁望，樗亭盖其别号云。

今按：《四库全书总目》未著录。

29.《葛庄分类诗抄》十四卷

刘廷玑撰。廷玑字玉衡，号在园，葛庄其别号也，汉军镶红旗人。由荫生出为浙江台州府通判，迁处州府知府，擢江西按察使，缘事镌级，降为江南淮徐道，又为按察使佥事。是编十四卷，首乐府，次五言古，次七言古，次五言律，次六言律，次七言律，分上下二卷，次五言排律，次七言排律，次五言绝句，次六言绝句，次七言绝

句，次补遗一卷。廷玑著作颇富，先是编年成帙者凡五种，曰种天斋近集，曰使草，曰辰巳小集，曰刈存草，曰省斋草。至康熙五十三年，乃合其已刻未刻，总为是编，不分年而分体，故自题曰《葛庄分类诗抄》云。

今按：《四库全书总目》未著录此种，但著录了《葛庄诗抄》与《葛庄编年诗》两种，提要完全不同。

30.《桐轩集》一卷

夸岱撰。夸岱姓佟佳，字桐轩，满洲镶黄旗人，兵部尚书法海弟也。初为侍卫，雍正间袭公爵，官至工部尚书。此古近体诗一卷，盖《瑞园合选》中之第二种云。

今按：《四库全书总目》未著录。

31.《通介堂诗稿》一卷

徐湛恩撰。湛恩已有传。是集为其孙工部侍郎绩所编，不以古今体为类，而以五言、七言为类，凡五言二十四首，七言一百七首。集中《赋得春水满四泽陇麦》、《恭和御制陇麦元韵山庄四季》、《赋得静里清声别舟中观猎六里桥铁柱》诸篇，皆圣祖时应制所作，盖亦以仰蒙知遇，屡预拜赓云。

今按：《四库全书总目》未著录。

32.《斯文精萃》不分卷　兵部尚书庆桂家刊本

尹继善编。尹继善事迹见人物志。是集选录历代诗文，上起西汉，下迄南宋，但有圈点，而无评注，亦不分卷帙。惟文分三类，一为散文，一为赋，一为杂体。诗分六类，一为五言古体，一为七言古体，一为五言律体，一为七言律体，一为五言绝句，一为七言绝句。大旨皆取有关风教之言，与真德秀《文章正宗》意相近，而不似德秀之过拘。前有乾隆甲申自序，称初刻于云南，再刻于陕西，皆以遐陬僻壤，罕有师承，故簿领余闲，手定一编，示之模范。后总制三江，以诸生才质颖异者平时讲习多尚浮华，不复求诸根柢，爰取滇秦旧刻，再为增删，一切体裁均归醇正。盖书凡三刻，此其晚年之定本也。

今按：《四库全书总目》未著录。

33.《尹文端诗集》十卷　兵部尚书庆桂家刊本

尹继善撰。尹继善事迹见人物志。是集乃其子庆桂所编。凡古今体诗一千七百五十首，大抵沿溯中唐，而以剑南、石湖为圭臬，不为历下太仓之伪体，亦不为公安、竟陵之侧调，婉约恬雅，而切近事情，深有思致，可以位置于南施北宋之间。盖承籍旧荫，练习典章，早入词林，多与前辈胜流相倡和，故议论体格具有渊源。又遭遇殊知，扬历中外数十年，时承圣训，得以明达政体，洞悉物情，故无寒儒蔬笋之词，亦无迂士拘墟之见，所谓和声以鸣国家之盛者，殆不愧焉。

今按：《四库全书总目》未著录。

34.《纪恩诗》一卷

尹继善撰。继善有《文端诗集》，已著录。是卷纯是七言截句，并无别体。首为辛未岁入觐时作，凡十首，次己卯岁入觐时作，凡二十四首，次甲申岁奉召为大学士时作，十六首，次丙戌岁扈驾山庄时作，十六首，次木兰随围时作，十六首，共八十二首，皆前集所未登，故其子庆霖汇而刻之云。

今按：《四库全书总目》未著录。

35.《味和堂诗集》六卷

高其倬撰。其倬事迹已详见人物志。是编卷一名《白苹红杏集》，为诗一百二首，卷二名《懒后忧余集》，为诗一百一首，卷三名《滦阳消夏集》，为诗六十二首，卷四名《塞上集》，为诗五十九首，卷五诗一百二十四首，卷六诗一百十四首，则并为《知非集》云。《白苹红杏集》者，其自序谓少年作诗，未尝存稿，存稿始于万柳塘篇，有“白苹风细鱼蒲长，红杏花深燕子飞”之句，为友人所赏，适居卷首，遂以名其集也。《懒后忧余集》者，其自序谓“生平吟咏多缘友朋，自旧游云谢懒不作诗，丁外艰三年又无诗可作，通括前后篇什寥寥，故名集”云云。其《滦阳消夏集》则乙未岁扈跸山庄，起四月讫十月之作也。《塞上集》则丙申秋随恒邸于热河，起七月迄九月之作。盖其倬隶属恒王旗下故也。其《知非集》二卷，殆扬历封疆时所作。以上五集皆其倬卒后子恪等为之校刻，合而题曰《味和堂诗集》云。恪又名书勋，有《石堂诗抄别著录》。

今按：《四库全书总目》未著录。

36.《石堂诗抄》二卷

高书勋撰。书勋，户部尚书其倬之子，字芸功，石堂其号也，年十七中式乾隆戊午科举人，中年病足，不仕，早卒。是编合古近体诗为上下二卷，共五百余首。首有张裕荦、熊为霖二序。为霖，其受业师也。

今按：《四库全书总目》未著录。

37.《西林遗稿》六卷

鄂尔泰撰。鄂尔泰事迹已详人物志。是编为其门人杨潮观所刻。潮观于乾隆甲子岁即任校雠之役，事未竣，而其师已卒，岁己巳，潮观急为镌板于吴，然仅居是编之半也。辛卯，潮观入都，尽得余稿，甲午春，与其表弟顾光旭共编而刻之，于是西林之诗集始全，即此六卷是也。卷一为古体诗三十一首，卷二为五言律七十四首，卷三为五言律七十三首，卷四为七言律一百首，卷五为七言律九十四首，卷六则五七排律、五七绝句，合九十五首，共为诗四百六十七首。首有乾隆甲午大学士阿桂序，而潮观、光旭并为之跋。

今按：《四库全书总目》未著录。

38.《太谷山房集》六卷

梦麟撰。梦麟字文子，号耦堂，蒙古正白旗人。乾隆乙丑科进士，改庶吉士，累迁至内阁学士，常督河南及江苏学政。梦麟诗初编时曰《梦庐诗集》。是编乃其重订之本也。卷首皆乐府，余则合古近体，共成六卷。其诗才气魁卓，笔意峭厉，盖生平沉浸古籍，故用笔不落恒蹊云。

今按：《四库全书总目》未著录。

39.《鄂虚亭诗草》一卷

鄂容安撰。鄂容安，大学士鄂尔泰之长子，乾隆十九年以出兵西路殉难，谥刚烈，事迹已详人物志。生平吟咏颇多，未尝授梓。是编草本盖有心者为之掇拾也。按杨潮观《西林遗稿后序》云，刚烈公伯仲扬历未几，相继死节，所存全稿无从起忠魂而问之。据此，则西林之诗尚属不绝如线，况虚亭乎？掇拾者之功信匪浅矣。

今按：《四库全书总目》未著录。

40.《顾文端公诗节抄》一卷

顾八代撰。八代事迹已详人物志。此编颜曰节抄，盖非八代全诗。据标题，为桐城方苞选本云。首为五言古三首，次七言古八首，次五言律六首，次七言律十四首，次五言排律七首，次七言排律九首。其诗多咏平定吴逆时滇南用兵之事，颇足以资考证云。

今按：《四库全书总目》未著录。

41.《博虚宥诗草》三卷

博清额撰。博清额字虚宥，满洲人。乾隆壬申科进士，改庶吉士，累迁至翰林院侍讲学士、奉天府府尹。是编首卷为乾隆庚辰典试四川时作，次卷为壬午视学四川时作，皆名“使蜀草”，三卷为戊子典试浙江时作，寥寥篇什，近体多而古体少，亦未见其全集也。

今按：《四库全书总目》未著录。

42.《戢思堂诗抄》二卷

李宏撰。宏已有传。乾隆辛卯，宏以河道总督卒于官。其子奉瀚辑其遗稿三百余首，而高晋为序，晋时方总督两江，与同官也。序称其赋性恬淡，不迩声色，公余焚香宴坐，手书不去，或赋诗以自娱，词旨浓深，多见道之语。

今按：《四库全书总目》未著录。

43.《寄素堂诗草》二卷、《杂著》二卷

李永标撰。永标字纯九，汉军人，由笔帖式授内务府郎中，兼佐领，乾隆三年出管张家口税务，五年任满，部推为广东雷州府知府，引见之日，特擢为安徽分巡道兼管芜湖关税。是集永标自订，而篇什寥寥，卷一仅诗四十六首，卷二仅诗四十二首，皆近体，无古作，其杂著上卷有文十篇，率皆随笔直书，未协古法，下卷杂书格言三十六条而已。

今按：《四库全书总目》未著录。

44.《海愚诗抄》十二卷

朱孝纯撰。孝纯字子颖，汉军正红旗人。由壬午科举人授四川简县知县，迁叙永厅同知，擢山东泰安府知府，又擢两淮盐运使，以病解官归。是集盖孝纯卒后，其友人桐城姚鼐、丹徒王文治编次。卷一为五言古诗六十首，卷二为七言古诗三十八首，卷三为七言古诗四十五首，卷四为五言近体百十六首，卷五为五言近体七十六首，卷六为七言近体七十五首，卷七为七言近体八十四首，卷八为七言近体百二首，卷九为五言绝句六十七首，卷十为七言绝句八十八首，卷十一为七言绝句百四十八首，卷十二为七言绝句百三十三首。首有其师桐城刘大櫆序，而鼐与文治于乾隆甲寅年编成授梓，复从而序之。

今按：《四库全书总目》未著录。

45.《补亭诗稿》

观保撰。保字补亭，正白旗满洲人，姓索绰罗氏。乾隆丁巳进士官，至左都御史。诗有抄本，藏伊子内务府郎中观豫家。

今按：《四库全书总目》未著录。

46.《督运草》一卷、《乐贤堂诗抄》三卷

德保撰。德保已有传。《督运草》，德保所自编，皆其乾隆丙申代杨锡绂为漕运总督时作。《乐贤堂集》则自萃其一生之诗，欲刊未果，己酉德保殁，其子英和乃编为三卷而刻之。《督运草》虽并于集内以先有单行之帙，且为德保所自编自序，故两著录焉。德保与其从兄观保并以乾隆丁巳进士入翰林，出入禁闼三四十年，又均以文章受知遇，屡典贡举，为词林耆旧，迄今馆阁旧臣尚多二人门下士云。

今按：《四库全书总目》未著录。

47.《澄悦堂诗集》

国梁撰。国梁，满洲人，姓纳拉氏。乾隆丁巳进士，官至贵州粮驿道。遗稿甚富，尚未付梓。其兄国栋字天峰，官总兵，亦能诗，稿多散失不传。

今按：《四库全书总目》未著录。

48.《兰藻堂集》六卷

舒瞻撰。舒瞻字堃亩，号云亭，满洲正白旗人。乾隆丙辰科举人，己未科进士，出为浙江桐乡县知县，历调平湖、山阴、海盐三县。是编古今体诗，计首卷四十八首，次卷五十二首，三卷一百一首，四卷九十二首，五卷九十首，六卷九十三首。乾隆壬申，长洲沈德潜为之序。

今按：《四库全书总目》未著录。

49.《晚香堂诗》四卷

永亮撰。永亮字苇洲，满洲正白旗人。乾隆甲子科举人。是编首卷曰《团瓢吟》，合古近体为诗三十八首，次卷曰《别轩存稿》，为诗三十四首，三卷曰《勾留草》，为

诗五十四首，四卷曰《一草亭吟》，为诗二十二首。每卷皆有弁言，统题曰《晚香堂诗》。其同年周毓仑为之序。

今按：《四库全书总目》未著录。

50.《枝巢诗草》四卷

图塔布撰。图塔布号裕轩，又号漫圃，满洲镶红旗人。乾隆戊辰科进士，改庶吉士，累迁至翰林院侍讲学士，充日讲起居注官。是编首卷曰《从猎集》，乃其在翰林时历年扈跸热河及随围木兰所作；次曰《静居集》，亦官翰林时所作；三曰《于役集》，则其奉使吉林，典试四川、山东及历游塞外淮徐时作；四曰《归田集》，则致仕后所作。晚年卜居于阜城门外玉河乡之池水村，有园圃竹木之胜，春秋佳日，逍遥其间，故得诗最多，而诗境亦愈进也。四集共诗五百十四首。枝巢云者，盖取"鹪鹩巢林，不过一枝"之意，因以颜其集。卒之，明年乾隆丙午，其门人御史刘湄为授梓，而大兴朱珪为之序。

今按：《四库全书总目》未著录。

51.《乘槎集》二卷

全魁撰。魁姓尼吉哩氏，满洲镶白旗人。乾隆辛未进士，官至盛京户部侍郎，降补翰林院侍读学士。是集乃乾隆丙子全魁奉使册封琉球国王时作，故以乘槎为名。诸体合编，始于奉使纪恩，讫于丙子除夕，皆由京至福建，由福建至琉球之作，故除夕诗中有"归期应不远，引领杏花初"之句。全魁渡海之时，颇历鲸波之险，具见集中。其归程则风利遄行，复命甚速，故罕所题咏云。

今按：《四库全书总目》未著录。

52.《来鹤堂诗抄》四卷

于宗瑛撰。宗瑛，镶红旗汉军，乾隆甲戌进士，改庶吉士，授检讨，官至监察御史。宗瑛为于成龙之孙，家风清素，宗瑛尤恬澹无营，虽性好吟咏，而亦无意于争名，故多不自存稿。是集乃其子鳌图收拾于残剩之余者也。

今按：《四库全书总目》未著录。

53.《牧子诗录》一卷、《不堪持赠吟》一卷

兆勋撰。兆勋字佑启，先世居长白山之栋鄂，故自号栋鄂牧子。是编诗录一卷，

盖其旧友福增格为之编次。乾隆戊寅，福增格复序而刻之，末附以诸家评语及所赠诗。其《不堪持赠吟》一卷，则兆勋晚年所续刻也。

今按：《四库全书总目》未著录。

54.《卧云堂诗稿》一卷

傅显撰。傅显已有传。是集傅显所自编刻于乾隆辛巳，据其自序及其子傅尼善跋，盖自官中书舍人以后始为诗，后随征金川，历任中外，至官岳州知府时始编为此集，而岳州以后则散佚不存，盖非完帙也。诗雅好清省，而吐属婉约，其瓣香殆在剑南。

今按：《四库全书总目》未著录。

55.《陶人心语》五卷、《续选》十四卷、《补遗》一卷

唐英撰。英，内务府正白旗汉军，官至内务府造办处郎中。是集英所自编，一卷至四卷以古今体诗分类，又各分五言、七言，五卷为杂文，续选一卷二卷为诗，附杂文一篇，排纂殊无体例，三卷至十卷皆诗题曰浔江著，又入觐草一卷，亦题卷十，亦颇重复，十一卷亦题浔江著，而别题子目曰望洋集，十二卷前半题浔江著，后半题粤东著，十三卷前半题粤东著，后半及十四卷又题曰浔阳著。大抵一官一集，以编年为次，而限于篇帙，遂割裂如斯。其诗则绰有清思，不失雅则。其曰陶人心语者，以久司官窑于江西，而吟咏则直抒胸臆，故立是名云。

今按：《四库全书总目》未著录。

56.《竹园诗集》一卷

张廷弼撰。廷弼字秉衡，竹园其号也，汉军正白旗人。官直隶魏县知县，后复补江南吴县知县。是编前题曰《竹园诗集》，后又识曰“竹园编年诗集卷之一”，然观其诗止属癸巳一年之作，夫既曰编年，不应仅系癸巳，亦必不止于一卷，知此为不全之本矣。

今按：《四库全书总目》未著录。

57.《酌雅斋诗余》一卷

福增格撰。福增格字赞咸，号松岩，大学士伊桑阿孙、山西总督伊都立子也。以怡王府仪宾擢散秩大臣，出为山西总兵官，旋迁步军总尉兼副都统，转盛京兵部侍郎。所著有《酌雅集》。是卷仅词十九首。前有中州任果骈体序一篇。

今按：《四库全书总目》未著录。

58.《静廉堂诗》一卷

顾琮撰。琮字用方。是编首曰《练要书屋集》，次曰《冷泉山房集》，三曰《蕉桐书屋集》，皆五言古诗，下继以七言古诗，五七绝句、五七律诗，未见全集。

今按：《四库全书总目》未著录。

59.《瞻园诗抄》一卷

托庸撰。托庸事迹已详人物志。其所居曰瞻园，中有十八景，具池沼竹木之胜，暇则觞咏于此，故因以颜其集。

今按：《四库全书总目》未著录。

60.《玉华堂诗稿》一卷

赵宏恩撰。宏恩字芸书，汉军人，官至湖南巡抚。有全集。是卷盖抄本，仅得诗三十八篇。

61.《时斋偶存诗抄》一卷

国栋撰。国栋字云浦，时斋其号也。是编前为《蜀游草》，盖其出宰西蜀时所作，后为《淮南小草》，则其司榷淮安时所作也。然前仅诗四十九首，后仅诗三十五首，亦甚寥寥矣。

今按：《四库全书总目》未著录。

62.《友莲堂集》一卷

佛喜撰。佛喜字怡仙。是卷又名《一鹤轩草》，抄本，而多涂乙，盖未定之稿云。

今按：《四库全书总目》未著录。

63.《早闲轩诗》

汪松撰。松别字苍岩，又自号髯道人。是集首卷五言古二十七首，次卷七言古二十首，三卷五言律百五十四首，四卷五言排律九首，五卷七言律七十六首，六卷五言绝句二十四首，七卷七言绝句五十八首，以上皆分体，八卷曰《哀雁集》，盖哭妹之诗，九卷曰《悲鸾草》，则悼亡之作，十卷以《冷巢残稿》终焉，盖又其晚年所赋短什，是以此三卷独不分体。

今按：《四库全书总目》未著录。

64.《春晖堂诗抄》

张廷枚撰。廷枚字卜臣，以世袭佐领兼领銮仪卫，迁内务府会计司员外郎，补参领，出管苏州浒墅关税务。廷枚尝奉命出使朝鲜国，赍所赐空青石于其国王，故卷后有纪行诸作，所叙外国景物事实颇足资博览焉。

今按：《四库全书总目》未著录。

65.《墨卿堂集》

恒裕撰。裕字惇夫，正黄旗满洲人，姓完颜氏。乾隆庚寅举人，官中允。有集四卷，首列散体文，复存古近体诗。其友人侍郎玉保编次。

今按：《四库全书总目》未著录。

66.《养易斋集》一卷

原本题养易斋主人撰。宗室女也，满洲正红旗珠亮之妻。诗多忠孝节义之词。

今按：《四库全书总目》未著录。

67.《兰轩诗》一卷

原本题兰轩主人撰。觉罗女也，系出太祖高皇帝之弟庄亲王，适嵩山，性多艺能，而尤耽吟咏，而不自收拾，年甫五十卒。其子能泰收录遗稿，编为此集。嵩山自为之序。

今按：《四库全书总目》未著录。

68.《红雪轩稿》六卷

高氏景芳撰。氏盖汉军人侍卫高钦之姊，己卯科举人、内阁中书世袭一等侯张宗仁妻也。自编所作诗词文赋，分为六卷，卷一赋三十六篇、文一篇，卷二四言诗十六首、五言古四十七首、七言古三十首，卷三五言排律二十七首、七言排律十二首，卷四五言律一百五首、七言律六十七首，卷五七言绝句九十七首、五言绝句四十三首，卷六词一百七十五首。编端复有骈体自序一首，其每篇皆有评点，仿《才调集》之例，则其弟高钦为之也。

今按：《四库全书总目》未著录。

69.《希光诗抄》一卷

烈妇希光撰。光钮瑚鲁氏，正白旗满洲员外郎伊嵩阿室。夫病，割股以疗，不验，矢以死从，因女弱无依，勉守志，茹荼十年，女嫁之次日，赋七言律二章见志，自缢死。氏翁协办大学士、吏部尚书永贵录其诗奏，上悯之，赐旌焉。诗多凄楚之音。其《烈妇叹》一篇，盖为大学士舒赫德子妇栋鄂氏作，亦自伤同志也。

今按：《四库全书总目》未著录。
——以上为集部，凡69条。

(三)结　论

《钦定八旗通志·艺文志》共著录96条，有34条袭自《四库全书总目》的同名提要，其中经部7种、史部13种、子部6种、集部8种。条目虽只占三分之一强，但字数却占了绝大部分。其作伪手法为：第一，删去版本著录，仅《章江集》保留了一条。第二，著录作者时删去时代。

《钦定八旗通志》卷一百二十《艺文志》序云："今以四库所著录、存目为主，而益以通行之刊本与诸家之藏本。"蜻蜓点水，点到为止，未免启人疑窦。

三、《草莽私乘》真伪考

司马朝军　王献松

（一）缘　　起

《草莽私乘》一卷，元末明初陶宗仪辑录，所收皆忠臣、孝子、义夫、节妇之传记。然《四库全书总目》怀疑其为依托之作："孙作《沧螺集》载有宗仪《小传》，纪所作书目有《说郛》一百卷，《书史会要》九卷，《四书备遗》二卷，《辍耕录》三十卷，无此书名，疑好事者依托也。"①今按：孙作《陶先生小传》称："晚益闭门著书，世所共传《说郛》一百卷，《辍耕录》三十卷，《书史会要》九卷，《四书备遗》二卷，其未脱稿者，不与焉。"②由此可知，孙氏所列陶宗仪著作，皆为脱稿之书，而不及未脱稿者。而《草莽私乘》向来以抄本传世，似在孙氏所谓"未脱稿者"之列。《四库全书总目》据孙氏所列陶宗仪脱稿书目，怀疑《草莽私乘》为好事者依托，是耶？非耶？

（二）条　　辨

《草莽私乘》所收文章凡二十篇，其作者篇目依次为：胡长孺《陈孝子传》，王恽《烈妇胡氏传》，揭傒斯《李节妇传》，许有壬《文丞相传序》，虞集《蔡孝子诗序》，刘因《王孝女旌门铭》、《翟节妇传（有诗）》，李孝光《王贞妇传》，金絅《杨员外郎传》，杨维桢《朵那传》，林清源《萧景茂传》、《烈妇蔡三玉传》，龚开《宋文丞相传》、《宋陆君实传》、《辑陆君实挽诗序》，周仔肩《张节妇传》，揭傒斯《张节妇传》，杨维桢《朱夫人传》，贡师泰《济南张氏传》，汪泽民《贤母传》。今据上海图书馆藏清初本，逐一辨证如下。

---

① 《四库全书总目》卷六十一，中华书局1965年版，第548页。

② （明）孙作：《沧螺集》卷四，《文渊阁四库全书》第1229册，台湾"商务印书馆"1986年版，第502页。

1. 胡长孺《陈孝子传》

孝子陈氏，名斗龙，字南仲，五世大父询避宋靖康乱，由许徙家杭昌化县，犹号“颍成散人”以自表。大父景犹、大母阮年高。宋故事：郊祭明堂禋祀东朝廷上寿，咸诏赐高年爵。民岁百、太学生乡贡进士父母九十，皆得九品官封告。授大父迪功郎、大母孺人。父天泽泽民治《诗》，应宝祐三年临安府举，取元朴下第六名文解。尝从药公采学，叶学李公方子，李学徽国文公。泽民既屡试尚书礼部不中度，游清献公为相、赵忠惠公为尹、叶公为宰，以行能上之，招致匆既，筑室百丈溪上，讲所学。时太皇太后籍未下，郡县内附，徽独不奉诏。盗作婺源境上，声动旁近县。泽民挈妻与子庐涤险以避，一岁所，避山中。斗龙才十三，已能奉饮剂，废眠忘食，祷神请减已年延□(原文阙)，勿效。母盛也，寻亦病死。斗龙处丧哀毁，庐墓，哭声哀切，感动行路人。有群雁集其上，飞鸣三日夜，乡里谓雁灵有知。将葬，泽民门人士相与私谥泽民“文节”，参政文公及翁题墓上曰“文节先生”。后斗龙娶妻，有四子女。乡先生孙公朝瑞以温州路儒学提举，言斗龙侍病服丧庐墓时事，移提学，得推择为宗晦书院山长。将之瓯，斗龙之妻之父之甥盛冲告斗龙曰：“若母王，产若未一岁归钱唐，闻其家在清湖中。”斗龙大惊且哭，即日与妇诀，且装行，曰：“必与母俱归。若勿能得，何归?”初为泽民以妻无子也，以币如钱唐，求宜子者，得王清湖。斗龙生未周晬，王岁期适满，遂去。吴越俗：以女事人，期岁归父母，或三、五、七岁，有子女尚不听留，惴惴恐失后。聘鬻物，女固不得自制。此礼所谓妾母，嫡子、他子以为庶母、众母、诸母。如是而去者，或欲比之弃黜，以义折子不得母。薄乎此论也，岂尝得罪于其父哉？长孺之妻之父徐公道隆伯谦甫母微，亦杭人，产已，去归。既长，求之百方弗得。议用六十岁时母已生日始，为齐衰三年。及是岁之元日，以大理卿直宝章阁提点浙西刑狱公事，死吴兴之难已。天下若是者固不少，使其季世政教修明，如乾道、淳熙时风俗美，男义女贞，又安得是？则其遂不克振可知也。斗龙至清湖访其母家，及其故时比邻，涉二三十年，又经乱离，固无在者矣。逢白发于其处，揖而问焉，告曰：“我知之。媪我家与若母比屋，我与若母为儿时作伴侣，嬉游相好。若母自昌化归无几时，与我言当往江东，已而泣下。吾方盛时年，不识其语之为凄楚也，亦弗问何州。有间，两夫舁若母而去，又折以北。与若母邻者百十家，独老身在。”斗龙谨识之，即入江东，又跻江逾淮，复还饶、徽、信、广德、宁国，往来数郡间六年。一夕，舍永丰县礼贤镇之逆旅氏，逢族人怪斗龙数过，问焉，告之故，且使侦之。其人惊曰：“吾主人小妇王，旬言家清湖，今王老矣，岂若母耶?”走施氏告良久，幽询斗龙父时闾巷儿名岁，甫老去，妇人哭出，斗龙哭拜前，母子未曾相见，而自知其为子为母也。施氏曰：“若母无子女，我家以母还。”斗龙留三日，奉母归，竟如其言。母归之岁，夏四月，徽盗作，溢出昌化境上，杀人，掠子女，夺畜产货财，甚张。斗龙为庐百丈山，身自负母，妇拥后。未至山庐，路逢盗数百人，斗龙置母夷处，稽首曰：“壮士，斗龙幼不知母去。壮长，闻母在江东，行求母去年，母归未百十日，即相遭于此。斗龙若谓夫妇尝死，若母老，谁当养母者?”盗咨嗟相约违去，且语徒勿更至此山，惊母伤孝子心。里中人家颇赖之以免。斗龙尝莳甘瓜圃中，秋暮，母病渴甚，思食瓜而非瓜时。斗龙视空蔓中芃芃然，披之，异根合茎，并蒂两实者二。摘以奉啖，即日渴已，疾平。明年，圃之天罗瓜如甘瓜者亦二，王至今兹尚安健也。斗龙作百人溪书院，祠三君子，侑以泽民。将延师教里弟子学，文以百丈源山地五百亩为义山，乡邻饥岁，励葛蕨根续食，死以葬。达鲁花赤呵思兰取县学乡邻之言，及祁阳县尹章君顾所移事状，廉之而核，锐请旌表。斗龙知岁恶民饥，官赋食旁午，自请无用是防荒政。盖其意不欲人知。去年，斗龙来钱塘，将从长孺问学，与之语，诚恐可以为孝悌忠信者，心欲为之传，以风厉人子。属其县孙寿国，录始末以来，且曰县人之所愿得也，定次其言如右。胡先生曰：陈，妫姓，有虞氏苗裔。周兴，配胡公以元女大姬，而国之陈。绍重华祀，为王室三恪。及其亡也，子孙用国为氏。自秦汉来，陈氏孝弟忠信，立名当时，而著见后世，如太丘长辈类，何可一二数。孝子固其后也，汭汭遗风余响，犹有在者哉。

今按：此《陈孝子传》见于《元文类》卷六九。又按：《元文类》，元苏天爵（1294—1352）编，成书于顺帝元统二年（1334）。而《草莽私乘》中有记元明之际史事者，故《元文类》成书较《草莽私乘》为早，《草莽私乘》此文似据《元文类》抄辑而来。又按：胡长孺（1249—1323），字汲仲，号石塘，婺州永康人，著有《瓦缶编》、《南昌集》、《宁海漫抄》、《颜乐斋稿》等，均佚。

2. 王恽《烈妇胡氏传》

刘平妻胡氏，滨州渤海县秦台乡田家子。至元庚午，平挈胡洎二子南戍枣阳。垂至，宿沙河岸，夜半有虎突来，咥平左颥，曳之而去。胡即抽刀前进追，可十里步及之，竟刺虎，划肠而出，毙焉。趣呼夫，犹生，曰："可忍死去此，若他虎复来，奈何?"委装车，遂扶伤携幼，涉水而西。黎明及季阳堡，诉于戍长赵侯，为救药之，军中聚观，哀平之不幸，咤胡之勇烈也。信宿，平以伤死。赵移其事上闻，得复后终身。嘻！胡柔懦者也，非不惧兽之残酷，止以援夫之气激于衷，知有夫而不知有虎也。平虽死，其志烈言言，方之太山貔妇，何壮毅哉。

今按：此《烈妇胡氏传》见于王恽《秋涧集》卷四九，亦见于《元文类》卷六九。又按：今李修生主编《全元文》亦据《秋涧集》收此文，传后有赞语曰："桓桓壮夫，鸷勇而大；事出仓猝，变色蜂虿；烈烈胡氏，愤物为害；义激柔衷，气薄于外；视虎如鼠，所天为大；平虽咥死，妇节则迈；媛折熊冲，蕴刃贼辈；彤管流徽，清芬匪代。"①《元文类》与《草莽私乘》无此赞语，《草莽私乘》此文似据《元文类》抄辑而来。又按：王恽（1227—1304），字仲谋，号秋涧，卫州汲县人，著有《秋涧集》一百卷。

---

① （元）王恽：《秋涧集》卷四十九，《文渊阁四库全书》第1200册，台湾"商务印书馆"1986年版，第654~655页。

3. 揭傒斯《李节妇传》

李节妇者，姓冯氏，名淑安，字静君，大名人，山东廉访使时之孙，湖州录事汝弼之女，山阴令东平李如忠之继室也。如忠初娶蒙古氏，生子任，数岁而卒。继室以冯氏，生子仕，十岁而寡，有遗腹子，父没两月而生，名之曰伏。讣至东平，李及蒙古之族相率至山阴，尽取其资及其子任以去。冯乃卖钗钏，质衣服，权厝二丧于山阴蕺山下，独携二子庐于墓，时年始二十二。唯布衣蔬食，羸形苦节，躬织纴为女师以自给，严教二子以成学，遂迁二丧，反葬汶上。邑人王毅以中书平章政事在告，为亲临丧而铭其墓。齐鲁之人闻之，莫不咨嗟叹息，有为泣下者。李及蒙古之族，皆大悔愧，羞见冯母子。冯视子任反出己子上。中书参知政事王士熙、侍郎史马祖常、礼部尚书李朮鲁翀、翰林学士吴征、集贤学士袁桷、奎章阁侍书学士虞集、国子司业李端、太常博士柳贯辈，争为文章，盛夸道之。山东、浙东群有司，交上其事于朝，请褒异焉。其子任、伏，事母极孝，皆掾大府，有廉直声，而好学不倦。史氏曰：李之初丧也，其族及其妻之族属，能扶其二丧，携其母子，返乎汶水之上而抚存之，其义孰加焉。乃不远二千里而来，直利其财也，当时亦岂欲挟其数岁之子以去，恶其无名耳。以二族之人，生长邹、鲁之邦，乃不如一寡妇人，哀哉！冯氏亦早有家教乎！

今按：此《李节妇传》见于《文渊阁四库全书》本《文安集补遗》、《四部丛刊》本《文安集》卷十四，亦见于《元文类》卷六九。《四库全书》、《四部丛刊》本《文安集》所收此文后皆称："右见《元文类》。"则此文据《元文类》而补，《草莽私乘》此文似据《元文类》抄辑而来。又按：揭傒斯(1274—1344)，字曼硕，龙兴富州人，著有《文安集》。

4. 许有壬《文丞相传序》

宋养士三百年，得人之盛，轶唐、汉而过之远矣。盛时忠贤杂沓，人有余力；及天命已去，人心已离，有挺然独出于百万亿生民之上，而欲举其已坠，续其已绝，使一时天下之人，后乎百世之下，洞知君臣大义之不可废，人心天理之未尝泯，其有功于名教为何如哉？丞相文公，少年踔厉，有经济之志，中为贾沮，回翔外僚。其以兵入援也，大事去矣；其付以钧轴也，降表且矣；其往而议和也，冀万一有济耳。平生定力，万变不渝。父母有疾，虽不可为，无不用药之理。公之语，公之心也。是以当死不死，可为即为，逸于淮，振于海，真不可为矣，则惟有死耳，可死矣，而又不死，非有他也，等一死耳，昔则在己，今则在天，一旦就义，视如归焉。光明俊伟，俯视一世，顾肤敏裸将之士不知为何物也。推此志也，虽为嵩、华争高可也。宋之亡，守节不屈者有之，而未有万难若公者，事固不可以成败论也。然则收宋三百年养士之功者，公一人尔。孙富为湖广省检校官，始出辽阳儒学副提举刘岳申所为传，将刻之梓，俾有壬叙之。有壬早读《吟啸集》、《指南录》，见公自述甚明，三十年前游京师，故老能言公老尚多，而诉其传之未见于世也。伏读感慨，惜京师故老之不及见也。公之事业，在天地间炳如日星，自不容泯，而史之取信，世之取法，则有待于是焉。若富也，可谓能后者已。

今按：此《文丞相传序》见于许有壬《至正集》卷三十，亦见其《圭塘小稿》卷五，亦见于《元文类》卷三十六。又按：许有壬(1287—1364)，字可用，汤阴人，著有《至正集》八十一卷，《圭塘小稿》十三卷。

5. 虞集《蔡孝子诗序》

礼之起，其初盖缘人情，而圣人节之，以天理之攸当而定之，使之质不过于鄙野，文不过于虚浮，如是而已矣。今有能缘情以尽其心，若扬州孝子梦祥者，宜在乎君子之所取也。盖昔有丁兰者，伤亲没而不得见，刻木像而事之，饮食温清，奉之若生存，梦祥慕焉，其父殁，庐墓三年，刻木像父事之。母殁，亦刻木像母事之。自闾里郡县，咸共惊异。部使者核实，有司上其事，朝廷再表其门曰"蔡孝子之门"。古者亲丧未敛，刊凿木而为之重。既葬，作主而事之，曰是神明之所依也，其制可得而言矣。盖以栗若坚木为之，员其首，象天也，方其趺，象地也，陷其中，象其心之虚。其题之以其姓若讳，窍其两旁，当其长三分之一，若以通神明之出入也。题其面曰某亲某官封之主，儒先君子率尔而行之，盖求之至而议之精矣。故昔有画像而祭之者，既而曰，一须发之不似，则为他人矣。于是不复用，然后知主道之所以尽善也。是故其将祭也，必先斋焉，思其居处笑语，所以若将见之。及祭而后奉主以出，焫膋灌鬯，求之以形气者微矣。有尸有祝，求之以神明者著矣。既祭则藏之，言不可亵也。一之以神道则已疏，一之以人道则近于不可知。故曰：生事之以礼，死葬之以礼，祭之以礼，而孝子之道备矣。先王之制礼可考也，而近世学者不讲。公卿大夫之贵，宫室拟王者，而祖考无所于食。淫神异鬼，则象而祀之，而祖考之神明无所于依也。则孝子之为木像也，几主道矣。缘其情之所起，而知进于礼，则孝子诚足以为天下劝哉！蔡父济，当天兵渡江时，尝率泰兴江阴之民，迎河南武定安之军。后有战功，遂历泰兴尹、泰州监使以殁。梦祥以宣命为河南投下管民总管云。大夫君子赋诗美孝子，太常博士虞某为之序。

今按：此《蔡孝子诗序》不见于虞集诸集，仅见于《元文类》卷三五，《草莽私乘》此文似据《元文类》抄辑而来。又按：虞集(1272—1348)，字伯生，号邵庵，又号道园，著有《道园学古录》五十卷、《道园类稿》五十卷等。

6. 刘因《王孝女旌门铭》

女家容城西，以母丧感念，遂不嫁终身。州上其行，御史按实，礼部令旌表之。内翰卢公署其门，曰"孝女王氏"。县人刘因铭曰：孰不娶终身？曰鲁山之元，道山之阳。吏名卓行，何谓非常？二子且然，女奚责望？卢公表之，可用以戒荒。

今按：此《王孝女旌门铭》见于刘因《静修先生文集》卷二十，亦见于《元文类》卷十七。又按：刘因(1249—1293)，初名骃，字梦骥，后改名因，字梦吉，好静修、雷溪真隐，保定容城人，著有《四书集义精要》、《静修先生文集》等。

7. 刘因《翟节妇传(有诗)》

昔金源氏之南迁也，河朔土崩，天理荡然，人纪为之大扰，谁复维特之者。而易之西山，乃有妇人曰翟氏，年二十余，其夫从军，死于所事，出入兵刃，往复数百里，昼伏夜行，以其尸归，负土而葬之。既葬，自以早寡无子，遭时如此，思以义自完，乃自决于墓侧，邻里救而复苏，终始一节，今八十余矣。夫人心之极，有世变之所不能夺者，于此亦可以见之。予闻之，为作是诗，俾其外孙曰盘刻之石，或百世之下有望燕山而歌。余诗者，使翟之风节凛然如在，亦庶几乎吴人《河女》之章焉。兵尘浩然际，烈士难身全。妇人无九首，志欲不二天。燕山翟氏女，既嫁夫防边。一朝闻死事，健妇增慨然。生有如此夫，早寡非所怜。求尸白刃中，负土家山前。事去哀益深，义尽身可捐。无儿欲何为，所依惟黄泉。乡邻救引决，烈日丹衷悬。谁辨节孝翁，重赋睢阳贤。我时过其乡，山太犹清妍。闻风发如竹，飘萧动疏烟。千年吟诗台，峩峩泰宁巅。为招冯太师，和我节妇篇(泰宁山有冯道吟诗台，距翟居甫数十里)。

今按：此《翟节妇传(有诗)》见于刘因《静修先生文集》卷一，亦见于《元文类》卷三，原题为《翟节妇诗》。

8. 李孝光《王贞妇传》

王妇者，夫家临海人。至元十三年冬，王师南至，王妇夫舅姑俱披执师中。千夫将见王美丽，乃尽杀其舅姑与夫，而欲私之。王妇愤痛，即自杀。千夫夺挽，不得死，责俘囚妇人杂守之。妇欲死之，不得间，自念当被污，即佯曰："若杀我舅姑与夫，而求私我，所为妻妾我者，欲吾终善视事主君也。我舅姑与夫死，而我不为之衰，是不天也。不天，君焉用我为？愿请为服期月。苟不听我，我终死耳，不能为若妻也。"千夫畏其不难死，许之，然愈益置守。明年春，师还，挈行剡水上。守者信之滋，益懈。过清风岭，妇仰天窃叹曰："我知所以死矣。"乃啮拇指出血，写《口占诗》石上。已，南乡望，哭，自投崖下以死。或视血渍入石间，尽已化为石。天且阴雨，复见血偾起如始日。当是时，后妃嫔媛不死之，三公九卿不死之，郡国守边大吏不尽死之，而贞妇独守死，下从舅姑与夫，独何仁也？夫人秉彝之性靡不有，乃匹夫匹妇出之，遂以惊动万世。苟人人虑此，则金汤不足喻其固矣，钩戟不足喻其强矣，志士仁人不足喻其智矣，何有去国偾家之忧？彼贞妇何为者？顾奋为烈丈夫之所不必为矣。宜为而有不为，悲夫！至治间，其邑丞徐端为起石祠，树碑祠中，以旌其魂。余曰："始吾见长老言贞妇所从死，不能悲也。后身过其地，见拇血化为石，追念贞妇决死时，旁皇悲伤不能去。岂其未泯，尚犹感人邪？嗟乎！匹夫匹妇，颠沛流离，诚能动天如此，天岂远人哉！天岂远人哉！"

今按：此《王贞妇传》见于李孝光《五峰集》卷一，今李修生主编《全元文》即据《五峰集》收入此文。《五峰集》所载，较《草莽私乘》少“王妇者，夫家临海人”一句，其他略同。又按：李孝光(1285—1350)，字季和，温州乐清人，著有《五峰集》十卷。

9. 金絅《杨员外郎传》

杨乘，字文载，滨州勃海人也。早为天官小吏，辟中书参议府掾，历官至谷城、介休二县尹，有能声，拜监察御史，擢浙江行省郎员外郎。至正十二年，贼寇杭城，不能守，乘与郎中共德尔、王仲温，员外月忽难、都事张镛等，俱坐黜。乘退居松江之青龙里。御史台以城守之罪责在郡将，乘等职在赞理，不当罪，宜复其官爵，上之，事遂白。乘为人清介有守，不阿挠以狥，达古今事变，娴于吏治，恂恂然儒者也。虽处废黜，常激昂以志节自许。十六年，淮人寇吴，平江陷，遂连陷松江。或有以乘之名告者，乘闻之，不自安，既而曰：“吾知所以处之矣。”遂日酣饮以游，人莫测也。秋七月十有八日，淮人遣其伪使者吴县丞张经、松江府判官马信之具礼币造门，将强致焉。乘遣人告经等曰：“吾废处田里久，不足以辱使者，吾当择日具礼受命，请以币置里门外某氏家，行当受之。”经等如其言，遂与相见，乃致淮人命以出。乘命其子卣、卓具牲醴告于祖祢，既竣事，复命酒饮。逮暮，起行后圃中，顾西日晴好，慨然曰：“夕阳晚节，如是足矣。”命卣等治畦，处置家事如平日，抚其孙虎林，若怡怡自得也。归，坐至夜分，二子侍立，命曰：“二子行且休，吾将就寝。”乘俭约，无姬妾侍媵之奉，其燕息寝处，人莫得与俱。诘旦，卣、卓晨有怪寝门未启，发户视之，则乘已经死矣。实七月十有九日也。得其遗语手书，大意言死生昼夜之理，且以得全晚节为快。乘居青龙时，与故人章元泽善，平江既陷，日与之饮，每语及，则欷歔慷慨，曰：“吾知所以自处矣。”及经等至，乘往造其门，嘱以家事，元泽亦不虞其死也。嘉兴守观阁得乘之死事，上之于官。二子卣、卓皆儒者，卓为清忠书院山长云。君子曰：死者，人臣之大节；死而得其道，犹不死也。为死虽同，而临患难，人或眩瞀以陷于不义者，由其烛理不明而处义不勇也。若乘之死，可谓明且勇矣。世之昧者则洟涊泪没而不能死，恡者则□(原文阙)诟无耻而不即死，偷生冒荣者则又饰辞辨说而不肯死，视乘之从容就义，宜有愧乎？乌乎！若乘者，真可谓得其死也哉！

今按：此《杨员外郎传》被陶宗仪抄入《南村辍耕录》卷十四①，仅删去金絅《杨员外郎传》文末数语以及“君子曰”一段。又按：《南村辍耕录》，又称《辍耕录》，孙作《陶先生小传》列有此书，钱谦益称：“余闻陶九成著《辍耕录》诸书，摘叶为纸，贮破瓮埋树下，十载而后出之。”②朱彝尊亦称：“南村练习掌故，元朝野旧事借《辍耕录》以存。”③又按：金

① (元)陶宗仪：《南村辍耕录》卷十四，中华书局1959年版，第169页。

② (清)钱谦益：《牧斋有学集》卷二十三，上海古籍出版社2003年版，第931页。

③ (清)朱彝尊：《静志居诗话》卷四，人民文学出版社1990年版，第81页。

絅，字子尚，嘉兴人，元举乡试，洪武中历苏州守。

10. 杨维桢《朵那传》

杭城东伟兀氏奴曰朵那，年十九，勤敏谨质，善事其主，主卒某郡官所，朵那誓弗出主户事他姓主，奉主妇日谨，主妇有机密，不以托诸侍，必托朵那。至正壬辰秋，寇至杭劫官民帑藏。伟兀氏家掠货不得，反接主妇柱下，拔刀砺颈上，诸侍婢皆逾墙壁走，独朵那以身覆主妇，请代死，且请于寇曰："将军利吾货，岂利杀人哉？吾主钥，皆主妇弗知也。吾尽探藏与若，乞免吾主妇死。"寇允，解主妇，那乃悉探所藏珠玉宝器，散堂上，寇俘货且欲秽其身，朵那持刀欲自屠，曰："我主二千石，誓死不辱他主，况非我同类乎？"寇义之，去。已而泣拜主妇曰："弃主货，全主命，权也。妾受命主钥，失货而全躯，不义也。妾请从此死。"遂自杀。杨子曰：红巾寇杭，官守者往往弃官遁，否者仕事贼，名节大闲一荡去弗顾，朵那一妇奴，乐终其身，事主至以受命自刎，不有其主，非佞之尧蹈忠节、识大闲乎？嘻！使若所为，为国男子，非尽臣道乎？故予为之传，如《五代史》录王凝氏之妻者云。嘻！

今按：此《朵那传》不见于杨维桢之文集，而被陶宗仪抄入《南村辍耕录》卷十一①，仅删去杨维桢《朵那传》"杨子曰"一段，而缀以"时人莫不称之曰义烈云"。又按：杨维桢（1296—1370），字廉夫，号铁崖，诸暨人，著有《东维子文集》、《铁崖古乐府》等。

11. 林清源《萧景茂传》

萧景茂，漳州龙溪隔州里人，以谨厚信于里。乃至元间，漳寇乱，景茂率乡人立栅保险，栅坚不可破，会旁里有捕寇者道之，从间道入，景茂被执，贼使拜，曰："汝贼也，何拜？"贼欲生胁之，以从民望，景茂骂曰："逆贼，国家何负汝而反？汝族汝里何负于汝，而坐累之？"贼相语曰："吾杀官军将吏多矣，至吾砦，皆懦靡求生，未有若此饿夫之倔强者，察其志，终不为吾用，留之只自辱耳。"遂缚之于树，刲其肉，使自啖之。景茂且嚼且骂曰："我食我肉，无若汝贼，行将万段，狗彘弃不食。"贼怒，截其舌而死。事闻诸朝，给赙以葬，复其家。赞曰：余素闻萧景茂死事，及来漳南，父老为余言：景茂，儒者也，平居懦熟，若不任事者，然里人以其长者，皆敬信之。寇至备御，卒先里人，临大节卓然，至死不贰，古称忠义之士，无以过之。乌乎，烈哉！

今按：此《萧景茂传》被陶宗仪抄入《南村辍耕录》卷十四②，仅删去"事闻诸朝，给赙以葬，复其家"一句及"赞曰"一段。又按：林泉生（1299—1361），字清源，号觉是，兴化莆田人，著有《春秋论断》十卷、《诗义矜式》二十卷、《觉是集》二十卷。

---

① （元）陶宗仪：《南村辍耕录》卷十一，中华书局1959年版，第136页。
② （元）陶宗仪：《南村辍耕录》卷十四，中华书局1959年版，第166页。

12. 林清源《烈妇蔡三玉传》

蔡三玉者，漳州龙溪县澳头里人陈端才妻也。贼攻其里，里媪集里中妇同舟避难，贼迨及之，三玉亟以水渍其衣，贼见三玉有令姿，欲先污之。绍滋更以求衣，间贼取衣，遂投水死。贼曰："溺者必跃，以长竿络钩，需其跃，即举之。"尸竟不跃。贼去，其父蔡端广舟次上流，尸逆流附其舟，而摔之不去。移舟遡河而上，尸从之上者三。其父异之，视，则其女也。事闻诸朝，给赙以葬。赞曰：余来漳，漳人皆能道蔡女之节，言人人同。乌乎！此海滨一女子耳，岂知杀身为名哉？处变能决，宁死不污，殆天性欤？宜其贞彝不昧，理或有之。彼为臣辱国、为将辱师，舍诟偷生，以为得意者，则三玉不独女子所难能也。

今按：此《烈妇蔡三玉传》被陶宗仪抄入《南村辍耕录》卷十①，仅删去林清源《烈妇蔡三玉传》"事闻诸朝，给赙以葬"一句及"赞曰"一段，而缀以"夫三玉一妇人耳，宁死不辱，出于天性，宜其贞爽不昧如此"一句。

13. 龚开《宋文丞相传》

文宋瑞，讳天祥，吉州富田人。初生，祖父梦宋瑞身腾紫云而上，名曰云孙，长而字曰天祥。宝祐乙卯岁大比，以字为名，应举得荐，改字履善。明年，礼部奏名廷对策，有司次在第五，奏读，擢居第一。父留旅舍感疾，及见宋瑞成名而逝。护丧归庐陵。服除，检会授承事郎，佥书海宁军节度判官厅公事。宋瑞入京行进士门生谢礼，将之任，会鄂渚交兵。吴丞相潜再相入内，都知事董宋臣主迁幸，中外汹汹。宋瑞上书，乞斩宋臣以安人心及团结、抽兵、用资、破费、资格、用人数事，不报，还里。景定庚申，除镇南军节判，主管仙都观，历秘书省正字、著作佐郎，为郎试郡知瑞州，再除礼部郎官，提点江西刑狱公事，改守宣城。麾节中外，践更不常，及往来周行，人犹以清要望之，其权直也。贾似道托疾归越，乞休致，而实有要君之心。宋瑞草不允诏，财以正义。是时，王言先呈稿于权臣而后行。宋瑞径行且无所避忌。似道怒，使台臣论夺职，除湖南运判，俄以提刑知赣州。甲戌冬十有二月，北军渡江。乙亥改德祐。寿和圣福太皇太后垂帘，与幼君同听政，诏诸道入卫。宋瑞除右文殿修撰、枢密都承旨、江南安抚副使，使知赣州，寻兼江西提刑，进集英殿修撰、江西安抚使。夏四月，领兵东下，权兵部侍郎，仍旧职。丁祖母忧，改官承重。既葬，起复总兵，起发吉州，中途进权刑部尚书，领旧职。八月至关，驻兵西湖，除浙西江东制置使，兼江西安抚大使，知平江府，进端明殿学士，领旧职。出兵援常州，败绩。续独松关危急，趣师入卫。进资政殿学士、浙西江东制置大使，守独松关。丙子正月十八日，伯颜丞相驻军皋亭山。是夕，丞相宜中遁去。十九日，除宋瑞枢密使，午除右丞相兼枢密使，都督诸路军马。已而解兵权，诣北军请解。二十日，以资政旧职，诣

① (元)陶宗仪:《南村辍耕录》卷十，中华书局 1959 年版，第 127 页。

北军，留营中。明日宰臣吴坚、贾余庆率廷绅以国降，勤王兵尽放散。二月八日，北军遣宋瑞偕祈请使俱北。二十日，至镇江。三十日，宋瑞夜兴同其客杜浒及厮役共十一人，以舟西走仪真。三月一日，入仪真城。后三日，郡守苗再兴以阃府令，命给宋瑞出门，以轻兵护出境，听所之。经维扬，不见纳，从者四人亡去矣。趋高沙，道遇哨马，杀一人，缚一人去，宋瑞与同行伏废墙得免。历七水寨，由泰至通州。所历诸郡，以阃府命皆不见内。遵海而南，至温州，谒景炎新主，授通议大夫，拜右丞相兼枢密使，都督诸路军马。辞，改枢密使，同都督，驻军南剑州，入汀州，移漳州龙岩县，至福州，进银青光禄大夫，领旧职，乃经略江西。五月，入赣州会昌县。六月，战雩都，乘势遣兵攻赣吉，斩汀州伪天子黄从，临、洪、袁、瑞豪杰并起应之。兴国、黄州新复，号令通江淮。已而吉赣兵败，移军惠州。至崖山，朝行在所，封信国公，职仍旧。封母齐魏国太夫人。其九月，丁母忧，起复。十一月，屯潮阳，移屯海丰。二十日，北兵追及，所将兵溃，被执。己卯三月，张元帅遣都镇府石嵩管押宋瑞北去。至会同馆，赴枢密院，见博罗丞相、张平章及诸院官。博罗丞相令译者问："德祐，尔君。何为弃德祐，别立景炎？岂得为忠？"宋瑞曰："德祐既失国，二王在南，中立以存宗庙社稷，岂不为忠？从怀、愍者非忠，从元帝者为忠；从徽、钦者非忠，从高宗者为忠。"众皆笑。忽一人曰："晋元帝、宋高宗皆有来历。二王何所受命？立不正，岂非篡位？"宋瑞曰："景炎乃度宗长子，德祐之兄，如何不正？践位在德祐既去天位，如何是篡？陈丞相奉二王出宫，其禀太皇太后之命，如何是无所受命？"博罗丞相曰："若将三宫走，亦是忠臣。不走，出城与伯颜一战，决胜负，亦是忠臣。"宋瑞曰："此说当责之陈丞相，他人何预？"博罗又曰："既知做不得，如何又做？"宋瑞曰："譬如父病在膏肓，明知不可为，岂有不进药之理？不可，则天也。今日文天祥至此，有死而已，何用多言？"岁在壬午，乃至元十九年也。于是，祥兴亡且三年矣。宋瑞囚中，作赞并序曰："吾身居将相，不能救社稷、安天下，军败国亡，辱为俘囚，其当死久矣。被执以来，欲引决而无间，今天与之机，谨南乡再拜以死。"其赞曰："孔曰成仁，孟曰取义，惟其义尽，所以仁至。读圣贤书，所学何事？而今而后，庶几无愧。宋丞相文天祥绝笔。"龚开曰：仆见青源邓木之藏文公手书纪年，皆小草，首尾备具。因求得誊本，取其始末为传，与赵、陆二传并存。而有感千古之立国者，权臣握重兵在外，必有重臣居中以制之。若国之危殆，则权臣与重臣合而为一，正须声援相应。此又一时，不可同日而语。宋将亡，两淮重镇居西者无议焉，而东镇又在远地。文公自江右提乌合之众，入卫，遇战则北。及独松失守，一身在朝，拥将相虚位，而遄解兵印，驾单车、称使者不辞，徒曰抒君之急云耳。使事有人，未闻都督军马为之而受执者也。五代时，李嗣源告庄宗曰："王彦章败，段凝未知；纵知，救兵必渡黎阳。数万众须舟楫，岂能一日而济？此去汴不数百里，信宿可到汴，既入，段兵何施？"盖是时梁朝虚内，重兵尽在外，故唐兵肆行无忌。嗣源以千骑先锋至封丘门，扣关而入，梁君臣束手相顾而已。乌乎！似者尚可取监，况身亲之，以此知兵力与天时、人事，未始不相倚为用也。

今按：此《宋文丞相传》收入明程敏政《宋遗民录》卷十。陆心源《草莽私乘跋》称：

“龚开文集久佚，文信国、陆君实两传，藉此以存。程敏政《宋遗民录》不及此本之善。”①又按：龚开(1222—1304)，字圣予，号翠岩、龟城叟，淮阴人，著有《龟城叟集》一卷(《楚州丛书》本，冒广生辑)。

14. 龚开《宋陆君实传》

陆君实，讳秀夫，一字实翁，楚州盐城人。生三岁，父母携抱避地南来，居京口。比免幼出从师肄业，聪明颖悟异他儿，郡有二孟先生，以宿学教授生徒大小学，多逾百人。知君实不凡，刮目待之。学举子文，下笔有奇语，不待师烦，日进不休。年十五，应乡举，得贡补太学牒，非其好也。后三年，岁在丙辰，用乡书登乙科。是时，殿撰章子美琰居京口，负时望，以兄之孙子妻之，因留妇家需次。淮尉李祥甫庭芝制置淮东，君实当敛板辕和，而同年进士钱淳甫真孙于制使有连，又殿撰赘婿，于是相携入淮安幕府，淮尉书考历而已。淮南幕府号小朝廷，人物如林，淳甫与君实能自植立。其为人沉静寡言，与人交不翕翕热。凡僚吏因公事过阁，要以主宾情接为贵，而君实退然托处，非谢举谒告，未尝过阁。有集则持敬尊俎间终日，与众客俱退。制使以此雅器重之，不欲挠拂其志，驯以举格，合入官。三迁至主管机宜文字，分拟诸房公事，职无不举。京胡制使吕少傅甍，任李制使改镇江陵，君实仍以机宜佐行。襄阳太守李制使投闲寓朱方，君实与亲友朝暮见，不以前疏为少、后密为多，日从事诗酒，如在山林间也。未几，印制使应雷卒于维扬闻治。大敌压境，人心易摇，金字牌命李制使往维扬，用乙夜绝江，驻瓜洲，维扬出铁骑三千来迓拥元戎，两时顷入城，君实以鞍马从。自是帷幄之谋无不与，而机职领之如故。召赴都堂禀议，权臣诱进之，君实恬无自献之意。循比除提辖文思院，出为制置大使参议官，兼淮南东路提点刑狱公事。淮宪与浙右不侔，既无台治，亦无公使供给，以故多制垣，上介兼领，因之望幕焉，君实处之晏如也。事会艰危，制臣令赴阙奉请留中，未几随王帅府，过浙东。景炎新造，君实以端明殿学士参赞都督军事。陈宜中既得政，兼将相权，知君实久在兵间，历谙戎事，引以自近，多所咨访，君实亦倾心赞助之，期于能济，议有不合以言者谪。大将张少保世杰谓宜中曰：“大业未济，人才有限，动辄令台谏排论人，世杰若不可，相公意亦当如此?”宜中皇恐，即日召还。迁海上，君实遂执政事。海滨诛茅捧土为殿陛，遇时节朝会，君实端笏盛服如立文石班，未尝少怠。既罢，则望山海凄然，至以朝服揾泪，悲动左右。草莽中百种疏略，君实随宜禅补，尽心力而为之。及祥兴继立，两军相见于崖山。南军大舟三百柁，分前、后、中三部，以对敌者为先锋，而以中部居宸扆，中坚反居其后。前锋失利，波涛掀舞，旌旗交错，部伍为之混乱。君实出，仓卒伏剑，驱妻子先入海，号哭拜幼君，曰：“陛下不可再辱。”拜起，抱幼君，以匹练束如一体，用黄金硾腰间，君臣赴水而死。己卯岁二月六日也，年四十二。君实在海上，与青原人邓中甫光荐善，尝手书日记授中甫曰：“足下若死后，以此册传故人。”仆尝托黄唐佐圭从中甫取册，不得，始以所闻辑为此传，用申桑梓之义。先是，仆尝序大略，成长句四韵，率用从赋诗。或谓仆盍

① (清)陆心源：《仪顾堂书目题跋汇编》卷四，中华书局2009年版，第63页。

疏一传，存公之本体，勿以详略为拘。仆闻之泣下，既而曰：“叹吾郡以忠孝闻，死节有赵公师旦，至行有徐节孝先生。今吾君实得与赵公相望，而其子乃先驱入海，使陆氏一枝无续，越公则有三岁孤儿，不并死。较之君实，不其重可哀也。然在当时，赵公孙儿有收养者，幸而成人，可为公后，无他说。至若君实之子，年已弱冠，假令不死，托之何人？此君实宁有愧于节孝，受无后之罪？而于赵公不能作烈士断腕之事？时势有不同者，庸讵知其心不尔？则传其可以不作？朋友之言，其可以不怀？笔力短，不能使潜德幽光浮于伟节，斯为可愧焉耳。”龚开曰：昔赵简于使尹铎治晋阳。请曰：茧丝乎？保障乎？曰：保障哉。尹铎结民心，坚壁垒，以备其入也。及襄子为智伯所攻，卒以晋阳获济。自甲戌大敌渡江，东南如晋阳可走者何所再造而亡，几及五年，竟无三里之城、七里之郭，使其民效死勿去，惟有皇皇迁转而已。国之亡，固有天数，抑亦人事有不至欤？而吾君实鞠躬尽瘁，死而后已。乌乎！悲夫！天耶？人耶？

今按：此《宋陆君实传》见明程敏政《宋遗民录》卷十，明丁元吉《陆右丞蹈海录》亦收此文。冒广生辑龚开文集，据《淮安文献志》收入此文。

15. 龚开《辑陆君实挽诗序》

处死，丈夫之能事；哀死，朋友之至情。因能事而发至情，尚幽明相须之理也。至若无间亲疏久近，而能使人一切哀之，如汉之李广将军，知与不知，皆为流涕，此其理又安在哉？故尝求其说于太史公传赞，有云：“彼其忠实心诚信于士大夫也。”曰否，不然也。夫李将军，英特伟杰人也。当其穷而自裁，非命与非义相为重轻，义重则命轻，命轻则不知死之为非。故人之哀之也，不复以久近亲疏为间，盖知哀之其私，而不知为人才、世道悲也。呜呼！以英伟杰特之人，穷而自裁，时人哀之尚无间于亲疏久近之别，而况舍生就义、为万世纲常立本、绝无而仅有者乎？是固大中之道也。陆公君实其谓是矣。往仆自泉南回浙西，闻公死事，悲悼不胜情，将以诗吊，而不敢轻为，惧传闻之失实也。及其既久，有闻于乡人尹应许，云得其详于翟招讨国秀，翟得之辛侍郎来。辛侍郎，公安藕池人，仕海上，目击其事，可信无疑。然后成长句一首，并为之序。又自惟念公之事在人心，在天下后世，顾欲存一己之私，非也。于是乃遂誊写，庸俟诸作者。伏惟诸作者与之素交，或闻名而未及识，或识而未至于稔，一切以天理民彝处之。幸惠之词，异时刊刻以传，其亦庶乎其可也。诗无先后次第，至则登载，惟公出处大略已载鄙文。或曰：厓山败时，公位右丞相，云枢密使，非也。虽然，揆席本兵，皆一时外物，不足以为公之重轻，既贰其传，孰为之定名，故字而不爵，如布衣云。壬辰三月二十八日，淮阴龚开序。

今按：此《辑陆君实挽诗序》见明程敏政《宋遗民录》卷十，明丁元吉《陆右丞蹈海录》亦收此文。冒广生辑龚开文集，据《淮安文献志》收入此文。

16. 周仔肩《张节妇传》

节妇谢氏，名正一，临海严屿人，宋参政申国荣敏公廓然玄孙也。自幼贞静闲寂，无亵容佻习，年二十一，适同里张绍大，实宋进士池州司户得济孙。生子梦珍、梦瑶。居四年，夫殁，执丧焦毁过礼，去死一发。自初寡辄不御藻泽，蓬首垢面，不妄逾阃阈，秉志慎别终身焉。初，绍大□(原文阙)早丧父，家日匮，又不戒于火，四壁仅蔽风日，身后无秋毫余赀。母老，二孺呱呱，无以延息，谢氏昼夜纺绩以给衣食。事姑至谨，左右抑搔，务顺适旨意。膳羞必手洁以进，退取藜食自食。姑怜之，语曰："妇年方盛，奈何罹此寡忧！矧家贫良苦，安能以老身久稽良妇哉！或再适，不汝居也。"妇抱其姑痛哭，曰："妇也，未亡人也，尚复他冀乎？子母妇姑更相为命。夫死遂弃其姑，姑老不终其养，不孝不义而欲苟焉他适，不如死，姑曷不谅我为哉！"出矢言，痛剀悲咽，绝而复苏，闻者莫不涕下。姑年八十有八，以寿终。养丧葬祭，尽礼无遗憾。二子恪承慈训，皆卓卓然有见也。尝曰："吾自嫠居四十年，仰事俯育，幸不辱吾志，但旦夕就瞑，亦可以下见吾夫子矣。"于是乡人称之，必曰谢节妇云。且录其节上于有司，闻于朝，用表厥宅里，树之风声，以为世劝云。赞曰：余尝观《卫·柏舟》，冠诸《国风》之首，岂不以妇节为难见哉？今夫谢氏抱信会真，不以死生艰难贰其志，事姑以礼，抚诸孤式克至于成立，义贯金石，通孝神明，何其行之周偏于卫共姜不远乎！然士有戴仁而行，抱义而处，平居自许，则曰古之人、古之人，一旦临小利害，丧其初而不疑，迁于物而不返，求无愧于夫妇之节者几何人哉？悲夫！

今按：周仔肩《张节妇传》不见他载，今李修生主编《全元文》即据《草莽私乘》收入此文。又按：周仔肩(约1278—?)，字本道，台州临海人，延祐五年(1318)进士。

17. 揭傒斯《张节妇传》

临海节妇者姓谢氏，池州司户参军张得济之孙绍大之妻也。二十一而嫁，嫁四年，生二子而寡。家贫，姑年老，誓不再嫁，蓬头垢面，日夜纺绩，然姑之养必具旨，己蔬食而已。姑久而怜之，语之曰："汝生长富贵，又方盛年，不幸早寡而贫，奈何以老身故，久罹此苦也?"谢捉衿恸哭，拜曰："姑何不谅妾之甚也。妾生为名家女，长为名家妇，志愿足矣。不幸早寡，命也。况有姑足以为依归，有子足以承祭祀，天之赐妾大矣。而徒以贫故，敢有贰心于张氏者，是妾生不如死之愈也。"于是姑妇相向，复大哭。姑知妇愈信，妇事姑愈谨。姑年八十八[卒]，丧葬俱有礼也。教二子梦珍、梦瑶，亦交称其贤。进士周仔肩曰："士有戴仁而行，抱义而处，平居自许则曰古之人、古之人，一旦临小利害，丧其初而不疑，迁于物而不返，求无愧于谢氏鲜矣。"教子则贤，岂不足显风厉四方哉！邑大夫上其事，遂旌其门如制。史氏曰：世称愿为良臣，不愿为忠臣。忠臣，天下之美名也，而曰不愿。又有称烈女贞妇事者，人辄掩泣，此何故哉？皆所遇之事不幸者。然犹足以移风易俗，纲维天下，是固忠烈之封，贞节之旌，国家著为令甲，若谢氏者一无愧焉。

今按：此《张节妇传》不见于揭傒斯文集，清劳格《读书杂识》卷十二《揭文安公文集补遗目》中有《张节妇传》，即据《草莽私乘》而补，今李修生主编《全元文》亦据《草莽私乘》收入此文。

18. 杨维桢《朱夫人传》

夫人姓费氏，讳元琇，漕运昭武将军雄之女，江阴知事朱道存之妻。江阴陷，存即伪，夫人耻之，悒悒不乐。时番兵至上海县，淫虐甚，居民妇累缚登通路，若豕狗。然夫人独坐堂上，乱兵抵阶下，引刀胁曰："若妻我，带金披绣，且为内主君。"夫人闻其言，叱曰："吾费将军之女，朱江阴之妇，父舅皆宋臣，吾宁死刃下，义不辱于贼。"于是，群獠刺之，未死，骂犹不绝口，遂脔其尸。铁史曰：杀身成义，大丈夫之烈也，大丈夫失之，而得于夫人若费氏者，不亦贞且烈哉！予游海东，海东父老为予哀夫人之行如是，遂录。

今按：此《朱夫人传》不见于杨维桢文集，今李修生主编《全元文》即据《草莽私乘》收入此文。

19. 贡师泰《济南张氏传》

张氏，济南郡邹平县宓生里人。年十八，为其里卒李五妻。居无几何，五出戍数千里外，是为福建道福州路之福宁县。别七年而五一还，还无何又别去，凡十年而五遂死。张性孝谨，事舅姑祖父母，倚以终四人养生。家贫无宿储，念戍在千里外，非一苐可即到，孰与终四老人养。继是益蚕缫纺绩自拊，极勤苦憔悴不惮。若是又数年，四老人病，凡四继肌骨，四封不救。至死哀痛，尽丧葬礼，犹弗克胜，曰："悲乎！生而四老人弗得以妾养，死而四老人弗得与妾夫相见九泉下。妾倘先死，而夫骸骨遂无所归，是尚可以偷生而忍此也。"乃隆冬卧积冰上，仰天誓曰："天哀予，俾弗克遂予衷，即生；天厌予，弗克遂予衷，冻死何辞哉！"凡月余，安寝如常。乡人以为死，卒不死，率钱米布帛以赆之。闻于官，给其券，道其事，以将之强，遂以乡贯、姓氏、岁月、履历大书诸襟以行，至福宁，才四十余日，若神相之者。所至，见者辄咨嗟涕洟，健羡以不及。得见其犹子，问夫所葬地，则鞠为茂草，忘之矣。张号呼欲绝，夫降于道，重及别哀苦状，仍指示骨所在。张随即掘土寻骨，曰："信予夫内，入予口而如酥，不如冰雪而胶固予口，予始信予夫。"既一如其言。有司慕其谊，上于府及太府，乞以其犹子送之归，寻复其身云。婺人王生曰：家君为闽，曾目激张，言张颀然其长，其貌古，其气刚，有古烈士风，非特妇人也。然毁肌肤与鬼物怳惆事，固贤者所深诋而罕道，而隆冬卧积冰，月余不死，谓非天也可哉？乌乎！张其抑于神者有在！

今按：此《济南张氏传》不见于贡师泰文集，今李修生主编《全元文》即据《草莽私乘》收入此文。又按：贡师泰(1298—1362)，字泰甫，号玩斋，宣城人，天历元年(1328)进士，著有《诗补注》二十卷，《友于集》十卷，《玩斋集》三卷，《蟦窍集》二卷，《阁南集》三卷，多散佚，明沈性辑为《玩斋集》十卷，《补遗》一卷。

20. 汪泽民《贤母传》

贤母陵阳陈氏女，甫龀失所，恃资敏惠静，专克自立，颇喜书礼，间则习女事，组𬘡丝茧，务工巧□(原文阙)。长，声迹不接阃外。年十七，归太平孙君和甫，舅姑称妇之孝，君子乐妻之顺而正，久而族党闾里化，咸赞母贤，无间言。孙君尝为尉海陵崇阳宁国，母率从之官，内助尤多。海陵民冒禁则从客，语孙君理民宜先德化、后刑罚，不尔无完人。孙君由是获治声。长似亡母，自海陵涉江千里，归字其孤子女，如己出。先是，长似已抑业，母复以义合，洎从子女冠弁昏嫁，凡什器好者，悉让焉。母年三十七，而孙君卒。誓节不渝，奏夫之丧，葬县西三里丹阳山，立家舍曰玄真，有蒸尝，日祭扫惟谨，乡邻姻族，或不自给，周之弗靳。厥后，邑令长闻母贤，将以乡耆所上母贞节状达郡，请旌异之。母闻之，曰："守节，妇道之常，岂求闻于人哉?"力辞弗从。有子曰礼，字伯庸；孙曰玘。女五人，长曰淑清，适方氏，早丧其夫，次曰淑柔，适赵氏，亦早卒，俱克守志节。母恒言：不幸为未亡人，入惟训子孙《诗》、《书》，尚承厥祖考志。乃礼致硕师，夙夜占毕，躬胝所习故礼，能涉经传、知大义。玘进士业，皆以孝谨闻。戒子若□(原文阙，当为"孙")曰："富室显族，往往讼田，财多寡致毁其家。吾目见孙氏今五世矣，若曹其恩义相睦，以大其门。"孙君有庄名耕道，母复扁居之东轩曰种德，而塾曰勤有，藏书万卷。今母年七十七，士子姓群从岁时奉觞介寿，高堂鹤发，福祉日臻。惟父能生之，而不能养，母能养之，而不能教，孙母兼养与教，子孙进于学，女能蹈贞节，可谓贤母。作《贤母传》，时至正六年。

今按：汪泽民诸文稿今未见，不知此《贤母传》是否见于其中，待考。又按：汪泽民，字叔志，婺源人，延祐五年(1318)进士，所著有《春秋纂疏》及《巢深稿》、《燕山稿》、《宛陵稿》等。

(三)讨　论

我们下面主要讨论两个问题。

1. 前人如何看待《草莽私乘》的真伪问题

第一，程敏政以为真。《宋遗民录》卷十收龚开《宋文丞相传》、《辑陆君实挽诗序》、《宋陆君实传》，《宋陆君实传》末注语曰："文、陆二传，以陶南村《草莽私传》校正。"①

① (明)程敏政：《宋遗民录》，《四库全书存目丛书》(史部88)，齐鲁书社1996年版，第519页。

第二，王世贞以为真。《草莽私乘》稿本最早藏于明王世贞处，此后多以抄本流传，王世贞《书陶九成书〈草莽私乘〉后》记其所藏陶宗仪稿本曰："此书乃少年笔，楷法尤精谨可存。余既爱其人，不忝乃祖靖节风，而惜其湮没也，特为拈出之。"①又称："九成字宗仪，天台人，少贫，以经术教授乡里，而博学工文章，喜纂述，贫不能市书，间从友人借贷，得则录其要语，名之曰《说郛》，凡百余卷……所志胜国之文献曰《草莽私乘》，而有手录朝典世系、土俗民讴、机祥物怪，若《虞初》、《齐谐》之类，曰《辍耕录》，合之又且百余卷，属兵乱，则碎置之瓮甓，藏深山土中，事定而后出之。"②

第三，钱谦益以为真。钱谦益称："陶南村辑《草莽私乘》，手稿在王弇州，余访之冏伯丈(王世贞之子王士骐——引者注)，则已化为乌有矣。偶与江上李如一谈及，如一云家有抄本，忻然见借，篝灯疾读，不啻获一真珠船。"③

第四，朱彝尊以为真。朱彝尊称："陶宗仪：字九成，黄岩人……其余若《草莽私乘》、《游志续编》、《书史会要》，皆有裨史学。"④

第五，沈叔埏以为真。沈叔埏《书〈草莽私乘〉后》称："陶南村辑《草莽私乘》一册，世鲜流传，钱虞山得之江上李如一，而《桑海续录》以成。"⑤

第六，阮元以为真。阮元称："《草莽私乘》一卷，元陶宗仪辑，黄岩人，抄本。是书采辑元人遗文关史事者。"⑥

第七，瞿镛以为真。瞿镛称："是书出南村手稿，藏王弇州家，江上李氏录副以传，旧为邑中钱氏所藏。"⑦

第八，陆心源以为真。丁丙以为真。丁丙称："《私乘》手稿藏王弇州家，蒙叟访之不得，从江上李如一抄得之，并识二跋。"⑧

第九，陆心源《草莽私乘跋》称："是书手稿，嘉靖中，为王弇州所藏，江阴李贯从王氏录副以传。"⑨

第十，潘景郑以为真。潘景郑(1907—2003)《著砚楼读书记》亦证《草莽私乘》为陶宗仪抄辑："陶南村《草莽私乘》一卷，辑录宋末一时忠孝节义之作，其有裨史乘实非浅鲜。然南村传中纪所撰述独无此书，《提要》疑是后人依托。窃谓掇拾遗闻，自非纂述之可言，南村攟摭之业为富，此当是偶拾见闻，录为斯帙。自弇州跋称尝见手稿，复行缮写之本，

① (明)王世贞：《读书后》卷四，《文渊阁四库全书》第1285册，台湾"商务印书馆"1986年版，第52页。

② (明)王世贞：《弇州续稿》卷七十七，《文渊阁四库全书》第1283册，台湾"商务印书馆"1986年版，第138页。

③ (元)陶宗仪：《草莽私乘》，《四库全书存目丛书》(史部87)，齐鲁书社1996年版，第733页。

④ (清)朱彝尊：《静志居诗话》卷四，人民文学出版社1990年版，第81页。

⑤ (清)沈叔埏：《颐彩堂文集》卷八，《续修四库全书》第1458册，上海古籍出版社2002年版，第433页。

⑥ (清)阮元：《文选楼藏书记》卷六，上海古籍出版社2009年版，第422页。

⑦ (清)瞿镛：《铁琴铜剑楼藏书目录》卷十，《续修四库全书》第926册，上海古籍出版社2002年版，第193页。

⑧ (清)丁丙：《善本书室藏书志》卷九，《续修四库全书》第927册，上海古籍出版社2002年版，第271页。

⑨ (清)陆心源：《仪顾堂书目题跋汇编》卷四，中华书局2009年版，第63页。

于以见重当世。其为南村手订，可无疑矣。”①潘公所论甚确，堪称定论。

2.《四库全书总目》为何怀疑《草莽私乘》为依托之作

《四库全书总目》为何怀疑《草莽私乘》为依托之作？推定其原因，可谓别有用心。

第一，《草莽私乘》抄本前有钱谦益识语。今上海图书馆藏清初抄本《草莽私乘》，书前目录后有钱谦益识语二则，其一曰：

> 陶南村辑《草莽私乘》，手稿在王弇州，余访之冏伯丈，则已化为乌有矣。偶与江上李如一谈及，如一云家有抄本，忻然见借，篝灯疾读，不啻获一真珠船。复手录《文丞相》、《陆君实》二传，为《桑海续录》发端，而为之叙以识之。如一好古嗜书，收买图籍，尽灭先人之产，尝从事三礼，从余假宋贤《礼记集说》，焚香肃拜而后启视，其郑重如此，每得一遗书秘册，必贻书相闻，有所求假，则朝发而夕至。尝曰：“天下好书，当与天下读书人共之，古人以匹夫怀璧为罪，况书之为宝，尤重于尺璧，敢怀之以贾罪乎?”又尝语其子弟：“吾藏书经牧斋翻阅，觉卷帙上隐隐有光气。”余甚愧其意，然未尝不叹此达言，以为美谭也。庚申中夏日。

其二曰：

> 《草莽私乘》一册，借江上李如一抄本缮写。余往辑《桑海续录》，访问龚圣予文履善、陆君实二传而不可得。从江上李如一借得陶南村《草莽私乘》，则二传及《君实挽诗》俨然在焉。不独二公须眉如在，亦如与龚圣予、吴立夫诸老执手接席，欷歔叹噫于寒灯竹几之间也。万历庚申春日。

乾隆时，大兴文字狱，清高宗对钱谦益恨之入骨，清廷对与钱氏有关之著作、文章多方打压，而《草莽私乘》前竟列钱谦益识语，其中又有李如一对钱谦益的溢美之词，《四库全书总目》自然要对其进行特殊处理。城门失火，殃及池鱼。四库馆臣连类而及，将《草莽私乘》列入存目，并疑其为依托之作，可谓别有用心。

第二，《草莽私乘》主旨在表彰忠孝节义。

王世贞《书陶九成书〈草莽私乘〉后》称：“《草莽私乘》者，则皆忠臣、孝子、义夫、节妇之事，而元之末季诸公所撰著也。”②其中尤以龚开所记文天祥、陆秀夫二人之文为关键。瞿镛称：“《草莽私乘》一卷，旧抄本，题南村陶宗仪抄辑。凡孝子、忠臣、节妇二十篇，其主意在龚圣予所作文信国、陆君实两传也。”③

清朝入主中原，与元朝相似，故对《草莽私乘》中所记誓死抗元之文天祥、陆秀夫多

---

① 潘景郑：《著砚楼读书记》，辽宁教育出版社 2002 年版，第 93 页。

② (明)王世贞：《读书后》卷四，《文渊阁四库全书》第 1285 册，台湾“商务印书馆”1986 年版，第 52 页。

③ (清)瞿镛：《铁琴铜剑楼藏书目录》卷十，《续修四库全书》第 926 册，上海古籍出版社 2002 年版，第 193 页。

所忌讳，因为二人之事迹皆能激发汉人亡国之思。钱谦益《重辑〈桑海遗录〉序》称："余读吴莱立夫《桑海遗录》，序称淮阴龚开圣予所作文宋瑞、陆君实二传，类司马迁、班固所为，陈寿以下不及也。……圣予所作二传及《君实挽诗序》，皆具载焉。篝灯疾读，若闻叹噫，须髯奋张，发毛尽竖，手自缮写，不敢以属侍史，渍泪彻纸，不数行辄掩卷罢去也。"①黄丕烈读《草莽私乘》而作之诗曰："《私乘》存公道，鸿文二十篇。纲常留大节，草莽示微权。感慨宋元际，表扬臣妾贤。读之如有愧，掩卷泪凄然。"②丁丙亦谓《草莽私乘》"内有壬撰《文丞相传序》，开撰《文丞相传》、《陆君实传辑》、《陆君实挽诗序》，尤辉炳简册"③。

虽然清朝为使臣民效忠于朝廷，亦竭力宣扬忠义，但对这种能激起汉人亡国之思的文章还是极力打压的，故《四库全书总目》将《草莽私乘》疑为依托之作，并列入存目，即是其采用"存之正所以废之"的手段，这也正反映出清朝统治者的正统焦虑。由此可见，《四库全书总目》在其学术性的背后，有着强烈的政治性；且政治凌驾于学术之上，进而伤害到学术，这也使得《四库全书总目》的学术价值大打折扣。

(四)结　　论

综上所考，《草莽私乘》二十篇文章大致可分为以下六种情况：

1. 见于原作者文集者，有王恽《烈妇胡氏传》，揭傒斯《李节妇传》，许有壬《文丞相传序》，刘因《王孝女旌门铭》，《翟节妇传》，李孝光《王贞妇传》，共六篇。

2. 见于《元文类》者，有胡长孺《陈孝子传》，王恽《烈妇胡氏传》，揭傒斯《李节妇传》，许有壬《文丞相传序》，虞集《蔡孝子诗序》，刘因《王孝女旌门铭》，《翟节妇传》，共七篇。其中王恽、揭傒斯、许有壬、刘因之文亦见其文集。

3. 抄入《南村辍耕录》者，有金絅《杨员外郎传》，杨维桢《朵那传》，林清源《萧景茂传》、《烈妇蔡三玉传》，共四篇。

4. 见于《宋遗民录》者，有龚开《宋文丞相传》、《宋陆君实传》、《辑陆君实挽诗序》，共三篇。

5. 其他被收入《全元文》者，有周仔肩《张节妇传》、揭傒斯《张节妇传》、杨维桢《朱夫人传》、贡师泰《济南张氏传》，共四篇。

6. 查无出处者，仅汪泽民《贤母传》一篇。

从前三种情况，即可断定《草莽私乘》必为陶宗仪抄录当时所见元人传记文章而来。而《宋遗民录》所载龚开三文，亦可从侧面证明《草莽私乘》之真实性。

因此我们认为，《草莽私乘》为陶宗仪抄辑，绝非依托之作。且《草莽私乘》所载各文，较他书为详，而未见于他书之文章，独赖此书得以流传。

---

① (清)钱谦益：《牧斋初学集》卷二十八，上海古籍出版社2009年版，第847页。

② (清)黄丕烈：《士礼居藏书题跋记》卷二，书目文献出版社1989年版，第35页。

③ (清)丁丙：《善本书室藏书志》卷九，《续修四库全书》第927册，上海古籍出版社2002年版，第271页。

丁编　集部辨伪

一、《心史》伪书说详辨

陈福康

（一）代对方拉出一支队伍

在本文的开首，我想强调指出几点。

第一，我曾撰写《井中奇书考》，目的不仅仅是为了考辨《心史》非伪书，这在该书一开头的《引言》中就已经交代清楚；但是，该书所写的大部分内容，又确实都是在直接或间接地论述和证明《心史》是完全可靠的，绝非某些人所说的伪书。因此，有学者将该书列为辨伪学专著，本人对此也认可，并引为光荣。但有朋友说，所谓辨伪，应是指考证伪书，如清人崔述撰《古文尚书辨伪》，就是认为《古文尚书》是伪书。你的书既然不认为《心史》是伪书，又怎么认可是辨伪学专著呢？朋友说的不无道理，辨伪一词本来的意思就是辨别伪造的东西，如唐徐浩《古迹记》有“辨伪知真”之语，唐吴筠还撰有《明真辨伪论》；但我又认为，辨伪学应该就是辨真伪之学。历史已经充分地证明了，前人（包括 20 世纪名震一时的疑古派）有一些辨伪（辨别伪造）本身是自己辨错了，把真的说成是假的，那么就应该有辨辨伪，而这也应该归入辨伪学。“辨伪”和“明真”“知真”，本来就是一件事的两个方面。

第二，曾见美国亚利桑那州立大学历史系教授田浩（Hoyt Cleveland Tillman）在其论文《因“乱”而致的心理创伤：汉族士人对蒙古入侵回应之研究》的注释中说：“陈福康在《郑思肖集》序中论证说，那些认为《心史》是伪作者并没有证实他们的说法，而且认为是伪的必须提出材料，而认为是真的却不必。”其实我在《郑思肖集》附录的拙文中表达的意思是，后人论断《心史》真伪，如同现代法院审判，应根据“谁主张，谁举证”的原则，而被告人（认为《心史》是真的人）不负有举证证明自己无罪错的义务。《心史》从一开始问世，就署明著作者是郑思肖，后来主张《心史》是伪书的人（原告人），就必须举出他的证据来；而只要他的举证被指明证据不足或落空，他就已经输掉了官司，他是没有任何理由、任何权力反过来要求别人（被告人）提供《心史》非伪的证据的。不过，实际上我在辨析驳斥伪书说的同时，还主动地举出了大量的《心史》非伪的证据。而且，我的辨析驳斥是逐条不漏地进行的，甚至有时更是反过来代原告人举证而辨析之，绝不屑采取乘瑕蹈隙、避坚攻脆的战法。我这样做，当然并非认为自己必须负有这样做的义务，而是因为我据有大量的事实证据和严密的逻辑，所以充满自信。我这样做的目的，无非就是力求使对方口服心服，以了此轇轕数百年之恶讼。

第三，现在我还要来做一件本来也应该由主张伪书说者们自己来做的事，即尽可能地发掘出历史上主张《心史》为伪书的人，并全面整理历来主张《心史》伪书说的说法和理由。借用某人的话来说，就是我要代对方拉出一支队伍来。至于这支队伍拉出来有没有战斗力，大家看后便知。

本人已经找到了两百三十多位肯定《心史》为郑思肖沉井之书的明季人士。在这些人士的大量的有关记述中，竟从无一字提及或批驳所谓的伪书说。那么，这说明了什么呢？这只能说明这些明季人士都还没有见到或听到过这一说法，不然无论如何总会有人要提一下的。而且，他们中有的人，直到晚年还念念不忘《心史》。如著名大学者顾炎武，在《心史》出井整整四十年后(1678)，还撰写了《井中心史歌》；著名大学者王夫之，在近五十年后(1686)，还回忆起自己早年读《心史》、仿《心史》作诗之事；而王御及郑起泓、杨仑、周裳等人，则更在七十多年后(1700)，还为重刊《心史》中的诗而写序文。因此，我可以完全有把握地说：《心史》问世后，至少有四五十年，伪书说一直还没有被人发明出来！

显然，这是因为在这段时间内，《心史》出井的当事者、目击者和《心史》刊行的参与者等，都有人活着，事实又是那样清清楚楚，即使有人觉得太神奇而不大相信的话，打听一下也就可以释疑。但是，待明季遗老逐渐凋零殆尽之际，却有一两个蝇营蚁附之丑佞者(顾炎武语)，用隐约不明的呓语般的短促字句，开始说它是“伪书”了。那就是《心史》问世时尚年幼，而后又投靠清廷新主的徐乾学及阎若璩。

(二)最初伪书说者心知非伪

徐乾学(1631—1694)，字原一，号健庵。昆山(今属江苏)人。《心史》出井时他仅八岁。徐乾学是顾炎武的外甥，但他的这位为人正直的舅舅在64岁时(1676)一听说徐某要延请潘耒，就立即给潘氏写信阻止说：“彼之官弥贵，客弥多，便佞者留，刚正者去。今且欲延一二学问之士，以盖其群丑。不知熏莸不同器而藏也！吾以六十四之舅氏主于其家，见彼蝇营蚁附之流，骇人耳目，至于征声发色而拒之，仅得自完而已……今次耕之往，将与豪奴狎客朝朝夕夕，不但不能读书为学，且必至于比匪之伤矣！”顾炎武当时正住在徐家，竟愤愤如此，徐某人品之坏可想而知。而时隔一年，顾炎武即作《井中心史歌》。可知徐乾学当时尚未提出《心史》为伪，否则，顾炎武不在诗中痛斥之才怪呢。

徐乾学为拍权臣明珠的马屁，曾以自己主编的大型经学丛书取名《通志堂经解》，署上明珠儿子纳兰成德的名字以行世(通志堂是纳兰成德的斋名)。据庆桂《国朝宫史续编》卷八八《钦定国史列传》载，乾隆三十年(1765)六月二十三日，因官撰《国史列传》而降旨，称徐乾学为“美恶参半之人”，说：“即如索额图、明珠、徐乾学、高士奇辈，当时非不藉藉人口，而迹其行事，或则恃才自恣，或则倚附结纳，交通声气，虽学问或有可称，而品谊殊无足取。”《国朝宫史续编》卷九四《御定补刊通志堂经解》又记乾隆五十年二月二十九日奉谕旨：

> 四库全书馆进呈《补刊通志堂经解》一书，朕阅成德所作序文，系康熙十二年，计其时成德年方幼稚，何以即能淹通经术？向即闻徐乾学有代成德刊刻《通志堂经解》之事，兹令军机大臣详查成德出身本末，乃知成德于康熙十一年壬子科中式举人，十二年癸丑科中式进士，年甫十六岁。徐乾学系壬子科顺天乡试副考官，成德由其取中。夫明珠在康熙年间柄用有年，势焰熏灼，招致一时名流如徐乾学等，互相交结，植党营私，是以伊子成德年未弱冠，夤缘得取科名，自由关节。乃刊刻《通志堂经解》，以见其学问渊博。古称"皓首穷经"，虽在通儒，非义理精熟毕生讲贯者，尚不能覃心阐扬发明先儒之精蕴。而成德以幼年薄植，即能广搜博采，集经学之大成，有是理乎？更可证为徐乾学所裒辑，令成德出名刊刻，俾藉此市名邀誉，为逢迎权要之具耳。夫徐乾学、成德二人，品行本无足取，而是书荟萃诸家，典赡赅博，实足以表章六经，朕不以人废言，故命馆臣将版片之漫漶断阙者补刊齐全，订正讹谬，以臻完善，嘉惠儒林。但徐乾学之阿附权门，成德之滥窃文誉，则不可不抉其隐微，剖悉原委，俾定论昭然，以示天下后世。

上引乾隆"谕旨"又载王先谦《东华续录》乾隆卷一〇一。《国朝宫史续编》卷九四又记乾隆五十九年(1794)四月初六日奉"谕旨"，其中云："《通志堂经解》一书，汇集诸儒经训，洵足嘉惠士林，然当时裒辑此书，必非出于成德之手，自系徐乾学逢迎交结，代为纂辑，令成德出名邀誉。"可见乾隆三十年来一直深鄙此事。乾隆时学者姚元之《竹叶亭杂记》卷四也说："《通志堂经解》，'纳兰成德容若校刊'，实则昆山徐健庵家刊本也。高庙(按，即乾隆)有'成德借名，徐乾学逢迎权贵'之旨。成德为明珠之子，徐以其家所藏经解之书荟而付梓，镌成名，携板赠之，序中绝不一语及徐氏也。"

今按：乾隆之所谓"详查成德出身本末"亦未必准确，成德中举之时年十八岁，编《通志堂经解》时二十岁出头；姚元之所谓"序中绝不一语及徐氏"也有不确，盖徐某在序中提到"余兄弟家所藏本，复加校刊……谋雕板行世，门人纳兰性德尤怂恿此举，捐金倡始"。但乾隆说徐乾学任副考官时徇私舞弊，"成德年未弱冠，夤缘得取科名，自由关节"，确是事实。康熙时陆陇其《三鱼堂日记》卷三乙卯(1675)六月十一日日记即揭载："宿西王家营，钱尔载……又云癸丑馆选，熊青岳主之实无私，而为徐健庵所卖者良多。"乾隆说成德年轻植薄，本无能力集经学之大成，而是徐乾学帮渠邀誉，并为自己逢迎权要明珠之具，是不可否认的事实。姚元之谓徐乾学"携板赠之"，王士禛《分甘余话》卷四亦载："昆山徐氏所刻《经解》……闻其版亦收贮内府。"内府即明珠家。

周寿昌《思益堂日札》卷五"窃袭前人书"条又记一事："《陈氏礼记集说补正》三十八卷，'纳兰性德撰'。性德本名成德，字容若，满洲进士。此书《方望溪集》谓本陆元辅撰，徐健庵刻《经解》时改题性德名。"按，陆氏为黄淳耀弟子。查清初方苞《望溪集》文集卷五《书后题跋·书陈氏集说补正后》云："余少治《戴记》，见《陈氏集说》于《记》之本指时有未达，而反以蔽晦之者。及得昆山徐司寇所刻《集说补正》，而惑之解者过半。念此必吴中老儒勤一世以为之，恨子孙不能守而流传势家。又怪司寇听其假托而不辨也。……厥后见嘉定张朴村，叩之，曰：'此吾乡陆翼王先生所述也。先生于诸经多开阐，兹其仅存者耳。'夫秦周以前，作者虽不知其谁何，而无有假托者。吕不韦、刘安名以书传，然众知其非不韦、安作也。若陆氏此书，非朴村为征，则他人据而有之矣！以是知无实而掠美者，必有物焉以败之也！"

方苞因是徐某的朋友，所以照顾其面子，只是表面上说"怪司寇听其假托而不辨也"，但他毕竟将事实真相揭露了出来。徐某岂属"听其假托而不辨也"？其实确是蓄意拍"势家"马屁而为其"掠美"！此事在康熙时陆陇其《三鱼堂日记》卷十中就有记载：壬申年(1692)"十一月初二，侯大年言陆翼王所著《礼记集说补正》，徐氏以三百金买之，刻在成德名下。"今人张舜徽在《清人笔记条辨》中嘲讽说："古人有窃他人书以为己作者，乾学乃窃他人书以为他人之作，斯又添一书林掌故，可哂也。"

李光地《榕村语录续编》卷一三又记徐某"落职尚不肯去……固请陛辞，刺刺不休。上(按，即康熙)已他顾，东海(按，即徐乾学)近视，不见也，哓哓然曰：'臣一去必为小人所害。……但要皇上分得君子小人，臣便可保无事。'上曰：'如何分？'曰：'但是说臣好的，便是君子；说臣不好的，便是小人。'"可见徐某自知坏事做得多，一旦失势便没有好下场。

徐乾学晚年提出"愿比古人书局自随之义，屏迹编摩"，经康熙准许，便于1690年在苏州洞庭山设局，开始编修《大清一统志》，其后又编《资治通鉴后编》。而就在此时，苏州曾出现《三吴公讨徐氏檄》，列举多款，揭露其居乡豪横种种劣行。这些丑事在蒋良骐《东华录》里也多有记录。如黄中坚，就受到过徐家的迫害。即从后来《清史稿》卷二七一徐乾学传来看，也可知他不时因品行问题而"物议沸腾"。①

阎若璩(1636—1704)，字百诗，号潜丘，山西太原人，生长于江苏淮安。《心史》出井时仅三岁。康熙元年(1662)补廪膳生，十八年(1679)应博学鸿儒，报罢。钻研经史。梁启超在《中国近三百年学术史》中较高地评价了他的学术水平，但同时也提出其人格之峻整"远不如"当时其他学者。而阎某正是顾炎武所说的徐乾学所"留"所"延"之士。徐乾学主编《一统志》与《通鉴后编》等，阎某均参与，而且是最主要的参加者。据阎某女婿沈俨《潜丘札记序》，徐乾学"独首重"阎某，凡所著作，必质之阎某而后定稿。阎某虽属"学问之士"，但却是顾炎武说的与徐乾学"同器而藏"的"便佞者"。

阎某平时也颇热衷巴结权势，今仅举一件可与徐乾学相"媲美"的同是临死前的可哂之事。癸未年(1703)康熙南巡，阎某未赶上拜见，便特地写《万寿诗》八首，命儿子阎咏上京送给康熙。阎咏《潜丘行述》记，一日他在京偶尔听说康熙对人提到"阎若璩学问甚优"，"不孝(按，即阎咏)闻之，感激涕零，驰书报府君(按，即阎若璩)。府君因属不孝曰：'皇上天章云烂，草野布衣皆得望见，汝且勿归，为我老臣求之。我身若健，或当亲来未可知。'"亦即阎某一听到表扬就要儿子进而向康熙乞讨"天章"(题字)，不料皇上没给这个面子。后来，皇四子(即后来的雍正)"乃召不孝咏，以手书谕府君曰：'闻先生志

① 司马朝军按：赵秀亭《纳兰丛话》为之辨诬：徐乾学为亭林之甥，名重士林，朱彝尊尝称"非三徐无以博揽海内之才士"，圣主遂倚为搏击之用。乾学不得自拔，勉君命而牺牲人格，终致失望士林。乾学之反复，由圣主成之，圣主乃借其反复而痛抑之，乾学无以自明，竟以危疑不测至悸死。圣主固一代枭雄，然英雄欺人，犹刻毒于寻常万万，惜史家不著意于此也。百犬吠声，乾学既夺职，群敌揣知上意，蜂起告讦，无所不用其极，今存诋毁徐氏之文，如《三吴公讨徐氏檄》之类，率皆出于此际。

求御书，盍不自来馆我斋中？皇上万几之暇，我得乘间代先生请。'谕到，正值小恙，捧读之顷，霍然起，语不孝、训悫、议略(按，均是其儿子)及诸孙曰：'吾绩学穷年，未获一遇，春间天子召见，吾复未及；今贤王下招，古今旷典，乃斯文之幸也！其可勿赴？'"力疾赴京，而死。临死前说，一生最遗憾的就是"此来御书未得，贤王崇礼未得报"。

以上我之所以费如许笔墨写了徐、阎这些糗事，是为了说明《心史》"伪书说"创自他们二人，倒是与他们的品性和为人十分相符的。

徐乾学谈到《心史》的文字，是夹在其所撰一部大书《资治通鉴后编》的卷一五二《宋纪》一五二《末帝》的一则"考异"中的，仅寥寥数字，并把《心史》的书名也写错了：

明季有《井中新史》一书，载天祥对孛罗之言颇不同。是书乃姚士粦伪撰，托名宋郑思肖，不可用。……士粦字叔祥，嘉兴海盐人。

阎某谈到《心史》的文字，也是夹在其《尚书古文疏证》的卷五上"第六十九"的最后，莫名其妙地附写了一段与《尚书》完全无关的话：

又按，有伪书出近代，证佐分明，苟一言及，辄哗然起，被以大不韪之名。且以宁可信其有者，莫过史彬之《致身录》、郑所南之《心史》。一为史兆斗所撰，一为姚士粦所撰。前说余征诸牧斋，后说闻诸曹秋岳云。

上述徐某、阎某两段话，孰先孰后，难以定夺。要之，大致都出现于《心史》出井约半个世纪后。近人余嘉锡指出，上述徐氏之说"即阎氏之说也"(《四库提要辨证》)。《四库全书提要》卷四七亦云《资治通鉴后编》原稿"多涂乙删改之处，相传犹若璩手迹"。同样的，我认为阎氏之说亦即徐氏之说。他们可称是演了一出双簧。二者的共同点是都没有提出任何确凿根据，却又都一口咬定是姚士粦伪造。

日本学者桑原骘臧在《蒲寿庚考》中指出："乾学虽曰伪撰，而未举一证，又误《心史》为《新史》，其言绝难信也。"徐某提出的《心史》所载文天祥语与他史所载颇不同，这正是其史料价值所在，更是值得后人重视，却完全不能成为判定"伪书"的理由。阎某的那段话，还很模棱两可。所谓"证佐分明"，究竟是指《心史》所记真实可信呢，还是指其书之"伪"证据确凿？如是后者，阎某为何一条也不举出来？所谓"苟一言及，辄哗然起，被以大不韪之名"，究竟是指只要一言及《心史》为"伪"便遭到人们义愤的痛斥呢，还是指如果肯定它便要受到人们的批评？且不说阎某提及《致身录》为伪，并无确证；而他说《心史》为姚士粦所撰乃"闻诸曹秋岳"，但在曹溶(1613—1685)的存世著作中却根本找不到这样的记述，相反，在曹氏《静惕堂书目》中却录有郑氏《心史》。退一百步讲，即使曹氏真的说过此话，那也不过是一种毫无根据的传说而已。

关于姚士粦，近人余嘉锡《四库提要辨证》考证云：姚氏生平略见于所著《见只编》(《盐邑志林》本，凡三卷)，自言年二十犹目不识丁，以写照自给，德清学博姜孩日谓之曰："男子何可不知书？"乃于庚辰四月受书。庚辰当是万历八年，以此推之，姚氏当生于嘉靖三十九年辛酉(1561)。钱谦益《列朝诗集》丁集卷十六曰："士粦，字叔祥，海盐人……以书生穷老。晚岁数过余，年将九十矣，剧谈至分夜不寐。兵兴后，穷愁以死。"

可知姚氏卒于甲申(1644)后，年近九十。钱氏《初学集》卷十七有作于崇祯庚辰(1640)的十六首诗，题为《姚叔祥过明发堂，共论近代词人，戏作绝句》，此即所谓“剧谈至分夜”者也。《心史》问世之际，姚氏已年届八旬，如何有精力伪造这样一部书呢？

近人郑振铎《跋心史》指出：“士彝刊书甚多，《秘册汇函》中何不收入此书，而必欲待林古度诸人出而始为表章？曹石仓、林古度诸人，多见古书，皆不作妄语者，何所为而造作此漫天大谎？当崇祯十三年之际，奴酋尚未有猾之举，‘流寇’势亦未大炽，曹、林辈何所为而预行写下此种不祥之文字？此皆理所万不可通者。”郑振铎当时还只见到林本，尚未见张本；而张本有近二十人序跋，更可见与姚氏毫不相干。

近人蒋逸雪《心史辨伪》中也指出，姚氏“有《秘册汇函跋尾》行世，其学长于考据。《心史》悲歌慷慨，志切匡复，途路迴殊，从何依托？且古之造伪者，或应朝廷之征集，以求禄赏；或傅会缘饰，以示己说之有本；若士彝者，究何所图乎？前年(按，1942)吾尝以此就问于朱希祖先生，先生谓‘《心史》真伪不可知。纵系赝品，亦必不出姚叔祥手，吾乡无此说也’。朱先生籍隶海盐，斯语尤足助吾张目”。

其实，早在明季清初肯定《心史》非伪的人中，即大有海盐籍人士(如彭孙贻、徐豫贞、范希仁等)在，还有不少与姚氏极相熟者(如曹学佺、谈迁、钱谦益等)，如果《心史》是姚氏所伪，他们岂会不知，岂会不说，又岂会肯定《心史》？而且，我还看到清康熙癸丑(1673)彭孙贻、童申祉写定的《海盐县志》，在《列女传》记载陆柔柔时，即引郑思肖《心史·欧阳梦桂忠妾柔柔传》(按，其后的县志亦如此，如光绪三年刊印的王彬修、徐用仪纂《海盐县志》)，他们怎么不写此乃同乡姚氏所撰的啊？

总之，徐乾学、阎若璩二人关于《心史》之议论，只能称为“小人之言，僭而无征”(《左传·昭公八年》语)；而更值得揭露的是，他们心中其实并非不明白《心史》不伪，完全是老百姓说的“揣着明白装胡涂”！

铁证之一：徐乾学在《资治通鉴后编》卷一五二《考异》中刚说过《心史》“乃姚士彝伪撰，托名宋郑思肖，不可用”。但就在同一书的卷一六二《元纪》十《成宗钦明广孝皇帝》的大德九年春正月“甲午，免天下道士赋税。乙未，建大天寿万宁寺，中塑秘密佛像，其形丑怪，皇后幸寺，见之恶焉，以帕障其面而过，寻敕毁之”一段文字下面加了这样一大段注：

> 蒙古旧法，分人为十等：一官、二吏、三僧、四道、五医、六工、七猎、八民、九儒、十丐。故重僧道之教。僧为僧官统僧，道为道官统道士，皆顶笠、穿靴、骑马，听讼治罪，与官府同。供佛则宰杀牛马，刺血涂佛唇，为佛欢喜。斋僧则僧父僧子俱来。人家招僧诵经，必盛设酒肉，恣其餍饫，方为有功德。幽州建镇国寺，造佛母殿，黄金铸佛中立，目瞩邪僻。岁岁四月八日，杀童男童女，血涂佛唇。又取壮白孕妇中坐，妖僧作法，咒眩孕妇魂魄，使其目幻见妖异，众僧乃缚妇手，执两金篦刺入两乳旁，令其主吸饮生血。血尽，妇人死，又咒眩其主及群臣，令目见妇乘彩云而去，以为往生净土。世祖既革宋命，尽变其风，独此一事仍因旧习，至是始得灭除。

这一段注文，尽管它不注出处，但除了最后一句，全部是出自《心史》的《大义略叙》的！徐乾学刚刚说过《心史》伪书“不可用”，怎么马上自己就又用了呢？

铁证之二：徐乾学是很有名的藏书家，其“传是楼”海内皆知。而在今存徐某《传是楼书目》集部·号字上格·别集·宋·度宗，正著录有“《心史》二卷”，且写明“宋郑思肖”！而且，在其弟徐秉义(1633—1711)的《培林堂书目》集部也著录了“郑思肖《心史》”！

“传是楼”者何义？据汪琬《尧峰文钞》卷二三《传是楼记》，楼成，徐某“召诸子登斯楼，而诏之曰：‘吾何以传女曹哉？……盖尝慨夫为人之父祖者，每欲传其土田、货财，而子孙未必能世富也；欲传其金玉珍玩、鼎彝尊斝之物，而又未必能世宝也；欲传其园池台榭、舞歌舆马之具，而又未必能世享其娱乐也。吾方以此为鉴，然则吾何以传女曹哉？’因指书而欣然笑曰：‘所传者惟是矣！’遂名其楼为‘传是’”。

黄宗羲《南雷文定》三集卷一《传是楼藏书记》曰：“欧阳公云，物常聚于所好，而常得于有力之强。二者正是难兼。至于书之为物，即聚而藏之矣，或不能读；即有能读之矣，或不能文章。求是三者而兼之，自古至今盖不能数数然也。”

而邵长蘅《青门剩稿》卷五《传是楼记》则认为汪、黄二位“其说美已，顾蘅窃疑先生(按，指徐某)名楼之意不在此。常诵昌黎文：‘尧以是传之舜，舜以是传之禹，禹以是传之汤，汤以是传之文武周公，文武周公以是传之孔子，孔子传之孟轲。’乃喟然曰：先生所以名楼，意在斯夫！‘传是’者何？‘传道’也！”

上面诸说略有不同，但不管怎么说，“传是楼”之命名是极其一本正经的，徐某岂能明知“伪书”而误标，而误“传是”？

无独有偶，阎某曾假馆传是楼，“且读且抄，穷日夜，不少休”(阎氏《困学纪闻笺》卷十五)，为什么不纠正徐某书目著录中关于《心史》之大“误”呢？而且，阎某说《心史》为伪乃“闻诸曹秋岳”，然而曹氏《静惕堂书目》亦至今犹存，书内也著录《心史》，而且还同样也题为郑思肖著！阎某为什么不纠正曹氏书目著录中之大“误”呢？

铁证之三：徐某从康熙丁巳(1677)年起编撰《读礼通考》，《四库提要》谓：“是编乃其家居读《礼》时所辑，归田以后又加订定，积十余年，三易稿而后成。……盖乾学传是楼藏书甲于当代，而一时通经学古之士如阎若璩等亦多集其门，合众力以为之，故博而有要，独过诸儒。”不料在该书卷首《引用书目》中竟公然列有“郑思肖《心史》”！徐某既然在《资治通鉴后编》中说《心史》“乃姚士粦伪撰，托名宋郑思肖，不可用”，为什么在《读礼通考》中又再次用了呢？“一时通经学古之士如阎若璩”为什么又没有纠正其大“误”呢？而且，公然列有“郑思肖《心史》”的《读礼通考》，又公然收于否定《心史》的《钦定四库全书》之中，岂非大笑话！

该书卷八七《葬考》六《通论》中，又公然引录“郑所南《心史》：‘古之葬者厚衣之薪……’”一长篇话，没有标点共计831字。这一长篇话实际并非出自《心史》，而是从《郑所南先生文集》的《答吴山人问远游观地理书》中摘录的。虽然这是徐某误记，但也表明他是知道《心史》非伪的。

铁证之四：徐某在康熙戊午年(1678)曾为友人吴绮所编选的《宋金元诗永》写序，高度肯定吴氏“当今最为工诗”，“其所收者纵横变化，各尽其才之至，而粹然归于大雅。其疏野凡俗、稍落窠臼者，概从刊削。是编也行，庶几三四百年才人之心灵光焰，得焕发于斯世，而学者有所准的，亦不至窘步而乖方”。该书卷首还有署“弟徐乾学、陈维崧等同具”的《征刻吴湖州选宋金元诗启》，说：“何地无愁，有天长醉。英雄未老，借选句以移情；岁月多闲，仗抄诗而送日。……洵他选所莫收，亦诸贤所未逮者也。”卷首所列“参阅诸先生姓氏”，亦有徐某之名。该书江湘所作序，也证明吴氏“出与徐健庵诸公参定，谓宜刻以供同好”。然而该书明明收入郑思肖《心史》中诗，达十四首之多！

铁证之五：徐某还曾在康熙壬申年(1692)为友人顾复所著《平生壮观》写序，称赞顾氏“为人温醇儒雅，宇内人士闻声争交欢，余与之游处三十年于兹”，称该书“为之浏览数四，深喜其考核良至，用心良勤……诚可谓真知鉴赏者”；然而该书明明热烈称颂“所南作《心史》藏于智井，明末乃出。吾最喜其‘地走人形兽，春开鬼面花’诸句，壮激新奇”。书字数并不多，徐某既然自称反复看过，为什么不指出《心史》是伪书，反而赞颂作者“考核良至”，是“真知鉴赏者”呢？

可见，有人后来以为徐、阎二人“皆不妄语者”，实为不确。至少，此二人在《心史》问题上真乃大妄语者也！后来说《心史》为“伪书”者，皆因相信此二人“皆不妄语者”，岂知斯二人原来其实并不真的认为它是伪书！因此，阎某在该书卷五关于《心史》的一段话，实是违心之言。就算阎某真的“闻诸”曹溶，难道他就未曾“闻诸”较曹氏远为权威的其他诸多学者的见解？以阎某之热衷于考证，为辨《古文尚书》能举出一百二十八条所谓证据，那为何对《心史》竟连一条也不举呢？

在徐、阎之前，尚未见有疑《心史》为伪的议论文字，因此，阎某说“苟一言及，辄哗然起，被以大不韪之名”，只能理解为当他俩一言及“伪书说”，便遭到一片斥问声。那么，他俩为何甘冒这“大不韪”呢？我认为只能是出于某种说不出口的原因，而“宁可信其”为伪而已。人们正可以从他们的人品、思想来思考、分析他们的心理动机。

(三)怀疑者说不出道理

自徐、阎二人提出姚士粦伪托之说后，直到乾隆时编纂《续文献通考》和《四库全书》，其间悠悠百年。历来谈及《心史》的人，在这百年间只看到仅有一个人曾在题词和诗中表示相信徐、阎的姚氏伪托之说。此人就是全祖望。

全祖望(1705—1755)，字绍衣，号谢山，浙江鄞县(今宁波)人。乾隆元年(1736)举博学宏词，成进士，选翰林院庶吉士。翌年散馆，以知县用，遂告归不复出。主讲蕺山、端溪书院，为士林仰重。学者称谢山先生。全氏的曾祖父和祖父均参加过抗清武装斗争，并以遗民终老。全氏族母是抗清烈士张煌言的女儿，他少年时曾向她问南明史事。他平生最服膺黄宗羲，尝续补黄氏《宋元学案》，编有《续甬上耆旧诗》等，著有《鲒埼亭集》、《句余土音》等。《鲒埼亭集》外编卷三四有《心史题词》云：

> 亡友长兴王敬所尝为予言《心史》必是伪作，予是其言而无征也。已读阎百诗集，其中引万季野语，以为海盐姚叔祥所依托，则敬所已下世，叹其不得闻此佳证也。尝以语钱塘厉樊榭，则谓：“叔祥岂能为此诗文？”予谓：“阎、万二丈皆不妄语者，必有所据。”
>
> 所南别有《锦线集》，明崇祯中尚存，梨洲先生曾见之，予今求之不得，但从《永乐大典》得见其奇零者。向使是书而在，以之对勘《心史》，当有败阙。但不知叔祥何故造为是书，虽非真本，要属明室将亡之兆也已。
>
> 吴儿喜欺人，至今谬称智井旧物，以索高价。凡有数本，予见其二。

《鲒埼亭诗集》卷五又有一首全氏寄给厉鹗的诗，以序为题：《苏人造为所南〈心史〉》旧本，索高价不一而足，然即系旧本，亦属海盐姚叔祥之笔，并非所南故物也，阎丈百诗盖尝辨之，而吾友厉二征士独以为真，则嗜奇之过矣，是用作歌，以晓苏人，兼寄征士》。诗云：

郑君眢井物，出之四百年。一朝承天寺，观者何喧阗。
诩为神护持，用以抒沉冤。谁知考张霸，近构自盐官。
其妄且无论，其妖则信然。无端作此伪，似亦得气先。
何异天津桥，忽焉闻杜鹃。当时数巨公，大半殉烽烟。
玉笥与虞、孙，足并文、陆传。降而亭林徒，亦与郑比肩。
遂不复致疑，百口声相沿。论世适相肖，论人适相班。
志气所感召，诬谩皆机关。迩来书估船，益复造旧笺。
装潢审行墨，动索十万钱。不足供一笑，谁考潜丘编？
我昔在三馆，曾见《锦线》篇。欲抄竟未果，至今魂梦缠。
何时得此集，侑以所画兰，缄之示诸子，斯价直琅玕！

全氏是一位著名的对明末历史非常有研究，而且非常有民族意识的学者。因此，近人余嘉锡《四库提要辨证》中说，徐、阎二人及后来的四库馆臣要否定《心史》是真本，“凡此皆不足怪。所可怪者，全祖望平日表章宋、明忠义甚力，宜读此书而太息”，然而却写出上述题词(按，余氏似未见上引全氏之诗；历来评论《心史》者也很少提及此诗)。此实在令余氏费解。清人周文禾也在《读井中心史》中感到奇怪：“异哉甬东全谢山，谓为凿空吴儿谲。大声疾呼为辨诬，取证更有《锦线集》。”我于此也深有同感。

全氏题词中提到的友人王豫(敬所)，在《鲒埼亭集》卷二十有全氏写的《王立甫圹志铭》，说“立甫姓王氏，讳豫，字敬所，浙之长兴县(按，今湖州)人”，平时“沉酣于学，大放厥辞”，又“有膏肓之疾，莫甚于好名。以其好名，故不慎于择交，而连染之祸(按，指为曾静案牵连)，至逮入京师。立甫故孱瘦，神魂魄力不足以当大难，况家贫甚，锒铛就道，一无所资。长系五年，其妻以望夫而死”。出狱后，“不料其死之遽也”。“遗文有《孔堂小稿》，长兴令鲍辛浦为梓以行世”，“其年四十有一”。

又见阮元《两浙辅轩录》卷二七云：“王豫字立甫，号孔堂山人，长兴人，著《孔堂诗文集》、《吴兴诗话》。”《孔堂小稿》、《孔堂诗文集》、《吴兴诗话》今均未见，仅见刘氏嘉业堂刊《吴兴丛书》收有《孔堂初集》二卷、《孔堂文集》一卷、《孔堂私学》二卷，并为一册，乃王豫病中自编者。书前姚世钰的序中说王氏“戊午正月病革”，则王氏当卒于1737年末。则生年为1698年，长全氏约七岁。

《吴兴丛书》所收王氏诸书未见论及《心史》的文字。可想而知，王氏也不过是口头“大放厥辞”而已，如果他说得出什么《心史》为伪的理由来的话，全氏也早就记下来了，也不至于说“予是其言而无征也”了。

上引全氏的题词和诗，看来当写于同时。全氏既称王豫为“亡友”，则题词当作于1737年后，即全氏33岁后。全氏本是著名学者，但这一文一诗所体现的学风则实在不敢恭维。无论我怎样反复细读全氏的题词和诗，总觉得他的这一看法是毫无道理的。

他诗中说的“考张霸”，殆是考证作伪者的意思（传说曾有名张霸者伪造《古文尚书》）；但全氏对《心史》根本就没有做过任何考证，即指责“其妄且无论，其妖则信然”。开始，只是王豫口头说“《心史》必是伪作”，并没有提出一点根据（如果有的话，全氏应写出来），全氏也承认自己“无征”，可见全凭感觉；待见到阎氏的同样毫无根据（阎氏根本没有像全氏说的那样“尝辨之”）的话后，竟然高兴地以为得到了所谓“佳证”，可那又算是什么证据呢？

全氏题词中说是见诸《阎百诗集》；诗中却又说是潜丘编。全氏所见者，只能就是《尚书古文疏证》中的那段话而已；但不料阎氏“闻诸曹秋岳”一语，在全氏这里却又变成“引万季野语”了。

全氏平日治学比较严谨，而且，他在《题尚书古文疏证》中还说过阎氏“使人不能无陋儒之叹，盖限于天也”；但是上述他的题词及诗，却也使人不能无叹。再有，全氏并不曾读过郑思肖原本《锦钱余笑》，还把书名三次误写成《锦线集》，也没有读过郑氏的其他著作，更没有真的进行过“对勘”，就想当然地认为《心史》“当有败阙”。这种态度是极不严谨的。

全氏平日表彰忠义甚力，上引诗中也以崇敬的心情提到了张国维（玉笥）、钱肃乐（虞孙）、顾炎武（亭林）等“巨公”，难道说这些“巨公”都轻信了“其妄”“其妖”？全氏说王豫喜欢“大放厥辞”，“莫甚于好名”，“不慎于择交”；我看全氏自己关于《心史》的这些议论也是“不慎”而“大放厥辞”。杨钟羲《雪桥诗话续集》卷四记王氏有《题杭堇浦松吹读书图》诗（未见于上述《吴兴丛书》所收王氏诸书），诗中写得不错：“读书考前古，所要精与博。时风求速化，经史束高阁。徒然逞胸臆，惟恐劳齿腭。”然而他与全氏在《心史》问题上却正是都有点“徒然逞胸臆”。

特别值得指出的是，全氏当时如果看到的只是《心史》的张刻本或传抄本而不买，那也就算了；我担心的则是人家给他看的会不会真乃郑思肖之原稿？从其“眢井旧物”“益复造旧笺”“装潢审行墨，动索十万钱”诸语来看，似有这种可能！或原稿影抄本？如是，那就太可惜了！如果人家“苏人”本因崇敬全氏为大忠义之人，故而特意将如此珍本带来供他收藏，但他却先入为主地反诬人家“吴儿喜欺人”，以致如此瑰宝失之交臂，那岂不冤哉！

全氏说厉鹗（1692—1752）在《心史》问题上“嗜奇之过”，其实他自己才是偏见和无知。不过，全氏记下了厉氏当面斥责他的话，是一条非常重要的史料。而他的答词“阎、万二丈皆不妄语者，必有所据”，却实在是无力的搪塞。他还坦率承认“不知叔祥何故造为是书”，即承认找不到姚氏造伪的动机。

厉鹗是全氏的好友，被人称为“学问淹洽，尤熟精两宋典实，人无敢难者”，“熟于宋代掌故，二百年来几无其匹”。厉氏也认识王豫。而这次敢于“难”厉氏的全氏，在此问题上实在是经不起厉氏的这一反问的。厉氏还在所编著的《宋诗纪事》卷八十中明确肯定郑著《心史》，并选录了其中的十首诗。不仅如此，世居钱塘（今杭州）的厉氏还查实和凭吊了《心史》中记述的郑思肖幼年在西湖之畔的故居“水南半隐”，并作诗词记咏之。（见厉氏《南宋杂事诗》卷六、《樊榭山房集外词》卷二。）可见厉氏对《心史》确有研究，正因为有研究，所以坚信不移。

当然，正如余嘉锡说的，“全氏之题词，不过盲从而已”，全氏与徐、阎之流本质上是不同的。我想，全氏上述说法，当是与他特别讨厌“吴儿喜欺人”“索高价”，因而带了成见，“先入为主”。而更须指出的是，今见全氏另有大量诗文，却又都是肯定《心史》的。

例如，他在《鲒埼亭集》卷三二《赠钱公子二池展墓闽中序》、《鲒埼亭集外编》卷八《先曾王父先王父神道阙铭》、《鲒埼亭集外编》卷十一《李杲堂先生轶事状》、《鲒埼亭集外编》卷四二《移明史馆帖子五》等文中，多次将郑思肖与谢翱相提并论，而郑氏如无《心史》，焉得与谢氏并提？

又如，他在《鲒埼亭集外编》卷二五《杲堂诗文续钞序》中说：“谢皋羽之卒也，自其《晞发集》、《游录》而外，皆以殉葬故不存；郑所南沉《心史》于井底，三百年而始出。……皋羽之幸而存者，《冬青》之岁月、《西台》甲乙之姓氏，尚成疑案；所南之幸而得出者，或且以为姚叔祥之赝本。……皋羽弃家客死，所南无后，其零落良不足怪。……”这里他对姚氏赝本之说，显然又并不赞成，其意似为：《心史》就像《晞发集》，纵使有疑问，而书则不赝。

再如，全氏在《续耆旧》卷四四评明季王嗣奭的作品说：“《密娱斋前集》终于崇祯丙子(按，1636)，而其卒在改步(按，指明亡)以后，眢井秘箧，当时必有未得见者。”即用《心史》沉井典故。

再如，全氏在《鲒埼亭集》卷十四《中条陆先生墓表》中说：“乃与老友陈南皋为之流涕而读，读已长恸久之。呜呼，是亦眢井之藏也矣！”难道可以用“妖”“妄”的并不存在的“眢井之藏”来比喻自己“流涕而读，读已长恸久之”之真文字？

再如，《鲒埼亭集外编》卷四四《奉万西郭问魏白衣息贤堂集书》中，又曾提到他祖父“廿年热血埋眢井”的诗句，亦用了《心史》之典。

再如，全氏在《鲒埼亭诗集》卷三《读宋陈丞相宜中占城道上诗(末有“异日北归”语，为之潸然)》中又写道：“当时大有吴门客，目断天南奉使槎。(谓郑所南。)匡海黑风吹梦散，冬青到底不开花。(用谢皋羽诗。)”郑思肖“目断天南”盼望陈宜中“奉使”北归，即见于《心史》。此外不能有其他解释。

再如，全氏《续耆旧》卷六四《六长者诗》之一《天多老人杨秉弦》写道：“呜呼，老人之穷如此，遂无片纸只字存乎人间！然则郑所南之沉井，其亦见于此而然耶？谢皋羽之殉葬，幸免生前，而终忧其不保也耶？是则大造之酷，有不可解者矣！”《鲒埼亭集》卷十四《天多老人墓石志》，文字也基本相同。

再如，全氏在《续耆旧》卷二十《东林四先生之一》收录董守谕《七哀诗》其七《兵部尚书李公向中》，并引用董氏序云：“公避兵舟山，以居忧不仕，独坐，对客惟手《心史》一编，予故组所南诗中语以哭之。”在《鲒埼亭集》卷二七和《续耆旧》卷七三《续耆旧》的周西传，全氏都写到周氏“生平心迹所寄，尤在《防秋谱》一篇，尝曰：‘死后当尽取吾所著书，置石匣藏之墓中。而是篇则可比之郑所南《心史》。’”

更有《句余土音》卷下，全氏《甬上拟薤露词九首》其二《浮光杯》，小序云：“冯侍郎乞师。簟溪侍郎再乞师日本，望岛而哭，泪尽继之以血。日本人相见者，为之彷徨不忍去。详见《日本乞师本末》。浮光杯者，当日乞师之币也。”诗云：“匡山陈丞相，乞师占城君。乞师不可得，野死伤游魂。哀哉郑思肖，犹望占城云。更闻张枢使，别自致援军。失期仅一日，瓣香遂以沦。堂堂神州地，乃乞外藩存。落日暗穷海，海鸥亦声吞。志士为国家，不以成否分。成即为包胥，否则更何论。不见东倭使，鹤立东倭门。倚墙昼夜哭，海水与血浑。犹道浮光杯，二曜终不昏。”冯侍郎即冯京第（？—1650），字际仲，号簟溪，慈溪人。明末曾携宝物“浮光杯”至日本“乞师”，日人不受。冯氏后在抗清斗争中壮烈牺牲。这里提到的陈宜中乞师占城未成，张世杰别借援军，以及“失期仅一日”云云，无疑都出自《心史》中的《二喑诗》等。除《心史》外，未见任何书中有这样的记述。

而全氏《鲒埼亭集外编》卷四四《与卢玉溪请借钞续表忠记书》一信，更是最明白无误地写道：“彼郑所南井底铁函，浸以三百年之枯泥而不朽……此天幸耳。”

因此，我认为全氏在《心史》真伪的看法上曾经是犹豫不决的。他在《鲒埼亭诗集》卷四《中秋前一日得林评事荔堂明鹤草堂集、正气录二书，狂喜，从湖上戴月归，得诗一首》中，有“所南先生闭枯函，尘蒙智井亦已厌。四百年来坟土出，又复令我疑信参”之句，也说明他确实一度对《心史》是疑信参半的。然而，全氏也完全可能改变起初的“盲从”和犹豫。厉鹗是全氏至友，既坚信《心史》，又精熟宋元史实，也自有说服全氏的可能。

全氏为厉氏《宋诗纪事》作序，肯定厉氏“辑萫之功”和“表章之功”，当然也就是肯定了厉氏在此书中收录《心史》之诗之举。全氏又为厉氏《湖船录》作序，肯定他“访池台亭榭之旧事，足以补志乘”，当然也就是肯定了厉氏据《心史》所记而査访郑氏童年在西湖畔故居之举。全氏还曾编集钱肃乐遗作，并为钱氏及张煌言、李邺嗣等明季爱国人士的遗著写序，给予崇高的评价，而这些人的书里都是热烈肯定《心史》的，全氏不可能不认真思考自己那则题词和诗中的看法。甚至当时有一个连全氏自己也知道的传说，云全氏“为同邑钱忠介公肃乐后身”。

总之，我认为全氏写的那则题词和诗只能是他的一时“盲从”，我们还是不能仅以一则题词和一首诗而否认他的其他更多处的论述。我们不能只知其一不知其二，对全氏有关《心史》的看法，还是应作全面的引用和分析。

雍乾年间，还有一位诗人袁枚（1716—1798），对《心史》表示了怀疑。袁氏字子才，号简斋，又号随园。钱塘（今杭州）人。袁氏在《随园诗话》卷四云：

> 郑所南《井中心史》，虽用铁匣浸水中，然年历[三]（二）百，纸墨断无不坏之理。所载元世祖剖割文天祥，食其心肺，又好食孕妇腹中小儿，语太荒悖，殊不足信。惟四言诗一首殊妙，曰：“今日之今，霍霍[诩诩]（栩栩）；少焉瞩之，已化为古。”

袁氏在《随园随笔》卷二三不符类中有《〈心史〉载文天祥事与宋元史不符》一节，又说：

> 郑思肖《心史》云文山大骂元祖，数其五罪，致被剖割，取其心肺食之，皆与宋元史从容柴市之说不合。又载元主好食孕妇乳中血，并食腹中小儿，太觉荒谬。予故常疑此史之不真。铁匣在井[三]（二）百年，断无纸墨不坏之理。惟四言诗一首殊可爱，曰“今日之今，霍霍[诩诩]（栩栩）；少焉瞩之，已化为古”。

袁氏提出浸水纸墨必坏的怀疑，是因为他可能不了解原稿经漆、锡、灰、铁四重严密包锢的保存方法，更不懂得这样能阻止水及空气的进入，便完全可以保存三百五十多年(袁氏记成二百年)不坏的道理。其实人们可以反过来想，如果《心史》是后人伪托的，那么为了使人容易相信，伪造者就必不会“设计”这样一种当时人们(其“见识”远低于今人)不易相信的前无古人的保藏方法的。诚如明人林古度在序中说的：“古有以石室、金匮、宛委、二酉，与夫孔壁、汲冢、曹仓之藏，未有沉之九渊而不浸渍者。”这一点恰恰能反证《心史》非伪。

至于《心史》中所记剖食天祥心肺之类，自是郑思肖当时所闻，当然也反映了他对元朝统治者的仇恨，即使有夸张不足信，也不能以此证明其书为伪。再说，当时蒙元统治者剖割宋朝官兵百姓，也实有其事。如德祐二年三月，他们车裂、磔杀了郑思肖的朋友张炎的祖父张濡；五月，磔杀了战败不屈的赵孟垒；十二月，对不肯投降的黄文政断舌、劓鼻、刖足，等等。难道袁氏对这类史实也能说“语太荒悖”？相反，一些伪书为了取信于人，倒往往是没有什么“荒悖语”的。

总之，袁氏仅仅也只是提出怀疑，倒并没有硬说《心史》是“伪书”。他也没有说出什么过硬的理由。袁氏为文以才调胜，他对《心史》的看法主要是凭一种感觉，也未引徐、阎的说法。

《心史》中称得上“殊妙”的诗，应有不少，如梁启超《饮冰室诗话》云：“咏其诗，有爱不忍释者。”然而，袁氏一连两次仅仅提到“惟四言诗一首”，这个“惟”字并不妥；而且这所谓的“四言诗”，实际只是《心史》中的杂言诗《春歌》中的几句。但这也算是袁氏的眼光特别吧。这毕竟表示他在艺术上对《心史》是有所喜欢的。

另外，在《随园诗话》卷一，袁氏还提到《心史》中《前雪歌》中的一联诗“拇[诗]战素手白相敌，酒潮上[赧]脸红不鲜”，并与宋人王琪引述的咏雪诗句“待伴不嫌[禁]鸳瓦冷，羞明常怯玉钩斜”相比较，赞赏郑氏诗句为“更新”。袁氏几次提到《心史》中的诗句，都有误字，说明他是凭记忆写的，也说明这些诗句他确实非常喜欢。

值得一提的是，袁氏自己的有些诗里，却又用了《心史》之典，好像又是相信其书似的。如《小仓山房诗集》卷十一《哭襄勤伯鄂公》三首之一：“安西都护远防边，信断阴山雪后天。降虏一朝擐甲起，孤军万里受锋先。龙颜有泪三临奠，马革无尸半裹烟。麾下残兵归间道，口含《心史》向人传。”再如同书卷二十《题史阁部遗像》四首之四又云：“太师留画像，交付得欧公。展卷人如在，焚香礼未终。江云千里外，《心史》百年中。怕向空堂卷，霜天起朔风。”

以上所述徐乾学、阎若璩以及全祖望、袁枚等人关于《心史》的说法，文字都极短，又都只见于个人著述之中，因此影响也并不很大。

(四)《续文献通考》、《四库全书总目》的荒谬

乾隆十二年丁卯(1747)，皇上“敕修”《续文献通考》这一大型的典制文献集，直至乾隆四十九年甲辰(1784)恭校呈上“钦定”，在卷一九〇·经籍考·集·别集二，提到《心史》是“伪书”：

旧本题郑思肖撰。臣等谨案：此书明季始出，凡《咸淳集》一卷，《大义集》一卷，《中兴集》二卷，皆各体诗；《久久书》一卷，《杂文》一卷，《略叙》一卷，皆记宋亡时杂事；后附《自序》、《自跋》。世称其书出自井中，乃明末好异之徒伪作以欺世者。

这里仍然极简单，只有一句话，也没有提出任何根据，但这已非个人意见，而是代表“官方”的看法了。然而，就在《续文献通考》卷二四七《四裔考》的“世宗嘉靖三年玛克苏尔入寇边”条，就引了顾炎武的《日知录》，并引了《日知录》原注：“郑所南《心史》：辉和尔乃鞑靼为父、回回为母者也。”这正是乾隆和馆臣自打耳光啊！

乾隆三十八年(1773)又下旨编辑《四库全书》，并由馆臣撰写《四库全书总目》。《四库提要》于乾隆四十六年(1781)二月缮写进呈；翌年七月再次进呈；五十四年(1789)定稿；六十年(1795)刊印。在卷一七四“别集类存目”中也判《心史》是“伪书”，并总算拼凑了几条“理由”，正式下了“判词”(详见下引)。三通馆臣与四库馆臣关于《心史》的话写于差不多同时，如出一辙，这当然是他们互相通气，秉承和揣摩皇上意志，从清朝统治利益出发而一同编造的。这甚至不能代表同是馆臣的赵怀玉、翁方纲、席世臣等人的意见(他们都肯定《心史》为真)。

早在乾隆三十九年(1774)八月初五日，皇帝就下了一道趁编纂《四库全书》之机而严厉查办所谓“违碍”之书的命令，其中特别点到：

岂有裒集如许遗书，竟无一违碍字迹之理？况明季末造野史者甚多，其间毁誉任意，传闻异词，必有诋触本朝之语，正当及此一番查办，尽行销毁，杜遏邪言，以正人心而厚风俗，断不宜置之不办。此等笔墨妄议之事，大率江浙两省居多……岂可不细加查核？

乾隆五十二年(1787)六月十一日，《四库全书》总纂官纪昀上奏中亦云：

《四库全书》虽卷帙浩博，其最防违碍者多在明季国初之书；此诸书中经部违碍较少，惟史部、集部及子部之小说、杂记易藏违碍。

《心史》虽是宋季所著，但确是出版于“明季末造”的“野史”“杂记”，又正是出于江浙，自属于“其最防违碍者”的重点“查办”“销毁”书了；更加上《心史》具有极其强烈的民族意识和反侵略反压迫精神，因此绝对在劫难逃。据现在看到的资料(今人雷梦辰辑《清代各省禁书汇考》)，当时安徽巡抚上奏的“查获应禁、全毁、抽毁各书”中，即首列《井中心史》，且直书“宋末郑思肖著”，并极其明白地说明了“全毁”的理由：

宋末郑思肖著。明末张国维序刊。内多诋詈元人语。序内如五胡北魏尚属正统、自蒙古篡统乃胥左衽等句，集内如中国为正统、夷狄非正统等语，触碍偏谬。拟全毁。

清廷“军机处”即于“乾隆五十三年(1788)五月初四日奉上谕”(既得到皇帝命令)下达

的《禁书总目》的《外省移咨应毁各种书目》中，即记有“《井中心史》，郑思肖著”。在这个充满杀机的衙门里发出的命令中，也根本不需要装模作样地写上“伪书”二字，而是直书“郑思肖著”！

而《四库全书总目》卷一七四·集部二七·别集类存目一，正式发表的“提要”是这样写的：

《心史》七卷　　江苏巡抚采进本

旧本题宋郑思肖撰。思肖有《题画诗》、《锦钱集》及所著杂文，并附载其父震《菊山清隽集》后，已著于录。此书至明季始出，吴县陆坦、休宁汪骏声皆为刊行，称崇祯戊寅冬苏州承天寺狼山中房浚井，得一铁函，发之有书，缄封上题“大宋孤臣郑思肖百拜封”十字，因传于时。凡《咸淳集》一卷，《大义集》一卷，《中兴集》二卷，皆各体诗歌；《久久书》一卷，《杂文》一卷、《略叙》一卷，皆记宋亡时杂事；后附《自序》、《自跋》、《盟言》，及《疗病咒》一则。文词皆蹇涩难通，纪事亦多与史不合。如《杂文》卷中，于魏徵避仁宗讳作“证”，而李觏则不避高宗讳。又记蒲寿庚作“蒲受耕”。原本果思肖亲书，不应错漏至此。其载二王海上事，谓少保张世杰奉祥兴皇帝奔遁，或传今驻军离里。卫王溺海，当时国史野乘所记皆同，思肖尤不宜为此无稽之谈。此必明末好异之徒作此以欺世，而故为眩乱其词者。徐乾学《通鉴后编·考异》以为海盐姚士粦所伪托，其言必有所据也。

对如上说法，值得详细辨析。昔时蒋逸雪的文章，尤其是余嘉锡《四库提要辨证》一书，已作过逐条驳斥，几至体无完肤(当然，个别地方尚嫌不够)。今我参考前辈观点，加以己见，再予辩驳。

首先，这则“提要”一开首提到郑思肖的《题画诗》等作品附于《清隽集》后，明言“已著于录”。然而，在正式编就的《四库全书》及其《四库全书总目》中，却是根本没有的。倒是在比《四库全书总目》先问世的《四库全书简明目录》卷十七中，确实著录了《清隽集》及所附郑思肖诗文。这又是怎么回事呢？

《四库全书简明目录》是乾隆觉得正在编写中的《四库全书总目》字数太多，翻阅不便，因而于三十九年(1774)七月下令另外编写的。乾隆四十七年(1782)七月缮写进呈；馆臣赵怀玉抄出，于四十九年(1784)刻于杭州；六十年(1795)武英殿正式刊刻。《四库全书简明目录》关于《清隽集》的解题是这样的：

《菊山清隽集》，宋郑震撰，元仇远编。《题画诗》、《锦钱集》及《杂文》，皆其子思肖撰。其曰“锦钱”者，如“以锦为钱”，虽美无用也。震《倦游集》久佚，远所选录不愧“清隽”之目。思肖诗惟意所云，多如禅偈，然清风高节，接迹东篱，譬如古柏苍松，支离不中绳墨，终胜于桃李妖妍也。

应该说，这则解题还是写得不错的。而馆臣原先写的提要，文字本来还要长。今残存四库馆总纂官纪昀删定的《四库全书总目》提要稿本卷一百六十四(藏天津图书馆)，幸而录有未知名馆臣写的《菊山清隽集一卷，附题画诗一卷、锦钱集一卷、杂文一卷》提要(书为江苏巡抚采进本)：

> 宋郑震撰。震字叔起，连江人。淳祐间，为和靖书院山长。著有《倦游稿》，以佚不传。是编为元仇远所选录，非其全也。其子思肖，字所南，以太学生应博学宏词科。会元兵南下，叩阍上书。宋亡，寄身僧舍以终。所著有《咸淳》、《中兴》二集，今亦不传。世传《井中心史》七卷，又明姚士粦之伪本。其著作存于今者，题画绝句百二十四首，《锦钱集》二十四首，《杂文》一卷，附载震集之后。"锦钱"云者，义取"以锦为钱，虽美无用"也。思肖诗纵意所如，往往体同禅偈，不可以格律求之。然清风高节，接迹东篱，意境自翛然尘外。譬诸苍松古柏，虽蠡菌支离，不中绳墨，终不类有情芍药、无力蔷薇，徒以柔曼为姿也。

这一提要稿的起草者，似乎并没有看到《心史》，所以将《咸淳》、《中兴》二集排除在《心史》之外，还以为"今亦不传"。又把题画绝句百二十首，误写为百二十四首。但他已经写上《心史》为"明姚士粦之伪本"。看来他也是轻信了徐、阎的鬼话？但即使这个提要稿已判《心史》为伪，纪昀仍在上面批了二字"扣除"！看来，纪昀知道仅仅说一句"明姚士粦之伪本"是难以骗人的，他要另外找出一些理由来。

由上述可知，《四库全书》原先确实已将《清隽集》及所附郑思肖的作品收入了，也写好了提要，但后来被"扣除"，连"存目"的待遇也未给。而上引关于《心史》的提要却失于相应的修改，以致露出了破绽。余嘉锡在《四库提要辨证》一书中说："至其所以抽出之故不可解，岂以思肖文中持夷夏之见太严，触犯忌讳耶？追仇古人，为同类之蒙古报复，何其虐也！"其实，《清隽集》及其所附郑思肖诗文里面，"持夷夏之见"的文字可以说并没有什么。因为郑震(起)死于元亡宋以前十多年，而所附郑思肖的诗文又多作于入元后二十多年，而且都是公开发表过的。这些作品可以说几乎没有什么"触犯忌讳"。很显然，《清隽集》之最后未收，也是受了《心史》的牵连。

又见纪昀在乾隆五十三年(1788)正月二十七日写的一封奏折所附的文津阁的一份书单，在"漏写遗书"中特别提到："《菊山清隽集》，宋郑震撰；《题画诗》等三种，并其子思肖撰。乃浙江巡抚所进，今架上未收。"怎么会"今架上未收"呢？看来是曾经有过特别的注意和审读。那么，什么人才可以在文津阁随便取书而不还呢？颇令人怀疑此人可能就是清高宗。

我认为，纪昀这样的四库馆臣对《心史》当然是不敢贸然收入的，因为那是可能要被清高宗砍脑袋的。恰好以前有过徐、阎二人说它是后人"伪托"，于是他们便顺水推舟，再挖空心思拼凑出几条"理由"来，把它作为"伪书"否定了；而不收《清隽集》及其附录，则显然是受《心史》的牵连，但又不好说《清隽集》及其附录也是伪书，于是干脆就把它删除抹煞了最省事。这正如余氏说的："何其虐也！"由此也更可知，《四库全书总目》所说《心史》为伪，确实是出于政治原因。

余嘉锡在《四库提要辨证》中又提出这样一个独到的观点："至于四库馆臣，承诏校雠，于宋、明人诗文用'夷''虏'字者，涂改之惟恐不尽，焉敢以此书(按，指《心史》)著录？然终不深没其名，乃吹毛求疵，摈之于存目之中，或亦有不得已者存。"也就是说，余先生认为《四库全书》之摒弃《心史》，也许是馆臣在无奈之下的有意之为，因为这样做，至少还可以给《心史》保留一个书名。我想，这种可能性也许真的不能排除。那么，这大概只能表明他们的天良未泯吧。如真是这样，面对弘历之苛刻雄猜，吹毛求疵，四库馆臣有意在“存目”的名义下著录此书，存郑所南一段丹诚，当属难能可贵，值得后人焚香三拜了。《四库全书总目》只字不提《心史》之民族立场，根本没有安徽巡抚上奏中说的“触碍偏谬，拟全毁”这类话，且将书中的《大义略叙》略去“大义”二字，以及说此书为“伪书”，也许真的皆为“巽词”乎？而既称此书为“明末好异之徒”（即不啻说并非明清之际忠义之士）“伪造”以欺世（亦即不啻说并非鼓动民众反抗民族压迫），皇上也就不好多加追究，从而也好为此书在民间存传留下地步。若果真如此，则又可谓智也！

而且，《四库全书总目》肯定《心史》出于明末，这也总比后来有的人硬要说它成于明亡以后要合于事实。而说“吴县陆坦”为之刊行，则因未见最初张本而误。而最需要辨析的，是《四库全书总目》拼凑的几条“伪书说”的理由。因为这些“理由”至今还有人盲目相信，所以尽管这有可能是馆臣天良未泯有意为之的“巽词”，尽管其中有几条编得实在太不像“理由”而不值一驳，我在这里仍然一一郑重对应。

一曰“文词皆蹇涩难通”。事实是，《心史》的文字大多十分通顺，即使今天读来也无多大碍难。《四库全书总目》如此夸大其词，岂能遮尽天下人目？当然，书中偶尔有些一般人可能难懂的涉及释教、道教的地方，也偶尔有些僻字怪字及少量近乎隐语的文字，那么，这最多只是为《心史》作跋的杨廷枢所说的“间不可解”而已。而这种“间不可解”的文字现象，在郑思肖存世的其他作品中也存在，且极为神似，正可证《心史》确是其人所作。再说，即使真是“文词皆蹇涩难通”，也根本不能成为判定“伪书”的理由。

二曰“纪事多与史不合”。事实是，《心史》中涉及的史事大多与其他史书十分相合，有的甚至还可以补正其他史书的缺失（本人另有专文详细论证）。提要这一条又是太夸张了。再说，郑思肖只是一介书生，他曾多次声明“深悔旧不识以日记”，又“绝无书籍可为凭借”，“狂走无朋，千不闻一，纵书亦不备”，因此，他在《心史》中写到的事情如果与他史所记或有不合，亦毫不足怪。如前述袁枚提出的所谓元酋剖食文天祥的传说，虽不足信，但那只能证明郑思肖当时听到了这种传说，却不能仅仅以此作为是“伪书”的理由。相反的，因为《心史》沉藏井底三百五十多年，出井后又因未入四库而免遭御用文臣的篡改，所以其中如有与他史不合之处就更应受后人重视。总之，关于记事与史不合这一点，必须作具体的分析，决不能笼统地以此作为“伪书”的理由。事实上，《四库全书总目》也仅在下面提出“二王海上事”一个事例，我们在下面再详辨。

三曰“避仁宗讳”“不避高宗讳”。后人都指出此乃末节，不足为“伪书”之证。然蒋逸雪以为这是因为郑思肖对高宗不满，余嘉锡以为“覯”字不避乃抄书者妄改，这样辩说，反少说服力。其实，《心史》除了遇到“大宋”、“中国”、宋帝年号、“本朝”、“君”等字样时必空一格以示敬外，并未严格避讳。人言宋人避讳之例最严，但据《宋史·礼志》及《容斋随笔》等宋人笔记，当时主要是在取名字及撰写公文、举场答卷等场合从严避讳。《心史》把唐人魏徵写作“魏证”，未必是为了避仁宗赵祯之“祯”，很可能只是他写错了，或者是后人传抄、刻写时错了。就拿《心史》中出现“魏证”与“李覯”的这篇《古今正统大论》来说，文中就写到“刘玄”这一人名；而据宋《淳熙重修文书式》，当时要避讳的第一个字就正是“玄”字（而“征”和“祯”还不是一个字）。这说明了什么呢？这只能说明《心史》并不特意避讳。四库馆臣挑出一个“证”字来大做文章，是没有任何说服力的。

四曰“记蒲寿庚作‘蒲受耕’”。据日本学者桑原骘臧考证，蒲氏本是阿拉伯人，宋季活动在中国南方，与苏州远隔数千里。郑思肖据传闻写了一个译名(且余嘉锡认为“受耕”在字面上较“寿庚”更有意思)，这又怎么谈得上“错漏至此”了呢？正如桑原氏指出的：“以此为《心史》伪作之一证，甚无谓！骊连氏或作黎连氏，又作丽连、厘连；北朝万俟寿洛干或作万俟受洛干；薛孤延或作萨孤延；唐张敖或作张潡，又作张翱；五代留从效或作娄从效，又作刘从效。如此之类，多不胜举，岂足异哉!”这是有力的驳斥。蒋逸雪也举过例，如蒲氏之兄，《永乐大典》作蒲寿宬，凌迪知《万姓统谱》作蒲寿晟，黄促昭《八闽通志》作蒲寿晟。也很有说服力。而且，桑原氏还进一步指出：“《心史》外无复有作受耕者，足见《心史》非好事者缀拾旧文所伪造。”所见至当。同样的，《心史》记窝阔台作兀窟带，阿里不哥作阿里孛哥，这类例子极多，均当作如是观。

五曰“载二王海上事”“无稽之谈”。这也就是四库馆臣对上述所谓“纪事多与史不合”所举出的惟一事例。对此，余嘉锡在《四库提要辨证》中作了非常好的分析。余氏原文甚详，要而言之，《心史》记崖山一战，张世杰奉卫王舟奔遁之后，杨太妃与陆秀夫蹈海死，这与《宋史》及他书所记并无不同；所不同的只是郑思肖不知陆秀夫是负卫王一起投海而死耳。余氏将《宋史》的《陆秀夫传》、《卫王纪》与黄溍《陆君实传后叙》等对照细读，“乃恍然悟《心史》传伪之有因也”。认为《心史》此段记述“必得之溃卒逃兵之口”。余氏并举陈仲微《二王首末》为证：陈氏从二王入广，崖山之战身在军中，而亦谓张世杰拥帝脱去，与《心史》同；更以为杨太妃亦未死而同去，则其误更甚。然则《二王首末》亦伪作欤？不仅如此，《宋史》的《张世杰传》言张还收兵崖山欲奉杨太妃立赵氏后，不知杨氏已死；《陆秀夫传》言陆为左丞相，不知乃以签枢行相事。此其“无稽”，恐与《心史》未有以大异，然则《宋史》亦伪作耶？又据无名氏《昭忠录》，可知崖山之战时连元军也疑幼主遁去，后虽知其已死，然卒不得其尸，此所以传闻异辞乎？

其实，幼主卫王是否遁离崖山，当时确有传闻异辞。明嘉靖时黄佐《广东通志》在马南宝之传中，记马氏于宋亡时悲愤不食，逃匿不降，尝作诗曰：“目击崖门天地改，寸心难与夜潮消。”又曰：“众星耿耿沧溟底，恨不同归一少微。”闻者哀之。“后闻陈宜中奉帝昺犹在占城，元主忽必烈下令捕之，于是招讨使黎德、梁起莘与南宝起兵，运粮往迎车驾。”最后马氏被执，不屈死之。清阮元《广东通志》、史澄《广州府志》、陈澧《香山县志》等之马氏传，均据黄氏《广东通志》记载此事。《香山县志》卷二二《纪事》更据黄氏《通志》记至元“二十二年四月，诏追捕帝昺及陈宜中”。又云：“初，昺尸不获，诸起兵皆谓祥兴帝实在占城，陈丞相护之。马南宝起兵井澳，与招讨使黎德、梁起莘往迎车驾。”明黄淳《崖山志》的马氏传，也有相同记载。试想，如果宋末当时没有祥兴帝在占城的传闻，马氏怎么会兴兵往迎救驾？另，近人蒋逸雪还指出，《心史》“于张世杰奉祥兴皇帝奔遁，驻军离里，驻军上特标‘或传’二字，亦非全无斟酌”。总之，《心史》这一记载根本谈不上“无稽之谈”，更绝对不能以此证明《心史》是“伪书”。

《四库全书总目提要》最后提到徐乾学，表明乾隆馆臣与百年前的徐某正是一脉相承的。乾隆馆臣除了拼凑出几条“理由”外，惟一新鲜的提法就是伪造者为“明末好异之徒”。然而，年届八旬行将就木的姚士粦又怎么同“好异之徒”连得起来呢？

(五)乾隆以后的伪书说

《四库提要》所举“伪书说”的理由，显然是没有一条站得住脚的。但是，“伪书说”自此却大行于天下。一方面由于《四库全书》及其《四库全书总目》的巨大影响，一方面又由于从《心史》中实在也很难挑出什么“破绽”，所以此后二百年间，认为《心史》是“伪书”的人基本上也就奉此为唯一圭臬，提不出什么新的看法。而有些对《心史》没有研究，甚至连看也没有看过的人，读了《四库提要》，也很容易盲从，或者对《心史》备有戒心。其中有些不懂装懂的人还很喜欢发表自以为是的高见。他们又有些什么高见呢？这些，本来应该是由现在主张“伪书说”的学者来整理和说明的。但那些学者大概不屑于这种所谓“拉队伍”的做法，或者实际上他们也根本没有本事“拉”得出一支“队伍”来。那就只能由我“越俎代庖”了，有什么办法呢？

我知道，为了判案公平起见，现代法庭上有代为指定律师的做法。但如果有人认为我的这种为两造都当律师的做法是不合法的，那么你自告奋勇重新来做“伪书说”主张者的律师就是了。总之，我费了不少苦力，总算找到了几个乾隆时代及乾隆时代以后不以《心史》为真的文人，但是非常遗憾，他们留下的有关文字简直就不能成其为“说”，不过是人云亦云，大是无聊。但仍写下来让读者看看，也可以领教一下那些主张或相信“伪书说”者们在这一问题上的如出一辙的“学风”吧。同时也可以联想，2005年出版的《大辞海》中国文学卷和2010年新版的《中国大百科全书》、《辞海》，主事者煞有介事地坚持写上《心史》“一说”是“伪书”这一当代学界“莫须有”冤案，是多么滑稽，又多么令人悲愤！

钱大昕(1728—1804)，字晓征，一字及之，号辛楣，又号竹汀，江苏嘉定(今属上海)人。乾隆辛未(1751)清帝南巡，因献赋获赐举人，官内阁中书。甲戌(1754)进士，擢翰林院侍讲学士。己丑(1769)，入直上书房，与纪昀并称“南钱北纪”。又与修《续文献通考》、《续通志》诸书。后为詹事府少詹事，提督广东学政。乙未(1775)，居丧归里，潜心著述课徒。钱氏撰《二十二史考异》，共历时近五十年。又有《十驾斋养新录》，后人以之与顾炎武《日知录》并称。王国维论清朝三百年学术曰：“窃于其间得开创者三人焉：曰昆山顾[炎武]先生，曰休宁戴[震]先生，曰嘉定钱[大昕]先生。”因此，在这里能首先提到钱氏大名，将如此重量级人物列入“伪书说”者队伍，连我自己也颇有点激动哩。

钱氏在哪里谈到《心史》呢？那也是我努力发掘出来的。黄汝成《日知录集释》卷二十九《吐蕃回纥》条引有原注：“郑所南《心史》：‘畏吾儿乃韃靼为父、回回为母者也。’”其后即有：“【钱氏曰】《心史》乃伪造，不可信。”我曾经想，这也许是黄汝成记错了，可能应是“【阎氏曰】”吧？然而阎氏虽然也对《日知录》有所“斠正”，但他对《日知录》中引证《心史》的地方并没有任何表示。而且，《日知录集释》的这一条前面还有一段较长的“钱氏曰”。那么，这个“钱氏”应该还是钱大昕，因为钱氏是为顾氏《日知录》作校批者之一，黄汝成《日知录集释叙》中把他列在第五位。钱大昕认为“《心史》乃伪造，不可信”，也许是他坚持其三通馆臣的官方立场？但我在钱氏所有著述中寻找，未能看到他对《心史》作过任何具体辨析。钱氏乃考证大师，但仅仅这样六个字，如何让人“可信”呢？

吴衡照(1771—?)，清黄燮清《国朝词综续编》卷七载：“字夏治，号子律，仁和(按，今浙江杭州)籍海宁人，嘉庆十六年(按，1811)进士，官金华府教授，有《辛卯生诗余》。

吴仲云《杭郡诗续辑》云：‘子律性萧淡，通籍以县令，用请改官冷局。精于倚声按谱之学，所著《莲子居词话》研究宗旨，非泛事抄撮者比。’”《莲子居词话》成书于嘉庆戊寅(1818)。该书卷一谈道：“王昭仪题驿壁词，结语为文山所讽。后抵北，乞为女道士，号冲华，卒不得与陈、朱二夫人比烈。观文山之惜昭仪，即以见文山审择自处，盖已有素，安得重有‘黄冠’之请，与昭仪同符耶？赵翼《陔余丛考》谓当以《心史》为据，《宋史》诬为文山云云记载失实。然《心史》记文山事，他亦未可尽信。徐乾学《通鉴后编·考异》谓姚士粦所伪托也。”可见吴氏只是相信徐氏之说，自己并无独见。

方东树(1772—1851)，字植之，号石园，桐城派姚(鼐)门四杰之一。生平编校之书众多，最具代表性者据说当推其批注的姚范(1702—1771)《援鹑堂笔记》。方氏以按语形式对该书进行纠谬补缺，据说最为反映其文献学上之成就云。《援鹑堂笔记》卷三四《史部·四夷附录》有一段录自欧阳修《庐陵史钞》的关于辽太祖阿保机治汉城的记载，姚范加有按语，引据《心史》作了辨析；方氏对此又再加按语：“树按，《弘简录》本传叙所著书，无《心史》。”意思是，明代邵经邦编撰的《弘简录》中的郑思肖传，没写他著有《心史》。

在《援鹑堂笔记》后，方氏还专门写有《援鹑堂笔记刊误》，中有一大段话说《心史》：

> 树按，《宋史》本传叙所著书，无《心史》。萧山来集之《樵书》引《见只编》云：“宋亡，所南改名思肖，隐居长洲之承天寺，终身不娶，时时向南哭，乃作《心史》，沉于寺之狼山房井中。历四百余年，至明崇祯戊寅仲冬，寺僧浚井，书始出。铁函重匮，锢以垩灰。启之，楮墨犹新，有《咸淳》、《大义》、《中兴》等集，《久久书》及《杂文[诗]》。”全谢山云：“阎百诗集，其中引万季野语，以为此海盐姚叔祥所依托。所南别有《锦线集》，明崇祯中尚存，梨洲先生曾见之，今求之不得，但从《永乐大典》得其奇零者。向使是书若存，以之对勘《心史》，当有败阙。但不知叔祥何故造为是书，要属明室将亡之兆也。吴儿喜欺人，至今目为得井旧物，以索高价，凡有数本，余见其二。”树先于记云：“叔祥《见只编》云有《天兴墨泪》一书，乃托名亡金旧臣，志破金污辱宫闱事，至不忍读，盖必宋人所托，借此吐气。”树疑亦姚伪托。

看了方氏这些所谓“刊误”，实在令人怀疑他的学风!① 今按，邵氏《弘简录》没写郑思肖著有《心史》，是当然的事，因为《弘简录》写于明嘉靖年间，《心史》尚未出井呢！《宋史》根本就没有为郑思肖立传，又谈何“本传叙所著书”，更谈何“无《心史》”？来集之《倘湖樵书》中根本就没有“引《见只编》云”那段话；而且，《见只编》为姚士粦(叔祥)所著，该书中也根本没有这段话！方氏所引，当是褚人获《坚瓠四集》，且多赘了一个“诗”字；再说，褚氏这段话只能说明《心史》为真，岂能证伪呢？方氏唯一的“理由”，就只是全祖望的那段话，而他自己并没有任何见解！其最后一段话，全是赘文，没有任何价值。

① 北京大学中文系漆永祥教授在《汉学商兑整理说明》中指出：“《汉学商兑》的抄撮性质与恶劣文风，则流毒甚广。方氏所驳汉学诸家之说与引据诸书，表面看起来内容非常庞杂广博，然而仔细核对，却发现貌似博学的方东树，其所读之书实际非常有限，基本上是依据二手材料与诸书序跋，即肆意攻驳，恶语诟詈，污词满纸，触目刺眼，甚至不惜人身攻击，无所不用其极，已远远超越了学术驳辨的范围，失去了一个学者应有的气度。”见凤凰出版社 2016 年版卷首第 7 页。

因此，方氏所言的字数虽然比这里提到的其他人要多，可是对于论述所谓“姚伪托”，一点用处也没有。

严元照(1773—1817)，字九(久)能，一字修能，号悔庵、蕙櫋，归安(今浙江湖州)人。诸生。著有《蕙櫋杂记》一卷，中云：“郑所南《心史》，明末始出，顾亭林有诗记之，然实伪书也。阎百诗谓是姚士粦叔祥所撰，见《尚书古文疏证》(卷五上第六十九条下)。阎云闻之曹秋岳，当非妄语。”真可怜，又仅仅是盲从阎氏“当非妄语”而已！

徐时栋(1814—1873)，字定宇，一字同叔，号柳泉。浙江鄞县(今宁波)人。道光丙午(1846)举人，官内阁中书。为全祖望再传弟子，学有渊源，家居著述，主四明坛坫三十余年。有《烟屿楼集》等。其《烟屿楼读书志》卷十四《管子》一则中曰：“‘今日之今，霍霍栩栩[诩诩]；少焉瞩之，已化为古。’伪《心史》中语也。此等语前人多有之，不足为异。《管子·乘马》篇曰‘昔之日已往而不来矣’，已为《庄》、《列》胚胎。”徐氏只是简单粗暴地称“伪《心史》”，未见说出任何理由。

耿文光(1830—1908)，字星垣，又字斗桓，号西山。山西灵石人。同治壬戌(1862)举人，光绪已丑(1889)任平遥县训导。编有《万卷精华楼藏书丛书》及《万卷精华楼藏书记》。在其“十阅寒暑，四易稿而成”的《藏书记》卷一一八，引录了王弘撰《山志》中关于《心史》的记述，耿氏以“文光案”的形式傲然写道：

> 是书甚伪。其文之蹇涩有似所南，而所记事迹与史不合。徐健庵《通鉴续编》以为海盐姚士粦所托，当必有据。顾亭林有咏《心史》诗，在集中，亦误以为真。暇日当细考也。

又是一个“当必有据”！耿氏煞有介事地认为《心史》“其文之蹇涩有似所南”，应该也是看过《心史》以外郑思肖的文字的；那么，至少说明连他也认为《心史》与所南的其他文字在风格上是相似的。郑思肖的诗文是否可用“蹇涩”来概括，姑且不论；但耿氏如此一说，实际上不是恰恰也认为《四库提要》以所谓“文词皆蹇涩难通”来作为《心史》为伪的“理由”是毫无道理的吗？耿氏又说“所记事迹与史不合”，连《四库提要》中说的“多与史不合”的“多”字都不用了，然而他却未能略举出一例。所谓“暇日当细考也”，也就说明他在写下这段“案”的时候根本就没有“细考”过。然而他却一开口就是“是书甚伪”！不知耿氏日后有“暇”时“细考”了没有？耿氏不仅在这里写到王弘撰、顾炎武的观点，而且还在该书卷六九抄录过姚际恒、卷一三一抄录过赵怀玉两人驳斥《心史》为伪的论述，可是他伪言先入，则信言不能受也。耿氏又著有《苏溪渔隐读书谱》，从中可知他从小读书颇有系统，且读书甚多，在卷三他写道：“先入为主，从后喻之则扞格不胜；众以为是，一人非之则更难见信。道高一尺，魔高一丈，则锢蔽愈深。董逌曰：‘伪言先入，则信言不能受也。’俗说为主，则正言不能夺也。前人已言之矣，吁，可畏也！”此论甚为正大，而不幸其自己正蹈陷之！

胡玉缙(1859—1940)，字绥之，苏州人。撰有《四库全书总目提要补正》，在议论《心史》时引用了徐乾学、阎若璩、全祖望、袁枚四人有关《心史》的“伪书说”(当然，胡氏没有引用或根本就没有看到过全氏大量肯定《心史》的话，而且袁枚只是怀疑而已)，胡氏总算也有几点自己的“新”的说法：第一，“吴翌凤《逊志堂杂钞》丁集所记，无《久久书》，有《释氏施食心法》等，可以互证，要之皆伪托也。”第二，“徐氏恐即本曹(秋岳)说耳”。第三，“‘万季野语’，疑即‘曹秋岳’之误”。

后两点都是推测语，而且与《心史》之真伪毫无关系。而唯一可议的一点，吴翌凤《逊志堂杂抄》云云，则吴书明明是肯定《心史》的。所谓“杂钞”，即读书时作的笔记，本可有记有不记，哪能仅仅根据人家有记无记就判断一部书的真伪呢？再说，《逊志堂杂钞》明明记了郑思肖有《咸淳集》、《大义集》、《中兴集》等(均收于《心史》)，那么，即使没有再记《久久书》(另外还有《杂文》、《大义略叙》等呢)，也仍然只能证明吴氏是肯定《心史》的啊！而且我还可举出，吴氏另有《灯窗丛录》，其卷五明记“郑所南先生……作《心史》一卷”。最奇怪的是，胡氏居然还据此以“互证”从无人疑伪的郑思肖《释氏施食心法》也是伪托之书！不知如何个“互证”法？胡氏这里的逻辑可谓错乱之极，完全不能成立。

郑孝胥(1860—1938)，字太夷，号苏戡，又称海藏，福州人。晚年出任伪满洲国总理。据2003年台北“国家图书馆”《善本题跋真迹》，编号10724抄本《清隽集》卷首有郑孝胥手书：“菊山诗甚奇，所南文绝肆。《心史》出井中，良是姚氏伪。己未七月十九日孝胥敬题。”己未七月十九日即1919年8月14日。而查是日郑某日记，未记题诗之事。然而，我认为此日期当为六月十九日(7月16日)之误记，所题之书当为沈曾植旧藏。六月十九日郑某日记载：“过石遗，同过子培，遇李审言。子培出所得明抄本《郑所南文集》四册，使余题之。”可知是日郑某与陈衍同访沈曾植，又遇李详，沈氏以明抄本《郑所南文集》嘱郑某题字。但那天郑某似乎没有当场题写，因为七月初六(8月30日)郑某又记：“陈仁先来，同过子培新居，以《郑所南集》还之。”可知是过了一个半月才还书。不知沈氏当时见郑某这一题诗后怎么说，因为沈氏是绝不否定《心史》的。郑某如此确定《心史》“良是姚氏伪”，但未说任何理由。查郑某其他著述，迄未见渠辨《心史》“良是姚氏伪”的只言片语。

然而，据庚申十一月廿九日(1921年1月7日)郑某日记：“周梅泉来访，不遇，留示二诗，一为哀张园之作，一为《与庄吕尘谈海藏楼诗》，试曰：‘九派混混失宗师，只手扶轮庶在此。敬礼小文谁可定，子云并世竟相知。铁函缄史心何苦，石室藏诗计未迟。我已瓣香逾十载，平原欲绣愧未丝。’”周氏显然是肯定《心史》为真的，而所谓“海藏楼”即指郑某。周氏借用同是闽人、同是郑姓的郑思肖的铁函《心史》来颂扬郑孝胥。郑某在日记中抄录此诗后，并未见渠指斥“铁函缄史”“良是姚氏伪”；而十二月初一(1月9日)渠又记“作《答周梅泉》一律”，回诗中云“惭愧”，“那堪低唱换浮名”，则是接受了周氏的马屁，也就等于又认可了《心史》。怪哉，铁函诗文若“良是姚氏伪”，是周氏竟借伪书作“瓣香”以拜汝，汝又情何以堪！

更可异可鄙的是，在郑某的《海藏楼诗》中，却又是经常借重《心史》来吹自己的。如卷十二《或自福州海道见致素心兰一双，初至即花，叹赏成咏》(作于1927年)：“露根失土等缧囚，郁勃犹花气更幽。越女乍窥天下白，国香欲占九分秋。抽枝自带山泉润，顾影还宜月色浮。夜起庵中寻故事，惟将《心史》伴牢愁。”因咏兰而提到《心史》，当然是认定《心史》为画兰名家郑思肖所作。《海藏楼诗》卷十三《重九》(作于1935年)其一又云：“登高还有壮心无？诗酒阑珊兴亦孤。付与闲人话《心史》，却收余论作《潜夫》。”郑某在此时辞去“满洲国”总理伪职，意兴阑珊之际与人闲话《心史》，可以肯定不是谈它“良是姚氏伪”；而且，将一部“伪书”与东汉王符的《潜夫论》相提并论，也没有任何意义。《心史》和《潜夫论》都是孤愤之作，郑某写在诗里，当然是正面引重，表达自己的某种心情。这与他写诗称《心史》良是伪书是完全自相矛盾的！

徐乃昌(1869—1943)，字积余，号随庵，安徽南陵人。出身望族，自幼熟读经史。光绪癸巳(1893)举人，辛丑(1901)任淮安知府。曾受命考察日本学务，回国后提调江南中小学堂事务，总办江南高等学堂，督办三江师范学堂。宣统庚戌(1910)补授江南盐巡道。清亡后，隐居上海，经营工商业，与缪荃孙、叶昌炽、刘承干及刘世珩等往来密切，切磋著述，校刊古籍二百多种。今见有缪荃孙"岁在强圉大渊献(按，1887)长至日"所作序的徐氏《积学斋藏书记》未刊抄稿本(原郑振铎藏书，今藏国家图书馆)，在"集部"中著录《心史七卷》：

> 宋郑思肖亿翁撰。旧抄本。亿翁号所南，连江人。此编凡《咸淳集》一卷，《大义集》一卷，《中兴集》二卷，《久久书》一卷，《杂文》一卷，《大义略序》一卷，后附序五篇及《疗病咒》一则。是书皆记宋亡时杂事，然《提要》云："文词蹇涩难通，纪事亦多与史不合，必明末好异之徒作此以欺世，而故为眩乱其词者。徐健庵亦以此书为海盐姚士粦所伪托，其言必有据也。"

徐氏为著名藏书家，他未必全信《四库提要》判《心史》为伪的话；但他既然在藏书记里抄了这些话又没有辩驳，我们姑且就算他也是疑伪者吧。

上述诸人外，还有不知何人所写的一条"伪书说"：清末开始修纂，直至1922年方铅印的《杭州府志》，在其卷四十三《兵事》二，有按语提到《心史》是伪书。因总纂者先后换过多人，此则按语不知何人所为。其全部文字曰："文天祥自吴门还，驻兵余杭，守独松，《纪年录》、《指南录·自序》及《集杜诗·拜相·引》记述甚明。《心史》云独松、千秋关陷，陈丞相檄文天祥退守临平。《心史》伪书，不足置辩。"在有关独松关等问题上，不知道《心史》说错了什么？我不懂《杭州府志》此则按语的意思，也不用弄懂，因为即使《心史》在这一纪事上不准确，那也不能证明它就是"不足置辩"的"伪书"。

有趣的是，该府志在卷三十《古迹》二《钱塘县》又有这样的记载："水南半隐：'先人始居王城渡子桥，淳祐丙午迁养鱼庄，丁未迁长桥，扁其庐曰"水南半隐"，作《水南半隐记》'(郑思肖《心史》)。"在卷一四八《人物》十《隐逸·国朝·许令瑜》又有这样的引文："慕宋郑思肖缄铁贮《心史》事，自号铁函子。"均公然提到《心史》，却并没有说它是伪书。

(六)日本的伪书说

我还高兴地为"伪书说"找到了一位国外的知音，而且是日本著名学者。可惜，他也没有说出任何理由。只能如他自己说的"可以诳愚，而识者笑之"，"亦儿童之见也"！此人叫古贺精里(1750—1817)，名朴，字淳风，通称弥助，号精里，别号复原、莨洲野叟、归卧亭主人、檥舟斋主人等。日本肥前(今佐贺县)人。早年喜阳明学，后与中井竹山、赖春水、尾藤二洲等交游，弃旧学而归朱子。任佐贺藩参政，并创建学校，改革学制。宽政辛亥(1791)随藩侯赴江户，在昌平黉讲学，为以藩臣资格入黉讲课之第一人。乙卯(1795)，赴江户为儒官，总理学政。晚年俨然学界山斗，诸侯执贽问学者达数十人之多。著有《精里集抄》，在《精里三集文稿·庚午稿》中有作于1810年的《吉光片羽集跋》，认为

《心史》是伪托：

> 虚夸之事，可以诳愚，而识者笑之。以为为此说者，亦儿童之见也。国于天地之间者，出而遇域外之人，不免挟物我町畦之私。故其说大抵类子虚乌有之侜张，而齐楚均之无一得，不亦儿童之见乎？故滇夜郎自大，适以蕞陋情景，和盘托出。汉武、隋炀之示富盛于外夷，则其海内穷耗之标榜矣。彼称蠡蛤之属，犹有文者，盖目中定评，毒骂一至于此。若夫艳江珧鳆鱼，以为胜大牢之滋味，则出于轻薄诸生，影撰伪捏，以诧新闻奇话。如《铁函心史》所载，语最痛快，而书最假托。其他登载，大半不可信据。误以为真，则痴人说梦也……

乾隆以后一百几十年，认为《心史》是伪书的人，我费尽九牛二虎之力“发掘”，也就是上面这样寥寥几个，其中像徐乃昌还十分勉强。且都只是只语片言，均无一点点像样的论证，大多只是盲从轻信，承误踵谬，莫觉其非，令人失笑。照这样，本文还值得再写下去吗？然而，事情没有这么简单，《四库全书总目》毕竟还是有相当“权威”的，随着时间的推移，其权威性甚至还可能更加增强。

第一，我又发现20世纪三四十年代以来，有几位很有名的史学家也误信《四库全书总目》判《心史》为伪书的说法。虽然关于这些，后来唱“伪书说”者并无一知道，我写出来等于真的帮他们“扩大声势”（姜纬堂语），但我深为那几位史学名家感到遗憾，仍想提出来一辨。

第二，20世纪50年代以后，国内外大量的中国文学史著作和大型中文工具书、《中国大百科全书》以及多种宋诗选集等，在涉及《心史》时，都未能摆脱《四库全书总目》的阴影。

第三，20世纪60年代以后，中国台湾、香港等地仍有论《心史》是“伪书”的论文发表。

第四，20世纪八九十年代，中国甚至在国外的学者，不约而同地集中发表了好几篇论《心史》为伪的论文，而且还提出一些新的“证据”。

第五，特别是进入21世纪，拙著《井中奇书考》问世以后，在集中全国大量智力、物力重新修订出版的国家级重点大型工具书《大辞海》、《辞海》、《中国大百科全书》中，竟仍然坚持说《心史》可能是伪书。

因此，问题仍没有彻底解决。真理只能在争论中越辨越明。既然迟至2010年重新修订出版的《中国大百科全书》和《辞海》都仍称《心史》或伪，那么，我的喋喋不休的争辩就完全不是多余的，而且还是有学术良知、有学术勇气的一种表现。

（七）智者之失

王重民（1903—1975）论述过很多古籍的版本或真伪，可惜未见他专门谈过《心史》；但他在1947年8月天津《大公报》上发表过一篇《考蒲寿庚降元之年月日兼记泉州绅士林纯子颜伯录事》，文中说了这样一句话：“桑原氏从郑所南《心史》，谓宗子被屠在张世杰围城之日，疑误，此《心史》所以为伪书也。”这句话实在显得太简单，也太草率。

蒲寿庚屠杀赵氏宗子及士大夫，究竟是在张世杰围泉州之日还是之前，这本是一个可以考证的问题。即使《心史》在时间上说错了，也决不能得出“此《心史》所以为伪书也”的结论。因为郑思肖远在数千里外，他只是根据传闻写的。如果是后人来“伪造”这一段纪事，自然会查一下最常见的《宋史·二王本纪》，那也就根本不会发生王氏这里所谓的“疑误”问题了。

再说，不仅日人桑原骘臧据《心史》以研究蒲寿庚降元诸事，1936 年上海《暨南学报》上陈竺同的《元代中华民族海外发展考》中也引用《心史》有关蒲氏屠杀南宋宗子的记述，同时还引用了《泉州志》的一段记载：“宋幼主过泉州，宋宗室欲应之，守郡者蒲寿庚闭门不纳。及张世杰回军攻城，宗室又欲应之，寿庚置酒延宗室，欲与议城守事，酒中尽杀之。”请看，这与《心史》说的在张世杰围城之日蒲氏杀宗子的记述不是完全一致的吗？难道《泉州志》也因此而是所谓“伪书”不成？

柳诒徵(1880—1956)更是我非常不情愿把他添入“伪书说”之伍的一位史学家。他不仅学问好，而且非常爱国。抗战时期，1938 年在浙江大学讲学时，讲到日军南京大屠杀，柳氏当场昏厥。1942 年，柳氏长途跋涉至重庆后，开始撰写《国史要义》，1948 年由中华书局出版。在该书第三篇《史统》中谈到“专持夷夏之义以论正统者，莫严于郑所南之《心史》”，并认为《心史·古今正统大论》中“惟谓不以正而得国，则篡之者非逆，以为宋解，尚属私于所君之词。然举汉取嬴政之国、唐取普六茹坚之国以为例，则说亦可通”。这真是柳氏眼光独到之处。因为，既然能看出书中私于宋君之词，那正可证明《心史》确是宋人所著。但遗憾的是，柳氏接着却又说：“全谢山力言《心史》为伪书，然即明人所托郑氏之言，亦明人持正义以论史之特识也。”我们且不说，全祖望根本就没有“力言”过《心史》是“伪书”的任何道理，而且另外还写过不少《心史》是真本的话哩；只讲柳氏这里的说理方法，难道仅因全氏“力言”，我们就非得认为《心史》是“明人所托郑氏之言”吗？这也实在太盲从了，而且还否定了自己已看出的《心史》“私于所君之词”之“特识”。

但是，1947 年由正中书局出版的柳氏《中国文化史》的第二编第二十一章《蒙古之文化》(原载《学衡》杂志 1928 年第 61 期)中，却又写道“蒙古风俗之陋，最为汉族所鄙。郑所南《心史·大义略叙》言之历历”，并引证《心史·大义略叙》约六百余字，与马可·波罗所记相对照，认为“盖郑氏所讥者，蒙古草昧之风，而欧人所睹者，元代极盛之世”。如此看来，柳氏后来还是相信《心史》的。

史学家谢国桢(1901—1982)于明季历史深有研究。他在 1932 年由北平图书馆内部出版《晚明史籍考》，1964 年又由中华书局上海编辑所正式出版《增订晚明史籍考》。在《增订晚明史籍考》卷四《党社·上》，记有姚宗典《门户志略》一书，谢氏作有按语：

> 桢藏有崇祯已卯刻本《心史》，书后附文从简、陆嘉颖、杨廷枢、姚宗典、姚宗昌诸人题跋。《心史》虽系伪书，然由维斗、文初诸君提倡刊刻之后，不及十年，而明社遂屋，诸君子抗节不屈，或蓄志恢复，甘老荒江，则是书影响之深可知。《心史》虽不能据定为思肖原作，然有此一卷题跋，可当明季抗清史乘读也。附记于此。

谢氏认为《心史》诸序跋“可当明季抗清史乘读”，这是具见史识的。但是，他的意思似乎是：《心史》虽系伪书(或不能据定为真)，而诸跋则不伪。这个观点令人匪夷所思。

因为，诸跋明确记述了《心史》出井、刊行的经过，如果诸跋非他人伪撰，那就只能说诸跋的作者是此"伪书"的合作者，或是它的"托儿"。而伪造者竟会受自己伪造的书"影响"，而且"之深"，岂非大笑话？

其实，谢氏从未说过《心史》为伪的任何理由。他这句短短的按语，只不过表示他也盲从了"伪书说"，且与他的其他一些论述自相矛盾。例如，同书卷二十《文集题跋》下谈到徐枋的《居易堂集》时，谢氏说："其所著文震孟、吴焕、华允诚、沈寿岳等人之墓志，则等于郑所南之《心史》也，读其文亦可以见其志矣。"同书卷二四《宫词诗话小说传奇》中谈到《季云娘》时，谢氏又说："不独所南《心史》足昭亮节，即皋羽《冬青》，宁不足以彰幽德也哉！"这些话，又明明是完全肯定《心史》的，也是很正确的。于此足见前引谢氏"《心史》虽系伪书"一段话，是他未作深思的智者失言。

以上三位均是令人尊敬的著名学者，也会说出一些令人遗憾的话来，足见徐、阎及《四库提要》"伪书说"影响之恶劣了。

至于20世纪50年代直至今天各种文学研究所、大专院校及个人所著的《中国文学史》类书中，避而不谈曾经有过巨大影响、篇幅又不小的《心史》的，那就太多了，已经没有必要在这里举出那些书名及著者了。(值得指出的是，仅有极难得的程千帆、吴新雷的《两宋文学史》，是明确肯定《心史》的。)但是，它们在谈到南宋爱国诗歌时，却又多未忘了写郑思肖，并都将他与谢翱、汪元量、林景熙等人并列。它们的做法是，引用《心史》中的诗，却有意不提书名；或者更"谨慎"的，是从《心史》以外找来郑氏佚诗。但是，这后一种做法的文学史撰著者们似乎从未想过这样一个问题：假如郑思肖没有了《心史》，仅仅凭那些他晚年写于元代的题画诗之类，你们又怎么可以称他为"宋末爱国诗人"呢？仅仅凭这样一些数量不多的题画诗之类，郑思肖又有什么资格可以与谢翱等人并列呢？这些文学史书为避尴尬，却引来了更大的尴尬。这么明显荒谬的一个问题，还至今无人喝破！

我们还不得不注意到，著名学者钱锺书编选的《宋诗选》，索性不选郑思肖；他的《谈艺录》、《管锥编》诸书中多处写到过郑思肖，但从未涉及《心史》。著名学者钱仲联编选的《宋诗三百首》，还有金性尧编选的《宋诗三百首》等，也是都不选郑思肖的。这个巨大的阴影还投现在代表"国家水平"的大型工具书中。如《辞海》、《大辞海》、《中国大百科全书》等，都说《心史》或疑为后人假托。至于形形色色的《中国文学大辞典》、《中国历史大辞典》、《中国古籍辞典》等，都是鹦鹉学舌。当然，也有《辞源》这样的大型辞书，明确肯定《心史》，颇为难得。

(八)20世纪60年代台湾伪书说

20世纪60年代在台湾发表的说《心史》为伪的文章，我读到过两篇。

一篇的作者是姚从吾(1894—1970)，台湾大学教授，在1969年年初《庆祝蒋慰堂先生七十荣庆论文集》上，以第二篇的地位(第一篇是钱穆的文章)发表《郑思肖与〈铁函心史〉关系的推测》。该文是姚氏自述花费了一年研究工夫写成的，但其所见资料甚少，且《心史》的版本也未选好(如文章所用《心史》的附录文章，将《心史》出井的十一月说成八月，其他误文也甚多)。姚氏当时所见仅顾炎武诗、全祖望题词、袁枚诗话及《四库提要》

四种而已，连余嘉锡的《四库提要辨证》在写文章时也未能读过。姚氏认为《四库提要》的“理由”是不充足的，全祖望的说法“只是有人告了状”但并没有查证。这还说得不错。但他完全赞同袁枚的看法(即浸水中必坏与剖割天祥诸语不可信)，仅以此怀疑《心史》，并得出这样的结论：

> 我们认为《心史》，是宋亡后，东南一部分爱国志士们的集体创作。这里边当然有郑思肖的作品，也有别人作品。

姚氏还具体断定《一是居士传》、《先君菊山翁家传》这类“与郑家有关系而不带火药味的”作品，才是郑思肖写的，其他的都不是。这真如文章题目中说的，只是一种“推测”，而且是并无道理的猜测。即如《一是居士传》，其中没有“火药味”吗？真令人怀疑他连看也没细看。而且，就在《一是居士传》中，郑思肖就说自己凡“作讽咏，声辞多激烈意”，“激烈意”不就是“带火药味”吗？何况还“多”呢！那么，为什么“不带火药味的”作品才是郑氏写的呢？又如《先君菊山翁家传》中，郑氏说自己父亲“使其生至今日，决不忍陷于贼阱，必一死尽臣子报国之节”，最后又说自己“今为国为家之念，纷然茫然，裂碎其心，莫措手足，仰天大恸，莫喻后之所云”。请看，这些还不算“带火药味”？因此，姚氏此文的一些“推测”，实在缺少学术价值，连他自己也承认所论有“困难”。姚氏文中，甚至连郑思肖生卒年也推算不准，却反而批评别人不对。

此文末尾追加的一则“附记”值得注意。一是姚氏提到此文曾在台北南港“史语所”学术讨论会上宣读，当场就有“史语所”所长李济(1896—1979)等人反驳。考古学家李济明确指出：“若水中不透空气，铁函是可以历久不坏的。”二是姚氏后来因人介绍而读了余嘉锡的《四库提要辨证》，承认余氏学识渊博，但又说自己的看法“幸与余先生主张尚无大冲突”。虽然这种说法十分勉强，不能令人同意，但他还是比较谦虚，承认余氏的看法有道理，不像后来有的人那样死不认账。

姚氏逝世后，1974 年 5 月台湾《食货月刊》复刊第四卷第一、二期合刊上，又发表姚氏的“遗作”《郑思肖生平与行事杂考》。该文“引言”中说，《心史》真伪“公案既不能结束，不得已而求其次，只有说出不能结束的实况而已”。文章不长，是姚氏在撰写上面那篇文章的同时写的，但仍然没有说出什么有学术价值的话来，对郑思肖的生平与行事也没有什么新的发现。文章似乎尚未定稿，也许作者自己也觉得无意思，所以生前未拿出来发表。

另一篇是 1969 年 6 月台湾《书目季刊》上发表的刘兆佑的《心史的著者问题》，作者当时还是个青年教师吧。刘氏后在台湾东吴大学和中国文化大学任教，曾任中国文化大学中文系主任。但当年他所见过的资料，也仅仅是上述姚文提及的四种，再加上余嘉锡文章。但得出的结论则是“《心史》和郑思肖毫无关系，全是他人伪造”。刘氏也认为“全祖望没有能提出充分的证据”；《四库提要》所说“都经近人余嘉锡所考辨，认为不足以证《心史》为伪”；袁枚之说“只能做为旁证”，“仍觉证据不足”。但他又认为余嘉锡“只能辨《提要》之说未必是，却不能以证《心史》之不伪”。那么，他自己又提出什么《心史》是“伪书”的证据来呢？

“证据”一是“自述生年不符”。刘氏指出，《所南文集》中《答吴山人书》说“今吾六十四岁矣。二十二岁壬戌二月，我父菊山先生卒于吴中”，则郑思肖当生于淳祐元年辛酉

(1241)；但《心史》中《家传》则说“先君字叔起，号菊山……生于庆初己未，终于景定壬戌，寿六十四岁。先君四十岁始生思肖”，其父四十岁当是嘉熙二年戊戌(1238)。因此，刘氏认为：“两书自述生年竟相去三年，谓之为出自一人之手，殊为可怪！我以为必是伪造《心史》的人，一时误算，致露败阙。”

今按：刘氏揭出的此点“证据”，是既新鲜又不新鲜的。新鲜的是，“伪书说”者中大概是他最早提出这一点；不新鲜的是，非“伪书说”者早就不止一人谈到过。如近人梁鸿志(1882—1946)在《爰居阁脞谈》中就说过“谓‘先君四十岁始生思肖’者，似有未合”，实则四十三岁所生，“于其父生身之年举成数而不言实数，此其可议者也”。郑贞文(1891—1969)在1941年发表的郑思肖、谢翱合谱中也指出过。这不过是“举成数”，或是漏写或漏刻了一个“三”字而已。因此，这谈不上什么“殊为可怪”，更不能说“必是伪造”。相反，伪造者倒一般不会“误算”的。再说，刘氏说的“两书自述生年竟相去三年”也是不确的，《心史》书中提及郑氏生平的地方有多处，都没说错生年。即拿这篇《家传》来说，刘氏所引文字接着就写到“思肖七岁时……淳祐丁未”，那么你算一算，其生年不也正是淳祐辛丑吗？正如梁鸿志说，“《心史》诗文所载德祐纪年及所南自身年齿，前后无不吻合”。

“证据”二是“所载元世祖建年号年代与史不合”。这条是刘氏的发现：《大义略叙》中说“咸淳初，鞑始僭号‘元’；宝祐丙辰(按，1256)，鞑始僭年号曰‘中统’”。而忽必烈中统元年应是景定庚申(1260)！刘氏认为：“必是后人伪作，没有详考史事，遽然误写！”

今按：这里确实是“误写”，但并不能仅据这一误写就说“必是”后人伪作。相反，如上所说，存心伪造者一般倒并不会误算。再说，同篇《大义略叙》中，谈到“开庆间阿里孛哥闻蒙哥死，忽必烈归立传国”，又谈到开庆一年忽必烈攻江南时贾似道密劝其回去袭位。“开庆”仅一年，即1259年，那么忽必烈回去第二年建年号“中统”，当然应是1260年了。可见郑思肖本来也没记错，只是一时疏忽“误写”罢了。这样的“误写”，我们自己平时不也是经常发生的吗？

除了上述两点外，刘氏还提到“可以从文辞上的比较，以辨其伪”。今按，这种“文辞上的比较”要科学，要讲出道理，才能服人。而刘氏称“《心史》里的诗，平凡庸俗，但作愤慨语，了无韵味”，又称“如此的粗俗”云云，这种看法，与大多数的读者(包括一些怀疑《心史》的人)的感受不同，我们也毋庸与之一辩。

刘氏不同意说《心史》是“后人编集其作品成书”，这当然是对的；但他又责问《心史》中那些“并无诋元文辞”的作品为什么不收在《所南文集》中，这是一个莫名其妙的问题。因为《所南文集》所收都是郑氏入元二十多年后晚年的作品，与《心史》并非同时。

刘氏还提到《心史》中一个“觧”字，说此字《说文》未见，《玉篇》义厥，殆从明《字学三正》始才说“觧，与好歹之歹同”。因此，刘氏“推测”《心史》释此字有至微至贱义，便是“受《字学三正》或同时代字书的影响”，那么，“《心史》就当是明人所伪造的了”。今按，这种“推测”也太大胆、太粗疏了。此处仅举一例以驳之：宋彭大雅(《心史》中提到此人)《黑鞑事略》中便提到“觧者，不好之谓”，可知这一解释不必从明时才开始。

刘氏还怀疑作伪者是僧达始或者和承天寺有关系的人，但没有提出任何证据。(按，这种可能性完全可以排除。)

过了十几年，刘氏又在《东吴文史学报》1982年4月第4期上发表《心史作者考辨》一文，在“后记”中说：“这篇文章，初稿原题《心史的作者问题》，写于1968年12月，次年

6月刊载于《书目季刊》三卷四期，并经《中华学术与现代文化丛书·文学论集》转载。十年来，陆陆续续不断地得到了一些新的数据，更支持了我的论点。现在，我把得到的新数据补充进去，重新撰写；并且附录几篇《心史》的序文及三张书影，以为《庆祝铸公校长八秩荣寿学术论文集》补白。”我认真拜读了这篇文章，没有看到什么有价值的“新的资料”，而其“论点”及论据与十几年前完全一样，甚至连文字也没有改动，这里当然不用多评论了。

今又读到台北永和市花木兰文化出版社2007年3月出版(北京大学文化资源研究中心企划出版)的《古典文献研究辑刊》四编，第一册为《宋代伪撰别集考辨》，著者林清科，中国台湾彰化人，毕业于省立台北师专(今台北教育大学)、私立东吴大学中文系、中国文学研究所硕士班。据其书自序，知乃是实际完成于1985年的硕士论文，其指导教授即刘兆佑，“写作期间，多蒙启迪，既成，又承为之润色删正”。该书第二章《宋代伪撰别集之来历与伪况》第三节《宋代伪撰别集之种类及其辑目》，即把《心史》列为“全书皆伪”者，并断定是“明末僧人达始伪作”，自注云“说据刘兆佑《心史的著者问题》”。

林书论及《心史》“伪书”之处甚多，但全然以其师刘氏之说为说(仅个别地方曾引用姚从吾的说法)，亦步亦趋，一丁点儿“新证据”也没有提出来。可谓盲从而不通考证，徒挺似是而非之说。正因为林氏完全固守刘氏陈言，本文就附在这里来写。如果非得寻找林氏自己的“新言”，那么只好举出第五章《宋代伪撰别集内容考辨》第五节《集中词气文理思想与所题撰者不类》之二《文理难通》中的一些话来，以见一斑，亦可知实在不值一驳(其中“难解者三”一条，倒与本文下面即将写到的杨玉峰“所见略同”)：

> 今考《心史》中叙事之词，确多难通处，常令读者生荒忽难解之感。如书中自记身世，一则云“举世无人识，终年独自行”(卷上《大义集·此心》)，又云“独笑或独哭，从人唤作颠”(卷上《中兴甲集·遣兴》)，似为遗世独立之隐逸矣；一则又云“我非办得中兴事，一点英灵死不消”(《中兴甲集·春日偶成》)，云“期集大事”(卷上《中兴乙集·自序》)，云“欲举大事”(卷上《久久书·后臣子盟檄》)，云“俟我大事成”(《久久书·自序》)，又似以中兴大宋为己任者；此已显矛盾。若云其宋亡之后方有举事之想，故宋未亡前诗文不言及“大事”，然《大义》、《中兴》二集亦作于宋亡之后也(参二集自序)；且其全书惟言“大事”二字，而无一字语及大事为何等事、何人与此事、其事如何举，读竟全书，竟不知其大事为何所指？此又嫌不通。此其难解者一也。又如书中自叙其父菊山翁教诲之语甚多，要皆忠孝之道，臣子之义；而卷上《久久书·自序》云：“今悖父母所训，委身污杂，为名教罪人。”不知所犯者何罪？又云：“始教我为君子也，今小人矣。易形革面，踯躅兽走；得罪天地，不齿人类。”不知曾为何事而自责如此？此其难解者二也。再如其序作《久久书》之事，据其序，此书当为自作；而据书后九跋之第一跋，则又其先夫子所授，语甚错乱，读之令人惶然不知所据。此其难解者三也。似此之类甚多，仅举三例以概其余。略论之，此书叙事类皆语甚堂皇，而略无实指，常令读者不知所谓。《四库全书总目提要》所谓“蹇涩难通”、“故为眩乱其词”者，或指此类欤？要之，其书当出伪托，以故脱略如此也。

林书第三章《前人考订宋代别集真伪误说之考辨》第三节《辨伪为真之伪说考辨》，硬说余嘉锡“所辨虽繁，要亦难补其败阙。余氏盖因其书以鼓吹民族大义为名而私爱之，不欲见发扬大义之书而沦为伪籍，故不觉蔽于私见而作弥缝之辨耳”。其实余氏绝非“因私爱其书而蔽于己”，虽然有个别地方他辨析得还不够到位，但作风严谨，学识渊博，世所公认。林氏说出这样卤莽的话，不及姚从吾远甚。

要之，林氏1985年的硕士论文，在论述《心史》方面的水平还远远不及八年前杨丽圭的硕士论文。但他在书里说：“欲证其书之为真，首要之事乃在检视其可疑处是否为无足疑，亦即是否‘所疑非理’？必证其书可疑处尽皆无疑，然后足证其书为不伪。”这句话倒说得不错。本文就是要证明《心史》“其书可疑处尽皆无疑”，而怀疑者“为无足疑”，“所疑非理”。

这里，还想附带谈到在台湾学术地位比姚从吾等人更高的傅斯年对《心史》真伪的看法。应该说明，傅氏对《心史》有所怀疑，但不能说他主张伪书说；而且，那是他在20世纪50年代以前的看法。

傅斯年(1896—1950)，字孟真，山东聊城人。曾任北京大学代理校长、台湾大学校长。他提出的“上穷碧落下黄泉，动手动脚找东西”的治学原则十分有名，但他在《心史》研究方面却没有做到这一点。今台北“中央研究院”傅斯年图书馆有傅氏原藏的《三山郑菊山先生清隽集》(1934年商务印书馆《四部丛刊》影印本)，前有傅氏题跋，这样论述《心史》：

> 《心史》一书久为公案，今未暇考，姑臆测之如下。所南负一时名，而元世之文网疏，故非直斥胡虏之诗文犹可付梓也，其未可付梓者犹有抄本流传，明之盛世，未遇好事抗节者为之刊行，直到末年，吴中好事者得之，所得亦一杂抄之册耳。其言当时史事者，出之传闻，虽不尽确，尤非明末人所能造。若夫吊诡之文，摹拟之跋，固明末人所擅长也，故有“必开大明之天”之语(《久久书》第七跋)。盖真者多而伪者少，必杂伪于真，以炫其怪，明世之通习也。于是又为智井之说，更使人之不信，故阎百诗、全谢山以来，皆以为伪也。虽然，言不可以若是其亟也。建虏亡明，吴中士夫初未梦到，何事造此一翻境？若夫总其名曰《心史》，恐亦刻书者之所为耳。

傅氏承认自己“未暇考”，不过是“姑臆测之”。他甚至以为《心史》中的作品一直以抄本形式在民间流传着，只不过“未遇好事抗节者为之刊行”罢了。他认为其中言当时史事者“尤非明末人所能造”；但有些吊诡之文、摹拟之跋则是明末人伪造的。总之是“真者多而伪者少”。傅氏对这些说法均未作任何论证。显然，他关于《心史》的“臆测”实在没有什么学术价值，这里也不想多评了。

(九)20世纪80年代伪书说

进入20世纪80年代，《心史》研究突然热闹起来，海峡两岸不约而同地出现了好几篇专论其是“伪书”的文章，其水平也超过了历来的“伪书说”。

1983年7月，北京中华书局《文史》第十八辑，发表姜纬堂(1936—2000)长文《辨〈心史〉非郑所南遗作》。作者时为北京市社会科学院历史研究所副研究员。姜氏也认为徐、阎等多系“闻诸”某人言而未提出证据，仅《四库提要》“正式提出过证据”，然均遭到反驳，因此，应“作进一步的探索与发挥”，“提出新的证据来”。姜氏自己提出的所谓“新证据”，归纳一下，约有如下四项：

第一，若干作品的时间问题。《心史》作者自述将乙亥(1275)至丁丑(1277)所作诗编为《大义集》，但该集所收《书前后臣子盟檄后》一诗当作于戊寅(1278)。《心史》作者自述景定以来至咸淳五年(1269)，作诗极多，忆得五十首编为《咸淳集》，其后几年竟不作诗；但《咸淳集》中的《重题多景楼》当作于咸淳八年(1272)或九年(1273)。

第二，《杂文》及《自序》的篇数问题。《心史》作者自述《杂文》共四十篇，前后自序五篇；实际《杂文》仅三十篇，自序篇数亦不符。

第三，避讳问题。《四库提要》曾说《心史》避仁宗讳而不避高宗讳，姜氏认为《心史》对仁宗讳也有多处不避，更不避南宋诸帝讳。“宋代避讳之严，史所空前”，“这无论如何都是讲不通的”。

第四，“最可骇怪的”，是《心史》的《家传》中说“先君四十岁始生思肖”，较他处所说提早二年(按，当为三年)；又说“今所记忆者，惟先君五十以后事”，而所记淳祐丁未思肖七岁时事，此时其父49岁。

平心而论，上述种种大多可说确是事实。但问题是，仅仅凭这样几条，就可以将内容如此丰富，篇幅这么大的一部《心史》定为“伪书”了吗？

姜氏似乎要求诗人说的每一句话都严格得像法律文件一样准确。只要诗人说过其后几年不作诗，那么就连作一首也不行，就成了“作伪”的“证据”；只要诗人说是“五十以后事”，那么他写到49岁的事就绝对不行，就也成了“作伪”的“证据”。姜氏又要求诗人在编自己的集子时，必须像遵守法律一样严格按照自己说过的年份，像《书前后臣子盟檄后》差了一年就绝对不行。但《中兴集》又始于己卯(1279)，难道就只好把这首诗丢弃了？同样的，作于咸淳年间的《重题多景楼》，不收入《咸淳集》又收到哪里去才好呢？

关于《杂文》的篇数问题，梁启超等人也早已发现了(梁怀疑“四”乃“三”之误)，而姜氏则动辄断言“伪造”。其实，要真是“作伪”，这类简单的数字问题倒不大会出现的。我认为，篇数问题可以讨论，如果将《久久书》后十段跋文算上，那么《杂文》的篇数就正好四十；至于“前后自序”，《心史》全书前有《自序》一篇，后有《后叙》、《又后叙》、《总后叙》三篇，再加上三种诗集后的一篇总的《自序》(此篇现虽附于《中兴集二卷》之末，但显然是全部诗集的一篇总后序，而且又与全书的《后叙》、《又后叙》、《总后叙》作于差不多同时)，不正好是五篇吗？

关于避讳问题，姜氏认为《心史》“并非尽避仁宗讳”，也有没避的，并举出“贞”“旌”二字为例，还“引经据典”说是“据《淳熙重修文书式》，转引自陈垣《史讳举例》卷八”；同时更指“《心史》中有许多地方直犯南宋诸帝之讳”，并举出“逅”“蜃”“廓”等字。于是气势汹汹地责问：“一部声称是南宋人写的作品，避北宋仁宗讳(也有多处不避)，却不避南宋诸帝讳，这无论如何都是讲不通的……宋代避讳之严，史所空前，既然《心史》作者生于当时，且以尊君崇上为怀，何至疏忽如此！”

我先要指出，实际上姜氏在这里只不过是不自觉地否定了《四库提要》所谓的“《心史》避仁宗讳而不避高宗讳的破绽”(姜氏语)，既然本来就根本不存在这样一个“破绽”，那就更不能以此作为《心史》为伪的理由；同时，姜氏也是不自觉地承认了《心史》其实并无他说的那种“避讳之严”的事实。如此而已。那么，我要反问：《心史》这样做又有什么不可以呢？在宋代，有哪个人或哪个机构规定过连当时的个人私下写作甚至不准备公开出版的书稿，都必须避那么多讳呢？退百步来说，如果谁不照你的规定避那么多的讳，谁写的东西就一定是“伪书”，世上哪有这样的道理啊？姜氏以这样五个字未避讳而作为“伪书”之证，那么我可以说，照他的这种判法天底下不知能判出多少“伪书”来呢！我就仅举南宋第一大忠臣文天祥的诗句为例吧。姜氏举出的这样五个字，在文天祥诗中出现得实在太多了，我只能每个字仅举一个例子；而且，共二十大卷的《文山先生全集》，我尽量只在头一卷里找：

“贞”：《文山先生全集》开卷第一首诗《次鹿鸣宴诗》“贞元虎榜虽联捷”；“旌”：卷二《和衡守宋安序送行诗》“春日旌旗公出游”；“逅”：卷一《题宣州推官厅览翠堂》“千年一邂逅”；“蜃”：卷一《题延真罗道士玉涧》“樵牧骇潜蜃”；“廓”：卷一《听罗道士琴》“清风转寥廓”。可以了吧？此外，其他南宋诗人的例子就不需要我再一一查证了吧？姜氏难道有本事把《文山先生全集》也说成是“伪书”不成？

至于《心史》在年龄上写了个成数，竟被说为“最可骇怪”，其说法的本身才是可以“骇怪”的呢。本文前已分析过，即使根据同篇《家传》，也能得出郑思肖自述生于淳祐元年的结论；而姜文明明照引了“思肖七岁淳祐丁未”一段话，却还要说《心史》“对自己的生年竟一处一个说法”，那就实在是他自己太“可骇怪”了。

姜氏还提出一些更为琐细的“旁证”，如《心史》在德祐以后仍用德祐年号而不用二王年号，空阙襄阳被围及失陷的年月，特地注出康王为宋高宗，等等，这些也都完全不足以否定《心史》。我至少可以举出，据《宋季忠义录》卷十四，当时衢州（今属浙江）人王宏，就也是在德祐以后仍坚持用德祐年号而不用二王年号的。至于古人出书、写文章时空阙年月日，或以“某”字代之的，那就简直太多了，姜氏在读书中难道从来没有见过吗？

倒是姜氏的有个观点很值得注意，他不同意说是姚士粦伪造，认定是明亡后清初时遗民所伪造，可能是“题跋者之一”，最可能的人是郑敷教。他认为张国维捐资刻印、重建郑祠等事均“断非事实”，初版《心史》所有的序跋都是“倒填年月”的“伪作”。但他却未举出任何根据，只说《心史》中“必开大明之天”一语“多少透露出了该书作于明亡之后的消息”。

对此，我只消举出《心史》中两个例子就可以驳得他哑口无言了：《中兴集》的《二十砺》中有一句“王气光大清”，请问，能不能仅仅据此便说“这多少透露了该书作于清亡之后的消息”呢？《心史》中甚至还有“天道不常晦冥，终有青天白日之时”的句子。如果照他的逻辑，是不是还可以说“这多少透露了该书作于以‘青天白日’为标志的‘中华民国’亡后的消息”呢？其实，这些不过是文字上的偶合而已。

姜氏此文受到我的商榷后，更撰长文《再辨〈心史〉非郑所南遗作》，发表于 1987 年 4 月《学术月刊》上。撇去羌无故实、徒逞意气的部分不谈（据该刊主编告诉我，他已经删去了原稿中一些更“刺激”的话），姜氏新提出的多少带有点“学术性”而值得一辨的，约有如下几点：

第一，姜氏“举出两位也可算是有些权威性的证人，以见井出《心史》之必无其事”。他以较多的篇幅记述了明末祁彪佳、钱谦益二人地位之高、著作之多、藏书之富，详论他俩与张国维等《心史》序跋者的关系之密，然后，他说在祁彪佳日记中却对《心史》“毫无反映”，在钱谦益《初学集》中也“毫无反映”，这“岂不大可玩味”，“岂非咄咄怪事”？

第二，姜氏再次强调“诸家序跋所侈言与渲染之井中出书，乃属故造之神话，实无其事”。并“再举一反证”：《心史》的序跋刊刻者“何不就所南之笔迹影摹其一二上版？”“既能影摹张国维、曹学佺序上版，何于所南真迹反吝惜如此？盖其手中并无所南真迹，惟恐人取以核传世所南手笔而露马脚，故不惜喋喋于发现始末之记叙，封识原状之描述，用以瞒天过海，弄假成真。”并怜悯与他商榷的我说：“不明此乃障眼法而堕其彀中，徒津津于考究其封识，论证其藏法之符于科学，而不知自省，堪谓受愚也深矣！”

第三，姜氏再次强调“诸家所谓之出于崇祯戊寅、题跋于己卯至庚辰等年月，皆属倒填，未可相信”，并说“此事拟别为专文论之”(按，这篇所谓“专文”后来一直未见发表)，“于此仅举一反证”：《心史》付刊时何不请钱谦益题跋？“盖《心史》出世时，钱氏声望业一落千丈，为‘壮烈之士’所不齿耳！此足证《心史》之出必在‘甲申之变’以后。斯时钱氏先于南都谄附阮马，贻讥士林，继则迎降清军、腼颜事敌，其名尚有何‘重’可借？”

第四，《心史》以外，姜氏还指出《桐庵年谱》与《南风堂赋》所记郑思肖祠经始、落成、首祭的年月全不相同，因此认为正是郑敷教在“编造神话”。姜氏再次断言“重建郑祠等等也断非事实”。

今按：姜氏提出两位“证人”云云，实在均未经深思。试想，纵使祁、钱二位没在日记、诗文中写到《心史》，那又怎么样呢？难道就不能有其他原因，只有用《心史》是“伪书”才可解释？那么，姜氏不也未能找到祁、钱二位否认《心史》为真的话来，人们不也同样可以反问：既然祁、钱二人是如此“权威”的“有资格”的“证人”，又与张国维等人关系这般密切，那么他们眼看有人明目张胆地“作伪”，并“借张国维的气节文章与官爵张目”，为何不揭露呢？(祁氏牺牲早，或许还能说他看不到“作伪”；而钱氏是必能看到的。)那么，人们不也同样可以说：“岂不大可玩味”，“岂非咄咄怪事”？其实，祁氏日记里明明记有读《心史》(张本)的事，而钱氏作品中更是多处谈及《心史》。

姜氏举出的第一个“反证”，实在令人大惑不解。首先，林本的曹序，书上明明注明是强惟良书写的，姜氏却硬说是“影摹”曹氏笔迹上版，真不知道他看的是什么版本！其次，说张本序是“影摹”张氏手迹，姜氏又从何得知？我认为是邬继思书写的。姜氏提出“何不就所南之笔迹影摹其一二上版”，这实在是对古人的一种无理苛求；然而，我曾见到三本苏州初刻《心史》(分别藏上海图书馆、山东省图书馆、西安交通大学钱学森图书馆)，在卷首均有题为“心史原式、线钉”的原书手稿封面、装订的图样，上面“心史”二字应当还真的就是“就所南之笔迹影摹其一二上版”的呢。姜氏对此当然一无所知。但如果退一百步说，就算是这两篇序都是“影摹张国维、曹学佺”字迹的吧，那么，我们不禁要问：当时“传世”的，究竟是三四百年之前的郑氏的手迹多呢，还是近在眼前的张氏、曹氏的手迹多？“伪造者”为什么对早于三四百年前的郑氏的手迹倒怕人核对，而对当时当地人的手迹却反而敢于“影摹”而不怕核对呢？如果确是这样，那岂不只能证明这两篇序不是伪造的吗？姜氏文中这类“自露马脚”的地方太多，此仅一例。

姜氏举出的另一个“反证”，其实与前面举的一个所谓“证人”是重复的。《心史》的刊刻者是否请钱谦益写序跋，这完全是他们决定的事，后人怎么能强令古人必须请呢？他们不请，也不能说明其书必是伪啊。再说，他们如果请了，钱氏写不写也是他的自由，后人又怎么能强令他必须写呢？他不写，也不能说明其书必是伪啊。这算什么“反证”呢？事实是，钱氏也并不那么喜欢《心史》。

另外，姜氏所谓钱氏后来名声大落、为“壮烈之士”所不齿云云，也不全如其之想象。事实上，有不少遗民，甚至包括“壮烈之士”，一直与钱氏保持着尊敬和亲密的关系。这样的事例实在太多了，为治明清文学史者应有的常识。我在这里就只举一个例子：瞿式耜，是为抗清斗争壮烈献身的，他牺牲前在清军的狱中写诗《自入囚中，频梦牧师，周旋缱绻，倍于平时，诗以志感》，这里的“牧师”就是牧斋钱谦益。而且，瞿氏是知道钱某已经降清的。

至于姜氏提到的建祠事，本来可以分析研究，但不能动不动就说人家“编造神话”。1934年，赵诒深等人辑印的《甲戌丛编》中所收《桐庵年谱》记：崇祯甲申(1644)“南中大臣拥立福藩，五月即位于南京，人心稍定。先生(按，指郑敷教)建所南公祠于条坊巷之阳。癸未(按，1643)腊月启土，今八月竣工。院道遣春秋一祭按入条编。祁中丞优免祭田，给帖宗公，批令后人之贤世守其祀”。翌年，弘光元年(1645)又记：“祠初落成，二月春祭，两县会集，仪文整肃。张中丞时任戎政，遣官束币，送‘南风堂’额。煌煌大典哉!”(按，“南风堂”出于《心史》的《南风堂记》)以上郑敷教学生所撰、郑氏审定的年谱记载，比较可信，而且置于整个《桐庵年谱》及当时历史背景，亦无扞格。

但是，赵氏等人两年后(1936)辑印的《丙子丛编》，收有《桐庵存稿》，其中有一篇《南风堂赋》，小序中说：“南风堂者，所南先生之堂也。《心史》既出，乃踵其事，经始于辛巳(按，1641)之春，垂成于壬午(按，1642)之夏，至秋乃享。戎政尚书东阳张公书仍旧额，布乐建旗，送之门而礼拜焉。”这就与年谱所记有龃龉，时间提前了二三年。姜氏对此质疑是可以的，如此轻率地得出结论则不足取。

本来，我对这篇《南风堂赋》也颇怀疑，特别是赋中还写道：“于是中丞御史若张国维、祁彪佳、任浚、宗敦一司监，郡邑若程峋、张调鼎、陈洪谧、倪长玗、叶承光、牛若麟之属，先后受事。莫不拱手作色而言曰：‘其闻于朝，以厉风烈。’于是国维浚疏，请专祠二祭；敦一请以子孙之贤者世守其祠。制曰可，诏即其祠，给官帑之半。而洪谧、承光申移彪佳墓田若干，俾免徭役。……夫何精英甫彻于九阍，谶纬遽符乎十甲(《心史》末连书十甲字)。……颂曰：……天子揆之，敞神区兮。春霜秋露，存有司兮。”这样说来，曾经由两位大臣上奏皇帝请为郑思肖建专祠，而且崇祯还专门降有制诏。但如此重大的事情，为何在《桐庵年谱》里没有记载？为何在大量史书和方志、笔记中均亦未见记载？而且，《桐庵年谱》记辛巳年：“是年饥，春夏间当事存心振救，立平粜法，复设粥厂，以食不能出籴者。”是年秋郑敷教又丧母。壬午年年谱又记：“时当荒馑之后，疾疫死亡尤甚，为设法振救如前。”郑敷教及当地长官似均不可能在这段时间为建郑祠而大动土木。何况赋中所记场面极为夸张，但文字却与郑敷教其他文章似乎不像，显得相当稚拙。因此，我颇怀疑此赋是别人(后人)为表达愿望而凭想象的拟赋代写，而后来被人误以为敷教所作。至少，此赋中无一字涉及敷教自称。

不管如何，姜氏认为建祠一事纯系编造，“断非事实”，却实在过于武断了。顾炎武在《井中心史歌》序中就写道：“巡抚都院张公国维刻之以传，又为所南立祠堂。”郑思肖明季建祠，不仅见于清代各时期的苏州地方志及古迹考一类书，如前引康熙、雍正间成书的“钦定”《古今图书集成》，在《苏州府祠庙考》中即有记载；而且更早，甚至就在当时，在明末辛巳(1641)编写、壬午(1642)出书的《吴县志》中，卷二十《祠庙》就有明确记载：

郑所南先生祠，在能仁寺(按，即承天寺)内，祀宋末忠臣郑公思肖。公著有《心史》，贮铁匣，投寺井中。至本朝崇祯十二年(按，实际为十一年)，僧浚井获之，启匣，其中俨然。士人陆嘉颖辈上之巡抚都御史张国维，刻传其书。随建祠本寺。

郑祠一开始是暂设在承天寺内的，那是因为张国维离苏，建专祠之事未果。南京弘光政权成立后，人心稍定，便为郑思肖建祠。未久清兵南下，郑祠又被迫数度搬迁。尽管它可能很小，但确实存在过，而且历尽风雨沧桑。《桐庵年谱》顺治四年丁亥(1647)记：“余(按，此时年谱为郑敷教自撰)所居之前有周氏废园一区，有亭有池，次男鉴与沈韩倬成交，为余坐地。时先祠(按，即郑思肖祠)在学道坊，兵马蹂躏，元旦五更抱神主安供亭中，遂为家祠。日瓣香肃拜，读书念佛，将终老。自以居桐悔过，因号桐庵。”至顺治十五年戊戌(1658)，年谱又记：“先祠为亡赖子所夺，抱神主供广生庵。”(按，广生庵之祠，亦见于《古今图书集成》)据《年谱》末郑氏学生沈明扬的附记，郑氏在临去世前不久，还“诣广生庵，入祠拜所南公，起而叹曰：‘迩来吾惫甚，恐来日未必能赴此会复拜吾祖矣！’言讫泫然。未几疾作，遂不能起。”

而《桐庵存稿》中有郑氏《迁祠赋》，序中亦写道：“祠在干将坊，与先生条坊故庐相望，当城之冲。乙酉(按，1645)六月以后，戎马载涂，遂于丙戌(按，1646)岁除，抱主东迁于周氏废圃。列墉缭垣，扫洒洁除，辟地栽花，皆余一手一足、鞠躬偻脊而成也。”这与《桐庵年谱》所记吻合。丙戌岁除之夜与丁亥元旦五更，几乎是一回事。

此外，清初黄容《明遗民录》卷四《郑敷教》亦记：“申酉之交，祝光匿影佛幢，葺东埭废圃，中奉所南公木主，晨夕瓣香，键关著述。”按，在时间上说的不确。

我还在乾隆时修《元和县志》卷三四《艺文》看到约乙巳年(1665)李模写的《重修郑氏五贤祠记》，中云：“吾郡城(按，即苏州)社坛里有郑氏世祠，祀汉康成公、宋渔仲公、性之公、所南公……吾友孝廉敷教与郡中诸先辈尝会文讲学于斯。郡守莲湖陈公题额曰‘郑广生书院’，即其地也……今乙巳春，敷教暨两弟炜、熿因祠宇渐圮，谋有以新之……工既竣，遂以云山公祔祀，改额‘郑氏五贤祠’，属余为文记之。”这里说的“郑广生书院”无疑就是广生庵。亦可证郑祠“为亡赖子所夺”后，神主即供广生庵。

我更可举出当时的一位目击者：吴梅村。吴氏在康熙年间写的《郑孝子青山墓志铭》中记道：

郑氏自唐、宋来，世有清德。吾同年士敬(按，即郑敷教)为保御(按，即郑钦谕)再从弟，相与立祠堂，置讲舍，修复其祖所南先生之家法。余每过其地，羡两君各有壮子持门户，得以余年偕隐，太息久之。

特别是，我后来还发现郑敷教之子郑之谟曾在1644年秋为《心史》写的一篇跋，明确记载为郑思肖建祠是“今年夏”，与《桐庵年谱》完全相合，可证此事毫无可疑。

由此可见，为郑思肖立祠一事，本来与《心史》真伪并没有直接关系，但如像姜氏那样轻蔑地说是什么“编造神话”，那对于受尽苦难的郑敷教等古人来说，实在是一种不能容忍的厚诬！

总之，姜氏在历来“伪书说”中最大胆、同时也最不确的立论，就是《心史》必出于明亡之后。正是基于这一点，他便咬定所有的题跋“皆属倒填日期”，所有的相关记述都是“编造神话”。因为他深知历来“伪书说”称明末（明亡前）伪造《心史》是无法令人相信的。国尚未破，何必伪造这样一部书？伪造者又拿它来派什么用场呢？因此，从“伪书说”来说，确实也只有明亡后伪造才能讲得通。但是，他的这一立论经不起一问：就算诸跋均是“倒填年月”，那么究竟是何时“倒填”的呢？据考知，郑敷教、朱衮、华渚均卒于1675年，如是后人“伪造”而“倒填”，则张本最早也须在1675年后才问世，但这与所有史料不符，如顾炎武在1678年作诗，即说初读《心史》已有三十多年。如果像姜氏说的，是郑敷教这些复社人士所伪造，那么当时这些署名者都还活着（至少朱、华二人活得同他一样长），又同住在一地，他们竟然能容忍冒用自己的名字？那就只能是串通一气共同作伪了。那么，张本的“伪造集团”人数就多达二十来人！这还能做到姜氏说的“惟有秘其事，方可乱真欺世”吗？再说，姜氏似乎忘了同时还有林本，那么林本又是何时“倒填年月”呢？更奇怪的是，后者如果要“伪造”，究竟有什么必要再次“伪造”前者“伪造”的东西，而不去自己另外“伪造”一本东西呢？其实，姜氏举出的两个“证人”都是肯定《心史》的，我们在前面都已说过了。在“伪书说”中，就数姜氏撰文最冗长，用词最冲动凌轹，最绝对（竟用了那么多“必”字），然而这些都是没有用的！

1984年2月，《南京师大学报》发表鲁同群的《〈心史〉是一部伪书》。作者是南京师范大学中文系教师。鲁氏承认《四库提要》“所举理由不很充足”，他另外举出了四条《心史》是伪书的理由：

第一，《心史》中《重题多景楼》一诗写作时间与作者自述《咸淳集》编年时间有矛盾。这点基本与上述姜氏所说相同。

第二，根据《心史》中《杂文》卷的二十八篇文章中六篇署有日期的文章，推测该卷是按写作时间编次的，因而认为《文丞相叙》（未署日期）应排在最后，现在却排在第六篇，所以认为这“暴露了作伪者的无意疏忽或有意制造混乱”。又因为“德祐七年”（1281）写的《祭大宋忠臣文》祭奠了文天祥，而文天祥被杀则在翌年，所以认为这“也是一个除了用作伪者的疏忽大意或‘故为眩乱其词’来解释外，别无其他解释的问题。如果说是由于作者误听传闻，那么在其后理应有文章声明更正，可是《心史》全书中没有一个字提到这一点”。

第三，《心史》中《陷虏歌》一诗记载德祐元年腊月（十二月）初二苏州守臣投降，陷于元兵，而《宋史》和《续通鉴》说是十二月丁未（十一），《元史》则说是十二月甲辰（初八）。因此认为“无论如何，腊月初二时，苏州城中绝无元兵”，这“也只有用作伪才可解释”。

第四，最后提出两个“也许是”“最简单有力的证据”：一是《心史》中《梦游玉真峰餐梅花记》开头写“德祐六年已卯冬至前三十六日……”，而所谓“德祐六年”应是庚辰（已卯则是“德祐五年”）；二是《祭大宋忠臣文》开头写道“维大宋三百二十有二年德祐七载岁在辛巳十二月乙巳朔……”而“十二月乙巳”不是朔（朔即初一，应是壬辰）。

鲁氏所说四条，除了第三条以外，也都是很小的问题。第一条，姜氏也提过，我们在谈姜氏文时已作过分析辩驳，这里不再重复。

鲁氏所说第二条，他自己的推测本身就很成问题，《杂文》卷未必非按写作时间排列不可；再说，即使排列不当也不能说必是伪书啊。至于《祭大宋忠臣文》写在文天祥牺牲前，这一点也早就有人发现过，1941年郑贞文发表的《郑思肖谢翱二先生年谱合编》中就提及此点，郑贞文认为“疑天祥被执后有传其已死者，故为文祭之”。我认为这是很有可能的。再说，《心史》的《文丞相叙》明记天祥死于“德祐八年冬”，《大义略叙》也说天祥死于“壬午”年，因此，并非全书没有一处说对天祥的死年，相反，或可以说书中已经“更正”了这一点。更有一种可能，是郑思肖意其必死，或愿其必死，故特意列入祭文中。在《心史》的《一是居士传》中就说过：“未死书死，誓其终也。”当年汪元量就写过《生挽文丞相》，庐陵王幼孙、安福王炎午也各有《生祭文丞相》。再试想，近人如鲁迅不也发表过《悼丁君》诗吗？鲁迅后来也没有“声明更正”啊，难道人们能据此断定《鲁迅全集》为“伪书”吗？更何况文天祥后来确实是牺牲了，而丁玲却并未牺牲呢！可见，鲁氏说这一点“别无其他解释”，真是太武断了。

鲁氏第四条提到的“德祐六年”，确实是“五年”之误，因为《心史》中另有《己卯十一月朔，又梦食梅花，梦中作》一诗，己卯即“德祐五年”。所谓“又梦食梅花”，可证那篇《梦游玉真峰餐梅花记》作于同年。（“冬至前三十六日”也正是“十一月朔”之前。）鲁氏提到的另一句“十二月乙巳朔”，则确实是“壬辰”之误，因为紧接着这句话作者便写道“越十有八日己酉”，己酉正好是从壬辰算起的第十八天。今人杨讷在《〈心史〉真伪辨》（载《元史论丛》第五辑）中也提到，他开始对这一点也很怀疑，以为是“后人伪作的马脚”；后来反复斟酌，注意到“己酉”正是当月十八日，方才确信“非后人伪作，其朔日干支记错是作者粗心大意所致，正像我们常把日期与星期几搞错一样”。可见鲁氏所举这两个问题，只不过是日期记错的“最简单”的问题，根本谈不上什么“最有力的证据”。

至于鲁氏第三条提出的元兵入苏城日期，倒是别人从未提过，而且是比较尖锐的问题。因为诗中所说日期，确如鲁文说的“言之凿凿，计算十分精密”，不可能是笔误或刊误。何况在《大义集》题下，作者也写了：“德祐初年乙亥十二月初二日寓吴陷虏，时我年三十五。”这个问题确实是值得研究的。虽然，如鲁文写到的，《元史》与《宋史》、《续通鉴》所记也不完全一致，但结合参考其他史料，如宋遗民徐大焯《烬余录》、元初刘敏中《平宋录》等，使我们知道，元军应是分批进入苏州的。在大军正式入城前，必有小股先遣部队率先进城。如《烬余录》乙编记：“十二月……北军又大至，都统王邦杰、通判王矩之降敌。初八日，北军揭榜安民。”北军揭榜，当然是在城里，否则给谁看？而二王降敌，自然在初八以前。（《烬余录》记大军“六门并进”，是在“初十黎明”，与“正史”亦不同。）《宋史》卷四七《瀛国公本纪》记，早在庚寅（十一月廿四），二王即秘密“遣人迎降于常州”。（按，时文天祥还在苏州！）《平宋录》卷中亦透露此事，并记癸卯（十二月初七）伯颜即“令张惠、吕文焕先赴平江，同游显等入城，取人公事”，亦可见此时元军已可以随便入城取有关东西了。因此，郑思肖记十二月初二已有元兵入城，是完全可能的。而且，我认为，只要不能判定《心史》是伪书，那么应是《心史》所说最为权威，因为当时郑思肖正住在苏州城里！

而且，我现在还找到两条史料，可以证明《心史》所说“十二月初二”是可信的。一是文天祥狱中自撰年谱明确记载：德祐元年乙亥“十月十五日，入府”（平江府，即苏州）。而由文氏后裔加的注疏云：“公在平江四十日。去三日而通判王矩之、环卫王邦杰以城迎降。”刘岳申《文丞相传》也说：“天祥去平江三日，通判王矩之与邦杰开门迎降。”胡广《丞相传》亦云："天祥去平江三日，矩之、邦杰开门迎降。"如果郑思肖说的十二月初二城降，那么天祥当于十一月廿九日离苏，从他十月十五日入府算起，共计在苏州四十四天，大略言其整数"四十日"是可以的；而如是十二月十一日城降则已五十三日，十二月初八也已五十日，均与"公在平江四十日"不合。二是明正德年间王鏊主编的《姑苏志》卷三《古今守令表·中》更明确记载："王邦杰，宋武功大夫迁郡刺史，至元十三年(按，乃十二年之误)十二月初二日，率所部总管袁顺等，举全城归附。"

王鏊《姑苏志》为历代方志中的名志，清《四库提要》评为"考核精当"。王鏊不仅利用了此前吴宽、张习、都穆等人所撰初稿，而且还与郡人杜启、祝允明、蔡羽、文徵明等共相探讨，从而保证了质量。王鏊等人不可能读到一百多年后方出井的《心史》，因此，志中所记"十二月初二日"必是有其根据的。

苏州因是守官叛降，故元军入城未大肆杀戮。《心史》中的《陷虏歌》云："城外荡荡如丘墟，积骸飘血弥田里。城中生灵气如蛰，与贼为徒廿六日。蚩蚩横目无所知，低面卖笑如相识。……"不仅将城内与城外的景象相对照，还写出了元兵的有意搭讪，这也不像是后人所想象。此诗如是"伪造"，一是伪造者弃最常见的正史、通鉴于不顾，而须从方志、年谱中去考证时间，二是伪造者还须有那么逼真的想象力，又何其难也！

由上所述，鲁氏的"伪书说"也是一条也不能成立的。

1986年11月，台湾《大陆杂志》又发表杨玉峰《〈心史〉作伪论略》。作者当时可能是一个硕士研究生。今从网上查知，杨氏今任香港大学中文学院主任。该文提出以下一些问题：

一是"《心史》编次与内容的舛误"。杨氏提到《心史》的有关序跋中未提及《大义略叙》，认为"很明显，今存《心史》实有被窜乱的嫌疑"。又提到《大义集》收入了《书前后臣子盟檄后》(按，此点姜纬堂已提过)；《中兴集》小序作于编集之前；《久久书》后写明九跋，却有十篇，且第十篇跋的撰写时间早于第七篇。还提到"岁在辛巳十二月乙巳朔"的纪时错误(按，此点鲁同群已提过)。

二是"《久久书》并非是前后臣子盟檄"。杨氏根据他对《久久书》跋文的理解，认为《久久书》应是郑思肖父亲传给他的一部书，因此《久久书》前的自注"全是伪造之词"，"现传《心史》中所谓《久久书》，实是杜撰自注者所伪造的"。

杨氏即根据以上两点"理由"判定"足可证明现存《心史》是一部伪书"，但又觉得"难以解释的，就是书中很多篇章涉及郑思肖的资料又详确可考，思想风格又趋一致，这些文章未尝没有出自郑思肖手笔的可能"。"举例来说，《久久书》中《前臣子盟檄》、《后臣子盟檄》和后跋十则，可能全是郑氏原作，只不过作伪者未见原本的《久久书》，便将风马牛不相及的正文与后跋刻意编排一起，加上注文说明，借此鱼目混珠；可是反而露出重大破绽。为此，笔者认为《心史》极可能是作伪者在《总后叙》所述郑思肖手定的《心史》的基础上，掺杂上一些自己的伪作，加上托名的自注，拼凑编集而成的。"杨氏还指斥"后来蒙受其骗的大不乏人，而主张伪书的又未能解释完满"云云。

杨氏的观点非常新异，似乎是说郑思肖本来是确实有一部真的《心史》的，但"现存"的《心史》则是已"被窜乱"的"伪书"；"现传"《心史》中的《久久书》是"伪造的"，但《前后臣子盟檄》及其十跋又"可能"是真的，只不过跋和盟檄是"风马牛不相及"的，而被伪造者"刻意编排"在一起，又"加上注文说明，借此鱼目混珠"。要理解杨氏这些话，要疏通杨氏的逻辑，实在不容易。我们还是先来谈谈他具体提出的“现存”《心史》的“破绽”吧。(姜、鲁也提过的几点，我们前面已分析过的，此处便不再说了。)

《心史》的《总后叙》中确实没有提到《大义略叙》，那是因为作者在写这篇《总后叙》时，《大义略叙》还没有最后修定好；甚至还有可能是，作者当时并不打算将《大义略叙》收入《心史》。关键是要看《大义略叙》本身是否有可疑处，它的思想、文笔、纪事等与《心史》中的其他篇什是否有什么矛盾和异违处。数百年来，无数读者(包括疑伪者)都没有感到《大义略叙》是后来其他人“窜入”的作品，它在《心史》中是融合无间的。因此，即使《总后叙》是写在它修订完成之后而未提到它，也不能成为《心史》是“伪书”的理由，何况《总后叙》是写于之前。至于在集子写成或编成之前先写序或跋，那本是极常见之事，杨氏因《心史》的《中兴集》中收了该集小序写成以后的作品而感到“难以理解”，岂非少见多怪？

其实，不仅《中兴集》有这种情况，整部《心史》的编集过程也有这种情况。我们从出井时书稿外缄封上“德祐九年佛生日封”一语，可知其最后封锢的日子应是癸未年(1283)四月初八。我们确实也没有发现书中有迟于此日的作品(否则这才或可视为“破绽”)，但却可发现《心史》中最后写成的文字，并不是辛巳(1281)年写的《总后叙》等，而是《久久书》后的最后一跋，作于“德祐九年(按，1283)四月七日”。由于这一段跋语是最后加上去的，这样我们才能理解何以作者自述《久久书》后九跋(按，原先“久久”“九九”均有寓意)，而我们现在却见到共有十跋，竟打乱了原先的设计。而这正是癸未(1283)三月廿六日写的《盟言》中说的“意绪荒迫，不暇别书净本”(即来不及再重新修改有关文字)而留下的痕迹。但这决不是“破绽”，而是极为真实的过程的痕迹，益见其不可能伪造。

根据这一提示，我们还可以从《心史》中钩稽出该书最后成书与作者决定沉井保藏的经过：

在元军攻陷崖山、陆秀夫抱帝投海那年，己卯(1279)岁旦，郑思肖在《久久书》跋二中即写道：“此书实难其托。欲碑其一，立万山之上；函其一，沉大海之底。”这里的“此书”指《久久书》，也可以认为是尚未编定的《心史》全书。显然，此时他正在考虑此书的保藏方法，并已想到了“函沉”。

至辛巳(1281)十二月，他为《心史》作了三篇后叙，这说明书已基本编成(《大义略叙》则尚待修订)。

翌年壬午(1282)，他又于冬至日再次修订全书，并题七律一首与《自跋》一篇，还将《久久书》厘为正文。他在这篇《自跋》中写道：“此书不可不传，欲藏于土又未能。我死恐有日矣，已嘱末氏，死当卷此书纳于棺中，以我还我。”说明他曾想，实在不行的话，就把《心史》用作死后的随葬品。

在癸未(1283)正月，他又重修《大义略叙》。直到三月廿六日，又写了《盟言》，终于决定“敬以稿本铁函重匮沉之古吴古井中”。最后，挑选了四月初八佛生日为沉书之日。

从书中辑出的这一时间表中，我们可以清楚地窥见作者当时反复考虑的过程，并可想象其“熟思冥想，至苦至痛”的心情与“秉誓不变，决当有成”的信念。这也是极为真切而无伪造之迹的。

杨氏不仅对上述过程未予细考，而且他当时似乎连版本学基本常识也不大懂。据其自注，他看的是光绪甲午(1894)种竹书屋版。此版离初刻已有二百五十多年之久，据我所知不乏鱼鲁之讹，明人所作题跋也一篇未收。如杨氏说该版《久久书》后第十跋署“德祐七年”，他不知是为“德祐九年”之误，不加深思，反以其“早于第七篇，而今却编排在最末”作为证伪理由。而他其实也看到别人论文中的正确记述，自已不去核对，却反问别人看的是何种版本。另，《久久书》后跋一自述《久久书》“二千二百三十四字”，杨氏却说只有二千一百一十二字，斥为“不符”；但我查该版并计数，明明正是“二千二百三十四字”，杨氏自己数错了。杨氏还对《先君菊山翁家传》中说其父“早年曾名正东方之卦”一句也看不懂，因此对诸书称思肖父为郑震感到迷惑不解，云“未知何据”。

杨氏认为“《久久书》并非是《前后臣子盟檄》”，而是郑思肖父亲留给他的另一部书，这更令人啼笑皆非！原来杨氏又对书中这一段意思看不懂。《久久书》前短序云：

> 《前后臣子盟檄》二篇，并跋并诗，昔分其字而九九错综书之，又取久久之意，故托其名曰《久久书》。秘其机，神其事，庶几便出入，众不疑其文且奇，其留传可以久久。俟我大事成，当厘为正文，激励天下。今又阅四年，而事未成，大痛在心，昼夜不释，期于必成乃事。一日兴动，竟厘为正文，读之激发其志……《久久书》后九跋，盖跋《前后臣子盟檄》也，特意微隐尔。

由此可知，《久久书》原先包括《前后臣子盟檄》及跋(即正文内之跋，非“《久久书》后九跋”)及诗，但这些盟檄、跋、诗强烈反抗蒙元，如被当局发现便有杀身之祸，其书本身也不可能保存，所以作者“分其字而九九错综书之”。这样一来，它就变成一部别人看不懂的“天书”了。又由于“臣子盟檄”之名政治色彩太明显，所以便“托名”叫《久久书》。而在《久久书》后的九跋，则是用平常明白文字所题，当然必须“微隐”其意。所以跋一中便说：“此一卷书……昔先夫子授我曰：‘真奇书也，名曰《久久书》，由是行之，可以为天地立极，为生民立命，为万世开太平。今未可发其秘，久久观之，当自通其文。’比潜心数岁，终莫句其辞，支离蹇吃，罔测何文何义，流离颠沛，与此书同生死数矣。”这并不是说真的是其父曾交给他一卷他怎么也看不懂的“奇书”，而只是一种“神其事”的写法，庶几“众不疑其文且奇”；同时，也是隐约而明确地表示他是坚决继承他父亲的爱国精神与立场的，并且“由是行之，可以为天地立极，为生民立命，为万世开太平”。而《久久书》后跋八中“我知我《久久书》必开大明之天”一句，则开始透露《久久书》的作者本就是“我”了。可以说，数百年来的读者，都是能看懂作者的这种意思的。例如，明清之际的朱明德在《广宋遗民录》中就说，郑思肖“作《臣子盟檄》两篇，目之曰《久久书》”。所以，从来没有一人会提出像杨氏这样的“问题”。

杨氏既以这样的理解能力来读《心史》，提出的问题自然也是别人难以理解的。因此，他最后用“可能……很可能”这样的表述方式发表的一大段“《心史》作伪论略”，也实在不知所云，这里就不再多说了。顺便提一句，上述姚、刘、杨三篇发表于台湾的“伪书说”论文，也许反映了当时岛内“国学”水平之一斑。然而，20 世纪 70 年代台湾研究生杨丽圭的硕士论文《郑思肖研究及其诗笺注》(指导教授王熙元)，虽后来未见正式发表，其水平却显然高于这几篇在学术书刊上正式发表的论文。

除了上述正式论文以外，20 世纪 80 年代还有几个论者则仍然是以片言只语来判定《心史》为伪。

台湾作家、中国近代史学者、时政批评家李敖，祖籍吉林扶余，自言身处乱世，一生倨傲不逊、卓而不群、六亲不认、豪放不羁、当仁不让、守正不阿、和而不同、抗志不屈、百折不挠、勇者不惧、玩世不恭、说一不二、无人不骂、无书不读、金刚不坏、精神不死，立德立言，足以风世而为百世师。又自称："我读书之多，的确可说中国人无出其右。"李氏当年勇敢反抗国民党专制不怕坐牢，如今挺身痛斥岛内"台独"，确实令人钦佩；但有时放言滑稽有失严肃，有时过于狂妄自吹也难以令人首肯。李氏1983年编选《中国名著精华全集》，是一项有意义的工作，他在该全集序文《要把金针度与人》的《社会科学类·七》中谈到《心史》，在引用了明人陈宗之《承天寺藏书井碑阴记》后说：

> 这就是《心史》的来源。清朝阎若璩说《心史》是姚士粦作的伪书，自属可信。只是郑思肖真人复生，他所作所为，也必然如此了。

陈宗之的《承天寺藏书井碑阴记》把"《心史》的来源"说得那么清楚，李氏既未能提出任何疑点，为何又说阎某之言"自属可信"呢？李氏对此至少应该讲出一点道理来啊。李氏既然认定《心史》是"伪书"，而中国的"名著"又那么多，为什么偏偏还要把一部"伪书"作为"中国名著"的"精华"而郑重其事地"度与人"呢？其实，虽然李氏自诩读书之多"中国人无出其右"，但拙著《井中奇书考》举出的那么多肯定《心史》的诗文著作我看他就大多没有读过吧？不过，他肯定郑思肖必然的所作所为，是很正确的。

20世纪80年代中期，张中行(1909—2006)也就《心史》的真伪问题发了言。张氏写了一本《文言和白话》，书中就说《心史》是伪书。在其第九章《文言典籍》的《9.1.2 真伪》中，张氏这样写道：

> 作伪，一般是在先秦、两汉下功夫，因为书以古为贵。但也有较晚的，如《南渡录》假托南宋初年的辛弃疾，《心史》假托南宋末年的郑思肖就是。读文言典籍，真伪问题非常复杂，确定真伪不容易，确定为伪作以后，评定其史料价值也不很容易，这牵涉到辨伪的专业知识，不宜于多说。

且不说《南渡录》"假托"之事，张氏如此肯定《心史》乃假托，但并没有说出任何理由来，只是装模作样地说了一句"问题非常复杂"而已。那么，本文写到他，也只不过可在"伪书说"者的"队伍"里又添加一个充数的而已。

20世纪80年代，还有一位上海的学者吴德铎(1925—1992)发表过《心史》"伪书说"，见于《说书三"一"》一文，原载报刊未详，1991年收入其书名有点不通的《文心雕同》中，为书中《文史识小》一编的首篇。其言辞稍多，但也没有说出什么道理：

> ……书志学上出名的《铁函心史》，这书的可靠程度，值得怀疑，《四库》将它考证一番，列入存目，不无道理，有人甚至查考出了它的作者，而博学如顾亭林，不但不以为伪，甚至特作《井中心史歌》以咏："有宋遗民郑思肖……著书一卷称《心史》，万古此心同此理。千寻幽井置铁函，百拜丹心今未死！"姚际恒《古今伪书考》也是辨伪的权威，对《心史》，姚际恒的评价是："自是一种逸民具至性者之笔，未可伪

为也。”

很可能，顾亭林、姚际恒都是从政治(爱国)的角度来评论《心史》，在这样重大的问题面前，书的真伪成了不成问题的问题。但如实事求是的检验，《心史》确实是一部并不高明的伪作，破绽之多，一般读者也能一眼就看出，而在积极复国的顾亭林眼里，这一“大宋孤臣”的遗著是用处极大、极不易得的无价宝。提出“天下兴亡，匹夫有责”的口号的亭林先生，实在太需要这种踏破铁鞋无觅处的材料了。可见《心史》虽是一部货真价实的伪书，它的用处却大得很，大到可以为顾炎武的反清复国服务。

吴氏人云亦云地说《心史》是一部“货真价实”的“伪书”，已属荒诞；而更不懂装懂地夸张到“确实是一部并不高明的伪作，破绽之多，一般读者也能一眼就看出”，这些轻率无知的话出于一个年长学者之口，更令人惊诧。果真有那么多“破绽”，你倒说出几条来听听啊！吴氏还以耳代目地说“有人甚至查考出了它的作者”，这个“作者”大概不会是指姚士粦吧。至于硬说顾炎武等人是因“为政治服务”而以伪书为真，则简直是对这些大学者的污辱了。顾氏在他自称“平生之志与业皆在其中”的最著名的名山之著《日知录》，以及《金石文字记》中，还数次用了《心史》。姚氏《古今伪书考》也是学术书。这些书与所谓“从政治(爱国)的角度来评论《心史》”完全无关!

(十)伪书说的殿军

进入20世纪90年代，一位知名的美国弗吉尼亚州立大学教授、史学家汪荣祖加入了“伪书说”的队伍。汪氏《〈心史〉固非吴井之藏》一文发表于1992年9月北京《中国文化》杂志上，成为迄今所知《心史》伪书说的殿军。汪氏曾写过《陈寅恪传》，他这篇文章的题目自己虽没说明，却正是出于史学大家陈寅恪的原话。然而，陈氏说的却是反话，他是确信《心史》非伪的。汪氏这样用陈氏的原话而文中却一字不提及陈氏，想必他也看懂陈氏的观点。这就至少比我们国内专门研究陈氏的“心史研究”，却又隐隐然以为《心史》是“伪书”，因而别解陈氏关于《心史》的观点的某些学者要高明。汪氏文中说：“我比较真、伪两派的辩论，再浏览《心史》中的诗文，倾向于《心史》固非吴井之藏的论断。辩论之际，两造互见的感情语词，以及各择一偏的主观意见，可置而不论，至少不必再炒剩饭，在此仅就若干较为有力的论证，加以申述。”看来，汪氏的态度可取，比较平和；不过，他对“真伪两派的辩论”的历史，对《心史》的版本等，显然了解得很不全面。因此，他提出来的若干“论证”，可惜实质上仍旧只是“再炒剩饭”。

汪氏提出的“论证”，第一个是避讳问题。他强调说“大大值得注意”。汪氏并未在四库馆臣举出的一个“证”字以外举出新的例子，只是说：“所南不仅距南宋诸帝为近，且是南宋遗民，于宋室宋主尊崇有加，断不至于有此失误，何况宋人避讳最严，而明人则较宽(参阅陈垣《史讳举例》)。显然是明人作伪者的千虑之失!”

汪氏又提到诗的“格调与意境”，说“《心史》之外，所南残诗至鲜”，如《题兰》、《过书塾》、《寒菊》等佚诗“同是讽世移情之作”，而《心史》中“却无此雅调”。并举《心史》中《题陶渊明集后》一首：“拂袖归来未是迟，传家何用五男儿。不堪生在义熙后，眼见朝廷被篡时。”认为“词显意露，境界至浅，等同打油可也”，与前述佚诗“岂是同出一人之手”?

汪氏还认为"更可怀疑的是，《心史》藏在苏州的井中三百余年，不仅保存完好，而且'楮墨犹新'"。汪氏不仅引了袁枚的话，认为乃"有识"之言，还说根据"现代的科学知识"，古物须干燥无菌方可保存长久，还提到只有19世纪欧洲发明的"低温消毒法"才可防菌。因此，汪氏认为"所谓'井书'，实在可以等同河图洛书，乃是传统中国谶纬文化的产品。《久久书》中'必开大明之天'之句，已露马脚"。

最后，汪氏认为《心史》"很可能"是"苏州一带的复社诸君"在明亡前就伪托的。不必待明亡，因为"国之将亡，其心已哀"。又认为"未必出诸一人，成于众手，亦未可知"。还认为《心史》即使是"伪书"，"亦未尝不可激励后人"。

今按：关于避讳问题，本文前面已经作过分析，这里再略为补充几句。陈垣的《史讳举例》，并没有说宋时避讳严到连个人写诗文(而且是不准备发表的)也得如何如何。对照今存南宋时各种诗文集的"避讳"状况，也均与《心史》略同，看不出什么"宋人避讳最严"。而且，所谓"宋人避讳最严"云云，说到底也只是后人的一种论断，我们只能以传世宋人诗文书籍来检验这一论断之正确与否，或者"最严"到何等程度；却绝不能简单地以这一后人的论断反过来作为判定宋人文书真伪的直接根据。

关于诗的格调、意境，这本来就是见仁见智很难强求认识一致的。仅仅以此判断真伪，最不易服人。其实，如果不带成见，《心史》诗文与郑氏传世其他诗文在格调、意境上正是相似相通的。郑氏《心史》以外约有一百五十来首诗存世，亦非如汪氏所说"残诗至鲜"。汪氏引了《心史》中一首诗，那么我也想引一首《心史》外《一百二十图诗》中的一首，请大家比较一下："彭泽归来老岁华，东篱尽可了生涯。谁知秋意凋零后，最耐风霜有此花。"看看，与汪氏所举《题陶渊明集后》，不像"同出一人之手"吗？

关于书稿的保存，前面谈到台湾姚从吾文章时已作过分析，考古学家李济说过的"若水中不透空气，铁函是可以历久不坏的"，最为有理，未必非用汪氏所谓"低温消毒法"也。而且，近年国外甚至还发现了在淤泥中未经包装而保存千年以上文书的奇事！前已提及，《心史》原稿经由铁、灰、锡、漆四重包锢，密不透水及空气，更是完全可以保证书稿不坏的。又联想到《所南文集》中《答吴山人书》内提到的"葬法"："以沥青和油煎，遍刷棺外，又黄灰、石灰或渣和捣，却周围实之，久则如铁"，便更清楚地看到郑思肖确实对保藏方法之类颇有研究。而且，该文中还提到"过于铁函，牢不可磨"诸语，尤令人注目。要之，铁函沉井的藏书方法，前无古人，"伪造者"非大智大勇，是绝对不会也不敢想出来的；再说，诸跋皆说其出井时"楮墨犹新"，而伪造古书者却只会把赝品搞得古旧污暗而已。这也表明不可能是后人伪造。

关于"必开大明之天"的所谓"马脚"，前已详辩。因此，说《心史》是所谓"传统中国谶纬文化的产品"，是毫无道理的。我们若遇到这类文字巧合，本应该客观地研究分析，决不能动辄简单轻率地判断为"谶纬"。而且，即使真的是"传统中国谶纬文化的产品"，也未必就非得是后人"伪造"的。这里可以举一个特别有趣又特别有说服力的例子。1995年10月，在中国新疆和田地区民丰县尼雅遗址的一座东汉末至魏晋时期的双人合葬墓中，曾由中日两国的学术考察队挖掘出了一件织锦护膊(拉弓射箭时用的护臂)，上面竟然织有两行清清楚楚的文字："五星出东方利中国!"该护膊现收藏于新疆考古研究所，被誉为20世纪中国考古学最伟大的发现之一，定为国家一级文物。那可决不是今人"伪造"的，文物出土时在场见证的还有日本的考古专家呢!

关于何时何人“伪造”《心史》，汪氏认为有明国亡之前也可以伪造，我认为这实不可能。《心史》刊刻之时，虽然形势已经很糟，但并无人能预见三四年后崇祯就要上吊。如钱肃乐在当年写的《庚辰春偶吟·读宋郑所南先生〈心史〉诗》的序中就说“今圣天子在上，政教翔洽”；曹学佺在收到袁于令带给他《心史》时写的《袁令昭诗序》中也说“兹幸圣主当阳，乾纲独揽，太阿无倒持之患，岩穴有旁求之美，虽日跻世道于昌明可也”。很难说钱氏、曹氏当时“其心已哀”吧？近人马叙伦说得好：“当陵谷无恙、钟虡不惊之时，何故而为此亡国之音？且夫强歌者以哭，虽呻吟未能挚也。今读《心史》者，尚欲为之泣数行下，况亲操不律者乎！”（《读书小记》）至于汪氏认为可能成于复社众人之手，亦实不可能。一则当时复社处境不佳，旁有宿敌觊觎，防之不暇，何必作伪，以柄授人？二则张刻本序跋者中固多复社人士，但最主要的序跋、刊刻的发起人均与复社无关。三则《心史》同年有两种刻本，林本有关人士均与复社无关，岂会合同作伪？而且，如此二三十人的“众手”，岂能密不透风？

至于汪氏认为“伪书”《心史》也未尝不能激励后人，此说更难苟同。盖“当陵谷无恙、钟虡不惊之时”而大作“亡国之音”，不仅为情理所无，更绝非忠臣所能为、所忍为。犹如父母尚在而大写悼文，其人岂孝子乎？又岂能以这样有违伦理的虚情伪作来“激励”人乎？

汪氏此文也遭到他人辩驳，但据了解，汪氏在2006年由江苏教育出版社出版了他的《诗情史意》一书，书中仍收入了这篇文章，而内容一仍其旧，并无任何应对答辩或附记文字。看来汪氏勇于坚持自己的观点，这固然可以令人佩服；但对于他人（包括本人拙书《井中奇书考》）逐条逐点的认真的商榷视若未见，却不合乎学术常规。

我称汪氏是《心史》“伪书说”的殿军，是因为他写的是正式的研究文章。在他之后，这样的正式文章我还没有看到过。但说《心史》是伪书的人还是有的，这里就再举一位。

李佩伦，回族，经名叫优素福。中央民族大学教授，兼戏剧研究中心主任及元代文学研究所所长。曾参与编纂《全元诗》。李氏在2000年6月《西北民族研究》杂志上发表“学术随笔”《无奈与期待》，文中说：

> 言及元代，必提“九儒十丐”，重要佐证为崇祯末发现署名郑思肖《心史》，其中不避宋讳，与史实不合诸多硬伤已定为伪著。另一佐证则是与郑思肖同为宋之遗民的谢林[枋]得《迭山集·送方伯载归三山序》所云：“滑稽之雄，以儒者为戏曰：‘我大元典制，人有十等。’”细加玩味，本为“九儒十丐”之反证，却也常被拿来为历史的虚构立论。其实稍稍留心本为颇忌前朝的明人所修《元史》中，搜求不着一例文字狱。至于元帝遍寻儒士尊为上宾，建言忤上，少有加害。知识分子退休金一事，又自元朝始，诸如此类，怎能视为士不如妓……了无文网钳制，更无死生忧患。实乃历代正直文人之所难求，却为元代文人所独享。

本来，今人一般的“学术随笔”，本文是不必顾及的。但考虑到此文毕竟是发表在学术专刊上的，作者又是元代文学研究专家，而当今元史（文学史也应是史学的一种）研究者中否认《心史》的学者极其罕见，须得给予重视；另方面，我想帮“伪书说”拉“队伍”也实在拉不到什么人，所以就把李氏请来，以壮声势。李氏对元代大加赞誉，天花乱坠，说得简直是有史以来知识分子“独享”的天堂，今不如元，他只能“无奈与期待”，对这些我觉得实在不值得多费笔墨去评论。本文只对他论《心史》是“伪著”感兴趣，可惜他也只是老调重弹，没有任何新鲜、实质性的话，我在这里也就不能多说点什么了。

历来判《心史》为“伪书”或疑《心史》为伪托者的议论、文章，据我辛苦尽力搜集，哪怕片言只语，就全部罗述于上面了(其中全祖望、袁枚及柳诒徵、谢国桢等人是疑信参半；傅斯年则不能算是疑伪者)。我一直强烈赞同：在学术争论中，匿藏或歪曲争论对方的证据、观点，为大不德。如果有什么人知道还有我没有提到的，敬请补充和赐告。不过，有的专谈“伪书”的书，仅在《心史》下注“疑伪”二字，或仅称“或疑为伪托”，或仅引用上述诸家之言而没有自己一言半语的(如张心澄《伪书通考》一书)，就实在不想缕举了。我倒还想再次指出以下三点：

第一，绝大多数主张“伪书说”的人，是连“怀疑”二字也不屑用的(只有袁枚说的是“常疑此史之不真”)，都是用绝对的词语直截了当地判定《心史》为伪；但他们或是一条理由也不提，或是虽然提出了几条“理由”，却常常自相矛盾。

第二，在所有的“伪书说”理由中，除了有很少几条尚有点探讨的价值(如苏州陷元日期、海上二王事等)以外，绝大部分都可以说没有什么学理意味，以致连我与之争辩也甚觉无奈和无聊。

第三，绝大多数主张“伪书说”的人，在遇到别人商榷或驳斥时，没有一个能诚实坦然地承认错误的，有的还撰文诡辩，甚至陵轹他人，还有人后来在出版自己的论文集时照样收入已被多人指出错误的文章而连一句解释、检讨也没有。这或可用汉代刘歆的话来说，就是“挟恐见破之私意，而无从善服义之公心”(《让太常博士书》)。

当然，任何道理毕竟都是越辩越明的。本文说了那么多《心史》为真的理由，《井中奇书考》中写了那么多肯定《心史》的人，互相之间都可以印证；而“伪书说”者的理由，说来说去那么几条，却无一能说得通。倒如阎若璩在《尚书古文疏证》卷二说的那样：“事之真者，无往而不得其贯通；事之赝者，无往而不多所抵牾也。”本文所以不惮辞费地写了这么多，就是为了彻底清除徐乾学、阎若璩及四库馆臣的负面影响，希望从此以后读者再也不要担心《心史》是真是伪了。但要做到这一点确实也很难，因为在有些人的心中，大概永远消除不了那块阴影，甚至有的人似乎已经有了偏执。就像宋人董逌在《广川书跋·硬黄》中说的：“大抵世人……不考实，一承人之妄，至于终身信之不悟。盖伪言先入，则信言不得受也。”走笔至此，我想起了1944年胡适写给王重民信中的一段话：

> 造一谣言甚易，而扫净一谣言甚难。“一犬吠影，百犬吠声”，最足形容。……我至今还觉得：成立证据不难，而摧毁谣言甚难，摧毁谣言造成的成见更难。百犬之吠，起于一吠；而最初一吠起于一影。摧毁此一影，其难等于打鬼。鬼与影皆是无形之物，以其无形，故非证据所能摧毁扫除。

胡适后来又说，他在这里用“吠影吠声”古谚，全无恶意，只是一个譬喻。同样，我在这儿引用胡适的这段话，也全无恶意，只是为了说明“摧毁谣言甚难，摧毁谣言造成的成见更难”这一道理，绝不是想得罪人。

(十一)对所记安东归期的怀疑

这里，还要附带说一下元史专家杨讷有过的一个观点。1986年，上海辞书出版社出版的《中国历史大辞典·辽夏金元史卷》的《心史》条目(按，2000年该社出版《中国历史大辞典》汇编本、2007年该社出版《中国历史大辞典》音序本，这一条目的内容均一仍其旧)，是杨讷写的。其中说：

> 全书深寄亡国之痛，仍用南宋纪年，对宋亡经过及元统一江南后之时事言之甚详，可与正史参照，非晚明人所能伪造。然书中叙及丞相安东(即安童)由北边归来事(事在至元二十一年甲申)，则又非壬午、癸未间所能预知。一说为元世祖时南宋遗民假托思肖名撰写。

首先须指出，这里所说的“一说”，其实是“莫须有”，从未见有什么人这样说过。即并无任何文献依据，是并不存在的。作为辞书而这样写，很不严谨。郑思肖本人就是南宋遗民，在当时并不是什么名震天下的大人物，同时代的南宋遗民有什么必要，又怎么可能“托名”于他呢？郑思肖在后世确实很有名，那就是因为三百五十多年后发现了他的《心史》，我们怎么能倒过来说当时的南宋遗民会要“托名”于他呢？其实，这里所谓的“一说”，只是杨讷本人一度有过，但不曾发表而且最后放弃了的想法。起因是《心史·大义略叙》中的这样一段记事：

> 阿里孛哥死，弟拔都代其职守，乃干真之孙。忽必烈寇江南，颇借回回为兵，皆归消折。拔都问忽必烈曰：“昔蒙哥死，阿里孛哥当立，而汝强立之。今我代阿里孛哥之权，汝得江南，宜以汝旧有之地与我，汝自去守江南。”忽必烈与之子女玉帛，屡不为足。尝遣鞑子汉谷泸及伪相安东为使，复赍物为馈，说其安静。拔都竟留汉谷泸及安东为质……近拔都纵汉谷泸及安东归，问忽必烈索地，并累索所借回回之兵。

这里所说安东(即安童)被放归，据《元史》卷十二《世祖本纪》和卷一二六《安童传》，说是至元甲申二十一年(1284)三月之事；而《心史·大义略叙》自署壬午(1282)之春述、癸未(1283)春正月重修，且《心史》原稿缄封上题“德祐九年佛生日”即癸未四月初八日封。因此，最初杨氏乃疑《心史》“为元世祖时南宋遗民假托思肖名撰写”，但他并没有就此写过文章。

而后来，杨氏又经过反复研究，还发现了一些《心史》非伪托的“硬性材料”，最后纠正自己的上述想法，得出了“《心史》的作者就是郑思肖”的结论。杨氏论文《〈心史〉真伪辨》，发表于1993年中国社会科学出版社出版的《元史论丛》第五辑。关于上述记安童事的时间差问题，杨氏在文中认为这是郑思肖在甲申三月之后“再一次对《大义略述》作了增补。这次增补的时间未作说明，估计不会晚于他获悉太子真金病卒的时间。因为真金死于至元二十二年(1285)底，而《大义略叙》说‘今真金已渐预鞑国之事，忽必烈死，真金断袭国’。如果作者在获悉真金死讯后再修订一次，相信他会去掉这句话的”。也就是说，杨氏根据这一点，认为《心史》在郑思肖写了《盟言》以后（即癸未三月廿六日以后），并没有立即沉井，“《心史》在他手中至少还保存一年以上”。

杨氏的这一观点是从未有人说过的，但我经过思考认为不可从。一是《心史》手稿如果真的还在郑思肖手里保存一年以上，那么他就必然不会仅仅增补“近拔都纵□汉谷泸及安东归”这么一句话，而应该增补很多地方（例如震惊全国的南宋六陵被盗及义民植冬青树等事），而且还应该有更多的作品补入；然而现在什么痕迹都没有，仅仅就是这么十来个字。二是《心史》中最后的文字，并不是《盟言》。如本文前面所述，应是《久久书》后的第十跋，表达了作者最后的一丝希望：即使皇帝直系子孙都死了，也希望有人能像刘秀、刘备那样，虽非汉帝嫡子，而能起来兴复。此跋作于癸未（1283）四月初七，而原稿外缄封题佛生日即四月初八封，这在时间上也是连接的。如果作者把外缄封拆开重新修订，那么，最起码外缄封就应该重写，这也并不费事。而作者既然极其郑重地写上“大宋孤臣郑思肖百拜封”，再拆开来的可能性就很小了。

但杨氏提出的，确实是一个值得研究的问题。一开始我想，会不会是《元史》记错了安童放归之时呢？或者，会不会在实际放归之前一年，已经传出消息，为郑思肖闻知而写入书内呢？这些可能性都是不能排除的。因此，不能仅仅因为这一点而怀疑《心史》的真伪（杨氏最后也是这个观点）。后来，我读白寿彝总主编、陈得芝主编的《中国通史·第八卷·中古时代·元时期（下）》，在《丁编·传记·第八章·第三节·安童》看到：“安童……直到至元二十年才遣还，二十一年，回到元廷。”看来，问题可能就是这样简单：《元史》记载的是安童回到元廷的时间，而安童之被放归则在一年前。如果这样，这个疑问也就不成为疑问了。

在杨讷以后，1996 年 9 月新疆乌鲁木齐召开的“世纪之交中国古典文学及丝绸之路文明”国际学术研讨会上，中国社会科学院文学研究所的杨镰发表了《真与伪的世纪——文学史料辨伪独白》（后收入会议论文集《中国古典文学学术史研究》），文中对《心史》真伪等问题也谈了独特的看法。

杨镰认为《心史》真伪之争是“学术史的重大事件”，“对于文学史料辨伪来说，《心史》真伪更具有典型性”。对此我非常赞同。但杨镰有的说法我不能苟同。例如，他说《心史》与岳飞词《满江红》相比，“前者无论在影响面上还是在热烈程度上都远不能与后者相比”，大量事实可以证明这种说法是不对的。他又说《心史》出井后，“市面上马上出现高价复制品……获利不薄……当时就有人指摘《心史》是时人所伪造”，这也是没有根据的，事实则是恰恰相反，《心史》刻版非常困难，刊行者也没有什么“获利”。

他还认为“‘肖’当含‘不走’之‘赵’意”，我认为也不对。难道“赵”走了以后郑氏就不“思”了吗？再说，历来没有过这样的解释，而都认为“肖”即古“赵”字，寓“赵宋”意。杨镰又认为“《心史》作者在记述其身世时有自相矛盾处”，这与我们前面分析过的刘兆佑等人的说法差不多，这里也不用再多说了；惟其两次提到姜亮夫《历代人物年里碑传综表》对郑思肖生卒年的两次推断，其实姜氏虽是名家，但姜书在这一点上是非常谬误的，不值一提。

他又提道：“一部不合时宜的书想传之久远，习惯上有很多种办法，沉之于井绝不是最好的一种。如果当时井中是有水的，这样做简直不可思议；如果当时就是枯井，那比之把心血所寄弃诸荒野也好不到哪儿去。我们设想，在写《心史》和秘藏《心史》时，作者（或即是郑思肖）一定正处在某种不完全正常的状态下。”我认为，当时井中自当有水（所谓“智井”“枯井”等等，都是后人诗文中的套话，说的都是《心史》出井时的井）。“这样做简直不可思议”正说明了奇人郑思肖的大智大勇。说作者当时“正处在某种不完全正常的状态下”，如果指当时的社会状态，那当然非常严峻，岂止是“不完全正常”；若是指作者精神不正常，那就是我们难以接受的无礼又无理的诬贬了。文中还说《郑所南文集》、《一百二十图诗》、《锦钱余笑》“三集诗文可纪年者极少”，实际情况也非如此。

杨镰说“作者（或即是郑思肖）”到底是什么意思呢？其文章的结论如下：

> 那么，“铁函心史”到底是真是伪呢？恐怕不能仅以一个字作答。我认为，它的作者当是宋代遗民，但至少在编定入井时或出土后，曾经他人篡改或重编。即便是真的，也非信史。

杨镰认为“问题主要出在《大义略叙》当中”，他指的也就是上面我们写到的杨讷也曾提到的“近拔都纵汉谷泸及安东归”那句话。（杨镰似乎没有看过杨讷的文章。）杨镰再次提出了：“《心史》怎么能记述下它密封一年以后才出现的事呢？”关于这一点，前面我们已经讨论过了，这里也就不必多写。只是杨镰的话语，逻辑有点问题，索解为难。既是“宋代遗民”“编定入井”的，那么“在编定入井时”，“他人”（什么人？）怎么“篡改或重编”呢？如果书是“真的”，为什么“也非信史”呢？其实，“它的作者当是宋代遗民”云云，也正是杨讷最初的想法，但杨讷最终自己否认了。建议杨镰好好看看杨讷的文章。可惜，杨镰撰文已在杨讷发表有关文章的十年以后，否则倒可以落实为杨讷在《中国历史大辞典》中所说的“一说”了。

二、《善余堂文集》辨伪

徐道彬

江永(1681—1762)，字慎修，清代徽州婺源人。一生蛰居乡里，潜心于著述与教学，举凡古今制度、天文舆地、历算吕律，无不博综淹贯。江永著作等身，仅被《四库全书》收录的就有13种(外有3种收入存目)，可见他在清代中叶即已名满天下。若就有清一代学术地位而言，江永可称得上是康乾时期宋明理学转向清代考据学的关键性人物。他精通宋明理学，但反对空谈；用力于汉学研究，而又涉猎广博，开创了"皖派"朴学的一代新风。关于他的思想、著述与传说，自来也有不同的说法。譬如，近来引起学者广泛关注的《善余堂文集》，就是一例。因为此书的真伪关系到清末以来有关江永和戴震的关系问题，同时也会影响到新安理学与"皖派"朴学研究的深入，所以我们必须慎重地对待之。所谓"无论做哪门学问，总须以别伪求真为基本工作。因为所凭借的资料若属虚伪，则研究出来的结果当然也随而虚伪，研究的工作便算白费了"①。有鉴于此，笔者研究《善余堂文集》及其相关资料后，认为此文集所收录的文章并非都是江永之作，掺杂附入和可疑之处甚多。谨举数端，辨析如后。

(一)不见文献著录

《善余堂文集》为上海图书馆所藏，线装1册，首页署有"新安江永慎修著"七字，并钤有"上海图书馆藏"和"潘承弼藏书记"上下两方篆文朱色印。从文献著录来看，只有近时的《清人别集总目》和《清人诗文集总目提要》记录有"《善余堂文集》1卷，民国31年据吴县潘氏所抄抄本"。而此前涉及江永的所有历史文献，包括戴震、程瑶田、金榜、刘大魁、姚鼐、江锦波(江永嫡孙)等同时人所记载江氏的年谱、行状、墓志铭等传记文和光绪《婺源县志》，都从未提到过《善余堂文集》。其次，无论是《清史稿艺文志及补编》和

---

① 梁启超：《清代学者整理旧学之总成绩》，商务印书馆1999年版，第83页。

《清史稿艺文志拾遗》，还是《安徽文献书目》，也不曾著录此书。时至今日，我们在编撰《徽州文献综录》的过程中，集录杷梳包括《皖人书录》在内的所有徽州历史文献资料时，也不曾见到。再次，文集所用稿纸版格，印有“潘氏宝山楼”，且盖有“潘承弼藏书记”的印章。但遍查潘承弼(1907—2003，字景郑，江苏吴县人)的几部典籍文献著述，如《寄沤剩稿》(齐鲁书社 1985 年版)、《著砚楼书跋》(上海古籍出版社 2006 年版)、《著砚楼读书记》(辽宁教育出版社 2002 年版)等，皆不见有记录江永著作的任何信息。即使在潘景郑亲自参与或指导的大型书目文献，如《上海图书馆善本书目稿》(上海图书馆 1957 年油印本)、《中国丛书综录》、《中国古籍善本书目》中，也不见《善余堂文集》的影子。

实际上，潘承弼早在 1935 年时就知道江永《善余堂文集》之事，且非常了解其重要价值和意义。但他为何不在上述书目中予以载录，也主要是因为不能确定其真伪，故而不曾著录或予以绍介。1935 年，潘承弼在编辑《制言》半月刊杂志时，就在此刊物中陆续登录了“江慎修先生遗书”中的几则札记和书信(并在夹页中登载江永的遗像和书信手迹)。如《制言》第五期刊录了《善余堂随笔札记》数条；第六期为《禘祭说》、《禘祭后说》、《附考群经补义禘祭》；第七期载《善余堂书札》三篇，包括《答戴生东原书》、《答甥汪开岐书》、《再答汪灿人先生书》，并且特别使用了“善余堂”这一名称。如果结合“潘氏传钞稿本”来看，可知潘承弼所依据的本子就是《善余堂文集》。笔者通过对比以上的相同篇章，除有个别文字有异外，基本一致。而《制言》中所选的这一部分内容，也都可以肯定为江氏之作，可见潘氏精于审订，具有阙疑求真的学者风范。潘氏在选刊《善余堂文集》时，首先就撇去了前面的几篇性理文章，而以其随笔书札为要，也可以想见潘氏本人对于此书的质疑。

江永是一位著作等身的学者，按理应该有文集之类，以收罗平时的人物碑传和书信、序跋等零散的文字。江永自己也曾说过：“律、历、算三事，物理最难格者。鄙性癖嗜，不惮其难，亦不计其果有用焉否也。此外尚多杂著，读书有得，辄随笔写就，不择精粗，即字学、韵学，亦别有管见。拟以‘一粟’名集，取‘太仓一粟’之意。”①律、历、算和字学、韵学，是江永学术的核心内容，所以他“随笔写就”的杂著文集，都是“别有管见”的实学，绝不拾人牙慧。江氏执着于学术，深知学海无涯，故拟取“一粟”名其文集，但终未成书。而《善余堂文集》挂名江永，可知其来历不明，不可尽信。

(二)思想风格迥异

《善余堂文集》所收文章仅 20 余篇，分别是：《太极图说》、《性理论》、《西铭论》、《朱陆异同论》、《随笔札记》、《禘祭说》、《禘祭后说》、《附考群经补义禘祭》、《旅酬下为上坊刻文》、《评及门素衣麑裘文》、《答戴生东原书》、《答甥汪开岐书》、《答程慄也太史书》、《再答汪灿人先生书》、《项钝庵先生义行传》、《项竹贤公事实》、《文敷项公小传》、《岩溪项氏姑媳节烈合传》、《慎修江先生传》、《孝友堂记》、《潜德堂记》、《吴侯遗爱说》、《虹川风土记》、《耘经家塾记》，末尾《附戴东原撰寿序》一篇为文集附录。其中唯有《慎修江先生传》一文之末，署有“乾隆癸亥嘉平朔旦受业族子永百拜撰”，其他文章

① (清)余龙光：《双池先生年谱》，《清代徽人年谱合刊》，黄山书社 2006 年版，第 182 页。

皆无署名和时间，有少数篇名与正文内容也不相切合。书首的“新安江永慎修著”七字是后人所加，因为江永自己常用的地望是“婺源”，“新安”多为后人刻其书时称之，且“修”为错字“脩”。全书既无序言，也无目录、凡例、跋文等，不具备文集的一般特征，这与今存江永的其他著作体例的完备性迥然有别。

按照《善余堂文集》所收文章的内容，大致划分一下，包括有性理、札记、书信、传记四部分。我们拟从该书的内证出发，参以相关文献的旁证，对四部分文字的文体风格和思想内容，逐一加以考辨，并相应做出评述和总结。

1.《善余堂文集》第一部分是4篇有关义理探讨的文章，分别为《太极图说》、《性理论》、《西铭论》和《朱陆异同论》。文章篇幅短小，文字平白浅近，都是对宋、元、明以来性理学问题的介绍或概述，没有任何考证和辨析，这与江永“别有管见”的风格可谓风马牛不相及。如《太极图说》开篇即引施璜与吴曰慎的言论入题，对“一动一静，互为其根”的常见问题反复说道。查江永《近思录集注》，开篇就对周敦颐的《太极图说》一篇加以完备的集注，竟无一句自己的按语，更不必说“别有管见”了。不仅如此，《近思录集注》还极力反对施璜的《五子近思录发明》，“采薛敬轩、胡敬斋、罗整庵、高景逸四家语录入注，各自成书。此不能旁及，亦恐后儒衍说太多，读者易生厌倦怠也”。①《性理论》分别对孟子、荀子、告子、韩愈、宋五子以及释氏的有关性理观点逐一加以介绍，失之浅显，没有必要把这种文字放在文集里。江永论性理之说不多见，尝云：“人性有五，分开则一是仁，一是义；人伦有五，分开则一是亲亲，一是尊贤。父子、兄弟、夫妇皆以恩合，故属之亲，属之仁；君臣、朋友皆以义合，故属之贤，属之义。”②可谓理据俱备，字句凿凿，与《性理论》的平白概论迥然不同。《西铭论》仅136字，述及张载《西铭》所阐明的仁人孝子兄弟亲亲之事，也同样是介绍性的，无任何新见可言。相比之下，《近思录集注》卷二对《西铭》全文的集注，却不著一字按语。倒是在同卷的《程氏遗书》所言“西铭，言宏之道”下，江永按：“《西铭》之道，能实体之，浑然与物同体，宏之至也。”但此语与此《西铭论》并无丝毫关系。按理说，此书若为江永所作，则此四篇都应该是“读书有得”，且“别有管见”之文。同时，在《近思录集注》按语中，也绝不会没有一点表露。

《朱陆异同论》文曰：“朱子之学，主敬以立其本，读书穷理以致其知，省察力行以践其实，此孔、颜相传‘博文约礼’之教，由下学而上达者也。陆子之学，惟务涵养本源，谓学苟知道，则六经皆我注脚，是其天资超妙，若圣门之狂简，所见既高，则不屑屑于下学者也。说者谓朱子主道问学，陆子主尊德性，此亦非确论。”这与江氏之前的程敏政《道一编》、陈建《学蔀通辩》、李绂《朱子晚年全论》、郑之侨《鹅湖讲学会编》等著作中的说法，皆有相同意味。如明汪应蛟《汪子中诠》卷一：“尊德性，道问学，一理也，而或各主一端。格物，致知，一事也，而或各持一说。其为之徒者又各标赤帜，以相非訾，呶呶焉如聚讼，吾为此惑且惧矣。性也者，仁义礼智之谓也，云德性者，以别乎气之情欲也。尊之为言君也，主也，性为情主，理为欲君，所以尊也，精而择之，一而守之，非学问曷繇焉。广大而精微，高明而中庸，故与新厚与礼皆性体也，致之尽之，极之道之，其温其知，其敦其崇，皆问学以尊性也。君子所谓问学，盖知行合矣，择执合矣，戒慎恐惧，贯

① （清）江永：《近思录集注·凡例》，四部备要本。

② （清）江永：《群经补义》卷四“中庸”条，文渊阁四库全书本。

乎其问矣。夫舍德性而言问学，则支离；舍问学而言德性，则虚寂。理无精粗，学无内外，夫格致亦如是矣。”明程敏政《道一编》云：“朱子之道问学，固以尊德性为本，岂若后之分章析义者毕力于陈言？陆子之尊德性，固以道问学为辅，岂若后之守玄悟空者悉心于块坐？”①又如清郑之侨《鹅湖讲学会编》卷九《朱陆异同论》云：“夫舍德性而言问学，则失之支离；舍问学而言德性，则入于空寂。理无精粗，学无内外，又何有异同之可言？即陆子之学以求放心为主，而云不废学问之事。朱子言主敬以立其本，穷理以致其知，返躬以践其实，是朱子之学未尝失之支离，陆子之学未尝失之空寂。”②可见其间的思想和语言大体一致，江永不至于如此拾人牙慧。况且，江永《近思录集注》从未提及过陆九渊和王阳明，也不会将这样的老生常谈纳入自己精炼的著作中，且语言风格也大不类同，有违他的字字有来历，事事重考证的治学思想。江氏著述不涉声华，“综形名，任裁断”，分析条理，上溯古义。若前人已言，则避而不谈；他人已作，则在所必摈。江永在思想上虽然依宗程朱，但“出乎流俗”，与理学家、时文家截然不同。《四库全书总目》称江永之学为“深邃于经学，究心古义，穿穴于典籍者深，虽以余力为此书(按：《近思录集注》)，亦具有体例，与空谈尊朱者异也”。除了周、张、程、朱以外，对宋、元、明时代的理学家、时文家，江永从不屑提及，也是其学风之一斑。

2.《随笔札记》内容最为混杂，包括11则笔记及江氏与吴绂讨论《三礼》的杂录。在这11则笔记中，前6则无标题(笔者依其内容所加)，后5则有标题，依次是(1)“康熙丙申日蚀”、(2)“暹翁考”、(3)“人性论”、(4)“训诂论”、(5)“亲亲尊贤论”、(6)“测望之法”、(7)“善学者言必自近”、(8)“豳风豳雅豳颂”、(9)“二伯八伯”、(10)“十七篇为经”、(11)“天下之理莫备于春秋”。通过考察江永的《读书随笔》(包括《群经补义》和《周礼疑义举要》)、《近思录集注》等书，从中可以找出与此中3条相同或相似的文字，即第3“人性论”的前68个字、第4“训诂论”的相似内容，以及江氏与吴绂的论礼书札。但论礼书札的文尾有“先生教之，弟绂识”七字，则至少表明最后半页为吴绂所言。而第5“亲亲尊贤论”、第7“善学者言必自近”、第10“十七篇为经”，则非江氏所为。因为第5则的语言辞气在整个《善余堂文集》中属于另类，语言上明显带有浅俗的口语成分。云：“‘仁者’节跟上‘修道以仁’句，从仁字推出义。又从仁义推出礼，从道字推出亲亲尊贤，又从亲亲尊贤推出等杀，皆是节节抽出。摊开说‘故君子’节是因上二节见成道理，连作一串，迭到知天尽头，皆是节节联络说。摊开则有摊开底道理，联络又有联络底道理。摊开说者，如《易》六十四卦逐卦，各有正义也。”这不仅与江氏一贯的思想有别，而且在辞气上也与江氏的古朴深奥格格不入，一派时俗讲章风味。“善学者言必自近”一则仅48字，对程子《易传序》中此句略做绍介，翻检《近思录集注》卷三第49条，江永对程子此言的集注，竟无一字自己的按语。“十七篇为经”一则，列叙了《仪礼》的全部篇名和朱熹以《仪礼》为经、《礼记》为传的学术常识，既无必要，更无深意。而《群经补义》卷三中，江永对此问题的研究深度和表述风格，就与此大相径庭。云：“《汉书·艺文志》云：汉兴，鲁高堂生传《士礼》十七篇。按《仪礼》十七篇，惟冠、昏、相见、士丧、既夕、士虞、特牲七篇是士礼。其余则为天子诸侯大夫之礼。而《丧服》一篇上下通用，不得言士大夫礼也。

① (明)程敏政：《道一编·前序》，明嘉靖三十一年刻本。

② 《四库全书存目丛书》史部第247册，齐鲁书社1996年版，第603页。

此《志》‘传《士礼》’三字恐有误。《儒林传》云：高堂生传《礼》十七篇。无士字。贾公彦序《周礼废兴》引此《志》云：汉兴，至高堂生博士传十七篇。盖博士之博讹为传，而传字易为礼。遂误作传《士礼》耳。贾氏所引唐初本尚未误也。”由此可见，一为浅白铺叙，一为探赜索隐。两相对照，一目了然。而《随笔札记》中所剩其他4则，都是对古典经文和古代数学的考证文字，论说有据，严谨规整。潘承弼编辑《制言》时刊入“江慎修先生遗书”中，应是江氏所作。

《禘祭说》、《禘祭后说》和《附考群经补义禘祭》三篇，是考论古禘礼及其在祭祀帝喾时所遭遇的礼制度对待问题，其中多处引用了戴震《毛郑诗考正》的言论，文体风格和思想内容都朴实精审。潘承弼编辑《制言》时也收入此三篇，可定为江永之作。此外，如《答戴生东原书》、《答甥汪开岐书》、《再答汪灿人先生书》、《答程慄也太史书》、《慎修江先生传》5篇，文中都涉及今存江永的著作内容，或有确切署名，可定为江永之作。

《旅酬下为上》题目下注“坊刻文”三小字，明其为坊刻制艺时文，分为三部分：序言、正文和自记。序言为注文双行格式，由开头“江慎修曰”四字引入，疑抄书者因此四字而误纳入江永之作。因为序言讥讽了学人将礼仪与礼经混淆，妄做古人习礼之法，云：“《朱子语类》说‘旅酬’数条，当时问者不详，听者不审，得此遗彼，皆不可为据。”而今人有“假立宾主循而行之，否则，用童子八九人，依《仪礼》教之行事，然后是礼之曲折本末可见。世安得有认真治经若此者乎?”所言此事，正中江永所为。江氏曾与汪绂就此问题往复论辩，江氏云：“教童子演《士相见》、《投壶》、《乡饮》，先儒无此说，弟实倡之其端，始于与学徒讲‘旅酬下为上’，不能使人共晓，乃仿古人设绵蕝之意，令童子数人，假立宾主，依《仪礼·特牲篇》演出。后乃思此意若推广颇有益，不惟使幼者化其逸之习，长其敬谨之心，且令观者见先生制礼。若此其彬彬郁郁，或亦观感而兴起，因先成《士相见》、《仪注》，次及《投壶》及《乡饮》，然此说雅不欲与人言，恐传闻者非笑，谓愚以礼为戏，教童子演戏，将拟余于梨园老教师。”汪绂就特别指出：礼学研究与仪制表演不同，“今欲习投壶礼，亦何妨即以《采苹》、《采蘩》代《貍首》，而必以取于《原壤》狎弄之歌，此则又慎修泥古之过也。”由此序言可见此篇绝非江氏所作。又正文多为探讨武周时代的礼制问题，其按语又袭用元、明人如许谦、朱升之语，猛烈攻击朱熹，云：“此文本《朱子语类》，然《语类》实不足为据，愚前已言。问者不详，听者不审矣。”这显然与江永的著述思想和躬行践履相抵触，不当为江永所为。而此下《评及门素衣麑裘文》一文，依照唐、宋疏义，在论及缁衣羔裘、素衣麑裘中的玄端为朝服之衣的问题时，都不曾涉及祭服问题，这与江永之说迥然有别。江永《乡党图考》卷六云：“按缁衣羔裘又为祭服，邢疏不备，补考于后。”“按大夫以朝服为祭服，如冬月必是缁衣羔裘，玄端即朝服之衣，易其裳，如夫子未为大夫以玄端祭亦必是，缁衣羔裘兼朝、祭义始备。俗解遗祭服者，非。”江永对古代礼服问题有着全面而深入的研究，对玄端服中只论及朝服而遗漏祭服的说法持批评态度，认为是浅俗之解，《评及门素衣麑裘文》正中此病，可知不是江氏所作。

3.《项钝庵先生义行传》、《项竹贤公事实》、《文敷项公小传》、《岩溪项氏姑媳(按：姑吴氏、媳洪氏)节烈合传》一组文章，都是为歙县岩溪项氏一家而作，且居于传记部分之首(在江永族叔慎修传之前)。传中竹贤公、文敷公、钝庵先生为祖父辈，都在荆楚汉川经商，是典型的徽商家族，且与作传者有姻亲关系。从传主事迹来看，除了“有善泽，著于江楚”以外，别无事迹可陈。其子嗣无甚资质可言，有些名字竟以“某某”代替。从

《项竹贤公事实》首言"公讳可逸，字竹贤，歙南乡岩溪人。父晋卿公，敕文林郎，有善泽，著于江楚"一段文字，查乾隆三十六年《歙县志》，既不见其中一位传主的名姓，也不见文林郎中有项氏，很值得怀疑。诸篇所记主旨惟在表达"积善之家，必有余庆"之意，或许"善余堂"之名即由此而来。江永常年蛰居乡里，不善招摇。检光绪《婺源县志》，中有江永三篇文章，尽是考证之文，无一篇散文传记，即是一明证。

《耘经家塾记》是一篇散文佳构，写景状物，情态毕肖。但文中既无时间、地点的交代，人物"栖筠子"也不知姓甚名谁。文云："栖筠子之建家塾，以课子弟也，有藏修之所，以治其正业。于是心专而业精，亦有息游之地，以逸其心神。于是境旷而神适，一张一弛，学业于是乎成。当其藏而修也，坐明窗，拥净几，列图书，陈经史。听鸡喔以夙兴，闻蛩吟而继晷。诵数不厌其多，寻绎必彻其旨。构一题，或研精殚思，则含毫而邈然；成一艺，或驾轻就熟，则操觚以率尔。书义为正，经义为辅，濂洛关闽，亦早习熟……"既然此文不做其他交代，仅言"栖筠子"之名，此人必为闻名之人。但遍查明、清古人与古籍，惟有明代钟离人有唤作栖筠子者，著有《牌统孚玉》四卷(有同时人徽州胡正言校刻本)。那么，若是明人，则无论矣。再从文章言辞风格来看，此文明显与"邃于经而不健于文"的江永绝不相类，而且"书义为正，经义为辅"的思想也与江氏相矛盾。

4.《善余堂文集》末尾所附戴震为江永七十寿辰撰序一篇①，也有可疑之处。第一，由江锦波《江慎修先生年谱》和段玉裁《戴东原先生年谱》来看，都没有记载此事，《戴东原先生遗书》中也没有收录此文。乾隆十五年，江永七十寿辰时正"馆于婺城汪升家"。而戴震28岁，在歙县紫阳书院读书，明年成秀才。从时间、地域和行事上来说，二人此时聚合也有一定难度(江、戴在此前是否相识的问题，现仍阙疑待考)。第二，文章既然是为江永七十大寿作序，那么文中就不能出现有江永70岁以后才写成的书，如《推步法解》，据《江慎修先生年谱》成于乾隆十八年癸酉，73岁；《古韵标准》、《四声切韵表》皆成于江氏79岁。第三，文中开篇的学术史论："郑氏之学，无所不通，一洗专门固陋之习，唐贾、孔诸儒为疏义，犹或未能尽中；朱子上接邹鲁，下继濂洛，理精义明，群言有所折中。而踵其学者，或鲜博物考古之功，非学力之有所限，盖能兼之难也。"对郑氏、朱子推崇备至，而鄙薄贾、孔、朱熹以后学者的固陋与浅薄，这与戴震所言"先儒之学，如汉郑氏、宋程子、张子、朱子，其为书至详博，然犹得失中判"，"汉儒得其制数，失其义理；宋儒得其义理，失其制数"。② 言意抵牾，背道而驰。此文又言："震少览近儒之书，所心折者数人：刘原甫、王伯厚之于考核，胡朏明、顾景范、阎百诗之于水经、地志，顾宁人之于古音，梅定九之于步算，各专精一家。先生之学力思力，实兼之，皆能一一指其得失，苴其阙漏。"此段文字从形式与内容上说，都与汪中之言极其相似。汪文云："古学之兴也，顾氏始开其端；河洛矫诬，至胡氏而绌；中西推步，至梅氏而精；力攻古文者，阎氏也；专言汉儒《易》者，惠氏也。凡此皆千余年不传之绝学，及戴氏出而集其成焉。"③其言凿乎如出一口，似有因袭在其中。况且，戴震也并非"少览近儒之书"，而是

① 北京大学漆永祥教授《再论戴震学术研究中的几个争议问题》一文，认为《江慎修先生七十寿序》一文不伪，持论与此相反。

② (清)戴震：《戴震全书》(六)，黄山书社1995年版，第372~375页。

③ (清)凌廷堪：《校礼堂文集》，中华书局1998年版，第320页。

由《说文解字》、《尔雅》、《方言》和《十三经注疏》入手(据段玉裁《戴东原先生年谱》)。所谓“心折者数人”之语，戴氏不但未曾有此说法，甚至对以上诸人都有相当多的批判。据笔者多年研究戴震的感受，他从来就没有“心折”和崇拜的对象，有的只是“立身守二字曰不苟，待人守二字曰无憾”的学术心态。这或许就是东原一生屡遭攻击、命运坎坷的原因吧。第四，从整篇的文理气势来看，28岁的“戴震”却比40多岁的戴震写的《江慎修先生事略状》更为高屋建瓴，提要钩玄。但只要《江慎修先生事略状》没有涉及的地方，如“史迁以下，凡言黄钟最长者，皆不明中声之理，有体无用，发千古所未发，犹恨不能起朱子及蔡西山而质之”，以及“又自谓平生撰著得之午夜被中、白昼几上为多”，就稍显隔碍和多余，不似东原所为。细读此文，感觉用词尤其突出“吾师”“及门”“门人”之意，与《江慎修先生事略状》的通篇仅用“先生”一词，轻重显然有别，其中自有深意可寻。第五，70岁的江永，亲属门生众多，有名望者不在少数。若有寿辰作序，为何独存了当时连个秀才都不是的戴震之文。而江锦波为其祖撰年谱时，戴震已名满天下，为何谱中不著一词？第六，既然《制言》第七期已刊载了江永《答戴生东原书》，而潘氏为何不选登这封对当时的学术争论更有价值的信札呢？诸多疑虑，值得玩味。

此外，《善余堂文集》中的《虹川风土记》、《吴侯遗爱说》、《孝友堂记》、《潜德堂记》等，因为没有确切的证据来证其真或辨其伪，暂付阙如。通过上述的讨论，我们至少可以肯定——**《善余堂文集》并非全是江永的作品**。

(三)作伪的推测与思考

《善余堂文集》是潘氏捐赠的传抄稿本。潘氏家族原为徽州人，对乡邦文献格外重视。潘承弼先生曾自叙家史云：“吾生也晚，童龄孤露，值辛亥革命以后，家世旧闻，茫昧几废。弱冠以还，从事掇拾先泽所遗，积以盈笈。高曾遗泽所宝惟充，由是什袭装池，凡卷轴册帧，无虑百数焉。溯吾家自明季九世祖其蔚府君，由歙迁吴，支裔渐繁。三百年来，可以觇其盛衰矣。”①吴县潘氏原为徽州大族，素有“吴茶周漆潘酱园”之说。明末时潘氏经商定居吴县后，虽代有官宦，但到民国时，潘承厚(潘承弼之兄)仍以酱园生意支撑家业，并有所扩展。清末民初，潘氏家族与徽州的江、汪等大姓如江谦、汪宗沂、黄宾虹、许承尧等多有往来。江浙人文荟萃，清人诗文集流传很多。郑振铎也曾致书潘承弼，鼓励他在上海利用有利条件，很好地把这份遗产保存下来，指出：“清儒考据的笔记，最有用处。似应先行编一索引出版也。”“以私人之力，能出笔记小说大观，难道以国家之力，便不能出一部更有系统、更有用的书么？附以索引是有必要的，索引单行亦可，先生其有意乎？当竭力相助以成之也。”潘承弼先生回忆此事说：“河山重光，余复铺被来沪，任事合众图书馆。先生旋即赴京，长文化部。岁时过沪，辄招谈宴，属为搜集明、清总集及清人文集。”②由此推断，潘氏家族若存有江永原稿，自然会视如拱璧，妥善保存。若为潘氏所编，他们具有充裕的学识和条件，肯定会把江永诸多著作的序跋文也一并收入，条理整

① 潘承弼：《寄沤剩稿》，齐鲁书社1985年版，第85页。

② 上海图书馆历史文献研究所：《历史文献》第四辑，上海科学技术文献出版社2001年版，第78～79页。

饬，使成完璧，不至于如今的凌乱和粗疏。潘承弼在《制言》中所选登的，可以说都是江永之作，这充分表明了潘氏对乡先贤遗书的珍视，也表现了他们严谨的治学态度。

《善余堂文集》究竟出于何人何地，不得而知。那么其成书及其用意，我们推测有两种可能性。其一，无意作伪。编者只是将自己得到的散乱的江永文稿聚集起来，编辑成册。但未能细加辨别，而掺有他人之作。其二，有意作伪。求利者有幸收集到著名学者江永的诸多篇章，但因文本太薄，便拉扯无名之作混淆充数，借以定本，以求高价；或者是，为名者在收集整理江永遗作的同时，置入自家物件，借用江永之名夹杂冒充，以广流传。所以，我们应当慎重对待。因为“如果有伪书掺杂在里边，一则可以使时代思想紊乱，再则可以把学术源流混淆，三则令个人主张矛盾，四则害学者枉费精神”。① 由此可知文本真伪对于学术研究的必要性和重要性，这也正是本文考论的用意所在。

【补记】《善余堂文集》收入《清代诗文集汇编》第 248 册，据民国三十一年(1942 年)合众图书馆抄本，原书板框高 198 毫米、宽 320 毫米。台湾“中央研究院”中国文哲研究所于 2013 年出版了由林胜彩点校、钟彩钧校订的《善余堂文集》，原作者仍然署名为“清江永”，简介称：“江永是戴震的老师，在清代思想与经学上有重要地位。其专著虽然通行，其文集《善余堂文集》却仅有几种抄本藏在大陆的图书馆中。本书将抄本点校，加上佚文与附录。江永单篇文章及研究资料略备于此。对于清代学术研究必大有帮助。林君曾任本所博士后学员，本书系其成果。在中国哲学研究室‘明清儒学资料数字化计划’项下做后续整理。”

① 梁启超：《梁启超国学讲录二种》，中国社会科学出版社 1999 年版，第 140 页。

附录

一、《纪晓岚家书》辨伪

司马朝军

原　序

纪晓岚名昀，河间望族，为有清一代名臣。于乾嘉时历官至大宗伯，以学问文章负天下重望，而天性耿介，不喜以心性空谈，标榜门户。壮年精研考证之学，晚年领修《四库全书》。生平著述等身，而《阅微草堂笔记》一书俶诡奇谲，无所不备，又为脍炙人口。先生家书素不经见，近在河间张氏度藏秘本中，觅得若干篇，其著墨迥异庸俗，具见才人笔致，要非常人所可冀及者也。

今按：岳麓书社 1999 年版题作《著者小史》，外文出版社 2012 年版题作《纪晓岚小传》。正文采用岳麓书社本，因外文出版社本非足本。

寄族侄贻孙

（释夜叉为动物并非鬼魅）

【A】干宝《搜神》，东坡说鬼，古人与有同嗜焉。余平生亦喜听人谈狐鬼，每当黄昏烛烬，我醉欲眠，恒强家人姑妄言之。虽不足以增长学识，却能壮大胆气。常人都畏孤鬼如蛇虺虎豹，余则反以不得交狐友结鬼邻为恨。【B】我侄何幸，得于客舍中遇见鬟髻宛然之鬼影。既使鬼婢穴隙潜窥，愚叔当之，启户延纳之不遑，决不忍以盛气相凌也。我侄竟以佩刀隔窗斫之，宜乎鬼之老羞成怒，次夕化为猛虎以相吓。而又误认为夜叉，以鸟铳击之，太觉恶作剧矣。鬼物既应声而灭，永不复来，其非夜叉更属了然。【C】盖夜叉出于海，有雌雄之别，非鬼非魅，乃介乎人物间之一种动物，海中捕鱼者都识之。尝闻刘石庵司马言，诸城滨海，有结寮捕鱼者，薄暮棹舟入海捕鱼，罢钓归来，见一夜叉帖然卧地，所藏罂酒已罄，知为醉倒，执而缚之，捶击至死，仅作哀鸣，绝无灵异也。【D】我侄所见，能倏人倏虎必系遭冤屈死之女主婢，阴魂未散，故能于月下显形，并可必其不是狐精。缘狐性倔强，不受人欺，苟以刀铳对付之，必然抛砖掷瓦以相抗，【E】是殆游魂欤？故无实质，一经鸟铳震烁，便消散不能复聚矣。

【辨伪】C、B、E 三节见于纪晓岚《阅微草堂笔记》卷八：

> 海之有夜叉，犹山之有山魈，非鬼非魅，乃自一种类，介乎人物之间者也。刘石庵参知言：诸城滨海处，有结寮捕鱼者。一日，众皆棹舟出，有夜叉入其寮中，盗饮其酒，尽一罂，醉而卧。为众所执，束缚捶击，毫无灵异，竟困踣而死。
>
> 族侄贻孙言：昔在潼关，宿一驿。月色满窗，见两人影在窗上，疑为盗；谛视，则腰肢纤弱，鬟髻宛然，似一女子将一婢。穴纸潜觑，乃不睹其形。知为妖魅，以佩刀隔棂斫之。有黑烟两道，声如鸣镝，越屋脊而去。虑其次夜复来，戒仆借鸟铳以俟。夜半，果复见影，乃二虎对蹲。与仆发铳并击，应声而灭。自是不复至。疑本游魂，故无形质；阳光震烁，消散不能再聚矣。

情节大致相符，而文字稍有点窜。C、B、E 三节在《阅微草堂笔记》中本为前后排列而毫不相干的两条笔记小说，作伪者加以整合。A、D 两节乃作伪者据以敷衍而成。又据“族侄贻孙言”一语改题为“寄族侄贻孙”，倒也伪中有真。

寄从弟旭东

(答复旱魃出典)

【A】三月不雨，田禾槁矣。官绅晨夕祈祷而天不应，街头巷尾，遍以坟土塑旱魃，焚香点烛以敬之，究竟视为神欤，妖欤？塑者皆不知也，莫怪我弟滋为疑问。【B】兄曾于《夜谈丛录》中，见焚旱魃事，指为僵尸。僵尸之成，由于尸棺浮厝后，烈日曝晒，棺木爆裂，入夜星光对照尸体心窝，便成僵尸。能为一方旱灾，历久不雨。须将僵尸掘而焚化，则举火而云霓合，烟烬而甘霖立沛。此种齐东野语，不足征也。夫雨为天地之欣合，一僵尸有多大神通，能弥塞乾坤，任其施虐耶！雨为神龙所行施，一僵尸有多大伎俩，能驱逐神物畏缩不前耶？其实旱魃与僵尸，截然两途。【C】夫旱魃为虐，事出《葩经》云汉之章，《山海经》实以女魃，与《葩经》之旨吻合。据考古家言，旱魃是一女妖神，能阻遏兴云布雨。【D】此说虽亦荒唐，然较近世所云旱魃皆系僵尸之说，差觉近理。

【辨伪】C 、B 两节见于《阅微草堂笔记》卷七：

> 旱魃为虐，见《云汉》之诗，是事出经典矣。《山海经》实以女魃，似因诗语而附会。然据其所言，特一妖神耳。近世所云旱魃，则皆僵尸掘而焚之，亦往往致雨。○夫雨为天地之欣合，一僵尸之气焰，竟能弥塞乾坤，使隔绝不通乎？雨亦有龙所作者，一僵尸之伎俩，竟能驱逐神物使畏避不前乎？是何说以解之。
>
> 又狐避雷劫，自宋以来，见于杂说者不一。夫狐无罪欤？雷霆克期而击之，是淫刑也，天道不如是也。狐有罪欤？何时不可以诛，而必限以某日某刻，使先知早避？

即一时暂免，又何时不可以诛，乃过此一时，竟不复追理？是佚罚也，天道亦不如是也。是又何说以解之？

偶阅近人《夜谈丛录》，见所载焚旱魃一事，狐避劫二事，因记所疑，俟格物穷理者详之。

A、D两节乃作伪者据以敷衍而成，删去原文中狐避劫之事。何以题为“寄从弟旭东”？无线索可寻，乃作伪者杜撰也。《葩经》即《诗经》。

寄胞姊晰

(规劝孝姑)

【A】姊年已四十有七矣，膝下无儿，其生二女，一嫁一殇，用是居恒郁郁，以为此生永无添丁之兆矣。【B】然而理所必无者，事或竟有；其实亦理之所有也。【C】从来六十生子不为晚，但求修德以禳天。姊丈持躬严正，持人宽和，堪称拘谨君子。我姊只因忧能伤肝，肝不平，则相火易炽，容易动怒，是为短处。姊年虽长于我，而堂上有阿姑，不能因其目盲而疏于侍奉。【D】尝闻宛平曹德亭之妻夏氏，事姑纯孝，姑年已老，偶因爱孙染疫死，姑媳相对号哭者数十日，姑目因此失明，百计医治，俱无效。有黠者给以割股疗疾，夏氏信之，于深夜潜至中庭，祷天默佑，即出利剪割股肉，瞒人投入药，其姑服后目竟复明，翌年夏氏竟得梦熊之兆。夫受给而割肉，可谓愚矣。惟至愚可以格天，故鬼神佑之。姑目能明，自身得子，此无理而有至理者也。【E】我姊渴望生子，烧香许愿无益焉，惟孝感足以动天心，未识我姊以为昀之言善否？

【辨伪】B、D两节袭自《阅微草堂笔记》卷七：

理所必无者，事或竟有；然究亦理之所有也，执理者自太固耳。献县近岁有二事：一为韩守立妻俞氏事祖姑至孝，乾隆庚辰，祖姑失明，百计医祷，皆无验。有黠者给以刲肉燃灯，祈神佑，则可速愈。妇不知其给也，竟刲肉燃之。越十余日，祖姑目竟复明。夫受给亦愚矣，然惟愚故诚，惟诚故鬼神为之格。此无理而有至理也。(下略)

将“献县韩守立妻俞氏”改为“宛平曹德亭之妻夏氏”。又考六十生子之事见于清褚人获《坚瓠集》广集卷一“六十生子”条：

《真珠船》载：隰宁张娼之女十二岁而得男，长安刘氏之妇六十二而育女，是胚胎之结，亦有不假天癸者。见者以为其说似诞。近闻扬州某商老而之嗣妻年六十而生一子，族人争疑之讼于郡守，守廷鞫之，商言可据，当堂滴血验系果真，众议方息。又见《金史》载，金之始祖函普初从高丽来，年已六十余矣，居完颜部。部有贤女，年六十而未嫁，部人以贤女许始祖，始祖乃以青牛为聘礼而纳之，后生二男，长曰乌鲁，次曰干鲁，一女曰注思板。是六十生子，古亦有之，未尽诬也。

其他各节查无出处，乃作伪者杜撰题目，复据题敷衍而成。

寄仪南叔

（论修仙须有仙缘）

【A】修仙得道，谈何容易！仙有仙缘，诀逢指授；道有道骨，质本清虚。苟不得真而妄冲举，因而致害者不一。【B】胜朝正德间，劳山白云洞有修道者，兀坐木石间，不食不死，不知来自何年，只觉其满身苔藓，已与木石同色耳。然呼吸不绝，目炯炯尚能视。不生不死，亦何贵于修道？反不如人之快乐，鬼之逍遥也。按此人修道功夫，决非浅鲜，只因未生道骨，未结仙缘，遂致炼成灵儿，不能出窍行空。或云：“以白刃破其顶，即得兵解而成鬼仙。”此亦臆测之词耳。【C】夫人深山潜修数十百年，尚不能飞升得道，则世之愚夫愚妇，溷处软红尘中，手握牟尼珠，口喃喃虔诵经咒，妄冀得道长生，多见其不知量焉。侄素喜谈狐说鬼，嗜痴之癖，不自知其所以然。若云妄冀修道登仙，侄虽无状，决不若是之愚也。

【辨伪】B、A两节见于《阅微草堂笔记》卷十三：

> 杨雨亭言：劳山深处，有人兀坐木石间，身已与木石同色矣。然呼吸不绝，目炯炯尚能视。此婴儿炼成，而闭不能出者也。不死不生，亦何贵于修道，反不如鬼之逍遥矣。大抵仙有仙骨，质本清虚，仙有仙缘，诀逢指授。不得真传，而妄意冲举，因而致害者不一，此人亦其明鉴也。或曰：“以刃破其顶，当兵解去。”此亦臆度之词，谈何容易乎！

文字颇有改易，如纪昀原称“劳山深处，有人兀坐木石间，身已与木石同色矣”，而伪文增饰为：“胜朝正德间，劳山白云洞有修道者，兀坐木石间，不食不死，不知来自何年，只觉其满身苔藓，已与木石同色耳。”时间、地点更加具体，细节亦更加生动传神。末尾一段议论，本为自勉之词，不知何故为“仪南叔”（《阅微草堂笔记》确实多处称“先叔仪南公”）而发？纪昀原称“杨雨亭言”又被抹去。

寄仪南叔

（论乩仙是异）

【A】侄久慕乩仙高雅，愿执弟子礼。昨得杜生宜滋介绍，入河间宏道坛，第一次开坛，仙驾屡请不降，坛中诸友都目我为无仙缘，言历届开坛，最多三请，仙师必降，今已五次焚符虔祷矣。话声未了，而盘中沙沙作响，知仙驾已临，众皆屏气肃立，【B】乩上大书“柿园败将”四字。侄知为白谷孙公，不觉悚然起敬。旋见乩又磨动，连书五十六字，迅速绝伦，依次抄录，是一律诗。曰：“一代英雄付逝波，壮怀辜负鲁阳戈。庙堂有策军书急，天地无情战骨多。故垒春添新草木，游魂夜览旧山河。陈涛十郡良家子，杜老酸吟意若何。”通体浑括一气，隐隐以房琯战败自比，引咎自责，实则柿园之役，罪不在公，而在中旨之促战。世人犹能谅之，而公引为己罪，具见正人君子死后犹无怨天尤人之心，较之王化贞辈殃民误国之罪，擢发难数，而犹百计诿罪于他人者，其相去真有霄壤之判矣。【C】侄曾以终身休咎请仙师指示，得八字，曰：“放言取戾，小谪无伤。”仙师竟如见我之肺肝。上句诫我多言获咎，但下句不知何所指，殆系未来之事，当验诸异日也。我叔久隶南郭仙坛，定多灵异，恳祈赐示一二，以广犹子见闻为幸。

【辨伪】B节文字见于《阅微草堂笔记》卷七：

> 太原折生遇兰言其乡有扶乩者，降坛大书一诗曰：“一代英雄付逝波，壮怀空握鲁阳戈。庙堂有策军书急，天地无情战骨多。故垒春滋新草木，游魂夜览旧山河。陈涛十郡良家子，杜老酸吟意若何。”署名曰柿园败将，皆悚然知为白谷孙公也。柿园之役，败于中旨之促战，罪不在公，诗乃以房管车战自比，引为己过。正人君子之用心，视王化贞辈偾辕误国犹百计卸责于人者，真三光之于九泉矣。大同杜生宜滋亦录有此诗，“空握”作“辜负”，“春滋”作“春添”，“意若何”作“竟若何”，凡四字不同，盖传写偶异，大旨则无殊也。

不同之处大致有二：第一，故事地点不同。纪昀原文明言“太原折生遇兰言其乡”，而《家书》改为“河间宏道坛”，相去千里。第二，乩诗版本不同。“空握”作“辜负”，“春滋”作“春添”，凡三字不同。“太原折生遇兰”所藏之诗与“大同杜生宜滋”版本不同，此处用杜生宜滋版本，故改为“杜生宜滋”。然“意若何”不作“竟若何”，与纪昀所言不符，可谓一字之差，不善作伪！

禀　　母

（问病）

昨日坦哥来，言母亲患泄泻，每日黎明必泄，自去腊至今，已阅三十余日。迭请医生诊治，均未奏效。儿闻之，寸心如捣！当此春寒料峭，破晓下床大解，壮年当之，尚觉悚栗难禁，衰年人其何以堪！按老人泄泻，不外脾虚肾虚所致。脾虚者往往泄出食物，由于胃肠虚弱，老年患此者不多，治法当用白术、白芍各一两同炒，煨肉豆蔻五钱，研末饭糊为丸，米汤下。肾虚久泄，必兼腰痛，治法用破故纸一钱焙干研末，纳入拣净猪腰中裹紧，隔水蒸熟，食三四次能愈。但此症起自严冬，或系受寒所致，可用胡椒末和饭作饼，敷贴脐上，以布束缚自愈。惟未曾目睹北堂病状，不敢妄请服食，祈速请方医仰高诊治。我乡行道者众，而精通医学，为儿所钦佩者，惟仰高一人而已。犹忆昔年儿媳产后病笃，诸医束手，旋得大舅推荐方医，一剂而转危，三剂而病竟霍然。昨问坦哥，母病初起时，曾请方医调治，一剂而泄泻愈甚，因此另易他医。然而泄泻初起，宜疏不宜止，方医治法甚合。母亲若不易他医，泄泻早已告痊矣。现仍宜请其诊断，则著手成春，定可预卜也。

今按：待考。“北堂”固然可以代称母亲，但家书中用之，亦不多见。

禀　　母

（论病后服参）

【A】病后虚弱，本属恒情，而老年病后尤较少壮者更弱。母亲因久泄体虚，主张服独参汤，而方医进以加减十全大补方，母亲因服药已久，不耐苦味，弗愿再服煎药。【B】男本不知药理，却闻太原刘季箴医士，补虚惯用参，获益者固多，受损者亦不少。用是怀疑，求教其师王华峰，王曰："病原种种不同，腐后虚弱亦因而各异。人参专有所主，不通补诸虚。参力至脏腑，只达上焦、中焦，以下不至焉。参力至营卫，只达气分，血分不至焉。若系肝肾及阴分虚者，服参非但无效，反足以助长亢阳，而煎烁真阴，岂不殆哉！古者参出上党，秉中央土气，故其性温厚，而先入中宫。今上党参已气竭失散，改用辽参，秉东方春气，故其性发生，先升上部。盖药性已因气运而变易，补虚岂能依古方而收效？"王公论理精湛，不愧为良医。季箴犹不以其言为然，男却深以为是。【C】愿慈亲毋果信参，宜服方医药为是。医家有割股之心，所言定有见地。且古方所载，补虚宜食生参，则本性未失，效力伟大。而今世采参者，得即蒸之，缘生参无色相，难售善价，蒸后色泽莹然，容易脱售，殊不知参性已走失多矣，反不如寻常草药之补力巨焉。

【辨伪】B 节文字见于《阅微草堂笔记》卷八：

> 先姚安公言：有扶乩治病者，仙自称"芦中人"。问："岂伍相国耶？"曰："彼自隐语，吾真以此为号也。"……又闻刘季箴先生尝与论医。乩仙曰："公补虚好用参。夫虚证种种不同，而参之性则专有所主，不通治各证。以藏府而论，参惟至上焦中焦，而下焦不至焉。以荣卫而论，参惟至气分，而血分不至焉。肾肝虚与阴虚，而补以参，庸有济乎？岂但无济，亢阳不更煎铄乎？且古方有生参熟参之分，今采参者得即蒸之，何处得有生参乎？古者参出于上党，秉中央土气，故其性温厚，先入中宫。今上党气竭，惟用辽参，秉东方春气，故其性发生，先升上部。即以药论，亦各有运用之权。愿公审之。"季箴极不以为然。余不知医，并附录之，待精此事者论定焉。

纪昀原称"乩仙"，家书改为"王华峰"。梁章钜《浪迹丛谈》卷八亦云：

> 按：人参实是灵药，可以活人，而方与病违，则其祸亦不旋踵而至。余在京，亲见伊云林先生朝栋偶患风痹，其哲嗣墨卿比部访求医药甚切，值纪文达师来视疾，谓切不可用参，墨卿不能守其言，先生遂成痼疾。又余外舅郑苏年师因隔邻不戒于火，力移缸水扑救，致跌足受伤。先大夫往视，亦嘱其不可急投参剂。适徐两松中丞师以参相赠，服之亦成痼疾。此皆余所目击。后先室清河夫人笃疾几殆，亲眷皆劝服参，余力持不可，最后始以高丽参代之，亦竟愈，从此遂力劝人慎用参剂，而不知近日之参远不如乾隆间之性味，虽误用而其害尚轻也。忆纪文达师《笔记》中有乩仙论参一条云：虚证种种不同，而参之性则专有所主，以藏府论，参惟至上焦、中焦，而不至下焦；以荣卫论，参惟至气分，而不至血分。且古方有生参、熟参之分，今采参者得即蒸之，安得有生参乎？古参出上党，秉中央土气，故其性温厚，先入中宫。今上党气竭，惟用辽参，秉东方春气，故其性发生先升上部。即以药论，亦各有运用之宜云云。此恐非今医家所及知也。

寄晰姊

（劝求孕不宜多服药方）

【A】凡物有利必有弊，故药能生人，亦能死人。有病时尚以不服药为中医，盖恐庸医药不对症，速人死亡耳。我姊因膝下无儿，请医服药罔效，舍而他求必孕秘方，孰知效未见而害先形，双目红肿，鼻血时流，此系多服热药之害。盖世间流传之种子秘方，都系热药，服之侥幸有救，生子亦难期长寿也。【B】犹记先姚安公言：有一士人妻，多年不孕，闻当地仙坛中扶乩治病有神效，遂往乞种子方。仙判曰："种子有方，并能神效。然有方与无方同，神效亦与不效同。夫天然精血化生者，尚有因所含胎热未清，毒发为痘，十死其半。若助以热药，抟结成胎，其蕴毒必更甚。每逢生痘，十死八九矣。世人徒于痘殇之时，惜其不寿；讵知未生之日，已先伏夭折之机。生如不生，岂非有方同于无方，神效同于不效耶！"其说中理，皆为医家所不肯言者。【C】宜乎世之求孕者，犹汲汲焉自寻烦恼，徒吃怀胎坐草之苦，空贻摧兰折玉之伤。我姊何亦甘效愚妇之所为？盖人之有后与否，上承祖宗之积福，下关本人之修德，事非等闲，岂草根树皮所能奏效？我姊体质素健，迩时诸病百出，此系方药杂投所致，虽非膏肓之疾，殊碍生育之机，而我姊犹以服药为求子之谋，无怪愈求而愈不可得也。谊属同胞，故敢率直上言。

【辨伪】B 节文字见于《阅微草堂笔记》卷八：

> 先姚安公言：有扶乩治病者，仙自称"芦中人"。问："岂伍相国耶？"曰："彼自隐语，吾真以此为号也。"其方时效时不效，曰："吾能治病，不能治命。"一日，降牛丈希英（姚安公称牛丈字作此二字音，未知是此二字否。牛丈讳瑍，娶前母安太夫人之从妹）家，有乞虚损方者。仙判曰："君病非药所能治，但遏除嗜欲，远胜于草根树皮。"又有乞种子方者。仙判曰："种子有方，并能神效。然有方与无方同，神效亦与不效同。夫精血化生，中含欲火，尚毒发为痘，十中必损其一二。况助以热药，抟结成胎，其蕴毒必加数倍。故每逢生痘，百不一全。人徒于夭折之时，惜其不寿，而不知未生之日，已先伏必死之机。生如不生，亦何贵乎种耶？此理甚明，而昔贤未悟。山人志存济物，不忍以此术欺人也。"其说中理。皆医家所不肯言，或真有灵鬼凭之欤？

此条在纪昀《阅微草堂笔记》中与前条本为一条，《纪晓岚家书》则一分为二。

寄内子

（募捐建筑节孝祠）

【A】历来奇节异烈湮没无闻者，何可胜道哉！【B】故余每闻人言妇女贞节事，必登录笔记，以彰幽德，所惜者泰半失传姓氏。余生平所最崇拜者，【C】一为明末时扬州某妇，偕夫避乱，路遇一贼，见其夫肩荷钱囊，即抽刃追之，妇急回身抱持贼腰，贼回首欲杀之，见其姿首美丽，欲犯之，妇知不可免，给之曰："请放予夫远去，否则当其面，誓死不从。"贼遂挥其夫速去，而妇即夺刀自刎，其节烈可风矣。又明季河北大饥，屠人鬻肉以为食，有客过屠肆之门，见一少妇裸体卧俎上，屠人方汲水洗涤其手足，以供宰割。客惨不可忍，即倍价以赎之。释其缚，以手扪其乳，少妇艴然曰："吾惟不肯事二夫，故鬻身以养姑，君何遽相轻薄？随君归，将以妾媵我乎？"言讫，仍裸体伏俎上，瞑目受屠。其节烈又何如耶！惜皆不得其姓氏。【D】我县旧有节孝祠，适在余家宅后，年久失修，墙垣倾圮，余曾拟醵资修葺，旋因公外出，未竟其志。今既由姨母主张，与尔为发起人，募捐修建，自属女界分所当为之善举。不过需款甚巨，劝募不易，单凭姨母与尔分头募集，只恐未能蒇事。须请姨丈襄助办理，凡素不相识之富家巨室，由姨丈担任募捐，常有往来之亲戚家，由尔与姨母分任其劳。如是则较易集腋成裘，聚沙成塔矣。近时寒暖不齐，诸维自珍为嘱。

【辨伪】A、C两节文字见于《阅微草堂笔记》卷八：

> 奇节异烈，湮没无传者，可胜道哉！姚安公闻诸云台公曰："明季避乱时，见夫妇同逃者，其夫似有腰缠。一贼露刃追之急。妇忽回身屹立，待贼至，突抱其腰。贼以刃击之，血流如注，坚不释手。比气绝而仆，则其夫脱去久矣。惜不得其名姓。"又闻诸镇番公曰："明季，河北五省皆大饥，至屠人鬻肉，官弗能禁。有客在德州景州间，入逆旅午餐，见少妇裸体伏俎上，绷其手足，方汲水洗涤。恐怖战悚之状，不可忍视。客心悯恻，倍价赎之；释其缚，助之著衣，手触其乳。少妇艴然曰：'荷君再生，终身贱役无所悔。然为婢媪则可，为妾媵则必不可。吾惟不肯事二夫，故鬻诸此也。君何遽相轻薄耶？'解衣掷地，仍裸体伏俎上，瞑目受屠。屠者恨之，生割其股肉一脔。哀号而已，终无悔意。惜亦不得其姓名。"

B节文字《阅微草堂笔记》原作"姚安公闻诸云台公曰"。D节文字则出自杜撰。

寄族兄次辰

（论疑狱）

【A】孔子曰："听讼吾犹人也，必也使无讼。"旨哉言乎！盖牧民之官，据供词以分曲直，断生死，谁能保得百不失一，绝无冤抑。至于户婚田土之案，失出失入，只在金钱间，造孽尚微。惟有命案最易造孽，最难审断，疑狱之离奇者，鬼神亦莫测其究竟，纵龙图再世，亦难得定谳也。客岁京师曾出一疑狱，至今悬案未决。【B】案为富室周姓娶媳，男女并韶秀，一对璧人，贺客皆称为神仙眷属。新夫妇亦甚相欢悦。及至次日，时已过午，洞房门犹未启，呼之不应，穴窗窥之，新夫妇已相对缢死矣。破门而入，视其衾已合欢矣。又俱身着盛服而死。异哉此狱，虽皋陶不能听断，宜其至今悬为疑案也。【C】我哥位处繁剧，案牍劳神，倍形辛苦，而刘氏一案，既未损失金珠，自非盗劫，被戕主妇已年过五十，又不类奸情，诚属疑狱。而苦主不谅，迭向上司衙门禀催缉凶，太觉不近人情也。

【辨伪】B节文字见于《阅微草堂笔记》卷八：

姚安公官刑部日，同官王公守坤曰："吾夜梦人浴血而立，而不识其人，胡为乎来耶?"陈公作梅曰："此君恒恐误杀人，惴惴然如有所歉，故缘心造象耳。本无是鬼，何由识其为谁？且七八人同定一谳牍，何独见梦于君？君勿自疑。"佛公伦曰："不然。同事则一体，见梦于一人，即见梦于人人也。我辈治天下之狱，而不能虑天下之囚。据纸上之供词以断生死，何自识其人哉？君宜自儆，我辈皆宜自儆。"姚安公曰："吾以佛公之论为然。"

吕太常含辉言：京师有富室娶妇者，男女并韶秀，亲串皆望若神仙。窥其意态，夫妇亦甚相悦。次日天晓，门不启，呼之不应。穴窗窥之，则左右相对缢。视其衾，已合欢矣。婢媪皆曰："是昨夕已卸妆，何又著盛服而死耶?"异哉此狱，虽皋陶不能听矣。

清王初桐《奁史》拾遗、清朱翊清《埋忧集》续集卷一"对缢"亦载此事。

寄内子

（论立后不择异姓）

叔丈今年八十有二。伯道无儿，单生一女，嫁后生子而亡。叔丈春秋高，今拟择嗣，而外孙与犹子，均已名列胶庠，无贤不肖之别，因此选择莫决。余以为宜并嗣，为折衷办法。夫择嗣礼尚同姓，并且阴曹只认同姓为后，若择立女之子，有嗣与无嗣等耳。余非阴间秀才，何能识得阴曹事，盖得自传闻也。同年胡太虚抚军，自言能视鬼，每见亲戚家祭祀，继子或为异姓，或系女之子，或系妻之侄，来享者皆所生之鬼，所嗣之鬼弗与也。继子若为同姓，虽五服以外，来享者皆所嗣之鬼，所生之鬼弗与也。苟配享于侧，必待所嗣之鬼先入座，弗敢前也，惟有其表弟于某，螟蛉张氏子，祭祀时乃张氏之鬼来享。异之，询诸于氏之老奴，始知于氏前代曾纳张氏怀孕婢为妾，生后即于表弟之祖，始得恍然。所言如是，未必尽属子虚，盖一本气相属，二本气不连，其义至明，所以敬宗睦族，古训昭垂，异姓乱宗，法律不许也。叔丈乃明理达道之君子，未必偏重掌珠之遗爱，致贻紊乱血统之讥。惟应嗣乃属我之内弟，我若以立族之说进，得无疑我阿私妻党？此中出入较巨，余不愿形诸笔墨，倩尔代为口头答复，庶免授人口实。

【辨伪】待考。

寄内子

（辩论生人见鬼）

【A】叔岳家立嗣，得以并嗣结束，甚善甚善。惟怪尔太直率，竟将我前函所言胡抚军视鬼一事，在叔丈前和盘托出。盖夫妇书信往来，理当谨守秘密，以后宜慎之。叔丈讥笑我宛如私巫，迷信鬼物，又言人死如烟消云散，谁见鬼来，子孙祭祀，乃属具文而已。其言亦殊有礼。然而说鬼不自我始，苏文忠公为有宋一代大儒，亦喜听人说鬼。【B】近世士大夫如蔡必昌太守，朱石君抚军，顾德懋郎中，皆言判冥事甚悉。此三人均非妄话人。余尝闻顾郎中论鬼之有无，殊合情理。谓寻常人死后，余气消散，便无鬼；其不消者，有六气：一，忠孝节义之正气，二，猛将劲卒之刚气，三，硕学通儒之灵气，四，冤魂恨魄之怨气，五，大富大贵之盛气，六，凶残狠毒之戾气。此六者皆凝聚不消。言之凿凿，必有所征，【C】岂得以“人死如烟消云散”一语抹煞无量数贞魂冤鬼耶？

【辨伪】B 节文字见于《阅微草堂笔记》卷十三：

蔡太守必昌云：判冥，论者疑之。然朱竹君之先德（唐人称人故父曰先德，见《北梦琐言》）蔡君先告以亡期；蔡君之母，亦自预知其亡期，皆日辰不爽。是又何说欤？朱石君抚军言其他事甚悉。石君非妄语人也。顾郎中德懋亦云判冥。后自言以泄漏阴府事，谪为社公，无可验也。余尝闻其论冥律，已载《滦阳消夏录》中。其论鬼之存亡，亦颇有理。大意谓人之余气为鬼，气久则渐消。其不消者有三：忠孝节义，正气不消；猛将劲卒，刚气不消；鸿材硕学，灵气不消。不遽消者亦三：冤魂恨魄，茹痛黄泉，其怨结则气亦聚也；大富大贵，取多用宏，其精壮则气亦盛也；儿女缠绵，埋忧赍恨，其情专则气亦凝也。至于凶残狠悍，戾气亦不遽消，然堕泥犁者十之九，又不在此数中矣。言之凿凿，或亦有所征耶？

撮其要点，又安头加尾，虽“言之凿凿”，不免自欺欺人。

寄 内 子

（论侄女自缢反蒙不洁之名）

【A】宗兄桂山之长女玉姑，竟因受人蜚语，愤极自缢，何其愚耶！彼固白璧无瑕，登徒子涎其色，知已许字谢门，虽遂好逑之愿，遂造作蜚语，传播乡里，谢氏颟顸，竟中其奸谋，央媒提议离婚未遂，诉诸有司，赵令亦太觉糊涂，闺女贞节，何等重大，岂可凭茶寮酒肆中之蜚言作为解散婚约之证据？致玉姑白圭遗玷，愤极投环，以为一死，可以表明心迹。而谢氏反谓其难掩丑行，以死了之，冤矣哉！玉姑之贞烈，惟我夫妇信之，誓为之作墓志，勒石表明其冤死，以慰贞魂。夫人寿修短，本有定数，当玉姑离婚时，苟遇我在家乡，必能为之设法转圜。【B】盖余少时我郡有贫家女焦玉蛾者，秀外慧中，又多急智。有土豪见而艳羡之，谋为篷室，而玉蛾早与姑表弟王桐生订姻。土豪有欲不遂，亦如登徒子之对付玉姑，妄造蜚语，以破其婚姻。婿家果受愚，欲求离婚，讼于官，犹恐理曲不得直，遂捏造佐证，与原媒设就陷阱。将开审矣，玉娥探悉其事，知见官必蒙羞而遭遗弃，亟偕母同往婿家，见姑自陈曰：“闺女之贞不贞，容易证明。儿不愿献丑于官媒，而为谋媵我者所诬陷。自愿献丑于姑前，请即仔细验明。”遂屏人合户，弛服露体，姑验讫，知系无瑕白璧。讼案投销，即日择吉行亲迎礼。【C】玉蛾之急智，诚不可及也。我若以此法教导玉姑，则婚约不解，性命亦可保存也。

【辨伪】B 节文字见于《阅微草堂笔记》卷十三：

又闻吾郡有焦氏女，不记何县人，已受聘矣。有谋为媵者，中以蜚语，婿家欲离婚。父讼于官，而谋者陷阱已深，非惟证佐凿凿，且有自承为所欢者。女见事急，竟倩邻媪导至婿家，升堂拜姑曰：“女非妇比，贞不贞有明证也。儿与其献丑于官媒，仍为所诬，不如献丑于母前。”殄遂阖户弛服，请姑验，讼立解。此较操舟之新妇更越礼矣。然危急存亡之时，有不得不如是者。讲学家动以一死责人，非通论也。

二者情节大致相同。纪昀《阅微草堂笔记》所谓“讲学家动以一死责人，非通论也”，本为至为关键之语，《纪晓岚家书》竟然删去此语。

寄 内 子

（论教子）

父母同负教育子女责任。今我寄旅京华，义方之教，责在尔躬。而妇女心性，偏爱者多。殊不知爱之不以其道，反足以害之焉。其道维何？约言之，有四戒四宜：一戒晏起，二戒懒惰，三戒奢华，四戒骄傲。既守四戒，又须规以四宜：一宜勤读，二宜敬师，三宜爱众，四宜慎食。以上八则，为教子之金科玉律，尔宜铭诸肺腑，时时以之教诲三子。虽仅十六字，浑括无穷。尔宜细细领会，后辈之成功立业，尽在其中焉。书不一一，容后续告。

今按：待考。

寄从兄旭升

（报告钦点庶吉士）

【A】弟叨沐天恩，胪唱二甲第四，复试钦点庶吉士，例须即日入院供职，已赁定羊肉胡同李宅为寄庐，归期殊难预计矣。弟德不进，业不修，而得侥幸成名者，托赖祖宗之积德耳。所奇者，此次胪唱之名次，预为一术士说破，殆所谓功名早有前定者耶？【B】术士非江湖卖卜者流，是董尚书之同乡。当殿试之前，弟蒙董公招宴，术士亦在座。董指而语余曰：“此系同乡周善谟，拆字有奇验，盍请其一决功名？”弟即书“黑”字，周曰：“状头不属君矣。黑字拆之为二甲，下余四点，其二甲第四乎？然复试必为庶吉士。盖黑字下四点，即庶字之脚，黑字上半体，可折士吉二字也。”而今其言皆验。何竟有预知之明，抑是偶然巧合耶？殊令人未测其玄妙也。

【辨伪】B 节文字见于《阅微草堂笔记》卷七：

亥有二首六身，是拆字之权舆矣。汉代图谶，多离合点画。至宋谢石辈，始以是术专门，然亦往往有奇验。乾隆甲戌，余殿试后，尚未传胪，在董文恪公家，偶遇一浙士，能拆字。余书一“墨”字。浙士曰：“龙头竟不属君矣。‘里’字折之为‘二甲’，下作四点，其二甲第四乎？然必入翰林。四点庶字脚，士吉字头，是庶吉士矣。”后果然。

清桑灵直《字触补》卷二外部“墨字董字名字”条引《淡墨录》亦云：

纪昀，字晓岚，献县人。乾隆十二年丁卯解元，十九年甲戌二甲第四名进士，改庶吉士。先是未传胪前，在董文恪公邦达家，遇浙士能测字，昀书一“墨”字，浙士曰：“龙头不属君矣。墨字拆之为二甲，下作四点，其二甲第四乎？然必入翰林。四点庶字脚，士吉字头，是庶吉士矣。”榜后果然。丁丑散馆授编修，历官至翰林院侍读学士。

训 大 儿

（训诫择交）

【A】尔初入世途，择交宜慎，友直友谅友多闻，益矣。误交真小人，其害犹浅；误交伪君子，其祸为烈矣。【B】盖伪君子之心，百无一同：有拗捩者，有偏倚者，有黑如漆者，有曲如钩者，有如荆棘者，有如刀剑者，有如蜂虿者，有如狼虎者，有现冠盖形者，有现金银气者。业镜高悬，亦难照彻。缘其包藏不测，起灭无端，而回顾其形，则皆岸然道貌，【C】非若真小人之一望可知也。并且此等外貌麟鸾中藏鬼蜮之人，最喜与人结交，儿其慎之。

【辨伪】B 节文字见于《阅微草堂笔记》卷七：

于道光言：有士人夜过岳庙，朱扉严闭，而有人自庙中出。知是神灵，膜拜呼上圣。其人引手掖之，曰：“我非贵神，存芒全司镜之吏，赍文簿到此也。”问：“司镜何义？其业镜也耶？”曰：“近之，而又一事也。业镜所照，行事之善恶耳。至方寸微暖，情伪万端，起灭无恒，包藏不测，幽深邃密，无迹可窥，往往外貌麟鸾，中韬鬼蜮，隐慝未形，业镜不能照也。南北宋后，此术滋工，涂饰弥缝，或终身不败。故诸天合议，移业镜于左台，照真小人；增心镜于右台，照伪君子。圆光对映，灵府洞然：有拗捩者，有偏倚者，有黑如漆者，有曲如钩者，有拉杂如粪壤者，有溷浊如泥滓者，有城府险阻千重万掩者，有脉络屈盘左穿右贯者，有如荆棘者，有如刀剑者，有如蜂虿者，有如狼虎者，有现冠盖影者，有现金银气者。甚有隐隐跃跃，现秘戏图者，而回顾其形，则皆岸然道貌也；其圆莹如明珠，清彻如水晶者，千百之一二耳。如是者，吾立镜侧，籍而记之，三月一达于岳帝，定罪福焉。大抵名愈高，则责愈严；术愈巧，则罚愈重。《春秋》二百四十年，瘅恶不一，惟震夷伯之庙，天特示谴于展氏，隐慝故也。子其识之。”士人拜受教，归而乞道光书额，名其室曰“观心”。

寄胞兄晴湖

（论家奴窃物）

【A】手示敬悉，家岳所荐之张福，竟敢窃取珍藏古玉而逃。彼既矢口不认，尽可照旧执役，而今闻得将送官里去，便连夜脱逃，苟不窃物，何必如是惶急？容当转告家岳，向其家属追还原璧也。夫雇佣之难，只恐诸葛复生，亦难预识其善恶。缘此辈为主人执役时，都蠢若木豕，牵臂则举手，跌脚则移步，其钝如椎，及至背人作奸犯科，则奇计环生，为鬼为蜮，刁诈绝伦。主人忠厚者，往往受其诈欺而不知，犹视为心腹。家有此等刁奴，不仅居停受害，并能累及往来之亲友也。【B】尝有南士以文章游公卿间，借寓京华某巨公家。平生嗜好汉器，所藏玉璜一方，质理莹白，血斑彻骨，用以镇书，兼供把玩者。一日之夜，士伏灯下构思作文，忽闻窗隙有声，探入一手。疑为盗，取案头利剑将斫之，见其纤削如春葱。迟疑不遽下，穴窗以窥，乃一极可怖之罗刹鬼头。惊晕倒地，片时复醒，起视案头，玉璜已不翼而飞。疑为狐怪幻形，不事追诘。【C】后于市上获见此玉，以八十金收归，并询所从来。答称购自某巨公家奴之手。始恍然悟纤手鬼脸，皆某巨公家奴所装扮也。因奴为巨公心腹，故未揭破其鬼蜮。张福虽狡，与此奴相较，不逮其机变远矣。

【辨伪】B 节文字见于《阅微草堂笔记》卷七：

> 一南士以文章游公卿间。偶得一汉玉璜，质理莹白，而血斑彻骨，尝用以镇纸。一日，借寓某公家。方灯下构一文，闻窗隙有声，忽一手探入。疑为盗，取铁如意欲击，见其纤削如春葱，瑟缩而止。穴纸窃窥，乃一青面罗刹鬼，怖而仆地。比苏，则此璜已失矣。疑为狐魅幻形，不复追诘。后于市上偶见，询所从来。辗转经数主，竟不能得其端绪。久乃知为某公家奴伪作鬼装所取。
>
> 董曲江戏曰："渠知君是惜花御史，故敢露此柔荑。使遇我辈粗材，断不敢自取断腕。"余谓此奴伪作鬼装，一以使不敢搅执，一以使不复追求。又灯下一掌破窗，恐遭捶击，故伪作女手，使知非盗，且引之窥见恶状，使知非人，其运意亦殊周密。盖此辈为主人执役，即其钝如椎，至作奸犯科，则奇计环生，如鬼如蜮。大抵皆然，不独此一人一事也。

寄胞兄晴湖

（论祖产不宜变卖）

【A】北村别墅，是我昆季夏日读书之所，自弟寄旅京华，兄亦宦游浙水，十余年来，鲜有人居，遂为狐鬼盘踞，亦属恒有事。而仲侄信守屋奴之报告，言书楼通年锁闭，而楼窗以时启闭，遥望之有幢幢人影，目为鬼窟，拟廉价脱售。弟意大不为然，盖此屋乃先祖购地创建，架山凿池，栽花种竹，凡亭台楼阁间，都有亲题联额，苦费经营数十年，始有如斯之结构。虽无金谷之大观，而幽雅精致，鬼狐亦艳羡而僭居之，其佳妙可不言而喻矣。一旦售去，岂不可惜！即使守屋奴所见是实，狐既占居我别墅，只须子弟仆妇莫去谩骂他，则狐亦讲理，必不祟人，苟示以宽大，狐必知恩图报。【B】同年刘馨亭曾亲见一世家，屋舍连云，后楼三楹，久为狐居，绝未相扰。而家奴辈恒假借狐名窃物，主人不察，辄指詈狐罪恶，触怒于孤，遂祟其子。阅数月形容枯槁，行将与鬼为邻。其父出重金延聘术士，来家劾治。狐果被擒，将烹诸油釜，狐目注农家子，泪如泉涌。子心不忍，遂向术士叩首乞免，并语其父曰："如杀之，我必以身殉。"遂纵狐去。那知农家子日夜思狐，病益加剧，医不能疗，一息奄奄，已为之整备后事矣。狐仍化少女复来，就榻慰问，农家子悲喜交集，惟已不能言，紧握狐手而垂泪。狐即于怀中取出仙草一茎，纳入己口，咀碎而喂之。既毕，低语曰："君忆我者，悦我幻形之美色耳。见我真形，恐惶骇欲绝矣。"语毕，忽扑地化为狐，苍毛修尾，目睒睒如炬，向农家子长嗥数声，跳掷上屋而去。农家子骇汗淋漓，其病旋得痊愈，身躯反倍壮于前。此狐可谓能报德矣。【C】所以弟生平敬礼狐鬼，即重其能知恩不忘，有仇必报，胜于俗人多矣。现别墅中既有狐居，譬如常人挈眷外出，家屋亦须招人居住。比及还家，租户自当迁让。我知狐亦然，明白此理，不必虑其久假不归也，不知晴哥以为昀之言然否。

【辨伪】B节文字见于《阅微草堂笔记》卷七：

从兄坦居言：昔闻刘馨亭谈二事，其一，有农家子为狐媚，延术士劾治，狐就擒，将烹诸油釜。农家子叩额乞免，乃纵去。后思之成疾，医不能疗。狐一日复来，相见悲喜。狐意殊落落，谓农家子曰："君苦相忆，止为悦我色耳，不知是我幻相也。见我本形，则骇避不遑矣。"欻然扑地，苍毛修尾，鼻息咻咻，目睃睃如炬，跳掷上屋，长嗥数声而去。农家子自是病痊。此狐可谓能报德。（下略）

禀胞叔仪南

（报告漏言获谴）

【A】侄德不修，学不进，而渥荷天恩，联捷成庶吉士，得列御史之班。自知日盈必昃，水满必溢，天将降罚，故使我身处招怨之地。凡道德高于我，学问胜于我者，当之尚难免咎，况侄德薄能鲜，自然更易取戾矣。今果然以漏言获谴，下刑部狱。此次处分，侄固计之熟矣。盖身为言官，不言则溺职，言多则必败，绝无保全之法也。【B】入狱以来，监视甚严，日以一董姓军官来伴守，与之说鬼诚狐，差堪解慰寂寥。侄居心坦白，自问无私，漏言乃有激而成，并无私通外藩之事。而朝官如此派员严守，能不令人悚然？董军官亦知我心无他，遂自陈能拆字，有奇验，请公随便书一字，以决休咎。侄遂就其姓书一"董"字请拆，董曰："是千里万里也，公将远戍矣。"请再书一字，以卜戍地之所。侄又书一"名"字。董曰："上为夕，加一卜字，便成外字，而名字下半为口，倒装之，便是口外。"侄又问将来可得归乎，董曰："字形绝肖召字，定有召还之望。"侄又书一"口"字，请卜遣戍若干年。董曰："口为四字之外腔，中缺两笔，戍期决不满四年也。"所言如是，未识应验否？【C】侄恐妻子闻获谴系狱，惶急无措，望叔父大人善言开导之。天恩高厚，万无性命之忧也。言不尽意，容待案定再行禀闻。

【辨伪】B节文字见于《阅微草堂笔记》卷七：

亥有二首六身，是拆字之权舆矣。汉代图谶，多离合点画。至宋谢石辈，始以是术专门，然亦往往有奇验。乾隆甲戌，余殿试后，尚未传胪，在董文恪公家，偶遇一浙士，能拆字。余书一"墨"字。浙士曰："龙头竟不属君矣。'里'字拆之为'二甲'，下作四点，其二甲第四乎？然必入翰林。四点庶字脚，士吉字头，是庶吉士矣。"后果然。又戊子秋，余以漏言谴，狱颇急，日以一军官伴守。一董姓军官云能拆字，余书"董"字使拆。董曰："公远戍矣，是千里万里也。"余又书"名"字，董曰："下为口字，上为外字偏旁，是口外矣。日在西为夕，其西域乎?"问将来得归否？曰："字形类君，亦类召，必赐环也。"问在何年，曰："口为四字之外围，而中缺两笔，其不足四年乎?"今年戊子，至四年为辛卯，夕字卯之偏旁，亦相合也。果从军乌鲁木齐，以辛卯六月还京。盖精神所动，鬼神通之；气机所萌，形象兆之。与揲蓍灼龟事同一理，似神异而非神异也。

再禀胞叔仪南

(报告获罪遣戍)

【A】侄漏言获谴，发往乌鲁木齐军台效力，董军官拆字之言，果足征焉。既符于前，必能兼验于后。四年或有赐环之望，未可知也。从来揲蓍灼龟，有验有不验，而拆字之义，竟能若合符节，殆精神所动，鬼神通之欤？抑气机所萌，形象兆之耶？殊难索解也。【B】都定四月初一日登程，侄不作书告内子，恐其得悉后，来京送行，妇女最多眼泪，见我局促如辕下驹，免不了挥泪牵衣，誓欲随我西行，却之必不听，许之则抛撇诸子在家，反令侄柔肠寸寸断矣。望叔父大人待侄离京后，然后以侄之苦衷转告之。侄此次赴戍地，必有宾至如归之乐。何则？固有老友田白岩、徐蒸远辈俱在乌鲁木齐，必尽地主之义，断不至受谪戍之苦也。倚装缮发，不尽欲言。

【辨伪】A节文字见于《阅微草堂笔记》卷七，同上条，不赘述。

寄 内 子

(报告遣戍西行)

【A】余因漏言获谴，发往乌鲁木齐效力赎罪。因恐尔代抱杞忧，赶来伴我西行，故临期未发家信，仅托南叔于事后向尔说破。尔莫误会。余此行备尝艰苦，殊不知当此清和时节，西行反多雅趣。如在严冬，则寒风刺骨，瑟缩不前矣。今幸叨祖宗福庇，一路惠风和畅，好鸟呼名，看山不厌马行迟，洵可乐焉！【B】出关改乘骆驼，长行戈壁径一百二十里，满目黄沙，绝无寸土，宛然别一世界。径之中部有一巨阜，名天生墩，戍卒守之。余与差官仆役，即入阜中稍憩。出干粮充饥，戍卒煮茶一小壶，殷勤进献，并告余曰："此间饮水极难得，冬积冰雪，夏储雨水，以供解渴。"余曰："此墩形似土山，山地必有泉，曷不掘井以取水?"戍卒曰："岳大将军西征时经过此墩，所见与先生略同。谓既有山，其下必有水，发卒数十人，于墩北隅穿凿至数十丈，忽然四围沙土坍坠，持锸者尽堕穴中，留于上者仅得六七人。俯卧穴口听之，只闻风声如狮吼而已。从此无人再敢凿地求泉矣。"余等半日未饮水，承其瀹茗以进，咸竭诚道谢而行。前进都属沙漠之地，四望苍茫，殊少风景，余不禁索然气沮，深虑戍地亦是无水之区，岂能久安长处？【C】孰知行抵乌鲁木齐，直令我喜极欲狂。其地泉甘土沃，市肆林列，较之天生墩直有天堂地穴之差。余得蒙将军温公优待，留居署中，襄办案牍，馆舍在署园中，花草繁盛，有江西蜡，五色毕备；朵若白杯，葳蕤如洋菊。余家别墅中殊少此佳种，拟收其子，得便寄归，来春栽种，待余归来与尔共赏之。余在口外，反较居京华畅适，尔毋须为我憔悴也。

【辨伪】B、C两节文字见于《阅微草堂笔记》卷八：

嘉峪关外有戈壁，径一百二十里，皆积沙无寸土。惟居中一巨阜，名“天生墩”，戍卒守之。冬积冰，夏储水，以供驿使之往来。初，威信公岳公钟琪西征时，疑此墩本一土山，为飞沙所没，仅露其顶。既有山，必有水。发卒凿之，穿至数十丈，忽持锸者皆堕下。在穴上者俯听之，闻风声如雷吼，乃辍役。穴今已圮，余出塞时，仿佛尚见其遗迹。

乌鲁木齐泉甘土沃，虽花草亦皆繁盛。江西蜡五色毕备，朵若巨杯，瓣葳蕤如洋菊。虞美人花大如芍药。大学士温公以仓场侍郎出镇时，阶前虞美人一丛，忽变异色，瓣深红如丹砂，心则浓绿如鹦鹉，映日灼灼有光，似金星隐耀，虽画工设色不能及，公旋擢福建巡抚去。余以彩线系花梗，秋收其子，次岁种之，仍常花耳。乃知此花为瑞兆，如扬州芍药，偶开金带围也。

两相比较，文字颇有改易。A段所谓“一路惠风和畅，好鸟呼名，看山不厌马行迟，洵可乐焉”，好似旅客进疆，心情舒畅，显然与纪昀戍边囚犯的身份不符。

寄兄晴湖

（劝莫为人裁词状）

【A】余此次获谴谪戍，窃尝清夜扪心，自省平生未曾为人裁状，构陷善良；又未曾好色乱人闺阃，何以干此天怒？苦思久久，始恍然大悟：余生平最喜泄漏狐鬼之阴私，作董狐之直笔，致触狐鬼之怒，使我以漏言获谴，果报昭然。盖信天理循环，不爽毫忽也。昨日梦征母舅来信，言我哥喜弄刀笔，下文却未明言。【B】按刀笔二字有三解：一、古书以竹简，误则以刀削改之，称谓刀笔；二、黄山谷名其尺牍曰刀笔，已非本义；三、今人称裁写状词者曰刀笔，言其笔锋锐利如刀，能杀人也。【C】母舅所言殆指写状词耶？则非阿兄所宜为，缘此事不仅造孽，并且犯法。【D】曾记弟督学福建时，办一生员，以导人诬告戍边，其自陈谓得钱为人裁诬告状，手中笔爆裂如刀劈，恬不知警，卒及祸。又尝闻王岳芳言，其乡有构陷善类者，方草状底，字皆作赤色，细视笔尖，见血自毫端沥出，遂投笔不作。【E】阅三日，左右邻居皆遭回禄，惟其家幸免于火。两邻居皆系县署书吏，专以包揽词讼为业者也。观此二事，可不惧哉！弟以漏言获谴，由是深自儆惕，愿我哥修德立行，勉为善人，以为子弟表率为幸。

【辨伪】B、D两节文字见于《阅微草堂笔记》卷八：

古书字以竹简，误则以刀削改之，故曰“刀笔”。黄山谷名其尺，牍曰“刀笔”，已非本义。今写讼牒者称“刀笔”，则谓笔如刀耳，又一义矣。

余督学闽中时，一生以导人诬告戍边。闻其将败前，方为人构词，手中笔爆然一声，中裂如劈，恬不知警，卒及祸。

又文安王岳芳言：其乡有构陷善类者，方具草，讶字皆赤色。视之，乃血自毫端出。投笔而起，遂辍是业，竟得令终。

禀仪南叔

（报告移寓）

【A】侄初抵戍地，蒙温公青眼相加，留居公署，现温公已擢升福建巡抚，后任与侄素昧生平，势难留宿署中，【B】故已迁寓田公白岩处，在将军牧场之后，本为周兰坡学士故居。固常闻空楼中有吟咏声，知为狐，遂出赁于周参将，狐亦他往，绝无怪异。及白岩僦居，而楼头吟咏之声又作矣。白岩恶之，商于侄，谓宜敬以礼而责以理，白岩遂祭以酒脯，并陈词于几曰："闻此蜗居，曾停鹤驭，复闻飘然远引，似桑下浮图。鄙人匏系一官，萍飘十载，拮据称贷，卜此一廛，数夕来咳笑时闻，似仙舆已复返矣。岂鄙人德薄，故尔见侵，抑夙有前缘，来兹聚处？既承惠顾，敢拒嘉宾，惟期各守门庭，使幽明异路，庶均归宁谧，异苔不害于同岑。敬布腹心，伏维鉴烛。白岩拜上。"次日楼前飘堕一纸，白岩拾而视之，见上书曰："仆虽异类，酷嗜诗词，雅不愿与俗客伍。此宅数十年来皆词人栖息，惬洽素好，故挈族安居。自兰坡先生翛然舍我而去，后来居者，目不胜驵侩之容，耳不胜歌吹之音，酒肉之气熏蒸欲呕，迫于无奈，窜迹山林。今闻先生系山薑之季子，文章必有渊源，故望影来归，非期相扰。自今以往，或检书獭祭，偶动芸鉴；借笔鸦涂，暂磨盦眼。此外如一毫凌犯，任先生诉诸神明。愿廓清襟，勿相疑贰。康顿首顿首。"白岩即以此帖示侄，斜行淡墨，似匆匆所书者。从此声息不闻。侄下榻于仙居之楼下，相安无事，绝未有所闻见。侄疑白岩滑稽玩世，故作此以寄诙谐。【C】而问诸白岩，力辩非虚；询诸邻居，又称从前确有狐居。是真狐类中之高雅者也。书不一一，余俟续禀。

【辨伪】B 节文字见于《阅微草堂笔记》卷八：

西城将军教场一宅，周兰坡学士尝居之。夜或闻楼上吟哦声，知为狐，弗讶也。及兰坡移家，狐亦他徙。后田白岩僦居，数月狐乃复归。白岩祭以酒脯，并陈祝词于几，曰："闻此蜗庐，曾停鹤驭。复闻飘然远引，似桑下浮图。鄙人匏系一官，萍飘十载，拮据称贷，卜此一廛。数夕来咳笑微闻，似仙舆复返。岂鄙人德薄，故尔见侵？抑夙有因缘，来兹聚处欤？既承惠顾，敢拒嘉宾，惟冀各守门庭，使幽明异路，庶均归宁谧，异苔不害于同岑。敬布腹心，伏惟鉴烛。"次日，楼前飘堕一帖云："仆虽异类，颇悦诗书，雅不欲与俗客伍。此宅数十年来皆词人栖息，惬所素好，故挈族安居。自兰坡先生翛然舍我，后来居者，目不胜驵侩之容，耳不胜歌吹之音，鼻不胜酒肉之气。迫于无奈，窜迹山林。今闻先生山薑之季子，文章必有渊源，故望影来归，非期相扰。自今以往，或检书獭祭，偶动芸签，借笔鸦涂，暂磨盦眼。此外如一毫陵犯，任先生诉诸神明。愿廓清襟，勿相疑贰。"末题"康默顿首顿首"。从此声息不闻矣。白岩尝以此帖示客，斜行淡墨，似匆匆所书。或曰："白岩托迹微官，滑稽玩世，故作此以寄诙嘲。寓言十九，是或然欤？"然此与李庆子遇狐叟事，大旨相类，不应俗人雅魅，叠见一时，又同出于山左。或李因田事而附会，或田因李事而推演，均未可知。传闻异词，姑存其砭世之意而已。

寄从弟旭东

（论戍地胜迹）

【A】来书深以愚兄远戍为忧，然而西域非尽不毛之地，有腴有瘠。愚兄无状，以漏言谪戍，幸得祖宗荫庇，来此乌鲁木齐，泉甘土沃，仿佛南省之苏杭。居此两载，起居安适，几有此间乐不思蜀之慨矣。当余谪戍之初，只道乌鲁积沙无水，那知行抵此间，瞥睹津梁交叉，花木清幽，余几疑为梦境。【B】缘余涉猎前人笔记，都载乌鲁积沙无水，草木不生，今何顿变旧观？询诸父老，方悉自设镇驻防，始筑城垣，卜地通津，以就流水。今日吾侪得享水利，幸仗筑城时，有一佐领，见许多老树，以为其下无水，树安得活？乃拔树，就根下凿井，果得源泉涌出。因是伐树凿泉，疏浚成河，从水流无干涸之患矣。愚兄见河流都西泻，因赋诗以志之曰："半城高阜半城低，城内清泉尽向西。金井银床无用处，随心引取到花畦。"纪实也。此地北山风景最胜，登冈顶关帝祠，俯瞰城中，纤微皆见。有诗以志其胜迹曰："山围芳草翠烟平，迢递新城接旧城。行到丛祠歌舞榭，绿氍毹上看棋枰。"【C】余揽胜之日，美帝祠戏楼正在演剧，末二句即景也。我弟疑我西戍多苦，特录近作寄阅，以表愚兄不废吟咏，身心必然愉快，庶足释我弟之远系耳。

【辨伪】B节文字见于《阅微草堂笔记》卷八：

伊犁城中无井，皆出汲于河。一佐领曰："戈壁皆积沙无水，故草木不生。今城中多老树，苟其下无水，树安得活？"乃拔木就根下凿井，果皆得泉，特汲须修绠耳。知古称雍州土厚水深，灼然不谬。徐舍人蒸远曾预斯役，尝为余言。此佐领可云格物。蒸远能举其名，惜忘之矣。后乌鲁木齐筑城时，鉴伊犁之无水，乃卜地通津，以就流水。余作是地杂诗，有曰："半城高阜半城低，城内清泉尽向西。金井银床无用处，随心引取到花畦。"纪其实也。然或雪消水涨，则南门为之不开。又北山支麓，逼近谯楼，登冈顶关帝祠戏楼，则城中纤微皆见。故余诗又曰："山围芳草翠烟平，迢递新城接旧城。行到丛祠歌舞榭，绿氍毹上看棋枰。"

纪昀《纪文达公遗集》诗集卷十四《乌鲁木齐杂诗》：

半城高阜半城低，城内清泉尽向西。金井银床无用处，随心引取到花畦。（城内水皆西流，引以浇灌，启闭由人，不假桔槔之力。）

纪昀《纪文达公遗集》诗集卷十四《乌鲁木齐杂诗》：

余谪乌鲁木齐凡二载，鞅掌簿书，未遑吟咏。庚寅十二月，恩命赐环。辛卯二月，治装东归。时雪消泥泞，必夜深地冻而后行。旅馆孤居，昼长多暇，乃追述风土，兼叙旧游。自巴里坤至哈密，得诗一百六十首，意到辄书，无复诠次，因命曰

《乌鲁木齐杂诗》。夫乌鲁木齐，初西蕃一小部耳。神武耆定以来，休养生聚，仅十余年，而民物之蕃衍丰膴，至于如此。此实一统之极盛。昔柳宗元有言："思报国恩，惟有文章。"余虽罪废之余，尝叨预承明之著作，歌咏休明，乃其旧职。今亲履边塞，纂缀见闻，将欲俾寰海外内咸知，圣天子威德郅隆，开辟绝徼，龙沙葱雪，古来声教不及者，今已为耕凿弦诵之乡，歌舞游冶之地，用以昭示无极，实所至愿，不但灯前酒下供友朋之谈助已也。乾隆辛卯三月朔日，河间旧史纪昀书。

山围芳草翠烟平，迢递新城接旧城。行到丛祠歌舞榭，绿氍毹上看棋枰。（城旧卜东山之麓，观御史议移今处以就水泉，故地势颇卑。登城北关帝庙，剧楼城市，皆俯视历历。）

寄族侄贻孙

（论行善可以避鬼祟）

【A】吾侄前在潼关，曾见两女鬼，今在河间，又遇溺死鬼，何鬼物多乐与我侄恶作剧耶？缘愚叔喜谈狐鬼，来函询捉鬼之法，无如余只作鬼界之董狐，有闻必录，不是钟进士，罔知捉鬼术。窃思古老遗言，疑心生暗鬼，例如怕鬼人夜行，闻自己衣裳窸窣，疑为鬼，回首返顾无所见，心益恐怖，急步前行，窸窣之声愈振。狼狈还家，步止而声亦止，犹以为鬼见家人，始行避匿，殊堪发噱。吾侄前在潼关，敢手持鸟铳击鬼，决非胆怯心疑者流。果然时常见鬼，则系阳气衰弱，只有养生行善以避之，鬼自不敢相扰。【B】乌鲁木齐称鬼曰"呼图"，有一旷野曰"呼图壁"，译言"有鬼也"。尝有商人夜经其地，忽于月下见树间有人影，疑为鬼，呼问："在此作什么？"生答曰："吾日暮抵此，畏鬼不敢前，待结伴耳。"商人遂与之偕行，渐相款洽。询问商人有何急事，冒冻夜行。商人曰："吾夙负一友钱二十千，今日得信，知友夫妇均病，势在危急，催我先偿若干，以作医药之资，缘是连夜措款送还，稍迟恐误两人性命；而呼图壁为必经之要道，不得不冒险而行。"其人闻言，惶遽退步而言曰："余为缢鬼，本欲祟公以求代，今闻公言，乃仁义君子，不敢犯，愿为前导。"商人惶急辞谢，其人曰："公岂不闻此地为鬼窟乎？前途多厉鬼，恐将不利于公，故愿为引导，实无他意。"商人姑允之。凡道路险阻，皆预告。【C】至东方既白，始辞去。于此可知一念之善，能辟免鬼祟。吾侄幸勿以斯言为河汉，谨修善行，鬼物自然退避三舍矣。

【辨伪】B节文字见于《阅微草堂笔记》卷八：

乌鲁木齐巡检所驻，曰"呼图壁"。"呼图"译言"鬼"，"呼图壁"译言"有鬼也"。尝有商人夜行，暗中见树下有人影，疑为鬼，呼问之。曰："吾日暮抵此，畏鬼不敢前，待结伴耳。"因相趁共行，渐相款洽。其人问："有何急事，冒冻夜行？"商人曰："吾夙负一友钱四千，闻其夫妇俱病，饮食药饵恐不给，故往送还。"是人却立树背，曰："本欲祟公，求小祭祀。今闻公言，乃真长者。吾不敢犯讼，愿为公前导可乎？"不得已，姑随之。凡道路险阻，皆预告。俄缺月微升，稍能辨物。谛视，乃一无首人，栗然却立。鬼亦奄然而灭。

禀仪南叔

（论服药丸之害）

【A】药肆中之丸散膏丹，服之其害犹浅；山僧野道所售之药丸，服之其害剧烈。盖药肆中都依古方配合，悉合药理，而山僧野道，脉理药性茫然不解，妄取热烈之药草，制成药丸，热体服之，祸不旋踵矣。叔父大人素无血症，而今忽然冲血，显系误服蜀僧药丸所致。现得朱医诊治，病势虽轻，惟脏腑中受何种热药克伐，尚未明晰，宜将食余之药丸，请其辨验，虽则形质无存，而朱医为当世名医，必有明辨之法。然后再服解毒之剂，则事半而功倍矣。以后吾叔苟有小恙，宁以不服药为中医。盖药料不外草木金石，而草木不能免朽腐，金石不能免消化，自身尚不能自存，而谓借其余气，可以却病长生，侄未之信焉。吾叔素重服药，爰举证以明丹方之不足恃。【B】昔时赤城山中有老翁，相传为元代人，冯巨源教谕往见，呼为仙人。翁曰："吾非仙，但能吐纳引导，得不死耳。"叩其术，曰："不离乎丹经，然非丹经所能尽。其分寸节度，妙极微茫，苟无口诀真传，但依法运用，如拘方治病，病必殆。缓急先后，稍一失调，或结为痈疽，或滞为拘挛，甚或精气瞀乱，神不归舍，竟至于癫痫。"又问："服药可得延年乎？"曰："药以攻伐疾病，调补气血，非所以养生。用药不得法，反足以戕生。"巨源请执弟子礼，勿许，怅然而返。夫老翁议论笃实，不类方士之炫惑。【C】巨源又属笃信君子，是侄之乡榜同年，从来不说诳言，用是侄敢举其言以上闻。

【辨伪】《阅微草堂笔记》卷八：

> 冯巨源官赤城教谕时，言赤城山中一老翁，相传元代人也。巨源往见之，呼为仙人。曰："我非仙，但吐纳导引，得不死耳。"叩其术，曰："不离乎丹经，而非丹经所能尽。其分寸节度，妙极微芒，苟无口诀真传，但依法运用，如检谱对弈，弈必败；如拘方治病，病必殆。缓急先后，稍一失调，或结为痈疽，或滞为拘挛，甚或精气瞀乱，神不归舍，竟至于癫痫，是非徒无益已也。"问："容成彭祖之术可延年乎？"曰："此邪道也。不得法者，祸不旋踵。真得法者，亦仅使人壮盛。壮盛之极，必有决裂横溃之患。譬如悖理聚财，非不骤富，而断无终享之理，公毋为所惑也。"又问："服食延年其法如何？"曰："药所以攻伐疾病，调补气血，而非所以养生。方士所饵，不过草木金石。草木不能不朽腐，金石不能不消化。彼且不能自存，而谓借其余气反长存乎？"又问："得仙者果不死欤？"曰："神仙可不死，而亦时时可死。夫生必有死，物理之常。炼气存神，皆逆而制之者也。逆制之力不懈，则气聚而神亦聚，逆制之力或疏，则气消而神亦消，消则死矣。如多财之家，勤俭则常富，不勤不俭则渐贫；再加以奢荡，则贫立至。彼神仙者，固亦兢兢然恐不自保，非内丹一成，即万劫不坏也。"巨源请执弟子礼。曰："公于此道无缘，何必徒荒其本业？不如其已。"巨源怅然而返。景州戈鲁斋为余述之，称其言皆笃寔，不类方士之炫惑云。

寄内子

（论儿女婚姻）

来书达千余言，家庭巨细，亲戚兴衰，事事叙述详明，阅之一目了然，仿佛身返家乡，使我三年余思乡之念，一旦为之消释，慰甚慰甚。三儿年稍长，在早婚之家，固当及时订婚，而古礼以三十为男子成婚之期，则相差尚有十四年，尽可暂作缓图。并且世族之家，专尚虚荣，余现在谪戍，稍有声望者，岂肯以爱女偶戍臣之子？还是徐待时机，托赖祖宗余德，余得邀赐环之命，遄返故乡，料理儿辈婚姻，未为晚也。惟三儿值此成年之初，尔宜郑重管束，不正当之小说，莫许其寓目；解人事之婢女，莫令其伺应；出门务遣老仆跟随。二儿早经娶妻生子，阅历稍深，堪为雁行之导，宜嘱其加意防范，勿使其误交损友，引作狭邪游。盖外事非耳目所能及，父在外，应由长兄负责。即以此旨转训二儿，注意乃弟，苟有不规则举动，以言规劝，不从，则禀白堂上，尔可施以严责也。先严冥诞，不宜在家中做佛事，以防亲族闻知，相率送礼，又多一番酬应，戍臣之家，礼所不许。然而余漏言获谴，已觉愧对先灵，若因余谪戍，恝置冥诞于度外，益重我不肖之罪，只可择一幽僻禅院届期诵一日普佛，至戚瞒不了，其余一概勿使闻知。至嘱至嘱。

【辨伪】待考。

寄内子

（论花木变形无关休咎）

【A】来书以余旧栽之梅瓣蕙兰，本届开放，瓣形变长，已改旧观，疑为不祥。然而花草微物也，得地气以生长，变形亦关乎地气，与人身休咎渺不相关。【B】譬如方竹生于福建，方柿产于燕山，易地则皆化方为圆矣。犹记余幼时曾从外祖家乞得方菊四盆，花朵瓣瓣正方，宛若裁剪者，名黄金印，作深黄色，天津查氏之佳种。来年幸得服盆，而花瓣已变椭圆形，再一年则变成全圆矣。【C】更有人造奇花，隔日即回复原形，例如素心兰，只须以硫磺熏已开之红心兰花，次日即变成素心，但越日仍要回复本来面目。至于余家之梅瓣兰花，出自河间王氏，余以一篇墓志铭换得一剪，第二年无花，自第三年起始见花，素栽于盆，未曾变种。至余西戍，始从京寓搬回家，不料尔即移栽于地，致得地气而变易花形。花草何知？无关休咎，不过名花化为凡卉，犹如美人变成丑妇，未免可惜耳。尔幸勿以我谪戍日夜憔悴，饮食少进，变成瘦骨伶仃，使余回里日望而却步。一笑。

【辨伪】B 见于《阅微草堂笔记》卷八：

闽有方竹，燕山之柿，形微方，此各一种也。山东益都有方柏，盖一株偶见，他柏树则皆不方。余八九岁时，见外祖家介祉堂中有菊四盎，开花皆正方瓣，整齐如裁剪，云得之天津查氏，名黄金印。先姚安公乞其根归，次岁花渐圆，再一岁则全圆矣。或曰："花原常菊，特种者别有法。如靛浸莲子，则花青；墨揉玉簪之根，则花黑也。"是或一说欤？

寄秀岚弟

（论汉儒宋儒之学术得失相当）

吾弟有志研究经学，甚善。来书询问汉儒以训诂专门，宋儒以义理相尚，二说究以何者为优。夫泛言之，似觉汉学粗而求学精，实则不明训诂，义理何自而明？溯自孔子删定群经，垂救万世，大义微言，递相授受，汉代诸儒，去古未远，训诂笺注，类能窥先圣之心；又淳朴未漓，无植党争名之习，故能各传师说，笃溯渊源。沿及北宋，勒为注疏，研穷玩索，各抒心得，平心而论，《尚书》、三礼、三传、《毛诗》、《尔雅》诸注疏，皆根据古义，断非宋儒所能。《论语》、《孟子》，宋儒积一生精力，字斟句酌，亦断非汉儒所及，此谓各有所长。汉儒或执旧文，过于信传；宋儒或凭臆断，勇于改经，此谓各有所短。计其得失，正复相当。若藐视汉儒，不加探讨，概用诋排，视犹土苴，未免既成大辂，追斥椎轮，得济迷川，遽焚宝筏，莫怪后世饱学之士，代汉儒抱不平，又纷起而攻宋儒之短矣。按宋儒之攻汉儒，非为说经起见，特求胜于汉儒而已。后人之攻宋儒，亦非为说经起见，特不服宋儒之诋汉儒而已。总而言之，汉儒之学深奥，非读书稽古不能下一语，宋儒之学浅近，人人皆可以空谈。其间兰艾同生，诚有不尽餍人心者。吾辈说经只求实在，攻击之词概置弗论，获益多矣。

【辨伪】见于《阅微草堂笔记》卷一：

朱子颖运使言：守泰安日，闻有士人至岱岳深处，忽人语出石壁中，曰："何处经香，岂有转世人来耶？"剨然震响，石壁中开，贝阙琼楼，涌现峰顶，有耆儒冠带下迎。士人骇愕，问此何地。曰："此经香阁也。"士人叩经香之义，曰："其说长矣，请坐讲之。昔尼山删定，垂教万年，大义微言，递相授受。汉代诸儒，去古未远，训诂笺注，类能窥先圣之心；又淳朴未漓，无植党争名之习，惟各传师说，笃溯渊源。沿及有唐，斯文未改。迨乎北宋，勒为注疏十三部，先圣嘉焉。诸大儒虑新说日兴，渐成绝学，建是阁以贮之。中为初本，以五色玉为函，尊圣教也。配以历代官刊之本，以白玉为函，昭帝王表章之功也，皆南面。左右则各家私刊之本，每一部成，必取初印精好者，按次时代，庋置斯阁，以苍玉为函，奖汲古之勤也，皆东西面。并以珊瑚为签，黄金作锁钥。东西两庑，以沉檀为几，锦绣为茵。诸大儒之神，岁一来视，相与列坐于斯阁。后三楹，则唐以前诸儒经义，帙以纂组，收为一库。自是以外，虽著述等身，声华盖代，总听其自贮名山，不得入此门一步焉，先圣之志也。诸书至子刻午刻，一字一句，皆发浓香，故题曰经香。盖一元斡运，二气细缊，阴起午中，阳生子半。圣人之心，与天地通。诸大儒阐发圣人之理，其精奥亦与天地通，故相感也。然必传是学者始闻之，他人则否。世儒于此十三部，或焚膏继晷，钻仰终身；或锻炼苛求，百端掊击，亦各因其性识之所根耳。君四世前为刻工，曾手刊《周礼》半部，故余香尚在，吾得以知君之来。"因引使周览阁庑，款以茗果，送别曰："君善自爱，此地不易至也。"士人回顾，惟万峰插天，杳无人迹。案：此事荒诞，殆尊汉学者之寓言。夫汉儒以训诂专门，宋儒以义理相尚，似汉学粗而宋学精。然不明训诂，义理何自而知？概用诋排，视犹土苴，未免既成大辂，追斥椎轮；得济迷川，遽焚宝筏。于是攻宋儒者又纷纷而起。故余撰《四库全书·诗部总叙》有曰：“宋儒之攻汉儒，非为说经起见也，特求胜于汉儒而已。后人之攻宋儒，亦非为说经起见也，特不平宋儒之诋汉儒而已。”韦苏州诗曰：“水性自云静，石中亦无声。如何两相激，雷转空山惊。”此之谓矣。平心而论，王弼始变旧说，为宋学之萌芽。宋儒不攻《孝经》，词义明显，宋儒所争，只今文古文字句，亦无关宏旨，均姑置弗议。至《尚书》、三礼、三传、《毛诗》、《尔雅》诸注疏，皆根据古义，断非宋儒所能。《论语》、《孟子》，宋儒积一生精力，字斟句酌，亦断非汉儒所及。盖汉儒重师传，渊源有自。宋儒尚心悟，研索易深。汉儒或执旧文，过于信传。宋儒或凭臆断，勇于改经。计其得失，亦复相当。惟汉儒之学，非读书稽古不能下一语。宋儒之学，则人人皆可以空谈。其间兰艾同生，诚有不尽餍人心者。是嗤点之所自来。此种虚构之词，亦非无因而作也。

训 次 儿

（嘉许不畏鬼）

北村别墅中，守门者前言见狐，今言见鬼，以致家人裹足不敢入。昔年尔伯本拟售去，余因祖宗创建之屋，不忍舍弃，立梗其议，始得保存。尔因今岁逢大比，特挈一仆，岸然往别墅读书，居处两月，安然绝无闻见，壮哉，儿志可嘉焉！本来只闻鬼畏人，未闻人畏鬼。读书人犹其不畏鬼，尝闻曹司农之弟菊存言，客夏自歙赴扬州，因事往友人家，时当盛夏，延坐书室，甚觉凉爽，至夜深不忍去。友曰：“本拟下榻相留，奈房屋窄小，此室又有鬼，不可居人。”曹胆素壮，强居之。至夜半，有物自门隙蠕蠕动，入室变为女子。曹若无睹。鬼忽披发吐舌作缢鬼状，曹大笑曰：“犹是发，犹是舌，何足畏哉！”鬼忽自摘其首置于案，曹又笑曰：“有首尚不畏，况无首耶！”鬼技穷而倏灭。夫世人被鬼祟者，大抵畏鬼之人，畏则心乱，心乱则神涣，神涣则鬼得乘之。不畏则心定，心定则神全，神全则沴戾之气不能干，鬼必退避。吾儿之不见鬼，殆亦心定神全之理欤！可嘉可嘉。

【辨伪】《阅微草堂笔记》卷一：

曹司农竹虚言，其族兄自歙往扬州，途经友人家。时盛夏，延坐书屋，甚轩爽。暮欲下榻其中，友人曰：“是有魅，夜不可居。”曹强居之。夜半，有物自门隙蠕蠕入，薄如夹纸。入室后，渐开展作人形，乃女子也。曹殊不畏。忽披发吐舌，作缢鬼状。曹笑曰：“犹是发，但稍乱；犹是舌，但稍长。亦何足畏！”忽自摘其首置案上，曹又笑曰：“有首尚不足畏，况无首耶？”鬼技穷，倏然灭。及归途再宿，夜半门隙又蠕动。甫露其首，辄唾曰：“又此败兴物耶？”竟不入。

此与嵇中散事相类。夫虎不食醉人，不知畏也。大抵畏则心乱，心乱则神涣，神涣则鬼得乘之。不畏则心定，心定则神全，神全则沴戾之气不能干。故记中散是事者，称神志湛然，鬼惭而去。

寄族兄次辰

（答问鬼压人）

来书询弟以鬼压人，有死有不死，有病有不病之理。按鬼压人，乃取啖人之生魂也。盖鬼为余气，苟非忠义节烈英雄凶悍之人，死后其气渐消渐灭，以至于无，得生魂之气以益之，犹可苟延不散，故女鬼恒与人狎，摄其精也。男鬼不能摄人精，恒吸人生气，亦犹狐之采补也。凡经鬼压而死者，所遇男鬼也。经鬼压而病者，所遇女鬼也。精足髓满之人，可病而不死。素来斫丧之人，不病亦难生。至于遇鬼压，而能不病不死，无损毫末者，乃系梦魇，必非真遇鬼压。犹忆友人刘挺生言，康熙庚子，有五举子结伴同行，及晚遇雨，栖宿破寺中。至夜半，四人已酣睡，惟一人因有择席病，转辗不能成寐。忽觉阴风陡起，令人毛骨悚然，探首愕视，见有数黑鬼自牖入，齐向熟睡之四人嘘气，四人即梦魇。又向自已嘘气，心虽了了，无如身难动而口难言，旋亦昏瞀，似觉有人拖曳之。惊而稍醒，身已离故处，似被絷缚，欲呼救则口噤不能声。张视四人亦然，纵横偃卧。众鬼共举一人，吮其足底，以次吮二人。行将及已，恐怖欲绝。忽有一老翁自外奔人，厉声叱曰："野鬼毋得造次，此二人有禄相，不可犯也!"众鬼始遁去。老翁亦逝。五人倏然自醒，述所见相同，知为遇鬼。抵京后，亟就名医求治，始得不死。后来五人中有一终于训导，一终于教谕，挺生为河间教谕，故笑语我曰："平生自薄此官，不料为鬼神所重也。"

【辨伪】《阅微草堂笔记》卷十八：

> 鬼魇人至死，不知何意。倪余疆曰："吾闻诸施亮生矣，取啖其生魂耳。盖鬼为余气，渐消渐减，以至于无；得生魂之气以益之，则又可再延。故女鬼恒欲与人狎，摄其精也。男鬼不能摄人精，则杀人而吸其生气，均犹狐之采补耳。"因忆刘挺生言，康熙庚子，有五举子晚遇雨，栖破寺中，四人已眠，惟一人眠未稳，觉阴风飒然，有数黑影自牖入，向四人嘘气，四人即梦魇。又向一人嘘气，心虽了了，而亦渐昏瞀，觉似有拖曳之者。及稍醒，已离故处，似被絷缚，欲呼则噤不能声；视四人亦纵横偃卧，众鬼共举一人啖之，斯须而尽；又以次食二人。至第四人，忽有老翁自外入，厉声叱曰："野鬼无造次！此二人有禄相，不可犯也。"众鬼骇散。二人倏然自醒，述所见相同。后一终于教谕，一终于训导。鲍敬亭先生闻之，笑曰："平生自薄此官，不料为鬼神所重也。"观其所言，似亮生之说不虚矣。

寄秀岚弟

（解释山精）

我弟往西山扫墓，何不偕犹子同行，以致孑身往还，瞥睹怪物，致受虚惊。夫山林旷野，本为山魈鬼魅出没之所，樵夫猎户时有所遇，不足云奇。而吾弟所见，恰与海起云从征时所睹者殆同类乎？海君为乌鲁木齐参特，从征乌什，战罢还营，经过山麓，见树桠间一黑人，探首外望。疑为间谍，奋矛刺之，中石，火光四射，矛折臂痛，而黑人已渺不可得。疑为目眩，而石上血迹殷然，始知为山精。吾弟所见一小人猱升树顶，身黑色而无毛，决非猿猴。拾石投之，倏忽不见，不是山精，断无有如此迅速者。古人云：“深山大泽，无所不育。洵非虚语也。”

【辨伪】待考。

寄从兄坦居

（报告西戍近状）

兄东弟西，相隔达三千余里，关河迢递，音问鲜通者，已将一载矣。而今手示传来，欣悉吾哥弄璋有庆，已获麟儿，喜甚慰甚。弟居戍地，幸赖将军青眼，办事尚不掣肘。此次平定蒙匪，弟未身冒矢石，无功可言，蒙将军厚遇，开列保举，奏请开复，现虽未得廷谕，大约可沐天恩。圣意本令弟将功折罪，而今毫无建树，得邀宽宥，抚心自问，能无愧怍乎？吾哥治下新出之匿尸案，据弟愚见，定系走尸，而非匿尸。弟居京时，尝闻天津有富家妾，备受大妇凌虐，缢于桑林，保正报县，因时已晚，不及莅验，命吏守之。次日官至，尸与守者俱不见，亦疑为匿尸，穷治而无获。保正因是斥革，流为乞丐。阅五年，始得之于滦州。盖妾有殊色，守者为少年，涎色而淫其尸，尸得生人精气而复苏，遂相订为夫妇，同逃至滦。此系康熙末年实事，弟亲见诸档案，非虚言也。今案下死者，既系少妇，虽则妍媸未见，而守者亦已逃匿无踪，则其为走尸也，不难按理测度。况缢死者既属宦家买绝婢女，虽有苦主出头控告，断无偿命之理，则匿尸出自何人，反觉于情不合。至于侦骑四出，遍索无踪，亦在势所必然。盖携走尸同逃，避匿远方，深居简出，一时又安从侦缉？此案若苦主不出头严控，终作疑案，亦属仁人之用心。盖论法律，淫尸偕遁，两罪俱发；论佛法，婢被虐屈死，守者设法以生之，当不为罪。愚意如此，质之我哥，以为如何？

【辨伪】《阅微草堂笔记》卷十八：

> 表兄安伊在言，河城秋获时，有少妇抱子行塍上，忽失足仆地，卧不复起。获者遥见之，疑有故；趋视，则已死，子亦触瓦角脑裂死。駭报田主，田主报里胥。辨验死者，数十里内无此妇，且衣饰华洁，子亦银钏红绫衫，不类贫家。大惑不解，且覆以苇箔，更番守视，而急闻于官。河城去县近，官次日晡时至，启箔检视，则中置槁秸一束，二尸已不见。压箔之砖固未动，守者亦未顷刻离也。官大怒，尽拘田主及守者去，多方鞫治，无丝毫谋杀弃尸状。纠结缴绕至年余，乃以疑案上。上官以案情恍惚，往返驳诘。又岁余，乃姑俟访，而是家已荡然矣。此康熙癸巳、甲午间事。相传村南墟墓间，有黑狐夜夜拜月，人多见之。是家一子好弋猎，潜往伏伺，彀弩中其股，嗷然长号，化火光西去。搜其穴，得二小狐，絷以返。旋逸去，月余而有是事。疑狐变幻来报冤。然荒怪无据，人不敢以入供，官亦不敢入案牍；不能不以匿尸论，故纷扰至斯也。又言，城西某村有丐妇，为姑所虐，缢于土神祠。亦箔覆待检，更番守视。官至，则尸与守者俱不见。亦穷治如河城。后七八年，乃得之于安平（深州属县）。盖妇颇白皙，一少年轮守时，褫下裳而淫其尸。尸得人气复生，竟相携以逃也。此康熙末事。或疑河城之事当类此，是未可知。或并为一事，则传闻误矣。

寄 内 子

（诫勿因病杀蛇）

尔左目常赤，乃系肝火炽旺之故，当服平肝降火之剂，不宜信佣妇之言，食蛇胆以求明目。虽则蛇亦采列《本草》，究非宜食之品。况服鲜蛇胆三颗，必须杀害三条蛇命，虽系卵生物，却能知冤必报。凡遇毒蛇，人无杀害心，则终不遭害。苟有见必杀，终有受毒之日。此说验之颇信，是非毒蛇之有性灵而知报，气机相感耳。所以狗见屠狗者必狂吠，非识其人，亦感其气也。尔欲目疾告痊，只须清心蠲怒，戒杀放生，较之服蛇胆，有效多多矣。

【辨伪】《阅微草堂笔记》卷十八：

> 蛇能报冤，古记有之。他毒物则不能也。然闻故老之言曰："凡遇毒物无杀害心，则终不遭螫。或见即杀害，必有一日受其毒。"验之颇信。是非物之知报，气机相感耳。狗见屠狗者群吠，非识其人，亦感其气也。又有生啖毒虫者，云能益力。毒虫中人，或至死，全贮其毒于腹中，乃反无恙，此又何理欤？崔庄一无赖少年，习此术，尝见其握一赤练蛇，断其首而生啮，如有余味，殆其刚悍鸷忍之气足以胜之乎？力何必益，即益力。方药亦颇多，又何必是也。

寄秀岚弟

（告知开复原官）

愚兄仰叨祖宗福庇，已蒙圣恩开复原官，回京供职。初七日接旨，初九拂晓登程，中途被雨雪所阻，朔风扑面，如利刃刺骨，古人诗云："雪拥蓝关马不前。"诚纪实也。由是行程纡缓，直至月底始抵京。四年远别，今日重来，城郭依然，而市廛景象非复旧观，能不令人兴今昔之感耶！旧仆王德，余出京时他恳乞随行，余因念其年老，随我远赴西域，于心不忍，遂转荐于董尚书，不料其犹恋恋于故主。余入都门，他已肃候道左矣。当此世道凌夷，人心不古，士大夫都尚锦上添花，殊少雪中送炭，而奴仆辈反能不忘故主，甘同患难，实属难能可贵焉。余仍寓羊肉胡同旧居。蒙皇上召见一次，垂询西域民情颇详。余奏对甚长，尚无大误，约历一时之久始退。余离别家园已十七年，拟乞假归里修墓，未识可邀俞允否？我弟有暇，胡妨来京一行。临书匆匆，不尽欲言。

【辨伪】待考。

寄 内 子

（告知还京供职）

四年谪戍，一旦还京，在尔闻之，必然喜溢眉梢，额手相庆；在我沐此天恩，愈觉报称为难。盖身当言路，若壅蔽天聪，是谓溺职；若学铁面御史，据直上闻，必为怨府。惟冀早日脱离此职，便可免却许多烦恼。余曾以此意语诸董尚书，尚书曰：“兄且少安毋躁，而今否运已除，不日将为兄道贺矣。”余讶其语言吞吐，请申其说。尚书曰：“皇上谓兄有运筹帷幄才，在乌鲁木齐襄赞伊犁将军，平定蒙匪，殊堪嘉尚，现在军机处人才缺乏，皇上颇属意于兄，当贺不当贺？”余尚未之信，不料阅三日，果然降旨，派余入军机处。将有官报到家，不论来人多少，只须赏银四两。余本拟乞假归里，现在只好姑作缓图矣。

【辨伪】待考。

寄 内 子

（告知在军机房赤膊险受处分）

【A】哈哈，余险乎又赴乌鲁木齐效力！盖因近日京中酷热，为历来所未有者。【B】余素性畏热，而日须穿长袍，入值军机房，苦不堪言。昨日酷热更甚，诸大军机皆未入值，只有余与一朱姓章京，余便放浪形骸，除去长袍，高踞胡床，披襟执扇。正在独乐其乐，朱章京忽顾我低语曰：“圣驾来矣。”余如闻青天霹雳，惶遽无措，不及穿袍接驾，一跃而下，匿身坑后。久之不闻声息，只道圣驾已去，探首谛视，奈余之眼镜摘除在公案上，目光模糊，但见坑上坐一人，面朝外而背向内。只道是朱章京，问之曰：“老头子去几时矣？尔奚不关切一言，免得余蜷伏在坑下。”讵知那人怒目返顾曰：“派尔在此办公，谁教尔蜷伏坑下！”余闻口音，知是皇上，直吓得余屁滚尿流。势不能仍匿坑后，只得匍伏叩头请罪。皇上曰：“擅敢称朕老头子，该当何罪！”余叩头强辩曰：“此是臣下尊敬圣上之意，老犹言天下之大老，头即元首之义，子即子元元之意。宋儒尊称皆曰子，如孔子、孟子皆是也。”【C】皇上曰：“尔自仗口才敏捷，还敢强辩饰非！今有一成句曰：‘此地有崇山峻岭茂林修竹。’随口对来，恕尔无罪。”余应声对曰：“若周之赤刀大训天球河图。”天颜始霁，挥令起去。圣驾仍由后轩还宫。余至下午退值还寓，即草此函，犹觉心头忐忑。幸遇圣上优容，未曾加罪。然而余胆几乎吓破也。此皆由于目光短视，素性畏热所致。古人云：“慎言寡过。”洵不诬也。

【辨伪】B节“老头子”的典故始见于清昭梿《啸亭杂录》卷九“何义门”条：

> 何义门先生值南书房时，尝夏日裸体坐，仁皇帝骤至，不及避，因匿炉坑中，久之不闻玉音，乃作吴语问人曰：“老头子去否？”上大怒，欲置之法。先生徐曰：“先天不老之谓老，首出庶物之谓头，父天母地之谓子，非有心诽谤也。”上大悦，乃舍之。此钱黼堂侍郎樾亲告余者，以南书房侍臣相传为故事云。

清许起《珊瑚舌雕谈初笔》卷七“老头子”条亦曰：

> 何义门先生值南书房时，尝夏日裸体坐，仁皇帝骤至，不及避，因匿炉坑中，久之不闻玉音，乃作吴语问人曰：“老头子去否？”上怒，欲置之法。何徐曰：“先天不老之谓老，首出庶物之谓头，父天母地之谓子，非有心诽谤也。”上乃笑而舍之，即命出坑穿衣，叩首而已。以此南书房侍臣相传为故事云。余谓当时圣度宽宏，爱才若

渴，骤闻之际，则为勃然生怒。既必宽释，即不闻何之解语，亦必赦之，岂若前明太祖于一字之触，立置死地，天生气量之大小可同日语哉！

【原文附注】韬案：一说万寿无疆谓之老，首出庶物谓之头，昊天其子谓之儿，与此小异。

今按：二者故事相同，许氏稍发议论。文中“仁皇帝”即康熙帝，“何义门”即何焯。令人奇怪的是，北京师范大学附属中学教师纪连海先生在“百家讲坛”上误将此事演绎为乾隆帝与纪晓岚之间的故事，可谓移花接木，张冠李戴。

C节见于清平步青《霞外攟屑》卷一“沈文恪公对语”：

蜨阶外史云：高庙持套红鼻烟壶，一面镌兰亭景，一面刻“此地有崇山峻岭茂林修竹”十一字，示沈文恪公，初曰：“汝能对否?”沈应声曰：“若周之赤刀大训天球河图。”称旨。即以壶赐之。一本作彭文勤公，或作刘金门，《宣南随笔》作纪文达公，皆非。

清徐康《前尘梦影录》卷下亦云：

秦学士承业为中丞公承恩介弟，官侍讲值上书房。一日召对于某暖阁，奏对详明，仁庙天颜和霁，授以马脑烟壶，壶系巧色名手雕刻，一面兰亭山水景，一面刻“此地有崇山峻岭茂林修竹”，皆阳文。跪承谛视，赞雕工之精美。上曰：“试对此。”学士即以“若周之大训天球河图赤刀”对。上极赏其敏捷，即以烟壶赐之。盖鼻烟自由本朝始兴，暗寓颂扬，不适碁刻，尤人所难。归田后，越数十年，至同治初恩加赠阁学，补谥文恪，盖追念甘盘旧学，不遗在远如此。

寄族侄贻孙

（论十洲三岛昆仑瑶池皆非仙境）

来书云，海中十洲三岛，昆仑五城十二楼，以及瑶池悬圃，是否为仙界佛国。按十洲三岛，传言俱在东洋，而余尝见日本五京地志，及山川全图，疆界但数千里，无所谓仙山灵径也。朝鲜琉球之国使，余尝数数与谈，皆曰东洋自日本以外，大小国土凡数十，大小岛屿不知几千，每帆樯万里之商舶，均未闻有仙境。惟琉球之落漈，似乎三千弱水，然值潮平之岁，商舶亦可往还，亦不闻有白银宫阙。然则十洲三岛纯属虚构之词。惟昆仑，《尔雅》、《史记》中皆称河出昆仑。考河源有二：一出和阗，一出葱岭。或言葱岭其正源，和阗之水入之；或言和阗其正源，葱岭之水入之。二流既合，莫辨谁主谁宾。要之，两山之中必有一昆仑，确隶版图。开屯列戍已四十余年，更无所谓五城十二楼也。至于瑶池悬圃，概乎未见未闻，乃属词赋家空中结构之辞。惟诸佛菩萨骨塔至今犹在拔达克善灵鹫山中，题记梵书一一与经典相合。我朝追剿波罗泥都霍集占曾至其地，见大雷音寺中，有石室六百余间，乃属回部游牧之地，并无所谓铜城佛国也。由是以推，南怀仁《坤舆图说》

所记五大人州之珍奇灵怪皆属藻绘之词耳。又尝闻周书昌编修言："有佛缘者，能见佛界；有仙缘者，能见仙境。"然乎否也？则余与仙佛无缘，不敢以谈狐说鬼之狂言，妄决有无也。

【辨伪】见于《阅微草堂笔记》卷二十：

海中三岛十洲，昆仑五城十二楼，词赋家沿用久矣。朝鲜、琉球、日本诸国，皆能读华书。日本余见其五京地志及山川全图，疆界袤延数千里，无所谓仙山灵境也。朝鲜、琉球之贡使，则余尝数数与谈，以是询之，皆曰东洋自日本以外，大小国土凡数十，大小岛屿不知几千百，中朝人所必不能至者，每帆樯万里，商舶往来，均不闻有是说。惟琉球之落漈，似乎三千弱水。然落褓之舟，偶值潮平之岁，时或得还，亦不闻有白银宫阙，可望而不可即也。然则三岛十洲岂非纯构虚词乎！

《尔雅》、《史记》，皆称河出昆仑。考河源有二：一出和阗，一出葱岭。或曰葱岭其正源，和阗之水入之。或曰和阗其正源，葱岭之水入之。双流既合，亦莫辨谁主谁宾。然葱岭、和阗则皆在今版图内，开屯列戍四十余年，即深岩穷谷，亦通耕牧。不论两山之水，孰为正源，两山之中必有一昆仑确矣。而所谓瑶池、悬圃、珠树、芝田，概乎未见，亦概乎未闻。然则五城十二楼不又荒唐矣乎！

不但此也，灵鹫山在今拔达克善，诸佛菩萨骨塔具存，题记梵书一一与经典相合。尚有石室六百余间，即所谓大雷音寺，回部游牧者居之。我兵追剿波罗泥都霍集占曾至其地，所见不过如斯。种种庄严似亦藻绘之词矣。相传回部祖国，以铜为城。近西之回部，云铜城在其东万里。近东之回部，云铜城在其西万里。彼此遥拜，迄无人曾到其地。因是以推，恐南怀仁《坤舆图说》所记五大人洲珍奇灵怪均此类焉耳。周编修书昌则曰："有佛缘者，然后能见佛界多有仙骨者，然后能见仙境。未可以寻常耳目断其有无。曾见一道士游昆仑归，所言与暇记不殊也。"是则余不知之矣。

开头加"来书云"三字，又将结句"是则余不知之矣"改为"然乎否也？则余与仙佛无缘，不敢以谈狐说鬼之狂言，妄决有无也"。

寄四叔母

（询问亡婢葬处）

【A】昔年承先四叔母慈爱，拟以侍婢文鸾相赠，曾为之制备衣裳簪珥，已戒日脂车矣。旋为嫉妒者嗾其父，向吾叔母多所要求，事遂作罢。而文鸾竟因是忧郁发病死，事后兄亦稍稍闻之，犹如雁过长空，影沉秋水矣。日昨料理奏牍，过夜半始睡。忽梦一女翩然来，初犹不识，惊问为谁。凝立无语，细视装束，不类大家女，始悟其为文鸾。遂语之曰："尔其文鸾乎？"彼即微额其首。醒后思之，何二十余年来，恝置度外，今忽无因而至，殆遗骨不安乎？抑赍恨以殁，特来诉怨乎？我虽不杀伯仁，伯仁由我而死，能不令人悒悒。爰为之赋《秋海棠》一绝曰："憔悴幽花剧可怜，斜阳院落晚秋天。词人老大风情减，犹对残红一怅然。"【B】诗成，录寄吾弟，以志吾之有负文鸾。并询其葬处，拟为之树石曰"贞婢文鸾之墓"。并作记勒石于旁，使我子孙岁岁奠以卮酒麦饭。文鸾有知，当亦含笑于泉下矣。

【辨伪】A 见于《阅微草堂笔记》卷二十：

先四叔母李安人，有婢曰文鸾，最怜爱之。会余寄书觅侍女，叔母于诸侄中最喜余，拟以文鸾赠。私问文鸾，亦殊不拒。叔母为制衣裳簪珥，已戒日脂车。有妒之者，嗾其父多所要求，事遂沮格。文鸾竟郁郁发病死。余不知也。数年后，稍稍闻之，亦如雁过长空，影沉秋水矣。

今岁五月，将扈从启行，摒挡小倦，坐而假寐。忽梦一女翩然来。初不相识，惊问为谁，凝立无语。余亦遽醒，莫喻其故也。适家人会食，余偶道之。第三子妇，余甥女也，幼在外家与文鸾嬉戏，又稔知其赍恨事，瞿然曰："其文鸾也耶?"因具道其容貌形体，与梦中所见合。是耶？非耶？何二十年来久置度外，忽无因而入梦也？询其葬处，拟将来为树片石。皆曰丘陇已平，久埋没于荒榛蔓草，不可识矣。姑录于此，以慰黄泉。

忆乾隆辛卯九月，余题秋海棠诗曰："憔悴幽花剧可怜，斜阳院落晚秋天。词人老大风情减，犹对残红一怅然。"宛似为斯人咏也。

B 节文字画蛇添足，颇煞风景矣。

寄弟秀岚

（送执照归家）

兹遣王德送归顾季云、冯仰高九品执照各一纸，眼药膏药各一包，参须四匣，系次良弟托买者。现作赠品，不必向其取偿。顾、冯二人各对一付，可连执照一并送去两家捐项。余各垫京平足银一百十七两四钱，两处送钱来，不必寄京，留在弟处作家用。因余近来经济稍裕，尚敷化用，非若初入京时常常借债度日也。紫府姨丈七十寿诞，吾竟不克登堂叩祝，悚疚之至。寿礼弟兄合送八色，计值约三四十千。书不一一，余候后闻。

【辨伪】待考。

寄从兄坦居

（答问科场拜榜之误解）

【A】科场填榜完时，主考必更易朝服，行九拜礼，然后捧出，此旧制也。吾哥因闻堂吏呼谓拜榜，用是滋疑。其实并非拜榜，乃系拜折。盖以公事论，榜上皆系举子，试官断无拜举子；以私谊论，榜上皆属门生，座师断无拜门生。按放榜之日，当即以题名录进呈。只因考卷弥封，无从先写，必待拆卷唱名，榜题一名，即付以填榜纸条，录写一名。及榜填齐，题名录亦写全，录不成，榜不放，榜不放，录不出，于是榜录并陈于案。奏折预先备就，遂具香案，拜发进呈题名录之奏折。而榜大录小，灯光之下，只见榜不见录与奏折，因是无识之堂吏，遂误认为拜榜。厥后或缮录丰完，天已将晓，试官急于复命，先拜而行，遂有拜时不陈录于案，致疑为拜榜者。久而视为固然。堂吏因可无录而拜，遂竟不于写榜时并填题名录，由是而有追送题名录之例。写榜竣后，类率无录而拜，遂将拜折之理灭没，潜移于拜榜，而视为定例，殊可笑也。弟前充考差时，亦行无录拜榜之礼，心窃疑之。后询诸先师阿公勤公，始恍然悟所行乃系通常之拜折，并非拜榜也。【B】质之吾哥，亦必以拜折为然也。

【辨伪】A 见于《阅微草堂笔记》卷二十：

科场填榜完时，必卷而横置于案。总裁、主考，具朝服九拜，然后捧出，堂吏谓之拜榜。此误也。

以公事论，一榜皆举子，试官何以拜举子？以私谊论，一榜皆门生，座主何以拜门生哉？或证以《周礼》拜受民数之文，殊为附会。

盖发榜之日，当即以题名录进。呈录不能先写，必折卷唱一名，榜填一名，然后付以填榜之纸条，写录一名。今纸条犹谓之录条，以此故也。必拜而送之，犹拜折之礼也。榜不放，录不出；录不成，榜不放。故录与榜必并陈于案，始拜。榜大录小，灯光晃耀之下，人见榜而不见录，故误认为拜榜也。厥后，或缮录未完，天已将晓；或试官急于复命，先拜而行。遂有拜时不陈录于案者，久而视为固然。堂吏或因可无录而拜，遂竟不陈录。又因录既不陈，可暂缓写而追送，遂至写榜竣后，无录可陈，而拜遂潜移于榜矣。尝以问先师阿文勤公，公述李文贞公之言如此。文贞公即己丑座主也。

家书开头部分加一伏笔"吾哥因闻堂吏呼谓拜榜，用是滋疑"，与结语"质之吾哥……"首尾呼应，均为伪笔。

训次儿

（诰诫勿于旧壁间擅辟窗棂）

【A】风水之说，虽非君子所尚，然而堂堂翰林院中，尚且诸多避忌。【B】相传翰林院堂不启中门，启则不利于掌院。癸巳开《四库全书》馆于翰林院，质郡王临视，不得已启中门延之，俄而掌院刘文正公逝。又传原心亭中之西南隅，有父母之翰林不可设座，坐则必有刑克。陆耳山学士素恶风鉴，毅然设座，时未两月，竟丁外艰。其余部院亦各有禁忌。相传礼部甬道屏门旧不加搭渡，钱箨石前辈不信，偏设搭渡而行，以免旁绕，旋有天坛灯杆之事。【C】帝都部院尚如此，何况臣下门庭！尔因卧室中黑暗，拟将后墙拆去，改作窗户，既经风鉴相宅，力言东向不利，不宜改作，尔竟固执，大寒无忌，竟置兄嫂之言若罔闻，顽固已极。古语云："暗房亮灶。"卧室愈暗愈妙。何竟独持异议！尔因夏令房中酷热，以致生子出痘而夭，然而此宅建自尔先高曾祖，在尔卧室中长大者不下十余人。死生本属大数，岂能归咎于房屋耶？毕竟不愿居是室，尽可与兄嫂易室相居，勿许擅辟窗户，毋违特谕。

【辨伪】B 见于《阅微草堂笔记》卷二十：

翰林院堂不启中门，云启则掌院不利。癸巳开《四库全书》馆，质郡王临视，司事者启之，俄而掌院刘文正公、觉罗奉公相继逝。又门前沙堤中有土，凝结成丸，傥或误碎，必损翰林。癸未，雨水冲激，露其一，为儿童掷裂。吴云岩前辈旋殁。又原心亭之西南隅，翰林有父母者不可设坐，坐则有刑克。陆耳山时为学士，毅然不信，竟丁外艰。至左角门，久闭不启，启则司事者有谴谪，无人敢试，不知果验否也。其余部院亦各有禁忌，如礼部甬道屏门旧不加搭渡(搭渡以巨木二方，夹于门限，坡陀如桥状，使堂官乘车者可从中入，以免于旁绕)。钱箨石前辈不听，旋有天坛灯杆之事者，亦往往有应。此必有理存焉，但莫详其理安在耳。

寄秀岚弟

(为外甥乞题古镜)

【A】外甥田小香送来一古镜屏，乞余考定，是其先祖统兵驻巴尔库时，凿井得之。旋被窃，今春复得之于市上。物各有主，殆其然欤！此镜制作精妙，铭字非隶非八分，类似景龙钟铭。惟土蚀多剥损，殊难探讨。转倩同年翁树培推寻，知为唐物，诚奇珍焉。余为镌其释文于屏趺，而题二诗于屏背曰：“曾逐毡车出玉门，中唐铭字半犹存。几回反复分明看，恐有文知为手痕。”“暂别仍归旧主人，居然宝剑会崇徽。旧如揩尽珍珠粉，满匣龙吟送紫珍。”小香亦有题识镌屏背，叙其始末甚详。【B】因其欲乞我弟题诗，镜系珍奇品，不敢遣人送归，恐有损坏遗失故也。爰此详告始末。苟有兴，即为一挥寄我，好与镜屏一起归赵也。

【辨伪】A 见于《阅微草堂笔记》卷二十一：

田丈耕野，统兵驻巴尔库尔时(即巴里坤。坤字以吹唇声读之，即库尔之合声)，军士凿井得一镜，制作精妙。铭字非隶非八分(隶即今之楷书，八分即今之隶书)，似景龙钟铭；惟土蚀多剥损。田丈甚宝惜之，常以自随。殁于广西戎幕时，以授余姊婿田香谷。传至香谷之孙，忽失所在。后有亲串戈氏于市上得之，以还田氏。

昨岁欲制为镜屏，寄京师，乞余考定。余付翁检讨树培，推寻铭文，知为唐物。余为镌其释文于屏趺，而题三诗于屏背曰：“曾逐毡车出玉门，中唐铭字半犹存。几回反复分明看，恐有崇徽旧手痕。”“黄鹄无由返故乡，空留鸾镜没沙场。谁知土蚀千年后，又照将军鬓上霜。”“暂别仍归旧主人，居然宝剑会延津。何如揩尽珍珠粉，满匣龙吟送紫珍。”香谷孙自有题识，亦镌屏背，叙其始末甚详。

《夜灯随录》载威信公岳公钟琪西征时，有裨将得古镜。岳公求之不得，其人遂遘祸。正与田丈同时同地，疑即此镜传讹也。

《阅微草堂笔记》称“香谷孙”，《纪晓岚家书》改为“田小香”。然姊婿之孙，绝非外甥。纪昀原题三绝句，《家书》又删去中间一首，而“居然宝剑会崇徽”，“旧如揩尽珍珠粉”，又颇不通。

寄 内 子

（论奇盗割耳给药）

【A】来书言三姨此次归宁，舟行遇盗，未失物，亦未伤人，忽然呼啸而去。余以为非盗也，或系豪杰之士，误认仇人眷属，扮盗而来复仇，见面始知误认，遂哄然而散。然而饱受虚惊，亦云险矣。天下事往往有令人百思而不解者。【B】尝闻门人邱芹生言，其戚赴任，舟泊滩河，夜半忽有数盗执炬露刃跃入舱，众皆战栗慑伏。一盗拽女主人起曰："愿乞夫人一物，不必惊怖。"即拔刃割一左耳，鲜血淋漓，盗即于怀中出刀伤药敷之，并告语曰："七日勿洗去，自能结疤痊愈。"言下，相率呼啸去。女主人怖几失魂，其创处果觉血止，而痛亦减，旋即平复。此事殊与三姨稍有异同。以为盗耶，未劫物；以为仇耶，又不杀不淫。既非仇非盗矣，又何为而割耳？既割其耳，又赠以止血良药，是专为取耳来也。即使耳能配药炼丹，世间妇女如恒河沙数，何必定取此妇之耳？千思万索，终不得其所以然。邱生又曰："苟得其盗，自必有其所以然，亦必在情理之中。"余曰："尔戚何不询盗，以割耳将何用，则闷葫芦自可揭破矣。"总之，世事无奇不有，万不可据理以断有无也。

【辨伪】B 见于《阅微草堂笔记》卷二十一：

> 门人邱人龙言：有赴任官，舟泊滩河。夜半，有数盗执炬露刃入。众皆慑伏。一盗拽其妻起，半跪乞启曰："乞夫人一物，夫人勿惊。"即割一左耳，敷以药末，曰："数日勿洗，自结痂愈也。"遂相率呼啸去。怖几失魂，其创果不出血，亦不甚痛，旋即平复。以为仇耶，不杀不淫；以为盗耶，未劫一物。既不劫不杀不淫矣，而又戕其耳。既戕其耳矣，而又赠以良药，是专为取耳来也。取此耳又何意耶？千思万索，终不得其所以然，天下真有理外事也。
>
> 邱生曰："苟得此盗，自必有其所以然，其所以然亦必在理中，但定非我所见之理耳。"然则论天下事，可据理以断有无哉（恒兰台曰："此或采生折割之党，取以炼药。"似为近之）？

《纪晓岚家书》增加"余曰：'尔戚何不询盗，以割耳将何用，则闷葫芦自可揭破矣。'"此语甚拙劣，以纪昀之智，绝不出此愚蠢之言矣。

复族侄贻孙

（论雅狐愿虚滕高士）

【A】来书言正人高士，狐怪见之，必退避三舍。殊不知愈是正人高士，狐怪愈欲亲之近之，特不敢媚之耳。【B】尝闻诸先大父言，有董天士者，明末高士，以画自给，居老屋两楹，终身不娶，井臼自操，亦不雇仆婢。一日晨兴，见衣履皆置手下，盥漱具陈案上，心知有异，遂自语曰："是必有妖将媚我也。"忽闻窗外小语云："非敢媚公，实欲有求于公，因羞涩难于自献，故甘执婢役以待公问耳。"天士胆素豪，遂命之入室，只见一娟静好女，裣衽而前，自称为狐女温玉。问何求，曰："狐有三畏：一畏神灵，避其稽察；二畏有福，避其旺气；三畏有德，避其正气。三畏中，惟有德者最为吾族所畏敬，苟得托附于有德者，犹如贫家女得配富贵子弟，族党皆以为荣。公非义不取，非礼不为，乃有德之高士。倘许妾奉侍巾栉，三生之幸。然知公必不许，敢求假一虚名，为妾绘一扇头，题曰某年月日为姬人温玉作，宠赐多矣。愿常为公执婢役。"言讫，即出精扇置于案，鹄立以待。天士爱其雅洁，笑为之画扇。温玉自取小印，印扇上，拜谢而去。次晨仍来捧衣履、侍盥漱，终年无误期。【C】由是故老传言，董天士有狐妾。或曰董为耿介绝俗之士，决无此事。孰知其所遇雅狐，襟怀散朗，贞洁不俗，宜乎高士之甘收为虚媵也。只恐老侄遇之，亦未必饷以闭门羹也。哈哈。

【辨伪】B 见于《阅微草堂笔记》卷二十一：

董天士先生，前明高士，以画自给，一介不妄取，先高祖厚斋公老友也。厚斋公多与唱和，今载于《花王阁剩稿》者，尚可想见其为人。故老或言其有狐妾，或曰天士孤僻，必无之。

伯祖湛元公曰："是有之，而别有说也。吾闻诸董空如曰：天士居老屋两楹，终身不娶，亦无仆婢，井臼皆自操。一日晨兴，见衣履之当著者，皆整顿置手下，再视则盥漱俱已陈。天士曰：'是必有异，其妖将媚我乎?'窗外小语应曰：'非敢媚公，欲有求于公。难于自献，故作是以待公问也。'天士素有胆，命之入。入辄跪拜，娟静好女也。问其名，曰：'温玉。'问何求，曰：'狐所畏者五，曰凶暴，避其盛气也；曰术士，避其劾治也；曰神灵，避其稽察也；曰有福，避其旺运也；曰有德，避其正气也。然凶暴不恒有，亦究自败。术士与神灵，吾不为非，皆无如我何。有福者运衰亦复玩之。惟有德者则畏而且敬。得自附于有德者，则族党以为荣，其品格即高出侪类上。公虽贫贱，而非义弗取，非礼弗为。傥准奔则为妾之礼，许侍巾栉，三生之幸也，如不见纳，则乞假以虚名，为画一扇，题曰某年月日为姬人温玉作，亦叨公之末光矣。'即出精扇置几上，濡墨调色，拱立以俟。天士笑从之。女自取天士小印印扇上，曰：'此姬人事，不敢劳公也。'再拜而去。次日晨兴，觉足下有物，视之，则温玉。笑而起曰：'诚不敢以贱体玷公，然非共榻一宵，非亲执媵御之役，则姬人字终为假托。'遂捧衣履侍洗漱讫，再拜曰：'妾从此逝矣。'瞥然不见，遂不再来。"岂明季山人声价最重，此狐女亦移于风气乎? 然襟怀散朗，有王夫人林下风，宜天士之不拒也。

寄内子

（论对付仆役宜宽严得中）

【A】家主对待仆役，示以严威，不如施以宽大。盖若辈都属不知礼义道德，稍受斥责，便思报复，在彼罔知轻重，设计陷人，而蒙其害者，痛苦难堪矣。今儿辈习染宦家公子气，呼奴使婢，视若牛马，稍有延误，面斥不留余地，家庭间时闻叱奴骂婢之声，必非兴旺之兆。并且奴婢衔恨日深，必图报复。【B】余门人李筱梅，以县令分发云南，家本寒素，但携一子一仆赴滇，需次会城，久之得补一缺，处境渐宽。只因籍隶江南，兼之家居多僻，竹报难通，故与妻子几断音问。旋因仆人购物舞弊，为子所悉，面数其罪。仆犹强辩，子益怒，奔告于父，杖而逐之。仆衔恨刺骨，主人家世固所备悉，遂伪造凶信，谓主人父子相继染疫卒于任，二棺浮厝佛寺，当措资往迎，并述遗命处分家事颇详。李妻得信，大哭，拟即措款赴滇迎柩。无如世态炎凉，平日拮据，尚可向亲戚就商缓急，自得筱梅死耗，索逋者时来逼迫，遑论借贷！踏遍亲戚之家，饱受白眼，日惟以泪洗面耳。会有筱梅同寅兼同乡者，丁艰返里，遂托寄千五百金至家，其妻始知前函之受绐，不禁破涕为笑。前年筱梅来书云："世人忽贵忽贱者多矣，忽贫忽富者亦复不少。惟有忽生忽死，使夫妇相见如再世者，只有门生一人耳。只缘儿子一时愤怒，累及慈亲无端伤悲，若无同寅返里，恐有危及生命者。"【C】其仆固罪有应得，其子亦难辞咎也。尔将此函给诸子阅看，毋蹈李子之覆辙。苟仆役舞弊，只宜辞歇，不可扑责，此亦治家之要道焉。

【辨伪】《阅微草堂笔记》卷二十一：

> 门人有作令云南者，家本苦寒，仅携一子一僮，拮据往，需次会城。久之，得补一县，在滇中，尚为膏腴地。然距省窎远，其家又在荒村，书不易寄。偶得鱼雁，亦不免浮沉，故与妻子几断音问。惟于坊本播绅中，检得官某县而已。偶一狡仆舞弊，杖而遣之。此仆衔次骨。其家事故所备知，因伪造其僮书，云主人父子先后卒，二棺今浮厝佛寺，当措资来迎。并述遗命，处分家事甚悉。
>
> 初，令赴滇时，亲友以其朴讷，意未必得缺；即得缺，亦必恶。后闻官是县，始稍稍亲近，并有周恤其家者，有时相馈问者。其子或有所称贷，人亦辄应，且有以子女结婚者。乡人有宴会，其子无不与也。及得是书，皆大沮，有来唁者，有不来唁者。渐有索逋者，渐有道途相遇似不相识者。僮奴婢媪皆散，不半载，门可罗雀矣。
>
> 既而令托人觐官寄千二百金至家迎妻子，始知前书之伪。举家破涕为笑，如在梦中。亲友稍稍复集，避不敢见者颇亦有焉。
>
> 后令与所亲书曰："一贵一贱之态，身历者多矣，一贫一富之态，身历者亦多矣。若夫生而忽死，死逾半载而复生，中间情事，能以一身亲历者，仆殆第一人矣。"

《阅微草堂笔记》中门人原无名字，家书杜撰出"李筱梅"。

训 三 儿

（诫勿弋禽猎兽残杀生命）

新春游戏之事，亦多矣。猜灯谜，放纸鸢，皆属有益无损之举。偏尔不为，而喜入山林旷野，张弓布网，猎取斑鸠野兔，以供大嚼。夫生前口腹造孽，死后罚转轮回，投作猪羊鸡鸭，任人宰割烹调，故嗜食家畜，厥罪轻而不罹孽报，因系罚转轮回之物，当罹宰割者也。至于鸠焉兔焉，并非供人口腹之物，食之岂不罪过！若为游玩计，则载酒听鹂，登山观瀑，尽足消遣。若为谗吻计，则鱼肉荤腥尽可大嚼，何必为一饭之微而残杀禽兽之生命耶！戒之！戒之！

【辨伪】待考。

寄弟秀岚

（贺得子并述十刹海轿役过鬼）

昨接来书，得悉吾弟又获麟儿，欣喜之至。夫我弟成婚五载，已得三子，丁口可云旺矣。本届旗营看操，蒙皇上派余为监射。教场在德胜门外，先一日莅场，及晚馆于十刹海，为前明之古寺。殿宇门径，与《帝京景物略》所载截然不符。寺僧群居于寺门旁之平屋中，余之馆舍在后殿，寺中房屋甚多，皆封闭而粘贴封条。知系旷废日久，故寺僧不敢居处。余室内气冷如冰，炽炉炭而仍无温气。灯光亦黯黯作浅绿色，知非佳境。拟另易他室，犹恐更不如此舍。业已设衹被，只可姑宿一宵。至次晨安然无恙。盥漱后，传宣轿役启行，那知昨晚九人入旁舍，酣眠至晓，已死其一。奴仆辈合住西廊，皆不敢睡，列炬待旦，尚幸无恙。只闻隔墙封闭室中，喁喁有人语耳。余即饬别觅居停。次晚移居真武祠，祠中老道云："十刹海中老僧尝见二鬼，一为缢死者，一为冤死者。"然余观室中封闭之宣，约有十余间，似鬼物尚不仅冤缢二怪也。余尝见前人笔记中，所载贪赶行程，错过旅客，暂栖古寺，往往遇见鬼怪。少时以为虚妄之谈，今日始知确系纪实也。

【辨伪】《阅微草堂笔记》卷二十一：

> 嘉庆丙辰冬，余以兵部尚书出德胜门监射。营官以十刹海为馆舍，前明古寺也。殿宇门径，与刘侗《帝京景物略》所说全殊，非复僧住一房佛亦住一房之旧矣。寺僧居寺门一小屋，余所居则在寺之后殿，室亦精洁。而封闭者多，验之，有乾隆三十一年封者，知旷废已久。
>
> 住东廊室内，气冷如冰，点燃数炉不热，数灯皆黯黯作绿色。知非佳处，然业已入居，姑宿一夕，竟安然无恙。奴辈住西廊，皆不敢睡，列炬彻夜坐廊下，亦幸无恙。惟闻封闭室中喁喁有人语，听之不甚了了耳。轿夫九人，入室酣眠。天晓，已死其一矣。
>
> 饬别觅居停，乃移住真武祠。祠中道士云，闻有十刹海老僧，尝见二鬼相遇，其一曰："汝何来？"曰："我转轮期未至，偶此闲游。汝何来？"其一曰："我缢魂之求代者也。"问："居此几年？"曰："十余年矣。"又问："公何以不得代？"曰："人见我皆惊走，无如何也。"其一曰："善攻人者藏其机，匕首将出袖而神色怡然，乃有济也。汝以怪状惊之，彼奚为不走耶？汝盍脂香粉气以媚之，抱衾荐枕以悦之，必得当矣。"老僧素严正，厉声叱之，欻然入地。数夕后，寺果有缢者。此鬼可谓阴险矣。然寺中所封闭，似其鬼尚多，不止此一二也。

寄 内 子

（释梦）

【A】尔梦持炬登舟，若系安静而梦，日间并未思及乘舟远行，则为正梦，主诸事大吉，我其有迁升之望乎？【B】然而梦主吉凶，余颇不信。有谓气机感召而成，似较近理。例如念念不忘，凝神生象，是为意识所造之梦；祸福将至，朕兆先形，是为气机所感之梦；心绪瞀乱，精神恍惚，心无定主，而现种种幻形，是为意想歧出之梦。惟梦之为兆，变化杳冥，千态万状，其大端不外乎此。至于占梦之说，载在《周礼》，事近祈禳。礼参巫觋，早为攻《周礼》者所疑。余亦以为世人如恒河沙数，梦神何独示梦于此人？此人一生得失，亦必不一，何独示梦于此事？以此言质诸长柳甘德，只恐亦穷于释义也。且焉梦兆隐约，事机不泄，何必示之？既示之矣，而又隐以不可知之象，疑以不可解之义，何梦神之不惮烦，日造此哑谜，以令人摸索耶？吾知鬼神必不若是之愚也。都由占梦者姑神其说，以欺世惑人耳。日有所思，夜有所梦，有何吉凶之足凭哉！

【辨伪】B见于《阅微草堂笔记》卷二十一：

> 按人之有梦，其故难明。《世说》载卫玠闻乐令梦，乐云是想，又云是因。而未深明其所以然。戊午夏，扈从滦阳，与伊子墨卿以理推求。有念所专注，凝神生象，是为意识所造之梦，孔子梦周公是也。有祸福将至，朕兆先萌，与见乎蓍龟，动乎四体相同，是为气机所感之梦，孔子梦奠两楹是也。其或心绪瞀乱，精神恍惚，心无定主，遂现种种幻形，如病者之见鬼，眩者之生花，此意想之歧出者也。或吉凶未著，鬼神前知，以象显示，以言微寓，此气机之旁召者也。虽变化杳冥，千态万状，其大端似不外此。至占梦之说，见于《周礼》，事近祈禳，礼参巫觋，颇为攻《周礼》者所疑。然其文亦见于《小雅》“太人占之”，固凿然古经载籍所传，虽不免多所附会，要亦实有此术也。惟是男女之爱，骨肉之情，有凝思结念，终不一梦者，则意识有时不能造。仓卒之患，意外之福，有忽至而不知者，则气机有时不必感。且天下之人如恒河沙数，鬼神何独示梦于此人？此人一生得失亦必不一，何独示梦于此事？且事不可泄，何必示之？既示之矣，而又隐以不可知之象，疑以不可解之语，是鬼神日日造谜语，不已劳乎？事关重大，示以梦可也；而猥琐小事亦相告语，不亦亵乎？大抵通其所可通，其不可通者置而不论可矣。……此类由于记录者欲神其说，不必实有是事。凡诸家所占梦事，皆可以是观之，其法非太人之旧也。

寄弟秀岚

（诫勿与匪徒结怨）

陆虎南为吾乡巨匪，今已被擒，扫其巢穴，从此乡人皆得高枕而卧矣。直隶为皇都接壤之区，该匪竟敢目无法纪，犯案累累，宜乎制军震怒，誓欲灭之而朝食。第巨匪羽党必多，现只擒其首，不可不防其党羽报复。我弟所办民团，既敢协助县差擒厥巨匪，则团中必多好身手，弟宜以忠义之言，时加激励，并勖其勤加操练，以防匪党之衔恨报复。此次吾弟因县差之求助，毅然命团众拔刀相助，为地方除害，急公好义，其志可嘉。惟吾弟系文弱书生，少与亡命之徒结怨为是，若辈愍不畏法，并且心肠之狠毒，直不足以言语形容。尝闻从叔梅庵公言，闽中有巨盗曹四麻子者，党羽甚众，专以杀人越货为生涯，官厅悬赏缉拿，咸畏其犷悍，不敢逮捕。会有书生孙某，所居村与匪巢接壤，遂与村人密约，招曹来春宴，醉以酒而擒之，献于县，领得赏银与众共之。众皆曰："诺。"时值新正，特邀曹四春宴。中计被擒，由合村壮男驾舟献于县。匪党守至天明，不见首领还归，知必有异，旋悉为孙某所害，衔恨如刺骨。待至夜半，各执硫磺烟硝，潜至孙村放火，全庄三十余家尽成焦土。孙某自火焰中逸出，仍为匪党所执，缚而投诸火，余众得逃生命者亦仅十之二三耳，可不畏哉！以后我弟对于公益之事，只宜量力而行。苟有后患者，还是远避为宜。

【辨伪】待考。

寄从弟次良

（论别有寓意之艳体诗）

【A】香奁诗都标无题，歌咏美人者固多，然亦有别寓深意而假托艳体者。譬如前朝遗老，怀念故主，遂假托无题，抒写念旧之情。【B】同年申铁蟾，好以香奁体写不遇之感。尝见其因谒某巨公未见，戏为无题诗曰："垩粉围墙罨画楼，隔窗闻拨细箜篌。分无信使通青鸟，枉遣游人驻紫骝。月姊定应随顾兔，星娥可止待牵牛。垂随疏处雕栊近，只恨珠帘不上钩。"殊有玉溪生风致。我弟来书云："无题诗中往往引用神仙以比例，未免拟与不伦。"则我弟初见此诗，又将曰："不应疑及织女，诬蔑仙灵。"然而李义山诗云："海客乘槎上紫氛，星娥罢织一相闻。只应不惮牵牛妒，故把支机石赠君。"更觉有辱织女矣。其实义山之意在于令孤，文人掉弄笔墨，恒喜借神仙作比喻，初与织女无涉。铁蟾此语，亦犹义山之志也。夫诗人引用，渔猎百家，原不能一一核实。至于《灵怪集》所载郭翰遇织女事，则悖妄之甚矣。盖自庄、列寓言借以抒意，战国诸子杂说弥多，由是后人穿凿锻炼，益复肆无忌惮。如《汉书·贾谊传》有太守吴公爱幸之语，是列长沙为娈童。《史记·高帝本纪》称母媪在大泽中，太公往视，见有交龙其上。故晁以道诗云："杀翁分我一杯羹，龙种由来事杳冥。"是诬高帝为龙交所生，非太公之子，诚属荒谬。学者引用典故，是当考校真妄。诚不可炫博矜奇，任意引用也。

【辨伪】B见于《阅微草堂笔记》卷二十二：

太原申铁蟾，好以香奁艳体寓不遇之感。尝谒某公未见，戏为无题诗曰："垩粉围墙罨画楼，隔窗闻拨钿箜篌。分（去声）无信使通青鸟，枉遣游人驻紫骝。月姊定应随顾兔，星娥可止待牵牛。垂杨疏处雕栊近，只恨珠帘不上钩。"殊有玉溪生风致。王近光曰："似不应疑及织女，诬蔑仙灵。"余曰："'已矣哉！织女别黄姑，一年一度一相见，彼此隔河何事无？'元微之诗也。'海客乘槎上紫氛，星娥罢织一相闻。只应不惮牵牛妒，故把支机石赠君。'李义山诗也。微之之意在于双文，义山之意在于令狐。文士掉弄笔墨，借为比喻，初与织女无涉。铁蟾此语，亦犹元、李之志云尔，未为诬蔑仙灵也。至于纯构虚词，宛如实事，指其时地，撰以姓名，《灵怪集》所载郭翰遇织女事(《灵怪集》今佚，此条见《太平广记》六十八)，则悖妄之甚矣。夫词人引用，渔猎百家，原不能一一核实，然过于诬罔，亦不可不知。盖自庄、列寓言，借以抒意，战国诸子，杂说弥多，谶纬稗官，递相祖述，遂有肆无忌惮之时。如李冗《独异志》诬伏羲兄妹为夫妇，已属丧心；张华《博物志》更诬及尼山，尤为狂吠(案：张华不应悖妄至此，殆后人依托)。如是者不一而足。今尚流传，可为痛恨。又有依傍史文，穿凿锻炼，如《汉书·贾谊传》，有太守吴公爱幸之之语，《骈语雕龙》(此书明人所撰，陈枚刻之，不著作者姓名)遂列长沙于娈童类中。注曰：'大儒为龙阳。'《史记·高帝本纪》称母媪在大泽中，太公往视，见有交龙其上。晁以道诗遂有"杀翁分我一杯羹，龙种由来事杳冥"句，以高帝乃龙交所生，非太公子。《左传》有成风私事季友、敬赢私事襄仲之文。私事云者，密相交结，以谋立其子而已。后儒拘泥私字，虽朱子亦有却是大恶之言。如是者亦不一而足。学者当考校真妄，均不可炫博矜奇，遽执为谈柄也。"

将"王近光曰"改为"我弟来书云"，未免拙于作伪。

训 三 儿

(训诫好射猎)

【A】尔好射猎，前已诰诫，可曾遵改否？尔须知无端残杀生物，终必偿命。【B】余同年申铁蟾为陕西试用知县，前月忽寄一札与余，词意恍惚迷离，殊难索解，绝不类其平日之手笔。知其改常，必有变端，未几，讣音果至。既而邵二云赞善告我云：铁蟾在西安，病后入山射猎，归而见目前二圆物，旋转如轮，瞑目亦见之。忽然圆物爆裂，跃出二小婢，称仙女奉邀，魂即随之往。琼楼贝阙中，一绝代丽姝，通词自媒。铁蟾固辞。女子恼羞成怒，挥之出，霍然而醒。越月余，睡后又见二圆物如前，爆出二小婢，邀之往一幽深宅第。问此何地，邀我何为？曰："佛桑。"请题堂额，因为八分书"佛桑香界"四字。前女子又来自媒，谢以不惯居此，女怒，强捧其首而吮其脑，痛极而醒，遂大病。请方士李某诊治，进以赤丸，呕逆而卒。【C】人皆谓其好猎之报。尔在青年，正当发奋求学，猎兽之事，非尔所为。兼之铁蟾之前车可鉴，岂不殆哉！

【辨伪】B 见于《阅微草堂笔记》卷八：

申铁蟾，名兆定，阳曲人。以庚辰举人官知县，主余家最久。庚戌秋，在陕西试用，忽寄一札与余诀。其词恍惚迷离，抑郁幽咽，都不省为何语。而铁蟾固非不得志者，疑不能明也。未几，讣音果至。既而见邵二云赞善，始知铁蟾在西安病数月。病愈后，入山射猎，归而目前见二圆物如球，旋转如风轮，虽瞑目亦见之。如是数日，忽然爆裂，二小婢从中出，称仙女奉邀。魂不觉随之往。至则琼楼贝阙，一女子色绝代，通词自媒。铁蟾固谢，托以不惯居此宅。女子薄怒，挥之出，霍然而醒。越月余，目中见二圆物如前，爆出二小婢亦如前，仍邀之往。已别构一宅，幽折窈窕，颇可爱。问此何地，曰："佛桑。"请题堂额，因为八分书"佛桑香界"字。女子再申前议，意不自持，遂定情。自是恒梦游。久而女子亦昼至，禁铁蟾勿与所亲通，遂渐病。病剧时，方士李某以赤丸饵之，呕逆而卒。其事甚怪。始知前札乃得心疾时作也。铁蟾聪明绝特，善诗歌，又工八分，驰骋名场，脩然以风流自命。与人交，意气如云，邮筒走天下。中年忽慕神仙，遂生是魔障，迷罔以终。妖以人兴，象由心造，才高意广，翻以好异陨生，其可惜也夫！

训 次 儿

（嘱查被窃古砚）

【A】余平生最爱古砚，少时蒙姚安公见赠小砚一方，背有铭曰："自渡辽，携汝伴。草军书，恒夜半。余之心，惟汝见。"款题芝冈。铭盖为熊廷弼公军中之砚也。余家旧藏一小砚，左侧有"白谷手琢"四字，当是孙传庭公所亲制。二砚大小相近，遂合为一匣，久藏汝佶儿处。汝佶死后，被婢妪所窃。【B】此乃前代遗物，岂容散失？尔宜留意，时往骨董肆及旧货摊上物色，务求原璧归赵。【C】余新得一琴砚，乃张桂岩所赠，斑驳剥落，古色黝然，右侧下端镌"西涯"二篆字，中镌行书五绝诗曰："加以文章论，公原胜谢刘。玉堂挥翰手，对此忆风流。"款曰"稚绳"，乃高阳孙相国字，确系怀麓堂故物。左侧镌小楷七绝诗曰："草绿湘江叫子规，茶陵青史有微词。流传此砚人犹忆，应为高阳五字诗。"款曰"不凋"，乃太仓崔华之字。华为渔洋山人门人，渔洋论诗绝句曰："江南肠断何人会，只有崔郎七字诗。"即指华也。而二诗皆不载本集，岂以语涉诋诃前辈，编集时自删之欤？曾质之刘石庵参知，因诗不见本集，颇疑其伪。然而古人诗不载于本集，而散见于他人笔记中者，往往有之。石庵之言不足信也。因得此砚，而忆及汝佶死后之失砚，嘱尔注意物色，勿懈。

【辨伪】C、A见于《阅微草堂笔记》卷十四：

> 张桂岩自扬州还，携一琴砚见赠，斑驳剥落，古色黝然，右侧近下镌西涯二篆字，盖怀麓堂故物也。中镌行书一诗，曰："如以文章论，公原胜谢刘。玉堂挥翰手，对此忆风流。"款曰"稚绳"，高阳孙相国字也。左侧镌小楷一诗曰："草绿湘江叫子规，茶陵青史有微词。流传此砚人犹惜，应为高阳五字诗。"款曰"不凋"，乃太仓崔华之字，华，渔洋山人之门人。渔洋论诗绝句曰："溪水碧于前渡日，桃花红似去年时。江南肠断何人会，只有崔郎七字诗。"即其人也。二诗本集皆不载，岂以诋诃前辈，微涉讦直，编集时自删之欤？后以赠庆大司马，同年刘石庵参知颇疑其伪。然古人多有集外诗，终弗能明也。
>
> 又杨丈汶川可讳镜，杨忠烈公曾孙也，以拔贡官户部郎中，与先姚安公同事，赠姚安公一小砚，背有铭曰："自渡辽，携汝伴。草军书，恒夜半。余之心，惟汝见。"款题芝冈，铭盖为熊公廷弼军中砚，云得之于其亲串家。又家藏一小砚，左侧有"白谷手琢"四字，当是孙公传庭所亲制，二砚大小相近，姚安公以皆前代名臣，合为一匣，后在长儿汝佶处。汝佶夭逝，二砚为婢媪所窃卖，今不可物色矣。

由“今不可物色矣”而敷衍出“此乃前代遗物，岂容散失？尔宜留意，时往骨董肆及旧货摊上物色，务求原璧归赵”。

寄族侄贻孙

（论新丧回煞见鬼）

【A】来书云仆人丧母，回煞见鬼，安然无恙。而世人都称见煞必死，此仆何独能生？吾侄因合鬼煞为一谈，致启猜疑，实则鬼与煞截然两途。煞不常见，见必死；鬼乃属生人之余气，新丧余气未曾消灭，故回煞往往见鬼，而无他异。但余气渐消渐灭，故阅日久，不复见鬼，此理易明。【B】余辛巳乞假养疴北仓，赵氏请余题主，归宿杨村客舍，余先就枕，仆隶在外舍尚未睡，余忽睹一绿衣女子揭帘入，甫露面即退出。余疑为趁座妓，亟呼仆遣去。仆见外户已闭，四下寻觅无人，遂询诸逆旅主人。主人曰：“七日前有宦家妇，因病返里，宿此而卒，三日前已移柩去，今日适逢回煞之期，殆即死妇之鬼欤？”【C】此为余目睹之事，堪以解吾侄之惑也。

【辨伪】B 见于《阅微草堂笔记》卷十四：

> 又癸巳春，余乞假养疴北仓，姻家赵氏请余题主，先姚安公命之往，归宿杨村，夜已深，余先就枕，仆隶秣马尚未睡，忽见彩衣女子揭帘入，甫露面即退出，疑为趁座妓女，呼仆隶遣去，皆云外户已闭，无一人也。主人曰：“四日前有宦家子妇宿此卒，昨移柩去，岂其回煞耶？”归告姚安公，公曰：“我童子时，读书陈氏舅家，值仆妇夜回煞，月明如昼，我独坐其室外，欲视回煞作何状，迄无见也。何尔乃有见也，然则尔不如我多矣。”至今深愧此训也。

寄内子

（诫勿购毕肖人形之木偶给儿童玩耍）

【A】住宅虽广，向无怪异，今何婢媪辈屡言见鬼？尔拟建醮禳之，当世之僧道，谁为真有道行，而能驱狐捉鬼者？不必作此无益之举，只须将诸媳购给孙辈之泥人木偶，凡属毕自人形者，并投诸火，怪异自绝。【B】盖肖人形之玩物，日久多能幻化。昔族兄仲涵官旌德时，一同官好戏剧，命匠造一女子，而目手足一一如人，并有关捩，可以活动。常置书室中以资笑噱。嗣后入夜，每闻书室中格格有声，穴隙窥之，只见木人在月影中来往。请主人来观，信然。举火焚之，怪声遂寂。【C】故余亦疑及此物。尔须检查孙辈玩具中可有毕肖人形之件，一律投诸火，其功效较建醮多多矣。

【辨伪】B 见于《阅微草堂笔记》卷十四：

> 凡物太肖人形者，岁久多能幻化。族兄仲涵言：官旌德时，一同官好戏剧，命匠造一女子，长短如人，周身形体以及隐微之处，亦一一如人；手足与目与舌，皆施关捩，能屈伸运动；衣裙簪珥，可以按时更易。所费百金，殆夺偃师之巧。或植立书室

案侧，或坐于床凳，以资笑噱。一夜，童仆闻书室格格声，时已锸闭，穴纸窥视，月光在牖，乃此偶人来往自行，急告主人自觇之，信然。焚之，嘤嘤作痛声。

又先祖母言，舅祖蝶庄张公家，有空屋数间，贮杂物。婢媪或夜见院中有女子，容色姣好，而颔下修髯如戟，两颊亦磔如蝟毛，携四五小儿游戏。小儿或跛或盲，或头面破损，或无耳鼻，人至则倏隐，莫知何妖，不为人害，亦不外出。或曰目眩，或曰妄语，均不甚留意，后检点此屋，见破裂虎丘泥孩一床，状如所见。其女子之须，则儿童嬉戏，以笔墨所画云。

将“嘤嘤作痛声”改为“怪声遂寂”。

寄从兄旭升

（论墓地风水）

墓地风水，由来尚矣。我家蚌珠崖老坟，形势得之天然，宛若老蚌吐珠，不独历来堪舆家都指为牛眠善地，即行人道出其间，亦莫不极口称誉。犹记弟辛巳乞假祭扫，有富室同堪舆家在我家墓上相地绘图，弟思并无族人盗卖，彼何不惮烦若是？讶而问之，富室曰：“贵墓风水之佳，莫与伦比，余欲得一相同之地，遍寻不得，今特倩堪舆家绘图作样，赴各省寻觅，庶或有得也。”其愚诚不可及矣。余家四世皆为士大夫，皆此墓之力也。所惜左向已有陆氏古墓，据堪舆家言，不利长房，而今先兄果与世长辞，弟之长子汝佶亦已夭逝，不利长房之言何应验乃尔。所以弟拟出重价，或易以五倍之地，与陆氏磋商，将古墓迁移。今得舍弟来函，云被陆伯英阻梗。伯英与吾哥有同学之谊，平日极相契合，特此专函奉托，请向伯英处设法疏通。夫求人迁墓，与铲平他人坟墓截然不同，并不造孽。请其择相善地迁葬，一切费用由余家任之；其古墓价值，曾经估计五百金，准于迁葬费外，如数照给，临颖不胜恳托之至。

【辨伪】待考。

寄族兄次辰

（请转劝同宗勿因争嗣缠讼）

古者世禄世官，故宗子必立后，支子不祭，则礼无必立后之文。孟子不闻有后，亦不闻孔子为立后，非嫡故也。间亦有为支子立后者，大抵因茕嫠守志，不忍节妇之无后耳。譬诸童子死，本应殇，而汪踦独不殇，义其能卫社稷故也。礼以义起，遂不可废。凡支子无后者，亦遂沿为例不可废，于是家庭之难多矣。东昌有褚姓兄弟三人，仲先死无后，兄欲以子继之，弟亦欲以子继之，兄曰：“弟当让兄。”弟曰：“兄子幼而吾子长。”争辩不已。涉讼经年，卒为兄夺。弟恚甚，郁结成病。病笃时，语其子曰：“吾将求直于地下。”入夜昏厥死。越半日复苏，叹曰：“岂特阳官悖谬，阴官更悖于阳官。余游魂冥司陈诉，阴官诘我曰：‘汝为兄无后，今汝兄已继长兄之子矣。汝特为家产争耶？则见兽于野，两人并逐，惟捷足者先得，汝何讼焉！’竟置不理。”族侄云谷，兄弟四人，仲兄死后无子，伯兄已将次子嗣。今云谷生子，因伯兄有两子，已死其一，遂欲以己子嗣仲兄，无如早经嗣定，岂能蔑弃而改嗣？宜乎争讼之不得直也。望我兄力为排解，劝云谷息事宁人，毋再缠讼。弟兄耗费不赀，徒供吏胥之中饱，殊不值得。已成之议，不可推翻，只有徐待将来。长房只有一出嗣子，而云侄丁口旺，再商承嗣长房，较为合法。质之吾哥，以为何如？

【辨伪】待考。

寄 内 子

(论礼曹旌表节烈不能自任搜罗)

【A】来书详述尔姨母之苦节，教余为之请旌。【B】余位居宗伯，仍然职司天下节烈之旌典。不过国家典制，具有条格，节妇烈女，先举于州郡，州郡上之台司，台司具奏，请旨下礼曹议锡旌典，从公论也。宗伯为礼曹之长，例得察核之，进退之，而不得自任搜罗，不经州郡台司，不得率行请旨旌表，所以防私滥也。譬如司文柄之主考，棘闱墨牍，得握权衡，而不能取未试遗材登诸榜上。尔姨母仿佛未试遗材，吾虽明知其节操可风，不能为之旌表，宜托尔弟申报州郡，请台司具奏，得旨下礼部议旌，余必从优表扬也。余忝为宗伯，明知京师有苦节孤嫠倪媪，亦只能周济之，而不能为之请旌。【C】倪媪，武清人，年未三十而寡，舅姑欲嫁之，彼以死自誓，舅姑怒逐之，使自谋生，流离艰苦，赖十指以抚育二子一女，皆婚嫁，而均不才，茕茕无侍，惟一女孙，因贫度为尼，媪得寄食佛寺，但以自存，今已七十八岁。诚所谓青年矢志，白首全贞者也。余悯其节，时以钱米周之。虽不能为之旌表潜德，而使之粗安温饱，庶足以稍宽吾过也。

【辨伪】C、B见于《阅微草堂笔记》卷十四：

> 倪媪，武清人，年未三十而寡，舅姑欲嫁之，以死自誓，舅姑怒逐诸门外，使自谋生，流离艰苦，抚二子一女，皆婚嫁，而皆不才，茕茕无倚，惟一女孙，度为尼，乃寄食佛寺，仅以自存，今七十八岁矣。所谓青年矢志，白首完贞者欤？余悯其节，时亦周之。马夫人尝从容谓曰："君为宗伯，主天下节烈之旌典，而此媪失诸目睫前，其故何欤？"余曰："国家典制，具有条格，节妇烈女，学校同举于州郡，州郡条上于台司，乃具奏请旨，下礼曹议，从公论也。礼曹得察核之进退之，而不得自搜罗之，防私防滥也。譬司文柄者，棘闱墨牍，得握权衡，而不能取未试遗材登诸榜上。此媪久去其乡，既无举者。京师人海，又谁知流寓之内有此孤嫠？沧海遗珠，盖由于此，岂余能为而不为欤？"念古来潜德往往藉稗官小说以发幽光，因撮厥大凡，附诸录，虽书原志怪，未免为例不纯，于表章风教之旨，则未始不一耳。

纪昀《阅微草堂笔记》原称"马夫人尝从容谓曰"，《纪晓岚家书》改为"来书详述尔姨母之苦节"，将对话体改为书信体。

训 次 儿

(不宜盛气凌人)

【A】当世宦家子弟，每盛气凌轹，以邀人敬，谓之自重。不知重与不重，视所自为。

苟道德无愧于贤者，虽王侯拥篲不为荣，虽胥靡版筑不能辱。可贵者在我，在外者不足计耳。如必以在外为重轻，待人敬我，我乃荣，人不敬我，我即辱，则舆台仆妾皆可以自操荣辱，毋乃自视太轻耶！先师陈白崖先生尝手题于书言曰："事能知足心常惬，人到无求品自高。"斯真标本之论。【B】尔当录作座右铭，终身行之，便是令子。

【辨伪】A 见于《阅微草堂笔记》卷十五：

门人桐城耿守愚，狷介自好，而喜与人争礼数。余尝与论此事，曰："儒者每盛气凌轹，以邀人敬，谓之自重。不知重与不重，视所自为。苟道德无愧于圣贤，虽王侯拥篲不能荣，虽胥靡版筑不能辱。可贵者在我，则在外者不足计耳。如必以在外为重轻，是待人敬我我乃荣，人不敬我我即辱，舆台仆妾皆可操我之荣辱，毋乃自视太轻欤？"守愚曰："公生长富贵，故持论如斯。寒士不贫贱骄人，则崖岸不立，益为人所贱矣。"余曰："此田子方之言，朱子已驳之，其为客气不待辨。即就其说而论，亦谓道德本重，不以贫贱而自屈。非毫无道德，但贫贱即可骄人也。信如君言，则乞丐较君为更贫，奴隶较君为更贱，群起而骄君，君亦谓之能立品乎？先师陈白崖先生，尝手题一联于书室曰：'事能知足心常惬，人到无求品自高。'斯真探本之论，七字可以千古矣。"

寄族弟次良

(嘉许成人之美)

【A】中表为婚，古礼所禁，法律虽亦不许，却无犯罪专条。弟妇之侄，既在襁褓中与姑表妹订婚，时越十八年，令舅忽听辰哥之言，竟欲退婚，幸得我弟一言，始行台卺礼。当亲戚见礼时，新夫妇必向我弟九顿首以谢玉成之德也。吾不知讲学之士，何故食古不化，都喜离人婚姻。【B】昔有农人丁三宝者，亦自幼与姑表妹曾四宝订婚，旋因岁饥，皆被父母质于京师郑郎中家为仆婢，而讳言为未婚夫妇。郎中家法严峻，每笞三宝，四宝必从旁暗泣。郎中疑之，转质四宝于陈氏，旋三宝亦被逐。百计图谋，亦入陈氏为仆，得遇四宝，相持痛哭，时已十五六矣。陈氏怪问之，则诡以兄妹对。陈氏以其名行相连，深信不疑。后连年岁稔，两家父母同入京赎子女，转辗寻至陈氏，而告以始末，主人始知二人为未婚夫妇，甚悯恻之，拟助之合卺，而仍留服役。不料其馆师严子青，不知古今事异，昌言排斥，谓："中表为婚，不独礼法所不容，并且成婚后两家祖宗俱要受阴谴，父母同受天诛。主人意虽善，我辈读书人当以风化为己任，见悖理乱伦之事而不沮，非君子也。"遂向主人及两家父母力陈利害。乡愚信以为真，两愿离异，未几四宝鬻为选人妾，不数月以忧郁死。三宝发狂走出，自沉于河。未几，子青亦疽发背死。无端饶舌，害人即以自害，后世讲学家当亦知所儆惕矣。

【辨伪】B 见于《阅微草堂笔记》卷十五：

董家庄佃户丁锦，生一子曰二牛。又一女赘曹宁为婿，相助工作，甚相得也。二牛生一子曰三宝。女亦生一女，因住母家，遂联名曰四宝。其生也同年同月，差数日耳。姑嫂互相抱携，互相乳哺，襁褓中已结婚姻。三宝四宝又甚相爱，稍长，即跬步不离。小家不知别嫌疑，于二儿嬉戏时，每指曰："此汝夫，此汝妇也。"二儿虽不知为何语，然闻之则已稔矣。七八岁外，稍稍解事，然俱随二牛之母同卧起，不相避忌。

会康熙辛丑至雍正癸卯岁屡歉，锦夫妇并殁。曹宁先流转至京师，贫不自存，质四宝于陈郎中家(不知其名，惟知为江南人)。二牛继至，会郎中求馆僮，亦质三宝于其家，而诫勿言与四宝为夫妇。郎中家法严，每笞四宝，三宝必暗泣；笞三宝，四宝亦然。郎中疑之，转质四宝于郑氏(或云，即貂皮郑也)，而逐三宝。三宝仍投旧媒媪，又引与一家为馆僮。久而微闻四宝所在，乃夤缘入郑氏家。数日后，得见四宝，相持痛哭，时已十三四矣。郑氏怪之，则诡以兄妹相逢对。郑氏以其名行第相连，遂不疑。然内外隔绝，仅出入时相与目成而已。

后岁稔，二牛、曹宁并赴京赎子女，辗转寻访至郑氏。郑氏始知其本夫妇，意甚悯恻，欲助之合卺，而仍留服役。其馆师严某，讲学家也，不知古今事异，昌言排斥，曰："中表为婚，礼所禁，亦律所禁。违之，且有大诛。主人意虽善，然我辈读书人当以风化为己任，见悖理乱伦而不沮，是成人之恶，非君子也。"以去就力争。郑氏故良懦，二牛、曹宁亦乡愚，闻违法罪重，皆慑而止。后四宝鬻为选人妾，不数月，病卒。三宝发狂走出，莫知所终。

或曰："四宝虽被迫胁去，然毁容哭泣，实未与选人共房帏。惜不知其详耳。"果其如是，则是二人者，天上人间，会当相见，定非一瞑不视者矣。惟严某作此恶业，不知何心，亦不知其究竟。然神理昭昭，当无善报。或又曰："是非泥古，亦非好名，殆觊觎四宝，欲以自侍耳。"若然，则地狱之设，正为斯人矣。

寄从兄坦居

(论食奇珍异味须有定分)

食谱所列之珍品，惟熊掌、鹿尾为常见之物，驼峰出塞外，已罕睹矣。雪蛆、竹鼠更属少见，猩唇则仅闻其名。日昨闵少仪抚军馈我猩唇二牧，贮以锦匣，似甚珍贵，受而视之，自额至颏，全剥而腊之，口鼻眉目一一俱存，宛如戏场面具，余食指怦怦动。庖人不能治，厨娘不能烹，遍请京馆中厨司，亦皆不识。余即馈之董尚书，旋亦转赠他人。迄未晓其烹饪法，谅来得尝异味，须有定分也。

【辨伪】《阅微草堂笔记》卷十五：

八珍惟熊掌、鹿尾为常见，驼峰出塞外，已罕觏矣(此野驼之单峰，非常驼之双峰也。语详《槐西杂志》)。猩唇则仅闻其名。乾隆乙未，闵抚军少仪馈余二枚，贮以锦函，似甚珍重。乃自额至颏全剥而腊之，口鼻眉目，一一宛然，如戏场面具，不仅两唇。庖人不能治，转赠他友。其庖人亦未识，又复别赠。不知转落谁氏，迄未晓其烹饪法也。

寄兰妹

（论医治食滞简便法）

吾妹食后易起凝滞，若系米食或荤腥凝滞，即以所食之物烧灰存性，调水服之，必愈。盖油腻入腹先凝，食物过多者遇之必滞。凡药物入胃，必凑其同气，故某物之灰能到某物凝滞处。油腻遇灰必散，故灰到处其滞立解。譬之以灰汤洗衣，油垢尽脱，亦犹是理也。此为食物凝滞秘方。若脾弱之凝滞，胃满之凝滞，气虚之凝滞，血瘀之凝滞，痰结之凝滞等，则非食物灰所能治，宜请名医诊脉，对症发药，较有把握。擅食丹方，似非所宜也。

【辨伪】待考。

寄秀岚弟

（告知目睹雄鸡产卵）

【A】雌鸡生卵，为恒有事；而雄鸡生卵，只见《新齐谐》中记事一则，余以为寓言而已。哪知门人李秀升，日昨送来一枚雄鸡蛋，其大如指顶，似闽中落花生，外有斑点，向日照之，中作深红色，据云可用以点目眚甚效。余尚不深信，秀升曰："夫子见疑，明日持鸡来，待其当场产卵以献。"明晨果以锦鸡来，畜于庭，至午后产一卵，状与前同。余取卵而还以鸡，旋告阿迪斯少司农。阿曰："是虽罕睹，可以人力为之，只须以肥壮雄鸡闭笼中，纵群雌绕笼外，使相近而不能相接，久而精气抟结，自能产卵。"此亦理之所宜然。惟能明目则莫明其故。世人有以蛇卵欺售者，然映日不作深红色，真伪可立判。【B】语云，世间无奇不有，洵非虚语也。

【辨伪】A 见于《阅微草堂笔记》卷十六：

> 《新齐谐》（即《子不语》之改名）载雄鸡卵事，今乃知竟实有之。其大如指顶，形似闽中落花生，不能正圆，外有斑点，向日映之，其中深红如琥珀，以点目眚，甚效。德少司空成、汪副宪承霈皆尝以是物合药。然不易得，一枚可以值十金。阿少司农迪斯曰："是虽罕睹，实亦人力所为。以肥壮雄鸡闭笼中，纵群雌绕笼外，使相近而不能相接。久而精气抟结，自能成卵。"此亦理所宜然。然鸡秉巽风之气，故食之发疮毒。
>
> 其卵以盛阳不泄，郁积而成，自必蕴热，不知何以反明目？又《本草》之所不载，医经之所未言，何以知其能明目？此则莫明其故矣。汪副宪曰："有以蛇卵售欺者，但映日不红，即为伪托。亦不可不知也。"

寄弟秀岚

（遇水灾宜急筹放赈并施药防疫）

淫雨兼旬，暴风助虐，吾乡秋收已无望矣。陆地成江，舍南舍北蛙游鱼戏，几无一片干净土。宦家富室，安居城市，依然席丰履厚，不过稍受田产上之损失耳。至于农民，终岁勤劳，惟望秋成之大有，而今一望汪洋，禾田尽成泽国，悬釜无炊，章身无具，转瞬西风陡起，遍野哀鸿，将何以过此三冬乎！若不散放急赈，灾民不甘坐以待毙，蜂起而为走险之谋，则城市中之宦家富室亦难高枕而卧矣。愚兄已函致直督拨款赈济，无如灾区过广，仅恃公款，断难成事。吾弟宜就商各绅士，如刘省吾、陶季梅辈，素为乡人所推重，当举为急赈发起人。募集捐款，自可集腋成裘。一面分段设立施粥厂，一面赶制棉衣，散给办事员，须由各绅士指派热心公益之人，督率夫役，施粥施衣，不宜假手地保胥吏。盖若辈不顾灾黎生死，只顾私囊饱满，莫怪世人不甘解囊相助善举，只恐徒供中饱，灾民难得实惠耳。务望吾弟留意。若辈得闻放赈，必然争揽经手，能少用一公役，可多活灾民数十。至嘱至嘱。再者灾荒之后，必连疫疠，推原其故，由于灾民因冻饿而死者众，酿成疫疠，传染极速。爰特录寄治疫方一纸，系曹慕堂宗丞所赠，颇有奇效，宜速照方配置药丸，苟灾区发见疫疠，即可散给，其功德更大于散赈也。

【辨伪】待考。

寄从兄旭升

（论官吏尚廉洁而被恶声）

居官廉洁，自持自省，不取非义财，而悠悠众口，仍有诋毁其糊涂者，其故由于无知人之明，误用奸黠之徒，招摇纳贿，累及主人，亦被恶名。同年陈半江官直隶时，其戚陆某为县令，廉介自持，而官声不振。半江告之曰：“作宰贵廉明，能窥测人心之忠正奸邪，可博名誉隆然。否则纵尚廉介，必蒙昏庸之毁。”其戚不悟，卒被殃民之咎，被参撤任，岂不冤哉！

【辨伪】待考。

寄弟秀岚

（论书画得失似有前定）

书画之得失，殆亦有缘分耶！有缘者，虽被窃而能复得；无缘者，不被窃亦能遗失。潘南田画有逸气，余甚爱之，惟其性情孤峭，使酒骂座，落落然不合于时。偶为余作梅花横幅，余题一绝曰：“水边篱落影横斜，曾在孤山处士家。只怪樛枝蟠似铁，风流毕竟让桃花。”盖戏其人性之倔强也。后余从军塞外，侍姬辈嫌其敝黯，被一女画师以自绘桃花立轴易去。迨余还京，不见此画，询诸家人，宋姬曰：“因公嫌其不如桃花，已与某画师调换桃花横幅矣。”而今南田已死，无从乞其再绘，岂非得失亦有前定耶！

【辨伪】《阅微草堂笔记》卷十六：

> 潘南田画有逸气，而性情孤峭，使酒骂座，落落然不合于时。偶为余作梅花横幅，余题一绝曰：“水边篱落影横斜，曾在孤山处士家。只怪樛枝蟠似铁，风流毕竟让桃花。”盖戏之也。后余从军塞外，侍姬辈嫌其敝黯，竟以桃花一幅易之。然则细琐之事亦似皆前定矣。

今按：此诗以《题梅花》为题录入《清诗纪事》。元人胡奎《临安胜览》诗云："最忆孤山处士家，水边林下见横斜。天寒万木俱摇落，铁石心肠是此花。"(载《全元诗》第四十八册第311页)可见纪昀之诗亦有所因袭。

寄族弟次良

(规劝察吏须泯偏见)

今之督抚道府，只知察吏，不知训吏，夫上司与下属，犹如父兄之与子弟，乌可不加训诲！盖察吏仅能分别善恶，训吏可以化恶为善，斯其成就者多，吏治有澄清之日。圣人云："己身正，不令而行；己身不正，虽令不从。"故督抚道府，必先以身作则，斯属吏尽尚廉明矣。盖中人之资，可与为善，可与为不善。上司好恶一端，纵有贪庸之猾吏，亦能渐移默化，一变而为廉干之员。粤省官吏庞杂，风俗颓靡久矣。吾弟既能洞见症瘕，不难对症施药，立除痼疾，且制军又极器重我弟，苟有嘉谋入告，自能立见施行。惟举措不宜过尚严峻，只须去其贪鄙以及昏庸太甚者，举其廉明干练者，不必追求既往，细按出身。进士作知县，未必人人廉干，军功捐职，岂尽个个贪庸！盖学术与治术显分泾渭。学术从古纸堆中得来，只须读破万卷书，取青紫便如拾芥。治术全由经验阅历而得，凡属军功必然久参戎幕，捐职又必听鼓有年，积有劳绩，始补实缺。其于民间疾苦详悉靡遗。故听讼之才较优于新进儒吏也。吾辈功名虽亦从青灯黄卷中得来，而今反轻视儒吏，未免失之自轻。然因吾弟到省以来，所赏者都属儒吏，所黜者尽系军功捐职，胸中苟无偏见，决无如斯之巧合也。殊不知军功捐职之得缺，难于考职何啻倍蓰！吾弟宜稍存矜全之意，对于某某当权时钻营之人，不当概加白眼。盖善钻营者最工揣摩，苟上司清正，若辈亦能尚廉洁，断不敢复萌贪鄙之念。未识吾弟以斯言为然否？

【辨伪】待考。

训 诸 子

(诰诫勿持傲谩勿尚奢华)

余家托赖祖宗积德，始能子孙累代居官。惟我禄秩最高，自同学业未进，天爵未修，竟得位居宗伯，只恐累代积福，至余发泄尽矣，所以居下位时，放浪形骸，不修边幅，官阶日益进，心忧日益深。古语不云乎，跻愈高者陷愈深。居恒用是，兢兢自奉，日守节俭，非宴客不食海味，非祭祀不许杀生。余年过知命，位列尚书，禄寿亦云厚矣。不必再事戒杀修善，盖为子孙留些余地耳。尝见世禄之家，其盛焉，位高势重，生杀予夺，率意妄行，固一世之雄也。及其衰焉，其子若孙，始则狂赌滥嫖，终则卧草乞丐，乃父之尊荣安在哉！此非余故作危言以耸听。吾昔年所购之钱氏旧宅，今已改作吾宗祠者，近闻钱氏子已流为叫化，其父不是曾为显宦者乎！尔辈睹之，宜作为前车之鉴，勿持傲谩，勿尚奢华，遇贫苦者宜赒恤之，并宜服劳。吾特购粮田百亩，雇工种植，欲使尔等随时学稼，将来得为安分农民，便是余之肖子，纪氏之鬼，永不馁矣。尔等勿谓春耕夏苗，胼手胝足，乃属贱丈夫之事，可知农居四民之首，士为四民之末，农夫披星戴月，竭全力以养天下之人，世无农夫，人皆饿死，乌可贱视之乎！戒之戒之。

【辨伪】待考。

寄族侄起凡

（劝勿为不道德之事）

讼之为害大矣哉！有含冤不得伸，衔恨而觅死者；有缠讼多年，因而破家者。其故皆由讼师暗中把持，以曲作直，捏造讼牒，官长误认为真，是非颠倒，沉冤莫白。讼师之造孽，擢发难数矣。近闻人言，吾侄恒为人草书讼牒，余却不信。盖吾侄深得令先严衣钵，学问优长，欲谋温饱，何事不可为，而甘作此不道德之事！但愿有则改之，无则加勉。盖凡为刀笔吏者，自身侥幸不受桎梏之苦，其子孙必不昌。余所见不鲜，吾侄岂独无闻见耶！

【辨伪】待考。

清倪国琏《康济录》卷四上："无谓末俗之难移也。上果有爱民之官，下断无不化之民，于公义见之矣。讼之为害也，结深仇，费钱帛，起奸伪，隳事功，不一而足，人情由此而恶薄，风俗何由而得新。今辛公以清狱之德，外宿之诚，感动愚顽，州人悉以讼为耻，非古之遗爱欤？"

寄 内 子

（话借尸还魂）

来书云，兰姬之母死而复苏，喉音变易，子女亦不识，此非奇病，乃系借尸还魂。其本身已死，所活者乃他人之魂魄，故并子女都不认识也。尝闻门人长公泰言，其乳娘因中风猝死，次日方营棺殓，手足忽动，渐能屈伸。俄尔起坐，问此何处，众以为犹是病中谵语也，既见其环视室中，意若省悟，喟叹数声，又默然无语。从此病顿愈，喉音与行步皆若男子，丈夫至前亦不相识。家人知有异，细加诘问，始自言本为男子，数日前死至冥司，冥王检簿，知阳寿未尽，因阴骘有亏，当谪为女身，借此妇尸复生，遂命鬼役导入此室，倏如梦醒，则已身卧榻上。问其姓名，坚不肯吐。其夫又尝闻其梦呓，谓作官十一年，积金徒供儿辈挥霍，后悔无及。呼醒闻之，则又言不知梦中所作何语。兰姬母之复生，亦犹此妇也。尔奚不询其究系谁氏之魂，是男是女，只恐其模糊不记忆耳。是亦一则笔记好资料也。

【辨伪】《阅微草堂笔记》卷十六：

> 乾隆丙辰、丁巳间，户部员外郎长公泰有仆妇，年二十余，中风昏眩，气奄奄如缕，至夜而绝。次日方为营棺殓，手足忽动，渐能屈伸，俄起坐，问此何处，众以为犹谵语也，既而环视室中，意若省悟，喟然者数四，默默无语，从此病顿愈，然察其语音行步，皆似男子，亦不能自梳沐，见其夫，若不相识，觉有异，细诘其由，始自言本男子，数日前死魂至冥司，主者检算未尽，然当谪为女身，命借此妇尸复生，觉倏如睡去，倏如梦醒，则已卧板榻上矣。问其姓名、里贯，坚不肯言，惟曰事已至

此，何必更为前世辱，遂不穷究。初不肯与仆同寝，后无词可拒，乃曲从，然每一荐枕，辄饮泣至晓，或窃闻其自语曰：“读书二十年，作官三十余年，乃忍耻受奴子辱耶?”其夫又尝闻呓语曰：“积金徒供儿辈乐，多亦何为?”呼醒问之，则曰未言，知其深讳，亦姑置之。长公恶言神怪事，禁家人勿传，故事不甚彰，然亦颇有知之者。越三载余，终郁郁病死，讫不知其为谁也。

今按：清万维翰《幕学举要》云：“中风猝死，手足爪甲俱青，真心痛者，四肢俱青，凡有别无起衅争角情事，而检验多有可疑者，须细问其平素有无疾病，或食异物，于《洗冤录》及医书详查之，不可自生疑窦，冤滥无辜。”

寄从兄旭升

（论修仙须先绝欲）

释家能夺舍，道家能换形。夺舍者，托孕妇固有之胎儿而转生；换形者，血气已衰，大丹未成，则借一壮盛之躯，与之互易。此惟有德行之释道，始能夺舍换形，尚不能终成证果。至于常人，六根未净，嗜欲多端，更不知去修道之途几千万里矣！世间惟狐修道最易。次辰哥常言，有张仲深者，交一狐友，偶问其修道之术，狐言吾族修道，先炼幻形，道渐深则炼脱形，脱形之后，可以换形。狐之换形，与道家之换形相同。故凡痴人忽黠，黠者忽痴，与初不喜学仙，而忽好服饵导引，人怪其性情倏变，实因魂气已离，狐附其体而生也。然既按人形，即受人道之拘束，不复能幻化，亦有如人之惑溺于声色货利嗜欲，同堕轮回，故非道力坚定，都不敢轻涉世缘，恐浸淫而不能自觉耳。故能幻人形之狐，往往祟人，即道力不坚定也。其言颇近理。于是知人欲修仙，必须摒绝声色货利嗜欲，始有精进成功之望耳。

【辨伪】《阅微草堂笔记》卷十六：

释家能夺舍，道家能换形。夺舍者，托孕妇而转生；换形者，血气已衰，大丹未就，则借一壮盛之躯，与之互易也。狐亦能之。族兄次辰云：有张仲深者，与狐友，偶问其修道之术，狐言初炼幻形，道渐深则炼蜕形，蜕形之后，则可以换形。凡人痴者忽黠，黠者忽颠，与初不学仙，而忽好服饵导引，人怪其性情变常，不知皆魂气已离狐附其体而生也，然既换人形，即归人道，不复能幻化飞腾，由是而精进，则与人之修仙同其证果较易，或声色货利嗜欲牵缠，则与人之惑溺同其堕轮回亦易。故非道力坚定，多不敢轻涉世缘，恐浸淫而不自觉也。其言似亦近理，然则人欲之险其可畏也哉！

寄 内 子

（仙笔题诗都属词人弄笔不足取信）

淑儿产后虚弱，病久不愈，药饵遍尝，如汤沃石。尔闻人言吕祖殿仙笔题诗，灵迹昭然，求方问病者户限为穿，尔亦为淑儿代求仙方，迭服三剂，而病转增剧，余以为还是不服药为中医，死生有命，反得痊愈，亦未可知。若再方药杂投，爱之适以害之也。至于仙笔题诗，更不足凭。犹记余从军西域时，偶为毛功加副戎赋一绝句曰："雄心老去渐颓唐，醉卧将军古战场。半夜醒来吹铁笛，满天明月满林霜。"余未存稿。后同年杨君逢元过访，偶话及之。不知杨君于何时登城北关帝祠，以此诗戏题于壁，未署姓名。旋为祠中道士所睹，遂传为仙笔。余畏人乞诗，未敢自言，杨君已他去，毛副戎亦调赴伊犁，竟无人说破，而关帝祠香烟因之大盛。然则吕祖殿之仙诗安知不是游人题壁，亦如余之忘题姓名耶？乌可信为仙迹，而以儿女之性命付之欤！

【辨伪】《阅微草堂笔记》卷十六：

> 余从军西域时，草奏草檄，日不暇给，遂不复吟咏，或得一联一句，亦境过辄忘。《乌鲁木齐杂诗》百六十首，皆归途追忆而成，非当日作也。一日，功加毛副戎自述生平，怅怀今昔，偶为赋一绝句曰："雄心老去渐颓唐，醉卧将军古战场。半夜醒来吹铁笛，满天明月满林霜。"毛不解诗，余亦不复存稿。后同年杨君逢元过访，偶话及之。不知何日杨君登城北关帝祠楼，戏书于壁，不署姓名。适有道士经过，遂传为仙笔。余畏人乞诗，杨君畏人乞书，皆不肯自言，人又微知余能诗不能书，杨君能书不能诗，亦遂不疑及，竟几于流为丹青。迨余辛卯还京祖饯，于是始对众言之，乃爽然若失。昔南宋闽人林外题词于西湖，误传仙笔。元王黄华诗刻于山西者，后摹刻于滇南，亦误传仙笔。然则诸书所谓仙诗者，此类多矣。

《纪文达公遗集》诗集卷十《书赠毛副戎》："雄心老去渐颓唐，醉卧将军古战场。半夜醒来吹铁笛，满天明月满林霜。"《清诗纪事》据《笔记》录入此诗(详见第1413页)。

训 三 儿

（诫勿恃才傲人）

【A】尔之诗文，果然语语珠玑，绝无瑕疵可摘，人皆赞美之不遑，乌有人指摘一字！尔莫谓登贤书是尔学问优长，有以致之，乃是赖余之微名，始得徼幸成名。莫怪士林中啧有烦言，文才较尔高出十百倍，依旧青衿一领，屡困场屋，不得脱颖而出者何可胜数哉。以后毋再傲岸自大，愈谦抑，则人愈敬重；愈狂妄，则人愈轻视。【B】尝闻刘东堂言，有同学葛生，性悖妄。诋訾今古，高自位置，有指摘其诗文一字者，衔之如刺骨。会住河间岁试，同寓十余人，散坐庭中纳凉，葛生纵意狂谈，众皆缄口。忽闻树后一人抗词争辩，连抵其隙，葛生理屈词穷，怒问："子为谁？"暗中应曰："我河间宿儒焦王相也。"葛生骇问曰："闻子于去冬作古矣。"笑应曰："不死，焉敢捋虎须，与君争辩耶！"葛生跳掷叫号，沿墙寻觅，卒无所见。【C】尔毋蹈葛生之覆辙，戒之戒之。

【辨伪】B节见于《阅微草堂笔记》卷十六：

> 刘东堂言：狂生某者，性悖妄，诋訾今古，高自位置，有指摘其诗文一字者，衔之次骨，或至相殴。值河间岁试，同寓十数人，或相识，或不相识，夏夜散坐庭院纳

凉，狂生纵意高谈，众畏其唇吻，皆缄口不答，惟树后坐一人，抗词与辩，连抵其隙，理屈词穷，怒问："子为谁？"暗中应曰："仆焦王相也。河间之宿儒。"骇问："子不久死耶？"笑应曰："仆如不死，敢捋虎须耶？"狂生跳掷叫号，绕墙寻觅，惟闻笑声吃吃，或在木杪，或在檐端而已。

谕 次 子

（嘉媳纯孝）

【A】尔母患疟痢，卧床两月，几濒于危，吾亦以为将溘先朝露矣，而今竟得告痊，殊令人喜出望外。昨得尔母来书，云此次得以不死，全赖次媳纯孝格天心，始得喜占勿药。盖当病笃时，尔妇曾背人割臂肉入药以进，并且两月来夜夜衣不解带，在病榻前侍奉。家门出此孝媳，殆尔母平生未尝骂奴扑婢，因是修得之耶！荣幸之至。【B】余尝闻竹汀侄言，有夜宿城隍庙廊者，闻殿中鬼语曰："奉牒拘某妇，被其媳孝心感天，有神护宅不得入，不能摄取。"城隍曰："愚忠愚孝，至诚格天，与强魂捍拒者其事迥异，此宜申岳帝取行止，毋遽以厉鬼往也。"闻竹汀之言，足知人定胜天，确有是理。【C】尔母此次得以转危为安者，必系次媳精诚所至，冥鬼不能摄取病人魂魄也。

【辨伪】B节见于《阅微草堂笔记》卷十七：

竹汀又言：有夜宿城隍庙廊者，闻殿中鬼语曰："奉牒拘某妇，某妇恋其病姑，不肯死，念念固结，神不离舍，不能摄取，奈何？"城隍曰："愚忠愚孝，多不计成败，与命数争，徒自苦者，固不少精诚之至鬼神所不能夺者，挽回一二，间亦有之与强魂捍拒，其事迥殊。此宜申岳帝取进止，毋遽以厉鬼往也。"语讫，遂寂。后不知究竟能摄否？然足知人定胜天，确有是理矣。

寄族侄贻孙

（辩论古诗人引用鬼典故）

【A】来书云，李义山诗有"空闻子夜鬼悲歌"句，李昌谷诗有"秋坟鬼唱鲍家诗"句，类于此者甚夥。何古人都闻鬼吟不为怪，今人偶闻鬼叫，便为不祥？按义山诗中之鬼悲歌，并非真闻鬼歌，乃用晋时鬼歌《子夜》事也。昌谷诗中之秋坟鬼唱，亦非亲聆鬼吟鲍家诗，乃用鲍参军《蒿里行》之典，幻窅其词耳。惟今世却实有其事。【B】同年田香沚尝读书别业，新秋之夜，月白风清，耳畔忽闻有度昆曲者，亮折清圆，凄心动魄，乃《牡丹亭·叫画》一出也。谛听出神，不辨其声自何来。造至曲终，忽省墙外皆断港荒陂，人迹罕至，此声究自何来？殆友人来此戏吾乎？则秋宵苦寂，正好剪烛共话。亟启户视之，惟月光皎皎，芦荻瑟瑟而已。【C】此可改易昌谷诗曰：'秋宵鬼唱《牡丹亭》。"以状其景也。

【辨伪】A、B见于《阅微草堂笔记》卷十七：

李义山诗"空闻子夜鬼悲歌"，用晋时鬼歌《子夜》事也。李昌谷诗"秋坟鬼唱鲍家诗"，则以鲍参军有《蒿里行》，幻窅其词耳。然世固往往有是事。

田香沚言：尝读书别业。一夕，风静月明，闻有度昆曲者，亮折清圆，凄心动魄。谛审之，乃《牡丹亭·叫画》一出也。忘其所以，静听至终。忽省墙外皆断港荒陂，人迹罕至，此曲自何而来？开户视之，惟芦荻瑟瑟而已。

A 节增加"来书云……类于此者甚夥。何古人都闻鬼吟不为怪，今人偶闻鬼叫，便为不祥？按义山诗中之鬼悲歌，并非真闻鬼歌……昌谷诗中之秋坟鬼唱，亦非亲聆鬼吟鲍家诗"，B 节增加"殆友人来此戏吾乎？则秋宵苦寂，正好剪烛共话"，"惟月光皎皎"。

寄琳妹

（劝勿鞭棰婢女）

【A】婢女亦属父母养育之爱女，只因家贫无以糊口，不得已忍痛鬻为婢。年小者七八，大者十二三，久依母膝，一日别离，其中心之痛苦，诚非楮墨所能形容者。主妇宜矜惜之，爱护之，使其渐忘思亲之念，则执役自少遗误。若一味以严厉待之，闻唤稍迟，即加斥责，失手堕盏，即施鞭棰，谁非人女，谁无父母？使将爱女易地以处之，其苦楚为何如耶！日昨大甥来京，愚兄下榻留之，夜灯对语，偶尔谈及吾妹待婢过严，去年一逃一死，现在仅留一婢。既有女佣足供呼唤，不必添婢矣。兄且举实事相告，度妹闻之，必起悚粟。【B】一为维扬某巨室（现在犹任要职，姑隐其名）眷属，连舻之任，傍晚泊江口。俄一巨舰来同泊，门灯樯帜，赫然官舫也。旋见二十余彪形大汉，露刃跃登己舟，尽驱妇人出舱外。邻舟一靓妆女子探首船窗，指巨室之妇曰："此即是矣。"群盗应声曳之去。一盗大呼曰："我即尔家逃婢之父，我因贫鬻女，供尔使唤，理也；何得横施酷虐，鞭棰炮烙，身无完肤，幸逃出遇我，今已嫁作豪杰妇。尔追捕不获，衔恨如刺骨。今来报复，特劫尔妇去，尝遍我女身受之鞭棰炮烙，便任其逃遁。"言讫扬帆而去。巨室悬重赏缉捕，卒无踪迹。夫贫至鬻女，岂复有所能为，不料其父能为盗也。婢受惨毒，岂复能图报，不料其能为盗妇也。蜂虿有毒，可不慎乎！又一富室主妇，御婢残忍，偶以小过，将婢褫衣禁闭空房。时值严冬，次日即冻死。婢父投县控告，官因验无伤痕，讼不得直，反受笞责。冤愤莫泄，遂于深夜挟刃逾垣入富室，并其母女手刃之。缉捕多年亦未弋获。此系李受公在任亲办之事，并非愚兄造言耸听。更有无父之婢，被虐图报，其祸更烈。今春京师前门外陆姓失火，夫妇子女五口俱遭焚死，独二婢未葬火窟，亦因主妇虐待过甚，二婢冤愤莫白，下此放火毒手。事无显证，并未追究。更有被虐已死之婢，亦能报冤。某部员之妻，日以鞭笞婢女为儿戏，一婢备受酷虐而死，越十余日，有黑气一团自檐际堕地，旋转如风，有声啾啾，直入内室。次日主妇疽发于背，如粟颗，日久四溃，首断而命绝，宛如刀斩。是为人所不能报，而鬼报之也。不有人祸，必有天刑。【C】望吾妹勿以斯言为河汉。至嘱至嘱。

【辨伪】B 见于《阅微草堂笔记》卷十七：

周景垣前辈言：有巨室眷属，连舻之任，晚泊大江中。俄一大舰来同泊，门灯樯帜，亦官舫也。日欲没时，舱中二十余人露刃跃过，尽驱妇女出舱外。有靓妆女子隔窗指一少妇曰："此即是矣。"群盗应声曳之去。一盗大呼曰："我即尔家某婢父。尔女酷虐我女，鞭棰炮烙无人理。幸逃出遇我。尔追捕未获，衔冤次骨。今来复仇也。"言讫，扬帆顺流去，斯须灭影。缉寻无迹，女竟不知其所终，然情状可想矣。

夫贫至鬻女，岂复有所能为？而不虑其能为盗也。婢受惨毒，岂复能报？而不虑其父能为盗也。此所谓蜂虿有毒欤？

又李受公言：有御婢残忍者，偶以小过，闭空房，冻饿死，然无伤痕。其父讼不得直，反受笞。冤愤莫释，夜逾垣入，并其母女手刃之。缉捕多年，竟终漏网。是不为盗亦能报矣。

又言：京师某家火，夫妇子女并焚，亦群婢怨毒之所为。事无显证，遂无可追求。是不必有父亦自能报矣。

余有亲串，鞭笞婢妾，嬉笑如儿戏，间有死者。一夕有黑气如车轮，自檐堕下，旋转如风，啾啾然有声，直入内室而隐。次日，疽发于项如粟颗，渐以四溃，首断如斩。是人所不能报，鬼亦报之矣。

人之爱子，谁不如我？其强者衔冤茹痛，郁结莫申，一决横流，势所必至。其弱者横遭荼毒，赍恨黄泉，哀感三灵，岂无神理！不有人祸，必有天刑，固亦理之自然耳。

寄秀岚弟

（论交友宜尚古道）

交友之道，贵乎患难相扶助，缓急可通商。若以势利相攀援，酒食相征逐，一朝失势，便视同陌路矣。古人友直友谅友多闻，今世士大夫大都以不谈人过为君子，不计其人之亲疏，不度其事之利害，一概守口如瓶，只因怕报嫌怨，喜博忠厚之名。见友受人引诱，被人诈欺，不肯直言忠告，则亦何贵乎交友哉！吾所知者，当世交友能矫时俗，而有古道热肠之风者，有同年朱竹君。因见其谱兄赵牧亭为群仆剥削，至衣食不给，奋然代为驱逐，牧亭生计遂得稍苏。又有同年曹慕堂，见其挚友陈裕斋殁后，孀妾孤子为长婿所凌逼，遂奋然鸠率旧好，代为驱逐，其子乃得以自存。当时清议称古道者百不一二，称多事者十恒八九也。又尝见崔总宪应阶娶孙妇，赁彩轿亲迎，仆人与六礼互相钩贯，非三百金不能得。众喙一音，至吉期前一日轿仍未赁，而索价更昂。崔公恚甚，自求贺喜友人代赁，皆避怨不肯应，反助仆为虐，谓彩轿本无定价，随各人贫富贵贱以消长，并称惯例非他人所可代赁。余闻之，愤不能平，即密告崔公，将己之乘轿，结彩缯用之，一时清议谓不肯代赁为非理者，百不一二，称美善体下情者，亦十恒八九也。吾弟与人变，宜力矫时俗，独尚古道，庶乎不差矣。

【辨伪】《阅微草堂笔记》卷十七：

张石粼先生，姚安公同年老友也。性伉直，每面折人过，然慷慨尚义，视朋友之事如己事，劳与怨皆不避也。尝梦其亡友某公盛气相诘曰："君两为县令，凡故人子孙零替者，无不收恤。独我子数千里相投，视如陌路，何也？”先生梦中怒且笑曰：“君忘之欤？夫所谓朋友，岂势利相攀援，酒食相征逐哉？为缓急可恃，而休戚相关也。我视君如弟兄，吾家奴结党以蠹我，其势蟠固。我无可如何。我常密托君察某某。君目睹其奸状，而恐招嫌怨，讳不肯言。及某某贯盈自败，君又博忠厚之名，百端为之解脱。我事之偾不偾，我财之给不给，君皆弗问，第求若辈感激，称长者而已。是非厚其所薄，薄其所厚乎？君先陌路视我，而怪我视君如陌路，君忘之欤？”其人瑟缩而去。此五十年前事也。大抵士大夫之习气，类以不谈人过为君子，而不计其人之亲疏，事之利害。

余尝见胡牧亭为群仆剥削，至衣食不给。同年朱学士竹君奋然代为驱逐，牧亭生计乃稍苏。又尝见陈裕斋殁后，孀妾孤儿为其婿所凌逼。同年曹宗丞慕堂亦奋然鸠率旧好，代为驱逐，其子乃得以自存。一时清议，称古道者百不一二，称多事者十恒八九也。

又尝见崔总宪应阶娶孙妇，赁彩轿亲迎。其家奴互相钩贯，非三百金不能得，众喙一音。至前期一两日，价更倍昂。崔公恚愤，自求朋友代赁。朋友皆避怨不肯应，甚有谓彩轿无定价，贫富贵贱，各随其人为消长，非他人所可代赁，以巧为调停者。不得已，以己所乘轿结彩缯用之。一时清议，谓坐视非理者亦百不一二，谓善体下情者亦十恒八九也。

训　三　儿

（鸡能报恩教人诫勿日杀一鸡）

【A】一念之善，必获厚报；无故杀生，必受巨殃。何苦以口腹之欲，而危及生命耶！余居官数十年，家厨非逢节忌不杀生。昨尔兄来禀云：尔自病后，日食童鸡一头。纵有补身之功，太觉造孽矣！病后调理，宜服开胃、健脾、补血、益气之剂，则身体容易复原。只食童鸡，有何益哉！【B】昔昌平有老妪，畜鸡众，只卖卵得钱购食料，苟向其买鸡充馔，虽十倍其值不肯售，由是繁殖日盛。住屋三楹，尽作鸡埘。将曙时，群鸡喔喔，声振四野。会届麦熟，其子媳刈麦曝于门外，群鸡忽从屋中飞出，十百成群，齐向晒麦处围绕啄食。妪及子媳各持竹竿自室内奔出，驱散群鸡。忽闻訇然一声，住屋摧圮，鸡即惊飞四散。若非群鸡争麦，全家皆葬于坍屋中矣。夫鹤知夜半，鸡知将旦，气之相感，精神动焉，非其真有知时之能，则万物成毁之数，更非禽鸟所能知，何以聚族而来，能脱主人于厄乎？此必有鬼神鉴其存心之善，暗使群鸡引其外出，以避祸欤！【C】莫谓羽族无知，既能报德，必能报仇，戒之哉！毋再日杀一鸡，以重口孽。

【辨伪】B 见于《阅微草堂笔记》卷十七：

昌平有老妪，蓄鸡至多，惟卖其卵。有买鸡充馔者，虽十倍其价，不肯售。所居依山麓，日久滋衍，殆以谷量。将曙时，喝声竞作，如传呼之相应也。会刈麦曝于门外，群鸡忽千百齐至，围绕啄食，媪持杖驱之不开，遍呼男女，交手扑击，东散西聚，莫可如何。方喧呶间，住屋五楹，訇然摧圮，鸡乃俱惊，飞入山去。此与《宣室志》所载李甲家鼠报恩事相类。夫鹤知夜半，鸡知将旦，气之相感，而精神动焉，非其能自知时也。故邵子曰："禽鸟得气之先。"至万物成毁之数，断非禽鸟所先知。何以聚族而来，脱主人于厄乎？此必有凭之者矣。

寄族侄贻孙

（论神仙清净与方士幻化之不同）

【A】谓无神仙，或云遇之，谓有神仙，又不常遇。愚叔竟无可决其有无。按：刘向、葛洪、陶弘景以来，记神仙之书不啻百家，所记神仙之名姓不啻千人，然后世皆不复言及。后世所遇，又自有后世之神仙。岂古之神仙虽能保固精气，而究亦终归迁化耶？凡神仙尚清净，方士尚幻化，截然两途。而诸书所记，能幻化者皆曰神仙，何其谬耶！【B】尝闻先母云，有王妪者，家居房山，山中有一老道，年约八九十，居一小庵，拾山果为粮。日夜击木鱼诵经，从未一至人家乞斋，馈遗亦不受。王媪有子性纯孝，雇佣于外，一夕夜归，过小庵，道士大骇曰：夜深虎出噬人，安得行，须我送尔！乃琅琅击木鱼作前导。果遇一虎跃出，道士以身障之，虎自去，道士亦还庵。后忽失所在。此或似当世神仙欤？然亦仅闻先母言，未曾目睹。【C】吾在山东，尝见一人，使童子登三层明楼，以手招之，翩然跃下无所损，此即方士禁制之术，并非神仙也。吾侄所见，殆亦方士之幻化欤！

【辨伪】见于《阅微草堂笔记》卷二十：

> 谓无神仙，或云遇之，谓有神仙，又不恒遇。刘向、葛洪、陶弘景以来，记神仙之书不啻百家，所记神仙之名姓不啻千人，然后世皆不复言及。后世所遇，又自有后世之神仙。岂保固精气，虽得久延，而究亦终归迁化耶？又神仙清净，方士幻化，本各自一途。诸书所记，凡幻化者皆曰神仙，殊为无别。
>
> 有王媪者，房山人，家在深山。尝告先母张太夫人曰：山有道人，年约六七十，居一小庵，拾山果为粮，掬泉而饮，日夜击木鱼诵经，从未一至人家。有就其庵与语者，不甚酬答，馈遗亦不受。王媪之侄佣于外，一夕，归省母，过其庵前。道人大骇曰："夜深虎出，尔安得行？须我送尔往。"乃琅琅击木鱼前导。未半里，果一虎突出。道人以身障之，虎自去，道人不别亦自去。后忽失所在。此或似仙欤？
>
> 从叔梅庵公言：尝见有人使童子登三层明楼上，御以手招之，翩然而下，一无所损。又以铜盂投溪中，呼之，徐徐自浮出。此皆方士禁制之术，非神仙也。

A、B之间以"尝闻先母云"一语连接，C段原本"从叔梅庵公言"，而改为"吾在山东"，似乎又得自目睹。《纪晓岚家书》以《阅微草堂笔记》为蓝本，妄加点窜，以欺世人。

二、《明人小传》辨伪

陈开林

《明人小传》抄本五册，每册首题书名，次行下标“檇李曹溶编辑”，钤国家图书馆藏书印。原书无序跋、无题识、无藏书人印记，借以考察版本的信息较少。书中“玄”、“胤”、“弘”缺末笔，“曆”字多作“歴”，或代以空格，间有作“曆”者。对于嘉庆皇帝名讳颙、琰二字，则径直书写，不加回避。由避讳可见此书显为乾隆时期抄本。

2003年，全国图书馆文献缩微中心将《明人小传》与《明季列臣传》合编，题曰《孤本明代人物小传》出版，以广流布。整理者在《前言》中提及此二书“均为国家图书馆馆藏仅存孤本，从未刊行”，且对《明人小传》的价值颇有揄扬，称“《明人小传》是洪武到崇祯的汇传集，入传者三千余人。这样多的人物传集，在《明史·列传》中恐怕也达不到……更何况，可在《明人小传》中找到不少稀见的明人传记资料”。同年，该书又被收入《稀见明史史料辑存》第20—22册，线装书局刊行；2008年，又见录于《明代传记资料丛刊》第一辑第15—16册，北京图书馆出版社刊行。

尽管该书为海内孤本，但收录明代人物众多，故屡被学界征引。1932年哈佛燕京学社编纂《八十九种明代传记综合引得》，1976美国亚洲研究协会（Association for Asian Studies）编纂《明代名人传》，均引用《明人小传》。涉及明代人物资料汇编、明代人物研究的相关专著、论文，也多援引此书。一般而言，在引录某人资料或注明某人知见资料时，《明人小传》与《明诗综》（或《静志居诗话》）大多同时并举，且《明人小传》位于《明诗综》之前。

随着传记资料索引等工具书的影响及此书的刊布，学者征引此书的频率日益增多。尽管在并录《明人小传》和《明诗综》（或《静志居诗话》）的传记时，二者内容相同，但这一现象并未引起征引者的注意。本文对此进行深入探讨，以揭橥二书的关系，借以辨析《明人小传》的相关疑义。

（一）《明人小传》与《明诗综》内容比较

《明诗综》100卷，秀水朱彝尊（1629—1709）辑录，仿效元好问《中州集》“以诗系人，以人系传”的体例，收录有明一代 3000 多位诗人的诗作，并撰有传记。今比勘《明人小传》和《明诗综》传记部分，可以发现二书内容几乎完全相同。探究二者的关系，先需对二书内容作一比照。兹就二者之异同，比较如下：

表一　　　　**《明人小传》与《明诗综》人物、卷次异同表**

《明诗综》				《明人小传》			备注
卷次及类名		人数		类名	人数		
卷 1—卷 82		2867		不分卷	2859		《明人小传》少 8 人
卷 83：乐章		10 篇		庆典	10 篇		注：非人物传记
卷 84：宫掖		6		女官	6		
卷 85：宗潢	秦藩	2	28	秦藩	2	28	
	周藩	4		周藩	4		
	齐藩	3		齐藩	3		
	鲁藩	2		鲁藩	2		
	辽藩	1		辽藩	1		
	宁藩	7		宁藩	7		
	沈藩	6		沈藩	6		
	唐藩	2		唐藩	2		
	益藩	1		益藩	1		
卷 86：闺门		79		列女	79		
卷 87：中涓		6		中涓	6		
卷 88：外臣		8		外臣	8		
卷 89：羽士		20		羽士	20		
卷 90—92：释子（上、中、下）		14	107	释子	106		《明人小传》少 1 人
		69					
		24					
卷 93：女冠、尼		5		女冠、尼	5		
卷 94：土司		4		土司	4		
卷 95—95：属国(上、下)	高丽	9	106	高丽	9	106	
	朝鲜	83		朝鲜	83		
	安南	7		安南	7		
	占城	1		占城	1		
	日本	6		日本	6		

续表

《明诗综》		《明人小传》		备注
卷96：无名子	52	无名子	52	
卷97：杂流	11	杂流	11	
卷98：妓女	23	妓女	23	
卷99：神鬼(物怪附)	22	神鬼(物怪附)	22	
卷100：杂谣歌辞、杂歌谣里谚	155首	无		注：非人物传记

由上表可知：(1)二书收录人物数目大体相同，《明诗综》共收3337人，《明人小传》较《明诗综》少9人，计3328人。《明诗综》卷80下顺次有“张履祥、董桥、王岩、周容、李沂、雷士俊、陶澂、姜安节”8人，姜安节为卷末之人，《明人小传》均无。《明诗综》卷92“释子”(下)中有“智观”，《明人小传》无。

(2)二书收录人物、排列顺序大致相同。只有三处顺序略有调整。《明诗综》卷44正文部分人物顺序为“冯皋谟、孙应鳌、王一鹗、张翀、潘季驯、梁梦龙、曹梅、庞尚鹏”，而目录顺序为“冯皋谟、潘季驯、梁梦龙、曹梅、孙应鳌、王一鹗、张翀、庞尚鹏”，《明人小传》与《明诗综》目录同；《明诗综》卷60正文部分人物顺序为“朱大启、郭忠宁、崔世名、孙元化、卓尔康、李衷纯”，而目录顺序为“朱大启、孙元化、卓尔康、郭忠宁、崔世名、李衷纯”，《明人小传》与《明诗综》目录同；《明诗综》卷72正文部分人物顺序为“周凤翔、刘理顺、吴麟徵、汪伟、吴甘来、许直、王章”(目录顺序同)，《明人小传》的顺序为“周凤翔、汪伟、许直、刘理顺、吴麟徵、吴甘来、王章”。

(3)传主及文本内容基本相同，只有二处略有差异。《明诗综》卷99神鬼(物怪附)有“清真观童子”，《明人小传》作“嘉兴乩仙”；《明诗综》卷60“李衷纯”传中《诗话》部分后半段文字，二书所载不同。

(4)《明诗综》按类分卷次，《明人小传》不分卷。二者类名稍有出入。卷83“乐章”，《明人小传》作“庆典”；卷84“宫掖”，《明人小传》作“女官”；卷86“闺门”，《明人小传》作“列女”；卷85“宗潢”、卷95—95“属国”(上、下)，《明人小传》则无类名。卷100“杂谣歌辞”、“杂歌谣里谚”乃仿效郭茂倩《乐府诗集》之例，摭采杂谣歌辞，与人物传记无关，《明人小传》无。

另外，就文本内容而言，《明诗综》文本纯熟，内容完善，而《明人小传》较之《明诗综》则错误较多，文本脱、讹、衍、倒现象比较频繁。对这些谬误，且行间多有是正，更改后则与《明诗综》同。

(二)《明人小传》与《明诗综》关系考辨

关于《明人小传》与《明诗综》的关系，以近人谢国桢先生(1901—1982)的看法较为典型。谢先生所著《晚明史籍考》，北平图书馆1932年刊行，后续有增订。该书蒐罗明代史

料典籍甚丰,《明人小传》见载于卷十七传记上,云:

> 明人小传五册　曹溶编辑　北京图书馆藏抄本
> 清檇李曹溶秋岳编辑
> 按:是书起万历,迄崇祯,每人各系一小传,后附诗话,与朱彝尊《静志居诗话》略同,盖恐《明诗综》之底本也。

谢先生认为《明人小传》是《明诗综》的底本,并指出"是书起万历,迄崇祯"。然而,此断语颇有失察之处,实则《明人小传》所录人物,起自明太祖朱元璋,迄于明末,而非"起万历"。

其后,王桂云先生撰《曹溶与〈静惕堂藏宋元人集目〉》,文中介绍曹溶著述,亦提及此书:"编辑《明人小传》五册,是书起万历,讫崇祯,每人各系一小传,后附诗话,与朱彝尊《静志居诗话》略同,盖恐《明诗综》之底本。"有关《明人小传》的断限及性质,王桂云所言和谢国桢先生几无不同,当是径袭《晚明史籍考》之说,而未实考其书。

王绍曾先生(1910—2007)编纂《清史稿艺文志拾遗》,匡补《清史稿·艺文志》之阙误,于"史部·传记类"对此书亦予以收录,称"明人小传五册　曹溶编辑　北京图书馆藏抄本　晚明",王绍曾先生关于此书的介绍,列为有关"晚明"的史籍,亦是沿袭《晚明史籍考》"起万历,迄崇祯"之说,而实未考究书中内容。

谢国桢先生和王桂云先生均认为《明人小传》为《明诗综》的底本。由上节二书内容比较可知,《明人小传》相较于《明诗综》内容不够完善,阙误较多,符合底本的一般情况,此说似有可能。但是,仔细比勘《明人小传》与《明诗综》的文本,可以发现一些线索,足以说明《明人小传》的抄录时间是在《明诗综》刊刻之后,学界所谓《明人小传》"乃《明诗综》之底本"的说法并不能成立。兹辨证如下:

(1)如果《明人小传》为《明诗综》底本的话,则说明朱彝尊在编纂《明诗综》的时候,其编纂工作是分两步进行的,即首先确定收录诗人的名单,并纂录其传记,然后在此基础上,再在各人传记之下附以诗作。今检《明诗综》卷86"朱大韶婢":

> 朱大韶婢 一首
> 题壁
> 无端割爱出深闺,犹胜前人换马时。他日相逢莫惆怅,春风吹尽道旁枝。
> 《诗话》:华亭朱吉士大韶,嘉靖丁未进士。性好藏书,尤爱宋时镂板。访得吴门旧姓有宋椠袁宏《后汉纪》系陆放翁、刘须溪、谢叠山三君手评,饰以古锦玉籤,遂以一美婢易之。盖非此不能得也。婢临行时题诗于壁,吉士见诗惋惜,未几捐馆。予闻之李高士延昰云。

《明人小传》"朱大韶婢"条(第三册第394页)的内容与《明诗综》相比,只少所选《题壁》诗。《明诗综》包括传记和选诗两个部分:传记部分含小传、辑评和诗话;选诗部分含诗作和诗话。而《明人小传》所载竟没有《明诗综》选诗部分的内容,显与前面假设不符。

另外,更为显著的例子,如《明诗综》卷23"姚翼":

姚翼 二首

翼字廷辅嘉兴人有桂岩集

春日与怀用和游鸳鸯湖

鸳鸯湖上春波平，鸳鸯飞入菰蒲鸣。秀州女儿肌骨轻，兰舟荡漾微风生。何人打鸭鸳鸯惊，春云绕郭花冥冥。夕阳落尽初月明，谁家小阁闻调筝。

《明人小传》“姚翼”条(第一册第319页)曰：

姚翼

翼字廷辅嘉兴人游鸳鸯有桂岩集

其中“游鸳鸯”三字显系涉下行诗题《春日与怀用和游鸳鸯湖》而衍。这足以说明《明人小传》的抄写是在《明诗综》的传记和选诗均已完成之后。

《明人小传》衍文的情况比较多，就涉上而衍、涉下而衍而言，说明《明人小传》在抄录的时候，必有一已成型的文本作依据。传记部分的“辑录资料”是纂辑诸家之说，此中有衍文不足为奇，但传记的主体部分中的衍文就颇值得推敲。因为这个部分乃朱彝尊剪裁旧闻，推陈出新而成。《明人小传》抄录所依据的资料来源，无疑即是《明诗综》。

(2)再就格式而言，《明诗综》选诗顶格，行21字。传主人名低一格，名为一字者与姓之间空一格。传记部分低3格，行18字，辑录资料、诗话部分小字双行，行27字。辑录资料附传记之后，诗话另起。与《明诗综》相较，《明人小传》格式与之保持一致。有脱、衍情况的，多于下文作缩放处理，以保持格式齐整。

《明诗综》卷60“左光斗”，今依刻本格式录入：

左光斗

光斗字共之桐城人万历丁未进士授中书舍

人擢浙江道御史升大理寺丞进少卿终左佥

都御史死珰祸赠太子少保右副都御史谥忠

毅有集

《明人小传》“左光斗”条(第三册第20页)，格式、文本与之完全一致，独缺“都御史死珰祸赠太子少保右副都御史谥忠”句。这就说明《明人小传》是据《明诗综》的刊本抄录的。

(3)《明诗综》卷86“闺门”、卷87“中涓”、卷93“女冠、尼”、卷94“土司”、卷95—95“属国(上、下)”之“高丽”、“朝鲜”、“安南”、卷97“杂流”、卷98“妓女”前均有“诗话”，类似传统目录中的类序。“杂流”卷前引《静志居诗话》曰“故录杂流。自谷淮以下而兼从之。能诗者附焉”，则可知此类诗话是撰于入选诗人名录确定之后。再寻绎其他诗话，似为选诗确定后所作。

予为搜访，仅得六人焉。此外若杨友、吕宪、戴义、李学辈，虽间有诗句流传，多不成章，虽欲广之而未得也。(卷87“中涓”)

迨天启、崇祯之季，始有付巾拂立禅林者。因合女冠为一卷。(卷93“女冠、尼”)

《静志居诗话》：高丽文教，远胜他邦。自元以前诗，曾经大司成鸡林崔瀣彦明父选目录曰《东人之文》，凡二十五卷。度必有可观，惜无从访求。今之存者，仅会稽吴明济子鱼《朝鲜诗选》而已。近又有人为王氏诸臣白冤，可谓发潜德之幽光矣。予更证以《高丽史》、《东国通鉴》、《东国史略》、《殊域周咨录》、《皇华集》、《輶轩录》，订其异同，补其疏漏，论次稍加详焉。(卷94“高丽”)

《诗话》：安南曾为郡县，渐文治者深。而其国人诗选，家多置不录。予从李文凤《越峤集》择其词旨驯雅者著于篇。(卷95“安南”)

于是北里鲜有不作韵语者，其伪真无由而辨识矣。姑从诸家选本缀录成卷。(卷98“妓女”)

由此可以发见，《明诗综》“因合女冠为一卷”、参稽众本方言“订其异同，补其疏漏”、就李文凤所编总集“择其词旨驯雅者著于篇”、“从诸家选本缀录成卷”等，此类总论性的“诗话”当为诗人、诗作均选录完成之后方才撰成。而《明人小传》也抄录了这些“诗话”中的文字，仅“闺门”前的一段失收，这明显超出一部传记类著作的范围。

(4)另外，《明人小传》文本偶有圈改之处，核对内容，即是对《明诗综》的错讹予以补正。如《明诗综》卷39：

李舜臣 二首

舜臣，字懋钦，一字梦虞，乐安人。嘉靖癸未会试第一，由户部主事改吏部。历考功员外郎，出为江西提学佥事，改南国子司业，转尚宝卿。久之，召为太仆卿。有《愚谷集》。

传后辑有孔汝锡和钱谦益的相关评介资料。兹录《明诗综》所引钱说如下：

钱受之云：懋钦伯华才名相颉颃，并由吏部左迁并以京堂罢免皆为权贵人齮龁。伯华纵酒度曲，颓然自放。懋卿壹意经术。两人学业不同，而志趣䜣合。三斋之士屈指先辈，必称二李焉。

《明诗综》所引“舜臣，字懋钦”、“懋卿壹意经术”，前后不同。钱谦益《列朝诗集小传》并作“懋钦”，《明诗综》抄录有误。《明人小传》“李舜臣”条中“卿”字上加圈，旁注小字“钦”(第二册第93页)，是正《明诗综》之误。

另《明诗综》卷57“谢肇淛”传后引“李本宁云”，中有“绝句意在笔为，韵在言外”。《明人小传》“为”字加圈，改为“先”(第一册第407页)。李维桢字本宁，隆庆二年进士，著《大泌山房集》。上引文见其所作《谢工部诗集序》，“为”正作“先”。《明诗综》抄录有误。中华书局点校本《明诗综》因为整理者仅施加标点，未作考订，故而未查考李维桢原文，径直点作“绝句意在笔，为韵在言外”，显为破句。

如果《明人小传》为《明诗综》的底本的话，何以这些正确的订正成果都没有在《明诗综》中得到体现呢？

综上所论，《明人小传》一书乃是在《明诗综》刊刻之后，乾隆时某一人抄撮《明诗综》传记而成。此前，钱谦益编《列朝诗集》，选录明代2000位诗人的诗作，并分别撰写了传记。其族孙陆燦曾据《列朝诗集》中的小传辑成《列朝诗集小传》一书。《明人小传》的编者可能与钱陆燦的想法相同，意识到《明诗综》传记的价值，因此从事《明诗综》传记的辑录工作，予以别行。

然而《明人小传》内容庞杂，体例不纯，如“庆典”类所录，依次为“庆成宴”、“太庙时享”、“太学释奠”、“雩祀”、“立春特享武宗”、“圜丘”、“升祔”、“改上成祖谥号”、“伐倭告祭南郊”、“告祭北郊”，均非传记。“无名子”卷所录之“广东歌堂词”、“翰林馆课”、“粉墨春秋”、“潼川碑”、“黄州志”、“昌平州志”、“广西旧志”……则更与传记渺不相关。或由于辑录者只顾抄录《明诗综》，而未暇细审其内容，以致失于删削。

(三)《明人小传》辑者考辨

由于抄本《明人小传》每册书名下标有“槜李曹溶编辑”，故此书辑者向来被认为是清初学者曹溶。学界对此深信不疑。笔者所见，迄今只有吴晓铃先生曾对此提出过质疑。吴先生在《〈辍耕录通检〉序文》文尾的注释(六)中著录“陶氏事迹”，所列书目之八即《明人小传》。吴先生指出：

> 清曹溶《明人小传》卷一，有旧抄本，国立北京图书馆普通书库入藏。此书作者于卷五中称朱茂曙为父，朱茂曜、朱茂皖及朱茂睭为叔，似非出诸曹氏之手。

吴先生据书中人物称谓对《明人小传》的作者产生了怀疑，可谓别具只眼。然而，正如张舜徽先生所言，著作、编述、抄纂三者体制有别，而《明人小传》标明“曹溶编辑”，显非著作。

不过，吴先生提及的人物称谓恰可为探究《明人小传》的编者提供一条线索。由于吴先生对此问题只是附带论及，并未进行专门探讨，故而在学界未引起相应的反响，未能改变学界对曹溶辑《明人小传》这一传统的认知。但是这一质疑值得深入研究。按，朱茂曙(1601—1663)正是朱彝尊之父。朱彝尊之祖朱大竞，子嗣五人，分别为：朱茂晖、朱茂曙、朱茂時、朱茂皖、朱茂暽。另外，其叔祖朱大启有子朱茂睭、朱大烈有子朱茂曜。以故朱茂曜、朱茂皖及朱茂睭均为兄弟辈。由此而言，《明人小传》所载的材料当与朱彝尊有关。上文已经论证《明人小传》为抄录《明诗综》而成，则其中的资料与朱彝尊有关，也就不足为奇了。

至于曹溶，则显然不会是《明人小传》的编辑者(或抄录人)。曹溶(1613—1685)，字洁躬，又字鉴躬，号秋岳，晚号倦圃老人，浙江秀水人。明崇祯十年(1637)进士。撰有《崇祯五十宰相传》、《流通古书约》、《静惕堂藏宋元人集目》、《续献征录》60卷等。《清史稿》中有传。曹溶家富藏书，为江浙一带名藏书家。朱彝尊编纂《词综》，曾利用曹溶的藏书。他在《词综·发凡》中记载："是编所录，半属抄本，白门则借之周上舍雪客、黄征士俞邰，京师则借之宋员外牧仲、成进士容若，吴下则借之徐太史健庵，里门则借之曹侍郎秋岳，余则汪子晋贤购诸吴兴藏书家，互为参定。"曹侍郎秋岳即是曹溶。此外，朱彝尊曾抄录过不少曹溶的藏书。康熙二十四年，曹溶去世，朱彝尊作《曹先生溶挽诗六十四韵》，"签帙无由借，人琴自此捂"，个中感慨可见一斑。

曹溶长朱彝尊十六岁，二人交好。崔晓新考论朱彝尊、曹溶交游，认为曹溶"是朱彝尊政治的庇护者，经济的援助者，交游的引荐者，创作的引导者，学术的协助者"，进而指出"曹溶对朱彝尊一生有巨大的影响，是朱氏交游中最重要的一位"。

关于朱彝尊编纂《明诗综》的时间，容庚先生曾有论及。容先生指出："此书作于何年，未得而详。其与韩菼书(《曝书亭集》三三：八)云：'彝尊自知梼杌，见弃清时，老而厄穷，兼又丧子，无以遣日……因仿鄱阳马氏《经籍考》而推广之……编成《经义考》三百卷。……近又辑《明诗综》百卷，亦就其半。'彝尊之子昆田卒于康熙三十八年，则《明诗综》之编辑，约在此时。书成自序在四十四年月正人日。然以《诗综》之巨著，非仓卒六年之间所能成。考朱氏至粤两次，一在顺治十三年，一在康熙三十二年。今《诗综》多收粤人之作，则其搜集材料，早在三十八年以前矣。"马汉钦先生《明代诗歌总集与选集研究》考论《明诗综》亦同此说。《明诗综》的刊刻情况，据杨谦《朱竹垞先生年谱》记载，康熙四十一年(1702)，"辑《明诗综》。开雕于吴门白莲泾之慧庆寺"。四十三年(1704)，"《明诗综》一百卷开雕竣工"，是即白莲泾刻本。上文已证今传本《明人小传》成书在《明诗综》编纂完成甚至刊刻行世之后，而曹溶生于万历四十一年(1613)，卒于康熙二十四年(1685)。《明诗综》辑成之时，曹溶已离世十数年。就时间而论，《明诗综》绝非曹溶所及见。曹溶据《明诗综》辑《明人小传》显为不可能之事。此外，曹溶的诗文作品、与之相关的传记、资料，均未提及曹溶编辑《明人小传》之事。《明人小传》乃乾隆抄本，历代公私目录亦未见著录。

结　论

综上所述，可知《明人小传》的编辑者绝非曹溶，而是乾隆时期的一位无名氏，其姓名已不可考。曹溶为清初著名学者，富于藏书，与朱彝尊交好，朱彝尊辑书多依赖曹氏的藏书。这重重因素的叠加可能就是此书托名曹溶的原因。

后　　记

2009年春天，我以《文献辨伪的集成与创新》为题申报国家社科基金重点项目，得到黄长著等先生的青睐，有幸获得立项。原来计划规模宏大，拟对文献辨伪进行一次总结账，但支持力度有限，根本无法完成标书中的预定任务，不得不压缩规模，改为专题研究，最后以专题论文集与专著相结合的形式通过结项。

课题组成员有徐道彬教授、胡治洪教授、陈福康教授及王献松博士等人。安徽大学徽学研究中心徐道彬教授以徽学研究与清代学术史蜚声学坛，为人厚道，治学朴实。我们志同道合，联合举办了多次国际学术研讨会。武汉大学中国传统文化研究中心胡治洪教授是现代儒学研究专家，我们既是博士班的同窗，也是传统文化中心与国学院的同事，他为人古道热肠，近年对《古文尚书》也有独到见解，为本书奉献了两篇大作。上海外国语大学陈福康教授比我年长17岁，是我的忘年交，他研究二郑(郑振铎、郑所南)之学，著述宏富，卓有成就。我对其《井中奇书考》一书发表过评论意见，他也引为知音。王献松博士是我的第一位博士生，他进入武汉大学不久就跟随我学习，他的本科毕业论文由我指导撰写杂家提要，所拟提要稿经过修改之后业已收入傅璇琮先生主编的《续修四库全书总目提要》，其硕士论文即《子华子辨伪》，全文已收入本书。2017年夏天，他在完成博士答辩之后，有幸进入安徽大学徽学研究中心，追随徐道彬教授从事徽学与清代学术史的研究。还有一位朋友陈开林博士，虽然他不是课题组的正式成员，我们前些年就已结缘。他在湖北大学读硕士期间就已经读了我的一些书，博士阶段利用我在书中提供的线索顺藤摸瓜，发现了一些新材料，修正了我的一些失误，是一位极为难得的诤友。他欣然同意将《明人小传辨伪》一文作为附录收入本书，也算是对本项目的支持。借本书出版之机，特向这几位道友致以衷心的感谢。

最后，怀着虔诚之心，谨向已故周大璞先生、周秉钧先生、何泽翰先生、夏渌先生、来新夏先生、傅璇琮先生、章培恒先生致以哀思与怀念！谨向李学勤先生、陈祖武先生、孟广均先生、黄长著先生、王俊义先生、周文骏先生、吴慰慈先生、孙钦善先生、宗福邦先生、黄孝德先生、曹之先生、冯天瑜先生、郭齐勇先生、陈成国先生、李庆先生、詹海云先生、郑杰文先生、王世伟先生等致敬！

司马朝军

2017 年 12 月 8 日于文淙阁